Eine Arbeitsgemeinschaft der Verlage

Böhlau Verlag · Wien · Köln · Weimar
Verlag Barbara Budrich · Opladen · Toronto
facultas.wuv · Wien
Wilhelm Fink · Paderborn
A. Francke Verlag · Tübingen
Haupt Verlag · Bern
Verlag Julius Klinkhardt · Bad Heilbrunn
Mohr Siebeck · Tübingen
Nomos Verlagsgesellschaft · Baden-Baden
Ernst Reinhardt Verlag · München · Basel
Ferdinand Schöningh · Paderborn
Eugen Ulmer Verlag · Stuttgart
UVK Verlagsgesellschaft · Konstanz, mit UVK/Lucius · München
Vandenhoeck & Ruprecht · Göttingen · Bristol
vdf Hochschulverlag AG an der ETH Zürich

Stephan Böckenförde
Sven Bernhard Gareis (Hg.)

Deutsche Sicherheitspolitik

Herausforderungen, Akteure und Prozesse

2. vollständig überarbeitete und aktualisierte Auflage

Verlag Barbara Budrich
Opladen & Toronto 2014

Bibliografische Information der Deutschen Nationalbibliothek
Die Deutsche Nationalbibliothek verzeichnet diese Publikation in der Deutschen
Nationalbibliografie; detaillierte bibliografische Daten sind im Internet über
http://dnb.d-nb.de abrufbar.

Gedruckt auf säurefreiem und alterungsbeständigem Papier.

Alle Rechte vorbehalten.
© 2014 Verlag Barbara Budrich, Opladen & Toronto
www.budrich-verlag.de

UTB-Bandnr. 8388
UTB-ISBN 978-3-8252-8511-1

Das Werk einschließlich aller seiner Teile ist urheberrechtlich geschützt. Jede Verwertung außerhalb der engen Grenzen des Urheberrechtsgesetzes ist ohne Zustimmung des Verlages unzulässig und strafbar. Das gilt insbesondere für Vervielfältigungen, Übersetzungen, Mikroverfilmungen und die Einspeicherung und Verarbeitung in elektronischen Systemen.

Satz: Susanne Albrecht, Leverkusen
Umschlaggestaltung: Atelier Reichert, Stuttgart
Druck: Friedrich Pustet, Regensburg
Printed in Germany

Inhalt

Vorwort zur zweiten Auflage 7

Vorwort zur ersten Auflage 9

A Grundlagen

Kapitel 1
Die Entwicklung des Sicherheitsverständnisses in Deutschland
Stephan Böckenförde 13

Kapitel 2
Normative Grundlagen, Werte und Interessen deutscher Sicherheitspolitik
Michael Staack 53

Kapitel 3
Die Organisation deutscher Sicherheitspolitik –
Akteure, Kompetenzen, Verfahren und Perspektiven
Sven Bernhard Gareis 89

B Instrumente und Handlungsfelder

Kapitel 4
Militärische Beiträge zur Sicherheit
Sven Bernhard Gareis 115

Kapitel 5
Innenpolitische Dimensionen der Sicherheitspolitik
Martin H. W. Möllers 149

Kapitel 6
Der Klimawandel und seine Folgen für die deutsche Sicherheitspolitik
Susanne Dröge 199

Kapitel 7
Die Sicherheit der Energieversorgung – Herausforderungen für die deutsche Außen-
und Sicherheitspolitik
Kirsten Westphal 215

Kapitel 8
Entwicklungszusammenarbeit im Kontext der deutschen Sicherheitspolitik
Siegmar Schmidt 245

Kapitel 9
Öffentliche Meinung und Sicherheitspolitik
Heiko Biehl und Jörg Jacobs 265

C Sicherheitspolitik in internationalen Institutionen

Kapitel 10
Die Europäische Union und die deutsche Sicherheitspolitik
Wilhelm Knelangen 289

Kapitel 11
Deutschland und die NATO
Olaf Theiler 321

Kapitel 12
Deutsche Sicherheitspolitik im Rahmen der Vereinten Nationen
Johannes Varwick 371

D Perspektiven

Kapitel 13
Die Zukunft der Sicherheit – Probleme, Herausforderungen und Lösungsansätze für die deutsche Sicherheitspolitik
Stephan Böckenförde und Sven Bernhard Gareis 407

E Anhang

Zeitschriften 427

Internetlinks 428

Abkürzungsverzeichnis 430

Index 439

Autorenverzeichnis 443

Vorwort zur zweiten Auflage

In unseren einleitenden Bemerkungen zur ersten Auflage dieses Buches konstatierten wir ein eher verhaltenes Interesse in der deutschen Öffentlichkeit an Problemen und Fragen der Sicherheitspolitik. Umso mehr haben wir uns über die positiven Rückmeldungen seitens vieler Studierender und Lehrender der Politikwissenschaft, aus der praktischen Politik sowie aus anderen gesellschaftlichen Bereichen gefreut.

Die Texte wurden umfassend überarbeitet und auf den neuesten Stand gebracht, neue Autorinnen und Autoren brachten zusätzliche Themen ein oder erfassten bestehende über andere wissenschaftliche Zugänge. Das Ergebnis dieser Überarbeitung liegt nun vor. In dieser zweiten Auflage haben wieder ausgewiesene Fachleute sorgfältige Analysen und Diskussionsbeiträge zu den wichtigsten Handlungsfeldern deutscher Sicherheitspolitik auf der Höhe der Zeit erarbeitet.

Dabei ist der Band weiterhin als Textbuch angelegt. Er eröffnet Studierenden wie allen anderen an Sicherheitspolitik Interessierten einen schnellen und umfassenden Zugang zu relevanten Themengebieten und bietet Lehrenden im universitären und außeruniversitären Raum Anregungen für die Gestaltung von Lehrveranstaltungen. Hierzu bildet jedes Kapitel eine in sich geschlossene Einheit, die ohne weiteren Leseaufwand nachvollzogen werden kann.

Als Herausgeber danken wir den Autorinnen und Autoren für ihre fundierten und engagierten Beiträge, die sicherlich Eingang in die sicherheitspolitischen Diskurse in Deutschland finden werden. Zugleich würden wir uns freuen, wenn dieser Band Sie als Leserinnen und Leser anspricht und zur Diskussion animiert. Für Ihre Kommentare und Anmerkungen sind wir weiterhin sehr dankbar.

Berlin *Stephan Böckenförde*
Garmisch-Partenkirchen/Münster *Sven Bernhard Gareis*

Vorwort zur ersten Auflage

Sicherheitspolitik gehört in Deutschland nicht zu den Themen, denen die Diskurse und Debatten in Gesellschaft, Politik und Wissenschaft besondere Aufmerksamkeit schenken. Zwar führen die Veränderungen im internationalen Krisen- und Konfliktgeschehen, das Auftreten neuer Herausforderungen und Risiken und schließlich die wachsenden Verflechtungen und Interdependenzen in der globalisierten Welt auch in Deutschland zu erheblichen Konsequenzen für die Gewährleistung staatlicher Sicherheitsvorsorge und werden so anlassbezogen kontrovers diskutiert – etwa dann, wenn die Verlängerung von Auslandseinsätzen der Bundeswehr ansteht oder neue Rechtsvorschriften zur inneren Sicherheit vorbereitet werden. Eine Debatte über den strategischen Rahmen, über Deutschlands Rolle als sicherheitspolitischer Akteur in Europa und in der Welt, Deutschlands Ziele und Prioritäten sowie die präferierten Politikansätze und Instrumente zu deren Realisierung gelangt jedoch über Expertenzirkel einer kleinen *strategic community* kaum hinaus.

Das vorliegende Buch will dazu beitragen, die Basis für die Debatte zu verbreitern. Es will die wesentlichen Fundamente, Instrumente, Handlungsfelder deutscher Sicherheitspolitik sowie deren Gestaltung im Rahmen internationaler Institutionen überblicksartig darstellen, sie analysieren und zur weiteren vertiefenden Befassung anregen. Es wendet sich vornehmlich an Studierende der frühen Semester, denen es eine Grundlage für die wissenschaftliche Beschäftigung mit sicherheitspolitischen Fragen bieten will. Zugleich sollen Lehrende Anregungen für die Anlage und Vorbereitung von Seminaren finden. Obwohl als akademisches Grundlagenwerk konzipiert, wendet es sich jedoch zugleich auch an alle an sicherheitspolitischen Fragen Interessierten außerhalb des universitären Bereichs.

Der Band ist als Textbuch angelegt. Jedes Kapitel führt in eine sicherheitspolitische Thematik ein und bildet dabei eine in sich geschlossene Einheit, die auch ohne die Lektüre der anderen Beiträge verstanden werden kann (um den Preis möglicher inhaltlicher Überlappungen). Dabei folgt der Aufbau der Logik „Grundlagen – Instrumente/Handlungsfelder – Sicherheitspolitik in internationalen Institutionen – Perspektiven".

So stellt Stephan Böckenförde im einführenden Kapitel dar, in welchem konzeptionellen Rahmen sich deutsche Sicherheitspolitik abspielt und wie es vor dem Hintergrund der sicherheitspolitisch zentralen Kategorien „(katastrophal-zerstörerische) Wirkung" einerseits und „Fähigkeiten (zum Schutz)" andererseits in einem neuen Umfeld für Deutschland zu einem paradigmatischen sicherheitspolitischen Verständniswandel – zunehmend weg von der Territorialität hin zu einer Funktionalität – kommt. Im folgenden zweiten Kapitel stellt Michael Staack die rechtlichen – grundgesetzlichen und völkerrechtlichen – und politischen Grundlagen – Interessen und Konzepte – dar. Die Formulierung und die Implementierung der Sicherheitspolitik, also Akteure, Organisationsrahmen und Entscheidungsstrukturen sind Gegenstand des dritten Kapitels, das von Sven Bernhard Gareis verfasst wurde, der im

Folgekapitel dann auch die Bedeutung der Bundeswehr für die Sicherheitspolitik – von der Verteidigung zum Einsatz – analysiert. Martin H. W. Möllers stellt danach die stark verzweigten und differenzierten innenpolitischen Dimensionen der Sicherheitspolitik und die beteiligten Organe sowie Prozesse vor. Der Beitrag von Stefan Bayer ist schließlich der Versuch, klassische sicherheitspolitische Theorieüberlegungen aus einer wirtschaftswissenschaftlichen Perspektive zu ergänzen und auf umweltpolitische Fragen anzuwenden.

Andreas Grimmel und Cord Jakobeit befassen sich – entsprechend der Konzeption des „erweiterten Sicherheitsbegriffs" und der Krisenpräventionsstrategie – mit entwicklungspolitischen Aspekten der Sicherheitspolitik. Stand und Entwicklung der öffentlichen Meinung zur Sicherheitspolitik ist das Thema von Heiko Biehls und Jörg Jacobs Beitrag.

Der letzte Hauptteil ist Deutschlands Sicherheitspolitik im Rahmen der internationalen Institutionen gewidmet. Dabei stellen alle drei Autoren – Wilhelm Knelangen zur EU, Olaf Theiler zur NATO und Johannes Varwick zu den VN – die grundsätzlichen Strukturen und das spezielle deutsche Vorgehen innerhalb dieser Strukturen dar. Abschließend unternehmen die beiden Herausgeber den Versuch, einen Blick in die „Zukunft der Sicherheit" zu werfen.

Die Herausgeber bedanken sich bei allen Autoren für ihre substanziellen Beiträge. Besonderer Dank gilt auch Tobias Bunde und Christian Weidlich, die als temporäre Mitarbeiter der Akademie der Bundeswehr für Information und Kommunikation bzw. der Führungsakademie der Bundeswehr sämtliche Texte gründlich und mit kritischem Blick durchgearbeitet und viele wertvolle inhaltliche Hinweise gegeben haben. Gleichzeitig würden sich die Herausgeber freuen, wenn diese Publikation für die akademische Praxis nützlich wäre und dazu beitragen könnte, das Entstehen einer kritischen Debatte über die deutsche Sicherheitspolitik ein wenig zu beflügeln. Für Anmerkungen und weitere Hinweise sind sie dankbar.

Strausberg und Hamburg

Stephan Böckenförde
Sven Bernhard Gareis

A Grundlagen

Kapitel 1
Die Entwicklung des Sicherheitsverständnisses in Deutschland

Stephan Böckenförde

Seit dem Ende des Ost-West-Konfliktes hat das Sicherheitsverständnis in Deutschland einen Paradigmenwechsel erfahren: Bis 1989 fixierte man sich auf ein klar erkennbares staatliches Gegenüber, durch das man die eigene politische Souveränität und territoriale Integrität bedroht sah; in den Jahren seit 1989 ist das Sicherheitsverständnis sehr viel breiter geworden und nimmt nun allgemein jene „Bedrohungen" in den Blick, die sich unmittelbar, aber auch mittelbar negativ auf das Gemeinwesen auswirken können. Dazu muss die deutsche Sicherheitspolitik eine Vielzahl von unterschiedlichsten Fähigkeiten ausbilden und vorhalten, anstatt sich wie bis 1989 darauf reduzieren zu können, lediglich im Ernstfall die territoriale Integrität verteidigen zu müssen.

Aus der Rückschau betrachtet war die bis 1989 bestehende Möglichkeit, sich sicherheitspolitisch vorrangig auf das Szenario eines zwischenstaatlichen, militärisch ausgetragenen Konfliktes konzentrieren zu können, der zudem lediglich „in eine Richtung" – nämlich in die des antagonistisch gegenüberstehenden Blocks – ausgetragen worden wäre, eine historisch bedingte Zuspitzung, die die sicherheitspolitische Komplexität relativ komfortabel reduzierte und überschaubar machte. Ihren Anfang hatte diese Reduzierbarkeit ursprünglich in dem Entstehen des Territorialstaatensystems 300 Jahre früher genommen und war ab 1945 für Deutschland schließlich geprägt durch seine prominente Lage an der Nahtstelle zwischen den beiden Blöcken während des Ost-West-Konfliktes.

Löst man sich jedoch von diesem engen Blick und fasst „Sicherheit" ganz allgemein auf als *die Abwesenheit von Phänomenen mit für das Gemeinwesen* (in modernen bzw. postmodernen Gesellschaften zunehmend auch für das Individuum) *katastrophal-zerstörerischen Wirkungen* und versteht entsprechend „Sicherheitspolitik" als diejenige Politik, die dem Gemeinwesen diejenigen Fähigkeiten an die Hand gibt, diese Sicherheit zu gewährleisten, dann wird offensichtlich, dass die bis 1989 die Komplexität reduzierende „Eindimensionalität" – Bedrohung v. a. durch ein militärisches Gegenüber – für Deutschland ein historischer Sonderfall war.

Dieses macht zweierlei deutlich: Erstens zeigt sich, dass die Strukturen, innerhalb derer Sicherheitspolitik betrieben wird, nicht starr, sondern historischen Veränderungen unterworfen und selbst wiederum Ergebnis von sicherheitspolitischen Entwicklungen sind. Sicherheitspolitik findet also nicht lediglich innerhalb vorgefundener Strukturen statt, sondern diese Strukturen sind ihrerseits Teil sicherheitspolitischer Entwicklungen. Zweitens kann daraus das Plädoyer abgeleitet werden, unter den „neuen" Bedingungen (die insbesondere geprägt sind von der abnehmenden Fähigkeit des Territorialstaates, seinen Anspruch auf das Gewaltmonopol und den Zugang zu Mitteln mit hohem Zerstörungspotenzial durchzusetzen) staatlich-gesellschaftliche Sicherheit und Sicherheitspolitik wieder breiter zu definieren und zu verstehen.

Und in der Tat ist in Deutschland nach dem Ende des Ost-West-Konfliktes – wie eingangs festgestellt – schrittweise die frühere strenge Fixierung auf eine eindimensionale Bedrohung abgelöst worden durch – wie es Abbildung 1 versucht zu verdeutlichen – ein Bündel von als sicherheitspolitisch relevant eingeschätzten Herausforderungen. Diesen ist gemeinsam, dass sie direkt oder indirekt, unmittel- oder mittelbar das politisch-gesellschaftliche Gefüge der Bundesrepublik Deutschland und/oder das Wohlergehen des Einzelnen erheblich beeinträchtigen, gefährden bzw. sich darauf zerstörerisch auswirken könnten. Dies entspricht einer allmählichen Verschiebung des Schwerpunktes der Bedrohungsperzeption vom Quadranten III (links unten) zum Quadranten I (rechts oben).

Abb. 1: Die Öffnung des Sicherheitsverständnisses von der Eindimensionalität hin zur Multidimensionalität

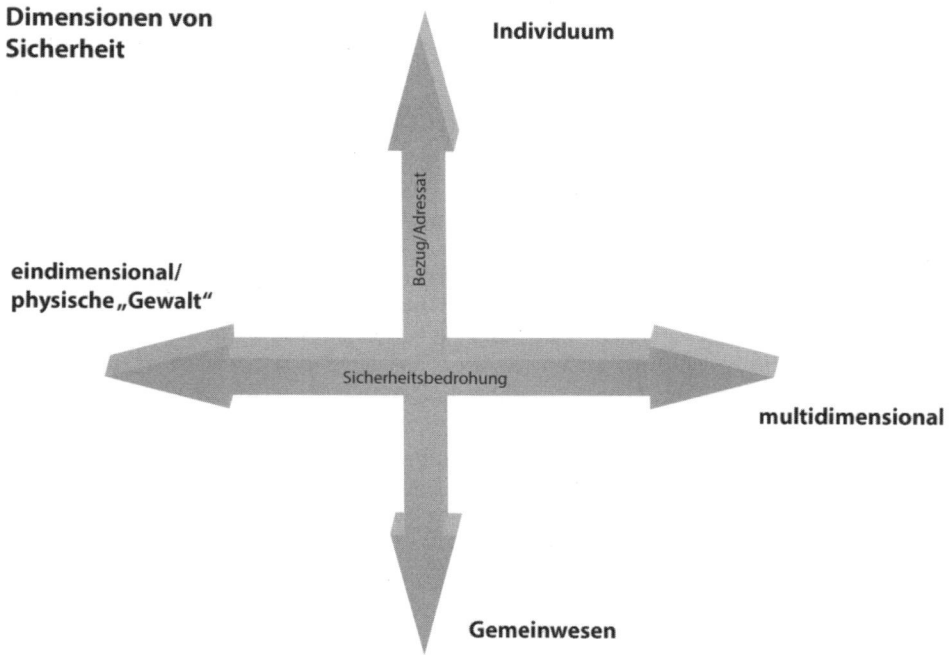

Quelle: Eigene Darstellung

Diese Bedrohungen – sofern sie der sozialen Umwelt entspringen – können sich fortwährend ändern. Gesellschaftliche, politische, rechtliche, wirtschaftliche Bedingungen im lokalen, regionalen und globalen Maßstab sowie der Stand der technologischen Entwicklung und kulturelle Faktoren haben Auswirkungen auf sicherheitspolitisch relevante Bedingungen. Aber nicht nur die soziale Umwelt ist geschichtlichen Veränderungen unterworfen: Mittlerweile sind auch in der natürlichen Umwelt, die bislang als weitgehend als konstant betrachtet werden konnte, in jüngerer Zeit zunehmend (und zunehmend als bedrohlich wahrgenommene) Änderungen festzustellen, die erhebliche sicherheitspolitisch relevante Folgewirkungen besitzen (siehe dazu auch den Beitrag von Susanne Dröge in diesem Band).

Angesichts dieser historischen Determiniertheit muss man Sicherheitspolitik vor dem Hintergrund des jeweiligen gesellschaftlich-rechtlich-politischen Systems definieren und darstellen: Die sicherheitspolitischen Diskurse und die politischen und rechtlichen Rahmenbedingungen legen spezifisch fest, was jeweils konkret in einem Gemeinwesen als Bedrohung wahrgenommen und verstanden wird, welche Mittel in der Konsequenz zur Aufrechterhaltung von Sicherheit zum Einsatz gebracht werden können bzw. das Gemeinwesen zu bringen bereit ist und welche Bedrohungen es als unabwendbar hinnimmt. Weil sicherheitspolitisches Bewusstsein, die Definition von Sicherheitsherausforderungen und Sicherheitspolitik also historischen Entwicklungen unterliegen, müssen sie vor dem Hintergrund der jeweiligen historischen Situation verstanden werden. Gleichzeitig sind sie jedoch immer Konkretisierungen des einen zentralen überzeitlichen sicherheitspolitischen Grundanliegens: So weit wie möglich Schutz der Gesellschaften und des Einzelnen vor negativen oder gar katastrophalen Einwirkungen zu bieten.

Diese sicherheitspolitischen Facetten mit Blick auf die Bundesrepublik darzustellen und für verschiedene Fragebereiche und Politikfelder auszuführen, ist der Anspruch dieses Buches. Um darauf hinzuführen, will dieses Kapitel einen einführenden Überblick über die sicherheitspolitischen Grundkonzepte („Bedrohung", „Schutz", „Fähigkeit", „Wirkung") bieten. Im Anschluss wird der nach wie vor zentrale klassische sicherheitspolitische Akteur – der Territorialstaat – unter seinen sicherheitspolitischen Aspekten dargestellt. Damit wiederum soll die Basis zum Verständnis der neuen sicherheitspolitischen Herausforderungen gelegt werden. Darauf aufbauend wird ausgeführt, wie sich unter den neuen Bedingungen auch die Funktions- und Rollenzuweisung unter den staatlichen Akteuren verändert, bevor abschließend ausführlich die konkrete Entwicklung des deutschen Sicherheitsverständnisses und der deutschen Sicherheitspolitik vor dem Hintergrund der Veränderungen in der internationalen Sicherheit beschrieben wird.

1 Was ist „Sicherheit", was ist „Sicherheitspolitik"?

Sicherheit – *das weitgehende Unberührtsein durch Gefährdung und der Erhalt der physischen und psychischen Unversehrtheit in einer das Überleben ermöglichenden Umwelt* – bedeutet für Gemeinschaften, souverän und autonom zu bleiben, also unbedroht von existenziellen Gefahren bestehen und sich selbstbestimmt fortentwickeln zu können. In Gemeinschaftsgefügen hängt die *Sicherheit des Einzelnen* insgesamt von der Sicherheit des Gemeinwesens ab. Für das Gemeinwesen wiederum kann Sicherheit verstanden werden als „Schutz und Gefahrenabwehr für Personen, Objekte sowie Gesellschaften und deren selbstgewählte Ordnung und Lebensform" (Böckenförde 2007: 29). Für das Individuum bedeutet Sicherheit, sich weitgehend frei von existenziellen Gefahren jedweder Art entfalten zu können.

Gefahren drohen dabei zum einen von anderen Individuen oder Gruppen, sei es durch unmittelbare Aggression oder durch die Veränderung des Umfeldes, sofern sich diese mittelbar negativ auf die selbstgewählte oder angestrebte Lebensweise auswirkt (beispielsweise des Wirtschaftsgefüges, der Handelsnetze und Marktzugänge u. a.). Sie drohen aber auch aus der natürlichen Umwelt in Form von Naturkatastrophen, Pandemien oder anderen Phänomenen und deren möglichen katastrophalen Auswirkungen und Konsequenzen für den Einzelnen oder das Gemeinwesen.

Vor diesem Hintergrund kann man unter Sicherheitspolitik diejenige Politik verstehen, die einem Gemeinwesen zur Ausbildung von Fähigkeiten dient, seine eigene Ordnung (nach innen) und seine Umwelt (nach außen) durch eigenes Handeln und Gestalten zu kontrollieren mit dem Ziel, drohenden Gefahren gewachsen und vor ihnen geschützt zu sein. Das bedeutet einerseits, Aggression und andere *unmittelbar* (zer-)störende Effekte unterdrücken, fernhalten oder abwehren zu können, andererseits aber auch darüber hinausgehend Entwicklungen zu beeinflussen bzw. zu verhindern, die *mittelbar* über Wirkungen und Folgeeffekte – als sekundäre Effekte – die Sicherheit hypothetisch oder tatsächlich beeinträchtigen können.

Somit stellen die zerstörerische, möglicherweise auch nur krisenauslösende „Gefahrenwirkung" und die „Fähigkeit zum Schutz" die beiden konzeptionellen Grundbegriffe von Sicherheitspolitik dar.

Sicherheitspolitik oder politische Maßnahmen mit sicherheitspolitischem Charakter können in Bezug auf die Art des Vorgehens und die zeitliche Dimension differenziert angelegt sein und konzeptionell ein breites Spektrum umfassen: aktiv-offensiv (z. B. als Bekämpfung terroristisch vorgehender Gruppen oder Einzeltäter), präventiv (z. B. in Form von auf Verhinderung von Proliferation angelegter Rüstungskontrolle oder die globale Erderwärmung reduzierenden umweltschutzpolitischen Maßnahmen) oder reaktiv-defensiv (z. B. als passiver Schutz, etwa in Form von Zivilschutz- und Katastrophenschutzmaßnahmen, mit denen die Auswirkungen negativer Effekte gemindert werden). Dabei zeigt sich, dass mit zunehmender Vielschichtigkeit und Komplexität der Ursachen einerseits, mit steigenden Kosten (politisch, finanziell-wirtschaftlich) für ein mögliches aktives Vorgehen die Frage nach der Quelle bzw. dem konkreten Ausgangspunkt einer Gefährdung zunehmend in den Hintergrund tritt. Stattdessen nimmt die Bedeutung des Aspektes des (reaktiven) Schutzes bis hin zum Folgenmanagement zu.

Betrachtet man Sicherheitspolitik vor allem mit Blick auf die Wirkungsseite, dann ist auch der Aspekt der *Schwere* bzw. der *Grad* der drohenden bzw. im Eintrittsfall zu erwartenden (Zer-)Störung von entscheidender Bedeutung: Geringfügige Auswirkungen erscheinen tolerabel, weil die politischen Kosten bzw. die erforderlichen Anpassungsleistungen nach einem Schadenseintritt nicht hoch sind. Sicherheitspolitisch relevant sind dagegen solche Wirkungen mit einem hohen Beeinträchtigungsgrad.

Dieser Zusammenhang verweist auf einen *deliberativ-diskursiven* Aspekt von Sicherheit und Sicherheitspolitik: Im weitesten, abstraktesten Verständnis von Sicherheitspolitik können im Prinzip *alle* Phänomene, die das Leben eines Gemeinwesens und seiner freien Entwicklung tiefgreifend – über das Maß des von ihm Akzeptierten hinaus – beeinträchtigen, ungeachtet des Phänomens (vom zwischenstaatlichen Krieg bis zur Naturkatastrophe) als sicherheitsrelevante Probleme *aufgefasst bzw. zu solchen erklärt* werden, auch wenn Gesellschaften in der Praxis bisweilen ein hohes Akzeptanzpotenzial besitzen.

Dies zeigt, dass Sicherheitspolitik jenseits einer unmittelbaren existenziell-physischen Bedrohung, deren sicherheitspolitische Relevanz offenkundig ist, zu einem erheblichen Maße auch konstruktivistische Elemente aufweist: Auf die Frage, welche Phänomene und Entwicklungen als sicherheitsrelevant angesehen werden und wie das Gemeinwesen auf sie reagieren wird, existiert keine a priori vorgegebene Antwort; sie muss vielmehr im politischen Raum zwischen den verschiedenen Akteuren im Rahmen eines komplexen gesellschaftlichen Diskurses beantwortet werden, ist also zum einen historisch determiniert (abhängig vor allem von dem jeweils gesellschaftlich-technischen Stand) und weist zum zweiten zugleich starke voluntaristisch-konstruierte Elemente auf (Bedrohungen und die Bekämpfbarkeit ihrer Wirkungen werden kognitiv und diskursiv *gemacht*).

Fraglos geht im allgemeinen Bewusstsein die größte unmittelbare und offensichtlichste zerstörerische – und damit sicherheitspolitisch relevanteste – Gefahrenwirkung von *physischer Gewalt* aus. Diese kann gleichermaßen innerhalb von Gemeinwesen als intragesellschaftliche Gewalt als auch zwischen ihnen als intergesellschaftliche Gewalt auftreten. Von elementarer sicherheitspolitischer Bedeutung ist daher die Fähigkeit von Gesellschaften, Gewalt zu binden, sie gegebenenfalls auch durch die Anwendung von Gegengewalt zu unterbinden (intragesellschaftliche Gewalt) oder sich gegen sie verteidigen bzw. sich vor ihr schützen zu können (intergesellschaftliche Gewalt).

Vor diesem Hintergrund, insbesondere in Bezug auf den intragesellschaftlichen Aspekt, besitzt Gewalt sicherheitspolitisch – wie der vorherige Verweis auf die „Gegengewalt" bereits angedeutet hat – einen doppelten Charakter: Sie ist nicht nur *dysfunktional*, indem sie ein bedrohliches, potenziell zerstörerisch auf die Gesellschaften von innen oder von außen einwirkendes Phänomen darstellt; vielmehr kann Gewalt (im weitesten Sinne, also nicht nur sich physisch manifestierend, sondern auch als potenzielle Möglichkeit oder in Gestalt von bloßen Macht- und Zwangsstrukturen) *funktional* für die Bildung und den Erhalt von Ordnungen und den Zusammenhalt der Gesellschaften gegenüber zerstörerischen Effekten von innen und von außen wirken.

Gesellschaften schützen sich also vor der Gewaltandrohung oder der tatsächlichen Gewaltanwendung von außen und aus ihrem Inneren, indem sie selbst Gewalt als Mittel für die Sicherheit funktional werden lassen. Dies geschieht in der Absicht, die ungeregelt-arbiträre genauso wie die gezielte, für das Gemeinwesen und seine Mitglieder in jedem Fall aber dysfunktionale Gewaltanwendung durch Kontrolle zu binden bzw. zu unterbinden, indem diese reguliert, reduziert und soweit wie möglich verhindert wird.

Die Gewaltkontrolle nach innen geschieht durch eine *Monopolisierung der Gewaltausübungskompetenz*. Durch die daraus entstehende Konzentration von Gewalt und Macht in einem einzigen Organ wird die Grundlage geschaffen, innergesellschaftliche Konflikte unter einer allgemeinen, monopolisierten Zwangsdecke weitgehend gewaltfrei bearbeiten zu können. Damit wird Gewalt auch in funktionierenden Gemeinwesen nicht beseitigt, sondern bleibt zumindest in Gestalt von Zwang potenziell bestehen.

Organisierte Gemeinwesen besitzen also in ihrem Kern einen gewaltsamen Charakter. Eine andere Form der Gemeinschaftsbildung und -sicherung erscheint realistisch in der gesellschaftlichen Praxis kaum denkbar. Zugleich stellt dieser Gewaltkern aber auch die funktionale Voraussetzung dafür dar, dass über eine Rückverlagerung der Gewaltkontrolle auf die Ebene der individuellen Mitglieder des Gemeinwesens das tatsächliche Gewalt- und Zwangsniveau nachhaltig gesenkt werden kann, solange das Gewaltmonopol in seinem Kern selbst unangetastet bleibt. Wie weit eine solche Senkung des innergesellschaftlichen Gewaltniveaus jedoch tatsächlich stattfindet, hängt letztlich wiederum von den konkreten historisch-politischen Umständen ab.

Aus Sicht der Sicherheitspolitik ist Gewalt also ein Grundphänomen sozialen Zusammenlebens, das sich nicht eliminieren, sondern allenfalls reduzieren bzw. minimieren lässt, indem es sich auf dem konkret niedrigstmöglichen Niveau funktional möglichst sinnvoll für die politische Ordnung des Gemeinwesens und des gesamten Systems der parallel existierenden Gemeinwesen zur Anwendung bringen lässt. Sicherheitspolitisch ist es also zum einen wesentlich, durch Gewaltmonopolisierung eine Gewaltbindung im Inneren zu erreichen. Zum zweiten besteht das sicherheitspolitische (Mindest-)Ziel auch darin, Gewalt und Gewalteinwirkung von außen zu verhindern.

Dabei spielte der Einsatz von Gewalt nach außen (oder die Androhung eines Gewalteinsatzes) in der Geschichte durchaus eine Rolle, um – auf konfrontative Weise – ein bedrohliches Umfeld im Sinne des eigenen Gemeinwesens zu beeinflussen und zu verändern. Auch in dieser Hinsicht konnte (und kann) Gewalt also funktional gemacht werden, um ein Mehr an eigener Sicherheit zu erreichen. Wenn dadurch jedoch negative Sicherheitseffekte für andere Gruppen hervorgerufen werden, wirkt Gewalt, selbst wenn sie geeignet scheint, die Sicherheit für sich selbst oder für Dritte vordergründig zunächst zu erhöhen, dysfunktional, indem sie ein System befördert, in dem Sicherheit letztlich auf Konfrontation beruht und das – weil auf einem Nullsummenspiel basierend – entsprechend risikobeladen ist.

Ein *konfrontatives* – also dem Gewaltpotenzial Gewaltpotenzial entgegensetzendes – sicherheitspolitisches Vorgehen ist jedoch nicht zwangsläufig und alternativlos: Denkbar ist genauso eine *konsensual-kooperativ* angelegte Gestaltung der Sicherheitspolitik bis hin zu einer gemeinsam organisierten Struktur der Gewaltbindung zwischen den Akteuren (um den Preis einer Reduzierung bzw. Einschränkung der Handlungsfreiheit, die es ermöglichte, auch eigenmächtig vorzugehen), in der der dysfunktionale Charakter der Gewalt aufgehoben wird und Gewalt auf ein niedriges, für alle Akteure im Sinne einer *win-win*-Struktur funktional sinnvolles Restniveau reduziert wird.

2   Der Staat als zentraler sicherheitspolitischer Akteur

Die zentralen konzeptionellen Begrifflichkeiten der Sicherheitspolitik sind also – wie dargestellt – Bedrohung/Gefahr und Gewalt, primäre (zer-)störende Wirkungen und bedrohliche sekundäre (Folge-)Effekte einerseits, die Fähigkeit zur funktionalen Gewalt(unter)bindung und Gewaltmonopolisierung sowie zum Schutz und zur Gefahrenabwehr (inkl. Folgenmanagement) andererseits.

Als *die* gesellschaftliche Organisationsform, die bis in die jüngste Vergangenheit die Sicherheitspolitik bestimmt hat, indem sich sowohl Herausforderungen als auch Antworten darauf mit ihr verbanden, ist der Territorialstaat. Innerhalb des sich von Europa aus allmählich bis in die 1960er Jahre global ausbreitenden Territorialstaatensystems ist er diejenige gesellschaftliche Organisationsform, die auf der einen Seite die Fähigkeiten entwickeln kann, anderen Staaten – militärisch – bedrohlich zu werden. Auf der anderen Seite ist der Territorialstaat aber auch, bei allen Unzulänglichkeiten, diejenige gesellschaftliche Organisationsform gewesen, die die für Gesellschaften und Individuen sicherheitspolitisch notwendigen Fähigkeiten zum Schutz vor existenzbedrohlichen Gefährdungen im Wesentlichen bereitstellen und organisieren konnte.

Der Territorialstaat ist nach der klassischen Definition charakterisiert durch seine drei konstituierenden Elemente *Staatsterritorium, Staatsvolk und Staatsgewalt* (Jellinek 1966: 144-148) und die im Idealfall gegebene „Deckungsgleichheit" dieser drei Elemente: Nach außen grenzt sich der Territorialstaat über scharf gezogene Staatsgrenzen von seinen Nachbarn ab und definiert damit sein Staats*gebiet*, auf dem wiederum das Staats*volk* – getrennt von „Nachbarvölkern" – angesiedelt ist. Dieses Staatsvolk unterwirft sich der Staats*gewalt*, die über das Staatsgebiet flächendeckend bis zu den Grenzen des jeweiligen Territoriums reicht und ihr Gewaltmonopol aufrechterhält; dabei ist der entscheidende Faktor offensichtlich derjenige der „Territorialität", weil er Herrschaftsraum und zugleich die Gruppe der „Beherrschten" definiert und so Ordnungs- (und damit Herrschafts- und somit potenziell Sicherheits-)Strukturen schafft (dabei existiert in der Realität jedoch in der Regel diese idealtypische Übereinstimmung zwischen Staatsgewalt-, -gebiet und -volk nicht, stattdessen kommt es oft – insbesondere in der Nähe von Staatsgrenzen – zu einer Schwächung der individuellen Loyalitätsbindungen und damit u. U. in der Folge auch des Gewaltmonopols, weil die Zugehörigkeit zu einem klar definierten Staatsvolk oft nicht eindeutig ist).

Strukturell trennt der Faktor der Territorialität „Innen" von „Außen", unterscheidet also zwischen „Zugehörigkeit" und „Nichtzugehörigkeit", und er grenzt Herrschafts- und Machtbereiche voneinander ab. Dies ist verbunden mit zwei Prozessen: zum einen der Konstituierung von Gemeinschaften, die unter Zwang erfolgen kann, aber um so leichter vonstatten geht, je eher die Mitglieder von sich aus zum Zusammenschluss und zur Kohäsion bereit sind (beispielsweise über die Konstruktion einer „Nation"), zum zweiten der Unterwerfung unter ein

Herrschaftssystem, die gewaltsam erzwungen werden kann, jedoch um so einfacher (und mit Aussicht auf Dauerhaftigkeit) erfolgt, je *legitimer* diese Herrschaft den sich Unterwerfenden erscheint. Diese Prozesse schaffen die Grundlage für innergesellschaftliche, für „innere", Sicherheit, indem sich die Staatsgewalt durch die „gewalttätige Dominanz des zentralen Herrschaftsapparates" an die Stelle des „gewaltsame[n] Selbsthelfertum[s]" (v. Trotha 1995: 133) einzelner Teil- und Untergruppen der Gesellschaft stellt. Der Staat reißt also das Monopol über die Anwendung von Gewalt an sich und schafft so Voraussetzungen für eine non-arbiträre und vergleichsweise gewaltarme Bearbeitung innergesellschaftlicher Konflikte. Dabei ist der Begriff der Staats*gewalt* – wie bereits angesprochen – durchaus breit definiert und schließt unter Umständen die unmittelbare physische Gewalt genauso ein wie allgemein ein politisch-rechtliches System, in dem sich die Staatsgewalt manifestiert und dessen Regeln sie selbst aufstellt und exekutiert, also die Befolgung kontrolliert und den Verstoß gegebenenfalls sanktioniert (zur „inneren Sicherheit" siehe auch den Beitrag von Martin H. W. Möllers in diesem Band).

Der Staat erhält also die öffentliche Ordnung für die Mitglieder des Staatsvolks auf dem Territorium des Staates aufrecht, indem er ein amorphes Gewaltpotenzial in zentral organisierte Machtstrukturen überführt; er macht somit Gewalt und Zwang auf diese Weise für das Gemeinwesen und dessen politisch-gesellschaftliche Ordnung funktional. Selbst wenn die Staatsgewalt einzelne Teilfunktionen delegieren sollte, verbleibt doch auf jeden Fall die Letztverantwortlichkeit für den Erhalt von Sicherheit und Ordnung bei ihr. Über Steuern, das heißt: über Zwangsabgaben, schafft die Staatsgewalt sich die für diese Aufgabenerfüllung notwendigen materiellen Grundlagen.

Dabei hat es der Territorialstaat in der Geschichte oft nicht dabei belassen (insbesondere nicht in der Form des Nationalstaates), lediglich als Organ zur ordnungsgebenden und sicherheitsgewährenden Gewaltbindung, Gewaltausübung und zur Unterdrückung partikularen gewaltsamen Selbsthelfertums aufzutreten: Als sozio-kultureller Kollektivkörper, der sowohl Produkt als auch treibender Akteur gesellschaftlicher Bedingungen ist, legt er zudem die wirtschaftlichen und gesellschaftspolitischen Rahmenbedingungen fest und hat in diesem Zusammenhang in historisch langen Prozessen vielfach und in unterschiedlichen Ausprägungen anderen, meist traditionalen Akteuren die Gewährleistungsfunktion für *ökonomische Sicherheit* für die Individuen abgenommen (beispielsweise durch die Einführung von Sozialversicherungssystemen). In dieser Form bedient der (europäische) Territorialstaat seit dem 19. Jahrhundert neben der bloßen Gewaltabwehr in unterschiedlichem Maße auch andere – wirtschaftliche – Aspekte des individuellen und gesellschaftlichen Sicherheitsbedürfnisses und der Gefahrenabwehr.

Dem gewaltsamen Grundcharakter des Territorialstaates zum Trotz kann der Grad der fühlbaren Gewaltsamkeit bzw. der autoritären Repression, die von ihm ausgeht, durch Elemente der Inklusion und Partizipation gemindert werden, ohne dass dabei die oberste Bindung der Gewalt an den Staat aufgegeben wird. Im Gegenteil: Die Gewaltbindung kann durch die dabei stattfindende Verlagerung hinunter bis auf die Ebene der Individuen sogar gestärkt und gefestigt werden, während parallel das Gewaltniveau insgesamt sinkt.

Dabei bewirkt *Inklusion* – insbesondere über die Konstruktion von Homogenität stiftenden Großgruppenidentitäten wie Großfamilien („Clans"), tribalen Einheiten („Stämme"), Ethnien, Religions- oder Sprachgemeinschaften, vor allem aber die in Europa das politische Denken seit langer Zeit maßgeblich bestimmende *Idee von der Nation*, die zur Gleichsetzung von Territorialstaat und Nationalstaat geführt hat – eine enge Loyalitätsbeziehung zwischen Staatsvolk und Staatsgewalt, die ergänzt werden kann durch besondere Rechte für als Minderheiten angesehene, sich nicht vollständig in die dominierende Gemeinschaft integrierende bzw. nicht einbindbare – oder als von der Mehrheitsgesellschaft nicht integrierbar empfundene – Gruppen.

Partizipation wiederum bedeutet die Möglichkeit der Mitwirkung breiter Bevölkerungsteile am politischen Meinungsbildungs- und Entscheidungsprozess. Im demokratischen Staat begründet dies die Notwendigkeit für die politische Autorität, ihre Machtausübung regelmäßig durch Abstimmungen oder ähnliche Verfahren legitimieren zu lassen und dann gegebenenfalls auch die Konsequenzen ziehen zu müssen, also eine Politikänderung oder eine vollständige Aufgabe der Macht in Form eines Regierungswechsels möglicherweise bis hin zu einem vollständigen Systemwechsel. Macht wird also in einem solchen System auf der Basis eines gesellschaftlichen Mindestkonsenses und immer nur für begrenzte Zeit ausgeübt. Partizipation bedeutet aber auch die Beteiligung breiter Bevölkerungsteile am wirtschaftlichen Wohlstand eines Gemeinwesens, etwa durch die Zurverfügungstellung von öffentlichen Gütern oder durch die Absicherung des individuellen Wohlstandes durch staatliche Zuwendungen in Form von Transferleistungen, wenn die individuelle Erwerbssituation das als Mindeststandard angesehene Maß an Wohlstand nicht möglich macht. Dabei wird durch die Etablierung des Sozial- und Wohlfahrtsstaates also über die Erhöhung der ökonomischen und sozialen Sicherheit die Fähigkeit des Staates zur Gewaltbindung ebenfalls indirekt gestärkt, indem ein Ausgleich und damit zugleich Loyalität hergestellt wird; damit gehören „Elemente der Arbeits-, Sozial- und Wirtschaftspolitik […], die ein gewalt- und repressionsarmes Zusammenleben ermöglichen sollen" (Böckenförde 2008a: 352), ebenfalls im weiteren Sinne in den Bereich der innergesellschaftlich wirksamen sicherheitspolitischen Maßnahmen.

Die vom Staat letztlich im besten Fall bewirkte Selbstidentifikation der Individuen und Teilgruppen mit der (Zwangs-)Ordnung des Gemeinwesens bringt die Möglichkeit mit sich, die bis dahin durch die Staatsgewalt ausgeübte Fremd- bzw. Außenkontrolle zunehmend – vermittelt durch die Faktoren „Loyalität", „Identifikation" und letztlich „Legitimität der staatlichen Ordnung" – zu reduzieren. So kann das Gewaltniveau nicht nur subjektiv (von den Mitgliedern des Gemeinwesens qua Selbstidentifikation empfunden), sondern tatsächlich auch objektiv gesenkt werden.

Durch welche Schritte der Staat politische, aber auch materielle Inklusion und Partizipation erreicht, vor allem aber wie er das Verhältnis zwischen Kontrolle bzw. Repression auf der einen Seite und dem Risiko eines Regelverstoßes (insbesondere eines Verstoßes gegen das Gewaltmonopol) auf der anderen Seite gestaltet – in welchem Maße er also am Ende um den Gewinn höherer Freiheitsrechte auch den Preis einer Minderung oder Einschränkung der Sicherheitsgewährleistung hinzunehmen bereit ist, oder kurz: wie er das Verhältnis von individueller Freiheit und innergesellschaftlicher Sicherheit gestaltet – ist letztlich eine Frage des historischen Entwicklungsstandes, der politischen Kultur sowie Ergebnis konkreter politischer Entscheidungsprozesse. Der Staat als abstrakte Größe bietet nur eine Grundstruktur an, über Inklusions- und Partizipationsmechanismen das Gewaltniveau zu senken, wenn dies politisch beabsichtigt sein sollte; denn gleichzeitig eignen sich seine Strukturen genauso, das Gewaltniveau durch diejenigen, die die Macht innehaben, hoch zu halten – insbesondere in Fällen, in denen Partikulargruppen ihre errungenen Machtpositionen gegen andere Teile der Gesellschaft zu behaupten suchen: Wenn sie also politische – oft auch materielle – Exklusion betreiben um den Preis eines hohen Gewaltniveaus, womit jedoch in vielen Fällen im Gegenzug wiederum zugleich die Grundlage für eine „subkutane" Instabilität und für spätere katastrophale Ordnungszusammenbrüche und explosionsartige Gewaltausbrüche gelegt ist, wie die Erfahrung zeigt.

Im Laufe der Geschichte hat sich der Territorialstaat europäischer Prägung global weitgehend durchgesetzt (bzw. ist gewaltsam durchgesetzt worden) als der zentrale Ordnungsrahmen, mit dem die Gewährleistung zunächst von innerer Sicherheit verbunden wird, indem der Territorialstaat am ehesten die *Fähigkeiten* zu besitzen scheint zur „Aufrechterhaltung stabiler politischer, gesellschaftlicher und wirtschaftlicher Ordnung […], um so ein friedliches Zusammenleben der Staatsbürger zu ermöglichen und als Schutz und Gefahrenabwehr für das Individuum im Rahmen der jeweils geltenden Rechtsordnung" zu dienen (Böckenförde 2008a: 352).

Zugleich übernimmt der Territorialstaat auch die Aufgabe, das Gemeinwesen vor katastrophalen Einflüssen und Wirkungen von außen, insbesondere vor Gewalteinwirkungen, zu schützen. Dazu muss er zumindest in der Lage sein, seine territoriale Integrität zu erhalten und so die Gemeinschaft vor von anderen Staaten ausgehenden Gewaltakten zu verteidigen, aber auch die staatlich-gesellschaftliche Souveränität und Handlungsfreiheit aufrechtzuerhalten, also die, klassisch formuliert, „Möglichkeit einer Gesellschaft zu ihrer politisch-gesellschaftlichen Eigenentwicklung ohne unmittelbaren äußeren Zwang" zu gewährleisten (zu dieser klassischen Sicherheitsdefinition siehe Meyers 2004: 30).

Die Fähigkeit zur Verteidigung der physischen Unversehrtheit, der territorialen Integrität, wird an der Außengrenze als derjenigen Linie entschieden, an der politische und Souveränitätsräume sowie Staatszugehörigkeiten voneinander getrennt werden. Hier wird im internationalen Staatensystem deutlich, ob Staaten nach außen ein Mindestmaß an politischer Souveränität aufrechterhalten können, indem sie diese Linie nach außen zu sichern und gegebenenfalls auch zu verteidigen in der Lage sind. Die Außengrenzen sind daher die sicherheitspolitisch „harte Schale" (Herz 1961: 15, siehe auch Herz 1957), an der im Staatensystem die Frage von Gewalt – Krieg oder Frieden – beantwortet wird.

Der zentrale Grund dafür liegt in der territorialen Natur der Staaten, die sie immobil macht. In dieser Immobilität liegt die Verletzbarkeit, die Vulnerabilität, der Territorialstaaten begründet (ganz im Gegensatz zu den oft zitierten nichtstaatlichen Akteuren, insbesondere den „netzwerk"artig organisierten Akteuren, die sich an kein Territorium mehr binden und damit gänzlich anderen, erheblich reduzierten Vulnerabilitätsformen unterliegen); an den Staatsgrenzen manifestiert sich die Verletzbarkeit der Territorialstaaten.

Diese Verletzbarkeit ist allen Staaten im Territorialstaatensystem grundsätzlich gemeinsam. Zugleich ist das Territorialstaatensystem in seiner klassischen Form ein egalitär-anarchisches System gleichberechtigter Staaten, es kennt also – im Gegensatz zum innerstaatlichen System – weder eine formale Hierarchie noch ein damit verbundenes Gewaltmonopol, das Gewalt organisiert, zentralisiert und damit auch zu unterdrücken in der Lage wäre. Solange aber keine überstaatliche Institution der zwischenstaatlichen Gewaltbindung und -unterbindung existiert, besteht auf der zwischenstaatlichen Ebene die sicherheitspolitische Notwendigkeit für jenes Selbsthelfertum fort, welches innerstaatlich durch das staatliche, potenziell Sicherheit gewährleistende Gewaltmonopol abgelöst worden ist.

Während auf binnenstaatlicher Ebene die Gewaltanwendung durch das Gewaltmonopol des Staates unterdrückt wird, kann es an den Territorialstaatengrenzen zur physischen Gewaltaustragung zwischen den Staaten in Form von Kriegen kommen. Dabei galten Kriege im internationalen System lange Zeit sogar als durchaus legitime, üblicherweise zur Durchsetzung „nationaler Interessen" angewandte Form der politischen Konfliktaustragung – als der „typische gewaltsame, mit Militär als Instrument außenpolitischer Gewalt bestrittene Konfliktaustragungsmodus" (Böckenförde 2008b: 25) und als – mit Clausewitz gesprochen – „Fortsetzung der Politik mit anderen Mitteln" (Clausewitz 2005: 38). Die Möglichkeiten zum Krieg als politisches Mittel wurden jedoch zum einen beschränkt durch das Kriegsrecht und das humanitäre Völkerrecht, das die Art der Gewaltformen reguliert, zum anderen im modernen Territorialstaatensystem (ab dem 17. Jahrhundert) durch die gegenseitige grundsätzliche Anerkennung der Staaten (wie sie dann 1933 in der Montevideo-Konvention formuliert wurde); letztere führte dazu, dass ungeachtet der verschiedenen Kriegsfolgen (Gebietsverlust, Regierungssturz u. a.) Territorialstaaten am Ende durch Kriege in der Regel nicht vollkommen eliminiert wurden, es also einen grundsätzlichen Konsens zur fortgesetzten Koexistenz gab.

Die Möglichkeit zur Kriegsführung wurde erst 1928 grundlegend beschnitten, als damals 41 Staaten im Kellogg-Briand-Pakt eine wechselseitige Selbstverpflichtung eingingen, die gewaltsame kriegerische zwischenstaatliche Konfliktbearbeitung zu ächten. So heißt es in Art. 1: „The High Contracting Parties solemnly declare in the names of their respective peoples that they condemn recourse to war for the solution of international controversies, and renounce it, as an instrument of national policy in their relations with one another", und in Art. 2: „The High Contracting Parties agree that the settlement or solution of all disputes or conflicts of whatever nature or of whatever origin they may be, which may arise among them, shall never be sought except by pacific means." In der Folge verpflichteten sich die Mitglieder der 1945 gegründeten Vereinten Nationen (VN) in ihrer Charta, sich der Gewaltandrohung und -anwendung zu enthalten, sofern es sich nicht um Akte der einzelstaatlichen oder kollektiven Selbstverteidigung handelte oder der VN-Sicherheitsrat die Gewaltanwendung zuvor ausdrücklich mandatiert hatte. Allerdings sind diese rechtlichen Verpflichtungen ohne einen mit tatsächlicher Durchsetzungsmacht versehenen Akteur bisher nur in begrenztem Maße erfolgreich geblieben, so dass Kriege de facto bis heute ein Mittel der zwischenstaatlichen Politik geblieben sind.

Dabei ist der klassische moderne zwischenstaatliche Krieg durch eine *qualitative Symmetrie* gekennzeichnet. „Qualitative Symmetrie" bezieht sich in diesem Zusammenhang auf die Gleichartigkeit der Gegner, ihre Bewaffnung und die Art, wie diese Waffen zum Einsatz gebracht werden. Von dieser qualitativen Symmetrie ist die *quantitative Symmetrie*, vor allem jedoch die quantitative *A*symmetrie zu unterscheiden, die sich auf die Frage der militärischen Über- oder Unterlegenheit bezieht (zur Frage symmetrischer und asymmetrischer Strukturen siehe Münkler 2006). Quantitative Asymmetrien entstehen zwangsläufig, wenn Staaten nach der Fähigkeit einer militärischen „Eskalationsdominanz" streben – also nach der Fähigkeit, in einem militärisch ausgetragenen Staatenkonflikt den kriegsentscheidenden „letzten Schlag" ausführen zu können. Es ist ein Kennzeichen von Staatenkriegen, dass sie wesentlich im Rahmen qualitativer Symmetrien und quantitativer Asymmetrien ausgetragen werden. Dies hat seinen Grund vor allem darin, dass sich technische und strategische Vorteile qualitativer Art in der Kriegsgeschichte nur relativ kurzzeitig halten lassen und daher für die jeweilige Gegenseite meist die Möglichkeit einer qualitativen Re-Symmetrierung besteht. Tiefgreifend asymmetrisch geführte Kriege, beispielsweise in Form von Guerillakriegen wie in den Dekolonisierungskriegen seit den 1950ern oder etwa in dem aus einem Dekolonisierungskrieg hervorgegangenen Vietnamkrieg in den 1960er und 1970er Jahren, kennt die Staatenwelt ebenfalls, doch galten und gelten diese Auseinandersetzungen häufig als „irreguläre" Kriege, in die Staaten jenseits der Zwischenstaatenkriege gemeinhin vermeintlich gegen ihren Willen „verstrickt" werden und die sie aufgrund der Bedingungen der Asymmetrie praktisch nicht gewinnen können.

Unter den sicherheitspolitischen Bedingungen in der Staatenwelt sind Staaten also vor dem Hintergrund eines anarchischen, aufgrund des Fehlens einer monopolisierten Gewaltbindung auf Selbsthelfertum basierenden internationalen Systems bemüht, ihr jeweiliges politisch-gesellschaftliches System in letzter Konsequenz durch die Fähigkeit zur Verteidigung ihrer territorialen Integrität gegenüber ihren Nachbarstaaten zu behaupten. Angesichts der Bedrohungspotenziale, die sich Staaten verschaffen können (und auf die sie bis heute trotz der Versuche von Akteuren aus der „Parallelwelt der Nichtstaatlichen" noch weitgehend ein Monopol besitzen), ist das Sicherheitsverständnis in der Vergangenheit im Wesentlichen eindimensional auf eine zwischenstaatliche, in militärischen Dimensionen verstandene Sicherheit reduziert worden.

Das sicherheitspolitische Ziel einer zwischenstaatlichen Gewalt*unterbindung*, das vor diesem Hintergrund von einigen Staaten formuliert wird, kann sowohl auf eine konfrontative als auch auf eine kooperative Art erreicht werden. Gewöhnlicherweise reagieren die Territorialstaaten dabei auf die Natur des internationalen Systems als einer Staatenanarchie und schlagen entsprechend einen konfrontativen Weg ein, der zu einer besonderen Betonung ihrer militärischen Verteidigungsfähigkeiten führt. Damit versuchen Staaten ihren Kontrahenten im Rahmen einer *Abschreckungs*strategie glaubhaft ihre Verteidigungs*fähigkeit* (also technisch-personelle Voraussetzungen zur Verteidigung) und ihre Verteidigungs*bereitschaft* (also den politisch-gesellschaftlichen Willen) zu signalisieren und ihnen so zu verdeutlichen, dass ein Angriff für den Angreifer mit einem inakzeptabel hohen politischen Preis verbunden wäre. Sie dokumentieren also in einem konfrontativen Umfeld den Willen und die Fähigkeit zur territorialen Selbstbehauptung mit allen Mitteln.

Die Konsequenz ist jedoch, dass vor dem Hintergrund des Systems internationalen Selbsthelfertums und der darauf aufbauenden weitgehenden zwischenstaatlichen Unsicherheit aufgrund der kontinuierlichen militär-technischen, militär-organisatorischen und militärisch-gesellschaftlichen Entwicklungen sowie der unterschiedlichen Möglichkeiten und der Bereitschaft der einzelnen Staaten, militärische Potenziale zu unterhalten, fortlaufend neben qualitativen vor allem quantitative Asymmetrien entstehen, die ihrerseits das Bemühen zu Re-Symmetrierungen der jeweils anderen Seite provozieren können: Eine Erhöhung des militärischen Potenzials auf der einen Seite wird von der anderen Seite als Beseitigung der eigenen Fähigkeit zur Eskalationsdominanz und damit als potenzielle Bedrohung wahrgenommen, auf die sie nun ihrerseits mit einer militärischen Verstärkung reagiert. Auf dem von Überlegenheit und Re-Symmetrierung basierenden militärischen und zudem von einem „Sicherheitsdilemma" (kein Staat kann sich des Verhaltens der anderen Seite sicher sein und ist daher an einem Übermaß von militärischen Kapazitäten interessiert, vgl. Herz 1961: 119-120) gekennzeichneten Sicherheitssystem kommt es so zu einem sicherheitspolitischen Nullsummenspiel: Der Zugewinn an Sicherheit, den die eine Seite durch eine Potenzialerhöhung zu erlangen scheint, entspricht dem Verlust von Sicherheit, den die andere Seite erleidet und den sie ihrerseits in der Folge wettzumachen bestrebt sein wird. Dadurch kommt es in der Praxis zur Gefahr einer militärischen Rüstungsspirale, die am Ende zu einem höchst risikobeladenen Zustand führt und unter dem Strich die Sicherheit für alle Seiten verringert. In seiner bislang wohl extremsten Form verkörperte dies der Zustand des nuklearen Gleichgewichts im Kalten Krieg zwischen den von den USA geführten Westmächten und dem um die Sowjetunion gebildeten Warschauer Pakt; dieses gefährliche Gleichgewicht war nur deshalb beherrschbar, weil beide Seiten sich mit dem *Anti-Ballistic Missile Treaty* (ABM-Vertrag) vertraglich zum Verzicht auf Abwehrmaßnahmen verpflichtet hatten, womit für beide der gesicherte Zweitschlag möglich blieb und so die Option, einen Krieg tatsächlich „gewinnen" zu können, ausgeschlossen war.

Eine weitere, ähnliche Form, die eigene Sicherheit durch eine Erhöhung der militärischen Potenziale zu verbessern, besteht für Staaten darin, Bündnisse einzugehen, die von lockeren Koalitionen oder Allianzen bis hin zu Systemen kollektiver Verteidigung mit gegenseitiger Beistandsverpflichtung (beispielsweise die NATO, siehe dazu auch den Beitrag von Olaf Theiler in diesem Band) reichen können. Auf diese Weise kann es Staaten gelingen, Über- und Unterlegenheitsverhältnisse vor allem quantitativer Art im Rahmen eines Gleichgewichtssystems auszupendeln. Eine solche Form von Zusammenarbeit bietet zugleich aber auch die Möglichkeit zur Überwindung konfrontativer Strukturen zumindest unter den Koalitionspartnern, indem die Bedrohung zwischen ihnen selbst zunächst verringert und damit schrittweise der Weg hin zu einer kooperativen Sicherheitsgewährleistung geöffnet wird. Diese besteht in gegenseitigen Sicherheitsgarantien bis hin zu einer Struktur, in der Angriffe durch die wechselseitige Integration in gemeinsame Sicherheitsarchitekturen praktisch unmöglich gemacht werden (etwa im Rahmen der NATO, noch mehr aber im Rahmen der Europäischen Union, die heute vor allem als eine wirtschaftlich ausgerichtete Gemeinschaft erscheint, ihren Ausgangspunkt nach dem Zweiten Weltkrieg aber in der gegenseitigen Kontrolle der kriegswichtigen Kohle- und Stahlproduktion hatte und damit in ihrem Ursprung – und in ihrer Bedeutung bis heute – vor allem eine sicherheitspolitische Funktion besitzt).

Durch die organisatorische Integration und die Übertragung von Kompetenzen an überstaatliche Organe – also durch eine partielle Auflösung der Deckungsgleichheit von Staatsgewalt, -volk und -territorium und die Überwindung des klassischen territorialstaatlichen, auf Selbsthelfertum basierenden Systems – kommt es durch Kooperation zu einer Erhöhung des Sicherheitsniveaus, indem die bis zu diesem Zeitpunkt übliche Re-Symmetrisierungsdynamik abgelöst wird durch die Frage, wie die einzelnen Gewaltpotenziale gegenseitig zu kontrollieren sein können. Solche Interaktionsmuster können durchaus auch für das Verhalten – sowohl in Bezug auf das Vorgehen als auch in Bezug auf die angewandten Mittel – nach außen wirken (beispielsweise im Fall der Europäischen Union; siehe dazu auch den Beitrag von Wilhelm Knelangen in diesem Band); dennoch können auch solche nach innen weitgehend (strukturell) befriedete, weil ihre Konflikte gewaltlos bearbeitende Staatenzusammenschlüsse nach außen im Wesentlichen weiterhin tendenziell die klassischen, durchaus Gewaltmittel einschließenden Konfliktaustragungsmechanismen verfolgen. Wie sich diese Akteure jedoch letztlich nach außen verhalten werden, hängt wiederum von einer Vielzahl unterschiedlicher Faktoren ab.

3 Das internationale System nach 1945 und die Folgen für die (west)deutsche Sicherheitspolitik

Nachdem das internationale System bis 1945 durch eine multipolare Struktur ursprünglich europäisch geprägter Territorialstaaten sowie von diesen Staaten abhängiger Kolonien geprägt war, kam es in der Folge des Zweiten Weltkrieges zu einem grundlegenden Wandel im internationalen System. Dieser vollzog sich in dreifacher Weise:

- Zum ersten setzte sich aufgrund einer weltweiten, größtenteils gewaltsam verlaufenden Welle der Dekolonisierung in den 1950er und 1960er Jahren die Territorialstaatlichkeit europäischen Typs auch global durch; der Territorialstaat wurde damit zum weltweit entscheidenden Akteur.
- Zum zweiten entwickelte sich aufgrund der neuen Machtverhältnisse nach dem Zweiten Weltkrieg ein bipolares System sich antagonistisch gegenüberstehender „Blöcke" und einer in weiten Teilen aus der Dekolonisierung hervorgegangenen „Dritten Welt" der sich selbst als „blockfrei" verstehenden Staaten.
- Zum dritten gingen aus der Allianz der Kriegssieger 1945 die VN hervor, denen formal die zentrale Rolle bei den Bemühungen um weltweite Sicherheit zugewiesen wurde. Mit der Charta der VN bekennen sich alle Mitgliedstaaten zu einem zwischenstaatlichen Gewalt*verbot* – nicht jedoch zu einem, den innerstaatlichen Verhältnissen entsprechenden Gewalt*monopol*! – und verpflichten sich zu gewaltloser Konfliktbearbeitung und -lösung. Zu diesem Zweck entwickelten die VN (aber auch verschiedene Regionalorganisationen wie beispielsweise die OSZE) ein im Laufe der Zeit immer größeres Konfliktbearbeitungsinstrumentarium (zu den Vereinten Nationen siehe auch den Beitrag von Johannes Varwick in diesem Band).

Die VN kennen de facto nur zwei Ausnahmen von diesem universalen Gewaltandrohungs- und -anwendungsverbot:

Erstens ist es auch weiterhin erlaubt, sich im Falle eines Angriffs, also des Verstoßes gegen das Gewaltverbot durch einen anderen Staat, selbst zu verteidigen. Neben diesem Recht zur *individuellen* Selbstverteidigung gibt es – da die VN als System kollektiver Sicherheit angelegt sind, in dem der Angriff eines Mitglieds auf ein anderes Mitglied als Angriff auf alle Mitglieder betrachtet werden kann – aber auch die Möglichkeit zu einer *kollektiven* Selbstverteidigung, wobei ein oder mehrere VN-Mitglieder dem Angegriffenen zur Hilfe kommen.

Zweitens kann der VN-Sicherheitsrat eine Gewaltanwendung – mit dem Verweis auf eine Gefährdung oder auf einen Bruch des internationalen Friedens – auch autorisieren. Da die VN jedoch über keine eigenen Streitkräfte verfügen (ein Militärsystem ist in der Charta lediglich angelegt, aber nie geschaffen worden), müssen sie in einem solchen Fall ad hoc Streitkräfte aus nationalen Kontingenten zusammenstellen oder die Exekution einer Gewaltoperation an einen oder mehrere Staaten delegieren.

Durch seine Zusammensetzung – auf der einen Seite zehn in Zweijahresrhythmen wechselnde Mitglieder und auf der anderen Seite die USA, Russland (als Rechtsnachfolger der Sowjetunion), China, Großbritannien und Frankreich als ständige Mitglieder (*Permanent Five*, „P5"), die zudem mit einem Vetorecht ausgestattet sind und damit jede Initiative stoppen können – wurde ursprünglich garantiert, dass einerseits die bei der Gründung der VN wichtigsten und mächtigsten Staaten der Welt in demjenigen Gremium vertreten sind, das über Gewaltmaßnahmen entscheiden kann; gleichzeitig wird durch das Vetosystem aber auch verhindert, dass im Sicherheitsrat Gewaltoperationen legitimiert werden, die den Interessen eines dieser fünf Staaten zuwiderlaufen und dennoch mit Autorisierung von Gewaltmaßnahmen durch die VN einen Konflikt globalen Ausmaßes erlaubten. Das bedeutet im Umkehrschluss, dass der Sicherheitsrat nur solche Gewaltmaßnahmen autorisiert, die im Interesse aller fünf ständigen Mitglieder liegen oder zumindest mit diesen Interessen kompatibel sind.

Die VN kombinieren also zwei gegensätzliche strukturelle Prinzipien: Auf der einen Seite besteht in der Generalversammlung eine formale rechtliche Gleichheit, indem alle Staaten in der Völkergemeinschaft gleichberechtigt sind. Auf der anderen Seite kommt durch die Konstruktion des Sicherheitsrates ein hierarchisches Element in die VN hinein, indem hier ein Forum geschaffen worden ist, in dem einerseits die Weltgemeinschaft zwar durch die zehn (bis 1966 sechs) wechselnden Mitglieder repräsentiert wird, das andererseits aber durch die Selektivität der permanenten Mitgliedschaft von Fünfen und deren Vetorecht machtpolitische Gegebenheiten – nämlich die des Jahres 1945 und im weiteren des Kalten Krieges (entsprechend kam es 1971 zum Mitgliederwechsel von Taiwan zur Volksrepublik China) – widerspiegelt (zur Frage der VN und insbesondere der VN-Reformdebatte siehe auch den Beitrag von Johannes Varwick in diesem Band).

Vor dem Hintergrund des sich schon kurz nach der Gründung der VN herausbildenden Kalten Krieges, der das internationale System bis 1989 maßgeblich prägte, konnte der Sicherheitsrat niemals die ihm ursprünglich zugedachte Rolle spielen, das zentrale Element der Gewaltkontrolle und so der Wahrung von Sicherheit und Frieden zu werden. Stattdessen wurde die Funktion des fehlenden international-zwischenstaatlichen Gewaltmonopols de facto durch die Mechanik des global ordnenden, symmetrisch-bipolaren Blockkonfliktes mit seinem Allianzbildungs- und Einflusssphärenkonzept wahrgenommen.

Im Rahmen dieses Blockantagonismus stellten die beiden Supermächte ihre Sicherheit zunächst in der klassischen konfrontativen Weise her, indem sie eine Abschreckungspolitik der Hochrüstung, insbesondere der *nuklearen* Hochrüstung und fortgesetzten Re-Symmetrierung, betrieben und gleichzeitig darauf achteten, dass sich neben ihnen keine dritte Supermacht herausbildete, dass also das globale Sicherheitssystem des Duopols insgesamt nicht angetastet wurde (zur Gestalt des Blockantagonismus und des sicherheitspolitischen Denkens in der Frühphase des Kalten Krieges siehe Kasten 1, United States National Security Council NSC 68).

Kasten 1: NSC 68 als Ausdruck des sicherheitspolitischen Denkens im Kalten Krieg – die Blockgegenseite als perzipierte Bedrohung

Das NSC-Dokument 68 von 1950 ist – neben dem von George F. Kennan im Jahr 1947 unter dem Pseudonym „X" in Foreign Affairs veröffentlichten Artikel „The Sources of Soviet Conduct" – beispielhaft für das Sicherheitsverständnis insbesondere während der Frühphase des Ost-West-Konfliktes bzw. des Kalten Krieges.

Vor dem Hintergrund einer Welt, die keine allgemeinverbindliche Ordnung besitzt und in der ein Nuklearkrieg als durchaus führbar gedacht wurde, spiegelt sich in diesem Dokument die Konstruktion eines globalen Konfliktes der Zivilisationen wider, der zwischen der sich wirtschaftlich und gesellschaftlich als noch überlegen, allerdings allmählich schwächer werdend ansehenden liberalen Demokratie als der „freien Welt" und dem geschlossenen, von den USA als zunehmend erstarkend und auf Expansion (siehe Machtwechsel in China 1949) und globale Herrschaft ausgerichtet empfundenen totalitären „Sklavereisystem" des Kommunismus ausgetragen werde.

Zwar bestand aus der Sicht der Autoren zu diesem Zeitpunkt (1950) weder für die USA als der westlichen Führungsmacht noch für den Westen insgesamt eine unmittelbare Gefahr, dennoch existierte eine sich auf militärische Kräfte stützende Bedrohung in Gestalt einer sowjetischen Infiltrations- und Unterwanderungsstrategie. Darüber hinaus sei auch die Gefahr eines möglichen Überraschungsangriffs bzw. eines „Enthauptungsschlages" gegeben, der zunächst auf Westeuropa, dann aufgrund der bedeutenden Rohstoffquellen auf den Raum des Nahen und Mittleren Ostens, danach auf die britischen Inseln (um eine Rückeroberung Westeuropas durch die USA nach der Art der Normandielandung unmöglich zu machen) und schließlich auf Punkte in Kanada und in den USA selbst ziele.

Es sei, so die Autoren der NSC 68, für die USA generell nicht hinnehmbar, dass die Sowjetunion am Ende ganz Eurasien zu beherrsche und die Dominanz über Westeuropa erhielte. Ziel der US-Politik müsse es daher sein, den Einfluss der Sowjetunion zurückzudrängen, der übrigen Welt die Natur der sowjetischen Politik zu offenbaren, der sowjetischen Führung die Unhaltbarkeit ihrer Politik klarzumachen und sie zu einem den VN-Grundsätzen folgenden Verhalten zu bewegen, um so eine akzeptable Koexistenz von Sowjetunion und dem Rest der Welt zu erreichen.

Von vier theoretisch denkbaren Handlungsoptionen für die USA – nämlich erstens der Fortsetzung der bisherigen Politik gegenüber der Sowjetunion, zweitens dem Rückzug der USA aus der Weltpolitik in eine Selbstisolation, drittens einem Krieg und viertens schließlich einem forcierten Aufbau der politischen, wirtschaftlichen und militärischen Stärke der „freien Welt" gegenüber dem Ostblock – komme realistisch, so die Autoren, nur die letzte Option in Frage. Entsprechend müssten die USA zur Erreichung ihrer Ziele folgende Strategie verfolgen:

- eine aktive internationale Gestaltungspolitik und die Übernahme der internationalen Führung durch die USA,
- eine Containment-Strategie des Westens gegenüber der Sowjetunion,
- eine Mischung aus Verhandlungsbereitschaft und Diplomatie auf der einen, Ausbau der militärischen Kapazitäten und der Abschreckungsfähigkeit auf der anderen Seite,
- eine Stärkung der gesellschaftlichen Systeme der USA und der Alliierten, insbesondere Westdeutschlands, um sicher vor Unterwanderung und Sabotageakten zu sein,
- insbesondere über eine Steigerung der Wirtschaftskraft eine Demonstration der Überlegenheit des demokratischen Gesellschaftssystems,
- die Herstellung einer starken Bindung der nicht unter dem Einfluss der Sowjetunion stehenden Staaten an die USA,
- das Ausüben von Druck auf die Systeme der Sowjetunion und der sowjetischen Satellitenstaaten,
- die Einflussnahme auf die Bevölkerung in der Sowjetunion mit dem Ziel, einen Politikwandel aus dem Inneren heraus zu bewirken.

Die Entwicklung des Sicherheitsverständnisses in Deutschland

In der Folge der Kuba-Krise 1962 kam es dann allerdings zu einem bemerkenswerten, die klassische Sicherheitslogik vollkommen auf den Kopf stellenden sicherheitspolitischen Paradigmenwechsel: Angesichts der Erfahrung mit einer Eskalationsdynamik, die die Welt an den Rand eines Nuklearkrieges geführt hatte, entschieden sich die Supermächte dazu, Sicherheit gezielt über eine vertraglich abgesicherte Strategie gegenseitiger nuklearer „Auslieferung" herzustellen. Der Weg dazu führte über den im Anti-Ballistic Missile (ABM) Treaty festgelegten weitgehenden Verzicht auf Entwicklung und Stationierung von Raketenabwehrsystemen, also die bewusst eingegangene eigene Verwundbarmachung für bzw. eigene Zerstörbarkeit durch den mit nuklear bestückten Interkontinentalraketen ausgerüsteten Gegner. Mit dieser exklusiven, weil nur gegenüber dem *einen* Kontrahenten eingeräumten Aufgabe der Abwehrfähigkeit, also dem Verzicht auf die Fähigkeit zur klassischen Grenzverteidigung zum Erhalt der territorialen Integrität (die angesichts der Hochrüstung auf dem Feld der Interkontinentalraketen, die die Kategorie der Territorialität überwinden, ohnedies weitgehend obsolet geworden war) zugunsten der wechselseitigen symmetrischen Drohung mit einer nuklearen Vernichtung wurde über die Zweitschlagsfähigkeit der Weg zur gegenseitigen Zerstörungsfähigkeit (Mutual Assured Destruction, MAD) geebnet. Parallel dazu wurden die eigenen Nuklearpotenziale durch eine diversifizierte Dislozierung (gehärtete Silos bzw. mobile Abschussrampen sowie Stationierung auf U-Booten und in der Luft) vor der Vernichtung durch einen etwaigen Erstschlag geschützt. Dies bedeutete: Wer unter den ABM-Bedingungen zuerst geschossen hätte, wäre bei dem unweigerlich folgenden Gegenschlag lediglich als zweiter gestorben, hätte also aus seinem Angriff keinen Nutzen ziehen können.

Diese Logik kam auf der einen Seite einer Umkehrung des bisherigen Sicherheitsverständnisses gleich, indem gegenüber der Gegenseite exklusiv die eigene Sicherheit zur Disposition gestellt wurde. Auf der anderen Seite jedoch erreichte man so eine ultimative „Sicherheit", die auf der vertraglichen Zusicherung der jeweils eigenen Zerstörbarkeit beruhte und die daher auf beide Seiten abschreckend wirkte, damit befriedete und gleichzeitig erlaubte – kurz unterbrochen von der Idee der SDI-Raketenabwehrpläne in den 1980er Jahren – unterhalb jener zunächst suizidal anmutenden Erfindung des ABM-„Dachregimes" aus Zerstörungs*fähigkeit* und Zerstör*barkeit* den Aufbau eines verzweigten Systems von Rüstungskontroll-, später auch Abrüstungsübereinkommen (siehe Kasten 2) zu betreiben.

Damit wurde der Ost-West-Konflikt nicht nur halbwegs beherrschbar gemacht, sondern zugleich das hohe Rüstungs-, also potenzielle Gewaltniveau zunächst eingefroren, später schrittweise gesenkt, bevor der Ost-West-Konflikt vor dem Hintergrund des unter Gorbatschow eingeleiteten Politikwechsels schließlich gänzlich überwunden werden konnte.

Unterhalb der globalen Ebene verfolgte die Bundesrepublik als regionale Mittelmacht während der Zeit des Ost-West-Konfliktes im Wesentlichen das Interesse, zum einen die eigene territoriale Integrität und die politische Souveränität zu schützen, zum zweiten die Gefahr eines erneuten zwischenstaatlichen Krieges zu reduzieren und insbesondere zu verhindern, dass der Kalte Krieg trotz der politisch-ideologischen Unversöhnlichkeit zwischen den Blöcken, trotz der immer wieder angestellten Überlegungen zur möglichen Führbarkeit eines Nuklearkrieges und trotz der militärischen Hochrüstung nicht in einen „heißen" Krieg umschlug. Zum dritten schließlich bestand das westdeutsche Sonderinteresse darin, die Möglichkeit zur Wiedervereinigung beider deutscher Staaten aufrechtzuerhalten.

> **Kasten 2: Der ABM-Vertrag als Basis weiterer Rüstungskontroll- und Abrüstungsverträge**
>
> Die Rüstungskontrollverträge der späten 1960er, der 1970er und der 1980er Jahre sind unterteilbar in global-multilaterale (z. B. die Biowaffenkonvention), in regionale, speziell auf die Blockkonfrontation bezogene (z. B. Mutual and Balanced Force Reductions MBFR) und in bilateral zwischen den USA und der Sowjetunion geschlossene Rüstungskontroll- und Abrüstungsverträge. Vor dem Hintergrund der durch den 1970 ratifizierten NPT-Vertrag (Treaty on the Non-Proliferation of Nuclear Weapons) weitgehend gesicherten nuklearen Vormachtstellung der USA (mit ihren Alliierten Frankreich und Großbritannien) auf der einen und der Sowjetunion auf der anderen Seite (lediglich China, dem als fünftem Staat unter dem NPT-Regime der Besitz von Nuklearwaffen erlaubt war, war aus dieser strategischen Rechnung ausgenommen) konnten die beiden Blöcke, insbesondere die beiden Blockführungsmächte, ihre Rüstungsniveaus unter dem im ABM-Vertrag 1972 festgeschriebenen Grundsatz der garantierten gegenseitigen Verletzbarkeit kontrollieren und reduzieren:
> So wurde in den beiden SALT-Verträgen (Strategic Arms Limitation Talks SALT I 1972 und SALT II 1979; aufgrund der Spannungen Ende der 1970er Jahre trat SALT II aber nie in Kraft) bilateral die Zahl von Raketen, Sprengköpfen sowie Abschussgeräten u. a. *begrenzt*. Mit den Anfang der 1980er Jahre eingeleiteten START-Verhandlungen (Strategic Arms Reduction Treaty) wollten beide Seiten in die substantielle *Reduzierung* der strategischen Waffen eintreten, was aber erst 1992 bzw. 2002 mit SORT (Strategic Offensive Reductions Treaty) tatsächlich gelang.
> Jenseits der strategischen Waffen wurde es 1987 zudem möglich, mit dem INF-Vertrag (Intermediate Range Nuclear Forces), der „doppelten Null-Lösung", alle US-amerikanischen und sowjetischen Nuklearraketen kürzerer und mittlerer Reichweite (500 bis 5500 km) zu eliminieren.
> Auf dem Feld der konventionellen Waffen verliefen hingegen die Rüstungskontrollversuche (Mutual Balanced Force Reduction MBFR) für den Raum vom Atlantik bis zum Ural bis zum Ende des Ost-West-Konfliktes erfolglos; erst im Rahmen des KSE-Vertrages konnten 1992 erste Abrüstungsschritte erreicht werden.
> Mit der einseitigen Aufkündigung des ABM-Vertrages durch die Bush-Regierung im Jahr 2002 und dem damit verbundenen schrittweisen Einstieg in die Raketenabwehr als Methode des Schutzes wurde die Grundlage des bisherigen gegenseitigen Rüstungskontroll- und Abrüstungssystems – die der Gegenseite vertraglich garantierte eigene Verletzbarkeit – aufgegeben.

Dazu betrieb die Bundesrepublik erstens eine aktive Bündnispolitik im Rahmen der NATO, die in klassischer Weise auf die Sicherung des eigenen bzw. des Bündnisterritoriums hinauslief (siehe zur kollektiven Verteidigung den NATO-Vertrag von 1949, insbesondere Artikel 5; zur Bedeutung der NATO für die deutsche Sicherheit siehe auch den Beitrag von Olaf Theiler in diesem Band); zweitens verfolgte die Bundesrepublik eine Integrationspolitik im westeuropäischen Rahmen (zur sicherheitspolitischen Dimension der europäischen Integration siehe auch den Beitrag von Wilhelm Knelangen in diesem Band); drittens schwenkte die Bundesrepublik im Zuge der Ostpolitik ab der zweiten Hälfte der 1960er Jahre von einer konfrontativen zu einer kooperativen Haltung gegenüber den Staaten des Warschauer Paktes um (siehe dazu Kasten 3).

Kasten 3: Die Weißbücher 1969 bis 1985 als Spiegel der deutschen Sicherheitspolitik während des Kalten Krieges

Die acht zwischen 1969 und 1985 erschienenen Weißbücher (1969, 1970, 1971/72, 1973/74, 1975/76, 1979, 1983, 1985) spiegeln unter dem 1970 eingeführten zentralen Thema „Frieden in Freiheit" ein im Wesentlichen eindimensionales, traditionell militärorientiertes Sicherheitsverständnis wider (insbesondere das rein militärisch auf die Bundeswehr ausgerichtete Weißbuch aus dem Jahr 1969). Darin wurde die zentrale Gefahr vor allem in den von der Sowjetunion geführten Streitkräften des Warschauer Paktes gesehen; Zahlen und Fähigkeiten (Strukturen, Potenziale, Strategien und Möglichkeiten) werden in den Weißbüchern zur Grundlage einer kräftevergleichenden Bedrohungsanalyse herangezogen. Jedoch ist im Laufe der Zeit auch eine schrittweise Veränderung des Sicherheitsverständnisses festzustellen, das einerseits allmählich umfassend politisch-gesellschaftliche Instabilität in Drittstaaten (allerdings sehr stark mit Bezug auf den Ost-West-Konflikt), andererseits wirtschaftliche Dependenzen, insbesondere die eigene problematische Abhängigkeit von der Versorgung mit Rohstoffen aus dem internationalen Umfeld in die sicherheitspolitischen Überlegungen einbezieht.

Ihren Ausgangspunkt nahmen die Weißbücher Ende der 1960er Jahre mit der Feststellung, dass angesichts der Existenz von thermonuklearen Waffen auf beiden Seiten die extremste Konfrontation zwischen Ost und West offensichtlich überwunden zu sein schien; gleichzeitig wurden Ansätze von Multipolarität identifiziert und ein langsames Aufbrechen des Ostblocks konstatiert. Vor diesem Hintergrund wurden als Ziele deutscher Sicherheitspolitik Kriegsvermeidung und Friedenssicherung sowie die Möglichkeit zur friedfertigen Selbstverwirklichung formuliert; diese Ziele sollten – im engen Schulterschluss mit den USA – durch die Aufrechterhaltung eines stabilen militärischen Gleichgewichts, durch die Überwindung des Ost-West-Gegensatzes sowie durch Rüstungskontrolle und Rüstungsbegrenzung erreicht werden.

Entsprechend stellte sich Anfang der 1970er Jahre auch die Bedrohungsanalyse dar: Von den drei denkbaren sicherheitspolitischen Bedrohungsszenarien – der Gefahr eines großangelegten Angriffs auf das NATO-Territorium durch die Warschauer-Pakt-Staaten, einer begrenzten Aggression und der Gefahr der politischen, mit militärischem Druck insbesondere auf die NATO-Peripherie oder auf West-Berlin flankierten Erpressung – wurde nur *eine* Bedrohung als tatsächlich möglich angesehen: „Die Schmälerung ihrer politischen Entscheidungsfreiheit durch Druck oder Drohungen ist die eigentliche Gefahr, die der Bundesrepublik und ihren Bündnispartnern drohen könnte. Die Gefahr eines militärischen Angriffs ist demgegenüber zur Zeit gering. Keine Aktion der sowjetischen Führung in den vergangenen Jahren deutet auf die Absicht hin, militärisch gegen Westeuropa vorzugehen. Aber die Absichten könnten sich ändern, wenn die gegenwärtig obwaltende vorsichtige Einschätzung des Risikos einer unbedachten, bedenkenlosen Beurteilung weichen sollte – oder wenn das Gleichgewicht aufgehoben würde" (Weißbuch 1970: 21).

Schrittweise wurde in den folgenden Weißbüchern der Fokus erweitert – zunächst durch den Hinweis auf soziale Probleme in der Bundesrepublik und den damit enger werdenden Spielraum bei der Mittelzuweisung für die Streitkräfte (Weißbuch 1971/1972); unter dem Eindruck der Ölpreiskrise wurde dann auch die strategische Bedeutung der Rohstoffversorgung (Ressourcensicherheit) und die damit verbundene Vulnerabilität einerseits (Weißbuch 1973/74), die Bedeutung der internationalen Zusammenarbeit, v. a. der Zusammenarbeit mit sich entwickelnden Staaten andererseits als bedeutsam herausgestrichen (Weißbuch 1975/76). Dieser Aspekt wurde beibehalten, insbesondere weil erkannt worden war, dass die volkswirtschaftliche Entwicklung Deutschlands zunehmend von der politisch-gesellschaftlichen Stabilität in den „Entwicklungsstaaten" abhängig war und dass Deutschland daher an deren wirtschaftlichem Fortschritt zur Stärkung politischer Stabilität gelegen sein musste. Vornehmlich waren diese Stabilitätsprobleme aber weiterhin von sicherheitspolitischer Bedeutung, weil in der Existenz der instabilen Räume die Möglichkeit für den Ostblock gesehen wurde, seine Einflusszone weltweit auszudehnen (Weißbuch 1979).

> Vor dem Hintergrund einer neuen sowjetischen Aggressivität – insbesondere im Zuge der Krise in Polen und der sowjetischen Besetzung Afghanistans – und der parallel verlaufenden Nachrüstungsdebatte in den 1980er Jahren kam es dann wieder zu einer deutlicheren Fokussierung auf den in klassischen militärischen Dimensionen verstandenen Ost-West-Konflikt (Weißbuch 1983).
> Die Verbindung von beiden Elementen – Blockantagonismus mit strategischen Implikationen und die Gefahren durch gesellschaftliche Instabilität in Drittstaaten – spiegelt sich schließlich im Weißbuch 1985 wider: „Instabile Verhältnisse in der Dritten Welt bleiben eines der Hauptprobleme der internationalen Politik. Interne Faktoren wie hohes Bevölkerungswachstum, Mängel und Versäumnisse in der Wirtschaftspolitik, aber auch äußere Faktoren wie hohes internationales Zinsniveau, weltwirtschaftliche Rezession und Protektionismus haben nachhaltig den Prozeß [sic!] der wirtschaftlichen und sozialen Entwicklung der Länder der Dritten Welt beeinträchtigt [...] Die Sowjetunion versucht, Konflikte in der Dritten Welt zu nutzen, um Macht und Einfluß [sic!] im globalen Rahmen zu vergrößern. Dabei kommt ihr zugute, daß [sic!] nationale, religiöse, ethnische und soziale Rivalitäten und die daraus resultierenden Konflikte die Dritte Welt weiterhin zu einem Unruheherd der Weltpolitik machen werden" (Weißbuch 1985: 13).

Während die Bundesrepublik ihre Sicherheit im Kontext des Ost-West-Konfliktes trotz der seit den 1960er Jahren stark entspannungspolitisch geprägten Züge (beispielsweise über den KSZE-Prozess) gegenüber dem Warschauer Pakt letztlich weiter als militärische Fähigkeit zur klassischen territorialen Verteidigung im Rahmen eines Bündnisses – also konfrontativ – verstand, kam es gegenüber den westeuropäischen Staaten zu einem sicherheitspolitischen Paradigmenwechsel. Dieser bestand im Wesentlichen darin, beginnend mit der Montan-Union, über eine kooperativ-integrative Strategie die einzelstaatlichen Gewaltpotenziale gegenseitiger Kontrolle zu unterwerfen und damit um den Preis der schrittweisen partiellen Aufgabe einzelstaatlicher Handlungsfreiheit zwischenstaatliche Kriege zwischen den Mitgliedsstaaten der Europäischen Union (und ihrer Vorläufer) unmöglich und undenkbar zu machen. Dabei ging es zunächst vor allem um die schrittweise Integration relativ ähnlich verfasster Staaten in gemeinsame Strukturen; ab den 1980er Jahren – mit der Aufnahme Spaniens, Portugals und Griechenlands (also von drei damaligen „Transformationsstaaten") – wurde diese kooperativ-integrative Sicherheitsstrategie um das Element der politischen, gesellschaftlichen und wirtschaftsstrukturellen *Assimilation* bereichert: Potenziellen Mitgliedsstaaten wurde am Beginn von Reformprozessen bzw. im Moment eines politischen Neubeginns ein Modell vor Augen gestellt, das sie für sich selbst anstreben konnten (Assimilation), um zu einem späteren Zeitpunkt dann in die europäischen Strukturen aufgenommen zu werden (Integration).

In Europa, ausgehend von Westeuropa, wird also seit den 1980er Jahren eine Sicherheitsstrategie der „konsensualen expansiven Integration" verfolgt: Neben einer zunehmend vertieften (vertikalen) Integration der Mitglieder kommt es schrittweise zu Neuaufnahmen (horizontale Expansion), sobald die Aspiranten erfolgreich den Prozess der Assimilation durchlaufen haben, wobei diese Aufnahme auf gegenseitigem Einverständnis (konsensual) beruht. Mit dieser Strategie ist es den (EU-)Europäern gelungen, in Abkehr von den klassischen (letztlich von konfrontativem Denken geprägten) Bündnissicherheitsstrukturen durch die Überwindung territorialstaatlichen Denkens einen Sicherheitsraum zu schaffen, in dem es seit dem Ende des Zweiten Weltkrieges zu keinen zwischenstaatlichen Kriegen mehr zwischen seinen Mitgliedern gekommen ist.

4 Die von Deutschland nach 1990 perzipierten Sicherheitsherausforderungen

Seit dem Ende des Ost-West-Konfliktes hat sich das Sicherheitsverständnis in Deutschland schrittweise weiterentwickelt, indem nun neben den klassischen zwischenstaatlichen – symmetrischen – Kriegen auch asymmetrisch ausgetragene Konflikte zwischen Staaten und nichtstaatlichen Akteuren, aber auch tiefgreifende Störungen des internationalen Systems in den Blick genommen werden, deren Wirkungen und indirekten Folgeeffekte Deutschlands Fähigkeit zu souveränem Handeln und zu seiner ungestörten Entwicklung in erheblichem Maße tangieren. In diesem Zusammenhang kann man unterscheiden zwischen primären Bedrohungen – solchen, die das Gemeinwesen unmittelbar bedrohen oder das (Stabilitäts-) System nachhaltig beeinträchtigen, darunter „vitale" mit potenziell existenzzerstörender Wirkung – und sekundären Bedrohungen, also tiefgreifenden, negativen, sich der Kontrollierbarkeit weitgehend entziehenden violenten und non-violenten Entwicklungen, die sich auf die gesellschaftliche Stabilität in einzelnen Staaten negativ auswirken und sich von dort als Störungen im internationalen System ausbreiten; dazu zählen beispielsweise die Verletzung von „Bindestrich-Sicherheiten" (Versorgungs-Sicherheit u. a.), vor allem mit wirtschaftlichen Knappheiten in Verbindung stehende Effekte (Unzugänglichkeit von Märkten, Verringerung von Angebotsmengen, Preissteigerungen insbesondere bei Gütern des täglichen Bedarfs etc.) oder die destabilisierenden Effekte demographischer Verschiebungen (Beispiele für die „neuen" Kataloge unterschiedlichster Sicherheitsbedrohungen siehe Kästen 4 und 5).

> **Kasten 4: Agenda for Peace, Boutros Boutros-Ghali, 1992**
>
> Mit dem Ende des Ost-West-Konfliktes, der das Handeln der Vereinten Nationen lange Zeit beherrscht und sie in vielerlei Hinsicht gelähmt hatte, treten neue Sicherheitsherausforderungen auf die Agenda der VN. In dieser Phase formulierte der VN-Generalsekretär Boutros Boutros-Ghali 1992 im Auftrag des Weltsicherheitsrates die „Agenda for Peace".
> In diesem Dokument stellte der VN-Generalsekretär fest, dass es auf der einen Seite befreiende Effekte infolge von grenzüberschreitenden Zusammenschlüssen und von internationaler Zusammenarbeit gebe, dass man es aber auf der anderen Seite mit einem verbreiteten Zusammenbruch von Staaten aufgrund von ethnischen, religiösen, sozialen, kulturellen und sprachlichen Konflikten, mit Diskriminierung, Exklusion und Terrorismus zu tun habe. Und selbst auf den ersten Blick positiv wirkende Entwicklungen zögen u. U. auch negative Effekte nach sich, etwa ökologische Schäden, Zerrüttung von Familien- und Gemeinschaftsstrukturen sowie tiefe negative Eingriffe in das individuelle Leben. Dazu kämen weitere Problemfaktoren wie Bevölkerungswachstum, wirtschaftliche Verschuldung, die Errichtung von Handelsschranken, Drogenhandel, Verarmung sowie eine Vergrößerung der Kluft zwischen Arm und Reich, Krankheiten, Hunger, Unterdrückung und Massenflucht.
> Die neue Aufgabe der VN bestehe in den Augen des Generalsekretärs daher darin, Konflikte zu erkennen und zu entschärfen, die Ursachen – etwa wirtschaftliche Verwerfungen, soziale Ungerechtigkeiten und politische Unterdrückung – zu beseitigen, in Konfliktregionen Waffenruhe herzustellen und Wiederaufbauhilfe zu leisten.
> Die Grundlage des internationalen Systems bilde weiterhin die staatliche Souveränität. Allerdings seien deren Absolutheit und Ausschließlichkeit in dem Moment überholt, in dem Staaten den Notwendigkeiten einer zunehmend interdependenten Welt folgten und damit den Ansprüchen auf eine gute innere Führung entsprechen müssten. Gleichzeitig müsse aber auch eine unbegrenzte Fragmentierung der Staatenwelt verhindert werden, zu der es käme, wenn jede Subgruppierung politische Unabhängigkeit für sich beanspruche, da andernfalls Frieden, Sicherheit und Wohlfahrt kaum noch zu erreichen seien. Entsprechend

seien daher der Aufbau demokratischer Strukturen und – damit verbunden – Menschen- und Minderheitenrechte in den Vordergrund zu rücken.
Angesichts dieser Ausgangslage müssten die VN in die Lage versetzt werden, eine breite Palette von Mitteln zur Konfliktbearbeitung zur Wirkung bringen zu können. Dazu gehörten u. a.
- präventive Diplomatie (Vertrauensbildung, Fact-finding, Frühwarnung, präventive Stationierung von militärischen Kontingenten unter Beachtung der nationalen Souveränität zum Schutz der Staaten voreinander oder von Konfliktgruppen innerhalb von Staaten, Einrichtung demilitarisierter Zonen),
- Peacemaking (durch Einsatz friedlicher, in Kap. VI der VN-Charta vorgesehener Mittel; durch die Befassung durch den Internationalen Strafgerichtshof; durch Zusammenwirken der verschiedenen VN-Organe, Verhängung von Sanktionen; die Möglichkeit, „echte" VN-Militärkräfte nach Art. 42 und 43 der VN-Charta zum Einsatz zu bringen anstatt lediglich Einsätze nationaler Streitkräftekontingente durch die VN mandatieren zu lassen),
- Peace-enforcement; Durchsetzung von bereits geschlossenen Waffenstillstands- oder Friedensabkommen durch starke, den VN unterstellte Truppen der Mitgliedstaaten,
- Peace-keeping (durch VN-Militärkontingente und -Polizeikräfte mit Zustimmung der Konfliktparteien; präventives als auch nachträgliches Einschreiten),
- Post-conflict Peace-building; dies stellt das Gegenstück zur Präventivdiplomatie dar und soll die Konfliktparteien wieder zusammmenbringen und die Möglichkeit schaffen, demokratische Institutionen aufzubauen, um so ein Wiederaufflammen von Konflikten zu verhindern.

Insgesamt geht es den VN also laut der „Agenda for Peace" des VN-Generalsekretärs darum, sich nach dem Ende des Ost-West-Konfliktes als aktiver sicherheitspolitischer Akteur in die Konfliktbearbeitung einzubringen. Dabei halten die VN weiterhin weitgehend am Territorialstaat als dem zentralen Akteur der internationalen Politik und des internationalen Umfeldes fest, blicken aber zugleich auch zunehmend auf überstaatliche Strukturen (regionale Organisationen, deren Rolle für die VN in Kap. VIII der Charta ausgeführt ist) und - insbesondere bei Fragen des Peace-keeping – auf zwischenstaatliche Institutionen.

Sicherheitspolitik orientiert sich daher nun erstens an dem übergeordneten, umfassenden und sehr viel breiteren (zugleich aber auch konkret nur schwer fassbaren) Ziel, die Gesellschaft und ihre Mitglieder vor unmittelbaren Bedrohungen, insbesondere vor Gewaltbedrohungen durch andere Staaten oder nichtstaatliche Akteure, zu schützen. Darüber hinaus zielt Sicherheitspolitik aber zweitens auch auf den Erhalt bzw. den (Wieder-)Aufbau stabiler gesellschaftlicher und so letztlich den Individuen zugutekommender Ordnungsstrukturen ab, die ein weitgehend gewaltfreies, also Konflikte möglichst konsensual bearbeitbar machendes Zusammenleben innerhalb und zwischen den Gesellschaften ermöglichen und die den Gesellschaften zugleich eine ihre Interessen in Abstimmung mit anderen Gesellschaften verwirklichende souveräne Eigenentwicklung erlauben. Damit orientiert sich die Sicherheitspolitik also an dem Ziel, das eigene Gemeinwesen auch vor indirekt wirkenden negativen Effekten durch die Stabilität des internationalen Systems bzw. einzelner Regionen sowie durch eine gewaltarme Konfliktbearbeitung zu schützen.

Die Entwicklung des Sicherheitsverständnisses in Deutschland

> **Kasten 5: Global Puzzle und Long-term Vision – Ansätze auf europäischer Ebene**
>
> Der 2006 von der European Defense Agency EDA veröffentlichte Bericht „An Initial Long-Term Vision for European Defence Capabilitiy and Capacity Needs" identifiziert drei wesentliche Faktorenkomplexe, die für die Sicherheit Europas in der Zukunft von besonderer Bedeutung seien:
> - die geographische Nähe der Krisenherde zur EU; die „Verlierer" der Entwicklungen im internationalen Umfeld würden der Mittlere Osten, Russland sowie das zusätzlich von der großen Zahl von AIDS-Fällen betroffene Afrika sein; der Abstieg dieser Regionen werde in der Konsequenz zu einem erhöhten Migrationsdruck auf Europa führen;
> - neue militärische Herausforderungen (an die Stelle der abnehmenden Zahl von klassischen, „großen" zwischenstaatlichen Kriegen träten zunehmend „kleine" Kriege mit reduzierter, bisweilen auf städtische Räume begrenzter Reichweite) und technologische Herausforderungen (es träten neue Waffentypen neben die klassischen kinetischen Waffen);
> - globale wirtschaftliche, demographische und politische Veränderungen (Europas Anteil am Weltwohlstand werde relativ abnehmen, Europas Arbeitsbevölkerung werde schrumpfen mit Konsequenzen nicht nur für die wirtschaftliche Entwicklung, sondern ganz konkret auch für den Umfang von Streitkräften u. a.).
>
> Als Gegenstrategie empfehlen die Autoren des Dokumentes eine größere Kooperation bzw. Integration unter den EU-Staaten, insbesondere mit Blick auf die (nun zur GSVP weiterentwickelte) ESVP, und zwischen NATO und EU, ferner verstärkte zivil-militärische Zusammenarbeit und einen Wechsel hin zu Krisenprävention und -management mit einer den notwendigen Maßnahmen angemessenen personellen Stärke, aber auch dem nötigen technologisch-industriellen Unterbau.
>
> Parallel dazu erarbeitete das EU Institute for Security Studies ISS in Paris den Bericht „The New Global Puzzle – What World for the EU in 2025?". Unter dem Gesichtspunkt der Sicherheitspolitik werden in diesem Bericht auf einer Reihe von Feldern Prognosen angestellt:
> - In Bezug auf die Demographie komme es insgesamt zu einem sehr ungleich ausgeprägten Bevölkerungswachstum; so nehme im EU-Raum u. a. die Bevölkerungszahl ab, was sich auf Arbeitsmarkt und Sozialsysteme auswirke und zugleich mit Migrationsdruck auf Europa verbunden sei.
> - Wirtschaftlich werde sich die Wohlstandsverteilung auf der Welt sehr ungleich entwickeln: Während einige Weltregionen vollkommen verarmen würden, bleibe der Pro-Kopf-Wohlstand im OECD-Raum hoch, und vor allem in Teilen Asiens werde es zu einem starken Wirtschaftswachstum kommen, wodurch es neben enormen sozialen Konsequenzen auch zu einer erheblichen zusätzlichen Nachfrage nach Energie kommen werde; dadurch wiederum werden die Energiepreise steigen; dabei werde weiterhin vor allem Öl, aber auch Erdgas nachgefragt werden (mit deutlicher Asymmetrie zwischen Produzenten und Konsumenten), aber es werde vor allem in den Entwicklungsstaaten auch zu einer Zunahme der Kernenergie kommen.
> - Es werde ein weiteres Ansteigen der globalen Durchschnittstemperaturen zu verzeichnen sein; dies habe vor allem Konsequenzen für die ariden und semi-ariden Weltregionen, dazu komme die Umweltverschmutzung in den globalen Ballungsräumen der Entwicklungsstaaten mit insgesamt erheblichen Folgen für regionale Wirtschaftsleistungen sowie die globale Wasser- und Nahrungsmittelversorgung.
> - Auf dem Feld von Wissenschaft und Technologie werde es – vom jeweiligen Forschungsaufwand abhängig – bei IT-, Nano- und Biotechnologie sowie den entsprechenden feldübergreifenden Anwendungen zu einem unterschiedlich starken Wachstum kommen; gleichzeitig wirkten sich diese Entwicklungen erheblich auf das gesellschaftliche Leben aus – Möglichkeiten der Überwachung, *digital divide* etc. –, und die technologischen Fortschritte würden auch in aggressiv-feindlicher Absicht zu nutzen sein.

> Ebenfalls werden in der Studie zentrale Faktoren benannt, die für die weiteren Entwicklungen in wichtigen Weltregionen wesentlich sein werden:
> - für Eurasien die kommende Entwicklung in Russland;
> - für die Region Nahost/Nordafrika (Middle East and North Africa: MENA) die Entwicklung insbesondere im Zusammenhang des politischen Islams;
> - für Subsahara-Afrika vor allem die in weiten Teilen zu geringen Investitionen und die ungleiche binnengesellschaftliche Verteilung des aus dem Verkauf von Rohstoffen gewonnenen Einkommens;
> - für die Vereinigten Staaten die Frage, wie sie mit ihrem relativ abnehmenden globalen Einfluss umgehen;
> - für China die Herausforderung, die Voraussetzungen und die Folgen des Wirtschaftswachstums mit politischer Stabilität und internationalem Einfluss zu vereinen;
> - für Indien das Problem, die starken inneren Widersprüche zu überwinden, und die Frage, wie man sich gegenüber den Großmächten USA und China positionieren werde;
> - für Lateinamerika die Entwicklung der Wohlstandsverteilung und die Bekämpfung der Gewaltkriminalität.
>
> Vor dem Hintergrund der Analyse der wesentlichen Entwicklungen auf den zentralen Feldern Demographie, Wirtschaft, Energie, Technologie und Umwelt prognostiziert das ISS für die Zukunft ein internationales System, das durch eine Renaissance von Großmachtpolitik, durch multilaterale Strukturen innerhalb der verschiedenen Regionen und durch die Zunahme schwacher Staaten geprägt und in dem die Bedeutung von Global Governance sehr hoch sein werde. Europa, das extrem abhängig von Öl aus dem Nahen Osten bleiben werde, werde sich in einer unruhigen Nachbarschaft befinden (Russland, MENA, Subsahara-Afrika) und sich mit der Herausforderung konfrontiert sehen, die Strukturen mitzugestalten und auf eine multilaterale Ordnung hinzuwirken, die das Verfolgen eigener Interessen zulasse, sowie schließlich kohärente Positionen für das eigene Handeln zu definieren.

Um dieses Ziel erreichen zu können, können verschiedene Mittel zur Anwendung kommen, insbesondere diplomatische, wirtschaftliche und entwicklungspolitische Instrumente, aber auch – und dies stellte für Deutschland in den 1990er Jahren einen Paradigmenwechsel dar – durch den Einsatz des Mittels militärischer Gewalt. Letzteres dient seither einerseits weiterhin *als letztes Mittel* zur territorialen Verteidigung, andererseits *als äußerstes Mittel* in einer breiten Mittelpalette, um ordnungsstiftend und ordnungsdurchsetzend wirken zu können. Gewalt als äußerstes Mittel dient also in diesem Verständnis dazu, in Konflikte eingreifen zu können und neue Formen und Ordnungen der Gewaltbindung und Gewaltunterbindung – zunächst von außen oktroyiert, dann von innen selbst getragen und organisiert – etablieren zu können (zu den unterschiedlichen Sicherheitsansätzen siehe Kästen 6-10).

4.1 Das internationale Staatensystem und die deutsche Sicherheit

Auf der Ebene des internationalen Staatensystems ist es mit dem Ende des Ost-West-Konfliktes vor allem in Europa zu einer Vergrößerung jener Zone gekommen, in der zwischenstaatlich eine konsensuale non-violente Konfliktregelung praktiziert wird; im Wesentlichen betrifft dies die in vier Schritten 1995, 2004, 2007 und 2013 um sechzehn weitere Mitglieder vergrößerte EU – eine Entwicklung, die der zuvor beschriebenen Logik der „konsensualen territorialen Expansion" mit dem Ziel folgt, eine kooperativ-integrative Sicherheitsbinnenstruktur aufzubauen und auszuweiten. Diese Vergrößerung stand zugleich in einem engen Zusammenhang mit der Erweiterung der NATO. Beide Organisationen bestimmen zusammen den „euro-atlantischen Stabilitätsraum" (kooperativ-integrativ nach innen, kooperativ-dialogorientiert und zugleich verteidigungsbereit nach außen, siehe dazu Kasten 6).

Die Entwicklung des Sicherheitsverständnisses in Deutschland

Kasten 6: Die NATO-Konzepte von 1991, 1999 und 2010 als Grundlagen nordatlantischer Sicherheitspolitik

Vor dem Hintergrund des grundlegend veränderten sicherheitspolitischen Umfeldes – der Rückverlegung der sowjetischen Truppen, der Abrüstungsfortschritte und des KSZE/OSZE-Prozesses sowie der deutschen Vereinigung – beschreibt das Strategische Konzept der NATO aus dem Jahr 1991 drei Komplexe neuer Risiken („multi-faceted in nature and multi-directional"), mit denen die NATO sich in Zukunft konfrontiert sehe:
- die negativen Folgen von Instabilitäten („the adverse consequences of instabilities that may arise from the serious economic, social and political difficulties, including ethnic rivalries and territorial disputes, which are faced by many countries in central and eastern Europe"), die zwar die NATO-Staaten nicht unmittelbar bedrohen, die aber übergreifende Konsequenzen besäßen sowie Dritte involvieren könnten;
- „klassische" zwischenstaatliche Konflikte am Rande des euro-atlantischen Raumes, wie der Irakkrieg 1991 – verschärft durch die Proliferationsproblematik – gezeigt habe;
- ein umfangreicheres Gefahrenpotenzial, etwa durch die Proliferation von Massenvernichtungswaffen, durch die Unterbrechung von wichtigen Handelswegen, durch Terrorismus oder Sabotage u. a.

Vor dem Hintergrund dieser Herausforderungen müsse die NATO zukünftig in der Lage sein, einem breiten Spektrum von Bedrohungen (politische, wirtschaftliche, soziale, umweltbezogene) auch mit einer breiten Palette von Gegenmitteln begegnen zu können. Wesentlich sei dabei auf der einen Seite das Festhalten an der Fähigkeit zur kollektiven Verteidigung, auf der anderen Seite aber auch eine Politik des Dialogs und der Kooperation, die die frühzeitige Bearbeitung von Konflikten erlaube.

Das militärische Mittel diene dabei weiterhin vor allem der Verteidigung der territorialen Integrität der Staaten im NATO-Raum und dem Erhalt der politischen Souveränität der Staaten sowie auch als Mittel, mit dessen Hilfe man nach dem Ende des Ost-West-Konfliktes eine mögliche Renationalisierung unter den Mitgliedern strukturell verhindern könne; gleichzeitig könne es aber auch als Mittel zum schnellen Eingreifen gegen neue, die Sicherheit der Bündnismitglieder gefährdende potenzielle Risiken herangezogen werden.

Im Strategischen Konzept von 1999 spiegeln sich die Veränderungen im Sicherheitsverständnis noch deutlicher wider: In diesem Konzept geht es nun – vor allem vor dem Hintergrund des Krieges auf dem Balkan – nur noch wenig um die zwischenstaatlichen Konflikte in der Nähe des euro-atlantischen Raumes, vielmehr steht die bedrohliche Qualität von Instabilitätskonflikten im Zentrum, die Auswirkungen auf die Staaten des euro-atlantischen Raumes entwickeln könnten: „Some countries in and around the Euro-Atlantic area face serious economic, social and political difficulties. Ethnic and religious rivalries, territorial disputes, inadequate or failed efforts at reform, the abuse of human rights, and the dissolution of states can lead to local and even regional instability. The resulting tensions could lead to crises affecting Euro-Atlantic stability, to human suffering, and to armed conflicts. Such conflicts could affect the security of the Alliance by spilling over into neighbouring countries, including NATO countries, or in other ways, and could also affect the security of other states." Risiken werden auch in der Proliferation von Massenvernichtungswaffen, in Angriffen auf die Informationssysteme der NATO-Staaten, in Terrorismus, Sabotage, Unterbrechung der Handelswege sowie – vor allem wieder mit Blick auf die Entwicklungen auf dem Balkan – unkontrollierten und großen Flüchtlingsbewegungen gesehen.

Als Konsequenz verfolgt die NATO einen breiten sicherheitspolitischen Ansatz von Verteidigung, aber auch von Krisenprävention und Krisenmanagement jenseits der Artikel-5-Fälle, die flankiert werden durch eine Stabilisierungsstrategie über die verschiedenen NATO-Kooperationsforen (EAPC, PfP, Rat mit Russland und der Ukraine oder auch Mittelmeerdialog). Vor diesem Hintergrund betont das Strategische Konzept von 1999, dass die Streitkräfte der NATO-Staaten die Fähigkeit besitzen müssten, alle militärischen Herausforderungen von Verteidigung bis zu Krisenmanagement im multinationalen Rahmen bewältigen und

> dabei auch gemeinsam mit zivilen Akteuren und in gemischten Strukturen vorgehen zu können.
> Das Strategische Konzept von 2010 schließlich, das in erheblichem Maße unterschiedlichste Positionen der 28 Mitgliedstaaten verbindet und Differenzen (beispielsweise in Bezug auf die Frage nach der Natur der NATO – Verteidigungsbündnis oder weltweit aktiver Sicherheitsakteur? – oder bezüglich der Bedeutung von Nuklearwaffen) überbrückt, führt einen Katalog von Bedrohungen und komplexen Herausforderungen auf, zu dem – nach den Angriffen vom 11. September 2001 – der internationale Terrorismus, regionale Instabilitäten, die Verletzbarkeit der kritischen Infrastruktur (Cyber-Angriffe u. a.) sowie die Bedrohung von Versorgungswegen und materielle Knappheiten gehören. Diesen Herausforderungen stellt die NATO einen „umfassenden" Ansatz mit einem breiten Fähigkeitsspektrum (von der Konfliktverhütung bis zur Aufstandsbekämpfung) entgegen; eine besondere Bedeutung kommt dabei dem Projekt einer Raketenabwehr zu, womit unter russischem Protest einer der zentralen Faktoren eliminiert worden ist, durch den zuvor der Kalte Krieg in Grenzen gehalten werden konnte.

Mit dem Auseinanderfallen der Sowjetunion 1991 kam es auf der Staatenebene zu zwei neuen Phänomenen: Zum ersten unmittelbar zu einer Zunahme der Zahl von Territorialstaaten, die aus der „Konkursmasse" der alten Sowjetunion hervorgingen. Von diesen spielten wiederum mit Weißrussland, Kasachstan und der Ukraine gleich drei Staaten vorübergehend in der „Liga der Nuklearstaaten" mit, bevor sie Mitte der 1990er Jahre ihre Nuklearwaffen an Russland abtraten und damit für sich die Voraussetzungen schufen, als atomwaffenfreie Staaten Mitglied im Nichtverbreitungsvertrag (Non-Proliferation Treaty NPT) werden zu können. Gleichzeitig traten in einigen Staaten in der Folge des Zerfalls des Warschauer Paktes und der Sowjetunion selbst erhebliche Minoritätenprobleme und Irredentismusphänomene auf, die gravierende Konsequenzen für die regionale Stabilität und Sicherheit nach sich zogen, etwa im baltischen Raum, auf dem Balkan oder auf dem Kaukasus.

Zum zweiten stellte sich mit dem Ende des alles überwölbenden Ost-West-Konfliktes und der daraus resultierenden Bipolarität die Frage nach der globalen Machtverteilung neu: Nachdem man bereits in den 1970er und 1980er Jahren den Aufstieg neuer Großmächte – China, Indien, Japan, Brasilien v. a. – und den Einstieg in eine multipolare Struktur mit zunehmend ausgeglichener Machtverteilung erwartet hatte (siehe u. a. Kissinger 1969), bemerkt man in den vergangenen Jahren tatsächlich deutliche Anzeichen einer allmählichen Verschiebung der Machtzentren und eines relativen Machtverlustes der Vereinigten Staaten gegenüber den oft unter der Sammelbezeichnung „BRIC" zusammengefassten Staaten (Brasilien, Russland, Indien, China) oder den „neuen Gestaltungsmächten" (Bundesregierung 2012). Nachdem die USA als zunächst globale Post-Cold-War-Führungsmacht solche multikausalen Machtverschiebungen in einer multipolaren Welt bereits lange vorausgesehen hatten, sind sie bemüht – wie in einem Strategiepapier von 1991 angeregt, das dem damaligen Undersecretary of Defense for Policy im US-Verteidigungsministerium Paul Wolfowitz zugeschrieben wird (Tyler 1992) – wenigstens militärisch an der Spitze der Entwicklung zu bleiben, um so potenzielle Gegner durch eine schiere Entmutigungsstrategie („Asymmetrie der Stärke" durch Überlegenheit auf allen militärischen Feldern) abzuschrecken, in ihre Schranken zu verweisen und damit zumindest auf dem militärpolitischen Feld die Weltordnung weiter zu bestimmen (zur „Asymmetrie der Stärke" siehe Münkler 2006: 141). Tatsächlich lag der Verteidigungsetat der USA 2012 bei $ 531 Mrd. (inkl. der Kosten für die Nuklearwaffen, die im Haushalt des Energieministeriums enthalten sind; zusätzliche Ausgaben entfielen nach dem Ende des Irakeinsatzes noch auf die Kriegführung in Afghanistan). Dies entsprach rund 40% der weltweiten staatlichen Verteidigungs- und Rüstungsetats in jenem Jahr und übertraf beispielsweise den bundesdeutschen Wehretat (Einzelplan 14, 2012: € 31 Mrd) bei Weitem (das Bild verschöbe sich nochmals, wenn man zusätzlich jene staatlichen Gelder berücksichtigte, die in den USA in den Hauhalten anderer Ministerien liegen und die militärbezogen verwendet werden, womit man in Größenordnungen des Anderthalbfachen bis Doppelten gelangen könnte).

Ab Anfang der 1990 Jahre kam es auch zu einem Aufbrechen älterer zwischenstaatlicher Konflikte, die zuvor unter dem Einfluss des Ost-West-Konfliktes unterdrückt waren bzw. nicht offen ausbrachen, beispielsweise der Konflikt zwischen dem Irak und Kuwait. Insgesamt hat die Zahl der zwischenstaatlichen Kriege jedoch abgenommen (Marshall/Gurr 2005: 11; Heidelberg Institute for International Conflict Research 2013: 3). Dafür gibt es mehrere Gründe: Erstens hat die Zahl demokratischer Staaten zugenommen, und Demokratien führen empirisch belegbar keine Kriege gegeneinander („demokratischer Friede"); zweitens sind zwischenstaatliche Kriege für die meisten Staaten in der Zwischenzeit mit zu hohen Kosten (sowohl politischen als auch wirtschaftlichen Kosten) belegt; drittens ist mit der zunehmenden Öffnung des Weltmarktes ein wesentlicher Grund für Kriege – der Zugang zu Ressourcen – weitgehend entfallen, indem man sich Ressourcen auf dem freien Markt gewaltlos und zu günstigeren Preisen beschaffen kann (sofern man keine weiterreichenden strategischen Ziele aus der ungeteilten Kontrolle über den Ressourcenabbau und den Handel verfolgt). Doch auch wenn die Zahl der zwischenstaatlichen Kriege aus verschiedenen Gründen abgenommen hat: vollkommen verschwunden ist dieses Muster von Gewaltanwendungen nicht.

Für Deutschland hat sich die Situation in den 1990er Jahren fundamental verändert, weil es im Staatensystem seine ehemalige „Frontstaaten"-stellung verloren hat und – dem Bonmot entsprechend – nunmehr nur noch „von Freunden umgeben" ist, also bis auf Weiteres keiner unmittelbaren mit der Verletzung der territorialen Unversehrtheit einhergehenden „symmetrischen" Bedrohung durch andere Staaten ausgesetzt ist. Allerdings könnte Deutschland in der Zukunft durchaus wieder zum Ziel von staatlichen Bedrohungen werden, die von Staaten ausgehen, wenn diese sich über die Proliferation von Wissen und Technologie in den Besitz von älteren (z. B. Raketen), aber vor allem von neueren Waffenarten („wissensbasierte" Waffen, etwa im Rahmen von „cyber-warfare" oder Waffen auf Basis von Bio- oder Nanotechnologie u. a.) bringen.

Da „Bedrohung" die „Möglichkeit von negativen, katastrophal-zerstörerischen Wirkungen" ist, also über eindimensional militärisch ausgetragene Konflikte hinausgeht, existieren derzeit für Deutschland vor allem zwei sich dem Territorialstaatensystem entziehende andere Gefahrenquellen: Die Bedrohung durch nichtstaatliche Akteure, die sich einer asymmetrischen Kriegsführung bedienen (siehe 4.2), sowie durch mittelbare Bedrohungen, die durch schwerwiegende Wirkungen und Folgeeffekte von Entwicklungen jenseits des „euro-atlantischen Stabilitätsraumes" ausgelöst werden, beispielsweise durch unkontrollierte Massenmigration, regionale Instabilitäten und regionale Unzugänglichkeit bzw. Zugangsverweigerung (siehe 4.3). Diese bedrohlichen Effekte können sogar von der natürlichen Umwelt und den für sie prognostizierten Veränderungen ausgelöst werden (Bio- und Ökosphäre, siehe dazu u. a. Intergovernmental Panel on Climate Change IPCC 2007). Dazu kommen seit einiger Zeit auch die Auswirkungen möglicher gesellschaftlicher Instabilitäten, die den vormals so stabil erscheinenden EU-Raum beispielsweise über den Weg der Finanzkrise und die daraus erwachsenden sozialen Spannungen treffen.

4.2 Asymmetrische Konflikte

Die Anschläge vom 11. September 2001 haben gezeigt, dass auch extrem „starke" (im traditionell militärischen Sinne) Staaten u. U. gegenüber Angriffen vermeintlich schwächerer Gegner – sowohl Staaten als auch vor allem nichtstaatlicher Akteure – sehr verletzbar sind, wenn diese Angriffe in Form asymmetrischer Angriffe ausgeführt werden. Asymmetrie (in Bezug auf die Natur der Akteure, die Gestalt der Waffen als auch die Art des Vorgehens) nivelliert die unterschiedlichen Niveaus von „Stärke", indem sie sich auf den Grad der Wirkungen und Effekte konzentriert und weniger die dahinterstehenden Akteure in den Blick nimmt.

Dies ist nicht grundsätzlich neu, denn das Phänomen asymmetrischer Kriegsführung kennen die modernen Territorialstaaten spätestens seit den Guerillakriegen Anfang des 19. Jahrhunderts (spanischer Unabhängigkeitskrieg); allerdings wurden asymmetrische Kriege in der Vergangenheit in der Regel als Taktik im Rahmen der Landesverteidigung geführt (beispielsweise in Vietnam gegen die Streitkräfte der Vereinigten Staaten). Dagegen gelang es am 11. September 2001 einem nichtstaatlichen Gewaltakteur, mit dem Einsatz kinetischer Waffen (zu *cruise missiles* umfunktionierte Passagierflugzeuge, deren Sprengwirkung im Wesentlichen durch die kinetische Energie des Rumpfes und die Explosion des Treibstoffes hervorgerufen wurde) auf dem Territorium des Gegners einen Angriff auszuführen, dessen Wirkung durchaus „kriegsähnliche" Dimensionen besaß.

Daraus lassen sich eine Reihe von Schlussfolgerungen für die Sicherheitspolitik ziehen: Erstens sind nun offenbar nicht mehr nur Staaten in der Lage, Angriffe mit verheerenden, katastrophal-zerstörerischen Wirkungen auszuführen, die die Dimension einer „Bedrohung für den Weltfrieden" (so beispielsweise in der Resolution 1373 des VN-Sicherheitsrates vom 28. September 2001) erreichen: Zum einen ist es heute in den hochkomplexen, in globalem Maßstab vernetzten sozio-ökonomischen Systemen wesentlich leichter geworden, mit relativ geringem Mitteleinsatz erhebliche zerstörerische Schäden zu verursachen. Dies führt generell zu einer „Verbilligung der Kriegsführung". Zum anderen ist es zu einer Proliferation von Wissen und Technologie gekommen, die es auch anderen als staatlichen Akteuren ermöglicht, mit dem entsprechenden Willen große Zerstörungen hervorzurufen. Gleichzeitig entziehen sich diese Akteure dem Kriterium der Territorialität: Sie durchdringen die „permeablen" staatlichen Außengrenzen und unterliegen aufgrund ihres eigenen fehlenden territorialen Charakters vollkommen anderen Vulnerabilitätsmustern, die sie wenngleich zwar nicht unverwundbar, so doch weitgehend immun gegenüber den klassischen, aus der Staatenwelt bekannten Abschreckungs- und Vergeltungsstrategien machen.

> **Kasten 7: Die Nationalen Sicherheitsstrategien der USA aus den Jahren 2002, 2006 und 2010 als neue Post-9-11-Strategien**
>
> Die Bedrohungsanalyse, die der National Security Strategy aus dem Jahr 2002 zugrunde liegt, geht vor dem Hintergrund der Terroranschläge vom 11. September 2001 davon aus, dass auf der einen Seite die klassischen zwischenstaatlichen Risiken abnehmen werden, während auf der anderen Seiten die größte Gefahr nun vom „Terror mit weltweiter Reichweite" ausgehe. Diese Gefahr sei vor allem dann besonders groß, wenn Terroristen
> a. neue Technologien und Massenvernichtungswaffen nutzten und wenn der Terrorismus
> b. nicht nur von instabilen Regionen ausgehe, sondern er möglicherweise von einzelnen Staaten unmittelbar unterstützt und gefördert werde – womit dann diese Staaten aus Sicht der USA wiederum automatisch selbst ins Fadenkreuz gerieten.
> Im Hintergrund steht die selbstgewählte und der Selbstperzeption entsprungene US-amerikanische Mission, „freedom" (konkret: politische und wirtschaftliche Freiheit, zwischenstaatlichen Frieden sowie allgemeine Respektierung von Menschenrechten) gegen ihre Feinde durchzusetzen.
> Zu diesem Zweck sieht die Sicherheitsstrategie vor, dass die USA ggf. Finanzströme unterbrechen, die Proliferation von Massenvernichtungswaffen bekämpfen (insbesondere die Proliferation, die von den „Schurkenstaaten" Irak, Iran und Nordkorea ausgehe, gegen die Raketenabwehrsysteme aufgebaut und neue Abschreckungskonzepte entwickelt werden sollen), neue Strukturen innerhalb der Regierung (Department of Homeland Security u. a.) schaffen, zur Lösung regionaler Konflikte beitragen (Nahost, Südasien, Indonesien, Lateinamerika, Afrika) sowie die Verbreitung stabiler marktwirtschaftlicher und durch sozioökonomische Verbesserungen abgesicherter demokratischer Systeme beför-

dern (vor allem in der Kooperation mit großen Staaten oder regionalen Organisationen, etwa der NATO, ANZUS, ASEAN u. a.). Mit Blick auf die internationalen Organisationen beabsichtigen die USA eine breite Zusammenarbeit, um deren Vorteile nutzen zu können, ohne sich jedoch den damit zugleich verbundenen Einschränkungen der eigenen Handlungsfreiheit zu unterwerfen.

Zwei Elemente sind in der National Security Strategy des Jahres 2002 zentral:
- Ein vermeintliches Recht auf „Präemption", deren Zeitdimension und vermeintlich gesicherte Vorhersagbarkeit des erwarteten Angriffs in Abhängigkeit zur zu erwartenden Schadenswirkung zunimmt („The United States has long maintained the option of preemptive actions to counter a sufficient threat to our national security. The greater the threat, the greater is the risk of inaction— and the more compelling the case for taking anticipatory action to defend ourselves, even if uncertainty remains as to the time and place of the enemy's attack. To forestall or prevent such hostile acts by our adversaries, the United States will, if necessary, act pre-emptively", NSS 2002: 15) und
- die Möglichkeit, dieses Recht auch unilateral in Anspruch nehmen zu können („While the United States will constantly strive to enlist the support of the international community, we will not hesitate to act alone, if necessary, to exercise our right of self-defense by acting preemptively against such terrorists, to prevent them from doing harm against our people and our country", NSS 2002: 6).

Die National Security Strategy aus dem Jahr 2006 ist in dieser Hinsicht zurückhaltender formuliert und stellt vor allem die Achtung der Menschenwürde durch die Verbreitung von „Freiheit" und Demokratie sowie die Bekämpfung von „Tyrannei" in den Mittelpunkt. Als zentrale Schauplätze des Kampfes gegen den Terrorismus werden Afghanistan und der Irak benannt. Das zweite zentrale Thema ist die Weiterverbreitung von Massenvernichtungswaffen (hier um die rechtfertigende Stellungnahme zum Versagen der Aufklärung im Falle des Irak in den Jahren bis 2003 ergänzt). Eine weitere Strategie schließlich besteht in der Öffnung der Märkte weltweit, in der Schaffung eines Systems offener Gesellschaften, in der Herstellung eines Netzes von „global powers" sowie in einem Umbau der staatlichen Sicherheitsbehörden.

Die National Security Strategy aus dem Jahr 2010 erweitert den Fokus nochmals: Zentrale Herausforderung bleibe ein sich Massenvernichtungswaffen bedienender internationaler Terrorismus; dazu kommen Bedrohungen aus dem Weltraum, die Gefährdung durch *cyberspace*-Gefahren, die Abhängigkeit von fossilen Energieträgern, die Gefährdung durch Klimawandel, Pandemien, zerfallende staatliche Strukturen, Organisierte Kriminalität. Als Gegenstrategien schließt die US-Regierung nach wie vor den unilateralen Einsatz militärischer Gewalt nicht aus („The United States must reserve the right to act unilaterally if necessary to defend our nation and our interests, yet we will also seek to adhere to standards that govern the use of force", NSS 2010: 22), greift aber die Vorstellung eines präventiven oder präemptiven Waffengebrauchs nicht mehr auf und sieht darüber hinaus die USA als einen Staat, der durch eigenes Vorbild wirke und seine Positionen nicht gewaltsam durchsetze. Vor allem aber drückt sich in der NSS 2010 eine deutliche Konzentration auf eine innenpolitische, vor allem wirtschaftliche Erneuerung („renew the foundation of America's strength", NSS 2010, 9) aus, die sich besonders auf die Felder Bildung und Technologie bezieht und die auf eine Erhöhung des heimischen Wohlstands abzielt.

Für die Staaten bedeutet dies, dass sich im Aufeinandertreffen von staatlichen und nichtstaatlichen Akteuren in Gewaltkonflikten und in dem Bemühen der Staaten, zerstörerische Wirkungen zu verhindern, die traditionellen sicherheitspolitischen Konzepte hinsichtlich Raum, Funktion und Zeit verändern. Die scharf gezogenen zwischenstaatlichen Grenzen, die die rechtliche und sicherheitspolitisch entscheidende Trennung zwischen Innen und Außen geschaffen hatten, verlieren unter den Bedingungen der Auseinandersetzung mit nichtstaatlichen Gewaltakteuren, die diese Grenzen einfach unterlaufen, ihre sicherheitspolitische (nicht jedoch ihre rechtspolitische) Bedeutung. An die Stelle der „Grenze" tritt der unspezifischere

„Raum"; an die Stelle des klaren „Innen vs. Außen" tritt „Nähe vs. Distanz": je geringer die Distanz, umso größer im Allgemeinen die Gefährdung, da der technische Aufwand für die Gegner reduziert wird, einen Angriff zu seinem Ziel zu bringen (der Faktor „Distanz" wird allerdings in dem Moment obsolet, in dem der „Raum" in Gestalt des *cyberspace* zunächst zu einem rein virtuellen Faktor wird; gleichzeitig sind die Staaten in der letzten Zeit bemüht, auf dem Feld der nachrichtendienstlichen Aktivitäten „virtuelle Grenzen" in Form von Datenüberwachung und -auswertung zu errichten, also eine „Re-Symmetrierung" zu betreiben). So wird aus der „Abwehr" an den schmalen territorialen Grenzen ein „Abfangen" in breiteren Räumen; es findet nun eine Kontrolle und ggf. eine Unterbrechung des Personen- und Warenverkehrs innerhalb von „Interdiktionsräumen" statt, die losgelöst von staatlichen Grenzen teils innerhalb des eigenen Staatsgebietes, größtenteils aber dem Staatsgebiet (erhöhte „räumliche Distanz") vorgelagert (siehe Proliferation Security Initiative PSI) verlaufen. Die klassische, eindimensional verstandene „Landesverteidigung" verwandelt sich so in räumlich und zeitlich unspezifischen multidimensionalen „Schutz vor Wirkungen".

Auch dem Aspekt der Veränderung des Zeitkonzeptes im außerstaatlichen Raum kommt dabei nun eine erhebliche Bedeutung zu: Da das Gewaltverbot der VN-Charta den Staaten militärisch lediglich die *Verteidigung* erlaubt (sowie in extrem engen Grenzen eine Prävention in Gestalt eines vorweggenommenen Verteidigungsschlag, wie ihn Israel 1967 angesichts des unmittelbar bevorstehenden Angriffs durch Ägypten durchgeführt hatte), stellt sich heute die Frage, ob die Möglichkeit zur Verhinderung von Zerstörung, wie sie innerstaatlich rechtlich besteht, auch im internationalen Bereich nicht doch zulässig sein müsste. Dabei haben die Vereinigten Staaten die Antwort auf diese Frage sehr weit getrieben: Vor dem Irakkrieg 2003 unterstellten sie dem irakischen Regime das Streben nach Massenvernichtungswaffen und Angriffsabsichten und wollten daher einem möglichen Angriff zuvorkommen. Sie vergrößerten also den zeitlich normalerweise sehr engen Vorlauf der erlaubten Prävention und machten ihn abhängig von dem Ausmaß der antizipierten Wirkung des unterstellten Angriffs (siehe zu dieser „anticipatory" Selbstverteidigung der National Security Strategy 2002 Kasten 7). Dieser Fall ist seinerzeit kontrovers diskutiert worden, aber spätestens der Umstand, dass die USA auch im Anschluss an die Invasion keine Belege für die Existenz von Massenvernichtungswaffen vorbringen konnten, hat der Operation „Iraqi Freedom" jegliche Legitimation entzogen. Unabhängig von diesem konkreten Fall zeigt sich jedoch, dass die Konzentration auf die Verhinderung von katastrophal-zerstörerischen Wirkungen, die sich unter Asymmetriebedingungen weitgehend loslöst von der militärischen Reaktion auf Angriffe konkreter Gegner und Ursachen, zu einer – je nach politischem System unterschiedlich ausgeprägten – Flexibilisierung der sicherheitspolitischen Konzeptionen hinsichtlich Raum, Funktion und Zeit führt (vgl. dazu Kasten 7 und 8).

Kasten 8: Die Europäische Sicherheitsstrategie als Antwort auf die US-amerikanischen Sicherheitsvorstellungen

Als Reaktion auf die neue Situation, die nach den Anschlägen vom 11. September 2001 eingetreten ist – die sichtbare Bedrohung durch den internationalen Terrorismus, die konzeptionellen Änderungen in der Sicherheitspolitik der Vereinigten Staaten und die Unfähigkeit der Europäer, auf die Irakpolitik der USA mit einer geschlossenen Position zu reagieren – wurde nach dem EU-Ratsgipfel im Sommer 2003 in Thessaloniki mit Blick auf eine Neuorientierung der Europäischen Sicherheits- und Verteidigungspolitik (ESVP) die Europäische Sicherheitsstrategie („Ein sicheres Europa in einer sicheren Welt") formuliert.
In der Bestandsaufnahme wird auf zwei zentrale Faktoren hingewiesen:
- zum ersten wird festgestellt, dass wirtschaftliche Entwicklung notwendig sei, um das in der Welt herrschende – und durch kommende Ressourcenverteilungskämpfe noch zunehmende – Leid zu lindern; gleichzeitig setze Entwicklung aber auch Sicherheit

voraus; die EU nimmt dabei für sich in Anspruch, als wichtiger Akteur weltpolitisch Verantwortung für Sicherheit übernehmen zu können und zu wollen;
- zum zweiten werden die neuen Sicherheitsbedrohungen für die EU-Staaten konkret aufgelistet: erstens Internationaler Terrorismus, zweitens die Proliferation von Massenvernichtungswaffen und Trägersystemen, drittens regionale Konflikte, viertens zusammenbrechende Staaten und fünftens Organisierte Kriminalität; eine besondere Gefahr bestehe darüber hinaus dann, wenn es zu einer Verbindung der einzelnen Aspekte bzw. zu einer Summierung kommen sollte.

Gegen diese Bedrohungen wolle die EU vorgehen, indem sie ihnen, auch präventiv, mit dem gesamten zur Verfügung stehenden politischen und militärischen Instrumentarium – außen-, verteidigungs- und entwicklungspolitisch, wirtschafts- und finanzpolitisch, innen- und rechtspolitisch – begegne; in diesem Zusammenhang werden zugleich die sozialen und ökologischen Aspekte von Bedrohungen hervorgehoben. Besondere Betonung finden die Stärkung und Stabilisierung sowie die auch unter sicherheitspolitischen Gesichtspunkten sinnvolle Demokratisierung der benachbarten Krisenräume, also des Balkans, des Nahen Ostens und des Mittelmeerraumes sowie des Kaukasus.

Zur Grundlage des Handelns wird eine auf der VN-Charta und einem „wirksamen Multilateralismus" aufbauende Weltordnung mit sich weiterentwickelnden und den Herausforderungen anpassenden rechtlichen Strukturen erklärt. Notwendig sei dabei innerhalb Europas eine neue „Strategiekultur", die mehr Mittel für Verteidigung, eine Unterstützungsbereitschaft für die VN und für in Schwierigkeiten geratene Staaten sowie eine Verbesserung der eigenen Handlungsfähigkeit durch Stärkung des Militärs, der Diplomatie, der Analysekapazitäten, der Handlungskohärenz sowie der Zusammenarbeit mit Schlüsselpartnern (USA, Russland, EU-Nachbarstaaten und strategischen Partnern der EU, namentlich Japan, China, Kanada und Indien) und Internationalen Organisationen verfügbar mache.

4.3 Instabilität als sicherheitspolitische Herausforderung

Neben den unmittelbaren Bedrohungen durch symmetrisch und durch asymmetrisch ausgeführte gewaltsame Angriffe wird zunehmend das Phänomen politisch-gesellschaftlicher Instabilitäten als sicherheitspolitisch relevant wahrgenommen. Die Ursache von Instabilitäten liegt im Wesentlichen darin, dass in zahlreichen Regionen der Welt der Territorialstaat nicht mehr der dominierende, ordnungsbestimmende Akteur ist, sondern andere, nichtstaatliche Akteure neben ihn treten. Noch zu Beginn der 1990er Jahre wurde dieser Bedeutungsaufstieg der nichtstaatlichen Akteure als durchaus positive Entwicklung gesehen (beispielsweise als „Proceß [sic!] der gesellschaftlichen Emanzipation" bei Czempiel 1991: 95 oder generell als Aufstieg der Zivilgesellschaft), indem die nichtstaatlichen Akteure nun ergänzend bzw. komplementär neben den Staat treten. Sie wird jedoch spätestens dann zum Problem, wenn dem Staat neben anderen Funktionen – wohlfahrtsstaatlichen etc. – auch die Rolle als Inhaber des Gewaltmonopols abhandenkommt, er also nicht mehr die ordnungsdurchsetzende Funktion wahrnehmen kann und entsprechend die öffentliche Ordnung nicht mehr zu gewährleisten vermag. Dieses Kollabieren des Gewaltmonopols – das u. U. grenzüberschreitend ganze Regionen erfasst – kann die Folge politischer Machtkämpfe unter den lokalen Eliten sein, es kann auch das Ergebnis von umfassenderen komplexen Prozessen und tieferliegenden Ursachen sein, beispielsweise stabilitätsbeeinträchtigenden Veränderungen in der natürlichen Umwelt, etwa ganz allgemein dem Klimawandel, fortschreitender Versteppung etc.; aber auch wirtschaftliche Verwerfungen, etwa die Konsequenzen von regionalen Finanz- oder Nahrungsmittelpreiskrisen u. a., können Phänomene sein, in deren Folge es zu neuen Formen der Gewaltbindung jenseits des staatlichen Gewaltmonopols kommt; dann übernehmen Großgruppen, die sich über ethnische, religiöse, großfamiliäre o.a. identitätskonstruierende Faktoren definieren, die Gewaltverfügungsmacht vom Staat; im extremsten Fall zerfallen Großgruppen in zahllose Kleinverbände, die gewaltsam um eine kleinräumliche Vorherrschaft der Gewaltausübungskompetenz konkurrieren. So bilden sich in den intra- oder transstaatlichen amorphen „gewaltoffenen Räumen" (Elwert 1997: 86), die in der Folge einer Schwächung oder des Kollabierens von staatlichen Gewaltmonopolen entstehen, Gewaltoligopole mit sub- oder parastaatlichen Strukturen innerhalb der einzelnen Gruppen.

Kasten 9: Der Aktionsplan Zivile Krisenprävention als „zivilmacht"liche Grundkonzeption deutscher Sicherheitspolitik

Der Aktionsplan Zivile Krisenprävention wurde von der Bundesregierung im Mai 2004 veröffentlicht. Ausgangspunkt sind die unterschiedlichen gewaltsamen Konflikte weltweit mit ihren multifaktoriellen Ursachen und die unmittelbar oder mittelbar gewaltsamen Folgen eines Staatsversagens. Ziel des Aktionsplanes mit seinen 161 Einzelmaßnahmen ist eine koordinierte „krisenpräventive" Nutzung der verschiedenen außen-, sicherheits- und entwicklungspolitischen Kapazitäten der Bundesregierung zur Schaffung von Frieden und (politischer, ökonomischer, ökologischer und sozialer) Stabilität, zur Einrichtung von Schnittstellen zum militärischen Instrumentarium und zur Einbeziehung von Wirtschafts-, Finanz- und Umweltpolitik sowie zu einem abgestimmten Vorgehen gemeinsam mit Internationalen Organisationen und Nichtregierungsorganisationen mit dem Ziel der Wiederherstellung verlässlicher staatlicher Strukturen (Rechtsstaatlichkeit, Demokratie, Menschenrechte und Sicherheit) einerseits, zur Bildung von Friedenspotenzialen in der Zivilgesellschaft, in Medien, in Kultur und im Bildungsbereich sowie zur Sicherung individueller Lebenschancen andererseits (*multi-track*-Ansatz).
Als Hauptbedrohungen für die Sicherheit werden Terrorismus, die Proliferation von Massenvernichtungswaffen, Regionalkonflikte, Staatsversagen und Organisierte Kriminalität identifiziert, die Stabilität und Entwicklung gefährdeten.
Als strategische Mittel und strategisches Vorgehen wird vor allem ein auf die nationale und regionale Ursachenbekämpfung ausgerichteter, politikfeld-, ebenen- (insbesondere VN, EU, OSZE, Europarat, G8, regionale Organisationen sowie NATO einbeziehender), institutionen- und ressortübergreifender Ansatz frühzeitigen Erkennens und Eingreifens (als Querschnittsaufgabe) gesehen, der auf der Grundlage des *Do-No-Harm*-Prinzips auf Dauer angelegte Prozesse auf dem Weg hin zu stabilen Gewaltmonopolen und gewaltfreier Konfliktregelung einleiten und unterstützen soll (Staatsreform, Vertrauensbildung, zivile Konfliktvermittlung, Stärkung der Zivilgesellschaften, Rüstungs- und Waffenkontrolle u. a.). Die Hauptaufgabe und Hauptverantwortung für diese Prozesse liege bei den jeweiligen Konfliktparteien selbst, die aber von außen unterstützt werden müssten. Angestrebt wird in diesem Zusammenhang die Zusammenarbeit mit den VN-Organen, eine Kooperation auf EU-Ebene sowie mit verschiedenen friedens- und konfliktbearbeitenden, entwicklungsfördernden und armutsbekämpfenden Institutionen, unterschiedlichen Internationalen Organisationen und Nichtregierungsorganisationen und darüber hinaus auch mit der Privatwirtschaft.

Im Fall des Zusammenbruchs eines zentral durchgesetzten, die Ordnung überwölbenden und das Handeln regulierenden Gewaltmonopols kommt es zu einem Rückfall in ein System des Selbsthelfertums. In dieser Situation kann u. a. die identische Rolle von Gewaltanbieter und Gewaltnachfrager, die unter den Bedingungen des staatlichen Gewaltmonopols existiert (Nachfrager und Anbieter ist jeweils der Staat), auseinanderfallen. So kommt es zum Entstehen regelrechter Gewaltmärkte (Elwert: 1997) bzw. Gewaltökonomien, in denen auf der Oberfläche zwar nicht-ökonomische Aspekte – Zugehörigkeit zu unterschiedlichen Ethnien oder Religionsgruppen, politisch-ideologische Trennungen u. a. – die zentrale Rolle zu spielen scheinen, im Hintergrund aber vor allem wirtschaftliche Partikularinteressen dominieren.

Entsprechend werden in der Literatur diese „neuen Kriege", die in den gewaltoffenen Räumen von den verschiedenen Gewaltakteuren ausgetragen werden, meist mit sozio-ökonomischen Faktoren in Verbindung gebracht: Dabei wird das Zerbrechen der Gewaltmonopole und das Gewalthandeln, vor allem aber die Perpetuierung von Gewalthandeln als der dominierenden Interaktionsform als ökonomisch rational zu begreifender Prozess verstanden. Die materiellen Interessen, die die Vielzahl der involvierten Akteure verfolgen, bedingen neben der durch den fortgesetzten Kreislauf aus Gewaltakt und Vergeltung entstehenden „Folklore und Selbstverständlichkeit der Gewalt" (Rösel 1997: 170) diese Tendenz zur Perpetuierung der „neuen Kriege" in den gewaltoffenen Räumen. Diese Perpetuierung wiederum bedeutet, dass der „Friedensschluss", der die klassischen zwischenstaatlichen Kriege beendet, durch langwierige und mühsame, von Fortschritten und Rückschlägen gekennzeichnete „Friedens-" und „Versöhnungsprozesse" abgelöst wird.

Im Hintergrund der „neuen Kriege" als auf ökonomischen Motivationen basierenden Konfliktaustragungsmethoden stehen Gewaltunternehmer, deren Geschäftsgrundlage der Gewaltzustand selbst ist und die daher nur dann ein Interesse an der (Wieder-)Errichtung eines staatlichen Gewaltmonopols besitzen, wenn ihnen ein alternatives, lukrativeres Geschäftsmodell unter den neuen Bedingungen in Aussicht steht. Solange dieses aber nicht der Fall ist, können die Gewaltunternehmer zum einen ihre Leistungen verhältnismäßig billig anbieten (Einsatz von Kindersoldaten u. a.), zum anderen profitieren sie oft zusätzlich von im Schatten der Gewalt weitgehend unkontrolliert ablaufender hochprofitabler Produktion „illegaler" Güter („Blutdiamanten", Drogenproduktion etc.) sowie von Transferleistungen aus der Diaspora im sicheren Ausland (v. Trotha 2005: 37) oder sogar von der Lieferung humanitärer Hilfsgüter, die aus den Industriestaaten in Armuts- und Flüchtlingsgebiete gesandt werden (siehe dazu u. a. Schneckener 2005).

Ungeachtet der partikularen Gewinnsituation führen das Aufkommen von Gewalt als zentralem Wirtschaftsfaktor und der Aufstieg der privaten Gewaltakteure – also das Entstehen von Gewaltökonomien in gewaltoffenen Räumen – gesamtwirtschaftlich allerdings zu einer Zerstörung anderer Produktionsfaktoren (ziviler Infrastruktur, Verlust von „regulären" Arbeitsplätzen, beschleunigtem Verbrauch anstelle von Reinvestition angesichts hoher Erwartungsunsicherheiten u. a.). Insgesamt schrumpfen die Volkswirtschaften infolge von Ressourcenzerstörung und -abfluss. Dadurch wird der Sektor der Gewaltproduktion zusätzlich bedeutsam und attraktiv für Arbeitsuchende, wodurch der Teufelskreis der deregulierten Gewaltproduktion weiter angetrieben wird und sich damit das gesellschaftliche System der Selbsthilfe zementiert. Diese Verstetigung des Selbsthelfertums ist auch darauf zurückzuführen, dass mit dem Zusammenbruch der öffentlichen Ordnung ein Vertrauensverlust in die sicherheitspolitische Leistungsfähigkeit des Staates verbunden ist, der zu einem Niedergang des Gefühls von Staatsloyalität führt, so dass spätestens nach einer Generation die Vorstellung von einem zentralen staatlichen Gewaltmonopol und seiner befriedenden Wirkung erloschen ist – der Friede also zur Ausnahme, der Krieg zu einem nur noch schwer zu beseitigenden Normalzustand geworden ist.

Instabile, gewaltoffene Räume sind für den euro-atlantischen Stabilitätsraum aus mehreren Gründen bedrohlich: Erstens wirken sich Instabilitätsräume indirekt negativ auf die Nachbarregionen aus, weil sie Zugangsprobleme zu Räumen und Ressourcen schaffen und damit die Leistung von Volkswirtschaften – der eigenen und der von Dritten – negativ beeinflussen können. Während wirtschaftlich und technologisch starke Staaten in gewissem Maße die Möglichkeit zur Substitution besitzen, können auf diese Weise jedoch insbesondere in wirtschaftlich ohnedies schwächeren Staaten weitere Instabilitätskrisen ausgelöst werden, es kann also zu einer Kettenreaktion kommen. Zweitens wirken instabile, der staatlichen Kontrolle weitgehend entzogene Räume auch als mögliche *safe havens* für asymmetrisch agierende Gewaltakteure, indem diese hier ihre Rückzugs- und Ruheräume einrichten. Drittens wirken sich Instabilitäten auch auf die Stabilitätsräume unmittelbar aus, indem beispielsweise über unkontrollierte Migrations- und Fluchtbewegungen wirtschaftliche, aber auch soziale Belastungen (Überforderung der Integrationsfähigkeit der Aufnahmegesellschaften u. a.) entstehen können. Darüber hinaus besteht so die Gefahr, dass die Konflikte nun auch in entfernt liegenden Staaten ausgetragen werden (wie dies beispielsweise in den USA insbesondere in Florida und New York Mitte der 1990er Jahre innerhalb der Gruppe der haitianischen Einwanderer geschehen ist) oder dass sich – beispielsweise über Diasporastrukturen – Formen der Organisierten Kriminalität entwickeln. Ein solches Aufeinandertreffen und Ineinanderdiffundieren von staatsgewaltdominierter Stabilitätsordnung und Ausläufern amorpher Instabilität trägt zugleich die Elemente eines Systemkonflikts zweier sich teilweise räumlich überlagernder vollkommen unterschiedlicher Formen von politisch-gesellschaftlichen Ordnungen (bzw. Unordnungen) in sich, indem das „System der Unordnung paralleler Gewaltstrukturen" in das nach wie vor durch die territorialstaatlichen Gewaltmonopole charakterisierte „System der Ordnung" hineindrängt und dieses gewissermaßen als Form einer Parallelstruktur aushöhlt.

5 Zusammenfassung: Sicherheitsverständnis und sicherheitspolitische Mittel im Wandel

Sicherheitspolitik zielt im Kern auf die Fähigkeit zur Abwehr von antizipierten oder tatsächlichen Effekten und Folgeeffekten ab, die sich katastrophal-zerstörerisch auf Gesellschaften und ihre Entwicklung bis hinunter auf die Ebene der Individuen auswirken können. Während bis 1989 Sicherheitspolitik in Deutschland landläufig in „innere" und „äußere" Sicherheit unterschieden und „äußere" Sicherheit wiederum im Wesentlichen eindimensional als die (militärische) Fähigkeit zur territorialen Verteidigung aufgefasst worden war, hat sich das sicherheitspolitische Verständnis mit dem Wegfall des unmittelbaren militärischen Gegners jenseits der Landesgrenze und dem Aufkommen neuer unmittelbarer, aber auch mittelbarer Bedrohungen teils bekannten, teils aber auch neuartigen Ursprungs gewandelt, so dass heute in der territorialstaatlichen Sicherheitspolitik multidimensionale Sicherheitsbedrohungen identifiziert werden können. Damit ist die klassische Landesverteidigung nur noch eine unter zahlreichen sicherheitspolitischen Aufgaben, und die Fähigkeit zum Schutz auf unterschiedlichen Feldern erfordert eine Neuzuordnung von Funktionen und Zuständigkeiten, die die alten Strukturen – politisch, organisatorisch und rechtlich – oft als inadäquat erscheinen lassen (siehe zu dieser Entwicklung Kasten 10).

Kasten 10: Die Verteidigungspolitischen Richtlinien von 1992, 2003 und 2011 sowie das Weißbuch 2006 zum (militär-)politischen Anteil der deutschen Sicherheitspolitik

Die Verteidigungspolitischen Richtlinien (VPR) aus dem Jahr 1992 spiegeln den Paradigmenwechsel in der deutschen Sicherheitspolitik nach dem Ende der Ost-West-Konfrontation wider – in der „postkonfrontativen" Ära, in der sich Deutschland, nun nicht mehr als „Frontstaat" v. a. mit der Vereinigung des Landes befasst, bei der Durchsetzung seiner vitalen Sicherheitsinteressen (Schutz der territorialen Integrität, Sicherheit der Bürger und Erhalt der politischen Ordnung) neuen Herausforderungen gegenübersieht und die bestehenden Mittel neu organisiert werden müssen und neue Funktionen erhalten.
Die Herausforderungen wurden 1992 in solche „unmittelbarer" und „mittelbarer" Wirkung unterschieden: Als „unmittelbar" wurden diejenigen Bedrohungen aufgefasst, die wie zuvor aus dem GUS-Raum herrührten, beispielsweise ein Angriff aus Russland (wenngleich diese Bedrohung zunehmend unwahrscheinlicher erschien und insbesondere Überraschungsangriffe angesichts von angenommenen Vorwarnzeiten von mindestens einem

Jahr ausgeschlossen werden konnten); aber auch andere Militärpotenziale und regionale Konflikte an der Peripherie Europas sowie Gefahren, die einzelnen Staatsbürgern individuell drohten, wurden als „unmittelbar" bezeichnet.

Als „mittelbar" wurden dagegen stabilitätsbedrohende „multidimensionale" und „multidirektionale" (vgl. NATO-Strategie 1991) Fehlentwicklungen aufgefasst, die den sozialen und wirtschaftlichen Fortschritt beeinträchtigten, Entwicklungschancen zerstörten, unkontrollierte Migrationsbewegungen auslösten, Ressourcen vernichteten, Radikalisierung und Gewaltbereitschaft förderten und die sich von ihren Ursprungsorten aus auf andere Regionen auswirkten.

Vor dem Hintergrund dieses Wandels im Sicherheitsverständnis vollzogen die VPR 1992 den Paradigmenwechsel von einer passiven Verteidigungsfähigkeit zu einer aktiven Gestaltung eines geographisch nicht näher bestimmten Umfeldes im Rahmen von Krisen- und Konfliktbeherrschung als ressortübergreifend angelegte, ursachenbekämpfende Risikovorsorge, die konzeptionell auch das Zusammenwirken mit Internationalen Organisationen (WEU, NATO, KSZE, VN) einschloss.

In dieser neuen Sicherheitskonzeption rückte die klassische Landesverteidigung in den Hintergrund; sie sollte im Wesentlichen von einer zukünftigen Mobilmachungsarmee erfüllt werden. Zugleich kamen neue Aufgaben auf die Streitkräfte zu. Dies bezog sich insbesondere auf Operationen auf der Grundlage von VN-Vorgaben im Rahmen des Krisenmanagements: „Krisenmanagement wird als künftige Schwerpunktaufgabe an die Stelle der bisherigen Ausrichtung auf die Abwehr einer großangelegten Aggression treten" (VPR 1992: Ziff. 48).

Bis zur Formulierung der VPR 2003 hatte sich dieses neue Sicherheitsverständnis (nicht zuletzt vor dem Hintergrund der Anschläge vom 11. September 2001) gefestigt: Angesichts der Tatsache, dass für Deutschland in der Mitte des europäischen Stabilitätsraumes keine unmittelbare Bedrohung mehr bestehe und man zudem durch die guten Beziehungen zu zentralen Mächten neue Handlungsoptionen besitze, sei es das Ziel deutscher Sicherheitspolitik, den Schutz Deutschlands und der Staatsangehörigen durch einen ressortübergreifenden, präventiv („Risikovorsorge") und multinational angelegten Ansatz zu gewährleisten und sich dabei vor allem auf die Lösung derjenigen Konflikte zu konzentrieren, die in eine enge Verbindung mit dem internationalen Terrorismus, der Organisierten Kriminalität und unkontrollierten Migrationsbewegungen zu bringen seien und sich auf Deutschland auswirkten. Als vier weitere zentrale Sicherheitsrisiken neben Terrorismus, Organisierter Kriminalität und unkontrollierter Migration führen die VPR 2003 die Proliferation von Massenvernichtungswaffen und Trägersystemen, regionale Krisen und Konflikte insbesondere an der südlichen und der südöstlichen Peripherie, eine Kriegsführung gegen die Kommunikations- und Informationssysteme sowie die Verwundbarkeit der deutschen Wirtschaft als Bedrohungen auf. Sicherheitspolitisch konzentriere die Bundesrepublik auf den europäischen Stabilitätsraum, verfolge enge transatlantische Beziehungen, wirke in Internationalen Organisationen, insbesondere in den VN, mit und bemühe sich, so die VPR 2003, den Nord-Süd-Konflikt zu überwinden.

Die sich zu einer „Armee im Einsatz" transformierenden Streitkräfte stellten dabei im Rahmen dieses ressortübergreifenden Ansatzes einen der Akteure dar, die instrumental und funktional in die gesamtstaatliche Sicherheitsvorsorge eingebunden sind. Die Streitkräfte seien multinational ausgerichtet, und ihre Einsätze würden in Zukunft weder in Bezug auf Geographie noch auf Intensität der Konflikte begrenzt sein, sondern sich vornehmlich an dem politischen Zweck – von Rettungseinsätzen über „friedensstabilisierende" bis zu „friedenserzwingenden" Einsätzen – ausrichten. Der Fall der klassischen Landesverteidigung sei nach den VPR 2003 zwar immer noch nicht gänzlich auszuschließen, aber „unwahrscheinlich" geworden. Entsprechend würden die Streitkräfte – einem „weiten" Sicherheitsverständnis folgend – mit Partnerstaaten zu den „wahrscheinlicheren Aufgaben" der Friedenssicherung und -wiederherstellung, also zum Konfliktmanagement, sowie im Zusammenhang mit dem Kampf gegen den internationalen Terrorismus eingesetzt werden (inklusive der im Rahmen der Gesetze möglichen Unterstützung der

> Behörden der inneren Sicherheit) und seien daher – und darin ist wiederum der appellative Zweck der VPR von 2003 zu sehen – mit entsprechenden Fähigkeiten zu versehen.
>
> Das „Weißbuch zur Sicherheitspolitik Deutschlands und zur Zukunft der Bundeswehr" aus dem Herbst 2006 fasst die wesentlichen sicherheitspolitischen Positionen, die sich bereits in den Jahren zuvor herausgebildet hatten, nun in einem von der gesamten Regierung getragenen Dokument zusammen (die VPR werden „nur" vom Bundesminister der Verteidigung, aber nicht von der gesamten Regierung erlassen) zusammen. Den sechs wesentlichen Sicherheitsinteressen Deutschlands – erstens Erhalt des politischen Systems, zweitens Sicherung der territorialen Integrität und der Souveränität Deutschlands, drittens Vorbeugen oder Bewältigen von regionalen, Deutschlands Sicherheit möglicherweise beeinträchtigenden Krisen, viertens Begegnen globaler Herausforderungen, insbesondere dem Terrorismus und der Weiterverbreitung von Massenvernichtungswaffen inklusive der Trägersysteme, fünftens Achtung von Menschenrechten und der internationalen, auf dem Völkerrecht beruhenden Ordnung sowie sechstens der Förderung des freien Welthandels bei gleichzeitigem Bemühen um den materiellen Ausgleich zwischen armen und reichen Regionen – stellt das Weißbuch 2006 drei wesentliche Bedrohungsquellen für diese Sicherheitsinteressen entgegen: den internationalen Terrorismus, die Weiterverbreitung von Massenvernichtungswaffen und Trägersystemen sowie die Folgen innerstaatlicher bzw. regionaler Konflikte und Staatszerfalls.
>
> Diesen sicherheitspolitischen Herausforderungen wird ein präventives, u. U. auch ins räumliche Vorfeld vorgeschobenes vernetztes (gesamtstaatliches) Zusammenwirken der unterschiedlichen Akteure im nationalen und internationalen (vor allem im nordatlantischen) Rahmen entgegengesetzt.
>
> Dabei komme der EU als „Stabilitätsraum" eine besondere Bedeutung zu; dieser Stabilitätsraum solle durch eine fortgesetzte Integration nach innen und aktive Nachbarschaftspolitik nach außen, insbesondere gegenüber Russland, sicherer gemacht werden.
>
> Vor diesem konzeptionellen Hintergrund lauten die Aufträge für die deutschen Streitkräfte als einem der der Bundesregierung zur Verfügung stehenden sicherheitspolitischen Akteure: erstens Erhalt von Deutschlands außenpolitischer Handlungsfähigkeit, zweites ein Beitrag zur Stabilität im europäischen und globalen Rahmen, drittens die Fähigkeit zur militärischen Verteidigung Deutschlands und seiner Alliierten sowie die Förderung der internationalen Zusammenarbeit und Integration.
>
> Konkret solle die Bundeswehr eine Rolle spielen bei der Konfliktverhütung und Krisenbewältigung, im Kampf gegen den internationalen Terrorismus, bei der Unterstützung von Bündnispartnern, beim Schutz Deutschlands und seiner Bürgerinnen und Bürger sowie im Rahmen von Rettungs- und Evakuierungsoperationen und bei Partnerschafts-, Kooperations- und Hilfeleistungen. Um ihre zukünftige Hauptaufgabe – Einsätze im Ausland – bewältigen zu können, solle die Bundeswehr umstrukturiert werden in Eingreif-, Stabilisierungs- und Unterstützungskräfte.
>
> Die VPR 2011, deren Formulierung mit der Aussetzung der Wehrpflicht und den daraus resultierenden Umstrukturierungen notwendig geworden war, halten im Wesentlichen an dem früheren Katalog der Bedrohungen fest, fügen allerdings der Liste der Herausforderungen die Gefahr von Radikalisierung und Destabilisierung bewirkender Desinformation und von Angriffen auf die „kritischen Infrastrukturen" hinzu. Dabei wird für den Einsatz von Streitkräften nochmals auf den ressortübergreifenden Ansatz verwiesen und ganz besonders – vor dem Hintergrund der Erfahrungen mit dem Afghanistan-Engagement – die Bedeutung der gründlichen politischen Prüfung und der Abwägung vor Einsätzen betont.

Dabei haben Staaten mit dem Problem zu kämpfen, dass sie aufgrund ihres territorialen Charakters weiterhin verletzbar bleiben, dass aber die Staatsgrenzen ihre sicherheitspolitische Rolle und Bedeutung in der neuen, „entgrenzten Welt" eingebüßt haben, in der Bedrohungen auch von anderen, über *wirkungs*volle Mittel verfügende Akteuren oder gar von abstrakten Effekten ausgehen. Ungeachtet dessen definieren die Staatsgrenzen weiterhin jenen Rechtsraum, innerhalb dessen die den Gesellschaftscharakter ausmachenden Gesetze und Regeln gelten. Insofern stimmt der oft zitierte Satz der „zunehmenden Nichttrennbarkeit von Innen und Außen" auch nur bedingt: Unter sicherheitspolitischen Gesichtspunkten – der besonderen Betonung von katastrophalen Wirkungen, deren Ausgangspunkt sich oft nicht ex ante vorhersagen lässt – ist dieser Befund zwar korrekt; unter rechtlichen Gesichtspunkten lassen sich Innen und Außen jedoch sehr wohl weiterhin unterscheiden, und diese Trennung ist maßgeblich für die Gestaltung von staatlicher Sicherheitspolitik. Daher stößt die Neuzuweisung von Funktionen und Aufgaben an die verschiedenen Akteure in Deutschland – insbesondere im Falle von Polizei und Militär, vor allem mit Blick auf Überlegungen zum Einsatz der Streitkräfte im Landesinneren – auch an Grenzen.

Einfacher ist die Frage zu beantworten, welche Bedeutung das Militär unter den neuen Bedingungen multidimensionaler Sicherheitsherausforderungen – direkter und indirekter sowie durch Folgeeffekte bewirkter Störungen – nach außen spielt: Die Streitkräfte sind heute nicht mehr nur Abschreckungsfaktor oder gar das „letzte" Mittel, das im Falle der durch fremdes Militär ausgelösten Verletzung der eigenen territorialen Integrität zur Landesverteidigung unausweichlich einzusetzen ist. Vielmehr sind die Streitkräfte heute zudem auch das „äußerste" Mittel, das der Politik zur möglichen Gewaltanwendung außerhalb der Landesgrenzen zur Verfügung steht und das immer dann zum Einsatz gebracht werden kann, wenn die Exekutive zu der (seit dem Urteilsspruch des Bundesverfassungsgerichts 1994 notwendigerweise von der Legislative mitzutragenden) Überzeugung gelangt ist, dass in einer krisenhaften Situation zum Zweck der Gefahrenabwehr oder anderer Ziele (etwa der Krisenbearbeitung) auch – neben anderen Mitteln – die Hinzuziehung des Gewaltinstrumentes sinnvoll sei.

Dabei hat die Bundesrepublik ihre Streitkräfte zunächst ab 1990 in der Funktion eingesetzt (siehe Petersberger Beschlüsse, Western European Union 1992: 6, oder VPR 1992), in bis dahin gewaltoffenen Räumen vorübergehend (und im internationalen Auftrag) stellvertretend für die angestammten Akteure ein Gewaltmonopol zu reinstallieren oder eine politische Situation zu stabilisieren, damit auf diese Weise Zeit zur Wiederherstellung der öffentlichen Ordnung gewonnen werden kann. Man hat also Gewalt funktional zur Errichtung und Erhaltung einer Ordnung eingesetzt, die am Ende die Möglichkeit bietet, das Gewaltniveau ohne Stabilitätsverlust zu senken. Unter solchen Umständen ist die Rolle des Militärs beschränkt auf die Umsetzung des Gewaltmonopols, während die übrigen sicherheitspolitisch wesentlichen, auf einem intakten Gewaltmonopol aufbauenden Aspekte der Wiederherstellung öffentlicher Ordnung von anderen politischen Akteuren „ressortübergreifend" bewältigt werden müssen bzw. müssten (siehe dazu Aktionsplan Zivile Krisenprävention, Kasten 9).

Diese Formen des Einsatzes konnten bislang verstanden werden als eine Form der Gefahrenabwehr für die eigene Gesellschaft jenseits der grenzbezogenen Landesverteidigung („Verteidigung am Hindukusch") unter Bedingungen, die eine Reduzierung auf territoriale Grenzverteidigung als sicherheitspolitisch nicht ausreichend erscheinen lässt. Seit mehreren Jahren jedoch – spätestens mit den Einsätzen in Serbien zugunsten des Schutzes der Kosovo-Albaner – wird auch unter dem Stichwort „Responsibility to Protect" („R2P") vor dem Hintergrund eines humanitär motivierten Verantwortlichkeitsbewusstseins ein möglicher Gewalteinsatz diskutiert, der dem elementaren Schutz von Menschen in anderen Staaten und Gesellschaften dienen soll (siehe als Beispiel die International Commission on Intervention and State Sovereignty 2001, vgl. Kasten 11). Infolge einer am Individuum orientierten kosmopolitischen Empathie – die jedoch nicht in allen Staaten geteilt wird und die noch keine völkerrechtliche Geltung beanspruchen kann – würde so die unter den klassischen Maßstäben sakrosankte staatliche Integrität von Staaten endgültig über den Haufen geworfen: Stattdessen erscheint es in den Augen vieler geboten, den Schutz großer Gruppen von Individuen über die Unverletzlichkeit von Staatsgrenzen zu stellen. Staaten können in dem Konzept von R2P ihr Recht auf Integrität verlieren, wenn es ihnen nicht mehr gelingt, ihren Staatsangehörigen ein Mindestmaß an Sicherheit (im weitesten Sinne) zu garantieren, so dass ein – auch gewaltsames – Eingreifen von außen für nötig erklärt werden könnte. Damit geht das Konzept der „Responsibility to Protect" um eines höheren Zieles willen Gewaltanwendung und auch die bewusste zwischenzeitige Zerschlagung von Ordnungsstrukturen ein.

> **Kasten 11: Responsibility to Protect – Sicherheit in Bezug auf das Individuum**
>
> Die von Gareth Evans und Mohamed Sahnoun geleitete International Commission on Intervention and State Sovereignty ICISS unternahm in ihrem 2001 vorgelegten Bericht den Versuch, das Dilemma zwischen der humanitären Notwendigkeit, in Fällen schwerster Menschenrechtsverletzungen – „extreme conscience-shocking cases" wie Massenmord oder ethnische Säuberungen – und der uneingeschränkten Respektierung der staatlichen Souveränität aufzulösen. Für die ICISS liegt dabei die Verantwortung für den Schutz der Individuen vor menschengemachten oder vor abwendbaren Katastrophen (Hunger u. a.) als „responsibility to protect" zunächst bei den jeweiligen Staaten selbst; diese Verantwortung gehe aber in denjenigen Fällen, in denen sich diese Staaten entweder unfähig oder ihre Regierungen unwillig zeigten, der Verantwortung gerecht zu werden, auf die Staatengemeinschaft über, die damit im Extremfall das Recht zur Intervention erhalte.
> Es kommt also in diesem Konzept zu einer Perspektivverschiebung, die sich bereits in der Agenda for Peace des VN-Generalsekretärs 1992 angedeutet hatte: Souveränität bedeutet nicht mehr die von außen nicht anzutastende Kontrolle der Staatsgewalt über das Innen, sondern es ist die nach außen in ihrer Wahrnehmung zu belegende Schutzverpflichtung gegenüber den eigenen Staatsangehörigen. Ziel der Sicherheitspolitik ist in diesem Verständnis immer der Schutz „for ordinary people, at risk of their lives".
> Für den Fall, dass diese Verantwortung von außen durch Dritte wahrgenommen werden müsse, unterscheidet der Bericht drei Formen verantwortlichen Handelns: die „responsibility to prevent", die „responsibility to react" und die „responsibility to rebuild", wobei idealtypisch der Schwerpunkt auf „to prevent" und insgesamt auf einer „culture of prevention" liegen solle. Prävention könne dabei auf politischem, diplomatischem, wirtschaftlichem, aber auch auf militärischem Wege (etwa durch die Entsendung von Militärbeobachtern) ausgeübt werden.
> Den tiefgreifendsten Schritt im Konzept der „responsibility to protect" stellt die militärische Intervention dar – nicht eine „humanitarian intervention", sondern vielmehr die „military intervention for human protection purposes". Diese ist an eine Reihe von Voraussetzungen gebunden:
> - eine klare Evidenz, dass es zu schwersten Menschenrechtsverletzungen kommt oder dass diese bevorstehen;
> - die Absicht der eingreifenden Staaten, diese Menschenrechtsverletzungen zu unterbinden bzw. zu beenden;
> - alle anderen Optionen sind ausgeschöpft oder erscheinen als aussichtslos;
> - die Art des Eingreifen ist angemessen und darf nur so wenig Opfer wie möglich fordern (da die Logik nicht im Gewinnen eines zwischenstaatlichen Krieges, sondern im Schutz der jeweiligen Bevölkerung liegt);
> - realistische und vernünftige Erfolgsaussichten von Beginn an (gemäß dem Grundsatz „do no harm").
>
> Militärische Operationen müssten grundsätzlich Teil eines umfassenderen Ansatzes sein, der es ermögliche, zum einen nachhaltig Sicherheit für die Individuen zu schaffen und starke politische Strukturen aufzubauen, die später eine gute Regierungsführung erlaubten, durch den zum anderen der Staat möglichst schnell wieder in die Hände der Bevölkerung gelegt werde („local ownership").
> Militärische Operationen zum Schutz der Bevölkerung seien nur im multilateralen Rahmen zu führen und durch den Weltsicherheitsrat, bei dem die Hauptverantwortung für

Die Entwicklung des Sicherheitsverständnisses in Deutschland

> Frieden und Sicherheit liegt, zu mandatieren; für den Fall, dass der Weltsicherheitsrat nicht entscheidungsfähig sei (und damit letztlich das Risiko eingehe, dass einzelne Staaten in einer akuten Notsituation an ihm vorbei agierten und damit am Ende das gesamte Weltsicherheitssystem Schaden nehmen könne), könne die Verantwortung auch von der Generalversammlung (über das „Uniting for Peace"-Verfahren) oder von Regionalorganisationen wahrgenommen werden.
>
> Entscheidend in diesem Konzept ist also einerseits das deutliche Hervorheben der staatlichen Souveränität als zentrales Element für innere und äußere Sicherheit in der Welt; andererseits macht es die besondere Betonung der Verantwortlichkeit für den Schutz der Staatsangehörigen zugleich möglich, bei eklatantem Staatsversagen ungeachtet der Ursachen die Verantwortung eventuell von außen wahrzunehmen und in extremen Ausnahmefällen mit (bzw. sogar ohne) Sicherheitsratsmandat mit gewaltsamen, militärischen Mitteln einzugreifen, um die innere Sicherheit wiederherzustellen.

Dies bedeutet insgesamt, dass die Streitkräfte – als Folge eines sowohl sicherheitspolitischen als auch eines sich möglicherweise anbahnenden rechtlichen Paradigmenwechsels – neben ihrer ursprünglichen Fähigkeit, als letztes Mittel der Politik zur Landesverteidigung zu dienen, auch über die Fähigkeit verfügen können müssen, äußerstes Mittel der Politik zur Wiederherstellung und Aufrechterhaltung des Gewaltmonopols im Rahmen von oft langwierigen Befriedungsprozessen zu sein; sie müssen also eigentlich „polizeiliche" *State-Building*-Fähigkeiten besitzen, während andere staatliche Ressorts unter sicherheitspolitischen Gesichtspunkten die Kapazitäten erwerben müssen, regional zur Wiederherstellung staatlicher (oder staatsähnlicher), die öffentliche Ordnung und internationale Sicherheit befördernder Strukturen und Funktionen beizutragen (oder diese sogar zeitweilig selbst zu übernehmen bzw. auszufüllen).

So wird sich die Sicherheitspolitik in der Zukunft insgesamt um drei Fragekomplexe drehen: Wird es erstens gelingen, die zwischenstaatlichen Machtrivalitäten und die daraus folgenden Bedrohungen unter Kontrolle zu halten oder möglicherweise sogar im Zuge kooperativer Prozesse zu entschärfen. Dieses ist ein „klassisches" sicherheitspolitisches Problem, das vor allem im Raum der internationalen Diplomatie behandelt werden muss. Zweitens ist die traditionelle Schutz- und Abgrenzungsfunktion der Staatsgrenzen in vielen Fällen teilweise in der Folge bewusster Öffnungsprozesse, teilweise durch die Entwicklung neuer Waffentechnologien, teilweise auch durch die verbilligte, damit auch nichtstaatlichen Akteuren offenstehende Möglichkeit, zerstörerische Wirkungen zu erzielen, weitgehend obsolet geworden; damit stellt sich das Problem, neue Strukturen und Mechanismen zu schaffen, die die alte Funktion der Grenzen ergänzen, indem sie die im Zeitalter der Symmetrie noch unbekannten, im heutigen Zeitalter der Asymmetrie hingegen bestehenden Vulnerabilitätsdivergenzen der verschiedenen Akteure ausgleichen. Dies ist eine Frage vor allem der Neuzuweisung von Funktionen und des Erhaltes von Ordnungsstrukturen. Mit diesem letzten Problem stellt sich – drittens – auch die Frage, ob es gelingt, bestehende gewaltoffene Räume wieder zu schließen und gewaltbindende Strukturen zu schaffen. Diese Aufgabe wird verkompliziert durch die sich abzeichnenden Ressourcenknappheiten, die – insbesondere im Fall von Energie (siehe dazu auch den Beitrag von Kirsten Westphal in diesem Band) und Trinkwasser – absolut zu werden drohen, also auch durch traditionelle oder neue Verteilungsmechanismen nicht mehr auszugleichen sein könnten und so zu Ressourcenkonflikten und damit zu einer weiteren Ursache von Unordnung und zu Sicherheitsverlust führen könnten, zusätzlich angeheizt durch im Zusammenhang mit dem Klimawandel entstehende Veränderungen der natürlichen Umwelt, deren Dimensionen und Konsequenzen noch nicht absehbar sind (siehe dazu auch den Beitrag von Susanne Dröge in diesem Band).

Zur Vertiefung empfohlene Literatur

Creveld, Martin van 1998: Die Zukunft des Krieges, München: Gerling-Akad.-Verlag. Eine grundlegende Darstellung der Entwicklung der Kriege.
Kaldor, Mary 1999: Neue und alte Kriege. Organisierte Gewalt im Zeitalter der Globalisierung, Frankfurt a. M.: Suhrkamp. Ein Standardwerk zum Thema der „neuen Kriege".
Münkler, Herfried 2002: Die neuen Kriege, Reinbek: Rowohlt. *Das* deutsche Standardwerk zum Thema der „neuen Kriege", mit dem die Begrifflichkeit allgemein eingeführt wurde.

Weiterführende Fragen

1. Welches sind die Elemente von Staatlichkeit für die Sicherheitsgewährleistung? Gibt es grundsätzlich funktionale Aspekte von Gewalt? Welche Mittel gibt es, das Gewaltniveau in Gemeinwesen zu senken? Wie stellt sich das sicherheitspolitisch bedeutsame Verhältnis von Innen und Außen dar?
2. Worin besteht der Unterschied zwischen als konfrontativ und als konsensual-kooperativ verstandener Sicherheitspolitik? Wie wurde im Kalten Krieg „Sicherheit" organisiert? Was war der zentrale Kerngedanke? In welchem Verhältnis stehen die bisherige weitgehende Beschränkung auf kinetische Kriegswaffen und das Konzept der Territorialität? Sind Veränderungen etwa durch die Einführung von „wissensbasierten Waffen" zu erwarten (Robotik, Nano-Waffen, Cyber-Waffen, Biotech-Waffen)? Wie stellt sich die Erweiterung des Verständnisses der staatlichen Gefahrenabwehr dar?
3. Worin unterscheidet sich das europäische Sicherheitsverständnis von dem der Vereinigten Staaten? Gibt es Möglichkeiten eines Brückenschlages, oder sind die strukturellen Verständnisunterschiede unüberbrückbar? Könnte ein neuer Rüstungswettlauf – nun auf dem Feld der „Defensivwaffen" (Raketenabwehr) – drohen? Was wären die Folgen eines solchen Wettlaufes?

Quellen und Literatur

Böckenförde, Stephan 2007: Sicherheitspolitischer Paradigmenwechsel von Verteidigung zu Schutz, in: Europäische Sicherheit 8, 29-32.
Böckenförde, Stephan 2008a: Militärpolitik/Sicherheitspolitik, in: Woyke, Wichard (Hrsg.): Handwörterbuch Internationale Politik, 11. Aufl., Opladen/Farmington Hills: Verlag Barbara Budrich, 352-364.
Böckenförde, Stephan 2008b: Verteidigung, Stabilisierung und Gefahrenabwehr. Eine Typologie der Bundeswehreinsätze vor dem Hintergrund internationaler Gewaltkonflikte, in: Ose, Dieter (Hrsg.): Sicherheitspolitische Kommunikation im Wandel, Baden-Baden: Nomos, 23-35.
Boutros-Ghali, Boutros 1992: Agenda for Peace: Preventive Diplomacy, Peacemaking and Peace-keeping, <http://www.un.org/Docs/SG/agpeace.html>.
Bundesministerium der Verteidigung 1969: Weißbuch 1969 zur Verteidigungspolitik der Bundesregierung, Bonn: Presse- und Informationsamt der Bundesregierung.
Bundesministerium der Verteidigung 1970: Weißbuch 1970: Zur Sicherheit der Bundesrepublik Deutschland und zur Lage der Bundeswehr, Bonn: Presse- und Informationsamt der Bundesregierung.
Bundesministerium der Verteidigung 1971: Weißbuch 1971/1972: Zur Sicherheit der Bundesrepublik Deutschland und zur Entwicklung der Bundeswehr, Bonn: Presse- und Informationsamt der Bundesregierung.
Bundesministerium der Verteidigung 1974: Weißbuch 1973/1974: Zur Sicherheit der Bundesrepublik Deutschland und zur Entwicklung der Bundeswehr, Bonn: Presse- und Informationsamt der Bundesregierung.

Bundesministerium der Verteidigung 1976: Weißbuch 1975/1976: Zur Sicherheit der Bundesrepublik Deutschland und zur Entwicklung der Bundeswehr, Bonn: Presse- und Informationsamt der Bundesregierung.
Bundesministerium der Verteidigung 1979: Weißbuch 1979: Zur Sicherheit der Bundesrepublik Deutschland und zur Entwicklung der Bundeswehr, Bonn: Presse- und Informationsamt der Bundesregierung.
Bundesministerium der Verteidigung 1983: Weißbuch 1983: Zur Sicherheit der Bundesrepublik Deutschland, Bonn: Presse- und Informationsamt der Bundesregierung.
Bundesministerium der Verteidigung 1985: Weißbuch 1985: Zur Lage und Entwicklung der Bundeswehr, Bonn: Presse- und Informationsamt der Bundesregierung.
Bundesministerium der Verteidigung 1992: Verteidigungspolitische Richtlinien für den Geschäftsbereich des Bundesministers der Verteidigung, in: Blätter für deutsche und internationale Politik 9/1993, 1137-1151.
Bundesministerium der Verteidigung 2003: Verteidigungspolitische Richtlinien für den Geschäftsbereich des Bundesministers der Verteidigung, <http://www.bmvg.de/portal/PA_1_0_P3/PortalFiles/C1256EF40036B05B/N264XJ5C768MMISDE/VPR_BROSCHUERE.PDF?yw_repository=youatweb>.
Bundesministerium der Verteidigung 2006: Weißbuch 2006 zur Sicherheitspolitik Deutschlands und zur Zukunft der Bundeswehr, <http://www.bmvg.de/portal/PA_1_0_P3/PortalFiles/C1256EF40036B05B/W26UYEPT431INFODE/WB_2006_dt_mB.pdf?yw_repository=youatweb>.
Bundesministerium der Verteidigung 2011: Verteidigungspoliotische Richtlinien. Nationale Interessen wahren – Internationale Verantwortung übernehmen – Sicherheit gemeinsam gestalten, <http://www.bmvg.de/resource/resource/MzEzNTM4MmUzMzMyMmUzMTM1MzMyZTM2MzEzMDMwMzAzMDMwMzAzMDY3NmY2ODMyNzU3OTY4NjIyMDIwMjAyMDIw/Verteidigungspolitische%20Richtlinien%20(27.05.11).pdf>.
Bundesregierung 2004: Aktionsplan Zivile Krisenprävention, Konfliktlösung und Friedenskonsolidierung, <http://www.auswaertiges-amt.de/diplo/de/Aussenpolitik/Themen/Krisenpraevention/Aktionsplan-Volltext.pdf>.
Bundesregierung 2012: Globalisierung gestalten – Partnerschaften ausbauen – Verantwortung teilen. Konzept der Bundesregierung, <http://www.auswaertiges-amt.de/cae/servlet/contentblob/608384/publicationFile/169951/Gestaltungsmaechtekonzept.pdf>.
Clausewitz, Carl von 2005: Vom Kriege, Frankfurt/Leipzig: Insel Verlag.
Czempiel, Ernst-Otto 1991: Weltpolitik im Umbruch. Das internationale System nach dem Ende des Ost-West-Konflikts, München: Beck.
Elwert, Georg 1997: Gewaltmärkte. Beobachtungen zur Zweckrationalität der Gewalt, in: Trotha, Trutz von (Hrsg.): Soziologie der Gewalt, Opladen/Wiesbaden: Westdeutscher Verlag, 86-101.
Europäische Union 2003: Europäische Sicherheitsstrategie. Ein sicheres Europa in einer besseren Welt, Brüssel, <http://ue.eu.int/uedocs/cmsUpload/031208ESSIIDE.pdf>.
European Defence Agency 2006: An Initial Long-Term Vision for European Defence Capabilitiy and Capacity Needs, <http://www.eda.europa.eu/webutils/downloadfile.aspx?fileid=106>.
Gnesotto, Nicole/Grevi, Giovanni (Hrsg.) 2006: The New Global Puzzle. What World for the EU in 2025? <http://www.iss.europa.eu/uploads/media/NGP_02.pdf>.
Haass, Richard N. 2002: Defining U.S. Foreign Policy in a Post-Post-Cold War World. The 2002 Arthur Ross Lecture, Remarks to Foreign Policy Association, New York, NY, April 22, 2002, <http://www.state.gov/s/p/rem/9632.htm>.
Heidelberg Institute for International Conflict Research 2013: ConflictBarometer 2012, <http://www.hiik.de/de/konfliktbarometer/pdf/ConflictBarometer_2012.pdf>.
Herz, John H. 1957: Aufstieg und Niedergang des Territorialstaates, in: Herz, John H., 1974: Staatenwelt und Weltpolitik. Aufsätze zur internationalen Politik im Nuklearzeitalter, Hamburg: Hoffmann & Campe, 123-142.
Herz, John H. 1961: Weltpolitik im Atomzeitalter, Stuttgart: W. Kohlhammer Verlag.

Intergovernmental Panel on Climate Change IPCC 2007: Climate Change 2007. Synthesis Report, <http://www.ipcc.ch/pdf/assessment-report/ar4/syr/ar4_syr.pdf>.

International Commission on Intervention and State Sovereignty ICISS 2001: The Responsibility to Protect. Report of the International Commission on Intervention and State Sovereignty, <http://www.iciss.ca/pdf/Commission-Report.pdf>.

Jellinek, Georg 1966: Allgemeine Staatslehre, 3. Aufl., Bad Homburg/Berlin/Zürich: Verlag Dr. Max Gehlen.

Kellogg-Briand Pact 1928, <http://www.yale.edu/lawweb/avalon/imt/kbpact.htm>.

Kissinger, Henry A. 1969: American Foreign Policy. Three Essays, New York, NY: W. W. Norton.

Marshall, Monty G./Gurr, Ted Robert 2005: Peace and Conflict 2005. A Global Survey of Armed Conflicts, Self-Determination Movements, and Democracy, College Park, MD: Center for International Development and Conflict Management, University of Maryland.

Meyers, Reinhard 2004: Der Wandel des Kriegsbildes, in: Rinke, Bernhard/Woyke, Wichard (Hrsg.): Frieden und Sicherheit im 21. Jahrhundert, Opladen: Leske + Budrich, 25-50.

Münkler, Herfried 2006: Der Wandel des Krieges. Von der Symmetrie zur Asymmetrie, Weilerswist: Velbrück.

National Security Council 1950: NSC-68. United States Objectives and Programs for National Security, <http://www.fas.org/irp/offdocs/nsc-hst/nsc-68.htm>.

NATO 1991: The Alliance's Strategic Concept agreed by the Heads of State and Government participating in the meeting of the North Atlantic Council, <http://www.nato.int/docu/basictxt/b911108a.htm>.

NATO 1999: The Alliance's Strategic Concept. Approved by the Heads of State and Government participating in the meeting of the North Atlantic Council in Washington D.C. on 23rd and 24th April 1999, <http://www.nato.int/docu/pr/1999/p99-065e.htm>.

Rösel, Jakob 1997: Vom ethnischen Antagonismus zum ethnischen Bürgerkrieg. Antagonismus, Erinnerung und Gewalt in ethnischen Konflikten, in: Trotha, Trutz von (Hrsg.): Soziologie der Gewalt, Opladen/Wiesbaden: Westdeutscher Verlag, 162-182.

Schneckener, Ulrich 2005: Fragile Staatlichkeit als globales Sicherheitsrisiko, in: Aus Politik und Zeitgeschichte, 28-29, 26-31.

Trotha, Trutz von 1995: Ordnungsformen der Gewalt oder Aussichten auf das Ende des staatlichen Gewaltmonopols, in: Nedelmann, Birgitta (Hrsg.): Politische Institutionen im Wandel, Opladen: Westdeutscher Verlag, 129-166.

Trotha, Trutz von 2005: Der Aufstieg des Lokalen, in: Aus Politik und Zeitgeschichte, 28-29, 32-38.

Tyler, Patrick E. 1992: U.S. Strategy Plan Calls for Insuring No Rivals Develop, New York Times, 8.3.1992, <http://query.nytimes.com/gst/fullpage.html?res=9E0CE5D61E38F93BA35750C0A964958260>.

Western European Union 1992: Petersberg Declaration, <http://www.weu.int/documents/920619peten.pdf>.

White House 2002: The National Security Strategy of the United States of America, September 2002, <http://georgewbush-whitehouse.archives.gov/nsc/nss/2002/>.

White House 2006: The National Security Strategy of the United States of America, March 2006, <http://georgewbush-whitehouse.archives.gov/nsc/nss/2006/nss2006.pdf>.

White House 2010: The National Security Strategy of the United States of America, March 2006, <http://www.whitehouse.gov/sites/default/files/rss_viewer/national_security_strategy.pdf>.

Kapitel 2
Normative Grundlagen, Werte und Interessen deutscher Sicherheitspolitik

Michael Staack

Deutschlands Sicherheitspolitik wird bestimmt durch seine ausgeprägte internationale Verflechtung, den hohen Stellenwert, den das Verfassungs- und Völkerrecht auch in der auswärtigen Politik besitzt, die problematische Geschichte des Landes vor allem im 19. und 20. Jahrhundert sowie eine politische Kultur, die durch die Absage an schlimme Fehlentwicklungen wie NS-Diktatur und Militarismus gekennzeichnet ist. Es sind diese Prägefaktoren, die – in unterschiedlicher Gewichtung – die Entwicklung (west-)deutscher Sicherheitspolitik seit 1949 nachhaltig beeinflussen. Aus den Besatzungszonen der westlichen Siegermächte wurde ein semi-souveräner Staat, der schrittweise seine außen- und sicherheitspolitische Handlungsfähigkeit wiedergewann: von der Westintegration in den 1950er bis zur Ostpolitik und dem Beitritt zu den Vereinten Nationen in den frühen 1970er Jahren (vgl. dazu Varwick in diesem Band).

1   Neue Rollen nach der Wiedervereinigung

Durch seine Vereinigung am 3. Oktober 1990 völkerrechtlich wieder voll souverän geworden, übernahm Deutschland neue internationale Verantwortung, akzeptierte militärische Machtanwendung im gesamten Einsatzspektrum (vgl. dazu den Beitrag von Sven B. Gareis in diesem Band) und bekundete sein Interesse an einem ständigen Sitz im Sicherheitsrat der Vereinten Nationen. Mit der Begründung der Europäischen Sicherheits- und Verteidigungspolitik (ESVP) im Jahr 1999 wurde eine Entwicklung eingeleitet (vgl. dazu den Beitrag von Wilhelm Knelangen in diesem Band), die in letzter Konsequenz zu einer Europäischen Sicherheits- und Verteidigungsunion und zum Aufgehen der Bundeswehr in einer Europäischen Armee führen kann.

Die Überwindung des Ost-West-Konflikts bedeutete für Deutschland einen erheblichen Sicherheitsgewinn. Nur noch von Partnern umgeben, muss es nach vier Jahrzehnten der Höchstrüstung einen konventionellen Angriff „derzeit und auf absehbare Zeit" (Bundesminister der Verteidigung 2003: 8) nicht länger fürchten. An die Stelle der alten, ebenso gefährlichen wie übersichtlichen Bedrohung trat jedoch eine „neue Unübersichtlichkeit", gekennzeichnet durch die Ausprägung einer erst unipolaren, mittlerweile zunehmend multipolaren Mächtekonstellation, durch neue globale Herausforderungen und durch asymmetrisch agierende Akteure (vgl. dazu den Beitrag von Stephan Böckenförde in diesem Band). Eine grundlegende Neuordnung der deutschen Sicherheitspolitik war die notwendige Folge. Nach dem Ende des Ost-West-Konflikts ist Deutschland – politisch, wirtschaftlich und, innenpolitisch am umstrittensten, auch militärisch – von einem Importeur zum global tätigen Exporteur von Sicherheit geworden. Bis zum großen Strukturbruch 1989/90 agierte die Bundesrepublik Deutschland in einem von Dritten – den damaligen Supermächten USA und Sowjetunion – bestimmten internationalen System. Seit dem Ende des Ost-West-Konflikts gestaltet das vereinte Deutschland selbst dieses System und damit die internationalen Rahmenbedingungen für seine Außen- und Sicherheitspolitik in einem weitaus höheren Maß mit. Als Folge dieser Veränderungen ist Deutschland sehr viel stärker herausgefordert, seine ordnungspolitischen Vorstellungen inhaltlich-konzeptionell auszuformulieren. Sowohl die internationalen Krisen der 1990er Jahre (z. B. der Zerfall Jugoslawiens) als auch der Irak-Konflikt 2003 wirkten in dieser Hinsicht wie Katalysatoren, indem sie bereits eingeleitete Entwicklungen zuspitzten und voranbrachten.

Das weltordnungspolitische Konzept Deutschlands ergibt sich aus der Interessenlage einer global einflussreichen mittleren Macht, die auch regional nicht hegemoniefähig ist. Innerhalb Europas ist Deutschland ein Land, das den Status quo aufrechterhalten will. Die stabile Lage in Europa – von Partnern umgeben – gestattet es, eine gestaltende Politik über das regionale Umfeld hinaus vorzunehmen. Durch eine zunehmende Verrechtlichung der internationalen Beziehungen soll – so die deutsche Zielsetzung – ein verbindliches Regelsystem gefestigt und fortentwickelt werden, um internationale Ordnung zu gewährleisten. Im Rahmen einer solchen kooperativen Weltordnung sollen sich auf der Grundlage des normativen Multilateralismus unterschiedliche Machtpole und Interessen entfalten können: „Es geht heute um die Frage, wie – und nicht ob – eine multipolare, auf Gleichberechtigung gegründete Weltordnung gesichert werden kann. Der Verlauf des 21. Jahrhunderts wird davon abhängen, ob alle Beteiligten zu globaler Kooperation, zu Toleranz und zum Dialog der Kulturen bereit sind und ob sie sich von der Einsicht leiten lassen, dass den Interessen aller am besten entsprochen wird, wenn die Politik sich auch an den Interessen aller orientiert. Nur gleichberechtigte und ebenbürtige Kooperation anstelle von Vorherrschaft vermeidet die Gefahren globaler Rivalitätspolitik oder gar globaler oder regionaler Konfrontation" (Genscher 2003: 5). Die wesentlichen Ziele, Instrumente und Institutionen der deutschen Weltordnungspolitik werden in dem folgenden Schaubild zusammengefasst.

Kasten 1: Grundorientierungen deutscher Weltordnungspolitik

Ziele
- Kooperative Weltordnung
- Internationale Politik wird verstanden als ständiger Prozess der Konfliktbearbeitung und des Ausgleichs unterschiedlicher nationaler Interessen

Instrumente
- Deutschland ist Exporteur von Sicherheit i. S. d. erweiterten Sicherheitsbegriffs
- Stärkung des multilateralen Systems, insbesondere der Vereinten Nationen und ihres Gewaltmonopols; normativer Multilateralismus als Ziel und Methode
- Konfliktverhütung und Konfliktbeilegung mit friedlichen Mitteln im Rahmen des erweiterten Sicherheitsbegriffs; notfalls auch Einsatz militärischer Instrumente
- Nichtweiterverbreitung von Massenvernichtungswaffen; Ausbau von Abrüstung und Rüstungskontrolle
- Bekämpfung des Terrorismus und seiner Ursachen
- Stärkung des Völkerrechts; kooperative Verregelung der internationalen Beziehungen
- Entwicklungszusammenarbeit und Umweltaußenpolitik als Beitrag zur globalen Strukturpolitik
- Förderung regionaler Stabilität

> *Institutionen/Multilaterale Zusammenarbeit*
> - Europäische Union als wichtigster Handlungsrahmen deutscher Außen- und Sicherheitspolitik; darum: Stärkung der EU als handlungsfähiger internationaler Akteur einschließlich GSVP
> - Enge Zusammenarbeit mit Frankreich als wichtigstem bilateralem Partner, vor allem in der EU
> - NATO als wichtigster Handlungsrahmen für kollektive Verteidigung und globale Sicherheitsprojektion: zentrale Sicherheitsinstitution der transatlantischen Partner
> - Transatlantische Verbindung bilateral, in NATO und EU als strategische Partnerschaft
> - Führende Mitwirkung in den Vereinten Nationen; Bereitschaft zur ständigen Mitgliedschaft im Sicherheitsrat

Der nachfolgende Text soll die zentralen Normen, Werte und Interessen, die der deutschen Außen- und Sicherheitspolitik zugrunde liegen, darstellen und – soweit im Rahmen dieses Überblicks möglich – problematisieren. Zu diesem Zweck werden zunächst die wichtigsten Rahmensetzungen durch Verfassung und Völkerrecht vorgestellt. Dem schließt sich eine kritische Auseinandersetzung mit dem Begriff des „Interesses" und dessen Anwendung auf die deutsche Sicherheitspolitik an. Nachfolgend werden die wichtigsten deutschen Sicherheitsinteressen benannt:

- die Selbstbehauptung des politischen Systems und die Freiheit der Eigenentwicklung,
- eine effiziente Weltordnung des normativen Multilateralismus,
- eine handlungsfähige Europäische Union,
- eine freie Weltwirtschaftsordnung mit geregelten Rahmenbedingungen,
- eine funktionsfähige transatlantische Partnerschaft mit den USA sowie
- eine strategische Partnerschaft mit der Russischen Föderation.

Abschließend soll auf mögliche Prioritätenkonflikte bei der Verwirklichung dieser Interessen hingewiesen werden.

2 Rahmensetzungen durch Grundgesetz und völkerrechtliche Verpflichtungen

Deutschlands Außen- und Sicherheitspolitik wird – stärker als die auswärtige Politik anderer Staaten – durch Vorgaben der Verfassung beeinflusst. Dabei liegen dem Grundgesetz drei Zielvorgaben zugrunde: die klare Absage an die NS-Zeit, das Bekenntnis zum „kooperativen Internationalismus" (Knapp 2004: 142) durch Friedensstaatlichkeit und Völkerrechtsfreundlichkeit und die Verpflichtung zur Teilnahme an der europäischen Integration. Daraus ergeben sich teilweise konkrete Verpflichtungen, noch mehr aber politische Programmsätze, deren Ausgestaltung im Rahmen eines weitgesteckten Handlungsspielraums der Bundesregierung und dem Bundestag obliegt. Die gewachsene internationale Rolle des vereinten Deutschlands hat – unter Bezugnahme auf Vorgaben des Grundgesetzes und deren Weiterentwicklung – seit den 1990er Jahren nicht zu einer Erweiterung von Handlungsfreiheiten der Exekutive, sondern zu einer verfassungsgestützten „Domestizierung der deutschen Sicherheits- und Europapolitik" (Harnisch 2006) durch Bundestag und Bundesrat geführt.

Bereits die Präambel der Verfassung bestimmt normativ die außen- und sicherheitspolitische Grundorientierung: „Im Bewusstsein seiner Verantwortung vor Gott und den Menschen, von dem Willen beseelt, als gleichberechtigtes Glied in einem vereinten Europa dem

Frieden der Welt zu dienen, hat sich das Deutsche Volk kraft seiner verfassungsgebenden Gewalt dieses Grundgesetz gegeben." Zwei programmatische Leitlinien – Friedensstaatlichkeit und europäische Integration – besitzen damit Verfassungsrang. Eine dritte Leitlinie – das Eintreten für die Menschenrechte – wird durch den Art. 1 (2) GG festgelegt: „Das Deutsche Volk bekennt sich [...] zu unverletzlichen und unveräußerlichen Menschenrechten als Grundlage jeder menschlichen Gemeinschaft, des Friedens und der Gerechtigkeit in der Welt." Nach dem Ordnungskonzept des Grundgesetzes kommt erst der Mensch und dann der Staat: „Der Staat und seine Ziele haben keinen Eigenwert, sondern ziehen ihre Berechtigung allein daraus, dass sie den Menschen konkret dienen." (Jarass/Pieroth 2006: 38) Menschenwürde und Menschenrechte stellen nicht nur innerstaatlich die irreversible Grundnorm dar, an die alle Institutionen gebunden sind (auch die Streitkräfte), sondern auch einen Gestaltungsauftrag für deutsche Außen- und Sicherheitspolitik. Die Art und Weise, wie der Staat dieser menschenrechtlichen Grundorientierung zu folgen hat, wird durch die Verfassung allerdings nicht vorgegeben. Eine mit starker Öffentlichkeits- und Symbolwirkung betriebene Menschenrechtspolitik ist folglich ebenso möglich wie eine auf mittel- oder langfristigen Wandel setzende „stille Menschenrechtsdiplomatie" oder eine Kombination beider Politikstrategien.

Die friedensstaatliche Grundorientierung Deutschlands wird durch Art. 24 (2) GG konkretisiert: „Der Bund kann sich zur Wahrung des Friedens einem System gegenseitiger kollektiver Sicherheit einordnen; er wird hierbei in die Beschränkungen seiner Hoheitsrechte einwilligen, die eine friedliche und dauerhafte Ordnung in Europa und zwischen den Völkern der Welt herbeiführen und sichern." In seiner Grundsatzentscheidung zu Auslandseinsätzen der Bundeswehr vom 12. Juli 1994 hat das Bundesverfassungsgericht nicht nur die Vereinten Nationen, sondern auch die kollektiven Verteidigungsbündnisse NATO und Westeuropäische Union als solche „Systeme gegenseitiger kollektiver Sicherheit" anerkannt, wenn und soweit sie strikt der Friedenswahrung verpflichtet sind. Der Wille des Grundgesetzgebers, den Weg zur Einordnung in internationale Organisationen und die Bereitschaft zum Souveränitätsverzicht bzw. Souveränitätstransfer zu öffnen, also einen kooperativen Internationalismus zu praktizieren, findet sich im Art. 24 deutlich manifestiert. Auch Art. 24 (3) GG präzisiert die friedensstaatliche Grundorientierung: „Zur Regelung zwischenstaatlicher Streitigkeiten wird der Bund Vereinbarungen über eine allgemeine, umfassende, obligatorische, internationale Schiedsgerichtsbarkeit beitreten." Eine logische Konsequenz aus dieser Vorschrift war der Beitritt der Bundesrepublik zum Internationalen Gerichtshof, aber auch die Anerkennung der Schiedsgerichtsbarkeit innerhalb der Organisation für Sicherheit und Zusammenarbeit in Europa (OSZE).

Weitere Konkretisierungen der Friedensstaatlichkeit finden sich in Art. 26 GG. Art. 26 (1) legt fest: „Handlungen, die geeignet sind und in der Absicht vorgenommen werden, das friedliche Zusammenleben der Völker zu stören, insbesondere die Führung eines Angriffskrieges vorzubereiten, sind verfassungswidrig." Damit erkennt das Grundgesetz ausdrücklich das allgemeine Gewaltverbot aus Art. 2 (4) der VN-Charta an. Eine das Instrument des Angriffskrieges beinhaltende nationale oder internationale Sicherheitspolitik ist folglich nicht mit der Verfassung vereinbar. Ob und wie eine Zusammenarbeit mit Bündnispartnern gestaltet werden kann, die für sich das Recht zum Präventivkrieg geltend machen wie die USA in ihrer Nationalen Sicherheitsstrategie aus dem Jahr 2002, ergibt sich aus dem Programmsatz des Art. 26 (1) allerdings wiederum nicht. Art. 26 (2) regelt, dass „zur Kriegführung bestimmte Waffen [...] nur mit Genehmigung der Bundesregierung hergestellt, befördert oder in Verkehr gebracht werden [dürfen]." Die Einzelheiten werden im Kriegswaffenkontrollgesetz geregelt. Auch in diesem Fall verbleibt der Bundesregierung ein großer Handlungsspielraum für die Ausgestaltung ihrer Rüstungsexportpolitik, deren Rahmen zuletzt durch die „Politischen Grundsätze der Bundesregierung für den Export von

Kriegswaffen und sonstigen Rüstungsgütern" vom 19. Januar 2000 (Bundesregierung 2000) festgelegt wurde.

Auch die Völkerrechtsfreundlichkeit des Grundgesetzes kann unter die friedensstaatliche Grundorientierung subsumiert werden und entfaltet unmittelbare außen- und sicherheitspolitische Wirkung. Art. 25 GG bestimmt: „Die allgemeinen Regeln des Völkerrechts sind Bestandteil des Bundesrechtes. Sie gehen den Gesetzen vor und erzeugen Rechte und Pflichten unmittelbar für die Bewohner des Bundesgebietes." Aus dieser Vorschrift folgt ein „Vollzugsbefehl" in Bezug auf die allgemeinen Regeln des Völkerrechts (z. B. das Gewaltverbot), während nachgeordnete völkerrechtliche Regelungen im Einzelfall in nationales Recht zu transformieren sind. Art. 25 stellt außerdem ein generelles Gebot zur völkerrechtsfreundlichen Interpretation des nationalen Rechts sowie zur Befolgung der verbindlichen Völkerrechtsnormen dar. Daraus lässt sich auch eine entsprechende Praxis bei den Einsatzregeln für Auslandseinsätze der Bundeswehr (*rules of engagement*) ableiten.

Über die Bestimmungen der Verfassung zur Beachtung des Völkerrechts hinaus legt Art. 9 (2) GG fest, dass „Vereinigungen, [...] die sich [...] gegen den Gedanken der Völkerverständigung richten, [...] verboten" sind. Darunter fallen insbesondere gegen das friedliche Zusammenleben der Völker gerichtete völkerrechtswidrige Tätigkeiten wie die Unterstützung von Gruppen im Ausland, die Anschläge auf Personen und Sachen vornehmen (Jarass/Pieroth 2006: 266).

Die programmatische Grundorientierung zugunsten der europäischen Integration findet ihren Ausdruck in Art. 23 GG. Dazu heißt es in Art 23 (1) GG: „Zur Verwirklichung eines vereinten Europa wirkt die Bundesrepublik Deutschland bei der Entwicklung der Europäischen Union mit, die demokratischen, rechtsstaatlichen, sozialen und föderativen Grundsätzen und dem Grundsatz der Subsidiarität verpflichtet ist und einen diesem Grundgesetz im Wesentlichen vergleichbaren Grundrechtsschutz gewährleistet. Der Bund kann hierzu durch Gesetz mit Zustimmung des Bundesrates Hoheitsrechte übertragen."

Während alle bisher behandelten Bestimmungen bereits seit 1949 Bestandteil des Grundgesetzes sind, wurde der Art. 23 erst 1992, nach der erneuten Vertiefung der Integration durch den Maastrichter Vertrag, in die Verfassung aufgenommen. Dieser Artikel regelt auch die Beteiligung der Bundesländer an Angelegenheiten der Europäischen Union. Mit seinem Urteil zum Lissabon-Vertrag vom 30. Juni 2009 hat das Bundesverfassungsgericht die Hürden beim Souveränitätstransfer an die EU nochmals erhöht. Es dürfe weder der „Wesenskern" der deutschen Staatlichkeit aufgegeben werden noch eine Entkopplung eines zukünftigen Kompetenztransfers von der Vertiefung der demokratischen Legitimation der EU stattfinden (vgl. Arnauld/Hufeld 2011). Die Fortentwicklung der bisher intergouvernemental strukturierten Sicherheits- und Verteidigungspolitik zu einer Gemeinschaftspolitik mit einer einheitlichen Armee wurde damit nicht unmöglich gemacht, aber deutlich erschwert. Aus deutscher Sicht dürfte entscheidend sein, dass auch europäische Streitkräfte den Charakter einer „Parlamentsarmee" tragen. Die Europäische Union als „Staatenverbund sui generis" (so das BVerfG in seinem Urteil zum Maastrichter Vertrag) ist – im Gegensatz zur NATO, aber auch zu den Vereinten Nationen – die einzige internationale Organisation, die im Grundgesetz ausdrückliche Erwähnung findet.

Über den Einsatz der Bundeswehr außerhalb des NATO-Vertragsgebiets wurde nach 1989 politisch und verfassungsrechtlich heftig gestritten (vgl. Staack 2000: 476-483; 498-512). Sowohl Gegner als auch Befürworter der neuen Auslandseinsätze beriefen sich auf kontrovers interpretierte Bestimmungen des Grundgesetzes, namentlich die Art. 24 (2) (Beitritt zu Systemen kollektiver Sicherheit) und 87a (Aufgaben der Streitkräfte). Am 12. Juli 1994 entschied das Bundesverfassungsgericht über die gegensätzlichen Standpunkte. Das oberste Gericht stellte fest, dass die Bundeswehr eine Parlamentsarmee sei, deren Einsatz im Ausland abhängig sei von der vorherigen Zustimmung durch den Deutschen Bundestag (konstitutiver Parlamentsvorbehalt), sofern nicht „Gefahr im Verzug" ein sofortiges Handeln gebiete. Mit ihrer grundgesetzlichen Entscheidung für die Einordnung in kollektive Sicherheitssysteme wie die Vereinten Nationen, die NATO oder die Westeuropäische Union habe die Bundesrepublik Deutschland auch die diesen Organisationen eigenen Verpflichtungen akzeptiert. Eine Begrenzung auf bestimmte Formen militärischer Einsätze (z. B. nur friedenswahrende Missionen, aber keine Kampfeinsätze) oder auf bestimmte Einsatzregionen (z. B. NATO-Vertragsgebiet oder Europa) ergebe sich aus der Verfassung dagegen nicht (vgl. Wiefelspütz 2003).

Am 24. März 2005 trat das „Gesetz über die parlamentarische Beteiligung bei der Entscheidung über den Einsatz bewaffneter Streitkräfte im Ausland" (Parlamentsbeteiligungsgesetz) in Kraft, mit dem das Zustimmungsverfahren des Bundestages vereinfacht werden sollte. Mit diesem Gesetz wurde dem Bundestag u. a. das Recht eingeräumt, die Bundeswehr jederzeit aus einem Einsatz zurückzurufen. Der Bundestag kann einen Auslandseinsatz der Bundeswehr grundsätzlich genehmigen oder ablehnen; er hat aber nicht die Möglichkeit, Einsatzaufträge zu ändern oder unmittelbar in die Ausgestaltung des Auftrages einzugreifen. Ein Antrag der Bundesregierung auf Zustimmung zum Einsatz von Streitkräften muss Angaben über den Einsatzauftrag, das Einsatzgebiet, die rechtlichen Grundlagen des Einsatzes, die Höchstzahl der einzusetzenden Soldatinnen und Soldaten, die Fähigkeiten der einzusetzenden Streitkräfte, die geplante Dauer des Einsatzes und die voraussichtlichen Kosten sowie die Finanzierung enthalten. Bei Einsätzen geringerer Intensität und Tragweite (z. B. Erkundungsmissionen, Einsatz einzelner Soldaten für VN, EU oder NATO) gilt ein vereinfachtes Zustimmungsverfahren, bei dem die Zustimmung als erteilt gilt, wenn nicht innerhalb einer Woche eine Fraktion oder fünf Prozent der Abgeordneten einen förmlichen Beschluss verlangen. Humanitäre Hilfsdienste und vorbereitende Maßnahmen gelten nicht als Auslandseinsatz im Sinne des Gesetzes.

Die bisherige Praxis hat gezeigt, dass die parlamentarischen Beratungsprozesse so gestrafft werden können, dass zügige Entscheidungen bei multinationalen Einsätzen zu gewährleisten sind. Neue sachliche Erkenntnisse, die zu einer Delegierung des Entscheidungsrechts an die Bundesregierung durch sog. Vorratsmandate führen könnten, sind auch in Bezug auf die *NATO Response Force* (NRF) oder europäische Eingreifkräfte wie die EU *Battlegroups* nicht ersichtlich. Eine solche „Selbstentmachtung" des Parlaments wäre sowohl sicherheitspolitisch als auch verfassungsrechtlich außerordentlich problematisch, weil dies einen weitreichenden Abbau von Mitwirkungs- und Kontrollrechten nach sich ziehen würde. Wenn es sachlich zwingend geboten ist, so bei Gefahr im Verzug (z. B. Rettungs- und Evakuierungsaktionen), verfügt die Bundesregierung ohnehin über das Recht zum Handeln.

Als Rahmensetzung für die deutsche Außen- und Sicherheitspolitik ist, über das Grundgesetz hinaus, noch der „Vertrag über die abschließende Regelung in Bezug auf Deutschland" (2+4-Vertrag) vom 12. September 1990 bedeutsam. Dieses Abkommen enthält u. a. die folgenden völkerrechtlichen Verpflichtungen und Absichtserklärungen:

- Das aus dem Gebiet der Bundesrepublik Deutschland, der Deutschen Demokratischen Republik und Berlins bestehende „vereinte Deutschland hat keinerlei Gebietsansprüche gegen andere Staaten und wird solche auch nicht in Zukunft erheben" (Art. 1 (3)). „Die Bestätigung des endgültigen Charakters der Grenzen des vereinten Deutschland ist ein wesentlicher Bestandteil der Friedensordnung in Europa" (Art. 1 (1)).
- Von deutschem Boden soll nur Frieden ausgehen. Vorbereitung und Führung eines Angriffskrieges und anderer Handlungen, die das friedliche Zusammenleben der Völker stören, sind verfassungswidrig. Deutschland wird „keine seiner Waffen jemals einsetzen […], es sei denn in Übereinstimmung mit seiner Verfassung und der Charta der Vereinten Nationen" (Art. 2).

- Deutschland bekräftigt seinen Verzicht auf Herstellung und Besitz von und auf Verfügungsgewalt über atomare, biologische und chemische Waffen (Art. 3 (1)).
- Die deutschen Streitkräfte werden auf eine Personalstärke von maximal 370.000 Mann reduziert (Art. 3 (2)).

Relevant für die Sicherheitspolitik sind schlussendlich noch die Truppenstatute der NATO und der Europäischen Union, mit denen rechtliche Regelungen für den ständigen Aufenthalt bzw. Truppenbewegungen verbündeter Streitkräfte im Gastland und die dabei einzuhaltenden Verfahrensweisen geschaffen wurden.

Die verfassungs- und völkerrechtlichen Vorgaben schaffen einen Rahmen für außen- und sicherheitspolitisches Handeln. Diesen auszufüllen und sich dabei an den Grundnormen der Friedensstaatlichkeit, der Menschenrechtsverwirklichung und der europäischen Integration zu orientieren, ist Aufgabe einer an längerfristigen Interessen und kurz- bis mittelfristigen Zielen ausgerichteten Politik.

3   Der Interessensbegriff in der Außen- und Sicherheitspolitik

Friedrich der Große hat in seinem „Politischen Testament" (1752) zutreffend festgestellt, dass „Politik [...] die Kunst [ist], mit allen geeigneten Mitteln stets den eigenen Interessen gemäß zu handeln. Dazu muss man seine Interessen kennen, und um diese Kenntnis zu erlangen, bedarf es des Studiums, geistiger Sammlung und angestrengten Fleißes" (Friedrich der Große 1987: 39). Über den Begriff des Interesses in der Außenpolitik wird seit langem heftig gestritten. Insbesondere die historisch tradierte Vorstellung quasi überzeitlicher, einem Staatswesen stets eigener Nationalinteressen – wie auch vom preußischen König im weiteren Verlauf seines „Politischen Testaments" vorausgesetzt und ausgeführt – hat diesen Begriff für die moderne Politikwissenschaft fragwürdig werden lassen. Gleichwohl kann auch ein dem heutigen internationalen System bzw. der Außenpolitik von Nationalstaaten in einer zunehmend interdependenten Welt angemessener Interessensbegriff entwickelt werden. Entscheidend dabei ist die Frage, auf welche Weise außen- und sicherheitspolitische Interessen zustande kommen (vgl. Albrecht 2001; Pradetto 2001).

Der liberalen Schule der internationalen Beziehungen folgend, soll Außenpolitik im Folgenden als das Verhalten verstanden werden, mit dem die im politischen System des Nationalstaates organisierte Gesellschaft ihre Interessen gegenüber der internationalen Umwelt durchzusetzen versucht. Nationale Interessen sind demzufolge grundlegende Zielsetzungen einer Gesellschaft, die sich (1) über einen längeren Zeitraum gebildet haben, (2) von großen, lagerübergreifenden politischen Mehrheiten unterstützt werden und (3) die außen- und sicherheitspolitische Staatspraxis über Zeit prägen. Nationale Interessen sind weder „ewig", noch sind sie „heilig": Sie können sich im Inhalt, in der Bedeutung und in der Rangfolge verändern. Nationale Interessen konstituieren sich im Meinungsstreit, wobei den Debatten innerhalb der jeweiligen Eliten die größte Relevanz zukommt. Sie sind insofern Ausdruck eines gesellschaftlichen Kräfteparallelogramms, d. h. eine Abbildung dessen, was die Gesellschaft als außen- und sicherheitspolitisch erstrebenswert ansieht. Anstatt den Begriff „Interesse" zu verwenden, kann auch von „Staatspräferenzen" gesprochen werden (vgl. Moravcsik 1997).

Nationale Interessen sind dem Einfluss von gesellschaftlichem Wandel ebenso unterworfen wie veränderten Rahmenbedingungen des internationalen Systems. Sie sind einzuordnen „in eine zu erkennende Struktur der gegenwärtigen Weltpolitik" (Besson 1968: 43). Die Definition von grundsätzlichen Interessen hilft bei der Bestimmung von kurz- oder mittelfristigen Prioritäten in der Außen- und Sicherheitspolitik. Daraus wiederum ergibt sich die Wahl der

Instrumente und Ressourcen, um diese Ziele erreichen zu können. Auf diese Weise bilden „Interessen [...] die Grundkategorie einer strategischen Ziel-Mittel-Relation gegenüber der internationalen Umwelt, sie sind gleichermaßen Ausdruck des auf diese Umwelt bezogenen Gestaltungswillens eines Staates wie auch der diesem Willen innewohnenden Antriebsenergie" (Gareis 2006: 81).

4 Deutsche Sicherheitsinteressen

Eine neue und intensive Debatte über nationale Interessen findet statt, seitdem Deutschland vereint und vom Importeur zum Exporteur von Sicherheit geworden ist (vgl. Bahr 1998; Bredow/Jäger 1993; Schwarz 2005; Theiler 2001). In zunehmendem Maße und besonders in Bezug auf die Auslandseinsätze der Bundeswehr werden eine präzisere Definition und eine entschlossene Vertretung dieser Interessen angemahnt und eingefordert. Dabei entsteht zuweilen der irreführende Eindruck, dass sich einzelne Entscheidungen oder die Beteiligung oder Nichtbeteiligung Deutschlands an bestimmten militärischen Einsätzen logisch und zwingend aus einer solchen inhaltlich geschärften Interessensdefinition ableiten ließen. Bei näherer Betrachtung erweist sich eine solche Erwartung als bestenfalls begrenzt hilfreich oder gänzlich irreführend. Eine präzise Bestimmung von Interessen kann allenfalls einen besseren Rahmen für außen- und sicherheitspolitische Entscheidungen schaffen, den nahezu immer komplexen Abwägungsprozess im Einzelfall ersetzen kann sie jedoch nicht (vgl. Mair 2007; Rauch 2006).

Ebenso muss der Auffassung widersprochen werden, die alte Bundesrepublik bis 1989 habe ihre spezifischen nationalen Interessen weder definiert noch geltend gemacht, überwiegend „Trittbrettfahrerei" betrieben oder sich auf „Scheckbuchdiplomatie" konzentriert. Das Gegenteil ist der Fall: „Alle Bundesregierungen von Konrad Adenauer bis Helmut Kohl haben ihre beschränkten außenpolitischen Handlungsspielräume geschickt genutzt und sehr erfolgreiche Interessenpolitik betrieben" (Gareis 2006: 85). Gerade in Bezug auf die „nationale Frage" und ihre besonderen Bemühungen um den Zusammenhalt der deutschen Nation, aber auch in vielen anderen Sachbereichen machte die Bundesrepublik ihre Interessen nachdrücklich und zumeist wirkungsvoll geltend. Vier Fallbeispiele illustrieren diese These:

- Alle Bundesregierungen seit den 1950er Jahren bemühten sich nach Kräften, sicherheitspolitische Sonderregelungen, die lediglich für die Bundesrepublik Deutschland gegolten hätten, abzuwehren bzw., falls vorhanden, abzubauen. Statt einer Singularisierung sollte eine gleichberechtigte Behandlung im Rahmen multilateraler Abmachungen bzw. Verträge erfolgen. Diese Politik zielte sowohl auf die bestehende Diskriminierung in der NATO (Einschränkung der Sonderrechte der Siegermächte des Zweiten Weltkrieges) und in der Westeuropäischen Union (Abbau von bestimmten Rüstungsbeschränkungen nur für die Bundesrepublik, z. B. schwere Kriegsschiffe, Langstreckenbomber) als auch auf die Vermeidung von Singularisierungen bei neuen Rüstungs- bzw. Rüstungskontrollentscheidungen ab. Auf dieses besondere sicherheitspolitische Interesse Deutschlands geht sowohl die Stationierung von neuen Mittelstreckenwaffen im Jahr 1983 nicht nur in der Bundesrepublik, sondern gleich in mehreren europäischen Ländern, als auch die Ablehnung von Rüstungskontrollbeschränkungen ohne multilateralen Kontext zurück. Die „alte" Bundesrepublik wollte nicht anders behandelt werden als jeder andere Bündnis- bzw. Partnerstaat.

- Die Ostpolitik der sozial-liberalen Regierungskoalition wurde ermöglicht durch die Entspannungspolitik zwischen den Weltmächten. Sie wurde abgesichert durch enge Konsultationen mit der US-Administration, aber auch mit den Regierungen Großbritanniens und Frankreichs. Gleichwohl entfaltete sich nach dem Abschluss der Ostverträge (1970-73) schnell eine im Westen teilweise kritisch betrachtete Eigendynamik in der Entwicklung der bundesdeutsch-sowjetischen Beziehungen. Dafür waren sowohl wirtschaftliche als auch außen- und spezifische deutschlandpolitische Interessen maßgeblich (vgl. Bahr 1996: 224-338; Bender 1995: 207-235). Dazu gehörte auch die Einrichtung eines – bis 1990 funktionierenden – „geheimen Kanals" zum Austausch vertraulicher Informationen zwischen den Staats- bzw. Regierungschefs beider Seiten. Auf diesem Weg z. B. wurde Bundeskanzler Schmidt Ende Dezember 1979 von der Sowjetunion über ihre Invasion in Afghanistan unterrichtet, noch bevor entsprechende Informationen von den USA an den Bonner Verbündeten weitergegeben worden waren (vgl. Keworkow 1995: 241-249).
- Nachdem die Vereinigten Staaten seit Ende der 1970er Jahre zunehmend das Interesse an einer Fortsetzung der Entspannungspolitik mit der Sowjetunion verloren hatten, bemühten sich die Bundesregierungen Schmidt/Genscher und Kohl/Genscher um eine Bewahrung des Erreichten und um eine Neubelebung des Weltmachtdialoges. Angesichts der neuen Konfrontation sollten die – aus deutscher Sicht – positiven Ergebnisse der Entspannung soweit wie möglich erhalten werden, insbesondere die menschlichen Erleichterungen und die Zusammenarbeit zwischen beiden deutschen Staaten, der KSZE-Prozess zur Kooperation in Gesamteuropa sowie Rüstungskontrollabkommen wie SALT II (Begrenzung strategischer Atomwaffen) und der ABM-Vertrag (Begrenzung von Raketenabwehrsystemen). Als beide Seiten in der Rüstungskontrollpolitik nahezu dialogunwillig geworden waren, reiste Bundeskanzler Schmidt im Alleingang nach Moskau (1980), um neue Verhandlungen zu erreichen (Haftendorn 1986: 142-154), und als die Reagan-Administration den KSZE-Prozess Ende 1983 abbrechen wollte, sorgte Außenminister Genscher dafür, dass die Konferenzuhr so lange angehalten wurde, bis sich alle Seiten auf eine Fortsetzung des Prozesses verständigt hatten. Entspannung auf der Grundlage gesicherter Verteidigungsfähigkeit lag im nationalen Interesse (vgl. Genscher 1995: 313-315).
- In der Auseinandersetzung über die Stationierung neuer nuklearer Kurzstreckenraketen (SNF) in den Jahren 1988/89 mobilisierte die Bundesregierung, wiederum unter Führung des damaligen Außenministers Genscher, die Mehrheit der NATO-Partner öffentlich gegen diese von den USA, Großbritannien und der NATO-Bürokratie selbst gewünschte Entscheidung. Statt eines Stationierungsbeschlusses für das Territorium der beiden deutschen Staaten entstand ein neues rüstungskontrollpolitisches Gesamtkonzept des Bündnisses. Damit erfolgte im Epochenjahr 1989 auf deutsche Initiative eine konstruktive westliche Antwort auf die Abrüstungsoffensive des sowjetischen Staats- und Parteichefs Gorbatschow (vgl. Genscher 1995: 581-621; Staack 2000: 138-160). Ein Jahr später stellte der damalige US-Außenminister James Baker fest: „Wir sind alle zu Genscheristen geworden" (vgl. Whitney 1990).

Rückblickend kann mit guten Gründen sogar die Auffassung vertreten werden, dass die (bundes-)deutsche Interessenwahrnehmung beispielsweise in den Entspannungsphasen des Ost-West-Konflikts in den 1970er und späten 1980er Jahren politisch reibungsfrei und erfolgreicher möglich war als im Zeichen des „unipolaren Moments" (Krauthammer 1990/91) der zeitweise imperial und unilateral agierenden US-Administration von Präsident George W. Bush zu Beginn des 21. Jahrhunderts.

Obwohl die Debatte über außen- und sicherheitspolitische Interessen, angestoßen durch konkrete politische Vorhaben bzw. Entscheidungen, sich immer wieder neu entzündet, fällt doch auf, dass in der „alten" Bundesrepublik vor 1989 häufiger, kontroverser und mit größerer Resonanz in der Gesellschaft über Außen- und Sicherheitspolitik diskutiert wurde als heute. Auch wenn die Forderung nach solchen Debatten in letzter Zeit oft erhoben wird, finden sie wesentlich seltener tatsächlich statt. Nachdem außenpolitische Fragen gerade in den 1980er Jahren einen hohen Stellenwert eingenommen hatten, trat mit der Vereinigung Deutschlands eine sehr starke Konzentration auf Binnenprobleme ein. Diese Tendenz wurde durch die nachfolgenden wirtschaftlichen Probleme noch verstärkt. Erst mit dem Kosovo-Krieg (1999), den Anschlägen vom 11. September 2001, dem deutsch-amerikanischen Konflikt über den Irak-Krieg (2002/03) und den zunehmenden Auslandseinsätzen rückte die Diskussion über sicherheitspolitische Interessen in der öffentlichen Aufmerksamkeit wieder stärker nach vorne.

Außerdem stellt sich die Frage, an welcher Stelle Deutschlands sicherheitspolitische Interessen definiert werden und wie sich der sicherheitspolitische Grundkonsens messen lässt. Ein inhaltlich umfassendes, zentrales Grundlagendokument, eine Nationale Sicherheitsstrategie, gibt es nicht. Aussagen zu den grundlegenden Interessen finden sich sowohl im „Weißbuch zur Sicherheitspolitik Deutschlands und zur Zukunft der Bundeswehr" als auch in den „Verteidigungspolitischen Richtlinien" des Bundesministers der Verteidigung, in Berichten und grundsätzlichen Stellungnahmen des Auswärtigen Amts und in der „Europäischen Sicherheitsstrategie". Hinzu treten programmatische Aussagen führender Regierungsvertreter und Bundestagsabgeordneter sowie – wissenschaftlich exakt am schwersten zu erfassen – der gesellschaftliche Diskurs über diese Fragen (vgl. dazu den Beitrag von Heiko Biehl und Jörg Jacobs in diesem Band). Aus einer Inhaltsanalyse dieser Quellen ergeben sich die nachfolgend dargestellten zentralen deutschen Sicherheitsinteressen.

5 Selbstbehauptung und Freiheit der Eigenentwicklung

Das Interesse am physischen Überleben der Gesellschaft und an der Selbstbehauptung des politischen Systems ist die überragende sicherheitspolitische Zielsetzung (siehe dazu den Beitrag von Stephan Böckenförde in diesem Band); dementsprechend stellt „die Verteidigung Deutschlands gegen äußere Bedrohung [...] die politische und verfassungsrechtliche Grundlage und Kernfunktion der Bundeswehr" dar (BMVg 2006: 13). Daran schließt sich die „Freiheit der Eigenentwicklung" (Löwenthal 1972: 11-15) an, d. h. die selbstbestimmte Fähigkeit, außen- und innenpolitische Grundsatzentscheidungen zu treffen, etwa in Bezug auf die Zugehörigkeit zu Allianzen, internationalen Organisationen oder Grundfragen der Staatsorganisation.

Die folgenden Kernaussagen der „Verteidigungspolitischen Richtlinien" (Bundesminister der Verteidigung 2011) sind in diesem Kontext von grundsätzlicher Bedeutung und sollen deshalb nachfolgend im Wortlaut dokumentiert werden:

- „Eine unmittelbare territoriale Bedrohung Deutschlands mit konventionellen militärischen Mitteln ist unverändert unwahrscheinlich.
- Das strategische Sicherheitsumfeld hat sich in den letzten Jahren weiter verändert. Zu den Folgen der Globalisierung zählen Machtverschiebungen zwischen Staaten und Staatengruppen sowie der Aufstieg neuer Regionalmächte.
- Risiken und Bedrohungen entstehen heute vor allem aus zerfallenden und zerfallenen Staaten, aus dem Wirken des internationalen Terrorismus, terroristischen und diktatorischen Regimen, Umbrüchen bei deren Zerfall, kriminellen Netzwerken, aus Klima- und Umweltkatastrophen, Migrationsentwicklungen, aus der Verknappung oder den Eng-

pässen bei der Versorgung mit natürlichen Ressourcen und Rohstoffen, durch Seuchen und Epidemien ebenso wie durch mögliche Gefährdungen kritischer Infrastrukturen wie der Informationstechnik.
- Sicherheit wird nicht ausschließlich geografisch definiert. Entwicklungen in Regionen an Europas Peripherie und außerhalb des europäischen Sicherheits- und Stabilitätsraumes können unmittelbaren Einfluss auf die Sicherheit Deutschlands entfalten.
- Die größten Herausforderungen liegen heute weniger in der Stärke anderer Staaten als in deren Schwäche.
- Militärische Einsätze ziehen weit reichende politische Folgen nach sich. In jedem Einzelfall ist eine klare Antwort auf die Frage notwendig, inwieweit die Interessen Deutschlands den Einsatz erfordern und rechtfertigen und welche Folgen ein Nicht-Einsatz hat.
- Durch die Befähigung zum Einsatz von Streitkräften im gesamten Intensitätsspektrum ist Deutschland in der Lage, einen seiner Größe entsprechenden, politisch und militärisch angemessenen Beitrag zu leisten und dadurch seinen Einfluss […] sicherzustellen. Nur wer Fähigkeiten für eine gemeinsame Aufgabenwahrnehmung anbietet, kann im Bündnis mitgestalten.
- Die Bundeswehr wird mit der Aussetzung der Verpflichtung zum Grundwehrdienst ganz zu einer Armee von Freiwilligen. Die Prinzipien der Inneren Führung mit dem Leitbild des Staatsbürgers in Uniform bestehen unverändert fort. Sie haben sich seit Gründung der Bundeswehr bewährt und sind Garant dafür, dass die Bundeswehr in der Gesellschaft verankert bleibt."

Angesichts der veränderten internationalen Rahmenbedingungen lässt sich die Aufgabe, Sicherheit zu gewährleisten bzw. herzustellen, nicht mehr geografisch eingrenzen, weder auf die traditionelle Verteidigung an den Landesgrenzen noch auf die Region Europa oder auf den transatlantischen Raum. Dementsprechend wird die „internationale Konfliktverhütung und Krisenbewältigung einschließlich des Kampfes gegen den internationalen Terrorismus" als wichtigste, „strukturbestimmende" Aufgabe der Bundeswehr genannt (BMVg 2006: 13). Danach folgen:

- „Unterstützung von Bündnispartnern,
- Schutz Deutschlands und seiner Bürgerinnen und Bürger,
- Rettung und Evakuierung,
- Partnerschaft und Kooperation,
- Subsidiäre Hilfsleistungen (Amtshilfe, Hilfe bei Naturkatastrophen und besonders schweren Unglücksfällen)" (BMVg 2006: 13).

Aus der geografischen Entgrenzung des Verteidigungsauftrages folgt zugleich die inhaltliche Notwendigkeit zur Schwerpunktsetzung und Interessensdefinition, denn nicht jeder Teil der Welt kann für die Bundesrepublik Deutschland die gleiche strategische Bedeutung besitzen. Aus der Überzeugung der Bundesregierung, dass Sicherheit weder national noch allein militärisch erreicht werden könne, ergibt sich die Forderung nach „vernetzter Sicherheit", d. h. einem „umfassenden Ansatz, der nur in vernetzten politischen Strukturen sowie im Bewusstsein eines umfassenden gesamtstaatlichen und globalen Sicherheitsverständnisses zu entwickeln" sei (BMVg 2006: 29). Ein solches ressortübergreifendes Denken und Handeln in Bezug auf Lageanalyse, Prävention und Reaktion ist derzeit auch in der Bundesrepublik Deutschland erst ansatzweise erkennbar.

6 Eine effiziente Weltordnung des normativen Multilateralismus

Das deutsche Verständnis von Außen- und Sicherheitspolitik ist kooperativ und prozessorientiert. Internationale Politik wird verstanden als ständiger Prozess der Konfliktbearbeitung und des Ausgleichs unterschiedlicher Interessen. Für die Bundesrepublik Deutschland stellt die Verbindung von Werten und Interessen in einem normativen Multilateralismus sowohl Ziel als auch Methode der Außen- und Sicherheitspolitik dar. Ausschlaggebend dafür sind drei Gründe:

- das nationale Interesse einer mittleren Macht an einem funktionierenden globalen Ordnungssystem;
- die Konsensorientierung der deutschen Politik, die sich aus den Erfahrungen der jüngeren Geschichte, vor allem aber aus der Übertragung von Aushandlungs- und Konsensfindungsprozessen der Innenpolitik (Föderalismus, Koalitionsregierungen, Sozialpartnerschaft) auf die Außen- und Sicherheitspolitik ergibt, sowie
- die Rahmensetzung durch das Grundgesetz als einer besonders völkerrechts- und kooperationsfreundlichen Verfassung.

6.1 Völkerrecht und Vereinte Nationen

Deutschland betrachtet eine zunehmende kooperative Verregelung als den am besten geeigneten Weg zur Steuerung der internationalen Beziehungen. Aufgrund seiner multilateralen und konsensualen Orientierung hat es sich besondere Fähigkeiten als „Konsensmacht" (Czempiel 1999: 227ff.) erworben, um internationale Koordinierungsprozesse zu moderieren und inhaltlich voran zu bringen. Dabei setzt es auf die Stärkung des multilateralen Systems, insbesondere der Vereinten Nationen und ihres prinzipiellen Gewaltmonopols, sowie des Völkerrechts. Die bereits Mitte der 1990er Jahre und wiederum seit dem Jahr 2004 verfolgte Kandidatur Deutschlands für eine ständige Mitgliedschaft im Sicherheitsrat der Vereinten Nationen stellt eine logische Konsequenz des multilateralen Ansatzes dar (vgl. Pietz 2007). Die seit 1998 amtierenden Bundesregierungen begründeten das Interesse an einem permanenten Sitz im Sicherheitsrat vor allem mit der Rolle Deutschlands als drittgrößter Beitragszahler, mit seiner Beteiligung an zahlreichen von den VN mandatierten Friedensmissionen, mit seiner ausgeprägten Normorientierung sowie mit der Stärkung der Nichtkernwaffenstaaten in diesem Gremium. Eine solche Mitgliedschaft würde den ohnehin hohen Stellenwert der Vereinten Nationen in der deutschen Außen- und Sicherheitspolitik nochmals aufwerten. Angesichts der wachsenden Konkurrenz durch neue außereuropäische Mächte wird ein ständiger Sitz für Deutschland zunehmend unwahrscheinlich, weshalb eine weitere Reformoption – Vergrößerung der Zahl der nicht-ständigen Sitze und die Möglichkeit einer direkten Wiederwahl – für Deutschland interessanter geworden ist.

Obwohl das Grundgesetz als völkerrechtsfreundliche Verfassung konzipiert wurde, war die Völkerrechtspraxis der „alten" Bundesrepublik zunächst oft restriktiv. Ausschlaggebend dafür war u. a. eine kritische Haltung gegenüber dem sich herausbildenden Völkerstrafrecht (vgl. Zimmermann 2002). Erst seit den 1980er Jahren und dann noch einmal verstärkt nach dem Ende des Ost-West-Konflikts entwickelte sich Deutschland zu einem Schrittmacher in der internationalen Völkerrechtspolitik. Besonders deutlich wurde diese Rolle bei der Durchsetzung des Statuts für einen Internationalen Strafgerichtshof in den 1990er Jahren und der Verabschiedung eines Maßstäbe setzenden Völkerstrafgesetzbuches (2002), aber auch in der Debatte über eine Reform – und Stärkung – der Vereinten Nationen in den vergangenen Jahren. In ihrer Stellungnahme zum grundlegenden Reformbericht der „Hochrangigen Gruppe für Bedrohungen, Herausforderungen und Wandel" (2004) befürwortete die Bundesregierung u. a. die Bekräftigung des grundsätzlichen Gewaltverbots und eines eng gefassten Rechts auf Selbstverteidigung, die Anerkennung einer internationalen Schutzverantwortung („Responsibility to Protect") bei Völkermord, Massentötungen, ethnischen Säuberungen oder anderen schweren Verstößen gegen das humanitäre Völkerrecht sowie die Ausweitung des Schutzes von Zivilisten in bewaffneten Konflikten (vgl. Bundesregierung 2005).

Gleichwohl ist auch die deutsche Völkerrechtspolitik Gegenstand von Prioritätenkonflikten mit sicherheitspolitischem Bezug. Das betrifft insbesondere die Debatte über sogenannte „humanitäre Interventionen" und deren Legitimität, abhängig oder unabhängig von einer Zustimmung des Sicherheitsrates der Vereinten Nationen. Im Kosovo-Krieg beteiligte sich Deutschland erstmals an einer humanitär begründeten Militäraktion der NATO, die vom Sicherheitsrat nicht mandatiert, sondern von den Veto-Mächten Russland und China ausdrücklich abgelehnt worden war. Zwar erfolgte in diesem konkreten Fall eine nachträgliche Billigung des Krieges durch den Sicherheitsrat, aber die völkerrechtliche Grundsatzfrage blieb unbeantwortet. Dementsprechend bezeichnete das Auswärtige Amt die Beteiligung der Bundeswehr am nicht-mandatierten Kosovo-Krieg als „Sonderfall" bzw. als „einmaligen Vorgang" und „die berühmte Ausnahme von der Regel und nicht deren Bruch [...] oder gar Abschaffung" (Fischer 2007: 114-115), während im Bundesministerium der Verteidigung dieses Eingreifen als Präzedenzfall für künftige „humanitäre Interventionen" betrachtet wurde. Innerhalb der Vereinten Nationen hat die Befürwortung einer Interventionspflicht der internationalen Gemeinschaft bei schweren Menschenrechtsverletzungen als „werdendes Völkerrecht" zwar zugenommen. Ohne ein Mandat des Sicherheitsrates stellt diese Schutznorm aber keine Rechtsgrundlage für künftige Entscheidungen dar.

6.2 Abrüstung und Rüstungskontrolle

Aufgrund seines überragenden Interesses an einem funktionierenden globalen Regelsystem setzt sich Deutschland auch für die Aufrechterhaltung und den Ausbau multilateraler Abrüstungs- und Rüstungskontrollregime im Rahmen eines kooperativen Sicherheitssystems ein. Ausgehend von der Erkenntnis, „dass eine ungezügelte Rüstungskonkurrenz keine Sicherheit schafft", bedarf es aus der Sicht der Bundesregierung „gemeinsamer Regeln, auf Grundlage derer militärische Macht eingehegt und eine langfristige Voraussetzung für die Gewährleistung von Sicherheit" geschaffen werden kann (Silberberg 2007: 6). Deutschland „verfolgt dabei einen multilateralen, kooperative Lösungen suchenden Ansatz in der Überzeugung, dass eine auf Zusammenarbeit und Gleichberechtigung aufbauende aktive Rüstungskontrollpolitik einen wichtigen Beitrag zu regionaler und globaler Stabilität leisten kann" (BMVg 2006: 60). Erst auf der rechtlichen Grundlage der bestehenden Rüstungskontrollvereinbarungen könnten vertragsbrüchige Staaten zur Rechenschaft gezogen werden. Wirksamen Vorschriften zur Verifikation der Vertragseinhaltung wird deshalb ein herausragender Stellenwert für die internationale Ordnungspolitik beigemessen.

Als ein Staat, der selbst auf die Entwicklung, Herstellung und den Besitz von ABC-Waffen verzichtet hat, strebt Deutschland eine Universalisierung und Stärkung der Verträge über Verbot und Nichtweiterverbreitung von Massenvernichtungswaffen an, setzt sich für das „Ziel der weltweiten Abschaffung aller Massenvernichtungswaffen" (BMVg 2006: 37) ein und befürwortet eine Fortsetzung der nuklearen Abrüstung bis hin zum Ziel des „Global Zero". Auf deutschem Boden lagern (2012) noch ca. 50 für den luftgestützten Einsatz vorgesehene Nuklearwaffen der USA. Bis zum Jahr 2005 bewerteten alle Bundesregierungen diese Stationierung als Ausdruck von Bündnissolidarität, Lastenteilung und „nuklearer Teilhabe" im Nordatlantischen Bündnis (BMVg 2006: 37; zu dieser Problematik vgl. dazu

Theiler in diesem Band). Nachdem sich bereits die rot-grüne Koalition in ihrem letzten Amtsjahr für den Abzug der Systeme ausgesprochen hatte, wurde diese Forderung 2009 – vor allem auf Drängen der FDP – auch im schwarz-gelben Koalitionsvertrag verankert. Mit dieser Politik und dem Eintreten für vollständige nukleare Abrüstung befindet sich Deutschland in einem strukturellen Gegensatz zu den europäischen Nuklearmächten Frankreich und Großbritannien, wodurch die Einigung auf gemeinsame EU-Positionen erschwert werden kann.

Deutschland betrachtet den „Vertrag über die Nichtverbreitung von Kernwaffen" (1968), dem es seit 1975 angehört, als „Fundament des internationalen nuklearen Nichtverbreitungs- und Abrüstungsregimes" (Deutscher Bundestag 2007: 18). Große Bedeutung kommt auch der konventionellen Rüstungskontrolle zu. Deutschland tritt für die Respektierung und das baldige Inkrafttreten des „Übereinkommens zur Anpassung des KSE-Vertrages" (AKSE) aus dem Jahr 1999 ein, mit dem die konventionelle Rüstungskontrolle in Europa als „Eckpfeiler der europäischen Sicherheit" (Deutscher Bundestag 2007: 43) an die veränderten Bedingungen nach den NATO-Erweiterungen der letzten Jahre angepasst werden soll. Gerade wegen ihrer weitgehend reibungslosen Umsetzung als „europäische Erfolgsgeschichte" wird die konventionelle Rüstungskontrolle kaum mehr in ihrer Bedeutung wahrgenommen. Das Bewusstsein für diesen Schlüsselsektor der Rüstungskontrolle, der auch die erhebliche Reduzierung der Sollstärke der Bundeswehr ermöglichte (vgl. Abb. 1), muss deshalb aus Sicht der Bundesregierung gepflegt und neu aufgebaut werden. Das übergeordnete Ziel bleibt die Schaffung eines auf gegenseitigem Vertrauen beruhenden gesamteuropäischen Sicherheitsraums (vgl. Zellner/Schmidt/Götz Neuneck 2009).

Abb. 1: Sollstärke der Bundeswehr

Jahr	Soldaten in der Bundeswehr
1956	66.100
1960	270.400
1965	440.800
1970	458.500
1975	475.800
1980	481.400
1985	482.300
1990	509.100
1995	348.200
2000	310.200
2005	252.500
2007	250.827
2012	204.886

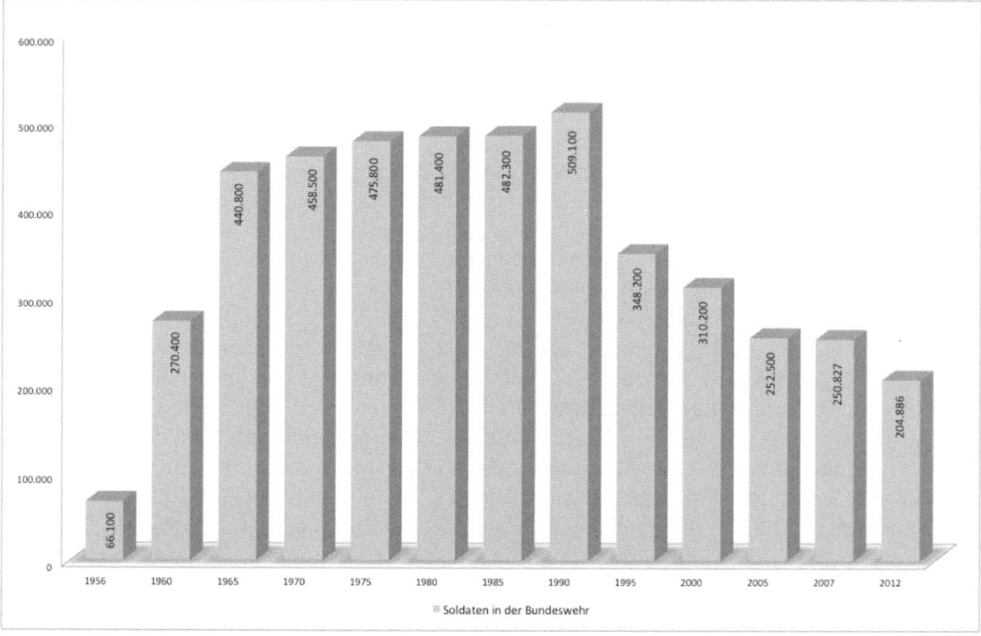

Quelle: Eigene Darstellung

Außerdem sind die folgenden Verträge und Zielsetzungen für die deutsche Rüstungskontrollpolitik von besonderer Bedeutung:

- die Umsetzung des „Übereinkommens über das Verbot chemischer Waffen" (CWÜ) zur vollständigen Vernichtung dieser Waffenkategorie;
- das „Übereinkommen über das Verbot biologischer Waffen" (BWÜ), welches Deutschland durch Verifikationsregeln effizienter gestalten will;
- das Ottawa-Übereinkommen über die globale Ächtung von Antipersonenminen;
- die Stärkung von Exportkontrollen und anderer Maßnahmen zur Nichtweiterverbreitung von Trägertechnologien.

6.3 Zivile Krisenprävention

Von seinen eigenen Wertvorstellungen ausgehend, fördert Deutschland die Verbreitung von zivilgesellschaftlichen Strukturen, Rechtsstaatlichkeit und Demokratie im globalen Maßstab. Auch diese Demokratisierungspolitik wird als Prozess verstanden und ist in der Regel mittel- bis langfristig angelegt. Erfolgreiche Demokratisierung – so die Grundorientierung deutscher Außen- und Sicherheitspolitik – lässt sich nicht erzwingen, sondern durch entsprechende Instrumente fördern und anregen. Sie sollte sich „von innen" und „von unten" entwickeln und primär nicht von außen, sondern von den jeweiligen Gesellschaften geformt werden.

Einen Schwerpunkt deutscher Außen- und Sicherheitspolitik bildet die Zivile Krisenprävention. Dem liegt die Überzeugung zugrunde, dass Konflikte zwar militärisch entschieden, aber niemals nur militärisch gelöst werden können. Deshalb zielt Zivile Krisenprävention auf Vorbeugung von Konflikten. Dem Konzept der Bundesregierung (Bundesregierung 2004) liegt die Überzeugung zugrunde, dass Krisenprävention nicht ausschließlich mit Hilfe von Außen-, Sicherheits- und Entwicklungspolitik bewältigt werden kann, sondern eine breit angelegte, ressortübergreifende Querschnittsaufgabe darstellt, die zunehmend auch andere Politikbereiche, vor allem die Wirtschafts-, Umwelt-, Finanz-, Bildungs- und Kulturpolitik fordert. Einen herausragenden Bestandteil der Krisenprävention bildet die Entwicklungszusammenarbeit. Nachhaltige Entwicklungspolitik beinhaltet die Überwindung der Armut, die Entwicklung leistungsfähiger, demokratischer Staatlichkeit, die grenzüberschreitende Bekämpfung organisierter Kriminalität und den Dialog der Kulturen ebenso wie die Lösung globaler Umweltprobleme. Die Zivile Krisenprävention ist darauf gerichtet, Konfliktursachen zu beseitigen, bevor sich diese krisenhaft zuspitzen und zu Gefährdungen der Sicherheit führen können. Ein solcher Ansatz ist nur multilateral und kooperativ erfolgreich durchführbar.

Ähnlich wie das Konzept „vernetzter Sicherheit" befindet sich die Zivile Krisenprävention noch in einem Anfangsstadium der Umsetzung. Der hohe inhaltliche Anspruch der Konzeption und die tatsächliche Außen- und Sicherheitspolitik stimmen nicht immer überein; die Bereitstellung der erforderlichen Ressourcen ist unzureichend, und Zielkonflikte zwischen unterschiedlichen Prioritäten (z. B. nachhaltige Entwicklung, Rohstoffsicherung, regionale Stabilität) führen zu Entscheidungen, die mit dem Gesamtansatz ziviler Krisenprävention kaum vereinbar sind.

6.4 Regionale Schwerpunkte deutscher Interessen

Das Eintreten für eine Weltordnung des normativen Multilateralismus ist auf Verbündete angewiesen. Deshalb ist Deutschland an guten Beziehungen zu allen großen Mächten und regionalen Zentren der Welt interessiert. Die Beziehungen zu den Partnerstaaten in der Europäischen Union und in der NATO, die transatlantischen Beziehungen zu den USA und die strategische Partnerschaft zur Russischen Föderation definieren die Regionen, denen für die deutsche Außen- und Sicherheitspolitik traditionell eine zentrale Bedeutung zukommt. Darüber hinaus strebt Deutschland auch umfassende Partnerschaften mit den aufstrebenden

„neuen Gestaltungsmächten" wie Brasilien, China, Indien, Indonesien oder Südkorea an: „Die Ordnung der internationalen Staatengemeinschaft wird zunehmend multipolar: Einflussreiche Länder, die lange als Entwicklungs- oder Schwellenländer bezeichnet wurden, gestalten internationale Politik in einer interdependenten Welt. Sie sind wirtschaftliche Lokomotiven, sie beeinflussen maßgeblich die Zusammenarbeit in ihren Regionen, sie wirken auch in anderen Weltregionen und sie spielen in internationalen Entscheidungsprozessen eine zunehmend wichtige Rolle. [...] Wir sehen in ihnen mehr als Schwellenländer: Sie sind 'neue Gestaltungsmächte'" (Bundesregierung 2012: 5). Das strategische Ziel der deutschen Politik besteht darin, gemeinsam mit diesen Mächten globale Ordnungspolitik, gerade auch in sicherheitspolitischen Fragen, voranzubringen: „In Zeiten der zunehmenden internationalen Interdependenz [...] werden die neuen Gestaltungsmächte zu neuen Partnern, mit denen wir, gemeinsam mit unseren traditionellen Partnern, innovative politische Ansätze zur Regelung globaler Fragen entwickeln und Allianzen für ihre Umsetzung bilden wollen. Durch diese Partnerschaften wollen wir den Spielraum, die Reichweite und das Wirkungsvermögen unserer gemeinsamen, globalen Gestaltungskraft in einer multipolaren Welt erhalten und ausbauen" (Bundesregierung 2012: 6). Einen Schwerpunkt bilden die Beziehungen zu den asiatischen „Aufsteigern" China und Indien sowie dem traditionellen Partner Japan. Aufgrund ihrer Wirtschaftskraft und ihres zunehmenden Gestaltungsanspruchs werden – auch aus deutscher Interessenlage – die zentralen Probleme des 21. Jahrhunderts ohne eine Mitwirkung dieser Mächte nicht geregelt werden können.

Seit der Aufnahme diplomatischer Beziehungen zur Volksrepublik China (1972) war das bilaterale Verhältnis vor allem durch den stabilen wirtschaftlichen Wiederaufstieg Pekings und das Fehlen außenpolitischer Konflikte gekennzeichnet. Alle Bundesregierungen betrachteten China vorrangig als riesigen Markt für Produktabsatz und Investitionen. Obwohl die Niederschlagung der Demokratiebewegung (1989) zu vorübergehenden Spannungen führte, wurden die guten Beziehungen dadurch nicht nachhaltig beeinträchtigt. Chinas eher defensive Außenpolitik führte kaum zu Belastungen. Dieses Bild – und die China-Perzeption in der veröffentlichten Meinung und in Teilen der deutschen Eliten – hat sich in den vergangenen Jahren verändert. China wird nicht nur als Wachstumsmarkt wahrgenommen, sondern auch als wirtschaftlicher Konkurrent, als aufsteigende Weltmacht und als ein nicht-demokratischer Staat mit erheblichen Menschenrechtsdefiziten. Nach wie vor bevorzugt Deutschland die verstärkte Einbindung Chinas in die internationalen politischen und wirtschaftlichen Kooperationszusammenhänge. Es bekundet Respekt vor der großen Aufbauleistung des Landes und hält an der „Ein-China-Politik" fest, d. h. an der Anerkennung der Volksrepublik als einzigem chinesischen Staat. Seit 1999 gibt es auch eine institutionalisierte Kooperation in der Sicherheitspolitik. Die Erwartung eines neuen Großkonflikts zwischen den Polen USA und China sowie einer daraus abzuleitenden „Eindämmungspolitik" steht für Deutschland nicht auf der außen- und sicherheitspolitischen Agenda. Gleichwohl fehlt es an einer wirklich umfassenden, klar konturierten China- bzw. Ostasien-Politik, die wirtschafts-, ordnungs- und sicherheitspolitische Zielsetzungen umfasst.

Eine verstärkte Zusammenarbeit mit der Indischen Union als bevölkerungsreichster Demokratie der Welt ist für Deutschland besonders attraktiv. Zwischen beiden Staaten gibt es keine außen- und sicherheitspolitischen Probleme, beide Staaten folgen ähnlichen Prinzipien in der Weltordnungspolitik und bewerben sich gemeinsam um einen ständigen Sitz im Sicherheitsrat der Vereinten Nationen. Für die deutsche Wirtschaft bietet sich Indien als einer der „dynamischsten Akteure der Weltwirtschaft" (BMVg 2006: 64) und als Markt mit erheblichem Wachstumspotenzial an. Dennoch steckt die im Jahr 2000 vereinbarte „strategische Partnerschaft" zwischen Indien und Deutschland noch in den Anfängen, weil die bilaterale Beziehung für beide Seiten erst seit einigen Jahren an Bedeutung gewonnen hat. Dagegen bestehen zu Japan „traditionell enge und gefestigte Beziehungen" (BMVg 2006:

63) auf wirtschaftlichem, kulturellem und politischem Gebiet. Auch Japan gehört zu den Anwärtern auf einen ständigen Sitz im Sicherheitsrat. Es hat sein politisches und finanzielles Engagement für internationale Sicherheit und Entwicklung in den letzten Jahren auch um militärische Beiträge, z. B. zur Stabilisierung Afghanistans, ergänzt. Deutschland ist deshalb an der Vertiefung des sicherheitspolitischen Dialogs mit Japan stark interessiert.

Aus der deutschen Geschichte ergibt sich eine besondere Verantwortung für die Existenz und die Sicherheit des Staates Israel. Diese Verantwortung wurde in den vergangenen Jahrzehnten auf ganz unterschiedliche Art und Weise wahrgenommen; durch politische, wirtschaftliche und rüstungstechnische Unterstützung, aber auch durch konstruktive Kritik (vgl. Weingardt 2002). Deutsche Außen- und Sicherheitspolitik geht davon aus, dass Sicherheit für Israel am zweckmäßigsten durch ein friedliches regionales Umfeld erreicht werden kann. Aus diesem Grund befürwortet Deutschland eine Zwei-Staaten-Lösung als Eckstein einer nahöstlichen Friedensordnung. Die zahlreichen Konflikte im Nahen und Mittleren Osten (Israel/Palästina, Irak, Iran, Modernisierungsstau in der arabischen Welt) gefährden die Sicherheit im direkten Umfeld der Europäischen Union. Diese Region ist deshalb im vergangenen Jahrzehnt zu einem weiteren Schwerpunkt deutscher Außen- und Sicherheitspolitik geworden. Die jüngsten Umbrüche in der Arabischen Welt beinhalten sowohl neue Risiken als auch Gestaltungschancen (vgl. Perthes 2011).

7 Eine handlungsfähige Europäische Union

Nach dem Ende des Ost-West-Konflikts (1989) und dem Abschluss des Maastrichter Vertragswerks (1992) ist die Europäische Union zum wichtigsten Handlungsrahmen für die deutsche Außenpolitik geworden. Das europäische Modell der Zusammenarbeit ist der einzige Weg für Deutschland, um in einer Welt mit neuen Machtzentren relevant bleiben zu können. Deutschland definiert seine Interessen national; durchsetzen kann es diese in der Regel jedoch nur europäisch. Die Union ist zu einer Friedens-, Werte- und Wohlstandsgemeinschaft geworden; zu einem in vielfältiger Weise verknüpften Mehrebenensystem, in dem die klassische Unterscheidung zwischen innerstaatlicher und auswärtiger Politik längst aufgehoben wurde (vgl. Jachtenfuchs/Kohler-Koch 2003). Dieses Europa ist – wie es die Europäische Sicherheitsstrategie formuliert – „zwangsläufig ein globaler Akteur" (Europäische Union 2003: 1) und darüber hinaus ein Leitbild in großen Teilen der Welt. Der Aufstieg der EU als internationaler Akteur hat zu einer erheblichen institutionalisierten Aufwertung und inhaltlichen Verdichtung ihrer Außenbeziehungen geführt. Daraus ist aber noch keine gemeinsame Außenpolitik entstanden, und auch die Sicherheitspolitik der Union befindet sich erst im Aufbau (vgl. Lang 2006; Staack/Krause 2014).

7.1 Deutschland als Profiteur der Integration

Die wirtschaftlichen Gründe für Deutschlands fortgesetztes Interesse an der europäischen Integration sind offensichtlich, denn als exportabhängiges Land ist es auf eine möglichst große Zone ökonomischer Stabilität sowie freien Handelsaustausches angewiesen. Die deutsche Volkswirtschaft als regionale Leitökonomie mit globaler Bedeutung bleibt auf Europa orientiert. Bis zur EU-Erweiterung (2004) wickelte sie etwa 55 % ihres Außenhandels mit den anderen Staaten der Union ab; nach der Erweiterung stieg dieser Anteil sogar auf über 70 %. Nur im Rahmen der Europäischen Union kann die deutsche Volkswirtschaft auch ihre wirtschaftliche und technologische Wettbewerbsfähigkeit in der Konkurrenz mit den Vereinigten Staaten, Ostasien und neu aufsteigenden Ökonomien erhalten. Ein Blick auf den Anteil der

Europäischen Union am Welthandel unterstreicht diese Feststellung eindrucksvoll: Während die Union bei Gründung der Gemeinschaft noch über einen Anteil von 25 Prozent verfügte, hat sich dieser auf knapp 17 Prozent (2008) reduziert. Bis zur Mitte des 21. Jahrhunderts wird mit einem nochmaligen Rückgang auf unter zehn Prozent gerechnet (Eurostat Jahrbuch 2011: 427; Süddeutsche Zeitung 2007: 17).

Die außen- und sicherheitspolitische Dimension der Integration fällt nicht weniger ins Gewicht. Ein geeintes Deutschland strebte in der jüngeren Geschichte entweder zur kontinentaleuropäischen Hegemonie, oder es erschien seinen Nachbarn potenziell so bedrohlich, dass sich diese zu gegen Deutschland gerichteten Koalitionen zusammenschlossen. Hierin lag eine zentrale Ursache für Spannungen und bewaffnete Auseinandersetzungen in Europa. Die in den 1950er Jahren aus ganz unterschiedlichen Motiven (Abwehr gegen die Sowjetunion, Kontrolle der Bundesrepublik, Europa als eigenständige Kraft) eingeleitete europäische Integrationspolitik entwickelte sich zu einer Strategie, um das alte Muster der Macht- und Gegenmachtbildung strukturell zu überwinden. Diese neue Strategie erwies sich als erfolgreich, weil sie dem Streben Westdeutschlands nach gleichberechtigter Mitwirkung sowie nach einer Ausweitung seines außenpolitischen Handlungsspielraums Rechnung trug. Sie war aber auch deshalb erfolgreich, weil die Nachbarn der Bundesrepublik feststellen konnten, dass sie die (west-)deutsche Politik, vermittelt durch die Institutionen der EG/EU, wirkungsvoll zu beeinflussen vermochten.

Deutschland und seine in der Europäischen Union zusammengeschlossenen Partner verfolgen ihre politischen Ziele in der Regel multilateral. Die Strukturen der Europäischen Union begünstigen einen Prozess, in dem die Mitgliedsstaaten ihre Interessen dann am besten umsetzen können, wenn sie diese mit denen anderer Partner verschränken. Die auf außenwirtschaftlichem und währungspolitischem Gebiet vollendete, in der Entwicklungs-, Außen- und Sicherheitspolitik unterschiedlich weit fortgeschrittene supranationale Politikformulierung der EU-Staaten geht soweit, dass die Union zu Recht als neue, einzigartige Form eines Staatenverbunds charakterisiert werden kann. Gleichwohl stellt auch der Multilateralismus in der Europäischen Union grundsätzlich ein machtpolitisches Instrument dar. Um kontraproduktive Gegenmachtbildungen zu vermeiden, hat Deutschland im Jahrzehnt nach seiner Vereinigung ein besonderes Interesse daran gezeigt, dass sich seine Partner nicht – auch nur relativ – schwächer fühlen. Aus einer solchen Perspektive betrachtet, erfolgt die als Ziel *per se* betriebene Integration zum eigenen Vorteil, denn für die Europäische Union verhindert sie eine Revitalisierung des Sicherheitsdilemmas.

7.2 Die Osterweiterung als Sicherheitsgewinn

Während des Ost-West-Konflikts musste sich das Interesse der Bundesrepublik an einer solchen Politik der vertrauensbildenden Rückversicherung durch Integration auf den Westen des Kontinents beschränken. Nach dessen Überwindung richtete sich das deutsche Integrationsinteresse auch auf die Staaten Mittel- und Osteuropas. Die Friedenszone der OECD-Welt sollte auf der Grundlage demokratischer Rechtsstaaten, ziviler Gesellschaften und funktionsfähiger Marktwirtschaften soweit wie möglich nach Osten ausgedehnt werden. Anknüpfend an das von der sozial-liberalen Regierungskoalition entwickelte Konzept einer „gesamteuropäischen Friedensordnung" geht es dabei um „nichts weniger [...] als [um] eine neue, den Frieden produzierende Figur des europäischen Staatensystems" (Czempiel 1997: 24). Eine auf den Primat des Bilateralen ausgerichtete deutsche Politik gegenüber seinen mittel- und osteuropäischen Nachbarn (westlich von Russland) hätte höchstwahrscheinlich sehr bald ähnliche Asymmetrien wie in der Vergangenheit offengelegt, zu Gegenmachtbildungen geführt und dadurch möglicherweise sogar die zuvor bereits erreichte Integration nach Westen destabilisiert. Daraus ergab sich ein fundamentales

Sicherheitsinteresse Deutschlands, die im Westen fortschreitende Integrationspolitik schrittweise auch auf den Osten auszuweiten, und zwar von der Kooperation über die Assoziation bis hin zur vollen Integration. So verstanden, erfüllt die Ausdehnung der Europäischen Union nach Osten eine wichtige Funktion in Bezug auf die Rolle Deutschlands in Europa, denn durch sie wird seine im Westen bereits vollzogene multilaterale Einbindung vollendet und parallel dazu die bisherige Friedens- und Sicherheitsgemeinschaft über die deutsche Ostgrenze hinaus ausgedehnt. Auf beiden Wegen erfolgte auch eine weitere Reduzierung des Sicherheitsdilemmas.

Aus diesen Gründen stellt die Erweiterung der Europäischen Union vor allem nach Osten und Südosten – und deren Flankierung durch die Europäische Nachbarschaftspolitik gegenüber Nichtmitgliedern der Union – einen gewaltigen, häufig unterschätzten Sicherheitsgewinn für Deutschland dar. Nur noch von Partnern unterschiedlicher inhaltlicher Nähe umgeben, befindet es sich in einer für die deutsche Geschichte bisher einzigartigen Situation. Der sicherheitspolitischen Entlastung durch verbündete demokratische Staaten, die eben mehr darstellen als ein „strategisches Glacis", entspricht der ökonomische Gewinn. Schon 1995 überrundete der deutsche Handel mit Mittel- und Osteuropa das Handelsvolumen mit den USA, und nach der Erweiterung der EU hat sich dieser Trend noch fortgesetzt. Die Probleme im deutsch-tschechischen (vorwiegend in den 1990er Jahren) und im deutsch-polnischen Verhältnis (zuletzt unter der Regierung Jaroslaw Kaczynski in den Jahren zwischen 2005 und 2007) über Fragen der Vergangenheitspolitik, aber auch über die Machtverteilung innerhalb der Europäischen Union haben gezeigt, dass nach wie vor Spannungspotenziale existieren, die jedoch am erfolgreichsten im multilateralen EU-Rahmen eingehegt bzw. überwunden werden können.

7.3 Stärkung der sicherheitspolitischen Handlungsfähigkeit

Um europäische Handlungsfähigkeit zu erreichen, bedarf es aus deutscher Sicht nicht nur einer verfassungsähnlichen Vertragsregelung, sondern auch einer darüber hinausgehenden Vertiefung der außen- und sicherheitspolitischen Zusammenarbeit. Weil diese Aufgabe nicht in der wünschenswerten Geschwindigkeit vorankommt und die großen Erweiterungen von 15 auf 25 (2004) und 28 (2013) Mitglieder noch nicht verarbeitet sind, befindet sich die Europäische Union in einer latenten Krise. Aus deutscher Sicht bildet ein längerer Konsolidierungsprozess die Voraussetzung für neue Erweiterungen im nächsten Jahrzehnt, und bei der Fortsetzung der Erweiterung rangiert für Deutschland die gesicherte Handlungsfähigkeit der Union vor der geografischen Ausdehnung.

Für die künftige Rolle der Union in einer zunehmend multipolaren Welt ist entscheidend, ob Europa sich als eigenständiger Pol oder als „Juniorpartner" – oder noch zugespitzter: als Annex – der USA versteht (vgl. Staack 2004). Eine Reihe von Staaten unter Führung Großbritanniens verfolgen das Konzept einer Juniorpartnerschaft. Deutschlands engster Partner Frankreich vertritt traditionell das Konzept eines auch sicherheitspolitisch eigenständigen Europas, wenngleich sich Frankreich unter der Präsidentschaft Sarkozy der NATO stark angenähert hat. Die deutsche Interessenlage leitet sich nicht zuletzt aus der Befürwortung einer Weltordnung des normativen Multilateralismus ab. Die Europäische Union soll ein in allen Politikbereichen handlungsfähiger Pol sein, der – gerade auch in der Sicherheitspolitik – eng mit den Vereinigten Staaten zusammenarbeitet, aber ebenso zum eigenständigen Handeln imstande ist. Demzufolge wird „die ESVP [... als] ein entscheidender Schritt zur Vertiefung der Integration und zur Erweiterung der sicherheitspolitischen Handlungsfähigkeit Europas" (Bundesminister der Verteidigung 2003: 12) verstanden. Das Ziel der deutschen Politik ist die Schaffung einer Europäischen Sicherheits- und Verteidigungsunion als Teil einer voll entwickelten Politischen Union" (Bundesminister der Verteidigung 2003: 12).

Die grundsätzliche Weichenstellung für eine eigenständige sicherheitspolitische Rolle der EU erfolgte bereits im Jahr 1992, als die Mitgliedsstaaten der Westeuropäischen Union mit der Festlegung der „Petersberg-Aufgaben" (humanitäre und Rettungseinsätze, friedenserhaltende und friedensschaffende Krisen- bzw. Kampfeinsätze) ihre Ziele umfassend neu definierten. Dieser Entscheidung folgte 1999/2000 die Begründung der Europäischen Sicherheits- und Verteidigungspolitik (ESVP), bestehend aus einem Streitkräfte-Pool und einer starken zivilen Komponente (Bereithaltung von Personalressourcen für Katastrophenhilfe, Aufbau von Rechtsstaat, Polizei und Verwaltung). Den Kern für die Umsetzung der militärischen Elemente der Europäischen Sicherheitsstrategie bilden die EU *Battlegroups*, d. h. mobile, modulare und multinationale Kampftruppenverbände, an deren Aufstellung sich Deutschland besonders engagiert beteiligt. Sicherheitspolitische Zielbestimmung und realpolitische Umsetzung sind dabei nicht immer kongruent. Der Europäischen Union mangelt es an leistungsfähigen logistischen Systemen, Führungs- und Aufklärungsfähigkeiten, an Luft- und Seetransportkapazitäten, an luftgestützten Zielerfassungssystemen, Präzisionswaffen und ganz generell an der erforderlichen Interoperabilität, die für den erfolgreichen Einsatz multinationaler Verbände erforderlich ist. Die militärischen Schwachstellen liegen mithin genau dort, wo die eigenständige Handlungskompetenz angestrebt wird. Das deutsche Interesse an einer Handlungsfähigkeit der europäischen Sicherheitspolitik setzt eine europäische Rüstungsindustrie voraus. Um die nationalen Kapazitäten zu schützen, sind ausländische Beteiligungen an deutschen Rüstungsfirmen in einer Höhe von mehr als 25 Prozent genehmigungspflichtig. Mittelfristig bieten allerdings – dem Vorbild EADS folgend – nur europäische Zusammenschlüsse die Gewähr für die Erhaltung einer qualitativ wettbewerbsfähigen rüstungsindustriellen Basis.

7.4 Die deutsche Mit-Führungsrolle in der Europäischen Union

Die Aussöhnung und enge Partnerschaft zwischen der Bundesrepublik Deutschland und Frankreich bildet ein wesentliches Fundament für die europäische Integration. Aus „Erbfeinden" sind längst „Erbfreunde" (Bergsdorf 2007) geworden. Der „deutsch-französische Motor" trug – bis in die Gegenwart – entscheidend zu allen Integrationsfortschritten bei und hat diese sehr oft erst ermöglicht (z. B. Europäische Politische Zusammenarbeit, Gemeinsamer Binnenmarkt, Gemeinsame Außen- und Sicherheitspolitik, Währungsunion, Gemeinsame Sicherheits- und Verteidigungspolitik, Wirtschaftsregierung und Euro-Rettungsschirm). Für Deutschland ist Frankreich der wichtigste außenpolitische Partner, was seinen Ausdruck auch in einer starken institutionalisierten Verflechtung findet. Das beinhaltet nicht nur die mit dem Elysée-Vertrag (1963) eingeführten regelmäßigen Treffen der Regierungschefs und Fachminister sowie gemeinsame Kabinettssitzungen, sondern auch einen intensiven Beamten- und Offiziersaustausch zwischen beiden Staaten. Seit 1988 besteht auch ein Deutsch-Französischer Verteidigungsrat als wichtiges Element der engen bilateralen Abstimmung in der Sicherheitspolitik. Frankreich hat Deutschland mindestens zweimal – 1996 und 2007 – eine von Deutschland jeweils abgelehnte Mitverfügung über seine Nuklearwaffen angeboten und darüber hinaus erklärt, dass diese Waffen auch dem Schutz des deutschen Staatsgebiets dienen würden.

Bis zur deutschen Vereinigung wurde das deutsch-französische Verhältnis durch eine klare Statusdifferenz gekennzeichnet. Als globaler Akteur mit Vetomacht im Sicherheitsrat der Vereinten Nationen und als ehemalige Siegermacht mit besonderen Rechten und Verantwortlichkeiten in und für Deutschland kam Frankreich eine wichtigere Rolle als der Bundesrepublik zu. Dieser Statusunterschied hat sich nach der Vereinigung deutlich abgeschwächt und in den letzten Jahren – bedingt durch die Dominanz der Wirtschafts- und Finanzpolitik – zumindest vorübergehend eingeebnet. Frankreich ist wirtschaftlich und nach der Bevölkerungszahl das zweitgrößte Land der Europäischen Union, Deutschlands wichtigster Handelspartner und eine von zwei Nuklearmächten in der EU. Über die Zusammenarbeit der frankophonen Staaten macht Frankreich seinen Einfluss auf verschiedenen Kontinenten geltend. In den internationalen Beziehungen ist es eines der wenigen Länder, das traditionell ein politisches Gegengewicht zu den USA darzustellen wagt. Frankreich hebt sich außenpolitisch von seinen EU-Partnern ab und beansprucht eine besondere Rolle, die auch im deutsch-französischen Verhältnis zeitweise zu Spannungen führt.

Unter den Bedingungen des Ost-West-Konflikts gehörte es zu den ungeschriebenen Gesetzen der bundesdeutschen Diplomatie, sich bei großen Konflikten nie zwischen Paris und Washington entscheiden zu müssen. Demzufolge bemühte sich Bonn um Ausgleich zwischen seinem wichtigsten europäischen Partner und den USA. Diese Konstellation hat sich seither verändert. Angetrieben durch den Wegfall der sicherheitspolitischen Abhängigkeit von den USA und begünstigt durch den Aufstieg der Europäischen Union, hat Deutschland eine größere Annäherung an Frankreich vollzogen. Im Irak-Konflikt hat es anfangs sogar Frankreichs angestammte Rolle als Gegengewicht zu den Vereinigten Staaten übernommen. Wenngleich danach wieder stärkere Bemühungen um eine Balance sichtbar wurden, lassen sich die deutschen eher mit den französischen als mit den US-amerikanischen Interessen vereinbaren.

In einer Union mit 28 oder mehr Mitgliedern reicht die deutsch-französische Partnerschaft als „Motor" für gemeinsames Handeln und für weitere Schritte der Integration nicht mehr aus. Eine – wie während des Irak-Konflikts – von einem Teil der EU-Staaten als hegemonial perzipierte Ausübung der Führungsrolle kann sogar kontraproduktive Wirkungen entfalten. Gleichwohl lässt sich diese Führungsfigur nicht ersetzen; um wirksam zu werden, bedarf sie allerdings der Allianz mit dritten Staaten oder mit Staatengruppen. Dabei kann der Zusammenarbeit mit Polen als direktem Nachbarn und größtem Neumitglied der Union eine wichtige Funktion zukommen (vgl. Holesch 2007). Deutschland ist an einer umfassenden, auch sicherheitspolitischen Kooperation mit Polen interessiert (wie z. B. geschehen mit der Einrichtung einer dänisch-deutsch-polnischen Brigade in Stettin).

Nachdem sich die deutsche Rolle als „Anwalt" der EU-Beitrittskandidaten im Osten 2004 erledigt hatte, traten unterschiedliche Sichtweisen (Irak-Krieg, Russland-Politik) in den Vordergrund. Perspektivisch betrachtet, ist das deutsch-polnische Kooperationspotenzial aber bei weitem noch nicht ausgeschöpft. Das deutsche Interesse als Mit-Führungsmacht der Europäischen Union zielt darauf ab, Europa als globalen Akteur zu etablieren, und zwar durch die Bündelung bzw. kollektive Ausübung von Souveränität im internationalen System (vgl. Lübkemeier 2007). Soll dieses Ziel erreicht werden, muss sich Deutschland stärker und nachhaltiger engagieren, denn „ohne aktives deutsches Engagement, vielfach sogar ohne deutsche Führung kann es keine Weltpolitik im europäischen Verbund geben" (Bertram 2004: 27). Dass Deutschland für eine solche Führungsrolle wenigstens in der Sicherheitspolitik jedoch nur bedingt vorbereitet ist, wurde durch seine wenig gestaltende Rolle in der Libyen-Krise 2011 deutlich.

8   Eine freie Weltwirtschaftsordnung mit geregelten Rahmenbedingungen

Das weltwirtschaftliche Interesse Deutschlands definiert sich einerseits durch Rohstoffarmut und Exportorientierung, andererseits durch das wissenschaftliche und technologische Potenzial des Landes. Seine wirtschaftliche Verflechtung im globalen und regionalen Rahmen spiegelt insofern die politische Verflechtung wider und produziert einen wichtigen Antrieb für deren Vertiefung. Um sein bestimmendes Interesse an Wohlfahrtsmaximierung wahrnehmen zu können, benötigt der „Handelsstaat Deutschland" (Staack 2000) eine friedliche, geordnete internationale Umwelt. Weil der Bundesrepublik die Interessenwahrnehmung mit klassischen militärischen Machtressourcen nach dem Zweiten Weltkrieg aus guten Gründen verwehrt blieb, entwickelte sie die wirtschaftliche und politisch-diplomatische Interessenwahrnehmung mit umso größerer Perfektion. Aus der Not geboren, wurde aus diesem handelsstaatlichen Politikstil eine Tugend und ein außen- und sicherheitspolitischer Spezialisierungsvorteil.

Deutschland ist an einem rahmensetzenden Regelsystem für die Weltwirtschaft interessiert, um diese berechenbar zu gestalten, die globale Macht von Kapitalinvestoren zu zügeln und sein Wirtschaftsmodell erhalten zu können (vgl. Beck/Klobes/Scherrer 2005). Die Folgen der noch nicht beendeten Finanzmarktkrise seit 2007/8 zeigen, wie wichtig dieser Bereich sowohl für die Handlungsfähigkeit des Staates als auch für die Sicherheitspolitik ist. Regionale Konflikte, Terrorismus oder Staatszerfall werden als weitere potenzielle Bedrohungen für den Handel und die Rohstoffzufuhr begriffen. Besondere Bedeutung kommt in diesem Kontext freien und sicheren Seehandelswegen als Voraussetzung für das Funktionieren des Welthandels zu. 90 Prozent des Außenhandels der Europäischen Union und über 40 Prozent des Binnenhandels innerhalb der EU erfolgen auf dem Seeweg. Mit einem Anteil von 40 Prozent an der Weltflotte behaupten die europäischen Staaten immer noch die Spitzenposition. Die Sicherheit der Seewege, besonders so sensitiver Regionen wie der Straße von Gibraltar, der Straße von Malakka, des Persischen Golfs, der Region vor Somalia und im Roten Meer, vor Piraterie, Terrorismus und anderen asymmetrischen Bedrohungen ist für Deutschland und ganz Europa von grundlegender handels- und sicherheitspolitischer Bedeutung (vgl. Stehr 2004).

Kasten 2: Deutschlands wichtigste Handelspartner 2010

	Exporte			Importe		
Rang	Bestimmungsland	Mrd. Euro	%	Ursprungsland	Mrd. Euro	%
-	Gesamt	952,0	100,0	Gesamt	797,5	100,0
1	Frankreich	89,6	9,4	Volksrepublik China	77,3	9,7
2	Vereinigte Staaten	65,6	6,9	Niederlande	67,2	8,4
3	Niederlande	63,0	6,6	Frankreich	60,7	7,6
4	Vereinigtes Königreich	58,7	6,2	Vereinigte Staaten	45,2	5,7
5	Italien	58,6	6,2	Italien	42,0	5,3
6	Volksrepublik China	53,8	5,7	Vereinigtes Königreich	37,9	4,8
7	Österreich	52,2	5,5	Belgien	33,3	4,2
8	Belgien	45,0	4,7	Österreich	33,0	4,1
9	Schweiz	41,7	4,4	Schweiz	32,5	4,1
10	Polen	37,7	4,0	Russische Föderation	31,8	4,0

(Quelle: Statistisches Bundesamt)

9 Eine funktionsfähige transatlantische Partnerschaft mit den USA

Das transatlantische Verhältnis ist für die deutsche Außen- und Sicherheitspolitik wichtig, aber nicht mehr – wie bis 1989 – das Maß aller Dinge. Es hat sich nach dem Ende des Ost-West-Konflikts strukturell verändert, und zwar sowohl in Bezug auf die europäisch-amerikanischen Beziehungen generell als auch auf die deutsch-amerikanischen im Besonderen. Strategisch betrachtet, steht Europa für die Vereinigten Staaten nicht mehr im Vordergrund ihrer globalen Interessen, Europa ist nicht mehr existenziell abhängig von der – notfalls nuklear einzulösenden – Sicherheitsgarantie der USA, außerdem ist die Europäische Union aufgestiegen zum eigenständigen weltpolitischen Akteur.

9.1 Der Strukturbruch von 1989: Kooperation unter neuen Bedingungen

Deutschland, im „Kalten Krieg" zweifacher Frontstaat an der Trennungslinie der Systeme, ist für die USA in der neuen Konstellation kein bevorzugter Sicherheitspartner mehr, vergleichbar etwa mit Großbritannien, Australien oder Israel. Deutschlands rein sicherheitspolitische Bedeutung für die USA wird von deutschen „Atlantikern" überschätzt. Die USA sind sich bewusst, dass sie eine vergleichbare militärische Unterstützung wie von diesen Staaten von Deutschland nicht erwarten können. Gleichwohl sind die USA an einer politischen Unterstützung aufgrund des großen Einflusses, über den Deutschland in Europa und auch in der übrigen Welt verfügt, weiterhin sehr stark interessiert.

Aus der deutschen Interessenlage gesehen, bleiben die Vereinigten Staaten noch für einen längeren Zeitraum der wichtigste weltpolitische Akteur und sind zudem als demokratisch verfasste Weltordnungsmacht für Deutschland und Europa der bevorzugte strategische Partner außerhalb der eigenen Region: „Ein enges und vertrauensvolles Verhältnis zu den USA ist für die Sicherheit Deutschlands im 21. Jahrhundert von überragender Bedeutung" (BMVg 2006: 35). Der transatlantische Raum wird – wirtschaftlich, technologisch, wissenschaftlich, kulturell – durch eine Verflechtung und Interaktionsdichte gekennzeichnet, die im globalen Vergleich einzigartig ist. In diesem Raum werden (2008) etwa 40 % des Welt-Bruttosozialprodukts erzeugt und ein Drittel des Welthandels abgewickelt. In diesem Raum findet sich auch die höchste Konzentration von Direktinvestitionen als stärkster Ausdruck wirtschaftlicher Verflechtung. Deshalb wäre es auch grundfalsch, die transatlantischen Beziehungen auf die militärische Zusammenarbeit in der NATO zu verengen. Auch die historische Prägung der deutsch-amerikanischen Beziehungen wirkt fort. Für die „alte" Bundesrepublik waren die Vereinigten Staaten sowohl der primäre „Geburtshelfer" als auch über vier Jahrzehnte hinweg der unverzichtbare Sicherheitsgarant. Die Stationierung von – über die Jahre – mehreren Millionen US-amerikanischen Soldaten in Westdeutschland und die – gemeinsam mit Großbritannien und Frankreich ausgeübte – Verantwortung für die Westsektoren Berlins haben nicht nur politische, sondern auch vielfältige menschliche Bindungen entstehen lassen. Außerdem handelte es sich bei der „alten" Bundesrepublik um das erfolgreichste Beispiel einer von den USA maßgeblich mitaufgebauten „Musterdemokratie" (vgl. Junker 2001).

9.2 Die Zäsur des Irak-Konflikts

Die „imperiale" Politik der Bush-Administration nach dem 11. September 2001 und insbesondere der Konflikt über den Irak-Krieg (2002/03) müssen als Zäsur mit Langfristwirkung in den deutsch-amerikanischen Beziehungen angesehen werden (vgl. Schöllgen 2003; Staack 2004; Szabo 2004). Erstmals stellte sich eine Bundesregierung in einer sicherheitspolitischen Schlüsselfrage nicht nur öffentlich gegen den Kurs der Führungsmacht USA, sondern beteiligte sich darüber hinaus aktiv und führend an dem Versuch einer internationalen Koalitionsbildung gegen diese Politik. Die deutsche Irak-Politik reflektierte tiefergehende Strukturveränderungen im internationalen System, insbesondere im Verhältnis Europas und seiner wichtigsten Staaten zur Hegemonialmacht USA. Dabei ging es im Kern um die Frage, ob Europa – und Deutschland – den neuen Ordnungsvorstellungen der USA folgen bzw. sich diesen unterordnen würde oder ob es sachlich angemessen und politisch auch möglich wäre, an einem anderen Ordnungskonzept festzuhalten. Nach dem Ende des Ost-West-Konflikts hatten die eher multilateral und allianzfreundlich ausgerichteten Administrationen Bush sen. und Clinton zunächst darauf verzichtet, die mit der unipolaren Stellung der USA im internationalen System verbundene Gestaltungsmacht voll auszuschöpfen. Das begann sich bereits mit der zweiten Clinton-Administration zu ändern. Unter Bush jun. erfolgte dann der Übergang zu einer unilateralen Politik der „imperialen Hegemonie", die sich radikal abgrenzte von den kooperativen und integrativen Führungsstrategien, die zu Zeiten des Ost-West-Konflikts vorherrschend waren (vgl. Daalder/Lindsay 2003; Hils/ Wilzewski 2006; Rudolf 2007). An die Stelle von Entscheidungsprozessen im NATO-Bündnis sollten „Koalitionen der Willigen" nach Vorgabe der USA treten, die Selbstermächtigung zum Präventivkrieg wurde zur offiziellen Sicherheitsstrategie und die Einigung Europas erstmals als ein nicht mehr automatisch im strategischen Interesse der USA liegender Prozess betrachtet. Deutschland war in diesem Konzept idealerweise die Rolle eines „kontinentalen Britanniens" zugedacht, also einer zugleich loyalen und politisch gewichtigen Gefolgsmacht der USA. Doch diese Rollenzuweisung konnte nicht funktionieren, denn weltordnungspolitisch vertrat (und vertritt) Deutschland mit seinem grundlegenden Interesse am normativen Multilateralismus einen Alternativentwurf zum Anspruch der Bush-Administration auf *primacy* bzw. selektive Weltherrschaft.

Von dem radikalen Kurswechsel in Washington wurde die Bundesregierung im Jahr 2001 überrascht. Sie sah sich mit einem ganzen Bündel von Grundsatzfragen konfrontiert, die durch die veränderte Sicherheitsstrategie der USA aufgeworfen worden waren, um in der Kontroverse über den Irak-Konflikt zu kulminieren: Entsteht internationale Ordnung durch verbindliche Spielregeln für alle oder durch das Recht des Stärkeren? Wird internationale Sicherheit besser in einer multipolaren und multilateralen Welt verwirklicht oder in einem unipolaren System? Ist es zulässig und erfolgversprechend, Demokratie militärisch erzwingen zu wollen, oder entwickelt sich diese am besten evolutionär? Auf diese Herausforderung reagierte die Regierung zunächst mit vorsichtiger Abgrenzung, die sich dann zu einem deutlichen „Nein" zum Irak-Krieg entwickelte. Obwohl auch aktuelle Ereignisse wie der Bundestagswahlkampf 2002 als Einflussfaktoren berücksichtigt werden müssen, erfolgte die Absage an die imperiale Politik der USA aus grundsätzlichen außen- und sicherheitspolitischen Erwägungen. Deutschland hielt im Irak-Konflikt an einer Weltordnungspolitik fest, die sowohl einem anti-imperialen Impuls als auch wesentlichen Grundmaximen deutscher Außenpolitik entsprach. Bereits unmittelbar nach den Anschlägen vom 11. September hatte der damalige Bundeskanzler Schröder ausgeführt, dass mit der übernommenen „Bündnispflicht" ein Recht korrespondiere, „und dieses Recht heißt Information und Konsultation". Zu „Risiken – auch im Militärischen [... sei] Deutschland bereit, aber nicht zu Abenteuern" (Schröder 2001: 90). Auf diese deutsche Forderung nach einer Rückkehr zum Multilateralismus antwortete die Bush-Administration mit einem noch ausgeprägteren Unilateralismus.

Mit ihrer Ablehnung des Irak-Krieges landete die Bundesregierung Schröder/Fischer weder „im Abseits" (Maull/Harnisch/Grund 2003) noch hinterließ sie einen „Scherbenhaufen". Stattdessen trug sie entscheidend zur weltpolitischen Delegitimierung der Irak-Politik der Bush-Administration bei, revitalisierte die europäische *Entente élémentaire* mit Frankreich, testete die Option einer fallweisen inhaltlichen Gegenmachtbildung zu einem imperialen bzw. unilateralen Kurs der Vereinigten Staaten und stärkte auf diese Weise das internationale Gewicht Deutschlands. Den Krieg selbst und die Spaltung Europas über diese Frage konnte sie nicht verhindern. Die Entwicklung im Irak und in der Region des Nahen und Mittleren Ostens hat die inhaltlichen Argumente der Regierung Schröder/Fischer nachdrücklich bestätigt. Das Scheitern der Bush-Administration im Irak hat schließlich auch dazu geführt, dass der nach dem Ende des Ost-West-Konflikts entstandene „unipolare Moment" der Vergangenheit angehört und eine Politik des imperialen Unilateralismus in den Vereinigten Staaten selbst nicht länger mehrheitsfähig ist.

Diese Entwicklungen haben die deutsch-amerikanische Annäherung nach der Zerreißprobe der Jahre 2002/03 erheblich erleichtert und gefördert. Eine Rückkehr zur „guten alten Zeit" transatlantischen Einvernehmens wird es aufgrund der seit 1989/90 eingetretenen Strukturveränderungen dennoch nicht geben. Dem stehen die ausgeprägte Neigung der Vereinigten Staaten zum politischen und militärischen Unilateralismus sowie divergierende Einschätzungen der Bedeutung von Recht und Normen für die internationalen Beziehungen entgegen: „Zwar bleibt das Interesse an einer engen Zusammenarbeit mit Amerika elementar, weil die USA die bei weitem größten Gestaltungschancen aller internationalen Akteure aufweisen und ihre Mitwirkung die Qualität der internationalen Ordnung entscheidend bestimmt. Aber mit der Erosion der gemeinsamen Werte- und Interessenbasis im transatlantischen Verhältnis wird in Zukunft die Zusammenarbeit nicht immer notwendig im „deutschen Interesse" liegen. Anders ausgedrückt: Die Fähigkeit, auf die amerikanische Außenpolitik einzuwirken, setzt voraus, dass Europa [und Deutschland, M.S.] gegenüber den USA konstruktive Konfliktfähigkeit entwickelt und somit notfalls auch über die Option zu verfügen, ohne und sogar gegen die USA gemeinsam zu handeln" (Maull 2006: 73). Unter Präsident Obama haben sich die transatlantischen Partner wieder angenähert. Große sicherheitspolitische Konflikte blieben aus. Zugleich reduzierte sich die Bedeutung der Vereinigten Staaten in einer zunehmend multipolaren Welt.

Die im Sommer 2013 erfolgten Enthüllungen des ehemaligen Geheimdienstmitarbeiters Edward Snowden über die Lausch- und Spionageaktivitäten der National Security Agency (NSA) markierten eine weitere Zäsur in der Entwicklung der transatlantischen Beziehungen. Bis dahin war nicht vorstellbar gewesen, dass die USA auch ihre engsten Verbündeten umfassend nachrichtendienstlich ausforschten, bis hin zum Abhören der Mobilfunkverbindung der Bundeskanzlerin und anderer führender Entscheidungsträger. Zu einer durchgreifenden Korrektur dieser Machenschaften, etwa in Gestalt eines "No Spy-Abkommens", waren die USA nicht bereit. Für sie hat ein extensiv interpretiertes nationales Sicherheitsverständnis Vorrang auch vor Vertrauensbeziehungen mit den Partnern in der NATO. Es ist zu erwarten, das eine solche Politik längerfristig negativ wirken und zu einer weiteren Erosion der transatlantischen Beziehungen führen wird.

9.3 Eine veränderte Rolle der NATO

Die NATO stellt nach wie vor die wichtigste sicherheitspolitische Verbindung zwischen Deutschland und den Vereinigten Staaten dar. Sie hat sich als eine durchaus erfolgreiche Organisation erwiesen, weil sie ihre Bedeutung in Anpassung an sich verändernde Rahmenbedingungen behaupten konnte. Dem ersten Generalsekretär der Allianz, Lord Ismay, wird die Aussage zugeschrieben, Aufgabe der NATO sei es, „to keep the Russians out, the Americans in and the Germans down". Aus Sicht der Interessenlage der alten Bundesrepublik Deutschland war das Bündnis zunächst das zentrale Instrument, um die Verteidigung Westdeutschlands mit der Nukleargarantie der USA zu verkoppeln und dadurch Sicherheit zu erreichen. Außerdem stellte die NATO – ähnlich wie die damalige Europäische Gemeinschaft – ein Forum dar, in dem sich die Bundesrepublik im multilateralen Rahmen Einfluss und Gleichberechtigung erarbeiten konnte. Schließlich ermöglichte die NATO-Zugehörigkeit eine begrenzte Einflussnahme auf die Außen- und Sicherheitspolitik der Vereinigten Staaten, z. B. (seit den 1970er Jahren) durch die Mitgliedschaft in der Nuklearen Planungsgruppe.

Mit der Überwindung des Ost-West-Gegensatzes veränderten sich auch die Aufgaben der NATO. Die Allianz ist unverändert zuständig für das „Kerngeschäft" der kollektiven Verteidigung ihrer Mitgliedsstaaten und stellt auf diese Weise den „stärksten Anker der deutschen Sicherheits- und Verteidigungspolitik" dar (BMVg 2006: 34). Darüber hinaus wurde sie als globaler Dienstleister für Sicherheit zum Instrument internationaler Krisenbewältigung. Für die Vereinigten Staaten ist sie außerdem der zentrale Hebel, um ihren maßgeblichen Einfluss auf die europäische Sicherheitspolitik auszuüben bzw. zu behaupten. Einige Staaten – so Großbritannien im Westen oder Polen und die baltischen Republiken im Osten – sehen in der US-amerikanischen Führungsrolle innerhalb des Bündnisses auch ein Gleichgewicht (*balancer*) gegen einen zu großen Einfluss der wichtigsten kontinentaleuropäischen Staaten wie Deutschland und Frankreich. Während für die alten NATO-Mitglieder dem Ziel einer Partnerschaft zwischen Russland und der Allianz große Bedeutung zukommt, betrachten die meisten neuen NATO-Mitglieder aus Mittel- und Osteuropa das Bündnis auch als eine Sicherheitsgarantie gegen die Russische Föderation.

Vor den verschiedenen Erweiterungen der NATO von 16 (1990) auf 29 (2012) Mitglieder gehörte Deutschland mit den USA, Frankreich und Großbritannien zur informellen „Vierer-Gruppe" in der Führung des Bündnisses. In der größeren und unübersichtlicheren Allianz gibt es eine solche, europäische Mitsprache bündelnde Führungsgruppe nicht mehr. Angesichts dieses Hintergrunds besteht ein besonderes deutsches Interesse darin, die NATO als Forum des transatlantischen Dialoges und der Konsensfindung neu zu beleben: „Das Bündnis kann seine Aufgabe nur erfüllen, wenn seine Mitglieder im politischen Willen übereinstimmen, gemeinsam die relevanten Sicherheitsprobleme zu analysieren, im Konsens zu entscheiden und dann gemeinsam zu handeln" (BMVg 2006: 42). Angesichts des Unilateralismus der USA bzw. ihrer Neigung zu fallbezogenen „Koalitionen der Willigen" sind Zweifel an der Umsetzung dieser Zielsetzung angebracht.

Im beginnenden 21. Jahrhundert stellt die Zusammenarbeit in der NATO nur noch einen Teilbereich der transatlantischen Kooperation dar (vgl. Staack 2006). Der große Bedeutungszuwachs transnationaler Handlungszusammenhänge in der Wirtschafts- und Gesellschaftswelt, der Aufstieg der Europäischen Union und transatlantische Divergenzen in zahlreichen Politikbereichen begrenzen ihre Wirkungsmacht. In der latenten institutionellen Konkurrenz zwischen der NATO und der EU über die Führungsrolle in der europäischen Sicherheitspolitik verfolgte Deutschland lange einen vermittelnden Ansatz. Gegenwärtig erscheint der Wille zur sicherheitspolitischen Gestaltung nahezu erlahmt. Die Euro-Krise absorbiert die deutsche Europapolitik fast vollständig. Eine größere Rolle für die Europäische Union hängt sowohl von der künftigen Entwicklung der Europa- bzw. Allianzpolitik der USA ab als auch von der Bereitschaft der europäischen Staaten, mehr in die Sicherheitspolitik zu investieren und stärker – auch in der Rüstungsentwicklung – zu kooperieren.

10 Strategische Partnerschaft mit der Russischen Föderation

Die Überzeugung, dass eine dauerhafte europäische Friedensordnung ohne Einbindung der Russischen Föderation nicht denkbar ist, gehört zu den zentralen Prämissen deutscher Sicherheitspolitik: „Sicherheit, Stabilität, Integration und Wohlstand in Europa sind [...] ohne Russland nicht zu gewährleisten" (BMVg 2006: 61). Dieses Interesse besteht unab-

Normative Grundlagen, Werte und Interessen deutscher Sicherheitspolitik

hängig davon, ob zwischen Russland und Deutschland bzw. der EU auch eine umfassende Wertegemeinschaft entwickelt werden kann. Allerdings wird die Qualität der Partnerschaft durch eine möglichst große Wertegemeinsamkeit positiv beeinflusst. Die Entwicklung zu einem formal demokratischen System mit autoritär formierter Gesellschaft liegt nicht im Interesse deutscher Politik.

10.1 Die Sicherheitspartnerschaft

Ohne eine Beteiligung der Russischen Föderation als ständiges Mitglied des Sicherheitsrats der Vereinten Nationen, als Atommacht, als G 8/GZO-Teilnehmerstaat und als große europäische Macht kann kaum eines der wichtigen Probleme auf der europäischen und weltpolitischen Agenda gelöst werden, von der Fortentwicklung des Klimaschutzes über die nukleare Nichtweiterverbreitung bis hin zur Ordnungspolitik auf dem Balkan. Deutschland ist besonders interessiert an der Erhaltung zentraler Rüstungskontrollvereinbarungen wie des KSE- und des INF-Vertrages, für deren Bestand die russische Vertragspartnerschaft unverzichtbar ist. Eine deutsche Verpflichtung zur Einbindung Russlands ergibt sich auch aus den „prägenden Erfahrungen" (BMVg 2006: 61) der jüngeren deutschen Geschichte und aus dem Prozess zur deutschen Einheit.

Dieses enge Kooperationsverhältnis manifestiert sich u. a. in dem symbolträchtig ein Jahr nach dem Fall der Mauer, am 9. November 1990, abgeschlossenen „Vertrag über gute Nachbarschaft, Partnerschaft und Zusammenarbeit" zwischen Deutschland und der UdSSR, in den die Russische Föderation als Rechtsnachfolgerin der Sowjetunion eingetreten ist. In diesem Grundlagenvertrag verpflichten sich beide Seiten zur umfassenden Zusammenarbeit in sämtlichen Politikbereichen, zur Achtung der Menschenrechte und zum Vorrang des Völkerrechts in der internationalen wie in der inneren Politik. Jeder Krieg, so die Bestimmung des Art. 1, müsse „zuverlässig verhindert" werden. Beide Seiten bekräftigen die Absicht, ihre Streitigkeiten „ausschließlich mit friedlichen Mitteln [zu] lösen und keine ihrer Waffen jemals an[zu]wenden, es sei denn zur individuellen oder kollektiven Selbstverteidigung. Sie werden niemals und unter keinen Umständen als erste Streitkräfte gegeneinander oder gegen dritte Staaten einsetzen." Sollte eine der beiden Seiten zum Gegenstand eines Angriffs werden, so werde die andere Seite dem Angreifer „keine militärische Hilfe oder sonstigen Beistand leisten." Alle anderen Staaten werden aufgefordert, sich dieser Verpflichtung zum Nichtangriff anzuschließen (Art. 3). Darüber hinaus sieht dieses Abkommen durch regelmäßige Konsultationen auf den Ebenen der Regierungschefs, der Außen- und der Verteidigungsminister eine Interaktionsdichte vor, die auf der Basis vertraglicher Verpflichtungen nur von der deutsch-französischen Zusammenarbeit übertroffen wird. Ergänzt wurde diese enge institutionalisierte zwischenstaatliche Zusammenarbeit durch die im Jahr 2000 erfolgte Einrichtung des „Petersburger Dialogs" von namhaften Vertretern der deutschen wie russischen Zivilgesellschaft.

10.2 Die Wirtschafts- und Energiepartnerschaft

Russland wickelt (2012) mehr als die Hälfte seines gesamten Außenhandels mit der Europäischen Union ab; und innerhalb der Union stellt Deutschland für Russland mit einem Außenhandelsanteil von zehn Prozent den wichtigsten Partner dar. Das Land ist sowohl als Absatzmarkt als auch als Produktionsstandort interessant. Dementsprechend bildet die deutsche Wirtschaft für Russland den wichtigsten industriellen Investor; auf die Europäische Union insgesamt entfallen mehr als 75 Prozent aller Auslandsinvestitionen (vgl. Rosstat 2012). Für die deutsche Energiewirtschaft ist Russland als Partner auf Jahre ohne Alternative. Die deutsche Energiesicherheit lässt sich ohne diese Partnerschaft kaum noch gewährleisten. Politisch gewollt von den Regierungen Kohl und Schröder hat sich Deutschland in eine freiwillige Abhängigkeit von russischen Energielieferungen begeben. 40 Prozent seiner Erdgas- und 39 Prozent seiner Rohölimporte stammen aus der Russischen Föderation.

Abb. 2: Erdgasimporte
Quelle: Bundesamt für Wirtschaft und Ausfuhrkontrolle

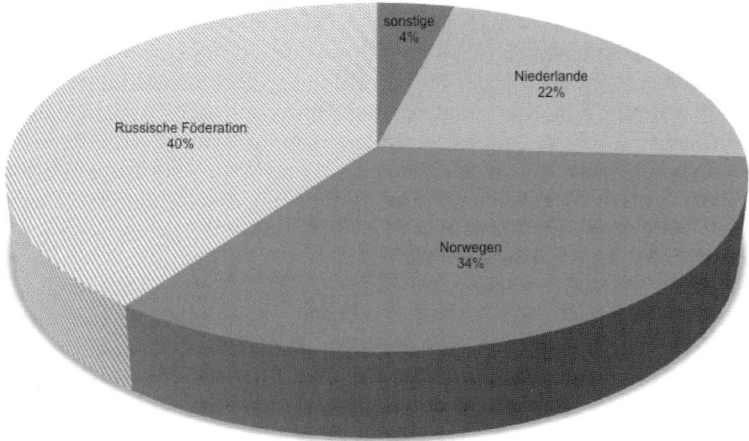

Abb. 3: Rohölimporte

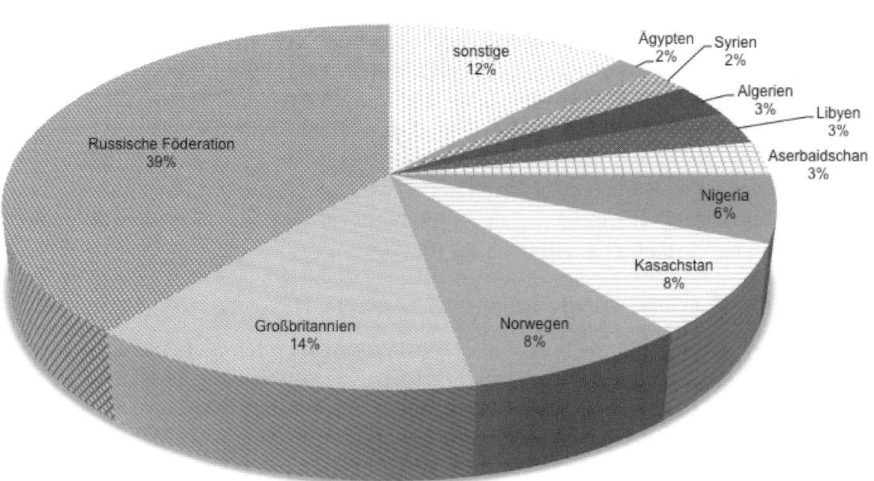

Quelle: Bundesamt für Wirtschaft und Ausfuhrkontrolle

Diese politisch umstrittene Abhängigkeit ist nur vordergründig einseitig. Auch Russland hat ein grundlegendes Interesse an guten Beziehungen zu Deutschland als seinem wichtigsten politischen und wirtschaftlichen Partner in Europa. Energiepolitisch vor die Alternative „Europa oder China?" gestellt, hat sich Russland strategisch für Europa entschieden. Diese Grundsatzentscheidung drückt sich nicht nur in langfristigen Lieferverträgen, sondern gleichermaßen im Bau von neuen Transportwegen wie der deutsch-russischen Ostsee-Pipeline aus. Eine Neuausrichtung der russischen Energiepolitik in Richtung Ostasien wäre nur innerhalb eines mindestens zehnjährigen Zeitraums möglich. Die Energiebeziehungen zwischen beiden Seiten – bzw. der damaligen Sowjetunion und der Bundesrepublik Deutschland – reichen zurück bis in die 1960er Jahre. Innerhalb dieses gesamten Zeitraums, also auch während der Spannungsperioden des Ost-West-Konflikts, erwies sich Moskau als verlässlicher und vertragstreuer Partner.

10.3 Russlandpolitik als Konfliktgegenstand

Das besondere deutsche Interesse an einer engen Partnerschaft mit Russland steht in einem Spannungsverhältnis zu den bilateralen Beziehungen mit neuen EU-Mitgliedern wie Polen, der Tschechischen Republik und den baltischen Staaten. Ursächlich für die Spannungen sind unterschiedliche sicherheits- und vergangenheitspolitische Perzeptionen. Aus deutscher Sicht stellen die EU- und NATO-Mitgliedschaft für die vorgenannten Staaten eine umfassende Sicherheitsgarantie dar. Durch den damit einhergehenden Sicherheitsgewinn werden – so die deutsche Erwartung – die genannten Staaten auch ermutigt und stärker befähigt, ihre historisch belasteten Beziehungen zu Russland zu verbessern; Russland wiederum werde verdeutlicht, dass gute Beziehungen zu diesen Staaten auch die Beziehungen zur Europäischen Union insgesamt fördern könnten. Eine solche Sichtweise stößt in Polen und in den baltischen Staaten auf teilweise Kritik oder Ablehnung. Die Zugehörigkeit zur EU und zur NATO wird fallweise als Option begriffen, um bei der Lösung bilateraler Probleme mit der Rückendeckung dieser Organisationen selbstbewusster und fordernder gegenüber Russland auftreten zu können. Anstatt einer Einbindungsstrategie wird eher eine neue Eindämmungspolitik bevorzugt oder für notwendig gehalten. Der deutschen Russland-Politik wird sowohl eine zu große Rücksichtnahme auf Moskau unterstellt als auch die Bereitschaft, sich bilateral und über grundlegende Sicherheitsinteressen der mittelosteuropäischen Staaten hinweg mit Russland zu verständigen (Rapallo-Komplex). Eine „besondere Rolle" Deutschlands bei der Gestaltung der EU-Russland-Beziehungen wird abgelehnt.

Diese unterschiedlichen Sichtweisen und Interessen lassen sich kurzfristig nicht überwinden. Die Erfahrungen mit dem deutsch-französischen Aussöhnungsprozess sprechen dafür, dass eine Bearbeitung dieser Dilemmata am erfolgreichsten im multilateralen Kontext der „Friedens- und Sicherheitsgemeinschaft Europäische Union" gelingen kann. Dabei sind von Deutschland eine stärkere Transparenz seines politischen Handelns sowie intensivere Konsultationen mit den neuen Partnern in Mittelosteuropa zu erwarten. Ziel der deutschen Russland-Politik bleibt die Verflechtung und Vernetzung in Politik, Wirtschaft und Gesellschaft und die Modernisierung Russlands unter Einschluss eines offenen Dialoges über Werte, Rechtsstaatlichkeit und Zivilgesellschaft. Dazu gehört auch eine engere Zusammenarbeit im Rahmen der Sicherheits- und Verteidigungspolitik. „Strategien des ‚containment', des indifferenten Nebeneinanders oder der nur selektiven Kooperation [...], wie sie mitunter als Rezept für den Umgang mit einem außenpolitisch selbstbewussten, manchmal sehr eigenwillig auftretenden Russland empfohlen werden, sind jedenfalls nicht im europäischen Interesse" (Steinmeier 2007: 9).

Die Eskalation der Spannungen über die Ukraine und insbesondere die Annexion der Krim-Halbinsel durch die Russische Föderation im März 2014 stellten einen tiefen Einschnitt in den Beziehungen zwischen Russland und dem Westen dar. Schon aufgrund seiner starken Verpflichtung auf das Völkerrecht konnte Deutschland die Annexion nicht hinnehmen. Darüber hinaus hat diese Krise offengelegt, wie brüchig der formale Konsens mit Russland über Grundlagen der europäischen Sicherheit in den letzten Jahren geworden ist. Nicht immer zu Unrecht fühlt sich Russland ausgegrenzt oder in seinen Interessen nicht hinreichend wahrgenommen. Ohne Russland gibt es aber keine gesamteuropäische Sicherheit. Von dieser Prämisse ausgehend, hat Deutschland in der Krim-Krise mäßigend und auf Deeskalation setzend gewirkt. Die Krise hat gezeigt, dass eine neue, gewiss nicht einfach zu erreichende Verständigung zwischen Russland und dem Westen, insbesondere der EU, über die Grundlagen ihrer Zusammenarbeit zwingend erforderlich ist.

11 Ausblick: Prioritätenkonflikte deutscher Sicherheitspolitik zwischen europäischer, atlantischer und globaler Perspektive

Deutsche Außen- und Sicherheitspolitik vollzieht sich in einer abnehmend unipolaren und zunehmend multipolaren Welt. Betrachtet man die entscheidenden Machtfaktoren im internationalen System – politisch-diplomatische Gestaltungsfähigkeit und internationale Führungsfähigkeit, wirtschaftliche Stärke, militärisches Potenzial, kulturelle Ausstrahlung, Vorbildfunktion durch Legitimität des eigenen Handelns – lässt sich nur in einem Bereich, dem der militärischen Stärke, eine zweifelsfrei unipolare Struktur zugunsten der Vereinigten Staaten von Amerika feststellen. Dagegen wird die politisch-diplomatische Welt zunehmend durch multipolare Handlungszusammenhänge gekennzeichnet: durch die werdende Weltmachtrolle Chinas, durch den Wiederaufstieg Russlands, durch die Etablierung der Europäischen Union als weltpolitischer Akteur sowie durch den globalen Mitgestaltungsanspruch regionaler Großmächte wie der Indischen Union, Brasilien und Südafrika (vgl. Wolf 2004; Piazolo 2006; Husar/Maihold/Mair 2009).

Die Wirtschaftswelt im Trilateralismus von USA, Europa und Ostasien ist bereits multipolar strukturiert, und die Gesellschaftswelt mit ihrer unüberschaubaren Akteursvielfalt ist angesichts der kommunikations- und informationstechnologischen Revolutionen transnational vernetzt und dem Zugriff nationalstaatlicher Steuerungsmacht nur noch begrenzt zugänglich (vgl. Czempiel 1999: Kapitel I). Der militärtechnologische Vorsprung der USA dürfte noch für mindestens zwei Jahrzehnte für jeden militärischen Rivalen uneinholbar bleiben. Ähnliches gilt für die militärische Dominanz der Vereinigten Staaten, verstanden als die Fähigkeit, jeden möglichen Gegner auch unterhalb der nuklearen Schwelle entscheidend schlagen zu können. Angesichts einer militärischen Realität, die nicht durch große Schlachten, sondern durch asymmetrische Abnutzung gekennzeichnet wird, muss aber die machtpolitische Wertigkeit einer solchen militärischen Dominanz mit einem Fragezeichen versehen werden (vgl. Münkler 2002: Kapitel 5 und 6).

Im deutlichen Gegensatz zu ähnlichen Ordnungen der Vergangenheit wie etwa der des Wiener Kongresses (1815) zeichnet sich das im Entstehen begriffene multipolare internationale System durch eine strukturell und inhaltlich einzigartige Regelungs- und Verknüpfungsdichte durch internationale Organisationen und Normbildungen aus. Dadurch sind wichtige Voraussetzungen entstanden, um die latente Instabilität der Multipolarität (Gegenmachtbildungen und wechselnde Allianzen) durch einen effizienten Multilateralismus einzuhegen und zu überwinden (vgl. Müller 1993; Ruggie 1993; Staack 2013).

Deutschlands Außen- und Sicherheitspolitik wird geprägt durch die Grundorientierung des normativen Multilateralismus als Ziel und Methode. Für eine sich verändernde Weltordnung mit neuen Machtzentren und einem wachsenden Bedarf an internationaler Koordinierung in einem starken System der Vereinten Nationen ist sie prinzipiell gut gerüstet. Auch in der überschaubaren Zukunft dürfte Deutschland am wirkungsvollsten als Konsensmacht handeln. Die Grenzen des außen- und sicherheitspolitischen Handlungsspielraums – national wie europäisch – dürfen allerdings nicht überstrapaziert werden, denn die wirtschaftlichen und demografischen Ressourcen der Gestaltungsmacht werden – erst recht im Vergleich zu anderen Weltregionen – abnehmen. Es ist auch keineswegs selbstverständlich, dass die von Deutschland bevorzugte kooperative Weltordnung fortentwickelt werden kann und sich nicht erneut Tendenzen zur Fragmentierung des internationalen Systems und zu unilateralem Handeln durchsetzen.

Wünschbar, aber keineswegs gesichert ist die weitere Europäisierung der deutschen Sicherheitspolitik mit Auswirkungen auf die latente institutionelle Konkurrenz zwischen der Europäischen Union und der NATO. Es ist fraglich, ob der bisherige Formelkompromiss der Komplementarität zwischen beiden Organisationen auf mittlere Frist durchgehalten werden kann. Damit eng verknüpft ist die Frage nach der künftigen Sicherheitsbeziehung zu den USA, nach gemeinsamen oder divergierenden Risikoperzeptionen, Lösungsstrategien und Weltordnungskonzepten. Ob eine dauerhafte „Rekonstruktion des Westens" (vgl. Fischer 2005) gelingt, ist nicht ausgemacht.

Die „strategische Partnerschaft" mit Russland muss als Schlüsselfrage der Sicherheitspolitik verstanden und im Sinne einer „gesamteuropäischen Friedensordnung" bearbeitet werden. Das deutsche und europäische Interesse an der Einbindung der asiatischen „Aufsteiger" China und Indien in eine verantwortlich ausgeübte weltpolitische Mitführungsrolle bedarf der inhaltlichen Präzisierung. Eine Sicherheitsordnung im Nahen und Mittleren Osten und weltweite Strategien gegen zerfallende Staatlichkeit erfordern höchstwahrscheinlich mehr sicherheitspolitische Energie, als Deutschland sie bisher zu investieren bereit war. Die von Fall zu Fall auch künftig erforderliche Entsendung der Bundeswehr darf kein Ersatz für Politik sein; sie muss stattdessen in politisch kohärente Gesamtkonzepte zur Lösung der jeweiligen Konflikte eingebettet sein. Die Erfahrungen auf dem Balkan oder in Afghanistan sollten auch in Deutschland eine realistische Erwartungshaltung in Bezug auf die Grenzen der Regelungsmacht, den Zeithorizont und die erforderlichen Ressourcen bei Interventionen der Staatengemeinschaft produziert haben.

Welche Folgen die 2010 eingeleitete erneute Bundeswehrreform, insbesondere die Abschaffung der Wehrpflicht für die sicherheitspolitische Handlungsfähigkeit und die gesellschaftliche Verankerung der Streitkräfte haben wird, bleibt zu beobachten. Es kommt hinzu, dass Deutschland interventionsmüde geworden ist, und die Bilanz der bisherigen Einsätze ist sehr durchwachsen. Dem folgend, könnten der „Armee im Einsatz" vorübergehend die Einsätze ausgehen. Dem stehen andere Argumente entgegen: die Bündnisfähigkeit des Landes und der Wille zum Einsatz vorhandener Kapazitäten könnte neue Engagements nach sich ziehen. Darüber muss, mehr als bisher, kontrovers gestritten werden.

Zur Vertiefung empfohlene Literatur

Bundesminister der Verteidigung 2011: Verteidigungspolitische Richtlinien. Nationale Interessen wahren – Internationale Verantwortung übernehmen – Sicherheit gemeinsam gestalten, Berlin. Grundsatzdokument zur Verteidigungspolitik nach der Bundeswehrreform.

Bundesministerium der Verteidigung 2006: Weißbuch 2006 zur Sicherheitspolitik Deutschlands und zur Zukunft der Bundeswehr, Berlin. Wichtigstes Grundlagendokument zur deutschen Sicherheitspolitik.

Schmidt, Siegmar/Hellmann, Gunther/Wolf, Reinhard (Hrsg.) 2006: Handbuch zur deutschen Außenpolitik, Wiesbaden: VS Verlag für Sozialwissenschaften. Maßstabsetzendes und aktuelles Werk mit zahlreichen Artikeln zu sicherheitspolitischen Fragen.

Theiler, Olaf (Hrsg.) 2001: Deutsche Interessen in der sicherheitspolitischen Kommunikation, Baden-Baden: Nomos. Reflektierte, kritische und facettenreiche Diskussion des Interessenbegriffs für die deutsche Außen- und Sicherheitspolitik.

Weiterführende Fragen

1. Inwieweit bestimmen Vorgaben des Grundgesetzes Deutschlands Sicherheitspolitik?
2. Definieren Sie den Begriff des Interesses in der Außen- und Sicherheitspolitik! Sind Interessen statisch oder politischem Wandel unterworfen?
3. Inwiefern hat sich die sicherheitspolitische Konstellation für Deutschland nach dem Ende des Ost-West-Konflikts grundlegend verändert? Warum wurde Deutschland vom Importeur zum Exporteur von Sicherheit?
4. Diskutieren Sie die Bedeutung der Europäischen Union für die deutsche Außen- und Sicherheitspolitik!
5. Welche strukturellen Rahmenbedingungen im transatlantischen bzw. deutsch-amerikanischen Verhältnis haben sich seit 1989 verändert? Welche Bedeutung kommt der NATO in den transatlantischen Beziehungen zu?
6. Welche Motive sind ausschlaggebend für die Einbindungspolitik Deutschlands gegenüber der Russischen Föderation?
7. Welche Bedeutung haben die „neuen Gestaltungsmächte" wie China, Indien oder Brasilien für die deutsche Sicherheitspolitik?

Quellen und Literatur

Albrecht, Ulrich 2001: Interessen als Kriterien in der internationalen Außen- und Sicherheitspolitik, in: Theiler, Olaf (Hrsg.): Deutsche Interessen in der sicherheitspolitischen Kommunikation, Baden-Baden: Nomos, 112-122.
Arnauld, Andreas von/Hufeld, Ulrich 2011: Systematischer Kommentar zu den Lissabon-Begleitgesetzen. Handkommentar. Baden-Baden: Nomos.
Bahr, Egon 1996: Zu meiner Zeit, München: Blessing.
Bahr, Egon 1998: Deutsche Interessen. Streitschrift zu Macht, Sicherheit und Außenpolitik, München: Blessing.
Bald, Detlev 1994: Militär und Gesellschaft 1945-1990. Die Bundeswehr der Bonner Republik, Baden-Baden: Nomos.
Beck, Stefan/Klobes, Frank/Scherrer, Christoph (Hrsg.) 2005: Surviving Globalization? Perspectives for the German Economic Model, Dordrecht: Springer Verlag.
Bender, Peter 1995: Die „Neue Ostpolitik" und ihre Folgen. Vom Mauerbau bis zur Vereinigung, München: dtv.
Bergsdorf, Wolfgang (Hrsg.) 2007: Erbfreunde. Deutschland und Frankreich im 21. Jahrhundert, Weimar: Verlag der Bauhaus-Universität.
Bertram, Christoph 2004: Weltpolitik im europäischen Verbund. Herausforderungen für und Erwartungen an Deutschland, in: Rittberger, Volker (Hrsg.): Weltpolitik heute. Grundlagen und Perspektiven, Baden-Baden: Nomos, 17-30.
Besson, Waldemar 1968: Prinzipienfragen der westdeutschen Außenpolitik, in: Politische Vierteljahresschrift 9, 1, 28-44.
Bredow, Wilfried von/Jäger, Thomas 1993: Neue deutsche Außenpolitik. Nationale Interessen in den internationalen Beziehungen, Opladen: Leske + Budrich.
Bundesminister der Verteidigung 2003: Verteidigungspolitische Richtlinien für den Geschäftsbereich des Bundesministers der Verteidigung, Berlin.
Bundesminister der Verteidigung 2011: Verteidigungspolitische Richtlinien. Nationale Interessen wahren – Internationale Verantwortung übernehmen – Sicherheit gemeinsam gestalten, Berlin.

Bundesministerium der Verteidigung 2006: Weißbuch 2006 zur Sicherheitspolitik Deutschlands und zur Zukunft der Bundeswehr, Berlin.
Bundesregierung 2000: Politische Grundsätze der Bundesregierung für den Export von Kriegswaffen und sonstigen Rüstungsgütern, Berlin, <www.auswaertiges-amt.de/diplo/de/Aussen politik/AussenWiFoerderung/Downloads/PolGrds_C3_A4tzeExpKontrolle.pdf>.
Bundesregierung 2004: Aktionsplan „Zivile Krisenprävention, Konfliktlösung und Friedenskonsolidierung", Berlin, 12. Mai 2004.
Bundesregierung 2005: Stellungnahme der Bundesregierung zu den Empfehlungen des Berichts der Hochrangigen Gruppe für Bedrohungen, Herausforderungen und Wandel: „Eine sichere Welt: Unsere gemeinsame Verantwortung", Berlin, 7. März 2005.
Bundesregierung 2012: Globalisierung gestalten – Partnerschaften ausbauen – Verantwortung teilen. Konzept der Bundesregierung, Berlin.
Czempiel, Ernst-Otto 1997: Die Neuordnung Europas. Was leisten NATO und OSZE für die Kooperation mit Osteuropa und Russland? In: Aus Politik und Zeitgeschichte, 1-2, 34.
Czempiel, Ernst-Otto 1999: Kluge Macht. Außenpolitik für das 21. Jahrhundert, München: C.H. Beck.
Daalder, Ivo H./Lindsay, James M. 2003: America Unbound. The Bush Revolution in Foreign Policy. Washington, D.C.: Brookings Institution Press.
Deutscher Bundestag 2007: Bericht der Bundesregierung zum Stand der Bemühungen um Rüstungskontrolle, Abrüstung und Nichtverbreitung sowie über die Entwicklung der Streitkräftepotentiale (Jahresabrüstungsbericht 2006), Drucksache 16/5211, 27. April 2007, Berlin.
Europäische Union 2003: Europäische Sicherheitsstrategie. Ein sicheres Europa in einer besseren Welt. Brüssel, <http://ue.eu.int/uedocs/cmsUpload/031208ESSIIDE.pdf>.
Eurostat Jahrbuch 2011.
Fischer, Joschka 2005: Die Rückkehr der Geschichte. Die Welt nach dem 11. September und die Erneuerung des Westens, Köln: Kiepenheuer und Witsch.
Fischer, Joschka 2007: Die rot-grünen Jahre. Deutsche Außenpolitik – vom Kosovo bis zum 11. September, Köln: Kiepenheuer & Witsch.
Friedrich der Große 1987: Das Politische Testament von 1752, Stuttgart: Reclam.
Gareis, Sven Bernhard 2006: Deutschlands Außen- und Sicherheitspolitik. Eine Einführung, 2. Aufl., Opladen/Farmington Hills: Verlag Barbara Budrich.
Genscher, Hans-Dietrich 1995: Erinnerungen, Berlin: Siedler.
Genscher, Hans-Dietrich 2003: Geleitwort, in: Lian, Yu-ru (Hrsg.): Neue Weltpolitik und deutsche Außenpolitik, Peking: Peking UP, 3-5.
Gießmann, Hans J./Wagner, Armin (Hrsg.) 2009: Armee im Einsatz. Grundlagen, Strategien und Ergebnisse einer Beteiligung der Bundeswehr, Baden-Baden: Nomos.
Haftendorn, Helga 1986: Sicherheit und Stabilität. Außenbeziehungen der Bundesrepublik zwischen Ölkrise und NATO-Doppelbeschluss, München: dtv.
Harnisch, Sebastian 2006: Internationale Politik und Verfassung. Die Domestizierung der deutschen Sicherheits- und Europapolitik, Baden-Baden: Nomos.
Heidenkamp, Henrik 2010: Der Entwicklungsprozess der Bundeswehr zu Beginn des 21. Jahrhunderts. Wandel im Spannungsfeld globaler, nationaler und bündnispolitischer Bestimmungsfaktoren, Frankfurt a. M.: Peter Lang.
Heydemann, Günther/Gülzau, Jan (Hrsg.) 2010: Konsens, Krise und Konflikt. Die deutschamerikanischen Beziehungen im Zeichen von Terror und Irak-Krieg, Bonn: Bundeszentrale für politische Bildung.
Hils, Jochen/Wilzewski, Jürgen (Hrsg.) 2006: Defekte Demokratie – Crusader State? Die Weltpolitik der USA in der Ära Bush, Trier: Wissenschaftlicher Verlag.
Holesch, Adam 2007: Verpasster Neuanfang? Deutschland, Polen und die EU, Bonn: Bouvier-Verlag.
Husar, Jörg/Maihold, Günther/Mair, Stefan (Hrsg.) 2009: Neue Führungsmächte: Partner für deutsche Außenpolitik, Baden-Baden.

Jachtenfuchs, Markus/Kohler-Koch, Beate (Hrsg.) 2003: Europäische Integration, 2. Aufl., Opladen: Leske + Budrich.
Jarass, Hans D./Pieroth, Bodo (Hrsg.) 2006: Grundgesetz für die Bundesrepublik Deutschland. Kommentar, 8. Aufl., München: Beck.
Joetze, Günter 2010: Der Irak als deutsches Problem, Baden-Baden: Nomos.
Junker, Detlef (Hrsg.) 2001: Die USA und Deutschland im Zeitalter des Kalten Krieges 1945-1990. Ein Handbuch, Stuttgart/München: Deutsche Verlags-Anstalt.
Keworkow, Wjatscheslaw 1995: Der geheime Kanal. Moskau, der KGB und die Bonner Ostpolitik, Berlin: Rowohlt.
Knapp, Manfred 2004: Die Außenpolitik der Bundesrepublik Deutschland, in: ders./Krell, Gert (Hrsg.): Einführung in die Internationale Politik. Studienbuch, München/Wien: Oldenbourg, 135-200.
Krauthammer, Charles 1990/91: The Unipolar Moment, in: Foreign Affairs, 70, 1, 23-33.
Krzeminski, Adam 2008: Testfall für Europa. Deutsch-polnische Nachbarschaft muss gelingen, Hamburg: Edition Körber-Stiftung.
Lang, Sibylle 2006: Bestimmungsfaktoren und Handlungsfähigkeit der Europäischen Sicherheits- und Verteidigungspolitik, Frankfurt a. M.: Peter Lang.
Löwenthal, Richard 1972: Freiheit der Eigenentwicklung, in: Deutsche Gesellschaft für Auswärtige Politik (Hrsg.): Außenpolitische Perspektiven des westdeutschen Staates, Bd. 1 (Das Ende des Provisoriums), München: Oldenbourg.
Lübkemeier, Eckhard 2007: Führung ist wie Liebe. Warum Mit-Führung in Europa notwendig ist und wer sie leisten kann, Berlin: Stiftung Wissenschaft und Politik (SWP-Studie S 30).
Mair, Stefan (Hrsg.) 2007: Auslandseinsätze der Bundeswehr. Leitfragen, Entscheidungsspielräume und Lehren, Berlin: Stiftung Wissenschaft und Politik (SWP-Studie S 27).
Mangold, Klaus 2007: Unser Markt in Moskau, in: Internationale Politik, 62, 3, 70-74.
Maull, Hanns W./Harnisch, Sebastian/Grund, Constantin 2003: Deutschland im Abseits? Rotgrüne Außenpolitik 1998-2003, Baden-Baden: Nomos.
Maull, Hanns W. 2006: Nationale Interessen! Aber was sind sie? In: Internationale Politik, 61, 10, 62-76.
Moravcsik, Andrew 1997: Taking Preferences Seriously. A Liberal Theory of International Politics, in: International Organization, 51, 4, 513-553.
Müller, Harald 1993: Die Chance der Kooperation. Regime in den internationalen Beziehungen, Darmstadt: Wissenschaftliche Buchgesellschaft.
Münkler, Herfried 2002: Die neuen Kriege, Reinbek: Rowohlt.
Perthes, Volker 2011: Der Aufstand, Berlin: Pantheon.
Piazolo, Michael (Hrsg.) 2006: Macht und Mächte in einer multipolaren Welt, Wiesbaden: VS Verlag für Sozialwissenschaften.
Pietz, Tilman-Ulrich 2007: Zwischen Interessen und Illusionen. Die deutsche Außenpolitik und die Reform des Sicherheitsrats der Vereinten Nationen, Marburg: Tectum.
Pradetto, August 2001: Interessen und „nationale Interessen" in der Außen- und internationalen Politik, in: Theiler, Olaf (Hrsg.): Deutsche Interessen in der sicherheitspolitischen Kommunikation, Baden-Baden: Nomos, 33-68.
Rauch, Andreas M. 2006: Auslandseinsätze der Bundeswehr, Baden-Baden: Nomos.
Rosstat 2010: http://www.gks.ru/bgd/regl/b11-12/IssWWW.exe/stg/d02/24-11.htm.
Rudolf, Peter 2007: Imperiale Illusionen. Amerikanische Außenpolitik unter Präsident George W. Bush, Baden-Baden: Nomos.
Ruggie, John Gerard (Hrsg.) 1993: Multilateralism Matters. The Praxis of an Institutional Form, New York: Columbia UP.
Schmidt, Siegmar/Hellmann, Gunther/Wolf, Reinhard (Hrsg.) 2006: Handbuch zur deutschen Außenpolitik, Wiesbaden: VS Verlag für Sozialwissenschaften.
Schöllgen, Gregor 2003: Der Auftritt. Deutschlands Rückkehr auf die Weltbühne, München: Ullstein.

Schröder, Gerhard 2001: Regierungserklärung zu den Anschlägen in den USA am 19. September 2001 vor dem Deutschen Bundestag, in: Internationale Politik, 56, 12, 89-91.
Schwarz, Hans-Peter 2005: Republik ohne Kompass. Anmerkungen zur deutschen Außenpolitik, Berlin: Propyläen.
Silberberg, Reinhard 2007: Eröffnungsvortrag, in: Auswärtiges Amt (Hrsg.): Neue Wege der Rüstungskontrolle und Abrüstung. 16. Forum Globale Fragen, Berlin, 5.-6. März 2007, Berlin, 5-9.
Staack, Michael 2000: Handelsstaat Deutschland. Deutsche Außenpolitik in einem neuen internationalen System, Paderborn: Schöningh.
Staack, Michael 2004: Nein zur Hegemonialmacht. Deutschlands außenpolitische Entscheidungsprozesse im Irak-Konflikt, in: Staack, Michael/Voigt, Rüdiger (Hrsg.): Europa nach dem Irak-Krieg. Ende der transatlantischen Epoche? Baden-Baden: Nomos, 203-230.
Staack, Michael 2006: Im Gleitflug. Hat die NATO noch eine Zukunft? In: Piazolo, Michael (Hrsg.): Macht und Mächte in einer multipolaren Welt, Wiesbaden: VS Verlag für Sozialwissenschaften, 281-304.
Staack, Michael 2013: Multilateralism and Multipolarity. Structures of the Emerging World Order, Opladen: Verlag Barbara Budrich.
Staack, Michael/Krause, Dan (Hrsg.) 2014: Europa als sicherheitspolitischer Akteur, Opladen: Verlag Barbara Budrich.
Stehr, Michael 2004: Terror auf See 2004. Schutz der zivilen Seeschifffahrt, in: Marineforum, 12, 11, 25-28.
Steinmeier, Frank-Walter 2007: Verflechtung und Integration, in: Internationale Politik, 62, 3, 6-11.
Süddeutsche Zeitung 2007: Merkel forciert Handelspakt, in: Süddeutsche Zeitung, 25. Januar 2007, 17.
Szabo, Stephen F. 2004: Parting Ways. The Crisis in German-American Relations, Washington, D.C.: Brookings Institution Press.
Theiler, Olaf (Hrsg.) 2001: Deutsche Interessen in der sicherheitspolitischen Kommunikation, Baden-Baden: Nomos.
Weingardt, Markus A. 2002: Deutsche Israel- und Nahost-Politik. Die Geschichte einer Gratwanderung seit 1949, Frankfurt a. M.: Campus.
Whitney, Craig 1990: Genscherism: 1. Innuendo, 2. Mass movement, in: International Herald Tribune, 21./22. Juli 1990, 8.
Wiefelspütz, Dieter 2003: Der Einsatz bewaffneter deutscher Streitkräfte und der konstitutive Parlamentsvorbehalt, Baden-Baden: Nomos.
Wolf, Klaus Dieter 2004: Von der Bipolarität zur Unipolarität? Der Mythos vom zweiten amerikanischen Jahrhundert, in: Rittberger, Volker (Hrsg.): Weltpolitik heute. Grundlagen und Perspektiven, Baden-Baden: Nomos, 53-84.
Zellner, Wolfgang, Schmidt, Hans-Joachim/Neuneck, Götz 2009: Die Zukunft konventioneller Rüstungskontrolle in Europa, Baden-Baden: Nomos.
Zimmermann, Andreas 2002: Neues deutsches Selbstbewusstsein. Paradigmenwechsel in der Völkerrechtspolitik, in: Internationale Politik, 57, 9, 33-37.

Kapitel 3
Die Organisation deutscher Sicherheitspolitik
Akteure, Kompetenzen, Verfahren und Perspektiven

Sven Bernhard Gareis

Wie in jedem modernen Gemeinwesen gehört es auch in Deutschland zu den zentralen staatlichen Aufgaben, eine Sicherheitsordnung zu schaffen und aufrechtzuerhalten, durch welche Gefahren für Leben, Gesundheit und Eigentum der Bürger abgewehrt werden und auf deren Grundlage sich Freiheit und Wohlstand entfalten können. Die Gewährleistung dieser Staatsaufgabe gestaltet sich jedoch als zunehmend anspruchsvoll. Dies liegt schon daran, dass „Sicherheit" als ein schillerndes Konstrukt erscheint, das individuell-persönliche und kollektive Dimensionen – etwa auf staatlicher oder internationaler Ebene – aufweist, das in hohem Maße subjektiven Wahrnehmungen und Einschätzungen unterliegt und das in politisch-konzeptioneller Hinsicht folglich schwer zu fassen ist (siehe dazu auch den Beitrag von Stephan Böckenförde in diesem Band).

Während des Ost-West-Konflikts war die deutsche Sicherheitspolitik lange durch die Unterscheidung zwischen äußeren und inneren Bedrohungen gekennzeichnet, die es durch spezialisierte Akteure abzuwehren galt: Die Wahrung grundlegender Interessen wie die politische Unabhängigkeit und territoriale Unversehrtheit des Landes gegen die Bedrohung seitens der Sowjetunion und deren Verbündeter war die Aufgabe der deutschen Diplomatie im Rahmen von Bündnissen und anderen internationalen Foren, ihre militärische Verteidigung oblag der Bundeswehr. Für die Prävention, Bekämpfung und Verfolgung von Kriminalität und anderen innerstaatlichen Sicherheitsproblemen waren hingegen das Justizwesen und die Polizei zuständig (siehe dazu auch den Beitrag von Martin H. W. Möllers in diesem Band). Mit der weltpolitischen Wende von 1989/90 verschwand die Gefahr eines großen Krieges zwischen Ost und West; seither steht Deutschland – zusammen mit den meisten Staaten im euro-atlantischen Raum – vor neuen Anforderungen an seine Sicherheitspolitik, in denen sich drei große Trends ausmachen lassen:

Erstens ist das Szenario einer offenen Bedrohung durch mächtige, zugleich aber auch bekannte und berechenbare Akteure einem Bündel unterschiedlichster direkter und indirekter Sicherheitsrisiken in einer globalisierten und damit enger verbundenen Welt gewichen. Dieses umfasst ein globales und polyzentrisches Szenario, das von klassischen Krisen und Kriegen über den transnationalen Terrorismus und das Problem der Proliferation von Massenvernichtungswaffen bis hin zu den durch soziale und wirtschaftliche Disparitäten, Umweltzerstörung, Klimawandel oder Krankheiten verursachten Herausforderungen reicht. Diese Risiken entziehen sich oft schon einer klaren Zuordnung zu konkreten Akteuren und entfalten ihre Wirkungen nicht am Ort ihres Entstehens, sondern in oft weit entfernten Ländern und Regionen. Vor allem aber lassen sie sich nicht mehr in den scheinbar eindeutigen Kategorien wie „Innen" oder „Außen" fassen: Die Grenzen zwischen Verbrechensbekämpfung und Verteidigung, zwischen innerer und äußerer Sicherheit verschwimmen immer mehr (s. Wiefelspütz 2007: 9f) und mit ihnen die überbrachte Aufgabenübertragung an die klassischen staatlichen Sicherheitsagenturen wie Militär, Polizei oder Justiz (siehe dazu auch den Beitrag von Böckenförde in diesem Band).

Zweitens verlangt die Komplexität dieser Sicherheitsrisiken nach einem umfassenden Politikansatz, der neben den traditionellen sicherheits- und verteidigungspolitischen Handlungsfeldern auch präventive Bemühungen in Bereichen wie der internationalen Entwicklungszusammenarbeit, der Bildung, der Armutsbekämpfung und der Hilfe zur guten Regierungsführung einschließt (siehe dazu auch den Beitrag von Schmidt in diesem Band). Ein solcher Ansatz erfordert indes auch, die auf diesen Feldern tätigen, äußerst unterschiedlichen Akteure sowie deren Arbeitsweisen und Instrumente in einem umfassenden Konsultations-, Koordinations- und Kooperationskontext zusammenzuführen. In Deutschland postuliert das 2006 vom Verteidigungsministerium vorgelegte Weißbuch einen solchen Ansatz unter der Überschrift der „Vernetzten Sicherheit" (BMVg 2006: 29f.), ganz ähnliche Ziele verfolgt bereits seit längerem der „Aktionsplan Zivile Krisenprävention" (Bundesregierung 2004; 2005; 2006; 2008; 2010).

Drittens folgt aus der Entgrenzung der genannten Herausforderungen unter den Vorzeichen der Globalisierung, dass ihre Bewältigung die Kräfte und Möglichkeiten jedes einzelnen Staates bei weitem überschreitet. Auch die deutsche Sicherheitspolitik ist daher nur im Zusammenwirken mit Deutschlands Partnern im internationalen System sowie im Rahmen internationaler Organisationen wie EU, NATO, OSZE oder VN denkbar. Dies gilt insbesondere, wenn es darum geht, Risiken bereits am Ort ihrer Entstehung entgegenzutreten, um so einer möglichen Entwicklung zu manifesten Bedrohungen der Sicherheit Deutschlands oder Europas vorzubeugen. Neben einer je anlassbezogenen internationalen Zusammenarbeit bedarf es hier auch der Schaffung von völkerrechtlichen und politischen Rahmenbedingungen, die kein einzelner Staat setzen kann.

Diese Entwicklungen stellen seit mehr als zwei Jahrzehnten erhebliche Ansprüche an die deutsche Sicherheitspolitik und deren Akteure, die sich auf den Ebenen von Bund und Ländern neu aufstellen und organisieren müssen. Hinzu tritt die internationale Ebene: Deutschland sieht sich seitens seiner Bündnispartner sowie weiterer Mitspieler im internationalen System mit hohen Erwartungen und Anforderungen zur Mitwirkung etwa an Friedensmissionen konfrontiert, was in den innenpolitischen Diskursen oft genug auf Skepsis, wenn nicht auf Ablehnung stößt. Dieses Wechselspiel zwischen externen Erfordernissen auf der einen und internen Meinungsbildern und Haltungen auf der anderen Seite prägt die deutsche Sicherheitspolitik nachdrücklich (vgl. Höse/Oppermann 2011).

Im demokratischen Verfassungsstaat sind der sicherheitspolitische Entscheidungs- und Handlungsapparat sowie die durch ihn gesteuerten Prozesse und Maßnahmen in ihren Grundzügen durch konstitutionelle bzw. gesetzliche Normierungen und Vorgaben reglementiert. Jedoch können formale Festlegungen immer nur einen Teil der komplexen Realität sicherheitspolitischer Entscheidungen und Prozesse abbilden. Schon innerhalb der für die auswärtige Politik vorrangig zuständigen Exekutive auf der Bundesebene sind zahlreiche, oft genug situative oder informelle Faktoren wie Koalitionskonstellationen, die Persönlichkeit des Bundeskanzlers, die Beziehungen zwischen den Fachministern und vieles mehr von großer Bedeutung. Hinzu treten die Mehrheitsverhältnisse im Parlament, die Interessen privater Akteure wie Lobbygruppen, Wirtschaftsunternehmen oder Nichtregierungsorganisationen und nicht zuletzt die sich in Medien und demoskopischen Erhebungen artikulierende öffentliche Meinung (siehe dazu auch den Beitrag von Heiko Biehl und Jörg Jacobs in diesem Band). Des Weiteren existieren vielfältig verästelte Strukturen, die sich aus der föderalen Ordnung Deutschlands und dem Vorhandensein von sechzehn parteipolitisch heterogen aufgestellten „Nebenregierungen" in den Ländern ergeben.

Eine umfassende wissenschaftliche Untersuchung der sicherheitspolitischen Entscheidungsprozesse und Verfahrensbestimmungen in Deutschland steht noch aus. Gleichwohl erscheint es möglich, einige grundsätzliche Aussagen zu den beteiligten Akteuren, den ihnen kraft Verfassung bzw. Gesetz übertragenen Kompetenzen sowie den zwischen ihnen bestehenden formellen und informellen Interaktionsbedingungen und Beziehungsgeflechten zu machen, um so die praktische Ausgestaltung deutscher Sicherheitspolitik in ihren Grundzügen erläutern und Anforderungen an ihre künftige Ausgestaltung ableiten zu können. Dies soll im vorliegenden Beitrag unternommen werden.

1 Sicherheitspolitik im föderalen Staat

Blickt man durch das Prisma eines komplexen Sicherheitsbegriffs auf die Anforderungen an einen Staat bzw. eine Regierung, so verlangt im Falle Deutschlands dessen föderale Ordnung besondere Aufmerksamkeit. Durch das Grundgesetz (GG), zahlreiche weitere Gesetze und Verordnungen und nicht zuletzt durch die politische Praxis werden sicherheitspolitische Verantwortlichkeiten, Aufgaben und Befugnisse sowie Machtinstrumente einem breitgefächerten Ensemble von Akteuren in Bund und Ländern zugewiesen. So überträgt Art. 30 GG den Ländern die Ausübung der staatlichen Befugnisse und die Erfüllung der staatlichen Aufgaben, allerdings vorbehaltlich weiterer im Grundgesetz verankerter Regeln. Diese finden sich in zahlreichen Verfassungsartikeln, in denen dem Bund exklusive Befugnisse übertragen werden. Grundlegend geregelt wird die Kompetenzverteilung zwischen Bund und Ländern durch die Art. 70-74 GG, die festlegen, in welchen Politikfeldern der Bund ausschließliche Gesetzgebungsbefugnisse für sich beansprucht (Art. 73 GG) bzw. in denen im Rahmen der sog. konkurrierenden Gesetzgebung (Art. 72 GG in Verbindung mit Art. 74 GG) Zuständigkeiten bei den Ländern verbleiben, solange der Bund keine eigenen Regelungsansprüche erhebt (Schmidt 2011: 186f.).

Im Feld der staatlichen Sicherheitsvorsorge überträgt das Grundgesetz zentrale Befugnisse an den Bund. So legt Art. 73 (1) GG fest, dass der Bund für die auswärtigen Angelegenheiten sowie die Verteidigung einschließlich des Schutzes der Zivilbevölkerung zuständig ist. Im Bereich der innerstaatlichen Sicherheitsvorsorge beansprucht der Bund die ausschließliche Gesetzgebungskompetenz für die Zusammenarbeit zwischen Bund und Ländern auf dem Gebiet der Kriminalpolizei, beim Schutz der freiheitlich-demokratischen Grundordnung, bei der Abwehr von gewaltsamen Gefährdungen der auswärtigen Belange Deutschlands, bei der Einrichtung eines Bundeskriminalpolizeiamtes (BKA) sowie bei der internationalen Verbrechensbekämpfung (Art. 73 (1) Nr. 10). Vor dem Hintergrund veränderter Bedrohungswahrnehmungen nach dem 11. September 2001 sind dem Bund durch die Verfassungsänderungen im Zuge der Föderalismusreform des Jahres 2006 weitere exklusive Zuständigkeiten übertragen worden: In den Katalog des Art. 73 aufgenommen wurde die Abwehr von Gefahren durch den internationalen Terrorismus für die Fälle, in denen Bedrohungen länderübergreifender Art sind, die Zuständigkeit einer Landespolizeibehörde nicht erkennbar ist oder die oberste Landesbehörde um eine Übernahme ersucht (Art. 73 (1) Nr. 9a; Lachmuth et al. 2006: 7). Die ausschließliche Gesetzgebungskompetenz eröffnet dem Bund somit weite Gestaltungsspielräume; sind jedoch, wie etwa im Falle des Art. 73 (1) Nr. 9a Interessen und Zuständigkeiten der Länder mit betroffen, können diese über die Mitwirkungsrechte im Bundesrat erheblichen Einfluss auf die Gesetzgebung durch den Bund nehmen (s. u.).

Diesen verfassungsrechtlichen Kompetenzzuweisungen an die Ebenen von Bund und Ländern entspricht auch die institutionelle Zuordnung von Sicherheitsaufgaben: Während der Bund für die gesamtstaatliche Sicherheit zuständig ist, obliegt den Ländern die Aufrechterhaltung von öffentlicher Ordnung und Sicherheit im täglichen Leben, also vor allem der Schutz der Bürger vor Kriminalität, Unglücken oder anderen innerhalb der Ländergrenzen auftretenden Gefahren.

Hinzu kommen funktionale Differenzierungen, die nicht allein mit dem föderalen Prinzip zu begründen sind, aber einem seiner wichtigsten Anliegen dienen, nämlich der Dezentralisation von Macht. So sind in Deutschland – anders als etwa in Frankreich oder Italien, wo militärische Formationen wie die Gendarmerie oder die Carabinieri auch polizeiliche Funktionen wahrnehmen – die Aufgaben von Bundeswehr und Polizei strikt voneinander getrennt. Ähnliches gilt für das sog. Trennungsgebot hinsichtlich der Befugnisse von Polizei und Nachrichtendiensten: Etwas vereinfacht ausgedrückt haben die Nachrichtendienste weitreichende, verdachtsunabhängige Befugnisse zur Informationsbeschaffung, aber keine exekutiven Kompetenzen. Umgekehrt hat die Polizei im Zuge der Strafverfolgung zwar starke Durchsetzungsmöglichkeiten, denen jedoch eingeschränkte Ermittlungsmöglichkeiten gegenüberstehen (Möllers 2010: 1983f.; Normann 2007: 13f.). Die Aufgaben von Polizei und Nachrichtendiensten sind zudem noch auf je eigene Einrichtungen im Bund und den Ländern übertragen worden. So existieren neben je sechzehn Länderpolizeien und Landesämtern für Verfassungsschutz mit Bundespolizei und Bundeskriminalamt (BKA) noch zwei Polizeien des Bundes sowie drei nationale Nachrichtendienste, nämlich der für die Auslandsaufklärung zuständige Bundesnachrichtendienst (BND), der Militärische Abschirmdienst (MAD) sowie das für den Schutz der freiheitlich-demokratischen Grundordnung zuständige Bundesamt für Verfassungsschutz (BfV). Das Grundgesetz verlangt und ermöglicht in seinem Art. 35 die gegenseitige Amtshilfe zwischen den Einrichtungen des Bundes und der Länder, doch ist diese vorrangig anlassbezogen und zeitlich befristet, etwa beim Einsatz der Bundeswehr bei schweren Unglücksfällen oder Naturkatastrophen. Kontinuierliche Koordinationsmechanismen oder geregelte Informations- und Kommunikationswege zwischen den verschiedenen Einrichtungen auf Bundes- und Länderebene gibt es nicht bzw. erst in Ansätzen.

Diese so entstandene dezentrale Sicherheitsordnung in Deutschland ist eine wesentliche Antwort des Grundgesetzes auf die negativen historischen Erfahrungen des grenzenlosen Missbrauchs staatlicher Macht durch zentralistische und alles durchdringende Strukturen, wie sie im „Dritten Reich" mit dem Reichssicherheitshauptamt und der Geheimen Staatspolizei geschaffen worden waren. Mit diesen verfassungsrechtlichen Vorgaben unterschied sich die Bundesrepublik schon bei ihrer Gründung deutlich von der DDR, die bis zum Ende der SED-Diktatur ebenfalls an überdimensionierten und zentralisierten „Sicherheitsapparaten" festhielt. Durch die Streuung von Aufgaben, Befugnissen und Instrumenten soll eine Machtbeschränkung der Sicherheitsinstitutionen erreicht und deren demokratische Kontrolle gewährleistet werden (Bukow 2007: 69).

Allerdings muss auch gesehen werden, dass in Deutschland nicht nur ein dezentraler, sondern auch ein stark fragmentierter Entscheidungs- und Handlungsapparat in der Sicherheitspolitik entstanden ist, dessen strategische Koordination und Steuerung sich durchaus schwierig gestaltet und der vor dem Hintergrund neuer Risiken und Bedrohungen für die öffentliche Sicherheit in Deutschland auch bezüglich seiner Effektivität zu hinterfragen ist. Spätestens nach der im November 2011 erfolgten Aufdeckung der Terroraktivitäten des „Nationalsozialistischen Untergrunds" (NSU), denen zwischen 2000 und 2006 zehn Menschen zum Opfer gefallen waren und denen zahlreiche weitere Gewalttaten sowie kriminelle Akte zugerechnet werden, traten die Abstimmungsschwierigkeiten zwischen den zahlreichen Sicherheitsinstitutionen auf Bundes- und Länderebene überdeutlich hervor.

Auf der anderen Seite jedoch ist – verstärkt seit den Anschlägen des 11. September 2001 – auch eine Tendenz zu einer engeren Koordination der bislang so strikt getrennten Ebenen und Zuständigkeiten zu beobachten. Mit den sog. Sicherheitspaketen I und II sowie ihrem Kern, dem Terrorismusbekämpfungsgesetz, wurden die Kompetenzen der Polizeien und der Nachrichtendienste erweitert (Hein 2004), ebenen- und ressortübergreifende Zusammenarbeit zwischen den Sicherheitsinstitutionen findet auch in dem im Dezember 2004 geschaffenen Gemeinsamen Terrorismusabwehrzentrum (GTAZ) in Berlin statt. Dort wird die Zusammenarbeit zwischen allen Polizeien und Nachrichtendiensten in Bund und Ländern sowie dem Zoll auf dem Gebiet der Terrorprävention auch unter Zugriff auf die 2007 aktivierte zentrale Antiterrordatei koordiniert (Normann 2007: 12f.; siehe dazu auch den Beitrag von Möllers in diesem Band). Um dem durch die Ermittlungspannen im Falle des NSU-Terrors zutage getretenen Bedarf an institutionalisierten Kommunikations- und Informationskanälen Rechnung zu tragen, wurde im September 2012 die von Bundes- und Landesbehörden getragene Rechtsextremismus-Datei (RED) ins Leben gerufen.

Auch für die Bundeswehr werden im Bereich der innerstaatlichen Gefahrenabwehr zunehmend neue Funktionszuschreibungen diskutiert (vgl. Knelangen 2006) bzw. wie im Falle des 2006 vor dem Bundesverfassungsgericht in seinen Kernanliegen gescheiterten Luftsicherheitsgesetzes auch umzusetzen versucht (Dau 2011: 21f.). Im Bereich der Auslandseinsätze changieren die Anforderungen an die deutschen Soldaten bereits seit langem zwischen militärischen und polizeilichen Aufgaben, wenn Soldaten im Anti-Terror-Kampf eingesetzt werden, den Schutz der öffentlichen Ordnung in Städten und Dörfern gewährleisten, sich an der Suche nach Kriegsverbrechern beteiligen oder an der Ausbildung von Polizeikräften mitwirken.

Vor dem Hintergrund dieser insgesamt aber noch immer stark fragmentierten institutionellen Zuständigkeiten soll die Organisation deutscher Sicherheitspolitik daher auch unter der Fragestellung analysiert werden, in welchem Umfang und in welcher Qualität sich die in Weißbuch und Aktionsplan geforderte ressort- und ebenenübergreifende Vernetzung sicherheitspolitischer Akteure in der Praxis gestaltet.

2 Akteure und Verfahren auf Bundesebene

Wie oben bereits gezeigt, weist das Grundgesetz in Art. 73 dem Bund auf dem Wege der ausschließlichen Gesetzgebung zentrale Aufgaben und Zuständigkeiten für die gesamtstaatliche Sicherheit zu. Dies gilt insbesondere für die auswärtigen Beziehungen, deren Pflege Art. 32 (1) GG dem Bund überträgt. Dabei kommt der Bundesregierung aufgrund ihres umfassenden Initiativrechts und ihres allgemeinpolitischen Handlungsauftrag eine starke Rolle in der Außenpolitik und damit auch in deren Teilmenge der auswärtigen Sicherheitspolitik zu. Die Bundesregierung ist zuständig für die Unterhaltung der diplomatischen Beziehungen zu anderen Staaten, sie handelt völkerrechtliche Verträge und Abkommen aus und verfügt über weitreichende Befugnisse bei deren Interpretation und Fortentwicklung, sie beschließt die Mitarbeit in internationalen Organisationen und Bündnissen wie EU, NATO oder VN und entscheidet über die Beteiligung an kollektiven Aktionen und Maßnahmen bis hin zu Militäreinsätzen. Dem Bundestag kommen auf diesem Politikfeld vor allem Mitwirkungsrechte und indirekte Gestaltungsrechte etwa über das Haushaltsrecht zu (s. u.).

Ganz anders gelagert ist das Verhältnis beider Organe in der Innenpolitik: Weil das innerstaatliche Handeln der Regierung vor allem an Gesetze gebunden ist, hat der Bundestag auch in Fragen der inneren Sicherheit ein ungleich größeres Gewicht als bei der auswärtigen Sicherheitsvorsorge. Zudem verfügt die Legislative über eigene Initiativrechte und kann damit sehr viel aktiver auf die Gestaltung von Politik einwirken.

Entlang der Trennung von auswärtiger und innerstaatlicher Politik verläuft also ein deutliches Kompetenzgefälle zwischen den beiden wichtigsten Verfassungsorganen auf Bundesebene, der Bundesregierung und dem Bundestag. Da jedoch die Regierung üblicherweise durch die Bundestagsmehrheit getragen wird, sind abweichende Positionierungen des Parlamentes eher selten; so sieht weder das Grundgesetz eine Konkurrenzsituation zwischen einer starken Exekutive und einem machtvollen Parlament wie etwa im amerikanischen System vor noch hat sich in der politischen Praxis in Deutschland eine derartige Konstellation herausgebildet.

2.1 Die Bundesregierung

Innerhalb der Bundesregierung hat der Bundeskanzler (bei der Erörterung verfassungsrechtlicher Bestimmungen wird im vorliegenden Beitrag auf die im GG verwendete maskuline Bezeichnung des Amtes zurückgegriffen) eine dominante Position inne, die sich vor allem aus Art. 65 GG herleitet. Dieser für die Funktionsweise der Bundesregierung grundlegende Artikel

- bestimmt die Verantwortlichkeit der jeweiligen Fachminister für ihr Aufgabengebiet (Ressortprinzip),
- regelt über das Kabinettsprinzip den kollektiven Diskussions- und Entscheidungsmechanismus der Regierung unter dem Vorsitz des Bundeskanzlers (Kollegialprinzip) und
- verleiht dem Kanzler die Richtlinienkompetenz (Kanzlerprinzip), welche sich gemäß der klärenden Vorschrift in Paragraf 1 der Geschäftsordnung der Bundesregierung (GOBReg) ausdrücklich auf die innere und äußere Politik erstreckt (Thränhardt 2003: 65).

Zudem kann der Bundeskanzler aufgrund seiner Organisationskompetenz nach Art. 64 GG dem Bundespräsidenten die Ernennung sowie die Entlassung von Bundesministern vorschlagen, während er selbst als einziges vom Bundestag gewähltes Regierungsmitglied nur durch ein konstruktives Misstrauensvotum (Art. 67 GG) abgesetzt werden kann. Aufgrund dieser herausgehobenen Stellung des Regierungschefs wird der politische Entscheidungsapparat in Deutschland häufig auch als „Kanzlerdemokratie" bezeichnet (Hennis 1968; Niclauß 2004). Dies trifft insbesondere für den auswärtigen Bereich zu.

Zur Wahrnehmung seiner Richtlinienkompetenz und damit auch zur Politikkoordinierung steht dem Regierungschef als wichtigstes Instrument das Bundeskanzleramt zur Verfügung. Dort laufen nicht nur die Fäden der Ressortpolitiken zusammen und werden die Sitzungen des Bundeskabinetts in der sog. Staatssekretärsrunde unter Leitung des Chefs des Bundeskanzleramtes vorbereitet. Vielmehr wird in derzeit (Stand August 2013) sechs Abteilungen – die sich nochmals in elf Gruppen gliedern, denen wiederum die sog. Spiegelreferate bzw. Querschnittsbereiche unterstehen – die gesamte Aufgabenpalette der Bundesregierung abgebildet. Hinzu kommt mit der Aufsicht über die Nachrichtendienste eine Reihe nur im Bundeskanzleramt angesiedelter Referate.

So ist die Abteilung 1 neben Verwaltung und Personalfragen der Bundesregierung (Gruppe 11) sowie den Beziehungen zwischen Parlament und Kabinett (Gruppe 12) auch für die Innen-und Rechtspolitik zuständig; in der Gruppe 13 findet sich daher je ein von Beamten des Justiz- bzw. Innenministeriums besetztes Referat. Im Bereich der Außen- und Sicherheitspolitik stehen dem Kanzler ein von ihm ausgewählter außenpolitischer Berater (üblicherweise ein Spitzendiplomat des Auswärtigen Amtes) sowie die von diesem geleitete Abteilung 2 zur Seite, wo sich in den Gruppen 21 und 22 entsandte Beamte des Auswärtigen Amtes bzw. Offiziere und Beamte des Verteidigungsministeriums mit Fragen der Außen- und Sicherheits- sowie der Verteidigungspolitik befassen. In der Gruppe 22 ist auch das Sekretariat des Bundessicherheitsrates (s. u.) angesiedelt. Mit der Einrichtung einer eigenen Europaabteilung (Abteilung 5) wurde durch Bundeskanzler Gerhard Schröder zudem das Gewicht der Europapolitik als Chefangelegenheit herausgestellt. In dieser Gruppe bearbeiten vier Referate die gesamte Bandbreite der deutschen Europa-Politik. Vor allem vor dem vor dem Hintergrund der Terrorismusbekämpfung hat die Koordination der Geheimdienste an

Die Organisation deutscher Sicherheitspolitik

Bedeutung gewonnen. Der Chef des Bundeskanzleramts ist auch Beauftragter für die Nachrichtendienste des Bundes; er wird zur Wahrnehmung dieser Aufgaben durch die Abteilung 6 unterstützt. Deren Kern bilden vier Referate mit Zuständigkeiten für nachrichtendienstliche Tätigkeitsfelder wie die Abwehr von Terrorismus, Cyberangriffen und organisierter Kriminalität, aber auch andere Fragen der Dienst- und Fachaufsicht über den BND. Gerade letztere Funktion geriet im Sommer 2013 im Zuge der Debatten über die Zusammenarbeit zwischen dem Bundesnachrichtendienst (BND) und der US-amerikanischen National Security Agency (NSA) in den Fokus einer breiten öffentlichen Debatte. In der Abteilung 6 wird zudem die an jedem Dienstag stattfindende sogenannte ND-Lage vorbereitet, in der der Chef des Kanzleramtes u. a. über sicherheitspolitische Entwicklungen seitens der Dienste und anderer Sicherheitsbehörden in Kenntnis gesetzt wird.

Ebenfalls im Bundeskanzleramt angesiedelt sind die Beauftragten für Kultur und Medien sowie für Migration, Flüchtlinge und Integration. Die bereits unter Bundeskanzler Schröder festgelegten Funktionen und der Zuschnitt des Amtes sind unter Bundeskanzlerin Angela Merkel im Wesentlichen unverändert geblieben. Mit der Ansiedlung einer beträchtlichen außen- und sicherheitspolitischen Expertise im Bundeskanzleramt wird das „Kanzlerprinzip" auch in der Außen- und Sicherheitspolitik untermauert.

Innerhalb der Bundesregierung ist grundsätzlich das Auswärtige Amt (AA) für die Koordinierung der nach außen gerichteten Politiken des Bundes zuständig (§ 11 GOBReg). Der Auswärtige Dienst ist über seine Botschaften und Vertretungen bei Staaten und internationalen Organisationen wesentlich an der Aushandlung völkerrechtlicher Verträge beteiligt, seine Angehörigen nehmen die deutschen Interessen im Ausland wahr und tragen so entscheidend zur Aufrechterhaltung friedlicher Beziehungen zu den Partnern Deutschlands im internationalen System bei (Brandt/Buck 2005). Das Auswärtige Amt unterhält zudem ein permanent arbeitendes Krisenreaktionszentrum, in welchem Mitarbeiter verschiedener Ministerien krisenhafte Entwicklungen im internationalen System beobachten, erforderlichenfalls den Krisenstab einberufen und diesen dann betreiben. Im Auswärtigen Amt sind zudem Beauftragte und Koordinatoren der Bundesregierung für bestimmte Politikfelder (Menschenrechtspolitik und Humanitäre Hilfe, Abrüstung und Rüstungskontrolle) bzw. für Länder und Regionen (deutsch-französische, deutsch-polnische, deutsch-russische, transatlantische Beziehungen sowie für Afghanistan und Pakistan) mit eigenen Büros angesiedelt.

Kasten 1: Apparat und Funktionen des deutschen Auswärtigen Dienstes

Auswärtiges Amt:
- Zentrale in Berlin,
- Beziehungen zu 190 Staaten,
- 229 diplomatische Vertretungen weltweit (darunter 153 Botschaften, 55 Generalkonsulate, 12 Ständige Vertretungen bei Internationalen Organisationen),
- 5857 Mitarbeiterinnen und Mitarbeiter,
- Budget 2012 ca. 3,3 Mrd. Euro (rd. ein Prozent des Bundeshaushaltes),
- 136 Goethe-Institute und zehn Verbindungsbüros in 92 Ländern.

Quelle: Auswärtiges Amt 2012

Grundfunktionen von Diplomatie:
- Vermittlung und Erläuterung offizieller Standpunkte und Strategien gegenüber anderen Staaten bzw. Organisationen,
- Informationsbeschaffung und Analyse,
- Konsularaufgaben zur Unterstützung eigener Staatsbürger im Ausland sowie als Ansprechpartner für Bürger des Gastlandes (Visa etc.),

- Verhandlungsführung in zwischenstaatlichen Vertragsangelegenheiten, Interessenvertretung, Konfliktmanagement,
- Vertretung des eigenen Landes in internationalen Organisationen und Konferenzen,
- Mittlerfunktion als Akteur der auswärtigen Kulturpolitik.

Quelle: eigene Darstellung

Neben Kanzler und Außenminister gehört klassischerweise auch der Bundesminister der Verteidigung zu den drei wichtigsten Akteuren auf der Bühne der auswärtigen (Sicherheits-) Politik. Er trägt in Friedenszeiten als Inhaber der Befehls- und Kommandogewalt die Verantwortung für die Bundeswehr, die Verteidigungs- und Militärpolitik und schließlich die Beteiligung deutscher Soldaten an internationalen Friedensmissionen (s. Kasten 2). Während Bundeskanzler und Außenminister, die seit fast fünf Jahrzehnten regelmäßig von unterschiedlichen Koalitionspartnern gestellt werden, schon aus Gründen parteipolitischer Profilierung immer wieder in Konkurrenz zueinander stehen, halten sich die Regierungschefs jenseits von Budgetvorgaben mit allzu direkten Eingriffen in den Verteidigungsbereich traditionell eher zurück.

Kasten 2: Auftrag und Grundstruktur der Bundeswehr

Die Bundeswehr
- schützt Deutschland und seine Bürgerinnen und Bürger,
- sichert die außenpolitische Handlungsfähigkeit Deutschlands,
- trägt zur Verteidigung der Verbündeten bei,
- leistet einen Beitrag zu Stabilität und Partnerschaft im internationalen Rahmen und
- fördert die multinationale Zusammenarbeit und europäische Integration.

(Quelle: Bundesministerium der Verteidigung 2011: 11)

Der Personalumfang der im Prozess der Neuausrichtung befindlichen Bundeswehr soll bis 2017 auf bis zu 185 000 Soldaten (170 000 Berufs- und Zeitsoldaten, bis zu 15 000 Freiwillig Wehrdienstleistende) sowie 55 000 Zivilbeschäftigte reduziert werden. Die Streitkräfte gliedern sich dabei in die Bereiche
- Heer mit 55 300 Soldatinnen und Soldaten,
- Luftwaffe mit 22 500 Soldatinnen und Soldaten,
- Marine mit 13 050 Soldatinnen und Soldaten,
- Zentraler Sanitätsdienst mit 14 620 Soldatinnen und Soldaten,
- Streitkräftebasis mit 36 800 Soldatinnen und Soldaten.

(Quelle: Bundesministerium der Verteidigung 2012)

Verteidigungshaushalt 2013 (Einzelplan 14): € 33,258 Mrd. Dieser Betrag entspricht etwas mehr als zehn Prozent des Bundeshaushaltes 2013 i.H.v. € 310 Mrd.

(Quelle: Haushaltsgesetz 2013)

Ebenfalls international stark eingebunden und unter den Vorzeichen eines erweiterten Verständnisses von internationaler Kooperation und Sicherheit von herausgehobener Bedeutung sind zudem auch das Bundesministerium für wirtschaftliche Zusammenarbeit und Entwicklung sowie die Bundesministerien des Innern, der Finanzen und für Wirtschaft.

Des Weiteren betreiben praktisch alle Ressorts eigene fachbezogene Außenpolitiken, weil als Folge der wachsenden Verflechtung Deutschlands innerhalb der EU sowie weiteren rund 200 zwischenstaatlichen Organisationen praktisch kein Politikfeld mehr ohne intensive internationale Kooperationsbeziehungen auskommt. Diese Entwicklung hat zu einem wachsenden Bedarf an international tätigen Spezialisten auch in den klassischerweise innenpolitischen

Fachministerien geführt. So zeigte bereits vor mehr als zehn Jahren eine Studie des Instituts für Entwicklung und Frieden (INEF), dass sich zum Zeitpunkt der Erhebung in den verschiedenen Bundesministerien rund 340 Referate mit internationalen Fragen beschäftigten, davon 281 „mit erheblichen Aufgaben über die EU-Grenzen hinaus" (Eberlei/Weller 2001: 3). Zur gleichen Zeit verfügte das AA über 74 und das Bundesministerium für wirtschaftliche Zusammenarbeit und Entwicklung (BMZ) über 48 Referate (Messner 2005: 16f.).

Vorrangig zuständig für den Bereich der inneren Sicherheit ist das Bundesministerium des Innern. Hier sind (Stand August 2013) unter der Leitung des zuständigen Staatssekretärs vier Abteilungen mit Fragen der Öffentlichen Sicherheit (Abteilung ÖS), Angelegenheiten der Bundespolizei (Abteilung B), des Krisenmanagements und Bevölkerungsschutzes (Abteilung KM) sowie von Migration, Flüchtlingen, Integration und der europäischen Harmonisierung (Abteilung M) befasst. Damit ist das Innenministerium nicht nur für die bereits erwähnten Institutionen Bundespolizei, Bundeskriminalamt und Bundesamt für Verfassungsschutz zuständig, sondern verfügt auch über eine ständige Führungs- und Lagezentrale für die Bewältigung großflächiger Gefährdungen der inneren Sicherheit. Aufgrund der weitreichenden Befugnisse der Länder auf dem Feld der inneren Sicherheit und hier insbesondere im Polizeiwesen ist der Bundesminister auf eine enge Konsultation und Kooperation mit seinen Länderkollegen in der „Ständigen Konferenz der Innenminister und Innensenatoren des Bundes und der Länder" (IMK) angewiesen. Diese Konferenz ist das wichtigste föderale Gremium für die länderübergreifende sicherheitspolitische Meinungs- und Entscheidungsbildung (Lensch 2011: 979). In dieser Konferenz hat der Innenminister eine beratende Funktion.

Zu den wichtigsten politischen Koordinierungsgremien auf Bundesebene gehört das Kabinett als Kollektivorgan, in dem alle Ministerien vertreten sind und das vom Bundeskanzler geleitet wird. Allerdings ist das Kabinett vor allem mit der interministeriellen Abstimmung von überwiegend innenpolitischen Themen wie Soziales, Gesundheit oder Wirtschaft betreffenden Gesetzentwürfen befasst, so dass außen- und sicherheitspolitische Fragen, die zudem ja oft noch spontan auftreten, nicht immer in systematischer Weise behandelt werden können. Gleichwohl fallen in den Verantwortungsbereich des Kabinetts die Beschlüsse über die Beteiligung Deutschlands an internationalen Militärmissionen, die dann dem Deutschen Bundestag zur abschließenden Entscheidung vorgelegt werden müssen (s. u.).

Als einer von fünf Kabinettsausschüssen existiert seit 1955 der Bundessicherheitsrat (BSR), dem neben dem Bundeskanzler die Minister des Auswärtigen, der Verteidigung, des Innern, der Finanzen, der Justiz, für Wirtschaft sowie – seit 1998 – für wirtschaftliche Zusammenarbeit und Entwicklung angehören. Hinzu kommen mit beratender Stimme der Chef des Bundeskanzleramtes und der Generalinspekteur der Bundeswehr. Der BSR tagt in unregelmäßigen Abständen unter strenger Vertraulichkeit. Nachdem er insbesondere während der Regierungszeit von Helmut Kohl kaum eine Rolle gespielt hatte, kündigte die rot-grüne Bundesregierung nach dem Regierungswechsel 1998 an, „dem Bundessicherheitsrat seine ursprünglich vorgesehene Rolle als Organ der Koordinierung der deutschen Sicherheitspolitik zurückgeben und hierfür die notwendigen Voraussetzungen schaffen" zu wollen (Koalitionsvertrag 1998: Ziff. XI, 9). Dieser Anspruch ist aber nie eingelöst worden – an der Arbeit des BSR hat sich auch nach dem 11. September 2001 kaum etwas geändert. Vielmehr haben sich die sicherheitspolitischen Abstimmungsprozesse seit Gerhard Schröder eher hin zu einem kleineren, informellen, aus Bundeskanzler, Außen-, Verteidigungs- und Innenminister sowie dem Kanzleramtschef bestehenden „Sicherheitskabinett" verlagert. Die geheime Arbeit des Bundessicherheitsrates wird immer dann kritisch diskutiert, wenn durchgesickerte Informationen zu größeren Waffengeschäften in Widerspruch zur erklärten Zurückhaltung Deutschlands bei Rüstungsexporten in Krisenregionen oder in Staaten mit fragwürdiger Menschenrechtsbilanz zu geraten drohen. In jüngerer Zeit standen die 2012 bekannt gewordenen Pläne zur Lieferung von Leopard 2- Panzern an Saudi-Arabien in der Kritik.

Für die Praxis auch der außen- und sicherheitspolitischen Koordination spielen zudem seit langem Koalitionsgremien eine bedeutsame Rolle, wenngleich an ihnen nicht unbedingt auch alle für die auswärtigen Angelegenheiten zuständigen Minister und Fachleute teilnehmen können. Solche koalitionsinternen Gesprächsforen sind häufig informeller und situativer Art, doch haben sich in den Regierungen Kohl, Schröder und auch Merkel recht formelle Koalitionsausschüsse mit einem festen Kern von Teilnehmern, Tagesordnungen und Protokollen etabliert (s. Miller 2011). Diese Koalitionsrunden ermöglichen einerseits Abstimmungsprozesse zu politischen Grundsatzfragen, die im Kabinett nur schwer zu leisten sind, können andererseits jedoch nur begrenzt komplexe Detailfragen bearbeiten. Zweifellos stellt die kabinettsinterne Koordinierung einer fragmentierten und sich weiter dezentralisierenden Außen- und Sicherheitspolitik hohe Ansprüche an den Kanzler bei der Nutzung der verschiedenen Steuerungsinstrumente, stärkt aber insgesamt seine in Grundgesetz und in politischer Praxis angelegte Führungsrolle.

2.2 Der Deutsche Bundestag

Im vorigen Abschnitt wurde bereits darauf hingewiesen, dass der Deutsche Bundestag als oberstes Legislativorgan der Bundesrepublik Deutschland über umfassende Gestaltungsmöglichkeiten in allen durch Gesetz zu regelnden Politikfeldern verfügt. Im Bereich der auswärtigen Politik werden ihm durch das Grundgesetz wie auch durch Entscheidungen des Bundesverfassungsgerichts ebenfalls eine Reihe wichtiger Rechte und Zuständigkeiten übertragen:

- Nach Art. 59 (2) GG bedürfen völkerrechtliche Verträge, die von der Bundesregierung zur Regelung der politischen Beziehungen des Bundes ausgehandelt und unterzeichnet werden, der Zustimmung des Bundestages in Form eines Bundesgesetzes (Ratifikation).
- Im Bereich der zunehmend auch mit Sicherheitsfragen verbundenen Europapolitik müssen gem. Art. 23 GG Änderungen vertraglicher Grundlagen oder vergleichbarer Regeln der EU, durch welche das GG geändert oder ergänzt wird, mit einer Zwei-Drittel-Mehrheit im Bundestag – sowie auch des Bundesrates (s. u.) – bestätigt werden.
- Nach dem Urteil des Bundesverfassungsgerichtes vom 12. Juli 1994 stellt die Bundeswehr eine „Parlamentsarmee" dar, für deren Einsatz im Ausland ein im GG nicht vorgesehener konstitutiver Bundestagsbeschluss erforderlich ist (Parlamentsvorbehalt). Ein im Dezember 2004 durch den Bundestag verabschiedetes Parlamentsbeteiligungsgesetz regelt die Beteiligungsverfahren des Bundestages näher und räumt ihm sogar ein Rückrufrecht (Paragraph 8) ein, von dem er jederzeit Gebrauch machen kann.
- Zudem verfügen der Bundestag und seine Abgeordneten über das Recht und die Möglichkeit, sich mit jeder außen- und sicherheitspolitischen Frage zu befassen, sie zu debattieren und sich zu ihr zu äußern. Die wichtigsten parlamentarischen Organe hierzu sind neben dem Plenum die nach Art. 45a GG einzurichtenden Ausschüsse für Auswärtiges und Verteidigung sowie der Ausschuss für Angelegenheiten der Europäischen Union (Art. 45 GG). Nicht zuletzt hat der Bundestag auch über sein Budgetrecht Einfluss auf außen- und sicherheitspolitische Entscheidungen, wenn es etwa um den Finanzrahmen für die jeweiligen Ministerien, Beschaffungsmaßnahmen für die Bundeswehr oder um Ausgaben im Rahmen der Entwicklungshilfe geht.

Allerdings muss beachtet werden, dass diese Mitwirkungsrechte des Bundestages im Wesentlichen darauf beschränkt sind, Initiativen und Anträgen der Bundesregierung zuzustimmen oder sie abzulehnen. So kann der Bundestag auch keine Zusätze oder Vorbehalte in ein Ratifizierungsgesetz zu einem von der Regierung ausgehandelten völkerrechtlichen Vertrag einbringen, sondern ihn nur insgesamt annehmen oder verwerfen. Gleiches gilt für den zweiten wichtigen Mitwirkungsbereich, den Streitkräfteeinsatz im Ausland: Auch hier liegt die primäre Entscheidungskompetenz über das Ob und Wie einer Beteiligung deutscher Soldaten an internationalen Militärmissionen bei der Bundesregierung, während dem Bundestag nur die Möglichkeit bleibt, diesen Einsatz zu erlauben oder zu verhindern. Darüber hinaus umgeht die Bundesregierung gerne die Mitwirkung des Bundestages durch die Regelung zwischenstaatlicher Angelegenheiten auf dem Wege nicht ratifikationspflichtiger Verwaltungsabkommen.

Hinzu kommt, dass der Bundestag hier nicht als ein Gesamtorgan zur Kontrolle der Regierung auftritt, sondern mit der Regierung parteipolitisch und personell eng verzahnt ist. Ein Verlust der Kanzlermehrheit in einer wichtigen sicherheitspolitischen Frage gilt daher auch als eine schwere Belastung der von der jeweiligen Koalition getragenen Bundesregierung und eröffnet dem Kanzler ganz eigene Druckmittel auf das Parlament. Die in der jüngeren Geschichte deutlichste Demonstration exekutiver Macht gegenüber dem Parlament macht dies offensichtlich: Am 29. August 2001 erhielt ein Antrag der rot-grünen Bundesregierung auf Teilnahme deutscher Soldaten an der NATO-Operation Essential Harvest zur Entwaffnung von Aufständischen in Mazedonien zwar eine breite parlamentarische Mehrheit. Allerdings hatten insgesamt 26 Abgeordnete der Koalitionsfraktionen aufgrund grundsätzlicher Bedenken gegen bewaffnete Militäreinsätze ihre Zustimmung verweigert, so dass der Beschluss letztlich nur durch das positive Votum der Opposition zustande kam. Als am 16. November des gleichen Jahres dann die Beteiligung der Bundeswehr am Kampf gegen den internationalen Terrorismus im Rahmen der US-geführten Operation Enduring Freedom zur Abstimmung kam, verknüpfte Bundeskanzler Gerhard Schröder den Regierungsantrag mit der Vertrauensfrage gemäß Art. 68 GG. Im Falle einer Ablehnung des Antrages hätte der Bundeskanzler dann beim Bundespräsidenten die Auflösung des Parlaments beantragen können. Dieser Nexus wirkte stark disziplinierend auf kritische Abgeordnete in den Regierungsfraktionen und sorgte dafür, dass eine eigene Mehrheit in der Koalition zustande kam (Niclauß 2004: 332f.). Vor diesem Hintergrund muss es als sehr unwahrscheinlich gelten, dass der Deutsche Bundestag jemals von seinem Recht gemäß Paragraph 8 des Parlamentsbeteiligungsgesetzes Gebrauch machen wird, gegen den Willen der Bundesregierung Soldaten aus dem Einsatz zurückzuholen. Ein solcher Schritt des Parlamentes käme dem Verlust der Regierungsmehrheit in einer wichtigen außen- und sicherheitspolitischen Frage gleich und wäre sicher Ausdruck einer schweren Regierungskrise (zum Parlamentsbeteiligungsgesetz s. Scherrer 2010; s. auch das Kapitel über die militärischen Beiträge zur Sicherheit in diesem Band). Die trotz der allgemeinen Entscheidungsbefugnis des Parlamentes starke Stellung der Exekutive in der auswärtigen Politik ist zudem durch eine Reihe von Entscheidungen des Bundesverfassungsgerichtes weiter unterstrichen worden (s. u.).

In der Europapolitik, die sowohl im Bereich der Außen- und Sicherheitspolitik als auch in der polizeilichen und justiziellen Zusammenarbeit eine immer größere Bedeutung erlangt, hat die Bundesregierung den Bundestag und den Bundesrat in allen Belangen „umfassend und zum frühestmöglichen Zeitpunkt zu unterrichten" (Art. 23 (2) GG) und muss dem Bundestag vor jeder Mitwirkung an Rechtssetzungsakten in der EU Gelegenheit zur Stellungnahme geben (Art. 23 (3) GG). Auch das Bundesverfassungsgericht hat in seinem am 12. Oktober 1993 verkündeten Urteil zum Maastricht-Vertrag über die Europäische Union auf eben diese Rückbindung europäischer Entscheidungen an die demokratischen Legitimationsstrukturen im nationalen Bereich abgehoben (Bundesverfassungsgericht 1993) und diese Position in seinen nachfolgenden Urteilen bis hin zum Lissabon-Urteil 2009 bekräftigt (Bundesverfassungsgericht 2009).

Im Zuge der Umsetzung des Maastricht-Vertrags wurde mit Art. 45 GG der Ausschuss für die Angelegenheiten der EU (EU-Ausschuss) geschaffen. Dieser behandelt als sog. Integrationsausschuss die gesamte Themenpalette der europäischen Politik, wobei sich eine enge Zusammenarbeit zwischen Ausschuss, Auswärtigem Amt und dem Bundeswirtschaftsministerium (BMWi) eingespielt hat (Höllscheidt 2000; Hoyer 1998). Dessen Rolle ist durch die Begleitgesetze zur Umsetzung des Lissabon-Vertrages, namentlich durch das 2013 in Kraft getretene Gesetz über die Zusammenarbeit von Bundesregierung und Deutschem Bundestag in Angelegenheiten der Europäischen Union, weiter ausgebaut und präzisiert worden. Insbesondere die Modalitäten der in Art. 23 GG festgelegten Verfahren wie die frühzeitige Unterrichtung des Parlaments durch die Regierung oder die Möglichkeit zu Stellungnahmen des Parlaments vor einer Mitwirkung der Regierung an Vorhaben der EU sind hier genau ausgeführt. In Paragraph 7 des Gesetzes ist ausdrücklich auch die Pflicht zur frühzeitigen Information in Angelegenheiten der Gemeinsamen Außen- und Sicherheitspolitik der EU festgelegt. Bislang war der größte Bundestagsausschuss, dem in der 17. Wahlperiode neben 35 Bundestagsabgeordneten auch 16 mitwirkungs-, aber nichtstimmberechtigte Abgeordnete des Europäischen Parlamentes (EP) angehörten, angesichts der großen Themenfülle zu einer tiefergehenden Behandlung nur bei einer eher begrenzten Auswahl (sicherheits-)politischer Fragen in der Lage. Es wird abzuwarten sein, welche praktischen Veränderungen die neuen Gesetze nach dem Lissabon-Vertrag bewirken werden (zum Europa-Ausschuss s. auch Zettinig 2008: 159f.).

In einem gewissen Rahmen kann der Bundestag auch eigene, allerdings völkerrechtlich nicht wirksame Aktivitäten in der Außen- und Sicherheitspolitik unternehmen. So sind die Parlamentarier einer intensiven weltweiten Reisetätigkeit zugetan, treffen in anderen Ländern Politiker, diskutieren politische Fragen und tragen so zu einem vielschichtigen Erscheinungsbild Deutschlands auf der internationalen Bühne bei. Auch kann der Bundestag ausländische Staatspersonen einladen, vor dem Plenum zu sprechen und sich nicht zuletzt in eigenen Stellungnahmen und Resolutionen außenpolitisch positionierten, wie er dies immer wieder etwa im Falle der Tibet-Resolutionen (Deutscher Bundestag 1996; 2002) oder 2012 zur Kooperation mit Russland (Deutscher Bundestag 2012) getan und dabei durchaus kritische Kontrapunkte gegenüber der pragmatischen Politik der jeweiligen Bundesregierung gesetzt hat.

In Grundgesetz und politischer Praxis überwiegt gleichwohl die Dominanz der Exekutive, welche die durchaus vorgesehenen Verfahren einer kombinierten Wahrnehmung der auswärtigen Gewalt durch Bundesregierung und Bundestag deutlich relativiert. Gerade wenn es um die Einlösung multilateraler Verpflichtungen geht, ist die Bundesregierung tendenziell um Konstanz und Zuverlässigkeit gegenüber den Partnern bemüht, während die Abgeordneten des Bundestages schon um ihrer Wiederwahl willen verstärkt Stimmungen und Bedenken in der Bevölkerung aufnehmen und in ihrer Arbeit berücksichtigen müssen. Joachim Krauses alter Befund (1998: 152), wonach angesichts des Vorranges der parteipolitischen Konkurrenz und Profilierung im Parlament ein größeres außenpolitisches Gewicht des Bundestages auch künftig eher unwahrscheinlich ist, bleibt daher weiterhin gültig.

3 Die Rolle der Länder

Wie im Falle des Deutschen Bundestages muss auch hinsichtlich der Ausstattung der Länder mit sicherheitspolitischen Kompetenzen wieder zwischen innerer und auswärtiger Politik unterschieden werden. Wie bereits gezeigt wurde, sind die Länder innerhalb ihrer Grenzen individuell für die Aufrechterhaltung von Ordnung und Sicherheit vorrangig verantwortlich und verfügen über eigene Spielräume bei der Wahrnehmung dieser Verantwortung. So können sie durch eigene Gesetze die Aufgaben und Strukturen in den Bereichen Inneres, Polizei, Justiz, Verfassungsschutz weitgehend selbst bestimmen – jedenfalls im Rahmen der Bestimmungen, die ihnen das Grundgesetz auferlegt. Auf der Ebene des Bundes haben die Länder über den Bundesrat als Organ ihrer kollektiven Interessenvertretung weitreichende Befugnisse in der Gesetzgebung; da Bundesgesetze im Bereich der inneren Sicherheit regelmäßig Zuständigkeiten der Länder betreffen, unterliegen diese auch der Zustimmungspflicht durch die Länderkammer. Zudem haben die Länder über den Bundesrat die Möglichkeit, Gesetzgebungsprozesse auf der Bundesebene anzustoßen (Bundesratsinitiative).

Ländergesetze können zudem Vorreiterrollen übernehmen bzw. Indikatorfunktionen für die Gesetzgebung auf Bundesebene entfalten: Das 2006 in Nordrhein-Westfalen verabschiedete Verfassungsschutzgesetz beispielsweise sah vor, die Verfassungsschutzbehörde zum verdeckten Beobachten und sonstigen Aufklären des Internets bzw. zum heimlichen Zugriff auf informationstechnische Systeme zu ermächtigen (§ 5 Abs. 2 Nr. 11 VSG). Diese Vorschrift wurde am 27. Februar 2008 durch das Bundesverfassungsgericht aufgrund von Verstößen gegen das allgemeine Persönlichkeitsrecht für nichtig erklärt (Bundesverfassungsgericht 2008b), zugleich wurden in der Entscheidung enge Grenzen für das Eindringen staatlicher Ermittlungsbehörden in den Persönlichkeitsbereich der Bürger gesteckt. Diese Beschränkungen hatte das 2008 vom Deutschen Bundestag eingebrachte „Gesetz zur Abwehr von Gefahren des internationalen Terrorismus durch das Bundeskriminalamt" (BGBl 2008, Teil I, 3083-3094) zu berücksichtigen.

Im Bereich der auswärtigen Sicherheitspolitik weist das Grundgesetz den Ländern dagegen deutlich enger gefasste Mitwirkungsrechte zu. Indem diese nur über den Bundesrat als Kollektivorgan wahrgenommen werden können, entsteht zwar durchaus eine kooperative Interessenvertretung von Bund und Ländern. Diese Konstruktion wahrt allerdings ausdrücklich den Vorrang der Bundesebene.

Die Grundlage hierfür bildet wiederum Art. 59 (2) GG, der die Einbeziehung des Bundesrates in den Ratifikationsprozess von solchen völkerrechtlichen Verträgen bestimmt, die – wie im Bereich der inneren Sicherheit – Länderinteressen berühren. Wie das Parlament hat dabei auch die Länderkammer nur die Möglichkeit, ein von der Bundesregierung vorgelegtes und vom Bundestag beschlossenes Ratifikationsgesetz in toto anzunehmen oder zurückzuweisen; Initiativ- oder Änderungsrechte stehen auch dem Bundesrat nicht zu. Allerdings legt Art. 32 (2) GG fest, dass ein Land rechtzeitig vor dem Abschluss eines internationalen Vertrages angehört werden muss, wenn dieser die besonderen Verhältnisse des Landes berührt. Zur inhaltlichen und prozeduralen Klärung dieser zwischen Bund und Ländern schon sehr frühzeitig umstrittenen Norm wurde 1957 das „Lindauer Abkommen" geschlossen, welches eine Ständige Vertragskommission zur umfassenden Einbeziehung der Länder vorsieht (Michelmann 1990: 219f.).

Im Rahmen der EU-Politik indes verfügt der Bundesrat über deutlich größere Kompetenzen als im Bereich der sonstigen Außenpolitik. In dem Maße, in dem durch den fortschreitenden europäischen Integrationsprozess nationale Souveränitätsrechte an die europäische Ebene abgegeben wurden, drängten die Länder nach dem Subsidiaritätsprinzip erfolgreich auf ihre stärkere Einbeziehung in die diesbezüglichen Entscheidungsprozesse. Im Rahmen der EU-Politik verfügt der Bundesrat daher über deutlich größere Kompetenzen als im Bereich der sonstigen Außenpolitik. Im Bereich der hier betrachteten sicherheitspolitischen Dimensionen sind dies insbesondere Fragen des Raumes der Freiheit, der Sicherheit und des Rechts (Kap V AEUV). Hier sind über zahlreiche Abkommen und Verträge wie das Schengen-Abkommen oder den Vertrag von Prüm bzw. Ämter und Mechanismen wie das Europäische Polizeiamt EUROPOL, das Schengen Information System (SIS) oder das Visa Information System (VIS) eine Reihe von Funktionen auf die europäische Ebene gehoben worden. In diesen Kooperations- und Informationsverbünden sind auch die Polizeibehörden des Bundes (BKA) und der Länder (Landeskriminalämter, LKA) integriert.

Im Zuge der Ratifikation des Maastricht-Vertrages zur Europäischen Union wurde mit den Änderungen der Art. 23 und 50 GG die Mitwirkung des Bundesrates in Angelegenheiten der EU in den Verfassungsrang gehoben. Der in diesem Zusammenhang grundlegende Art. 23 GG regelt in seinen Abs. 2 und 3 zunächst im Wesentlichen die Pflicht der Bundesregierung, die Ländervertretung in europäischen Fragen angemessen zu informieren. Art. 23 (4) legt dann fest, dass der Bundesrat an der Willensbildung des Bundes zu beteiligen ist, soweit er auch an einer entsprechenden innerstaatlichen Maßnahme mitzuwirken hätte. Für den Fall, dass im Schwerpunkt der europapolitischen Willensbildung Länderinteressen betroffen sind, ist gemäß Abs. 5 eine „maßgebliche Berücksichtigung" des Bundesrates erforderlich; im Streitfall kann der Bundesrat seine Sichtweise mit einer Zwei-Drittel-Mehrheit durchsetzen (Hoyer 1998: 83). Darüber hinaus muss der Bundesrat allen Entscheidungen im europäischen Vertragsrecht, die eine Veränderung bzw. Ergänzung des Grundgesetzes nach sich ziehen, mit Zwei-Drittel-Mehrheit zustimmen (Art. 23 (1) GG).

Des Weiteren können Ländervertreter in europäischen Gremien die Rechte des Bundes wahrnehmen, sofern im Schwerpunkt der Verhandlungen Gesetzgebungsbefugnisse der Länder betroffen sind (Art. 23 (6) GG). Alle Länder haben hierzu Europaministerien geschaffen, in denen die zur Wahrnehmung dieser Aufgaben erforderlichen Kompetenzen und Kapazitäten angesiedelt sind und die sich seit 1992 in der Konferenz der Europaminister untereinander abstimmen. Des Weiteren haben sie nach der Verabschiedung der Einheitlichen Europäischen Akte (EEA) 1986 eigene Informationsbüros bei der Europäischen Kommission eröffnet, die schnelle Verbindungen der Länder zur EU gewährleisten (Knodt 1998: 158).

Wenngleich die auswärtige (Sicherheits-)Politik Aufgabe des Bundes ist, existieren zahlreiche weitere eigene externe Aktivitäten der Länder. Für solche mehr oder minder formal geregelten internationalen Beziehungen subnationaler Einheiten hat sich der Begriff der „Paradiplomatie" (Michelmann 2004: 188) etabliert. So verfügen die Länder mit dem ebenfalls im Maastricht-Vertrag angelegten Ausschuss der Regionen (AdR) über ein weiteres Forum zur eigenständigen Interessenvertretung innerhalb Europas. Allerdings hat dieses 317 Vertreter lokaler und regionaler Gebietskörperschaften umfassende Gremium nur beratende Funktionen für Kommission und Ministerrat der EU.

Darüber hinaus haben die Länder die Möglichkeit, in ihren Kompetenzbereichen grenzüberschreitende Kooperationen einzugehen. So arbeitet etwa Bayern auf der Grundlage des Durchführungsabkommens zum Schengen-Vertrag eng mit den Polizeien Tschechiens und Österreichs zusammen und leistet bilaterale Aufbauhilfe für Polizeistrukturen in Bulgarien und Kroatien. Vergleichbare Aktivitäten unternehmen praktisch alle Bundesländer, deren Landesgrenze zugleich eine Bundesgrenze darstellt.

4 Sicherheitspolitik vor dem Bundesverfassungsgericht

Im sicherheitspolitischen Entscheidungsprozess ist das Bundesverfassungsgericht formal nicht vorgesehen. Allerdings trägt die in Deutschland verbreitete Neigung, politische Fragen in juristische umzuwandeln und sie dann dem Verfassungsgericht zur abschließenden Entscheidung vorzulegen, maßgeblich dazu bei, dass das höchste deutsche Gericht immer wieder Kompetenzabgrenzungen und -zuschnitte zwischen den für die Sicherheits- und Verteidigungspolitik Verantwortlichen vornehmen und Verfahrensabläufe festlegen muss. Anhand einiger wichtiger Beispiele der jüngeren Zeit soll aufgezeigt werden, dass das Bundesverfassungsgericht so in dreierlei Hinsicht zu einem wichtigen Akteur auf diesem

Feld geworden ist: Bezüglich des Auslandseinsatzes der Streitkräfte, der Verwendung der Streitkräfte im Inneren (s. Dau 2011) sowie bei der Interpretation und Fortentwicklung sicherheitspolitisch relevanter völkerrechtlicher Verträge.

4.1 Der Auslandseinsatz der Streitkräfte

Zu Beginn der 1990er Jahre hatte die Bundesregierung unter Bundeskanzler Helmut Kohl nicht zuletzt aufgrund wachsenden Drucks seitens der Verbündeten die Entsendung deutscher Soldaten in internationale Militäreinsätze auf dem Balkan (Überwachung eines UN-Embargos durch Kriegsschiffe sowie die Luftraumüberwachung über dem ehemaligen Jugoslawien durch AWACS-Flugzeuge der NATO) und in Somalia (UNOSOM II) veranlasst, ohne zuvor eine Klärung der politischen und rechtlichen Rahmenbedingungen für diese Einsätze vorgenommen zu haben (s. Gareis 2013). Mehrere Bundestagsfraktionen klagten daraufhin vor dem Bundesverfassungsgericht gegen die Beteiligung der Bundeswehr an diesen Einsätzen, im Fall des AWACS-Einsatzes sogar die die Bundesregierung mittragende FDP-Fraktion. Geklärt werden sollte die Vereinbarkeit von „out-of-area"-Einsätzen mit der strikten Bindung des Auftrages der Bundeswehr an die Landes- und Bündnisverteidigung gemäß Art. 87a GG. Dagegen sah die Bundesregierung diese Zulässigkeit durch die Bestimmungen des Art. 24 (2) GG gegeben, nach denen sich der Bund Systemen gegenseitiger kollektiver Sicherheit anschließen und zur Wahrung des Friedens in die Einschränkung von Hoheitsrechten einwilligen kann.

Mit seiner am 12. Juli 1994 bekannt gegebenen Entscheidung regelte das Bundesverfassungsgericht die rechtlichen Voraussetzungen und Bedingungen für internationale Bundeswehreinsätze in grundlegender Weise (siehe Bundesverfassungsgericht 1994). Das Verfassungsgericht bestätigte die Auffassung der Bundesregierung bezüglich der Ermächtigungsnorm des Art 24 (2) GG: Diese „berechtigt den Bund nicht nur zum Eintritt in ein solches System [kollektiver Sicherheit] und zur Einwilligung in damit verbundene Beschränkungen seiner Hoheitsrechte. Sie bietet vielmehr auch die verfassungsrechtliche Grundlage für die Übernahme der mit der Zugehörigkeit zu einem solchen System typischerweise verbundenen Aufgaben und damit auch für eine Verwendung der Bundeswehr zu Einsätzen, die im Rahmen und nach den Regeln dieses Systems stattfinden" (Bundesverfassungsgericht 1994: 226). Dagegen war es nicht die Absicht des 1968 in das Grundgesetz eingefügten Art. 87a, die außen- und sicherheitspolitischen Handlungsmöglichkeiten nach Art. 24 (2) GG einzuschränken (Bundesverfassungsgericht 1994: 258). Durch diesen im Rahmen der Notstandsgesetzgebung geschaffenen Artikel sollte vielmehr die Verwendungen der Bundeswehr im Inneren verfassungsrechtlich bestimmt und begrenzt werden (Bundesverfassungsgericht 1994: 259, 260).

Allerdings entschied das Bundesverfassungsgericht auch, dass es die Bundesregierung versäumt hatte, vor der Entsendung von Soldaten die Zustimmung des Bundestages einzuholen (Bundesverfassungsgericht 1994: 325). Mit diesem „konstitutiven Parlamentsvorbehalt" wurde ein völlig neues und ausschließlich auf die Verwendung der Streitkräfte beschränktes Verfahren eingeführt, nach welchem der Bundestag eigene Rechte bei der eigentlich im Bereich der Exekutive angesiedelten Ausübung der auswärtigen Gewalt erhält. Begründet wurde diese Konstruktion mit einer historischen Argumentation, nach der deutsche Streitkräfte seit der Weimarer Reichsverfassung den Charakter eines „Parlamentsheeres" hätten und diese Tradition auch für das Grundgesetz fortgelte. Der Politik wurde auferlegt, die Zustimmung des Parlaments für die damals laufenden Einsätze nachzuholen und für alle folgenden zu berücksichtigen. Festgelegt wurde aber auch, dass dem Bundestag kein Initiativrecht für einen Bundeswehreinsatz zusteht. Die Kompetenz, über Art, Umfang und Mandat eines Einsatzes zu entscheiden und hierzu die entsprechenden Absprachen und Planungen mit den internationalen Partnern und Einrichtungen zu führen, verbleibt also allein bei der Exekutive. Der Bundestag kann einen entsprechenden Antrag der Bundesregierung nur in toto mit der Mehrheit der Abgeordneten bestätigen oder ihn ablehnen; Änderungen kann das Parlament nicht vornehmen. Ermöglicht wird auch ein Einsatz ohne vorangegangenen Bundestagsbeschluss, wenn Gefahr im Verzug ist und folglich schnell sowie unter Geheimhaltung gehandelt werden muss. Der Bundestag kann einen Einsatz dann im Nachhinein billigen oder die eingesetzten Kräfte zurückrufen (Wiefelspütz 2003).

Mit seinem Urteil erweiterte das Verfassungsgericht zugleich auch den Kreis der Staatenorganisationen, welche als Systeme gegenseitiger kollektiver Sicherheit gemäß Art. 24 (2) GG des Grundgesetzes in Frage kommen, um kollektive Verteidigungssysteme wie NATO und (die später in der Europäischen Union aufgegangenen) WEU (Bundesverfassungsgericht 1994: 237). Für die sicherheitspolitische Praxis bedeutet dies: Beteiligungen der Bundeswehr an internationalen Militäreinsätzen stehen fast keine verfassungsrechtlichen Schranken entgegen. Einzig ein nationaler Alleingang bleibt ausgeschlossen.

Auch in seiner nachfolgenden Rechtsprechung hat das Bundesverfassungsgericht gezeigt, dass es auf eine enge Auslegung des von ihm geschaffenen Parlamentsvorbehaltes besteht, wenn es um den Streitkräfteeinsatz geht. In seiner Entscheidung vom 7. Mai 2008 bezüglich des Einsatzes deutscher Soldaten in AWACS-Flugzeugen über der Türkei legte das Gericht fest, dass jegliche Beteiligung – auch unbewaffneter – deutscher Soldaten immer dann der Zustimmungspflicht des Bundestages unterliegt, wenn die Missionen ihrem Charakter nach bewaffnete Militäreinsätze darstellen (BVerfG 2008: Leitsatz).

4.2 Verwendung der Streitkräfte im Inneren

Eine für die deutsche Sicherheitspolitik ebenfalls weitreichende Entscheidung hat das Verfassungsgericht am 15. Februar 2006 getroffen, als es das eine zentrale Bestimmung der im Jahr zuvor in Kraft getretenen Änderungen im Luftsicherheitsgesetz für nichtig erklärte. Gemäß des aufgehobenen § 14 (3) wäre „eine unmittelbare Einwirkung mit Waffengewalt (…) nur zulässig, wenn nach den Umständen davon auszugehen ist, dass das Luftfahrzeug gegen das Leben von Menschen eingesetzt werden soll, und sie das einzige Mittel zur Abwehr dieser gegenwärtigen Gefahr ist." Die Befugnis, diese Maßnahme anzuordnen, hätte beim Bundesverteidigungsminister gelegen (§ 13 (4)). Um mögliche Selbstmordattentäter davon abzuhalten, ein monströses Verbrechen zu begehen, hätten deutsche Soldaten unschuldige Menschen töten sollen – ein unauflösbares ethisches und letztlich auch strafrechtliches Dilemma. Das Gesetz hatte vor dem höchsten deutschen Gericht auch keinen Bestand; mit diesem Urteil ist in der Problematik einer Abwägung von Menschenleben unter Verweis auf das Recht auf Leben sowie die Menschenwürde eine eindeutige rechtliche Klärung herbeigeführt worden.

Neben der Unzulässigkeit, das Leben tatunbeteiligter Menschen zum Schutz des Lebens anderer Menschen zu opfern, verneinte das Verfassungsgericht zudem die Befugnis des Bundes, im Falle der Amtshilfe nach Art. 35 im Falle besonders schwerer Unglücksfälle militärische Waffen einzusetzen (Bundesverfassungsgericht 2006: Ziffern 86ff.). Offen blieb dagegen die die Frage, wie Deutschland Angriffe mit Flugzeugen, Schiffen oder andere gravierende Sicherheitsbedrohungen abwehren soll, wenn auf der einen Seite die Polizei oder zivile Katastrophenschutzkräfte nicht über die erforderlichen Mittel und Instrumente verfügen, während auf der anderen Seite das Militär geeignete Fähigkeiten besitzt, diese jedoch nicht einsetzen darf.

In einer bemerkenswerten Kehrtwende indes hat das höchste deutsche Gericht seine Rechtsauffassung hinsichtlich der Verwendung militärspezifischer Mittel und Instrumente zur Abwehr schwerster Gefahren im Inneren abgeändert. Am 3. Juli 2012 gelangte das Plenum des Verfassungsgerichts bei einer abweichenden Meinung zu der Auffassung, dass Art. 35 (2) Satz 2 und (3) GG eine Verwendung spezifisch militärischer Waffen nicht grundsätzlich ausschließen, diese aber nur unter engen Voraussetzungen zulassen, die „insbesondere sicherstellen, dass nicht die strikten Begrenzungen unterlaufen werden, die nach Art. 87a Abs. 4 GG einem Einsatz der Streitkräfte zum Kampf in inneren Auseinandersetzungen gesetzt sind" (BVerfG 2012: 24). Ein Unglücksverlauf mit katastrophalen Folgen muss demnach bereits vorliegen, damit die Streitkräfte eingesetzt werden dürfen (ebda.: 47), auch ist ein solcher Einsatz nur als „ultima ration zulässig" (ebda.: 48). Es bleibt indes abzuwarten, ob und in welcher Weise Bundeswehrsoldaten unter Verwendung ihrer spezifischen Kampfmittel eingesetzt werden. In seinem abweichenden Votum hatte Richter Reinhard Gaier jedoch auf den möglichen Schaden verwiesen, den der Beschluss mit Blick auf die strikte Trennung von militärischen und polizeilichen Aufgaben nach sich ziehen könnte: „Gleichwohl hat das Plenum aber zugunsten eines geringen, praktisch kaum realisierbaren Gewinns an Sicherheit die Zulässigkeit des Einsatzes der Streitkräfte im Inneren mit Hilfe derart unbestimmter Rechtsbegriffe erweitert, dass militärische Einsätze zu innenpolitischen Zwecken nicht ausgeschlossen werden können" (ebda.: 89).

4.3 Fortentwicklung völkerrechtlicher Verträge

Zu Beginn der 1990er Jahre stand neben der Klärung der Rechtmäßigkeit von Bundeswehrbeteiligungen an internationalen Militäraktionen Jahre auch die Überprüfung der Frage auf der Agenda des Bundesverfassungsgerichtes, ob die Bundesregierung durch ihre Zustimmung zu vertragserweiternden strategischen Konzeptionen in NATO und Westeuropäischer Union (WEU) die Rechte des Bundestages nach Art. 59 (2) verletzt habe. Während das Verfassungsgericht diese Auffassung 1994 noch in der denkbar knappsten Weise bei Stimmengleichheit im Zweiten Senat zurückwies (BVerfG 1994: 261f.), wurde die Klage der PDS-Bundestagsfraktion gegen das 1999 von den Regierungschefs verabschiedete Neue Strategische Konzept der NATO im Urteil vom 22. November 2001 einstimmig verworfen (BVerfG 2001: 131). In beiden Fällen wurde festgestellt, dass zwar Fortentwicklungen der bestehenden Verträge vorgenommen wurden, nicht aber Vertragsveränderungen, die eine parlamentarische Mitwirkung erforderlich gemacht hätten. Der Exekutive wird hierdurch ein weiter Spielraum bei der Interpretation bestehender völkerrechtlicher Vertragswerke eröffnet.

Aufgrund von Klagen u. a. seitens der Bundestagsfraktion Die Linke war am 24. Juni 2008 auch das deutsche Ratifizierungsgesetz zum Vertrag von Lissabon über die Reform der EU vor das Verfassungsgericht geraten. In der Klageschrift wurde in Abschnitt IV intensiv auf die Bestimmungen des neuen EU-Vertrages zur Gemeinsamen Sicherheits- und Verteidigungspolitik (insbesondere die Art. 42 bis 44) abgehoben und unter anderem auf die Aushöhlung des Parlamentsvorbehalts durch dem Bundestagsentscheid vorausgegangene EU-Beschlüsse wie auch auf Verstöße gegen das grundgesetzliche Friedensstaatlichkeitsgebot verwiesen (Die Linke 2008: 56f.). In seinem Lissabon-Urteil (BVerfG 2009) vom 30. Juni 2009 hat das Bundesverfassungsgericht jedoch klargestellt, dass der Lissabon-Vertrag der EU keine Zuständigkeit überträgt, „auf die Streitkräfte der Mitgliedstaaten ohne Zustimmung des jeweils betroffenen Mitgliedstaates oder seines Parlaments zurückzugreifen" (BVerfG 2009: 381). Der Parlamentsvorbehalt ist zudem dadurch geschützt, dass jegliche Entscheidungen über Militäreinsätze einstimmig gefasst werden müssen. In diesem Falle wäre der deutsche Vertreter im Rat „von Verfassungs wegen verpflichtet, jeder Beschlussvorlage die Zustimmung zu verweigern, die den wehrverfassungsrechtlichen Parlamentsvorbehalt des Grundgesetzes verletzen oder umgehen würde" (ebda. 388).

Mit seinen Entscheidungen zur Verwendung der Bundeswehr und zur Fortentwicklung völkerrechtlicher Verträge hat sich das Bundesverfassungsgericht zu einer Art juristischer Aufsichtsinstanz auch auf dem Gebiet der deutschen Sicherheits- und Verteidigungspolitik entwickelt. Zwar hat das Gericht zumeist den Ball ins politische Feld zurückgeschlagen, indem es weite rechtliche Rahmenbedingungen geschaffen hat, die dann politisch auszufüllen sind. Doch lässt der politische Drang, immer detailliertere Fragen wie etwa die Beschaffenheit zustimmungspflichtiger Bundeswehreinsätze gerichtlich klären zu lassen, vermuten, dass das Verfassungsgericht auch künftig im außen- und sicherheitspolitischen Entscheidungsapparat Deutschlands eine wichtige Rolle spielen wird.

5 Die multilaterale Einbindung deutscher Sicherheitspolitik

Wie bereits dargelegt, dürfen bewaffnete Auslandseinsätze der Bundeswehr außerhalb der Selbstverteidigung nur im Rahmen kollektiver Sicherheitssysteme durchgeführt werden. Dem kommt die traditionell integrationsfreundliche Politik Deutschlands ebenso entgegen wie eine verbreitete Aversion gegen Alleingänge in der Sicherheits- und Verteidigungspolitik. Gleichwohl hat sich in den zurückliegenden zwei Jahrzehnten gezeigt, dass zwischen der multilateralen Verflechtung und den daraus erwachsenden Ansprüchen an Deutschland einerseits sowie der souveränen Entscheidung auf der Grundlage eines komplexen innenpolitischen Verfahrens andererseits ein dauerhaftes Spannungsverhältnis besteht. Dies gilt besonders, wenn die Beteiligung an einer internationalen Mission nur in die Nähe eines Kampfeinsatzes gerät. Die intensiven Debatten über die Einsätze in der Demokratischen Republik Kongo (2006) oder die gewaltträchtige Lage in Afghanistan verdeutlichen, wie schwer sich Politik und Gesellschaft in Deutschland mit der Verwendung der Bundeswehr als einem aktiven Instrument deutscher Außenpolitik nach wie vor tun.

Deutschland muss dauerhaft einen schwierigen Balanceakt zwischen außenpolitischen Anforderungen und innenpolitischer Zurückhaltung meistern. Bestehen auf der einen Seite Handlungszwänge in NATO und EU, die um den Preis der Solidarität die Entscheidungsspielräume der Regierung einengen und in der Folge die parlamentarische Zustimmung über die Bündnisräson quasi präjudizieren und so den Deutschen Bundestag als Vertreter des Souveräns und obersten Legitimationsgeber überspielen könnten, so steht auf der anderen Seite eine sensible Öffentlichkeit, die über ein für momentane Stimmungen eher empfängliches Parlament enge Mandatsgrenzen bewirkt, was wiederum die Handlungsspielräume der Regierung im multilateralen Rahmen begrenzt und immer wieder auch Sorgen bei den Verbündeten auslöst (s. Gareis/Nolte 2009).

Kritiker einer allzu engen Einbindung in die Bündnisstrukturen konstatieren tatsächlich eine schleichende Ent-Parlamentarisierung der Auslandseinsätze und fordern erweiterte Kompetenzen der Legislative bei der Bestimmung des internationalen Rahmens, in welchem die Bundeswehr tätig wird. Dem ist entgegenzuhalten, dass die internationale Einbindung Deutschlands an sich ein hohes Gut ist und der zuverlässigen Erfüllung der Bündnisverpflichtungen keine allzu hohen Hürden im innerstaatlichen Entscheidungsprozess gegenüberstehen dürfen.

Die Bereitstellung von militärischen Fähigkeiten und deren Einsatz im Rahmen multilateraler Bündnisse und Missionen liegt dabei durchaus auch im deutschen Interesse. Die aktive Beteiligung an gemeinsamen Operationen wirkt als politisches Kapital, dessen Gegenwert in Einfluss- und Gestaltungsmöglichkeiten in den Planungs- und Entscheidungsgremien der Bündnisse besteht. Zum anderen jedoch sind auf diese Weise integrierte Strukturen geschaffen worden, aus denen Deutschland seine Kräfte nicht oder nur zulasten der

Einsatz- und Funktionsfähigkeit der gemeinsamen Verbände oder Missionen zurückziehen kann. Mit der Einbindung in diese multilateralen Strukturen gehen für alle Beteiligten, also auch für Deutschland, gewisse Beschränkungen souveräner Entscheidungs- und Handlungsspielräume bei der Verwendung des Militärs einher. Insgesamt hat sich Deutschland – in Fragen von Militäreinsätzen traditionell zurückhaltend – seit der Wiedervereinigung stets eher aus Bündnisräson denn aus eigenen politischen Antrieben an internationalen Friedensmissionen beteiligt. Vom Balkan über Ost-Timor oder die Demokratische Republik Kongo bis zum Einsatz in Afghanistan wurden unter dem Druck der Partner deutsche militärische Beteiligungen in Regionen, Ländern oder Aufgabengebieten bewirkt, die zuvor von den Bundesregierungen lange kategorisch ausgeschlossen worden waren. Zugleich wurde versucht, Umfang und Qualität dieser Einsatzbeteiligungen in einem Rahmen zu halten, der einer Öffentlichkeit akzeptabel erscheint, die sich überwiegend am Leitbild einer „Zivilmacht" (Maull 2007) orientiert.

Der gerade von Deutschland hoch geschätzte Multilateralismus als Organisationsprinzip internationaler Politik lebt in Theorie und Praxis davon, dass sich Staaten bereitfinden, ihre partikularen Interessen zugunsten kollektiver Ziele hintanzustellen. In praxi bedeutet dies, dass mit fortschreitender multilateraler Einbindung eines Staates die Reduzierung seiner Freiheitsgrade zu souveräner nationaler Entscheidung einhergeht – jedenfalls solange er gewillt ist, seinen Verpflichtungen nachzukommen. Im Falle der hier betrachteten militärischen Unternehmungen gilt dies für das „Ob" eines Einsatzes ebenso wie für das „Wie" seiner Durchführung.

Gerade vor dem Hintergrund der in der NATO und EU seit 2011 unter den Stichworten „smart defence" bzw. „pooling and sharing" verstärkt geführten Debatte über eine Zusammenlegung und gemeinsame Nutzung nationaler Kapazitäten gewinnt diese Frage neue Aktualität. Derartige Konzepte sind – ebenso wie Formationen wie die NATO Response Force oder die EU Battlegroups – nur dann erfolgversprechend, wenn sich alle beteiligten Partner auch darauf verlassen können, dass die versprochenen Fähigkeiten rechtzeitig und vollumfänglich zum Einsatz kommen (Mölling 2012).

Gewisse Modifikationen des bisherigen parlamentarischen Mitwirkungsverfahrens erscheinen daher erforderlich und möglich. Vorstellbar wäre etwa, dass mit der Bereitschaftsmeldung deutscher Verbände für NATO und EU ein auf den Bereitschaftszeitraum begrenzter Vorratsbeschluss durch den Bundestag verabschiedet wird. Dieser könnte die Bundesregierung ermächtigen, die bereitgehaltenen Kräfte gemäß der von ihr im NATO-Rat oder im EU-Rat mitgetragenen Entscheidungen auch tatsächlich einzusetzen. Eine solche Privilegierung von Einsätzen im Rahmen bestehender Bündnisse und Organisationen hat das Verfassungsgericht ausdrücklich eröffnet (BVerfG 1994: 286, 348). Insbesondere die Bindung an die Einsatzräume könnte gelockert werden, was sowohl der politischen Führung als auch den handelnden Befehlshabern vor Ort größere Spielräume bei sich verändernden Lagen eröffnen würde. Eine exakte Informationspflicht der Regierung gegenüber dem Parlament in Verbindung mit dem (zugegeben schwachen) Rückholrecht gemäß § 8 ParlBG könnte so hinreichende Mitwirkungs- und Kontrollmöglichkeiten des Bundestages mit den Bündnisanforderungen in Einklang bringen.

6 Erfordernisse und Perspektiven

Trotz der vorrangigen Verantwortung der Exekutive und der starken Stellung des Bundeskanzlers innerhalb des Kabinetts stehen die Entscheidungsstrukturen der deutschen Sicherheits- und Verteidigungspolitik unter einem wachsenden Reformdruck hinsichtlich ihrer konzeptionellen Ausrichtung, Vernetzung und Koordination sowie ihrer Kompatibilität mit den eingegangenen multilateralen Verpflichtungen. Obwohl Deutschland sich seit mehr als zwei Jahrzehnten durchaus engagiert neuen sicherheits- und verteidigungspolitischen Herausforderungen stellt, ist eine Überführung der hierzu vorgenommenen Veränderungen in Bundeswehr und zivilen Sicherheitsapparaten in eine umfassende und konsistente Konzeption bislang ausgeblieben. Elemente eines solchen Papiers könnten etwa Entscheidungskriterien sein, für welche Ziele Deutschland im Verbund mit seinen Partnern Macht und Fähigkeiten einzusetzen will, welchen politischen Preis es gegebenenfalls zu zahlen bereit ist und wann es von einem Engagement absieht. Die Formulierung und vor allem die Umsetzung einer solchen strategischen Konzeption sind ohne ein kohärentes Zusammenwirken der verschiedenen Ressorts kaum vorstellbar. Erforderlich wären abgestimmte und eingespielte Prozeduren horizontaler Kooperation zwischen den Ministerien, aber auch ein (vertikaler) Steuerungsmechanismus, der im Fall von Inter-Ressort-Konflikten Prioritäten setzt und Entscheidungen trifft. Mit der Schaffung des Krisenreaktionszentrums im Auswärtigen Amt, der Einrichtung des Ressortkreises sowie des Beirates für die Zivile Konfliktprävention (Bundesregierung 2004;, 2005) und nicht zuletzt der 2010 erfolgten Einrichtung eines Unterausschusses des Bundestags zur „Zivilen Krisenprävention und Vernetzten Sicherheit" (Bundesregierung 2010: 10) sind bereits Schritte in Richtung einer größeren Vernetzung getan worden. Praktische Anwendung haben diese Bemühungen in den in Afghanistan tätigen Provincial Reconstruction Teams (PRT) gefunden, die von vier Ministerien – Verteidigung, Äußeres, Inneres sowie Wirtschaftliche Zusammenarbeit und Entwicklung – getragen werden (s. Gareis 2012).

Allerdings zeigen die Erfahrungen, dass die Implementierung von Querschnittsaufgaben den traditionellen Entscheidungsabläufen des deutschen Ministerialapparates (Ressortprinzip) wie auch den Haushaltszuständigkeiten der Ressorts zuwiderläuft: Vorrangig wird sich den festgeschriebenen Hauptaufgaben gewidmet und werden die gewohnten bürokratischen Prozeduren verfolgt. Die Wirksamkeit dieser neuen Strukturen ist daher äußerst begrenzt – eine weitere institutionelle Festigung der interministeriellen Kooperationsbeziehungen könnte hier der angemessenere Lösungsansatz sein.

Eine politische Instanz, die die Vernetzung der zahlreichen sicherheitspolitischen Akteure in Bund und Ländern voranbringen könnte, gibt es indes nicht. Ihre Schaffung in Gestalt eines Nationalen Sicherheitsrates wird im politischen Raum sporadisch immer wieder gefordert (CDU/CSU-Bundestagsfraktion 2008: 12f.), sie stößt aber vor allem aufgrund von Bedenken gegen eine Zentralisierung von Befugnissen in der Sicherheitspolitik immer wieder auf heftige Kritik (einen Überblick über die widerstreitenden Positionen bietet die Kontroverse von Staack 2008 und Varwick 2008). Hinzu kommen ein verbreitetes Beharren auf den Grundsätzen des Ressortprinzips und den damit verbundenen Souveränitätsansprüchen der Ministerien und nicht zuletzt der uralte Grundsatz, dass jeder gerne koordiniert, aber äußerst ungern koordiniert wird.

Wenn, wie Cord Meier-Kloth (2002: 12) bereits vor einigen Jahren wohl zu Recht anmerkte, ein Nationaler Sicherheitsrat nach amerikanischem Vorbild ein zu ambitioniertes Unterfangen für Deutschland darstellt, könnte ein gangbarer Weg darin bestehen, den Bundessicherheitsrat (BSR) aus seiner intransparenten Versenkung hervorzuholen, ihn mit einem angemessenen operativen Unterbau zur Abstimmung innerer und äußerer Sicherheitserfordernisse zu versehen und ihn so zum Forum für die Führung und Fortentwicklung der außen- und sicherheitspolitischen Strategiediskussion zu machen. Vorstellbar wäre auch eine noch deutlichere Koordinierungsrolle des Bundeskanzleramtes.

Insgesamt jedoch erscheint der Entscheidungs- und Handlungsapparat der deutschen Sicherheits- und Verteidigungspolitik auch weiterhin eher durch die Orientierung an überbrachten Zuständigkeiten orientiert und weniger an den Erfordernissen einer komplexen

Welt ohne festgefügte Ordnung (Krause 2005: 25). Die Vernetzung der sicherheitspolitischen Akteure im nationalen wie im internationalen Bereich ist rasch und leicht gefordert – offen bleibt dabei aber neben dem Wie auch das Wozu. Deutschland spielt nach dem Ende der Ost-West-Konfrontation eine neue Rolle, sowohl in Europa als auch in der Welt. Über die sich daraus ergebenden Anforderungen wie auch über die eigenen Verhaltensweisen unter den neuen Bedingungen hat sich in der deutschen Politik und Gesellschaft noch kein neuer Grundkonsens herausgebildet. Eine umfassende Debatte über die Interessen und Ziele deutscher Außen-, Sicherheits- und Verteidigungspolitik sowie der zu ihrer Erreichung geeigneten Mittel und Instrumente erscheint daher überfällig; sie ist ausgeblieben, seit Verteidigungsminister Volker Rühe 1992 ein erstes Mal versuchte, die leitenden deutschen Sicherheitsinteressen als Ausgangspunkt einer strategischen Konzeption zu definieren (BMVg 1992: Ziff. 10). Die Weißbücher 1994 und 2006 (BMVg 1994, 2006) bleiben in ihren Interessenskatalogen, vor allem aber bezüglich einer zukunftsorientierten sicherheits- und verteidigungspolitischen Strategie nur ausgesprochen vage. Eine solche Debatte und eine aus ihr entstehende strategische Konzeption, die den verschiedenen Akteuren auf der nationalen Ebene als Orientierungsmaßstab dienen könnte, erscheint sinnvoll und erstrebenswert, weil globales Engagement sonst stets Gefahr läuft, sich in in Ad-hoc-Szenarien zu verlieren.

Zur Vertiefung empfohlene Literatur

Jäger, Thomas/Höse, Alexander/Oppermann, Kai (Hrsg.) 2011: Deutsche Außenpolitik. Sicherheit, Wohlfahrt, Institutionen und Normen, 2. Aufl., Wiesbaden: VS Verlag für Sozialwissenschaften. Grundlagenwerk zu den Strukturen des außenpolitischen Entscheidungs- und Handlungsprozesses in Deutschland.

Weiterführende Fragen

1. Was bedeutet das Kanzlerprinzip in der deutschen Außen- und Sicherheitspolitik? Wie weit reicht es, welche Grenzen sind ihm gesetzt?
2. Wie gestaltet sich das Zusammenwirken von Bundesregierung und Bundestag in der Sicherheitspolitik? Welches sind die Stärken und Schwächen dieser geteilten Verantwortung?
3. Welche Rolle spielt das Bundesverfassungsgericht in der deutschen Sicherheitspolitik?
4. Welche Ansätze hat Deutschland in den zurückliegenden Jahren hinsichtlich einer stärkeren Vernetzung seiner sicherheitspolitischen Akteure entwickelt?
5. Wie könnten Reformen des sicherheitspolitischen Entscheidungsapparates aussehen, die sowohl dem Erfordernis intensiverer Politikkoordination als auch den historisch gewachsenen Vorbehalten gegenüber zu starker Machtkonzentration Rechnung tragen?

Quellen und Literatur

Auswärtiges Amt 2012: Das Auswärtige Amt im Überblick. Berlin.
Brandt, Enrico/Buck, Christian F. (Hrsg.) 2005: Auswärtiges Amt. Diplomatie als Beruf, Wiesbaden: VS Verlag für Sozialwissenschaften.
Bukow, Sebastian 2007: Politikfeld innere Sicherheit. Deutsche Entwicklungen im europäischen Kontext, in Kümmel, Gerhard/Collmer, Sabine (Hrsg.): Die Bundeswehr heute und morgen, Baden-Baden: Nomos, 65-84.
Bundesministerium der Verteidigung 1992: Verteidigungspolitische Richtlinien vom 26. November 1992, Bonn.
Bundesministerium der Verteidigung 1994: Weißbuch 1994. Zur Sicherheit der Bundesrepublik Deutschland und zur Lage und Zukunft der Bundeswehr, Bonn.

Bundesministerium der Verteidigung 2003: Verteidigungspolitische Richtlinien für den Geschäftsbereich des Bundesministers der Verteidigung, Berlin.
Bundesministerium der Verteidigung 2006: Weißbuch 2006. Zur Sicherheitspolitik Deutschlands und zur Zukunft der Bundeswehr, Berlin.
Bundesministerium der Verteidigung 2011: Verteidigungspolitische Richtlinien. Nationale Interessen wahren – Internationale Verantwortung übernehmen – Sicherheit gemeinsam gestalten. Berlin.
Bundesministerium der Verteidigung 2012: Die Neuausrichtung der Bundeswehr. Berlin.
Bundesregierung 2002: Geschäftsordnung der Bundesregierung vom 11. Mai 1951 in der Fassung der Bekanntmachungen vom 29. März 1967 (GMBl. S. 130), 12. September 1967 (GMBl. S. 430), 6. Januar 1970 (GMBl. S. 14), 23. Januar 1970 (GMBl. S. 50), 25. März 1976 (GMBl. S. 174, 354) und 17. Juli 1987 (GMBl. S. 382) und Bek. v. 21.11.2002 (GMBl. S. 848).
Bundesregierung 2004: Aktionsplan „Zivile Krisenprävention, Konfliktlösung und Friedenskonsolidierung", Berlin.
Bundesregierung 2005: Ein Jahr Aktionsplan „Zivile Krisenprävention, Konfliktlösung und Friedenskonsolidierung", Berlin.
Bundesregierung 2006: Sicherheit und Stabilität durch Krisenprävention gemeinsam stärken. 1. Bericht der Bundesregierung über die Umsetzung des Aktionsplans „Zivile Krisenprävention, Konfliktlösung und Friedenskonsolidierung", Berlin.
Bundesregierung 2008: Krisenprävention als gemeinsame Aufgabe. 2. Bericht der Bundesregierung über die Umsetzung des Aktionsplans „Zivile Krisenprävention, Konfliktlösung und Friedenskonsolidierung", Berlin.
Bundesregierung 2010: 3. Bericht der Bundesregierung über die Umsetzung des Aktionsplans „Zivile Krisenprävention, Konfliktlösung und Friedenskonsolidierung", Berlin.
Bundesverfassungsgericht 1994: BVerfGE 90, 289 – Bundeswehreinsatz vom 12. Juli 1994.
Bundesverfassungsgericht 2001: BVerfG, 2 BvE 6/99 vom 22. November 2001 (Neues Strategisches Konzept der NATO).
Bundesverfassungsgericht 2006: BVerfG, 1 BvR 357/05 vom 15. Februar 2006 (Luftsicherheitsgesetz).
Bundesverfassungsgericht 2008a: BVerfG, 2 BvE 1/03 vom 7. Mai 2008 (Luftraumüberwachung über der Türkei).
Bundesverfassungsgericht 2008b: BVerfG, 1 BvR 370/07 vom 27. Februar 2008 (Verfassungsschutzgesetz Nordrhein-Westfalen).
Bundesverfassungsgericht 2009: BVerfG, 2 BvE 2/08 vom 30. Juni. 2009 (Lissabon-Urteil).
Bundesverfassungsgericht 2012: 2PBvU1/11 vom 3. Juli 2012 (Einsatz der Bundeswehr im Inneren).
CDU/CSU-Bundestagsfraktion 2008: Eine Sicherheitsstrategie für Deutschland, Berlin, <http://www.cducsu.de//mediagalerie/getMedium.aspx?showportal=4&showmode=1&mid=1279>.
Dau, Klaus 2011: Die Streitkräfte in der Rechtssprechung des Bundesverfassungsgerichts, in: Neue Zeitschrift für Wehrrecht (1), 1-24.
Deutscher Bundestag 1996: Menschenrechte in Tibet. Interfraktioneller Antrag, angenommen am 20. Juni 1996, BTag-Drs. 13/4445.
Deutscher Bundestag 2002: Tibet-Resolution von 2002. Interfraktioneller Antrag, angenommen am 14. März 2002, BTag-Drs. 14/8782.
Deutscher Bundestag 2012: Durch Zusammenarbeit Zivilgesellschaft und Rechtsstaatlichkeit in Russland stärken. Antrag der Fraktionen der CDU/CSU und FDP, angenommen am 9. November 2012, BTag-Drs. 17/11327.
Die Linke 2008: Antrag im Organstreitverfahren gegen das Zustimmungsgesetz zum Lissaboner Vertrag, Berlin, <http://dokumente.linksfraktion.net/pdfdownloads/7751661884.pdf>.
Eberlei, Walter/Weller, Christoph 2001: Deutsche Ministerien als Akteure von Global Governance. Eine Bestandsaufnahme der auswärtigen Beziehungen der Bundesministerien, Duisburg: INEF (INEFReport Nr. 51).

Gareis, Sven Bernhard/Nolte, Kathrin 2009: Zur Legitimation bewaffneter Auslandseinsätze der Bundeswehr. Politische und rechtliche Dimensionen, in: Jaberg, Sabine/Biehl, Heiko/Mohrmann, Günter/Tomforde, Maren (Hrsg.): Auslandseinsätze der Bundeswehr. Sozialwissenschaftliche Analysen, Diagnosen und Perspektiven, Berlin: Duncker und Humblot, 27-50.

Gareis, Sven Bernhard 2012: Conclusive Concept or Catchword? On the Pretense and Practice of Germany's Networked Security in Afghanistan, in: Ehrhart, Hans-Georg/Gareis, Sven Bernhard/Pentland, Charles (Hrsg.): Afghanistan in the Balance. Counterinsurgency, Comprehensive Approach, and Political Order, Montreal/Kingston/London/Ithaca: McGill-Queen's UP, 123-138.

Gareis, Sven Bernhard 2013: Neue Aufgaben und Einsätze der Bundeswehr, in: Bohrmann, Thomas/Lather, Karl-Heinz/Lohmann, Friedrich (Hrsg.): Handbuch Militärische Berufsethik, Wiesbaden: Springer, 289-310.

Hein, Kristin 2004: Die Anti-Terrorpolitik der rot-grünen Bundesregierung, in: Harnisch, Sebastian/Katsioulis, Christos/Overhaus, Martin (Hrsg.): Deutsche Sicherheitspolitik. Eine Bilanz der Regierung Schröder, Baden-Baden: Nomos, 145-171.

Hennis, Wilhelm 1968: Politik als praktische Wissenschaft. Aufsätze zur Politischen Theorie und Regierungslehre, München: Piper.

Hölscheidt, Sven 2000: Mitwirkungsrechte des Deutschen Bundestages in Angelegenheiten der EU, in: Aus Politik und Zeitgeschichte, 28, 31-38.

Höse, Alexander/Oppermann, Kai 2011: Die innenpolitischen Restriktionen deutscher Außenpolitik, in: Jäger, Thomas/Höse, Alexander/Oppermann, Kai (Hrsg.): Deutsche Außenpolitik. Sicherheit, Wohlfahrt, Institutionen und Normen, 2. Auflage, Wiesbaden: VS Verlag für Sozialwissenschaften, 44-76.

Hoyer, Werner 1998: Nationale Entscheidungsstrukturen deutscher Europapolitik, in: Eberwein, Wolf-Dieter/Kaiser, Karl (Hrsg.): Deutschlands neue Außenpolitik. Band 4: Institutionen und Ressourcen, München: Oldenbourg, 75-86.

Knodt, Michelle 1998: Auswärtiges Handeln der deutschen Länder, in: Eberwein, Wolf-Dieter/Kaiser, Karl (Hrsg.): Deutschlands neue Außenpolitik. Band 4: Institutionen und Ressourcen, München: Oldenbourg, 153-166.

Koalitionsvertrag 1998: Aufbruch und Erneuerung – Deutschlands Weg ins 21. Jahrhundert. Koalitionsvereinbarung zwischen der Sozialdemokratischen Partei Deutschlands und Bündnis 90/Die Grünen vom 20. Oktober 1998, <http://www.boell.de/alt/downloads/gedaechtnis/1998_Koalitionsvertrag.pdf>.

Krause, Joachim 1998: Die Rolle des Bundestages in der Außenpolitik, in: Eberwein, Wolf-Dieter/Kaiser, Karl (Hrsg.): Deutschlands neue Außenpolitik. Band 4: Institutionen und Ressourcen, München: Oldenbourg, 137-152.

Krause, Joachim 2005: Auf der Suche nach einer Grand Strategy. Die deutsche Sicherheitspolitik seit der Wiedervereinigung, in: Internationale Politik, 60, 8, 16-25.

Lachmuth, Annemarie/Georgii, Harald/Borhanian, Sarab 2006: Föderalismusreform 2006. Grundgesetzänderungen – Synopse (Deutscher Bundestag, Wissenschaftliche Dienste, PD1/WD 3 –313/06), Berlin.

Lensch, Eileen 2011: Innenministerkonferenz, in: Möllers, Martin H.W. (Hrsg.): Wörterbuch der Polizei, 2. Auflage, München: C. H. Beck, 979.

Meier-Klodt, Cord 2002: Einsatzbereit in der Krise? Entscheidungsstrukturen der deutschen Sicherheitspolitik auf dem Prüfstand, Berlin: Stiftung Wissenschaft und Politik (SWP-Studie S 34/2002).

Messner, Dirk 2005: Wettstreit der Akteure, in: Internationale Politik, 60, 1, 16-22.

Michelmann, Hans J. 1990: The Federal Republic of Germany, in: Michelmann, Hans J./Soldatos, Panayotis (Hrsg.): Federalism and International Relations. The Role of Subnational Units, Oxford: Oxford UP, 211-244.

Michelmann, Hans J. 2004: Federalism and Paradiplomacy, in: Jäger, Thomas/Kümmel, Gerhard/Lerch, Marika/Noetzel, Thomas (Hrsg.): Sicherheit und Freiheit, Baden-Baden: Nomos, 188-205.

Miller, Bernhard 2011: Der Koalitionsausschuss: Existenz, Einsatz und Effekte einer informelle Arena des Koalitionsmanagements, Baden-Baden: Nomos.

Möllers, Martin H. W. 2010: Trennungsgebot, in: Möllers, Martin H. W. (Hrsg.): Wörterbuch der Polizei. 2. Auflage, München: C. H. Beck, 1983f.

Mölling, Christian 2012: Pooling and Sharing in NATO und EU, Berlin: Stiftung Wissenschaft und Politik (SWP-Aktuell 2012/A).

Niclauß, Karlheinz 2004: Kanzlerdemokratie, Paderborn: Schöningh.

Normann, Lars 2007: Neueste sicherheitspolitische Reformergebnisse zur Terrorprävention, in: Aus Politik und Zeitgeschichte, 12, 11-17.

Scherrer, Philipp 2010: Das Parlament und sein Heer. Das Parlamentsbeteiligungsgesetz, Berlin: Duncker und Humblot.

Schmidt, Manfred G. 2011: Das politische System Deutschlands, 2. Auflage, München: C.H. Beck.

Staack, Michael 2008: Falsche Frage zur falschen Zeit. Nicht institutionelle Reformen, sondern inhaltlicher Streit gehört auf die Agenda, in: Internationale Politik, 63, 6, 82-83.

Thränhardt, Dietrich 2003: Bundesregierung, in: Andersen, Uwe/Woyke, Wichard (Hrsg.): Handwörterbuch des politischen Systems der Bundesrepublik Deutschland, 5. Aufl., Opladen: Leske + Budrich/Bundeszentrale für Politische Bildung, Schriftenreihe Bd. 406, 63-69.

Varwick, Johannes 2008: Verantwortung, nicht Denkmalpflege. Sicherheitspolitik muss Notwendigkeiten definieren statt Ressorts reklamieren, in: Internationale Politik, 63, 6, 80-82.

Wiefelspütz, Dieter 2003: Der Einsatz der Streitkräfte und die konstitutive Beteiligung des Deutschen Bundestages. In: Neue Zeitschrift für Wehrrecht (4), 133-151

Wiefelspütz, Dieter 2007: Die Abwehr terroristischer Anschläge und das Grundgesetz. Polizei und Streitkräfte im Spannungsfeld neuer Herausforderungen, Frankfurt a. M.: Verlag für Polizeiwissenschaft.

Zettinig, Michael 2008: Der Haushalts- und der Europaausschuss im Deutschen Bundestag; eine vergleichende Leistungsanalyse. Dissertation FU Berlin 2008, <http://edocs.fu-berlin.de/diss/servlets/MCRFileNodeServlet/FUDISS_derivate_000000005014/Zettinig_Dissertation_25012009.pdf?hosts>.

B Instrumente und Handlungsfelder

Kapitel 4
Militärische Beiträge zur Sicherheit

Sven Bernhard Gareis

Streitkräfte gehören zu den klassischen Instrumenten, welche ein Land zur Gewährleistung seiner Sicherheit bereithält und gegebenenfalls auch einsetzt. Größe, Struktur, Ausstattung und Funktionsbestimmung einer nationalen Streitmacht bilden mithin wichtige Indikatoren für die Art und Weise, in der ein Staat Risiken für seine Sicherheit im regionalen bzw. im globalen Kontext wahrnimmt und ihnen entgegentritt. Wie dieser sicherheitspolitische Auftritt zu gestalten ist, hängt in Demokratien und allemal in Deutschland neben zahlreichen objektiven Gegebenheiten wie Lage und Größe eines Landes, seiner Energie- und Ressourcenausstattung, Handelswegen etc. maßgeblich von den „Weltbildern" (Krell 2009) ab, die das Regierungshandeln leiten und die wiederum eng mit den vorherrschenden gesellschaftlichen Wertvorstellungen verbunden sind. Die Existenz und die Art der Verwendung von Streitkräften bedürfen also einer beständigen Legitimation, die in Politik und Gesellschaft unter Berücksichtigung einer sich verändernden Umwelt immer wieder neu justiert werden muss.

Seit den gleich zu Beginn der 1990er Jahre einsetzenden, zunächst noch zögerlichen Engagements in VN-Missionen in Asien, Afrika und auf dem Balkan entwickelte sich die Bundeswehr innerhalb eines Jahrzehnts zu einem häufig gebrauchten Instrument deutscher Außen- und Sicherheitspolitik. Nach der Jahrtausendwende ist der Auslandseinsatz dann zu einem konstitutiven Element des Auftrages sowie des Selbstverständnisses einer „neuen" Bundeswehr geworden. Dagegen ist die Landes- und Bündnisverteidigung – jahrzehntelang die Legitimationsgrundlage für das deutsche Militär schlechthin – gemäß den 2003 vorgelegten „Verteidigungspolitischen Richtlinien" (VPR) nicht länger die „allein strukturbestimmende Aufgabe der Bundeswehr" (BMVg 2003: Ziff. 12). Das im Oktober 2006 veröffentlichte „Weißbuch zur Sicherheitspolitik Deutschlands und zur Zukunft der Bundeswehr" führt dementsprechend an erster Stelle einer Aufzählung der Aufträge der Bundeswehr die Sicherung der außenpolitischen Handlungsfähigkeit an, gefolgt vom Beitrag zur Stabilität im europäischen und globalen Rahmen. Erst im dritten Punkt taucht nach der Sorge für die nationale Sicherheit auch der Begriff „Verteidigung" auf (BMVg 2006: 13; 70). Wenn die Verteidigungspolitischen Richtlinien (VPR) 2011 den „Schutz Deutschlands und seiner Bürger" und die „Landesverteidigung als Bündnisverteidigung" wieder an die erste Stelle der Aufgaben der Bundeswehr rücken, (BMVg 2011: 11) bleibt dies angesichts der weiterhin strikt am multinationalen Auslandseinsatz orientierten „Neuausrichtung der Bundeswehr" allenfalls eine redaktionelle Änderung. Struktur, Ausbildung und Ausstattung einer auf bis zu 185.000 Soldaten verkleinerten Bundeswehr orientieren sich an einem Aufgabenspektrum, in dem weltweite Einsätze den Regelfall darstellen.

Zwar sieht das Weißbuch den Verteidigungsauftrag gemäß Art. 87a des Grundgesetzes (GG) als „verfassungsrechtliche Kernfunktion der Bundeswehr" an (BMVg 2006: 75), für die politisch-militärische Praxis aber wird auf den weiten Gestaltungsspielraum verwiesen, den Art. 24 (2) GG sowie das Urteil des Bundesverfassungsgerichts vom 12. Juli 1994 eröffnen: internationale Missionen an jedem Platz der Welt, von dem aus Gefahr für die Sicherheit Deutschlands droht, zur Prävention von Krisen und Konflikten, zu ihrer Eindämmung wie auch zu ihrer Nachsorge, einschließlich des Kampfes gegen den internationalen Terrorismus (BMVg 2003: Ziff 5; BMVg 2006: 75, BMVg. 2011: 2f.). In einer juristisch zwar nicht korrekten, dafür aber politisch umso plakativeren Formulierung hat dies 2002 der damalige Bundesverteidigungsminister Peter Struck zum Ausdruck gebracht, als er von der „Verteidigung Deutschlands am Hindukusch" sprach.

Der Auftrag der Bundeswehr wird so in politischer wie auch geografischer Hinsicht entgrenzt: Die Streitkräfte müssen das Land und seine Grenzen nicht mehr vor möglicherweise aggressiven Nachbarn schützen, die Globalisierung hat nach dem Ende der bipolaren Weltordnung andere, abstraktere Risiken, Bedrohungen und strategische Erfordernisse hervorgebracht (vgl. dazu den Beitrag von Böckenförde in diesem Band). Das Scheitern von Staaten, regionale Instabilität, Proliferation von Massenvernichtungswaffen, transnationaler Terrorismus: Um diesem neuen und komplexen Risikobündel wirksam entgegentreten zu können, bedarf es eines differenzierten politischen Instrumentariums, welches auch militärische Einsätze letztlich nicht aussparen kann. Den gewandelten Sicherheitserfordernissen entspricht ein funktionaler Wandel der Bundeswehr. Der „Soldat für den Frieden" (Baudissin 1969), der zu Zeiten der Ost-West-Konfrontation unter der berühmten Formel „kämpfen können, um nicht kämpfen zu müssen" einen Krieg durch glaubwürdige Verteidigungsbereitschaft verhindern sollte, hat ausgedient. An seine Stelle tritt der „Soldat für den Weltfrieden" (Gareis 2003), der im Auftrag seines Landes und gemeinsam mit Verbündeten an mitunter entlegenen Schauplätzen zur Sicherung des Friedens bzw. im Rahmen von Konsolidierungsprozessen nach der Konfliktbeendigung eingesetzt wird und dort gegebenenfalls auch kämpfen muss.

Mit diesen Einsätzen geht eine grundlegende Veränderung der Legitimationsmuster für die Existenz sowie die Verwendung des deutschen Militärs einher. Dieser Prozess verlangt nicht nur den Soldaten die Herausbildung eines neuen beruflichen Selbstverständnisses ab, sondern erfordert zugleich auch eine gesellschaftlich-politische Verständigung darüber, ob und ggf. inwieweit die Landesverteidigung als Legitimationsparadigma für den Einsatz der Streitkräfte aufgegeben und durch einen neuen strategischen Konsens zur Verwendung der Bundeswehr als global tätiger Interventionsarmee ersetzt werden soll.

Tatsächlich aber haben sich alle Bundesregierungen seit der Wiedervereinigung nach Kräften darum bemüht, eine derart grundsätzliche Debatte zur neuen Rolle Deutschlands in der Welt und den Bedingungen des Streitkräfteeinsatzes zu vermeiden. Im Bemühen, den wachsenden Forderungen der Verbündeten nach einer der Größe und Bedeutung Deutschlands angemessenen Übernahme von Lasten in immer kriegerischen Einsätzen und zugleich der in der deutschen Öffentlichkeit präferierten militärischen Zurückhaltung gerecht zu werden, blieb die deutsche Politik weitgehend reaktiv und ohne eigene strategische Perspektive. In der Folge wurde der tiefgreifende Funktionswandel der Bundeswehr nur durch eine äußerst verhaltene Anpassung ihrer Strukturen sowie der Ausrüstung und Ausbildung ihrer Soldaten begleitet.

Zwar haben die seit fast zwanzig Jahren unter den Überschriften von „Reform", „Transformation" und seit 2011 nun „Neuausrichtung" laufenden Maßnahmen den Umbau der Bundeswehr zu einer schlanken, mobilen und zur Interoperabilität mit den Verbündeten befähigten Einsatzarmee mit weltweitem Aktionsradius zum Ziel – dennoch bleiben die deutschen Streitkräfte auch im Jahr 2013 an der Grenze ihrer Belastbarkeit, wenn rund 5.800 ihrer derzeit ca. 185.000 Soldaten in zwölf Einsätzen gebunden sind (Stand August 2013).

Im Folgenden soll daher untersucht werden, unter welchen neuen Anforderungen und Voraussetzungen sowie mit welchen Zielen und strategischen Defiziten sich der langsame Wandel der Bundeswehr zur „Armee im Einsatz" vollzogen hat, um dann perspektivisch die Frage aufzuwerfen, welche Streitkräfte Deutschland in Zukunft benötigt, um im Verbund mit seinen Alliierten zur Sicherheit im euroatlantischen Raum beizutragen. Zu Beginn erscheint es jedoch erforderlich, das Verhältnis zu betrachten, welches die „Zivilmacht Deutschland" (Maull 2007) seit Jahrzehnten und bis in die Gegenwart zu ihren Streitkräften pflegt, und welches die unausweichliche Debatte um die Zukunft der Auslandseinsätze in starkem Maße prägen dürfte.

Am Ende des Kapitels ist der Leser dann in der Lage, Aussagen über die aktuelle Rolle der Bundeswehr in der deutschen Sicherheitspolitik, über die politischen und historischen, insbesondere aber auch über die rechtlichen Grundlagen zu treffen; darüber hinaus kennt er die wichtigsten Auslandseinsätze der Bundeswehr und hat ein gutes Bild über die anstehenden weiteren Entwicklungen und Veränderungen der deutschen Streitkräfte.

1 Die Bundeswehr als Verteidigungsarmee

Wie jedes andere Land hat auch die Bundesrepublik Deutschland aus ihren historischen und politischen Erfahrungen ein Set von Normen und Handlungsmaximen entwickelt, die ihren auswärtigen Auftritt bzw. die Modi ihrer Interessenartikulation und -realisierung nachdrücklich prägen und die so zu maßgeblichen Elementen der außenpolitischen Kultur Deutschlands geworden sind. Dieses war von Beginn an durch zwei grundlegende Orientierungsmuster gekennzeichnet: Zu den entscheidenden Lehren, die Deutschland nach dem Zweiten Weltkrieg aus seinen verheerenden Alleingängen zog, gehört der Verzicht auf unilaterale Machtpolitik und Interessendurchsetzung. Deutschland entwickelte sich konsequent zu einer „Zivilmacht" (zu diesem Konzept siehe Kirste/Maull 1996; Maull 2007), die Dominanzstreben und Aggression zugunsten von Interessensausgleich und Kooperation im Rahmen multilateraler Arrangements auf allen Ebenen des internationalen Systems aufgegeben hat. Europa, NATO, Vereinte Nationen und zahlreiche weiter internationale Organisationen sind so zu unverzichtbaren Plattformen für die Gestaltung der auswärtigen (Sicherheits-)Politik Deutschlands geworden; Multilateralismus entwickelte sich rasch zur außenpolitischen raison d'état der Bundesrepublik.

Die nach der Kapitulation des Deutschen Reiches am 8. Mai 1945 erfolgte vollständige Demilitarisierung des in vier Besatzungszonen aufgeteilten Landes war vor diesem Hintergrund nicht nur der Vollzug des Willens der Siegermächte. Nach der zweiten durch Deutschland ausgelösten Menschheitskatastrophe, die als gezielter Vernichtungskrieg gegen die europäischen Juden und zahlreiche Völker insbesondere Osteuropas die Verheerungen des Ersten Weltkriegs bei weitem übertraf, saß der Schrecken über die Folgen ungezügelter Machtpolitik tief in weiten Teilen der deutschen Gesellschaft. Entsprechend verbreitet war gerade auch in der Bundesrepublik die Abneigung gegen eine Wiederaufstellung von Streitkräften und mögliche Verwicklungen in militärische Unternehmungen. Eine strikte Friedensorientierung, verbunden mit der Vermeidung jeglicher Form von militärischer Gewalt, wurde so zum zweiten entscheidenden Charakterzug deutscher Außen- und Sicherheitspolitik.

Die nach heftigen Diskussionen in den frühen 1950er Jahren gegen eine breite „Ohne-mich"-Bewegung dann doch durchgesetzte Entscheidung zur Wiederbewaffnung war in der jungen Bundesrepublik Deutschland daher nur vorstellbar

- unter den Bedingungen einer sich verschärfenden Bedrohungssituation im Ost-West-Konflikt, zu der auch die ab 1952 aufgestellte paramilitärische Kasernierte Volkspolizei (KVP) und später dann die reguläre Nationale Volksarmee (NVA) der aus der sowjetischen Besatzungszone hervorgegangenen Deutschen Demokratischen Republik (DDR) beitrugen,
- bei fester Einbindung in die multilateralen Bündnisse von Nordatlantischer Vertragsorganisation (NATO) und Westeuropäischer Union (WEU), deren Mitglied die Bundesrepublik mit dem Inkrafttreten der Pariser Verträge am 5. Mai 1955 wurde,
- vor dem Hintergrund beträchtlicher Zuwächse an staatlichen Souveränitätsrechten, erfolgte doch der bundesdeutsche Wehrbeitrag in den westlichen Bündnissen auch als eine Art Tauschgeschäft für die Aufhebung des Besatzungsstatuts.

Die Neuaufstellung (west-)deutscher Streitkräfte in Gestalt der Bundeswehr ab 1955 war also nicht Ausdruck machtpolitischer Interessenvertretung eines wirtschaftlich wieder erstarkenden Staates, sondern muss vielmehr als notgedrungene Reaktion auf die globale und regionale sicherheitspolitische Konstellation einerseits und als Instrument für die Erreichung übergeordneter staatlicher Interessen wie die Rückkehr in den Kreis der gleichberechtigten Mitglieder der internationalen Gemeinschaft andererseits betrachtet werden (vgl. Gareis 2006a: Kap. 3). Entsprechend ambivalent war die Wahrnehmung militärischer Funktionen durch Deutschland in einer skeptischen Öffentlichkeit, die zudem energisch darauf bedacht war, jegliche Anknüpfung an die Traditionen der unseligen Vorgängerstreitkräfte zu verhindern (vgl. Kutz 2007: 65; ausführlich: Bald 1994).

Dabei war der durch die Bundeswehr zu leistende Wehrbeitrag mehr als beachtlich: Stufenweise wurde eine Stärke von 495.000 Soldaten erreicht, gegliedert in ein Feldheer mit drei Armeekorps und insgesamt zwölf panzerstarken Divisionen, einer flächendeckenden Struktur der Territorialverteidigung sowie modernen Luft- und Seestreitkräften. Um Streitkräfte in dieser Größenordnung aufstellen und dauerhaft unterhalten zu können, beschloss der Deutsche Bundestag am 7. Juli 1956 das Wehrpflichtgesetz, das alle Männer ab dem vollendeten 18. Lebensjahr zu einem Militärdienst verpflichtete, dessen Dauer bis zur Wiedervereinigung 1990 zwischen zwölf und 18 Monaten variierte. Zusammen mit den Armeen der USA, Großbritanniens und Frankreichs bildete die Bundeswehr rasch das Rückgrat der westlichen Verteidigungsbemühungen im Rahmen der NATO. Mit insgesamt acht der nunmehrigen Verbündeten hatte die Bundesrepublik bereits im Oktober 1954 einen „Vertrag über den Aufenthalt ausländischer Streitkräfte in der Bundesrepublik Deutschland" (veröffentlicht in Bundesgesetzblatt 1955 II: 253) abgeschlossen, auf dessen Grundlage die Partner weiterhin große Truppenkontingente im westlichen Teil Deutschlands stationieren konnten – was im ausdrücklichen Interesse der Bundesrepublik lag, wurde die militärische Präsenz der Partner doch als unverzichtbarer Beitrag zum Schutz des westdeutschen Staates betrachtet.

In dieser Situation konnte die Bundesrepublik Deutschland ohne weiteres auf jegliche zur weitreichenden Machtprojektion geeigneten Waffensysteme und Fähigkeiten verzichten. Bereits im Vertrag über die Europäische Verteidigungsgemeinschaft (EVG) von 1952 hatte die Bundesrepublik auf die Entwicklung und den Besitz von atomaren, biologischen und chemischen Waffen verzichtet und dies in den Pariser Verträgen noch einmal bestätigt. Die Alliierten hätten eine derartige Bewaffnung ohnedies kaum zugelassen, vor allem aber wollte auch die Bundesrepublik derartige Fähigkeiten gar nicht erst aufbauen. Die Transport- und Logistikkapazitäten zu Wasser und in der Luft blieben auf die taktische und operative Ebene im europäischen Raum begrenzt; es existierte kein Generalstab zur umfassenden strategischen Einsatzführung, dafür waren das gesamte Feldheer sowie die Einsatzkräfte von Luftwaffe und Marine fest in die integrierten Kommandostrukturen der NATO eingebunden (BMVg 1985:

99f.). Auch die bodengebundene Verteidigung der Bundesrepublik Deutschland war nicht durch die Bundeswehr allein, sondern ebenfalls nur im Verbund mit den in Deutschland stationierten Bündniskräften zu leisten (siehe BMVg 1983: 145).

Die Bundeswehr war auf diese Weise gekennzeichnet durch eine strukturelle Nichtangriffsfähigkeit, sie blieb – schwer und statisch, wie sie organisiert und ausgerüstet war – vollständig auf ihren Verteidigungsauftrag beschränkt. Dieser war bis zur Wiedervereinigung die einzige in Politik und Gesellschaft wie auch von den Soldaten selbst akzeptierte Daseinslegitimation (vgl. Kümmel 2006). Mit der Konzeption der „Inneren Führung" hat die Bundeswehr zudem eine stark zivil geprägte Grundphilosophie entwickelt, die sie nicht nur von deutschen Vorgängerarmeen abheben sollte, sondern sie durchaus auch in mancherlei Hinsicht von den Streitkräften der Partner unterscheidet. Sie stellt den „Staatsbürger in Uniform" in den Mittelpunkt, eine Figur, die nicht einem blinden Gehorsam gegenüber Befehlen unterworfen ist, sondern der die kritische Reflexion der Rechtmäßigkeit eines militärischen Auftrages abverlangt wird. Fest in die ihn umgebende Gesellschaft integriert, sollte der Soldat der Bundeswehr keinen Beruf sui generis mehr ausüben, sondern neben anderen Professionen eine „normale" Funktion in Staat und Gesellschaft ausfüllen.

Der exklusiven Orientierung an der Landes- und Bündnisverteidigung entsprechend wurden auswärtige Einsätze der Bundeswehr in einem breiten Konsens über alle politischen und gesellschaftlichen Lager hinweg abgelehnt. In einer engen Interpretation des Art. 87a (2) GG (siehe Kasten 1) wurden sogar Beteiligungen deutscher Soldaten an Friedensmissionen der sonst sehr geschätzten und unterstützten Vereinten Nationen als unvereinbar mit dem Grundgesetz abgelehnt (zu dieser Thematik ausführlich: Hoffmann 1991; vgl. dazu auch den Beitrag von Varwick in diesem Band). Ihre militärpolitische Zurückhaltung kompensierte die Bundesrepublik mit vielfältigen direkten und indirekten Hilfen, wie der Verfügbarmachung ihres Territoriums und Luftraums, durch die Abstellung ziviler Kräfte und nicht zuletzt durch viel Geld.

Kasten 1: Art. 87 a GG (Aufstellung und Einsatz der Streitkräfte)

1. Der Bund stellt Streitkräfte zur Verteidigung auf. Ihre zahlenmäßige Stärke und die Grundzüge ihrer Organisation müssen sich aus dem Haushaltsplan ergeben.
2. Außer zur Verteidigung dürfen die Streitkräfte nur eingesetzt werden, soweit dieses Grundgesetz es ausdrücklich zulässt.
3. Die Streitkräfte haben im Verteidigungsfalle und im Spannungsfalle die Befugnis, zivile Objekte zu schützen und Aufgaben der Verkehrsregelung wahrzunehmen, soweit dies zur Erfüllung ihres Verteidigungsauftrages erforderlich ist. Außerdem kann den Streitkräften im Verteidigungsfalle und im Spannungsfalle der Schutz ziviler Objekte auch zur Unterstützung polizeilicher Maßnahmen übertragen werden; die Streitkräfte wirken dann mit den zuständigen Behörden zusammen.
4. Zur Abwehr einer drohenden Gefahr für den Bestand oder die freiheitlich-demokratische Grundordnung des Bundes oder eines Landes kann die Bundesregierung, wenn die Voraussetzungen des Artikels 91 Abs. 2 vorliegen und die Polizeikräfte sowie der Bundesgrenzschutz nicht ausreichen, Streitkräfte zur Unterstützung der Polizei und des Bundesgrenzschutzes beim Schutze von zivilen Objekten und bei der Bekämpfung organisierter und militärisch bewaffneter Aufständischer einsetzen. Der Einsatz von Streitkräften ist einzustellen, wenn der Bundestag oder der Bundesrat es verlangen.

Gleichwohl waren deutsche Soldaten von Beginn an in zahlreichen Engagements rund um den Erdball präsent. Doch handelte es sich dabei ausnahmslos um humanitäre, technische, logistische oder sanitätsdienstliche Hilfseinsätze, die ausschließlich gewaltfreie Aufgaben umfassten und die von unbewaffneten Soldaten durchgeführt wurden (vgl. Rauch 2004).

Diese Missionen blieben nach ebenfalls konsensualem Verständnis in Politik und Gesellschaft unterhalb der Schwelle militärischer Einsätze im Sinne von Art. 87a (2) GG und unterstrichen so das vergleichsweise zivile Bild der Bundeswehr.

Die Bundesrepublik Deutschland war also keinesfalls ein pazifistischer Staat, aber die Anwendung militärischer Gewalt erschien ihr nur zulässig zum Schutz ihrer freiheitlichen und demokratischen Ordnung und Lebensform, nicht aber zur auswärtigen Interessendurchsetzung oder zur einseitigen Veränderung irgendeines politischen Status quo. Zu den die Staatsräson der „Bonner Republik" prägenden Erfahrungen gehörte auch, dass durch die Pflege einer stabilen Kultur machtpolitischer Zurückhaltung der politische und ökonomische Einfluss der Bundesrepublik nicht etwa sank, sondern sich kontinuierlich steigerte. Ihr konsequent verfolgter Ansatz, Sicherheit und Stabilität durch Friedensorientierung, multilaterale Integration und Kompromissbereitschaft zu sichern, entwickelte Vorbildcharakter in Europa und darüber hinaus.

In dieser Rolle hat sich die Bundesrepublik rund 40 Jahre lang als ein Staat profiliert, der viel zur friedlichen Ausgestaltung der internationalen Politik beigetragen hat. Die beiden Grundorientierungen ihrer Außen- und Sicherheitspolitik ergänzten einander in geradezu perfekter Weise: Die Einbindung in multilaterale Strukturen verlangte von Deutschland ausschließlich die Bereithaltung von Streitkräften für den äußerst unwahrscheinlichen Fall eines Angriffs seitens des Warschauer Paktes, an eine Einbeziehung deutscher Soldaten in die Auseinandersetzungen und Kriege, die seine Verbündeten außerhalb des NATO-Rahmens führten, wurde von diesen weder angefordert, noch war sie aus der bundesdeutschen Sicht heraus vorstellbar. Nach der Wiedervereinigung und unter fundamental veränderten weltpolitischen Rahmenbedingungen jedoch geriet die komplementäre Beziehung zwischen Multilateralismus und strikter Friedensorientierung unter Druck: In den neuen Konflikten nach 1990 waren es die Verbündeten, die von Deutschland aktive Beiträge zu immer kriegerischeren Unternehmungen einforderten. Seither durchläuft das Land schwierige Prozesse des Lernens und der Neuorientierung, die bis heute nicht abgeschlossen sind.

2 Erweiterte Sicherheitsaufgaben und der Wandel zur Einsatzarmee

Mit der Wiedervereinigung änderte sich ab 1990 die sicherheitspolitische Lage für Deutschland grundlegend. Hatten beide deutsche Staaten jahrzehntelang an der Nahtstelle des Ost-West-Konfliktes gelegen, kehrte Deutschland nunmehr in die europäische Zentrallage zurück. Seine mit dem „Vertrag über die abschließende Regelung in Bezug auf Deutschland" (2+4-Vertrag) zurückgewonnene vollständige Souveränität eröffnete ihm beträchtlich erweiterte politische Handlungsspielräume, die aber auch begleitet waren von den zunehmenden Erwartungen der Partner Deutschlands in den zahlreichen internationalen Organisationen und Arrangements. In diese Strukturen blieb das Land nicht nur eingebunden, sondern setzte sein politisches Gewicht zu ihrer Vertiefung und Erweiterung sowie zur Heranführung der ehemaligen Gegner ein. Binnen kurzem war Deutschland ausschließlich von Verbündeten sowie von alten und neuen Partnern umgeben (vgl. ausführlich Haftendorn 2001a: Kap. X; Gareis 2006a: Kap. 4), der Wegfall einer unmittelbaren Bedrohung bedeutete einen erheblichen Zugewinn an Sicherheit. Die alleinige Ausrichtung der Bundeswehr auf die Landes- und Bündnisverteidigung wurde damit schon mangels eines möglichen Gegners weitgehend obsolet. So konnte Deutschland im „2+4-Vertrag" der Verkleinerung seiner Streitkräfte auf 370.000 Soldaten bis 1994 (Art. 3, Abs. 2) zustimmen –

und danach den Umfang der Bundeswehr kontinuierlich bis auf die Zielgröße von bis zu 185.000 Soldaten im Zuge der seit 2011 laufenden Neuausrichtung weiter reduzieren (s. u. Abschnitt 3).

Allerdings stellte die Zeitenwende von 1989/90 Deutschland auch rasch vor neue Risiken und Herausforderungen, mit weitreichenden Folgen gerade für die Verwendung seiner Streitkräfte. Entlang ethnischer, religiöser, weltanschaulicher, ökonomischer oder territorialer Konfliktlinien entzündeten sich in vielen Teilen der Welt Auseinandersetzungen, die während des Ost-West-Konflikts vielfach unterdrückt, verdrängt und von ihrer Bearbeitung und Lösung ferngehalten wurden. Es entfiel die jahrzehntelang überschaubare bipolare Sicherheitsordnung, welche sich um einen zentralen, aber kontrollierten Weltkonflikt eingestellt hatte, und machte einem dezentralen, multipolaren und vielgesichtigen globalen Konfliktszenario Platz. Trug noch der Golfkrieg 1990/91 die Züge des klassischen zwischenstaatlichen Krieges, verlagerte sich im Verlauf der weiteren Jahre die Gewalt immer mehr in die zerrissenen Gesellschaften zahlreicher Staaten Afrikas, Asiens, Lateinamerikas, aber auch Europas hinein. Der Krieg als Mittel der organisierten und intentionalen Anwendung von Gewalt als Mittel der Politik souveräner Staaten wurde immer seltener, mit der Entstaatlichung der Gewalt ging ihre Privatisierung und Ökonomisierung einher, zunehmend aber auch ihre Entgrenzung und weitere Brutalisierung (vgl. Daase 1999; Kaldor 2000; Meyers 2001; Münkler 2002). In den neuen Formen des Gewaltaustrags verwischten mehr und mehr die Unterscheidungen zwischen Krieg und Verbrechen, das Zusammenspiel von neuen Kriegsherren, *failed states* und organisierter Kriminalität ließ unter den Vorzeichen von Proliferation von Massenvernichtungswaffen sowie des internationalen Terrorismus auch die Grenzen zwischen innerer und äußerer Sicherheit zerfließen (vgl. dazu auch den Beitrag von Böckenförde in diesem Band). Zunehmende wirtschaftliche Verflechtung und Interdependenz sowie die fortschreitende Globalisierung im Medien- und Kommunikationsbereich wie auch der Verkehrs- und Transportwege sorgten zudem dafür, dass kein Staat in den westlich geprägten Stabilitätsoasen von den direkten und indirekten Folgen von Krise und Krieg auch in scheinbar entfernten Weltregionen verschont blieb. Im Gegenteil: So stabilisierend sich Interdependenz auf die Beziehungen zwischen den an einem verflochtenen System beteiligten Staaten auswirkt, so anfällig macht es sie auf der anderen Seite für neue Formen der Bedrohung durch externe (aber auch interne) Gewaltakteure. Die für die Prosperität und Fortentwicklung moderner Gemeinwesen unabdingbaren dezentralen Strukturen, freien Kommunikationskanäle und Interaktionsforen stellen eben zugleich auch Einfallstore für die erklärten Gegner dieser offenen Gesellschaften dar.

Angesichts dieser hier skizzierten Herausforderungen drängten Deutschlands Verbündete immer nachdrücklicher auf deutsche Beiträge zum internationalen Krisenmanagement. Die jahrzehntelang gerne gesehene militärische Zurückhaltung Deutschlands in Verbindung mit erheblichen finanziellen Kompensationen (1991 beteiligte sich Deutschland mit rund 17 Mrd. D-Mark an den Kosten des Golf-Kriegs gegen den Irak) wurde über Nacht als „Scheckbuch-Diplomatie" kritisiert und solidarisches Verhalten auch in den bald zahlreich einsetzenden internationalen Militäreinsätzen eingefordert. Wiederum mehr aus Bündnisräson denn aus eigenen machtpolitischen Intentionen heraus begann sich Deutschland aktiv am Aufbau neuer multilateraler Streitkräftestrukturen und Instrumente der Sicherheitsvorsorge und schließlich auch an bewaffneten Unternehmungen im Kontext von NATO, EU und VN zu beteiligen.

2.1 Wachsende multilaterale Verpflichtungen

Die NATO hatte bereits im Jahr 1991 mit ihrem Strategischen Konzept auf die neuen Herausforderungen reagiert und unter den Vorzeichen eines breitangelegten sicherheitspolitischen Ansatzes auch Krisenbewältigung und Konfliktverhütung in ihren Aufgabenkatalog einbezogen (NATO 1991: Teil III, hier Ziff. 32f.). Sie erklärte sich ferner bereit, ihre Fähigkeiten zu bewaffneten Friedenseinsätzen stärker in den Dienst der mit ihren kollektiven Sicherheitsaufgaben zunehmend überforderten Vereinten Nationen zu stellen, ein Versprechen, welches mit einer Reihe von Militäroperationen vor allem auf dem Balkan auch rasch eingelöst werden musste. In seinem Strategischen Konzept von 1999 erweiterte das Bündnis dann seinen Aktionsradius über das klassische Vertragsgebiet der NATO hinaus und nahm auch die Terrorbekämpfung im globalen Maßstab in den Blick (vgl. NATO 1999), bevor es sich dann im November 2002 auf seinem Transformationsgipfel in Prag endgültig zu einer multifunktionalen Sicherheitsagentur mit weltweitem Einsatzradius wandelte: „Um das volle Spektrum ihrer Aufgaben zu erfüllen, muss die NATO in der Lage sein, Streitkräfte einzusetzen, die schnell dorthin verlegt werden können, wo sie nach Entscheidung durch den Nordatlantikrat benötigt werden und die Fähigkeit besitzen, Operationen über Zeit und Raum zu führen – auch in einem potenziellen nuklearen, biologischen und chemischen Bedrohungsumfeld – und ihre Ziele zu erreichen" (NATO 2002: Ziff. 4). Ein Kernstück dieser Transformation der NATO stellt die in Prag vereinbarte und 2007 dann in Riga für einsatzbereit erklärte schnelle Eingreiftruppe der Allianz, die NATO Response Force (NRF) dar. Gemäß den deutschen Zusagen sollen bis zu einem Viertel der 20.000 NRF-Soldaten eine deutsche Uniform tragen. Allerdings musste die NATO auf der Herbsttagung ihres Verteidigungsplanungsausschusses im November 2007 aufgrund mangelnder verfügbarer Truppenkontingente eine erhebliche Relativierung ihres NRF-Konzepts vornehmen (vgl. dazu auch den Beitrag von Theiler in diesem Band).

Auch in der Europäischen Union wirkte Deutschland maßgeblich an der Herausbildung sicherheitspolitischer Strukturen unter Einschluss militärischer Instrumente mit. Bereits 1992 erklärte sich das im Zuge der Schaffung einer Gemeinsamen Außen- und Sicherheitspolitik (GASP) der EU wiederbelebte Bündnis der Westeuropäischen Union (WEU) auf dem Petersberg bei Bonn bereit, militärische Aufgaben in einem breiten Spektrum von humanitären und Rettungseinsätzen über die Friedenssicherung bis hin zu Kampfeinsätzen zur Friedenserzwingung zu übernehmen (WEU 1992). Diese sogenannten Petersberg-Aufgaben wurden 1997 in den Amsterdamer Vertrag aufgenommen und bilden seit der in Nizza im Jahr 2000 erfolgten Inkorporation der operativen Funktionen der WEU in den EU-Vertrag das zentrale Aufgabenbündel der Europäischen Sicherheits- und Verteidigungspolitik (ESVP, seit 2009 Gemeinsame Sicherheits- und Verteidigungspolitik, GSVP). Die Entwicklung der ESVP als eines der lange dynamischsten Politikfelder der EU ging wesentlich auf die Initiative der deutschen EU-Ratspräsidentschaft unter Bundeskanzler Gerhard Schröder in der ersten Jahreshälfte 1999 zurück (vgl. Gareis 2006a: 119f.). Innerhalb weniger Jahre waren die militärisch-operativen Kapazitäten (aber auch die Fähigkeiten zum zivilen Krisenmanagement) unter dem Dach der ESVP so weit entwickelt, dass die EU ab dem Jahr 2003 in Mazedonien (2003), Bosnien-Herzegowina (2004-2012), in der DR Kongo (2006), im Chad/Zentralafrikanische Republik (2008/09) eine Reihe von Militäreinsätzen durchführen konnte. Hinzu kamen ab 2008 die bislang einzige Marineoperation der EU zur Sicherung der Seewege am Horn von Afrika (EUNAVFOR ATALANTA) sowie Trainingsmissionen für Somalia (EUTM Somalia seit 2010) und Mali (EUTM Mali seit 2013). Wurden die ersten Einsätze in Mazedonien und Bosnien-Herzegowina noch unter dem „Berlin Plus-Mechanismus" unter Nutzung von Kommandostrukturen der NATO durchgeführt, konnte die EU später auf eigene Strukturen zurückgreifen (siehe Karlborg 2013). Mit dem Ende 2009 in Kraft getretenen Lissabon-Vertrag entwickelte die EU ihre Fähigkeiten zum eigenständigen Handeln im Rahmen ihrer nunmehr sogenannten Gemeinsamen Sicherheits- und Verteidigungspolitik (GSVP) fort (siehe Hauser 2013). Mit der Beistandsklausel des Artikel 42, Abs. 7 des EU-Vertrages sichern sich die EU-Staaten zudem weitreichende, auch militärische Unterstützungsleistungen für den Fall eines bewaffneten Angriffs auf einen Mitgliedstaat zu (siehe Kockel 2012). Die Europäische Union ist damit zu einer wirklichen Sicherheitsgemeinschaft geworden, auch wenn ihre militärischen Akteursqualitäten sich etwa im Vergleich zur NATO noch eher bescheiden ausnehmen (siehe Giegerich 2013).

Für eine unter dem European Headline Goal vereinbarte europäische Krisenreaktionstruppe verpflichtete sich Deutschland zur Gestellung von bis zu 18.000 Soldaten, für die operative Führung von EU-Missionen stellt Deutschland eines von bislang fünf multinationalen Operation Headquarters (OHQ), welches im Bedarfsfall aus dem Multinationalen Kommando Operative Führung (Multinational Joint Headquarters) in Ulm hervorgeht und das im Falle einer Aktivierung auf die bereits im Einsatz in der DR Congo 2006 erprobte Infrastruktur beim Einsatzführungskommando der Bundeswehr in Potsdam zurückgreifen kann. Im Rahmen des 2004 verabschiedeten EU-Battlegroup-Konzepts halten die EU-Staaten zudem seit 2005 in einem halbjährlichen Rotationszyklus je zwei kleine, aber zur eigenständigen Operationsführung befähigte Kampfverbände in der Stärke von etwa 1.500 Soldaten einsatzbereit. Deutschland war bereits im ersten Halbjahr 2007 Leitnation einer der beiden Battlegroups und hat sich seither an sechs weiteren Battlegroups beteiligt, zuletzt zusammen mit Frankreich in der von Polen geführten „Battlegroup Weimar" im ersten Halbjahr 2013 (zum deutschen Engagement im CFSP/CSDP-Rahmen siehe auch den Beitrag von Knelangen in diesem Band).

Sowohl die NRF als auch die EU Battlegroups sollen in fünf bis zehn Tagen im Radius von 6000 Kilometern um Brüssel verlegbar und zur Durchführung von Einsätzen aller Art, inklusive Kampfeinsätzen, befähigt sein. Alle beteiligten Staaten haben sich verpflichtet, entsprechend ausgewählte und ausgebildete Verbände in Bereitschaft zu halten, die zudem für ihre Einsatzfähigkeit zertifiziert werden müssen. Allerdings sind bislang weder die NRF noch die Battlegroups zum Einsatz gekommen; finanzielle Engpässe in den Mitgliedstaaten sorgten vielmehr dafür, dass Kräfte sowohl für die NRF als auch für die Battlegroups bereitgehalten wurden; wiederholt wurde (zuletzt Anfang 2013) nur eine statt zwei Kampfgruppen bereitgehalten.

Parallel zu diesen Entwicklungen in NATO und EU bemühte sich Deutschland zudem nachdrücklich um die Schaffung multinationaler Streitkräftestrukturen in Europa. Dabei standen gemeinsame Truppenkörper wie die Deutsch-Französische Brigade in Müllheim, das Eurokorps in Straßburg, das Deutsch-Niederländische Korps in Münster oder das Multinationale Korps Nordost in Stettin zunächst in eher symbolischer Weise für das Zusammenwachsen der Staatengemeinschaft in Europa. Die Bewährungsprobe dieser multinationalen Strukturen bildeten indes die zahlreichen internationalen Einsätze auf dem Balkan oder in Afghanistan, in denen Militärverbände aus oft mehr als 30 Nationen geführt werden mussten. Deutschland hat sich von Beginn an als Protagonist auf dem Gebiet militärischer Multinationalität erwiesen und binnen weniger Jahre seine gesamten Einsatzkräfte in multinationale Strukturen eingebunden (vgl. Gareis 2006b).

Unter dem Eindruck sinkender Verteidigungsbudgets geht der Trend zu verstärkter multinationaler Zusammenarbeit weiter. Unter dem Schlagwort *smart defense* startete der NATO-Generalsekretär eine Initiative, die Wege aufzeigt „how NATO can help nations to build greater security with fewer resources but more coordination and coherence" (Rasmussen 2011). In der EU wird diese Debatte unter der Überschrift *pooling and sharing* geführt; in beiden Organisationen geht es darum, militärische Fähigkeiten verstärkt gemeinsam zu nutzen, um so zu Effizienzgewinnen zu gelangen (siehe Mölling 2013).

Eine einseitige Verfügbarkeit von Militär zur einzelstaatlichen Interessendurchsetzung gegen Nachbarn ist vor diesem Hintergrund weder Deutschland noch einem anderen Land in Europa mehr möglich. Insgesamt sind autonome Militäraktionen immer schwerer vorstellbar, und so sind dem willkürlichen Gebrauch des Militärs durch einzelne Regierungen enge Grenzen gesetzt. Mit dem damit gewonnenen Zuwachs an Stabilität zwischen den an den verschiedenen Sicherheitssystemen beteiligten Staaten hat Deutschland ein wichtiges Ziel seiner multilateral ausgerichteten Außen- und Sicherheitspolitik erreicht.

Umgekehrt gilt aber auch, dass die Möglichkeiten jedes einzelnen Staates reduziert werden, seine Streitkräfte einseitig aus multilateralen Strukturen und Missionen herauszuziehen, ohne dass das gemeinsame Anliegen Schaden nimmt. Multilateralismus als Organisationsprinzip internationaler Politik lebt in Theorie und Praxis davon, dass sich Staaten bereit finden, ihre partikularen Interessen zugunsten kollektiver Ziele hintanzustellen. In praxi bedeutet dies, dass mit fortschreitender multilateraler Einbindung eines Staates die Reduzierung seiner Freiheitsgrade zu souveräner nationaler Entscheidung einhergeht – jedenfalls solange er gewillt ist, seinen Verpflichtungen nachzukommen (vgl. Gareis 2007a: 221). Wenn jedoch wie im deutschen Falle den Anforderungen an Engagements im multilateralen Rahmen erhebliche politisch-gesellschaftliche Bedenken gegenüberstehen, gerät die Sicherheitspolitik rasch in eine Art „Multilateralismusfalle", zumindest aber auf eine beständige Gratwanderung zwischen widerstreitenden Interessen sowohl einerseits auf der internationalen als auch andererseits auf der innenpolitischen Ebene. Dies gilt, wie im Folgenden zu zeigen sein wird, insbesondere auch für militärische Einsätze.

2.2 Weltweite Bundeswehreinsätze

Wie in Abschnitt 1 bereits dargelegt, hat die Bundeswehr seit ihrer Gründung eine lange Reihe von überwiegend humanitären Hilfseinsätzen im Ausland unterhalb der Schwelle von bewaffneten Unternehmungen durchgeführt. An diese Tradition knüpften auch die ersten militärischen Engagements der Bundeswehr nach der Wiedervereinigung an. Bereits im Frühjahr 1991 unterstützten unbewaffnete Sanitäts- und Hilfskräfte die US-geführte *Operation Provide Comfort* zur Unterstützung der kurdischen Zivilbevölkerung im Nordirak. Von Mai 1992 bis November 1993 betrieben deutsche Sanitätssoldaten in Pnom Penh ein Militärhospital im Rahmen der Übergangsverwaltung der Vereinten Nationen in Kambodscha. Allerdings galten diese Beteiligungen ebenso wie die Entsendung von Minensuchbooten in den Persischen Golf nach dem Golfkrieg 1991 nicht als Einsätze nach den Bestimmungen des Artikels 87a GG.

2.2.1 Erste bewaffnete Einsätze

Die Situation änderte sich, als der VN-Sicherheitsrat ein Handels- und Waffenembargo sowie ein Flugverbot gegen das ehemalige Jugoslawien verhängte und NATO und WEU sich zur Überwachung dieser Sanktionen bereit erklärten. Deutschland beteiligte sich an der maritimen Überwachungsaktion in der Adria durch die Entsendung eines Kriegsschiffes der Deutschen Marine und beließ seine Soldaten an Bord der im Luftraum über dem Balkan eingesetzten AWACS-Aufklärungsflugzeuge. Von August 1993 bis März 1994 stellte die Bundeswehr zudem ein verstärktes Nachschubbataillon zur VN-Friedensmission UNOSOM II in Somalia ab. In allen drei Einsätzen bestand die Möglichkeit der Einbeziehung deutscher Soldaten in Kampfhandlungen jenseits der Landes- und Bündnisverteidigung. Die Bundesregierung unter Bundeskanzler Helmut Kohl hatte hier – sowohl aus Gründen der Bündnissolidarität als auch zur Wahrung deutscher Mitsprache bei internationalen Entscheidungsprozessen – politische Fakten geschaffen, ohne zunächst eine auch für das Oppositionslager (im Falle der AWACS-Einsätze klagte sogar die an der Regierung beteiligte FDP-Fraktion) akzeptable politisch-rechtliche Klärung der Bedingungen solcher Einsätze herbeigeführt zu haben. Das daraufhin von mehreren Bundestagsfraktionen angerufene Bundesverfassungsgericht bestätigte zwar in seinem Urteil vom 12. Juli 1994 die grundsätzliche Rechtmäßigkeit von Bundeswehreinsätzen im Rahmen kollektiver Sicherheitsorganisationen wie den VN, der NATO oder der WEU, verlangte aber die konstitutive Zustimmung des Bundestages zu derartigen Unternehmungen (siehe Abschnitt 2.3).

In den darauffolgenden Jahren wurde die Bundeswehr immer häufiger in bewaffnete Unternehmungen der verschiedensten Art und in den unterschiedlichsten Kontexten entsandt. Dazu gehörten zunächst Beteiligungen an VN-geführten Beobachtungs- und Friedensmissionen wie UNPROFOR in Bosnien-Herzegowina oder UNOMIG in Georgien, bevor sich Deutschland dann ab 1995 zusammen mit den Verbündeten verstärkt in VN-mandatierten Einsätzen zu engagieren begann. Darunter werden Missionen verstanden, die zwar durch den Sicherheitsrat der Vereinten Nationen autorisiert sind (sogenanntes VN-Mandat), deren Durchführung aber vollständig in der Verantwortung der beteiligten Organisationen bzw. Staaten liegt. In diese Kategorie fallen die NATO-geführten Operationen IFOR/SFOR (1994-2004) bzw. KFOR (seit 1999) auf dem Balkan ebenso wie die EU-Missionen „Concordia" in Mazedonien (2003), „Artemis" (2003) in der Demokratischen Republik Kongo, die SFOR-Nachfolge-Operation EUFOR „Althea" in Bosnien-Herzegowina (2004-12), EUFOR DR Congo (2006) und EUFOR Tschad/Zentralafrikanische Republik (2008/09), aber auch Beteiligungen an Ad-hoc-Koalitionen wie INTERFET in Ost-Timor (1999) oder zu Beginn der ISAF-Mission in Afghanistan. Von Ende 2001 bis 2010 nahm die Bundeswehr zudem an der *Operation Enduring Freedom* teil, die von den USA als Verteidigungsmaßnahme gegen den internationalen Terrorismus geführt wird und die ihre Rechtsgrundlagen in Art. 51 der VN-Charta (individuelle und kollektive Selbstverteidigung) sowie in Art. V des NATO-Vertrages findet.

Kasten 2: Wichtige abgeschlossene Auslandseinsätze der Bundeswehr seit 1990			
Operation	Aufgaben der Bundeswehr	Geführt durch	Dauer
Provide Comfort	Humanitäre und medizinische Hilfe für die kurdische Zivilbevölkerung im türkisch/irakischen Grenzgebiet nach dem Golfkrieg	Multinationale Truppe/ USA	1991
UNTAC	UN Transitional Authority in Cambodia; Einrichtung und Betrieb eines Militärhospitals für die VN-Friedensmission sowie (faktisch) für die kambodschanische Bevölkerung	Vereinte Nationen	1992-1993
UNSCOM	Transportunterstützung für die Inspektionsteams der VN-Spezialkommission bei der Untersuchung irakischer Waffensysteme und -anlagen	Vereinte Nationen	1991-1996
UNOSOM II	VN-Operation in Somalia; Unterstützung der Mission durch ein verstärktes Logistikbataillon	Vereinte Nationen	1993-1994
UNPROFOR	UN Protection Force im ehemaligen Jugoslawien; Unterstützung der Mission durch Sanitäts- und Sicherungskräfte in Kroatien	Vereinte Nationen	1995
IFOR	Implementation Force; Beteiligung an der Friedenstruppe zur Überwachung des Dayton-Abkommens für Bosnien-Herzegowina	NATO (VN-mandatiert)	1995/96
SFOR	Stabilization Force; Fortführung von IFOR und Sicherung des Wiederaufbaus in Bosni-	NATO (VN-mandatiert)	1996-2004

	en-Herzegowina		
INTERFET	International Force East Timor; Unterstützung einer internationalen Eingreiftruppe zur Beendigung von Vertreibungen der Zivilbevölkerung durch indonesische Milizen nach dem Unabhängigkeitsreferendum in Ost-Timor	Internationale Koalition/ Australien (VN-mandatiert)	1999/2000
Concordia	Fortführung der NATO-Missionen *Essential Harvest/Amber Fox/Allied Harmony*; nach der Entwaffnung von Aufständischen in Mazedonien Unterstützung einer internationalen Beobachtungsmission und der mazedonischen Regierung	EU (VN-mandatiert)	2003
Artemis	Unterstützungsoperation der EU für die VN-Friedensmission MONUC im Nordost-Kongo durch Lufttransportkapazitäten	EU (VN-mandatiert)	2003
EUFOR DR Congo	Beteiligung an der Unterstützungsoperation der EU für die VN-Friedensmission MONUC während der Wahlen in der DR Kongo	EU; operative Führung durch Deutschland (VN-mandatiert)	2006
UNOMIG	United Nations Observer Mission in Georgia	Vereinte Nationen	1994-2009
OEF	Operation Enduring Freedom; Beitrag zum Kampf gegen den internationalen Terrorismus / Überwachung der Seewege am Horn von Afrika auf Grundlage von Art. V des NATO-Vertrages	USA	2001-2010
EUFOR „Althea"	Friedenstruppe der Europäischen Union in Bosnien-Herzegowina	EU (VN-mandatiert)	2004-2012

Quelle: eigene Zusammenstellung

Bewegten sich alle diese Einsätze in einem klaren, völkerrechtlich abgesicherten Rahmen, zeigte sich Deutschland auch zur Überschreitung rechtlicher Grenzen bereit: An dem ohne Mandat des VN-Sicherheitsrates geführten Luftkrieg der NATO (*Operation Allied Force*) gegen die Bundesrepublik Jugoslawien im Frühjahr 1999 nahmen deutsche Kampfflugzeuge teil. Innerhalb weniger Jahre wurden die deutschen Streitkräfte so vor die Aufgabe gestellt, sich im gesamten Spektrum internationaler Militäreinsätze zu engagieren.

2.2.2 Aktuelle Einsätze

Blickt man auf die Missionen, in welche die Bundeswehr im Sommer des Jahres 2013 eingebunden ist, wird deutlich, dass sich die Zahl der eingesetzten Kräfte mit rund 5.800 Soldaten gegenüber den Spitzen der Jahre 2010-12 mit mehr als 7.500 Soldaten wieder reduziert hat, sich jedoch Breite und Komplexität des Aufgabenspektrums der Bundeswehr weiterhin schrittweise vergrößern. Den wichtigsten politisch-militärischen Rahmen für Bundeswehr-Einsätze bildet weiterhin die NATO: So stehen noch immer fast 4.000 Bundeswehrangehörige im Rahmen der vom Bündnis geführten International Security Assistance Force (ISAF) in Afghanistan vor der Aufgabe, zum einen bis Ende 2014 den Abzug großer Teile der eigenen Kräfte aus ihrem Verantwortungsbereich im Norden des Landes zu organisieren und gleichzeitig die Voraussetzungen für eine vollständige Übergabe der Sicherheitsverantwortung an die afghanischen Behörden ebenso zu schaffen wie für eine anschließende Unterstützungspräsenz, deren Umfang und Mandat noch weitgehend unklar sind. Zugleich schlägt der ISAF-Beteiligung bereits seit Jahren eine wachsende Skepsis gegenüber der verstärkten Einbeziehung der deutscher Soldaten in Kampfhandlungen entgegen, die im September 2009 durch einen Luftschlag in Kundus mit zahlreichen, auch zivilen Todesopfern einen Höhepunkt erreichte.

Nach dem deutlich reduzierten Engagement in Bosnien-Herzegowina bildet die NATO-Truppe KFOR im Kosovo die letzte größere internationale Militärpräsenz auf dem Boden des früheren Jugoslawien. Hier beteiligt sich ein mit 729 Soldaten ebenfalls deutlich reduziertes Bundeswehrkontingent an der immer noch schwierigen, durch das Normalisierungsabkommen zwischen Serbien und Kosovo vom Mai 2013 aber weiter unterstützten Aufgabe, den staatlichen Aufbau und das gesellschaftliche Zusammenwachsen im Kosovo zu schützen. In der Türkei wiederum sind auf der Grundlage von Art. V des NATO-Vertrages rund 300 Bundeswehrkräfte eingesetzt, die eine „Patriot"-Luftabwehr-Einheit zum Schutz des Bündnispartners vor möglichen Raketenangriffen aus Syrien betreiben. Ebenfalls unter dem Vorzeichen des Artikels V überwachen deutsche Marinekräfte der 2001 als Antwort auf die Terroranschläge des 11. September ins Leben gerufenen NATO-Operation Active Endeavour Seewege im Mittelmeer.

Im Rahmen der Europäischen Union beteiligt sich die Bundeswehr mit einem Kriegsschiff an der Marineoperation ATALANTA zur Piratebekämpfung vor der somalischen Küste und am Horn von Afrika sowie an den beiden Trainingsmissionen, welche die EU in Uganda für in Somalia zu Einsatz kommende Soldaten der Afrikanischen Union (AU) bzw. in Mali für die Regierungstruppen des Landes im Kampf gegen fundamentalistische Aufständische unterhält.

Bezüglich der Entsendung militärischer Kräfte in VN-geführte Operationen zeigt sich Deutschland dagegen eher zurückhaltend: rund 100 Soldaten arbeiten in drei Missionen, zehn bzw. fünfzehn Soldaten dienen in den VN-Missionen UNAMID (Darfur/Sudan) und UNMISS im Südsudan. Seit 2013 unterstützt die deutsche Luftwaffe die VN-Mission MINUSMA im westafrikanischen Mali durch Lufttransport- und Luftbetankungskräfte. Einen Sonderfall stellt indes die etwas größere Beteiligung der Bundeswehr an der VN-Operation UNIFIL im Libanon dar: Nach dem sogenannten „Sommerkrieg" 2006 zwischen Israel und der vom Libanon aus operierenden Hisbollah-Organisation wurde die seit 1978 im Libanon stehende Friedenstruppe deutlich vergrößert mit dem Ziel, das Wiederaufflammen von Kampfhandlungen zu unterbinden. Nachdem die Deutsche Marine zu Beginn den multinationalen maritimen Anteil der UNIFIL geführt hatte, reduzierte sie ihr Engagement schrittweise von rund 1.000 auf nunmehr 150 Soldaten.

Kasten 3:	Laufende Auslandseinsätze der Bundeswehr (Stand August 2013)		
Operation	Mandat	Deutsche Beteiligung Beginn/Stärke	Grundlagen
KFOR	NATO-Friedenstruppe zum Schutz des Wiederaufbaus des Kosovo	1999/729	SR-Res. 1244 v. 10.06.1999 BT-Beschluss v. 11.06.1999 seither verlängert
OAE	Operation Active Endeavour zur Sicherung der Seewege im Mittelmeer	2001/63	NATO-Rat v. 12.09.2001 BT-Beschluss v. 16.11.2001 seither verlängert
ISAF	Internationale Friedenstruppe zum Schutz des Wiederaufbaus in Afghanistan	2001/3973	SR-Res. 1386 v. 20.12.2001 BT-Beschluss v. 22.12.2001 seither verlängert
UNIFIL	VN-Mission zur Friedenssicherung	2006/150	SR-Res. 1701 v. 11.08.2006

	im Libanon		BT-Beschluss v. 20.09.2006 seither verlängert
UNAMID	Unterstützung der Hybrid-Mission von VN und Afrikanischer Union in Darfur/ Sudan	2007/10	SR-Res. 1769 v. 31.07.2007 BT-Beschluss v. 07.11.2007 seither verlängert
ATALANTA	Marinemission der EU zum Schutz der Seewege am Horn von Afrika	2008/258	SR-Res. 1814 v. 15.05.2008 BT-Beschluss v. 19.12.2008 seither verlängert
UNMISS	VN-Mission im Südsudan	2011/15	SR-Res. 1996 v. 08.07.2011 BT-Beschluss v. 08.07.2011 seither verlängert
Active Fence	Beitrag zur integrierten Luftverteidigung der NATO auf Ersuchen der Türkei	2012/298	NATO-Rat v. 04.12.2012 BT-Beschluss v. 14.12.2012
EUTM Mali	Trainingsmission der EU für die Streitkräfte von Mali	2013/96	SR-Res. 2085 v. 20.12.2012 BT-Beschluss v. 28.02.2013
MINUSMA	Unterstützung der United Nations Multidimensional Integrated Stabilization Mission in Mali	2013/71	SR-Res 2100 v. 25.04.2013 BT-Beschluss v. 27.06.2013

Hinzu kommen Beitrag zur integrierten Luftverteidigung 41 Sanitätskräfte zur Evakuierung aus medizinischen Gründen, die in Deutschland vorgehalten werden, sowie kleinere Beteiligungen an Unterstützungsmissionen in Somalia und der DR Congo.

Quelle: eigene Darstellung; eigene Darstellung; Daten: www.bundeswehr.de/Einsätze

Wenngleich die Auslandseinsätze der Bundeswehr seit 1991 überwiegend im Rahmen von Stabilisierungsoperationen durchgeführt wurden, bedeutet dies nicht, dass diese Missionen ungefährlich sind. Im Oktober 1993 starb der erste deutsche Soldat während eines Auslandseinsatzes in Phnom Penh/Kambodscha im Rahmen der VN-Mission UNTAC durch einen Mord, 2001 kam im Zuge der Beobachtungsmission UNOMIG erstmals ein deutscher Soldat durch Kampfhandlungen ums Leben, als ein Hubschrauber von Aufständischen abgeschossen wurde. Im gefährlichsten Einsatzgebiet, Afghanistan, starben 35 Soldaten in Kampfhandlungen oder durch Anschläge, 19 weitere Bundeswehrangehörige verloren ihr Leben bei Unfällen mit (Luft-) Fahrzeugen, Waffen, Sprengstoff und Minen oder durch Suizid. Die seit Beginn der Auslandseinsätze insgesamt zu beklagenden 102 Toten (August 2013) und eine nicht bekannte Zahl von verletzten und psychisch traumatisierten Soldaten zeigen, dass sicherheitspolitische Entscheidungen permanent von der Gefahr des Todes und der Verwundung eigener Staatsbürger begleitet sind. Die Todesfälle unterstreichen die besondere Verantwortung der Politik gegenüber ihrem Militär.

2.3 Politische und rechtliche Rahmenbedingungen internationaler Militäreinsätze

Wie in Abschnitt 2.2 bereits dargelegt, sah sich die Bundesregierung unter Bundeskanzler Helmut Kohl zu Anfang der 1990er Jahre nicht zuletzt aufgrund wachsenden Drucks seitens der Verbündeten zur Entsendung deutscher Soldaten in internationale Militäreinsätze veranlasst, ohne zuvor eine Klärung der politischen und rechtlichen Rahmenbedingungen dieser Einsätze vorgenommen zu haben. Mehrere Bundestagsfraktionen klagten daraufhin vor dem Bundesverfassungsgericht gegen die Beteiligung der Bundeswehr an den Einsätzen in Somalia und im Balkanraum, im Fall des AWACS-Einsatzes sogar die die Bundesregierung mittragende FDP-Fraktion. Geklärt werden sollte die Vereinbarkeit von „*out-of-area*"-Einsätzen mit der strikten Bindung des Auftrages der Bundeswehr an die Landes- und Bündnisverteidigung gemäß Art. 87a GG. Dagegen sah die Bundesregierung die Zulässigkeit durch die Bestimmungen des Art. 24 (2) GG gegeben, nach denen sich der Bund Systemen gegenseitiger kollektiver Sicherheit anschließen und zur Wahrung des Friedens in die Einschränkung von Hoheitsrechten einwilligen kann.

2.3.1 Das Urteil des Bundesverfassungsgerichts

Mit seiner am 12. Juli 1994 bekannt gegebenen Entscheidung regelte das Bundesverfassungsgericht die rechtlichen Voraussetzungen und Bedingungen für internationale Bundeswehreinsätze in grundlegender Weise (vgl. Bundesverfassungsgericht 1994). Das Verfassungsgericht bestätigte die Auffassung der Bundesregierung bezüglich der Ermächtigungsnorm des Art 24 (2) GG: Diese „berechtigt den Bund nicht nur zum Eintritt in ein solches System [kollektiver Sicherheit] und zur Einwilligung in damit verbundene Beschränkungen seiner Hoheitsrechte. Sie bietet vielmehr auch die verfassungsrechtliche Grundlage für die Übernahme der mit der Zugehörigkeit zu einem solchen System typischerweise verbundenen Aufgaben und damit auch für eine Verwendung der Bundeswehr zu Einsätzen, die im Rahmen und nach den Regeln dieses Systems stattfinden" (Bundesverfassungsgericht 1994: 226). Dagegen war es nicht die Absicht des 1968 in das Grundgesetz eingefügten Art. 87a, die außen- und sicherheitspolitischen Handlungsmöglichkeiten nach Art. 24 (2) GG einzuschränken (Bundesverfassungsgericht 1994: 258). Durch diesen im Rahmen der Notstandsgesetzgebung geschaffenen Artikel sollte vielmehr die Verwendungen der Bundeswehr im Inneren verfassungsrechtlich bestimmt und begrenzt werden (Bundesverfassungsgericht 1994: 259, 260).

Allerdings entschied das Bundesverfassungsgericht auch, dass es die Bundesregierung versäumt hatte, vor der Entsendung von Soldaten eine konstitutive Zustimmung des Bundestages einzuholen (Bundesverfassungsgericht 1994: 325). Mit diesem „Parlamentsvorbehalt" wurde ein völlig neues und ausschließlich auf die Verwendung der Streitkräfte beschränktes Verfahren eingeführt, nach welchem der Bundestag eigene Rechte bei der eigentlich im Bereich der Exekutive angesiedelten Ausübung der auswärtigen Gewalt erhält. Begründet wurde diese Konstruktion mit einer historischen Argumentation, nach der deutsche Streitkräfte seit der Weimarer Reichsverfassung den Charakter eines „Parlamentsheeres" hätten. Der Politik wurde auferlegt, die Zustimmung des Parlaments für die damals laufenden Einsätze nachzuholen und für alle folgenden zu berücksichtigen. Festgelegt wurde aber auch, dass dem Bundestag kein Initiativrecht für einen Bundeswehreinsatz zusteht. Die Kompetenz, über Art, Umfang und Mandat eines Einsatzes zu entscheiden und hierzu die entsprechenden Absprachen und Planungen mit den internationalen Partnern und Einrichtungen zu führen, verbleibt also allein bei der Exekutive. Der Bundestag kann einen entsprechenden Antrag der Bundesregierung nur mit der Mehrheit seiner Abgeordneten bestätigen oder ihn ablehnen; Änderungen kann das Parlament nicht vornehmen. Ermöglicht wird auch ein Einsatz ohne vorangegangenen Bundestagsbeschluss, wenn Gefahr im Verzug ist und folglich schnell sowie unter Geheimhaltung gehandelt werden muss – wie dies etwa 1997 der Fall war, als Bundeswehrsoldaten mit Operation „Libelle" deutsche und ausländische Staatsbürger aus dem durch Unruhen erschütterten Tirana evakuierten. Der Bundestag kann einen solchen Einsatz dann im Nachhinein billigen oder aber die eingesetzten Kräfte zurückrufen (Wiefelspütz 2003).

Mit seinem Urteil erweiterte das Verfassungsgericht zugleich auch den Kreis der Staatenorganisationen, welche als Systeme gegenseitiger kollektiver Sicherheit gemäß Art. 24 (2) GG des Grundgesetzes in Frage kommen, um kollektive Verteidigungssysteme wie NATO und die (später in der Europäischen Union aufgegangene) WEU (Bundesverfassungsgericht 1994: 237). Für die sicherheitspolitische Praxis bedeutet dies: Beteiligungen der Bundeswehr an internationalen Militäreinsätzen stehen fast keine verfassungsrechtlichen Schranken entgegen. Einzig ein nationaler Alleingang bleibt ausgeschlossen.

Während das Bundesverfassungsgericht mit der Beteiligung des Bundestages an Einsätzen der Bundeswehr also ein neues Verfahren einführte, ließ es Form und Ausgestaltung des Verfahrens offen. Mehr als zehn Jahre lang wurden die Bundestagsbeschlüsse daher in Anlehnung an das Gesetzgebungsverfahren herbeigeführt (Dreist 2002). Dies war häufig umständlich und – im Falle etwa der Teilnahme eines einzelnen deutschen Austauschoffiziers an einem Einsatz seines ausländischen Verbandes – auch nicht angemessen.

2.3.2 Das Parlamentsbeteiligungsgesetz

Im Dezember 2004 verabschiedete der Bundestag daher das „Gesetz über die parlamentarische Beteiligung bei der Entscheidung über den Einsatz bewaffneter Streitkräfte im Ausland", das sogenannte Parlamentsbeteiligungsgesetz (ParlBG; ausführlich dazu: Scherrer 2010; Gilch 2005). Dieses sieht vor, dass der Einsatz bewaffneter Streitkräfte der Zustimmung des Bundestages bedarf (§1, Abs. 2 ParlBG). Ein solcher Einsatz ist definiert durch die Einbeziehung bzw. die erwartbare Einbeziehung deutscher Soldaten in bewaffnete Unternehmungen (§2, Abs. 1 ParlBG). Demgegenüber stellen Maßnahmen zur Vorbereitung und Planung ebenso wie humanitäre Hilfsdienste und Hilfsleistungen, in denen Waffen nur zur Selbstverteidigung getragen werden und in denen keine Einbeziehung in Kampfhandlungen zu erwarten ist, keine Einsätze dar und bedürfen folglich auch nicht der parlamentarischen Zustimmung (§ 2, Abs. 2 ParlBG).

Um die Zustimmung des Bundestages zu erlangen, hat die Bundesregierung nach §3 einen detaillierten Antrag vorzulegen, der Angaben insbesondere zum Einsatzauftrag, zum Einsatzgebiet und den rechtlichen Grundlagen des Einsatzes enthalten muss. Hinzu kommen Aussagen über die Höchstzahl der einzusetzenden Soldaten und deren militärische Fähigkeiten. Die geplante Dauer des Aufenthalts sowie die voraussehbaren Kosten und deren Finanzierung müssen ebenfalls genannt werden. Dieses detaillierte Antragsverfahren ist das Herzstück der parlamentarischen Kontrolle internationaler Einsätze, weil er für die Dauer des Mandates die Bundesregierung in allen wesentlichen Parametern des Einsatzes bindet. Änderungen bedürfen einer neuerlichen Zustimmung des Bundestages, ggf. auch eines gesonderten Mandates (so wurde etwa 2007 beim ersten Beschluss zum Einsatz von Aufklärungs-Tornados in Afghanistan verfahren). Allerdings hat die Bundesregierung in den zurückliegenden Jahren ihre Flexibilität ausgeweitet, indem sie höhere Obergrenzen mandatieren ließ, als sie Soldaten einzusetzen plante. Weitgehend eingeschränkt ist dagegen die parlamentarische Kontrolle von Einsätzen des Kommandos Spezialkräfte (KSK) oder der Kampfschwimmer der Marine. Über deren Aufträge und genaue Zahl werden nur die Fraktionsobleute im Verteidigungs- wie auch im Auswärtigen Ausschuss informiert (Noetzel/Schreer 2007: 2f.).

Eingeführt wurde mit dem Parlamentsbeteiligungsgesetz auch ein vereinfachtes Entscheidungsverfahren bei Einsätzen „von geringer Intensität und Tragweite" (§4 ParlBG). Danach gilt die parlamentarische Zustimmung als erteilt, wenn der Bundestagspräsident die Fraktionsobleute im Verteidigungs- und Auswärtigen Ausschuss über einen entsprechenden Antrag der Bundesregierung informiert hat, dieser Antrag allen Bundestagsabgeordneten schriftlich zur Kenntnis gegeben wurde und innerhalb von sieben Tagen keine Fraktion bzw. fünf Prozent der Abgeordneten eine Befassung im Plenum verlangt haben.

Deutlich gestärkt worden sind – jedenfalls auf den ersten Blick – die Rechte des Bundestages durch §8 des Gesetzes, der dem Parlament ein Rückholrecht einräumt, das ständig in Anspruch genommen werden kann. Dies wäre in der Tat das stärkste Kontrollinstrument des Parlaments gegenüber der für die Planung und Durchführung des Einsatzes verantwortlichen Exekutive. Allerdings muss gesehen werden, dass, falls der Bundestag tatsächlich *gegen* den Willen der Exekutive von diesem Rückholrecht Gebrauch machen würde, die jeweils verantwortliche Regierung in einer wichtigen Frage keine Mehrheit hätte und eine schwere Regierungskrise die wohl unausweichliche Folge wäre. Angesichts dieser Konsequenzen sowie der Tatsache, dass Bundesregierungen von den Mehrheitsfraktionen im Parlament getragen werden, muss es als äußerst unwahrscheinlich gelten, dass der Bundestag sein Rückholrecht je ausüben wird. Wahrscheinlicher ist, dass die Exekutive die sie tragende Mehrheit ggf. mit dem Druckmittel des Verlusts einer Kanzlermehrheit zu disziplinieren versucht. Über welche Möglichkeiten die Regierung diesbezüglich verfügt, hat der damalige Bundeskanzler Schröder gezeigt, als er am 16. November 2001 die Entscheidung im Bundestag über die Entsendung deutscher Soldaten nach Afghanistan mit der Vertrauensfrage verknüpfte und auf diese Weise eine knappe Mehrheit (aus den eigenen Reihen) für einen Einsatz gewann.

2.3.3 Weitere Klarstellungen

Trotz des Verfassungsgerichtsurteils 1994 war unter Juristen lange umstritten, ob Auslandseinsätze nach Art. 24 (2) GG zugleich auch Verteidigungsanstrengungen nach Art. 87a GG darstellen müssen und wie weit gegebenenfalls dann der Begriff der Verteidigung gefasst werden müsste (vgl. Kokott 2002). In diesem Punkt dürfte sich allerdings auch als Folge der politischen Praxis eine Auffassung dergestalt durchgesetzt haben, dass Art. 24 (2) GG eine Ermächtigungsnorm für Einsätze „außer zur Verteidigung" (Art. 87a (2) GG) darstellt.

Schwieriger verhält es sich indes nach wie vor mit der Frage, welche Einsatzformen dem konstitutiven Parlamentsvorbehalt unterliegen und welche nicht. Wie oben gezeigt, sind nach § 2 ParlBG grundsätzlich alle bewaffneten Einsätze oder solche, in denen mit Gewaltanwendung gerechnet werden muss, zustimmungspflichtig, die Teilnahme unbewaffneter Militärbeobachter etwa im Rahmen von VN-Beobachtungsmissionen wie seinerzeit an UNOMIG oder UNMEE dagegen nicht.

Wie sind aber Einsätze zu bewerten, in denen deutsche Soldaten zwar nicht selbst Waffen tragen, durch ihre Mitarbeit in Hauptquartieren oder Überwachungsflugzeugen aber möglicherweise den Einsatz von Waffengewalt anordnen oder ermöglichen bzw. in anderer Form in Kampfhandlungen einbezogen werden können? Dazu hat das Bundesverfassungsgericht am 7. Mai 2008 in seiner Entscheidung zu einer seit 2003 anhängigen Klage der FDP-Bundestagsfraktion über einen AWACS-Einsatz deutscher Soldaten über der Türkei während des Irak-Krieges weitere Klärungen vorgenommen. Demnach sind auch unbewaffnete Bundeswehrsoldaten in bewaffnete Unternehmungen einbezogen, wenn sie „als wesentlicher Teil des den bewaffneten Einsatz durchführenden integrierten militärischen Systems handeln. Wer im Rahmen einer bewaffneten Auseinandersetzung etwa für den Waffeneinsatz bedeutsame Informationen liefert, eine die bewaffnete Operation unmittelbar leitende Aufklärung betreibt oder sogar im Rahmen seiner militärischen Funktion Befehle zum Waffeneinsatz geben kann, ist in bewaffnete Unternehmungen einbezogen, ohne dass er selbst Waffen tragen müsste (BVerfG 2008: Ziff 81). Zudem weist das Bundesverfassungsgericht darauf hin, dass der Bundesregierung in der Frage der möglichen Einbeziehung deutscher Soldaten in bewaffnete Unternehmungen kein eigenständiger Einschätzungs- oder Prognosespielraum zusteht. Dies ergibt sich aus dem verfassungsrechtlichen Parlamentsvorbehalt zu bewaffneten Bundeswehreinsätzen, welcher dem Bundestag ein originäres Mitentscheidungsrecht bei der Ausübung der auswärtigen Gewalt einräumt. Somit ist auch, wie das Gericht bereits im Leitsatz seiner Entscheidung festhält, die Frage, ob eine bewaffnete Unternehmung vorliegt oder nicht, gerichtlich voll überprüfbar. Folglich hat die Bundesregierung das Parlament frühzeitig und umfassend über den Einsatzzusammenhang sowie Planungen in Systemen gegenseitiger kollektiver Sicherheit zu informieren (BVerfG 2008: Ziff. 82).

Mit diesem Urteil hat das Bundesverfassungsgericht eigentlich nur Selbstverständlichkeiten bestätigt und zudem seine bereits 1994 getroffenen Feststellungen und Postulate bekräftigt. Auch damals ging es um einen AWACS-Einsatz, und auch damals wurde der Politik aufgegeben, den Parlamentsbeschluss nachzuholen (s. o.). Dass die Bundesregierung 2003 bestrebt war, die mit der parlamentarischen Behandlung immer verbundene öffentliche Debatte über diesen Einsatz zu vermeiden, lag sicher an den spezifischen Umständen des Irak-Krieges. Immerhin hatte die Bundesregierung jedwede Beteiligung deutscher Soldaten kategorisch ausgeschlossen. Allerdings verweist auch dieser Fall auf die generelle Neigung der Exekutive, die im Kern militärischen Aspekte des auswärtigen Einsatzes von Bundeswehrsoldaten zu verschleiern.

2.4 Strategische Defizite

Die große Zahl und das breite Spektrum der bislang durchgeführten internationalen Einsätze der Bundeswehr zeigen, wie selbstverständlich die Streitkräfte mittlerweile als Instrument deutscher Sicherheitspolitik eingesetzt werden. Dass der Streitkräfteeinsatz von einer großen Mehrheit der deutschen Bevölkerung als „normal" empfunden wird, legen die hohen Zustimmungswerte nahe, welche die internationalen Engagements der Bundeswehr regelmäßig in Bevölkerungsumfragen finden (Bulmahn et al. 2011: 37f.; siehe auch den Beitrag von Heiko Biehl und Jörg Jacobs in diesem Band). Dies gilt jedenfalls, solange es sich um Hilfs- und Stabilisierungseinsätze mit geringer Wahrscheinlichkeit einer Verwicklung in Kampfhandlungen handelt. Einsätze zur „Friedenserzwingung" oder Kampfeinsätze würden selbst dann nur von Minderheiten unterstützt, wenn sie sich im Kontext der Vereinten Nationen abspielten. Wenngleich deutsche Aufklärungstornados bereits 1995 an der Zielaufklärung für Luftschläge der NATO gegen serbische Streitkräfte mitgewirkt bzw. sich 1999 deutsche Kampfflugzeuge an den Angriffen auf die Bundesrepublik Jugoslawien beteiligt hatten und zu Beginn der Kampfhandlungen in Afghanistan Ende 2001 zeitweise auch Soldaten des Kommandos Spezialkräfte eingesetzt waren, haben sich doch alle Bundesregierungen wie auch die jeweilige militärische Führung stets bemüht, den humanitären, unterstützenden und friedlichen Charakter der internationalen Bundeswehreinsätze zu unterstreichen. Die Herausbildung einer neuen politischen und gesellschaftlichen Positionierung zu Deutschlands Rolle in der Welt im Allgemeinen sowie zu militärischen (Kampf-)Einsätzen unterblieb dabei.

2.4.1 Strategische Debatte über Einsätze ist überfällig

So ist Deutschland zwar seit über zwei Jahrzehnten in vielen Teilen der Welt auch militärisch präsent – eine Debatte in der deutschen Öffentlichkeit über die neue Rolle des Landes in der internationalen Sicherheitspolitik und die Verwendung seines Militärs ist indes in Politik und Gesellschaft vermieden worden (zu den möglichen Dimensionen einer solchen Debatte siehe Perthes 2007). Bezogen auf die Einsätze der Bundeswehr wählten die Kanzler von Kohl bis Merkel und die Verteidigungsminister von Rühe bis Jung den Weg einer schrittweisen Gewöhnung der Öffentlichkeit an die neuen militärischen Aufgaben. Weitgehend offen blieb dabei, welchen Zielen, Interessen und Zwecken militärische Beteiligungen deutscher Soldaten an internationalen Operationen zu dienen haben, welches die Voraussetzungen, Prioritäten und ggf. auch die Grenzen solcher Einsätze sind, mit welchen Kräften sich Deutschland an welchen Szenarien beteiligen bzw. eben auch nicht beteiligen will.

Statt sich in Politik, Gesellschaft und Militär über die neuen sicherheitspolitischen Herausforderungen und die militärischen Beiträge zu ihrer Bewältigung auseinanderzusetzen und um einen neuen, das alte Paradigma der strikten Verteidigungsfunktion ersetzenden strategischen Konsens zu bemühen, wurde Deutschland durch mehr oder minder sanftes Drängen seiner Verbündeten in immer schwierigere militärische Unternehmungen hineingezogen. Das reaktive Schema der deutschen Sicherheitspolitik zeigte sich besonders nachdrücklich in der Debatte um den ISAF-Einsatz in Afghanistan, als ab Sommer 2006 die Alliierten immer offener die Bereitschaft der Deutschen zur Teilnahme an Kampfhandlungen im gesamten Einsatzland einzufordern begannen (Gareis 2007a). Über die Bereitstellung von sechs Aufklärungstornados im Frühsommer 2007 und die Bereitstellung einer Quick Reaction Force im Norden Afghanistans wurde die Bundeswehr immer tiefer in die Geschehnisse hineingezogen – allerdings nicht aufgrund strategischer Entscheidungen ihrer politischen und militärischen Führung, sondern vor allem unter dem wachsenden Druck der Alliierten.

Nach der insbesondere durch Verteidigungsminister Franz Josef Jung (2005-2009) betriebenen Verklärung des Afghanistan-Einsatzes als humanitäre Stabilisierungsmission bedeutete der bereits erwähnte Luftschlag von Kundus am 4. September 2009 einen wirklichen Wendepunkt in der Wahrnehmung von Bundeswehreinsätzen und das Ende der „Lebenslügen" der deutschen Politik – so Jungs Nachfolger Karl-Theodor zu Guttenberg, der den Begriff des Krieges wieder in die Diskurse in Deutschland einführte. Wie sensibel indes die Bevölkerung in Deutschland auf den Einsatz militärischer Gewalt reagiert verdeutlichte bald darauf die Entrüstung, die ein Interview des damaligen Bundespräsidenten Horst Köhler auslöste. Dieser hatte im Mai 2010 auf der Rückreise von einem Besuch in Afghanistan erklärt, dass „ein Land unserer Größe mit dieser Außenhandelsorientierung und damit auch Außenhandelsabhängigkeit auch wissen muss, dass im Zweifel, im Notfall auch militärischer Einsatz notwendig ist, um unsere Interessen zu wahren, zum Beispiel freie Handelswege, zum Beispiel ganze regionale Instabilitäten zu verhindern, die mit Sicherheit dann auch auf unsere Chancen zurückschlagen negativ durch Handel, Arbeitsplätze und Einkommen" (Köhler 2010). Damit ging der Bundespräsident zwar nicht über das hinaus, was seit Jahren schon erklärte deutsche Sicherheitspolitik war – dennoch trug die heftige Diskussion schließlich zu seinem Rücktritt am 31. Mai 2010 bei.

Auch wenn noch so klar definierte Interessen nicht zu einer Checkliste führen können, mittels derer dann über einen Einsatz entschieden wird, so könnte eine strategische Sicherheitskonzeption durchaus Auskunft darüber geben, wie sich Deutschland künftig im internationalen System positionieren will – und dies gegenüber der eigenen Öffentlichkeit wie auch gegenüber der internationalen Umwelt kommunizieren: Als Ordnungsmacht nach britischem oder französischem Vorbild? Als zurückhaltende Zivilmacht, die sich auf die Bereitstellung militärischer Teilfertigkeiten im internationalen Verbund beschränkt? Welche Antwort auch immer gefunden wird: Eine solche längst überfällige Strategiedebatte könnte die weitere sicherheitspolitische Verwendung der Bundeswehr in einen konsistenten Bezugsrahmen stellen und den Einsatzeinscheidungen etwas von ihrem notorischen Ad-hoc-Charakter nehmen.

2.4.2 Komplexe Missionen

Die Einsätze der Bundeswehr sind in den allerwenigsten Szenarien auf rein militärische Aufgaben beschränkt. Wenn es wie auf dem Balkan oder in Afghanistan um den Wiederaufbau kriegszerstörter Staaten und Gemeinwesen geht, wenn im Libanon versucht wird, das Wiederaufflammen von Kampfhandlungen zu verhindern, oder in der DR Kongo die Absicherung von Wahlen unterstützt wird, handelt es sich um multidimensionale Friedensmissionen, in denen vorrangig zivile, politische, ökonomische, soziale oder kulturelle Lösungsansätze verfolgt werden und in denen ein breitgefächertes Ensemble spezialisierter Akteure – beispielsweise Experten für den Aufbau politischer Institutionen oder für Polizei, Justiz, Verwaltung, Infrastruktur, Entwicklung, Schule und Bildung – zum Einsatz kommt. Dem Militär fällt vor allem in den Anfangsphasen die Aufgabe der Absicherung dieser Bemühungen um einen dauerhaften Übergang von der Gewalt zum Frieden zu. Für solche umfassenden Ansätze auf der operativen Ebene hat sich im internationalen Sprachgebrauch der Begriff des post-conflict peacebuilding (Friedenskonsolidierung) durchgesetzt (zu dessen konzeptionellen Anforderungen siehe Gareis 2007a: 69f.). Was für diese Friedenseinsätze im Speziellen gilt, charakterisiert auf der strategischen Ebene die Sicherheitspolitik insgesamt: Ein komplexes Bündel von Problemen und Herausforderungen verlangt nach einer stimmigen Orchestrierung der nationalen wie internationalen, der staatlichen wie nichtstaatlichen Akteure und deren differenzierten Instrumentarien.

Dieser comprehensive approach findet sich im im Konzept der „Vernetzten Sicherheit" (BMVg 2006: 29f.) wieder. Das Weißbuch knüpft damit an den bereits im Jahr 2004 durch die Bundesregierung vorgelegten Aktionsplan „Zivile Krisenprävention, Konfliktlösung und Friedenskonsolidierung" (Bundesregierung 2004) an, der unter dem Stichwort „Ausbau der nationalen Infrastruktur für zivile Krisenprävention" (ebd.: 4) die zielgerichtete Bündelung und Fokussierung deutscher Beiträge und Aktivitäten im internationalen Rahmen verspricht und dessen Umsetzung durch eine Reihe von Nachfolgeberichten (zuletzt Bundesregierung 2010) begleitet wurde.

In der politischen Praxis indes bleiben die konzertierten Anstrengungen hinsichtlich „vernetzter Sicherheit" insbesondere der maßgeblichen Ressorts wie Äußeres, Inneres, Wirtschaft, Wirtschaftliche Zusammenarbeit und Verteidigung hinter den Erfordernissen zurück, die in Weißbuch und Aktionsplan aufgeführt sind. Trotz der Verankerung der im Aktionsplan benannten Arbeitsfelder als Querschnittsaufgaben aller Ministerien und trotz der erfolgten Einrichtung eines Ressortkreises unter Federführung des Auswärtigen Amtes trägt die Bundeswehr mit rund ihren rund 5.800 Soldaten im Einsatz die Hauptlast der staatlichen Bemühungen Deutschlands in der internationalen Friedenssicherung, verglichen mit rund 350 Zivilpolizisten in EU- und VN-Missionen und einer noch kleineren Zahl ziviler Spezialisten aus anderen Bereichen wie etwa der Entwicklungszusammenarbeit (zum Einsatz des zivilen deutschen Personals siehe Zentrum für Internationale Friedenseinsätze, www.zif-berlin.org). Diese unterschiedlichen Größenordnungen spiegeln sich auch im Konzept der Provincial Reconstruction Teams (PRT) in Afghanistan wider: Im von Deutschland geführten Regionalkommando Nord arbeiten in Kunduz (bis Ende 2011 auch in Feyzabad) Vertreter bzw. Angehörige der vier beteiligten Ressorts (AA, BMZ, BMI und BMVg) unter einer „Doppelspitze" aus militärischem Kommandeur und dem vom Auswärtigen Amt gestellten zivilen Leiter zusammen. Trotz wiederkehrender Meinungsverschiedenheiten bezüglich der Nähe zwischen Militär und Entwicklungszusammenarbeit haben sich die PRTs jedoch als eine gemeinsame Plattform für die Wahrnehmung der unterschiedlichsten Aufgaben – von militärischer Aufstandsbekämpfung über Polizeiausbildung und eigene Entwicklungsprojekte im Infrastruktur-, Medizin oder Kulturbereich bis hin zur Kooperation mit Hilfsorganisationen – etabliert (zur Vernetzten Sicherheit in Afghanistan siehe Gareis 2011).

Gleichwohl wird die Bundeswehr als rasch verfügbare Allzweckwaffe betrachtet und eingesetzt – auch in Aufgabenbereichen, die nicht originär militärischer Natur sind, sondern näher an Polizeiaufgaben (etwa in Bosnien-Herzegowina und Afghanistan) oder der Umsetzung von Entwicklungs- bzw. Hilfsprojekten (im Rahmen eines extensiven Verständnisses von Zivil-Militärischer Zusammenarbeit in fast allen größeren Einsätzen) liegen. Die in Kapitel 3 dieses Bandes dargelegte Fragmentierung des sicherheitspolitischen Entscheidungs- und Handlungsapparates zeigt sich gerade in den komplexen Friedenseinsätzen: Das für die praktische Umsetzung von „vernetzter Sicherheit" als umfassendem strategischen Ansatz erforderliche zivile Personal steht nur unzureichend zur Verfügung. Angesichts des Fehlens einer politischen Instanz für die strategische Planung und Steuerung der sicherheitspolitischen Aktivitäten Deutschlands dürfte sich der gegenwärtige Mangel an gut ausgebildetem Zivilpersonal für komplexe Friedenseinsätze in die Zukunft fortschreiben lassen und die Bundeswehr weiterhin mit artfremden Aufgaben belastet bleiben.

2.4.3 Bündnispolitische Auswirkungen

Politische Ziele bzw. Interessen und die auf ihre Erreichung zielenden Strategien dienen nicht nur der rationalen Anordnung der Ressourcen und Instrumente eines Staates, sondern sie entfalten auch eine Indikatorwirkung nach innen gegenüber der eigenen Öffentlichkeit sowie nach außen gegenüber Partnern und Verbündeten bzw. anderen Akteuren im internationalen System. Eine schlüssige strategische Position hinsichtlich der Voraussetzungen, Reichweiten und Grenzen deutscher Beteiligungen an internationalen Militärmissionen könnte hilfreich sein, die wiederkehrenden Irritationen über die deutschen Beiträge zu den immer gefährlicher werdenden Einsätzen von NATO und EU, etwa in Afghanistan oder in Afrika, zu vermeiden. Dazu gehört insbesondere eine Klärung der deutschen Haltung in Bezug auf mögliche Kampfeinsätze. Diese werden von den Verbündeten seit geraumer Zeit immer wieder gefordert, als etwa US-Verteidigungsminister Robert Gates seinen deutschen Kollegen Franz Josef Jung schriftlich aufforderte, im Herbst des Jahres 2008 abziehende amerikanische Kampfverbände in Südafghanistan durch deutsche zu ersetzen (Süddeutsche Zeitung vom 1. Februar 2008). Die Debatte über Deutschlands Zuverlässigkeit als Bündnispartner erlebte einen Höhepunkt nach seiner Enthaltung bei der Abstimmung im VN-Sicherheitsrat über die Einrichtung und die militärische Absicherung einer Flugverbotszone über Libyen sowie Schutzzonen für die bedrängte libysche Zivilbevölkerung (siehe Varwick 2011). Derartige Anforderungen werden über kurz oder lang wieder auf die Agenda kommen – aus Bündnissolidarität, aber vor allem auch als ein politisches Kapital, das Deutschland für die Aufrechterhaltung seines Einflusses in den strategischen Entscheidungsgremien von EU und NATO sowie auf der globalen Ebene aufbringen muss. Allerdings sollte Deutschland die Bedingungen formulieren, unter denen es sich an solchen Einsätzen beteiligen kann – oder dies ablehnt. Ein berechenbarer und verlässlicher Partner, der unter nachvollziehbaren Gründen auch „Nein" sagen kann, dürfte dabei eher akzeptiert und ernst genommen werden als ein unsicherer Zauderer, der immer nur unter Druck bzw. aus Bündnisräson zur Teilnahme an kollektiven Einsätzen bewegt werden kann.

3 Reform, Transformation, Neuausrichtung: Die Bundeswehr im Dauerwandel

Die in den vorangegangenen Abschnitten dargelegten Entwicklungen im internationalen System seit 1989/90 verlangen der deutschen Sicherheitspolitik und der Bundeswehr einen tiefgreifenden und fortdauernden Reformprozess ab. Panzerschwer und statisch zur Landesverteidigung konzipiert, war die alte Bundeswehr auf die Auslandseinsätze im multinationalen Verbund ihrer Struktur und Organisation, ihrer Ausrüstung und Ausbildung und nicht zuletzt auch ihres Selbstverständnisses nach nur unzureichend vorbereitet. Doch trotz weggefallener Bedrohung und zunehmender Einsatzaufgaben vollzog sich der Wandel der Bundeswehr von der Verteidigungs- zur Einsatzarmee langsam und unvollständig.

Die Gründe für diesen verschleppten Reformprozess sind vielfältiger Natur. Den für eine tiefgreifende Modernisierung und Neustrukturierung der Bundeswehr erforderlichen Kosten standen real sinkende Verteidigungsaufwendungen ebenso gegenüber wie erhebliche Kosten aus langfristigen Beschaffungsprogrammen, die bis in Zeiten lange vor dem Wegfall des Ost-West-Konflikts zurückreichen. So wurde etwa die Entwicklung des Jagdflugzeugs „Jäger 90" im Jahr 1983 unter den Vorzeichen einer massiven Bedrohung durch die konventionellen Streitkräfte der Sowjetunion begonnen – die Einführung des inzwischen in Eurofighter 2000 umgetauften Kampfflugzeugs erfolgte dann ab 2006.

Vor allem aber vollzog sich der Wandel der sicherheitspolitischen Kultur in Deutschland langsamer als die internationalen Rahmenbedingungen. Die neuen Aufgaben sollten – darum bemühten sich politische und militärische Führung nachdrücklich – stets als Ausnahme vom eigentlichen Auftrag der Bundeswehr, der Landesverteidigung, erscheinen. Zwar stellten bereits die im November 1992 durch Verteidigungsminister Volker Rühe erlassenen Verteidigungspolitischen Richtlinien (VPR) nach einer klarsichtigen Analyse der sich abzeichnenden neuen Weltlage fest: „Krisenmanagement wird als künftige Schwerpunktaufgabe an die Stelle der bisherigen Ausrichtung auf die Abwehr einer großangelegten Aggression treten" (BMVg 1992: Ziff. 48). Doch das bald danach vorgelegte Weißbuch 1994 machte deutlich, dass es die primäre Aufgabe der Bundeswehr bleibe, „das Territorium der Bundesrepublik Deutschland, den Luftraum und die Küstengewässer" zu verteidigen (BMVg 1994: Ziff. 520), auch wenn die Verschiebung des „zentralen Bezugspunktes und Maßstabes verteidigungspolitischer Überlegungen" hin zur Krisenbewältigung akzeptiert wurde (BMVg 1994: 89). Das zahlenmäßige Verhältnis der dann geschaffenen Krisenreaktionskräfte (KRK) zur Gesamtstärke der Bundeswehr (nie erreichte 50 000 zu 370 000, später 340 000), das Festhalten an panzerstarken Hauptverteidigungskräften (HVK) sowie die Aufrechterhaltung der nur in ihrer Dauer reduzierten Wehrpflicht belegten dann auch in der Struktur der Bundeswehr den Ausnahmecharakter des sogenannten „besonderen Auslandseinsatzes".

Dabei blieb es zunächst auch nach dem Wechsel zur rot-grünen Bundesregierung im Jahr 1998. In einer verteidigungspolitischen Bestandsaufnahme stellte Verteidigungsminister Rudolf Scharping fest, dass „die Landesverteidigung zum unwahrscheinlichsten Einsatzfall geworden" sei (BMVg 1999: 25), nur um ein Jahr später in seiner Reformkonzeption „Eckpfeiler für eine Erneuerung von Grund auf" in eindeutiger Klarheit festzustellen: „In erster Linie bestimmen Landesverteidigung und Kollektive Verteidigung Umfang und Struktur der Bundeswehr" (BMVg 2000: Ziff. 20). Zwar hob dieser Reformansatz die Unterscheidung zwischen Krisenreaktions- und Hauptverteidigungskräften auf, schuf eigene Einsatzkräfte in der Größenordnung von 150 000 Soldaten sowie ein Einsatzführungskommando zur Leitung der Auslandseinsätze. Der Grundsatz blieb indes erhalten, dass die Verteidigungskräfte auch die Krisenbewältigung zu leisten haben (zu den Reformen der 1990er Jahre ausführlich: Meiers 2006: Kap. 4).

Diese Prioritätenfolge wurde durch die Verteidigungspolitischen Richtlinien 2003 genau umgekehrt. Die Führung der Bundeswehr knüpfte damit an die Analysen, Schlussfolgerungen und Empfehlungen einer Reformkommission unter Leitung Richard von Weizsäckers an, die bereits im Frühjahr 2000 angeregt hatte, die Fähigkeiten, Strukturen und Umfänge der Bundeswehr primär aus der Eignung zu Kriseneinsätzen abzuleiten (Bundesregierung 2000: Ziff. 65). Mit den VPR 2003 bekannte sich erstmals ein regierungsamtliches Dokument zu einer grundlegenden Neuausrichtung der Bundeswehr, die Richtlinien können daher als Startschuss für die Transformation der Bundeswehr hin zu einer Einsatz- oder Interventionsarmee bezeichnet werden. Die Landesverteidigung hatte als wichtigste strukturbestimmende Aufgabe und entscheidende Legitimationsgrundlage der Bundeswehr ausgedient (siehe BMVg 2003).

Als Ziel dieser Transformation beschrieb das Weißbuch 2006, „die Einsatzfähigkeit der Bundeswehr in einem sich wandelnden Umfeld zu erhöhen und auf Dauer zu erhalten", und fügt an, dass dieser Prozess „alle Dimensionen der Streitkräfte und ihrer Verwaltung – Fähigkeiten, Umfänge, Strukturen, Stationierung, Personal, Material, Ausrüstung und Ausbildung" umfasst (BMVg 2006: 102). Hinter der Chiffre „Transformation" verbarg sich zum einen der Anspruch, schnell und flexibel die geeigneten militärischen Mittel für neue oder unerwartet auftretende Bedrohungen zur Hand zu haben. Damit verbunden war zum anderen aber auch die Abkehr von der jahrzehntelangen Praxis, strukturelle, technologische oder rüstungspolitische Reformen in überschaubaren Zeitrastern oder Generationenfolgen bei der Ausstattung vorzunehmen. Vor allem aber ging es um die Überwindung überholter Denkschemata, die sich in den Kategorien der alten Teilstreitkräfte Heer, Marine und Luftwaffe und deren spezifischen Führungs- und Einsatzmustern bewegen, zugunsten eines „Neudenken(s) des Verbundes der Fähigkeiten innerhalb und zwischen den Teilstreitkräften" (Schneiderhan 2003: 1). In den Vordergrund rücken sogenannte „streitkräftegemeinsame" Fähigkeiten und Einsatzmuster, in denen die unterschiedlichen militärischen Funktionsbereiche einerseits der Bundeswehr und andererseits ihrer multinationalen Partner diejenigen Fähigkeiten einbringen, die zur Bewältigung des jeweiligen Einsatzauftrages erforderlich sind. Das Zusammenwirken dieser vielfältig unterschiedlichen Kräfte sollte unter dem Stichwort „Vernetzte Operationsführung" durch ein alle Ebenen und Funktionsbereiche durchdringendes Kommunikations- und Informationswesen gesteuert werden.

Seit 2010 befindet sich die Bundeswehr wieder in einer Phase des Übergangs. Die 2003 angestoßene Transformation der Bundeswehr hatte die Schaffung neuer Prioritäten und Strukturen für eine Einsatzarmee zum Ziel. Diese waren jedoch noch nicht realisiert worden, als im Jahr 2010 der damalige Verteidigungsminister Karl-Theodor zu Guttenberg einen erneuten, diesmal aber grundlegenden Umbau der Bundeswehr ankündigte. Hierzu gehörte die noch in zu Guttenbergs kurzer Amtszeit auf den Weg gebrachte Aussetzung (und damit *de facto* Abschaffung) der Allgemeinen Wehrpflicht und die Überleitung der Bundeswehr in eine Berufs- und Freiwilligenarmee. Im Mittelpunkt der von Guttenbergs Nachfolger Thomas de Maizière dann so bezeichneten „Neuausrichtung der Bundeswehr" (BMVg 2012) steht eine weitere Verkleinerung der Streitkräfte auf bis zu 185.000 Soldaten (bis zu 170.000 Zeit- und Berufssoldaten sowie bis zu 15.000 Freiwilligen Wehrdienst Leistende), eine Vielzahl von Maßnahmen zur Steigerung von bundeswehrinterner Effizienz (BMVg 2012: 16f.) und schließlich die Fähigkeit, bis zu 10.000 Soldaten im Einsatz zu halten (ebd.: 11).

Dazu sollen bis 2017 – dem Jahr des weitgehenden Abschlusses der Neuausrichtung – die Führungsebenen weiter gestrafft und gebündelt werden. Mit dem Dresdner Erlass vom 21. März 2012 wurden die Streitkräfte dem Generalinspekteur der Bundeswehr unterstellt, während die Kommandos der fünf Organisationsbereiche (Heer, Luftwaffe, Marine, Zentraler Sanitätsdienst und Streitkräftebasis) außerhalb des um rund 2.000 Dienstposten verkleinerten Bundesministeriums der Verteidigung angesiedelt werden.

Wenngleich der im Zuge der Neuausrichtung neu formulierte Auftrag der Bundeswehr wieder den Schutz der deutschen Bürgerinnen und Bürger hervorhebt und die Landesverteidigung als Bündnisverteidigung an die erste Stelle der zu leistenden Aufgaben setzt (ebd.: 13), wird „Die neue Bundeswehr" unumwunden zum „Instrument der Außen- und Sicherheitspolitik" (ebd. 12f.) erklärt, und es wird unterstrichen, dass die Aufgaben und die Struktur der Bundeswehr weiterhin am multinationalen Einsatz im Rahmen des weltweiten Krisenmanagements (VN, EU, NATO, OSZE) ausgerichtet bleiben.

Inwieweit diese Neuausrichtung die angestrebten Erfolge erreichen wird, bleibt indes abzuwarten. Begonnen wurde der Prozess mit dem Blick auf weitere Einsparungen im Verteidigungshaushalt, nicht auf der Grundlage einer strategischen Analyse der sicherheitspolitischen Herausforderungen und daraus abgeleiteten Fähigkeiten und Umfängen. Die Wehrpflicht wurde abgeschafft, ohne dass ein durchdachtes Konzept vorgelegen hätte, wie die zuvor in großer Zahl über den Grundwehrdienst rekrutierten Nachwuchskräfte in der Zukunft gewonnen werden können. Vor allem aber bleibt die Neuausrichtung ein topdown-Ansatz des Verteidigungsministeriums. Insbesondere in den VPR werden Aufgaben und Ziele formuliert, Soldaten und Zivilpersonal der Bundeswehr eingeschworen und schließlich auch Wirtschaft und Gesellschaft in die Pflicht genommen – ohne jedoch die so Angesprochenen zuvor in einen sicherheitspolitischen Diskurs über Sinn und Zweck dieser Einsätze eingebunden zu haben. So formulieren die VPR 2011: „Die Soldaten der Bundeswehr werden ihr berufliches Selbstverständnis im Einsatz für unsere Sicherheit und den Schutz unserer Bürger umso besser annehmen und erfüllen, je aufgeschlossener und verständnisvoller die deutsche Gesellschaft die Besonderheiten des soldatischen Dienens und den Beitrag der Streitkräfte insgesamt für Deutschland anerkennt und würdigt" (ebd.: 20). Wie diese größere Kongruenz zwischen militärischem Auftrag und dessen gesellschaftlicher Wertschätzung erreicht werden soll, ist jedoch eine seit langem offene Frage.

4 Ein letzter Tabubruch? Die Debatte um Bundeswehreinsätze im Inneren

Parallel zur Transformation der Bundeswehr in eine vornehmlich auf den internationalen Einsatz hin ausgerichtete Streitmacht wird seit einer Reihe von Jahren verstärkt auch eine Diskussion um den Einsatz der Bundeswehr im Inneren geführt. Diese Debatte rührt an die Fundamente der Sicherheitsarchitektur, wie sie nach dem Zweiten Weltkrieg und in Abkehr von der zentralisierten Machtkonzentration des „Dritten Reiches" in der Verfassungsordnung der Bundesrepublik Deutschland verankert wurde. Demnach ist die Aufrechterhaltung der inneren Sicherheit, also vor allem der Schutz der Staatsbürger vor Verbrechen und Kriminalität, aber auch vor Naturkatastrophen und anderen internen Risiken gemäß Art 30 GG Aufgabe der Länder. Aus dieser Bestimmung leitet sich auch die grundsätzliche Zuständigkeit der Länder für Polizei und Justiz als wichtige Instrumente der inneren Sicherheit ab. Demgegenüber kommen dem Bund nur eingeschränkte polizeiliche und justizielle Funktionen zu, etwa beim Schutz des Grenzen und länderübergreifenden Einrichtungen wie Bahn oder Flughäfen, bei der Terrorismusabwehr oder bei der Bekämpfung der internationalen Kriminalität (siehe Art. 87, Art. 73, Ziff. 11 GG).

Ein Einsatz der Bundeswehr ist außer zur Landesverteidigung gem. Art. 87a (2) GG nur erlaubt, wenn es das Grundgesetz ausdrücklich zulässt. Diese Regelung wurde 1968 im Rahmen der Notstandsgesetzgebung im Grundgesetz verankert, gerade um der Verwendung der Bundeswehr im Inneren enge Grenzen aufzuerlegen. Die Wahrnehmung von Aufgaben im Inneren durch die Bundeswehr ist durch Art. 35 GG geregelt – auf die Aufgaben der Bundeswehr im Rahmen der Notstandsverfassung und des Spannungs- bzw. Verteidigungsfalles soll hier nicht eingegangen werden (siehe hierzu einen Überblick bei Knelangen 2006: 113f.). Gemäß Art. 35 (1) GG leisten sich Bund und Länder gegenseitig Amtshilfe, so dass die Bundeswehr etwa Unterkünfte oder Transportkapazitäten für die Polizei zur Verfügung stellen oder mit speziellen Aufklärungsflugzeugen die Suche nach vermissten Personen unterstützen darf. Dabei geht im Zuge der Amtshilfe jedoch keine Befugnis oder Zuständigkeit von der unterstützten auf die unterstützende Institution über. Nach Art. 35 (2) GG kann ein Land im Falle von Naturkatastrophen oder schweren Unglücksfällen auch die Unterstützung durch die Bundeswehr anfordern; im Falle länderübergreifender Naturkatastrophen und Unglücksfälle kann der Bund einen derartigen Einsatz anordnen (Art. 35 (3) GG). Diese grundsätzliche Aufteilung der Sicherheitsfunktionen von Polizei und Justiz nach innen und der Streitkräfte nach außen erscheint jedoch angesichts neuer Bedrohungen und verschwimmender Grenzen zwischen Verbrechen und Kriegshandlungen immer weniger angemessen (vgl. dazu den Beitrag von Böckenförde in diesem Band). Bei der Diskussion um den Einsatz der Bundeswehr im Innern kann es nicht darum gehen, personell unterbesetzten und unterfinanzierten Länderpolizeien eine personell strapazierte und unterfinanzierte Bundeswehr als Hilfstruppe zur Verfügung zu stellen. Nachzudenken wäre aber über komplementäre Leistungen durch die Bundeswehr im Falle großflächiger Verbrechen gegen die Zivilbevölkerung, zu deren Abwehr die klassischen polizeilichen Mittel nicht ausreichen.

Dass derartige Verbrechen von nichtstaatlichen Gewaltakteuren begangen werden können, ist nicht erst mit dem 11. September 2001 deutlich geworden. Der Giftgasanschlag der Aum-Sekte in der Tokioter U-Bahn zeigte ein neues Bedrohungspotenzial bereits im Jahr 1995 auf, nach den verheerenden Anschlägen von Daressalam (Tansania) und Nairobi (Kenia) im Jahr 1998 mit Hunderten Toten befasste sich der VN-Sicherheitsrat mit der Unterstützung des Al-Qaida-Terrors durch das Taliban-Regime in Afghanistan, und in seiner Rede vor der VN-Generalversammlung wies US-Präsident Bill Clinton schon 1999 darauf hin, dass terroristische Gruppen zwar geringere Möglichkeiten, aber auch weniger Skrupel beim Einsatz von Massenvernichtungswaffen hätten und ihnen deshalb unbedingt der Zugriff auf solche Systeme verwehrt werden müsse (Clinton 1999). Auch in Deutschland wurde, angestoßen durch den damaligen Bundesinnenminister Wolfgang Schäuble, bereits in den 1990er Jahren über eine Aufgabenerweiterung der Bundeswehr im Bereich der inneren Sicherheit diskutiert (Knelangen 2006: 117f.). Aber erst die Angriffe auf die USA am 11. September 2001 wie auch die nachfolgenden Anschläge in Madrid (2004) und London (2005) verdeutlichten den Willen und die Fähigkeit terroristischer Gruppen zu Gewalthandlungen in einer Intensität, die bis dahin nur Staaten zugeschrieben wurde. Seit November 2001 beteiligt sich Deutschland auch mit militärischen Kräften an der Bekämpfung des internationalen Terrorismus (bis 2010 im Rahmen der Operation Enduring Freedom; weiterhin bei Operation Active Endeavour, s. o.), obgleich Terrorismus nach deutscher Lesart nach wie vor ein Verbrechen und keine Kriegshandlung darstellt (siehe Gareis 2006a: Kap. 10).

In Deutschland selbst sorgte ein vergleichsweise harmloser Zwischenfall dafür, dass eine breite und tiefgehende politische Debatte über militärische Beiträge zur Gefahrenabwehr im Innern wieder in Gang kam, als im Februar 2002 ein offenbar verwirrter junger Mann mit einem Leichtflugzeug den Luftraum der Frankfurter Innenstadt überflog. Was, so lautete daraufhin die Frage, würde geschehen, wenn wie in den USA eine große (Passagier-)Maschine von Terroristen in eine Waffe verwandelt und gegen eine Großstadt, ein Atomkraftwerk oder ein anderes opferträchtiges Ziel eingesetzt würde? Das nach langen Diskussionen dann am 11. Januar 2005 durch den deutschen Bundestag verabschiedete „Gesetz zur Neuregelung von Luftsicherheitsaufgaben" (Luftsicherheitsgesetz, LuftSiG) sah neben einer Reihe präventiver Sicherheitsmaßnahmen (LuftSiG: Abschnitt 2) in seinem §14 (3) die Möglichkeit der „Einwirkung mit Waffengewalt" auf ein Luftfahrzeug vor, „wenn nach den Umständen davon auszugehen ist, dass das Luftfahrzeug gegen das Leben von Menschen eingesetzt werden soll, und sie das einzige Mittel zur Abwehr dieser gegenwärtigen Gefahr ist." Das Tätigwerden der Bundeswehr auf dem Wege der Amtshilfe begründete das Gesetz auf Art. 35 (2) Satz 2 GG sowie auf Art. 35 (3) GG, wonach die Bundesregierung die Streitkräfte einsetzen könne, wenn ein besonders schwerer Unglücksfall bevorsteht (§13 (1) LuftSiG; zum Gesetz ausführlich: Burkiczak 2006).

Damit erkannten Bundesregierung und Parlament an, dass es potenzielle Bedrohungen von Seiten privater Gewaltakteure gibt, auf die mit polizeilichen Mitteln nicht hinreichend reagiert werden kann. Gleichwohl zeigte das Luftsicherheitsgesetz, wie kurzatmig und anlassbezogen sich die deutsche Politik neuen, ungewohnten Herausforderungen stellte: Statt in umfassender Weise eine Analyse möglicher Bedrohungen vorzunehmen und diesen die zu ihrer Abwehr geeigneten polizeilichen und militärischen Mittel gegenüberzustellen und in einem weiteren Schritt über die politischen und rechtlichen Voraussetzungen für deren Einsatz nachzudenken, wurde ein Spezialgesetz erlassen, in dem die Mitwirkung der Bundeswehr in einem Bereich geregelt werden sollte. Andere Felder, etwa mögliche Beiträge der Marine zum Schutz vor terroristischen Bedrohungen von See her oder den Einsatz von ABC-Abwehrkräften im Falle von Anschlägen mit Gas oder Nuklearmaterial (sogenannte „schmutzige Bomben"), blieben demgegenüber unberücksichtigt.

Vorgelegt wurde ein Gesetz, in dem Regierung und Parlament über ihre verfassungsmäßigen Kompetenzen hinausgingen. Auf die Unmöglichkeit, das Leben unschuldiger Menschen an Bord einer entführten Verkehrsmaschine gegen die möglicherweise zu rettenden Leben am Boden abzuwägen, hatte Bundespräsident Horst Köhler bereits im Vorfeld seiner zögerlichen Ausfertigung des Gesetzes hingewiesen. Auch die Berufung auf Art. 35 in §13 des LuftSiG erschien dem Bundespräsidenten fragwürdig, weil dadurch das Wesen der Amtshilfe zugunsten eigener Zuständigkeiten der Bundeswehr verändert würde. Dass er das Gesetz dennoch ausfertigte, begründete er mit den Zwängen seines Amtes, betonte aber: „Zugleich mache ich mit dieser Entscheidung den Weg frei für eine verfassungsgerichtliche Überprüfung, die jeder Betroffene auch unter Hinweis auf die von mir aufgezeigten Bedenken durch das Bundesverfassungsgericht vornehmen lassen kann" (Köhler 2005).

In seinem Urteil vom 15. Februar 2006 erklärte das höchste deutsche Gericht die Bestimmungen des §14 (3) LuftSiG für verfassungswidrig und nichtig (Bundesverfassungsgericht 2006: Ziff. 84). Mit seinem Urteil hat das Bundesverfassungsgericht nicht nur die Bedenken des Bundespräsidenten bestätigt, nach denen die Tötung unschuldiger Menschen durch staatliche Organe nicht mit dem grundgesetzlichen Schutz des Lebens (Art. 2 (2) GG in Verbindung mit Art. 1 (1) GG) vereinbar sei. Es hat auch die Gesetzgebungsbefugnis des Bundes für eine Kompetenzübertragung auf die Bundeswehr, die über die in Art. 35 (2) und (3) GG niedergelegten Amtshilfebestimmungen in Katastrophenfällen hinausgeht, mit Bezug auf die wehrverfassungsrechtlichen Bestimmungen des Grundgesetzes abgelehnt (Bundesverfassungsgericht 2006: Ziff. 92f.). Nach Auffassung des Gerichts verdeutlicht der Gesetzgeber mit der Berufung auf Art. 35 GG, dass es sich beim Streitkräfteeinsatz im Rahmen des Luftsicherheitsgesetzes nicht um Verteidigung im Sinne von Art. 87a GG handelt, sondern um einen zulässigen Einsatz der Kategorie „außer zur Verteidigung". Für die Bewältigung von Naturkatastrophen oder schweren Unglücksfällen ist aber die Verwendung militärspezifischer Waffen nicht zulässig, und zwar unabhängig von der Frage, ob es sich um eine auf ein Land begrenzte oder eine überregionale Notlage handelt (Bundesverfassungsgericht 2006: Ziff. 102-110). Damit grenzt das Gericht den Mitteleinsatz der Bundeswehr in der Katastrophenhilfe stark ein (Palm 2007: 102f.) und erteilt „dem vom Gesetzgeber unternommenen Versuch, die Gefahrenabwehr außerhalb des Art. 87a IV GG partiell zu erweitern, zu Recht eine eindeutige Absage" (Schenke 2006: 737).

Die Politik stand mithin bezüglich der Frage, wie Deutschland Schutz und Sicherheit seiner Bürger gegen militärähnlich agierende, aber nicht-staatliche Gewaltakteure gewährleisten will, wieder am Anfang. Die vom Bundesverfassungsgericht dargelegte Rechtslage ließ Situationen vorstellbar werden, in denen die Polizei für den Einsatz gegen terroristische Kräfte, die etwa aus der Luft, von See her oder unter Verwendung von Massenvernichtungswaffen agieren, zwar zuständig ist, aber nicht über die notwendigen Abwehrmittel verfügt, während umgekehrt die Bundeswehr über die geeigneten Waffen zwar verfügt, diese aber nicht einsetzen darf. Ist eine derartige (partielle) Hilflosigkeit hinzunehmen, und sind den Bürgern große Schäden im Eintretensfall eines Risikos zuzumuten?

Erforderlich scheint eine sicherheitspolitische Diskussion, die davon ausgeht, dass

- die Gewährleistung von innerer Sicherheit eine der Kernaufgaben jedes Staates ist (vgl. Walter 2006: 71f.),
- sich die Beschaffenheit von Risiken und Bedrohungen nicht nach der gerade bestehenden Kompetenzverteilung der staatlichen Organe richten,
- neue Herausforderungen auch eine strategische (Neu-)Ausrichtung der vorhandenen bzw. zu schaffenden Instrumente und Mechanismen verlangen.

Eine einfache erweiterte Interpretation des Verteidigungsbegriffes in Art. 87a GG, wie sie im politischen Bereich bisweilen erwogen wird (Wiefelspütz 2007b; siehe vor allem auch die dort wiedergegebene Kontroverse) dürfte dabei ebenso vordergründig und potenziell verfassungswidrig (vgl. Palm 2007: 104f.) sein wie §14, Abs. 3 LuftSiG, insbesondere wenn die Angriffe nicht von außen an das Land herangetragen, sondern im Inneren vorbereitet werden. Stattdessen wäre zu prüfen, wie eine Grundgesetzänderung aussehen könnte, die dem vom Verfassungsgericht zu Recht als unverhandelbar betrachteten Wert des Lebens unschuldiger Menschen Rechnung trägt, die gleichwohl aber eine klare Grundlage für den komplementären Einsatz der militärspezifischen Waffen der Bundeswehr in Gefahrensituationen schafft, in denen die Kräfte und Mittel der Polizei nicht ausreichen. Wiefelspütz (2007a: 87f.) schlug hierzu eine Erweiterung des Art. 35 GG um einen genau dies ermöglichenden Abs. 4 vor, der näher durch ein Bundesgesetz ausgestaltet werden sollte. Mit einer solchen Regelung könnte der Ausnahmecharakter des militärischen Einsatzes der Bundeswehr in spezifischen Gefahrenlagen unterstrichen und die die bundesdeutsche Sicherheitsarchitektur kennzeichnende grundsätzliche Trennung von polizeilichen und militärischen Aufgaben aufrechterhalten werden.

Möglicherweise zeigte inzwischen aber das Bundesverfassungsgericht selbst einen anderen Weg auf: Das höchste deutsche Gericht hat nämlich seine Rechtsauffassung hinsichtlich der Verwendung militärspezifischer Mittel und Instrumente zur Abwehr schwerster Gefahren im Inneren abgeändert. Am 3. Juli 2012 gelangte das Plenum des Verfassungsgerichts zu der Auffassung, dass Art. 35 (2) Satz 2 und (3) GG eine Verwendung spezifisch militärischer Waffen nicht grundsätzlich ausschließen, diese aber nur unter engen Voraussetzungen zulassen, die „insbesondere sicherstellen, dass nicht die strikten Begrenzungen unterlaufen werden, die nach Art. 87a Abs. 4 GG einem Einsatz der Streitkräfte zum Kampf in inneren Auseinandersetzungen gesetzt sind" (BVerfG 2012: 24). Ein Unglücksverlauf mit katastrophalen Folgen muss demnach bereits vorliegen, damit die Streitkräfte eingesetzt werden dürfen (ebd.: 47), auch ist ein solcher Einsatz nur als „ultima ratio zulässig" (ebd.: 48). Es wird sich zeigen müssen, wie die Politik ihre neuen Handlungsspielräume auf diesem schwierigen Politikfeld ausgestaltet.

5 Perspektiven: Welche Streitkräfte braucht Deutschland?

Wenn in den abschließenden Zeilen ein Blick auf die Beschaffenheit künftiger deutscher Streitkräfte geworfen wird, soll zunächst der einleitende Gedanke zu diesem Kapitel in Erinnerung gerufen werden: Danach stellen Streitkräfte ein wichtiges Instrument der Sicherheitspolitik eines Landes dar und spiegeln in einem gewissen Maß die Art und Weise wider, wie dieses Land Beeinträchtigungen seiner Sicherheit wahrnimmt und darauf reagiert. Dies bedeutet, dass in Politik und Gesellschaft, Medien und Öffentlichkeit, strategic community und Militär zunächst eine substanzielle Diskussion über die Verortung des Landes im internationalen System und die damit verbundenen Chancen und Risiken geführt werden müsste. Aus dieser Analyse wären dann in einem zweiten Schritt Ziele und Interessen abzuleiten und nach Prioritäten zu ordnen. In einem dritten Schritt wäre dann eine möglichst rationale Bestimmung der Mittel vorzunehmen, mit denen diese Ziele erreicht und die Interessen verwirklicht werden sollen. Diese Schrittfolge soll verdeutlichen, was der Kern jeder außen- bzw. sicherheitspolitischen Strategie ist, nämlich eine an den politischen Realitäten orientierte Ziel-Mittel-Relation, die für die Orientierung des Kurses eines Landes sowie als Referenzmaßstab für politische Entscheidungen hilfreich ist und die nicht zuletzt Indikatorfunktionen gegenüber der eigenen Bevölkerung wie gegenüber dem internationalen System entfalten und so zu größerer Transparenz und Vertrauen in einem seiner Natur nach schwierigen Politikfeld sorgen kann.

Eine solche Diskussion ist in Deutschland nach der Wiedervereinigung ausgeblieben, und eine konsistente sicherheitspolitische Strategie, entlang derer sich ein rationaler Mitteleinsatz vornehmen ließe, ist nicht erkennbar. Dies gilt gerade auch für die Zukunft der Bundeswehr. Ausweislich der VPR 2011 ist der deutsche level of ambition, wie es im internationalen Militärjargon gerne heißt, sehr hoch: „Durch die Befähigung zum Einsatz von Streitkräften im gesamten Intensitätsspektrum ist Deutschland in der Lage, einen seiner Größe entsprechenden, politisch und militärisch angemessenen Beitrag zu leisten und dadurch seinen Einfluss, insbesondere seine Mitsprache bei Planungen und Entscheidungen sicherzustellen. Nur wer Fähigkeiten für eine gemeinsame Aufgabenwahrnehmung anbietet, kann im Bündnis mitgestalten." (BMVg 2011: 10) Doch nicht nur der Blick auf den vergleichsweise niedrigen Verteidigungsetat und den noch geringeren Investitionsanteil, sondern vor allem die geradezu paradigmatischen Unterschiede bezüglich der Verwendung des Militärs zwischen Deutschland und den USA, aber auch gegenüber zahlreichen anderen Alliierten lassen Zweifel aufkommen, ob schon die Formulierung grundlegender strategischer Ziele in seriöser Weise vorgenommen wird. Dabei spricht die zitierte Passage der VPR eine grundlegende Wahrheit in aller Offenheit aus: Deutschland wird an Mitsprachemöglichkeiten in den relevanten Entscheidungsgremien verlieren, wenn es nicht zu Beiträgen im NATO-Rahmen bereit ist, die seinem politischen und ökonomischen Gewicht entsprechen. Dabei wird die Angemessenheit dieses Beitrages nicht einseitig in Berlin dekretiert, sondern vor allem in den Hauptstädten der Partnerländer bewertet. Deutschland droht – sei es aus Bündnissolidarität oder zur Wiedergutmachung von Enttäuschungen wie im Libyen-Fall – immer wieder in Szenarien hineingedrängt zu werden, auf die weder seine Soldaten noch Politik und Öffentlichkeit hinreichend vorbereitet sind. Dies ist das Gegenteil strategischen Verhaltens, das doch immer darauf abzielt, das Momentum des eigenen Handelns möglichst selbst zu bestimmen.

Deutschland wird um die Debatte über seine Rolle im Bündnis und in der Welt sowie um eine „sicherheitspolitische Begründung der Bundeswehr" (Mölling 2011) nicht umhinkommen: Müssen deutsche Soldaten in Kampfeinsätze gehen? Welchen Zielen sollen diese dienen? Unter welchen Voraussetzungen und Bedingungen sollen sie erfolgen? Müssen die knappen Gelder fokussierter eingesetzt werden und folglich überbrachte Strukturen und nationale Partikularismen neu überdacht werden? Wie können verstärkte multilaterale Verpflichtungen und nationale Entscheidungsvorbehalte harmonisiert werden? Wie finden die

Streitkräfte nach der Aussetzung der Wehrpflicht genügend qualifizierte junge Menschen, die zur verantwortungsvollen Ausführung dieses komplexen und gefährlichen Berufs bereit und in der Lage sind?

Über diese und viele andere Fragen werden politische und militärische Entscheidungen zu treffen sein, die zuvor – so sollte es in einer Demokratie sein – intensiv in der Öffentlichkeit diskutiert werden und dann möglicherweise in einen neuen politisch-gesellschaftlichen Konsens über die Aufgaben und Funktionen deutscher Streitkräfte münden. Bislang hat gerade die Politik, die häufig das mangelnde Interesse der Öffentlichkeit an sicherheitspolitischen Gegenständen beklagt, viel dazu beigetragen, eine offene Debatte um die Zukunft der Streitkräfte zu verhindern. Dies wird auf Dauer nicht möglich sein. Wie kaum ein anderes Land profitiert die Exportnation Deutschland von stabilen Verhältnissen in der Welt. Fast 25 Jahre nach Wiedervereinigung und Erlangung der vollständigen Souveränität wird Deutschland gerade auch über ihren militärischen Beitrag hierzu befinden müssen.

Zur Vertiefung empfohlene Literatur

Wiesner, Ina (Hrsg.) 2013: Deutsche Verteidigungspolitik, Baden-Baden: Nomos. Das Buch führt in siebzehn sehr gut lesbaren Beiträgen in alle wesentlichen Felder der deutschen Verteidigungspolitik sowie die durch die Bundeswehr zu erbringenden Aufgaben ein.

Wiefelspütz, Dieter 2007: Die Abwehr terroristischer Anschläge und das Grundgesetz, Frankfurt a. M.: Verlag für Polizeiwissenschaft. Die schmale, gut lesbare Schrift reflektiert aus juristischer wie politischer Perspektive die neuen Herausforderungen, vor denen die Bundeswehr beim Schutz der deutschen Bevölkerung vor massiven terroristischen Anschlägen steht, und weist gangbare Wege bis hin zur Änderung einschlägiger Bestimmungen im Grundgesetz auf.

Gareis, Sven Bernhard/Klein, Paul (Hrsg.) 2006: Handbuch Militär und Sozialwissenschaft, Wiesbaden: VS Verlag für Sozialwissenschaften. Das Handbuch untersucht in fünfzig Beiträgen alle wichtigen Fragen, die mit dem Einsatz der Streitkräfte als Instrument der Außenpolitik zusammenhängen. Es konzentriert sich dabei auf die Bundeswehr, analysiert aber auch den internationalen sicherheitspolitischen Rahmen und den Funktionswandel des Militärs in anderen Ländern Europas und Amerikas.

Weiterführende Fragen

1. Vor dem Hintergrund welcher politischer Entwicklungen vollzog sich der Wandel der Bundeswehr von der Verteidigungsarmee hin zum Instrument einer aktiven Außen- und Sicherheitspolitik?
2. Welcher politischer und rechtlicher Entscheidungsverfahren bedarf es zur Entsendung von Bundeswehrsoldaten in auswärtige Militärmissionen?
3. Vor welchen politischen, rechtlichen und strategischen Herausforderungen steht die Neuausrichtung der Bundeswehr?
4. Welches sind die Spielräume und Grenzen für einen Einsatz der Bundeswehr im Inneren?
5. Welche Streitkräfte braucht Deutschland?

Quellen und Literatur

Bald, Detlev 1994: Militär und Gesellschaft 1945-1990. Die Bundeswehr der Bonner Republik, Baden-Baden: Nomos.

Baudissin, Wolf Graf von 1969: Soldat für den Frieden. Entwürfe für eine zeitgemäße Bundeswehr, hrsg. von Peter von Schubert, München: Piper.

Biehl, Heiko/Theiler, Olaf 2006: Abgestufte Zustimmung. Der erweiterte Auftrag der Bundeswehr im Meinungsbild der Bevölkerung, in: Information für die Truppe, 3/4, 72-75.

Bulmahn, Thomas/Fiebig, Rüdiger/Hilpert, Carolin 2011: Sicherheits- und verteidigungspolitisches Meinungsklima in Deutschland. Ergebnisse der Bevölkerungsbefragung 2010 des Sozialwissenschaftlichen Instituts der Bundeswehr, Strausberg: Forschungsbericht 94.
Bundesministerium der Verteidigung 1983: Weißbuch 1983. Zur Sicherheit der Bundesrepublik Deutschland, Bonn.
Bundesministerium der Verteidigung 1985: Weißbuch 1985. Zur Lage und Entwicklung der Bundeswehr, Bonn.
Bundesministerium der Verteidigung 1992: Verteidigungspolitische Richtlinien vom 26. November 1992, Bonn.
Bundesministerium der Verteidigung 1994: Weißbuch 1994. Zur Sicherheit der Bundesrepublik Deutschland und zur Lage und Zukunft der Bundeswehr, Bonn.
Bundesministerium der Verteidigung 1999: Bestandsaufnahme. Die Bundeswehr an der Schwelle zum 21. Jahrhundert, Bonn.
Bundesministerium der Verteidigung 2000: Die Bundeswehr sicher ins 21. Jahrhundert. Eckpfeiler für eine Erneuerung von Grund auf, Berlin.
Bundesministerium der Verteidigung 2003: Verteidigungspolitische Richtlinien für den Geschäftsbereich des Bundesministers der Verteidigung, Berlin.
Bundesministerium der Verteidigung 2006: Weißbuch 2006. Zur Sicherheitspolitik Deutschlands und zur Zukunft der Bundeswehr, Berlin.
Bundesministerium der Verteidigung 2011: Verteidigungspolitische Richtlinien. Nationale Interessen wahren – Internationale Verantwortung übernehmen – Sicherheit gemeinsam gestalten, Berlin.
Bundesministerium der Verteidigung 2012: Die Neuausrichtung der Bundeswehr, Berlin.
Bundesregierung 2000: Gemeinsame Sicherheit und Zukunft der Bundeswehr 2000. Bericht an die Bundesregierung vom 23. Mai 2000, Berlin.
Bundesregierung 2004: Aktionsplan „Zivile Krisenprävention, Konfliktlösung und Friedenskonsolidierung", Berlin.
Bundesregierung 2010: 3. Bericht der Bundesregierung über die Umsetzung Aktionsplans „Zivile Krisenprävention, Konfliktlösung und Friedenskonsolidierung", Berlin.
Bundesverfassungsgericht 1994: BVerfGE 90, 289 vom 12. Juli 1994 (Bundeswehreinsatz).
Bundesverfassungsgericht 2006: BVerfG 1 BvR 357/05 vom 15. Februar 2006 (Luftsicherheitsgesetz).
Bundesverfassungsgericht 2008: BVerfG, 2 BvE 1/03 vom 7. Mai 2008 (AWACS-Einsatz).
Bundesverfassungsgericht 2012: 2PBvU1/11 vom 3. Juli 2012 (Einsatz der Bundeswehr im Inneren).
Burkiczak, Christian M. 2006: Das Luftsicherheitsgesetz vor dem Bundesverfassungsgericht, in: Neue Zeitschrift für Wehrrecht, 48, 3, 89-103.
Clinton, William J. 1999: Remarks by the President to the 54th Session of the UN General Assembly, 21. September 1999, <http://www.clintonpresidentialcenter.org/legacy/092199-speech-by-president-to-un-general-assembly.htm>.
Daase, Christopher 1992: Bedrohung, Verwundbarkeit und Risiko in der „Neuen Weltordnung", in: Moltmann, Bernhard (Hrsg.): Sicherheitspolitik in den 90er Jahren. Politische und ethische Positionsbestimmungen für die Bundeswehr, Frankfurt a. M.: Haagen und Herchen, 68-83.
Daase, Christopher 1999: Kleine Kriege, große Wirkung, Baden-Baden: Nomos.
Dreist, Peter 2002: Offene Rechtsfragen des Einsatzes bewaffneter deutscher Streitkräfte. Zwischenbilanz und Problemaufriss, in: Neue Zeitschrift für Wehrrecht, 4, 133-154.
Gareis, Sven Bernhard 2003: Soldat für den Weltfrieden. Die Bundeswehr im Wandel, in: Kümmel, Gerhard/Collmer, Sabine (Hrsg.): Soldat-Militär-Politik-Gesellschaft, Baden-Baden: Nomos, 89-102.
Gareis, Sven Bernhard 2006a: Deutschlands Außen- und Sicherheitspolitik, 2. Aufl., Opladen: Verlag Barbara Budrich.

Gareis, Sven Bernhard 2006b: Multinationalität als europäische Herausforderung, in: Gareis, Sven Bernhard/Klein, Paul (Hrsg.): Handbuch Militär und Sozialwissenschaft, 2. Aufl., Wiesbaden: VS Verlag für Sozialwissenschaften, 360–373.

Gareis, Sven Bernhard 2007a: Bedingt bündnisfähig? Die parlamentarische Kontrolle internationaler Bundeswehreinsätze und die deutschen Verpflichtungen in NATO und EU, in: Gesellschaft Wirtschaft Politik, 2, 217-230.

Gareis, Sven Bernhard 2007b: „Nie wieder Sieg". Friedenssicherung und Friedenskonsolidierung als Aufgabe der Staatengemeinschaft, in: Wiesendahl, Elmar (Hrsg.): Innere Führung für das 21. Jahrhundert. Die Bundeswehr und das Erbe Baudissins, Paderborn: Schöningh, 65-84.

Gareis, Sven Bernhard 2011: Schlüssiges Konzept oder Schlagwort? Zu Anspruch und Praxis „Vernetzter Sicherheit" in Afghanistan, in: Sicherheit und Frieden (4), 239-246.

Giegerich, Bastian 2013: Military Transition in the CSDP, in: Gareis, Sven Bernhard/Hauser, Gunter/Kernic Franz (Hrsg.): The European Union – A Global Actor? Opladen/Berlin/Toronto: Barbara Budrich Publishers, 77-87.

Gilch, Andreas 2005: Das Parlamentsbeteiligungsgesetz. Die Auslandsentsendung der Bundeswehr und deren verfahrensrechtliche Ausgestaltung (Dissertation), Würzburg: Bayerische Julius-Maximilians-Universität.

Goebel, Peter (Hrsg.) 2000: Von Kambodscha bis Kosovo. Auslandseinsätze der Bundeswehr, Frankfurt a. M./Bonn: Report-Verlag.

Haftendorn, Helga 2001: Deutsche Außenpolitik zwischen Selbstbeschränkung und Selbstbehauptung, Stuttgart/München: Deutsche Verlags-Anstalt.

Hoffmann, Oskar 1991: Bundeswehr und UN-Friedenssicherung, Frankfurt a. M. u. a.: Peter Lang.

Kaldor, Mary 2000: Neue und alte Kriege, Frankfurt a. M.: Suhrkamp.

Karlborg, Lisa 2013: EU Military Operations. Structures, Capabilities and Shortfalls, in: Gareis, Sven Bernhard/Hauser, Gunter/Kernic Franz (Hrsg.): The European Union – A Global Actor? Opladen/Berlin/Toronto: Barbara Budrich Publishers, 88-107.

Kirste, Knut/Maull, Hanns W. 1996: Zivilmacht und Rollentheorie, in: Zeitschrift für Internationale Beziehungen, 2, 283-312.

Knelangen, Wilhelm 2006: Einsatz der Bundeswehr im Innern. Möglichkeiten und Grenzen, in: Gareis, Sven Bernhard/Klein, Paul (Hrsg.) 2006: Handbuch Militär und Sozialwissenschaft, 2. Aufl., Wiesbaden: VS Verlag für Sozialwissenschaften, 112-124.

Kockel, Armin 2012: Die Beistandsklausel im Vertrag von Lissabon, Frankfurt/M et al.: Peter Lang Verlag.

Köhler, Horst 2005: Bundespräsident Horst Köhler unterzeichnet Luftsicherheitsgesetz – zugleich Zweifel an Verfassungsmäßigkeit von Einzelvorschriften, <http://www.bundespraesident.de/Journalistenservice/>.

Köhler, Horst 2010: Köhler: Mehr Respekt für deutsche Soldaten in Afghanistan. Interview Deutschlandradio Kultur am 22. Mai 2010, <http://www.dradio.de/dkultur/sendungen/interview/1188780/>.

Kokott, Juliane 2002: Art. 87a im System des Grundgesetzes, in: Sachs, Michael (Hrsg.): Grundgesetz. Kommentar, München: C.H. Beck, 1758-1770.

Kümmel, Gerhard 2006: Militärische Aufträge und die Legitimation der Streitkräfte, in: Gareis, Sven Bernhard/Klein, Paul (Hrsg.): Handbuch Militär und Sozialwissenschaft, 2. Aufl., Wiesbaden: VS Verlag für Sozialwissenschaften, 104-111.

Kutz, Martin 2007: Die verspätete Armee. Entstehungsbedingungen, Gefährdungen und Defizite der Bundeswehr, in: Nägler, Frank (Hrsg.): Die Bundeswehr 1955 bis 2005, München: Oldenbourg, 63-79.

Luftsicherheitsgesetz 2005: Gesetz zur Neuregelung von Luftsicherheitsaufgaben, in: Bundesgesetzblatt Teil 1, H. 3, 78-87.

Maull, Hanns W. 2007: Zivilmacht Deutschland, in: Schmidt, Siegmar/Hellmann, Gunter/Wolf, Reinhard (Hrsg.): Handbuch zur deutschen Außenpolitik, Wiesbaden: VS Verlag für Sozialwissenschaften, 73-84.
Meiers, Franz-Josef 2006: Zu neuen Ufern? Die deutsche Sicherheits- und Verteidigungspolitik in einer Welt des Wandels 1990-2000, Paderborn u. a.: Schöningh.
Meyers, Reinhard 2001: Krieg und Frieden. Zur Entwicklung von Konflikt- und Kooperationsformen im 20. Jahrhundert, in: Politische Bildung, 1, 8-22.
Mölling, Christian 2011: Für eine sicherheitspolitische Begründung der Bundeswehr, Berlin: Stiftung Wissenschaft und Politik (SWP-aktuell 20/2011).
Mölling, Christian 2013: Pooling and Sharing in the EU and NATO, in: Wiesner, Ina (Hrsg.): Deutsche Verteidigungspolitik, Baden-Baden: Nomos, 361-372.
Münkler, Herfried 2002: Die neuen Kriege, Reinbek: Rowohlt.
NATO 1991: Das Strategische Konzept des Bündnisses. Vereinbart von den Staats- und Regierungschefs auf der Tagung des Nordatlantikrates am 7. und 8. November 1991 in Rom, in: NATO (Hrsg.) 1995: NATO Handbuch, Brüssel: NATO Office of Information and Press, 253-268.
NATO 1999: Das Neue Strategische Konzept des Bündnisses, <http://www.auswaertiges-amt.de/www/de/infoservice/download/pdf/friedenspolitik/nato_konzept.pdf>.
NATO 2002: Prager Gipfelerklärung der Staats- und Regierungschefs, <http://www.auswaertiges-amt.de/www/de/infoservice/download/pdf/friedenspolitik/nato_prager_gipfelerklaerung.pdf>.
NATO 2007: NATO-Russia Compendium of Financial and Economic Data Relating to Defence, 20. Dezember 2007, Brüssel, <http://www.nato.int/docu/pr/2007/p07-141.pdf>.
Noetzel, Timo/Schreer, Benjamin 2007: Parlamentsvorbehalt auf dem Prüfstand, Berlin: Stiftung Wissenschaft und Politik (SWP aktuell 10/2007).
Palm, Ulrich 2007: Der wehrlose Staat? Der Einsatz der Streitkräfte im Innern nach der Entscheidung des Bundesverfassungsgerichts zum Luftsicherheitsgesetz, in: Archiv des öffentlichen Rechts 132, 1, 95-113.
Parlamentsbeteiligungsgesetz vom 18. März 2005 (BGBl. I 775).
Perthes, Volker 2007: Wie? Wann? Wo? Wie oft? Strategische Fragen, die vor einem Auslandseinsatz zu klären sind, in: Internationale Politik, 62, 5, 18-21.
Rasmussen, Anders Fogh 2011: Building security in an age of austerity. Keynote speech by NATO Secretary General Anders Fogh Rasmussen at the 2011 Munich Security Conference, <http://www.nato.int/cps/en/natolive/opinions_70400.htm>.
Rauch, Andreas Martin 2004: Beiträge zu Frieden und Sicherheit. Zivile und militärische Auslandseinsätze der Bundeswehr, in: Gesellschaft Wirtschaft Politik, 1, 57-66.
Schenke, Wolf-Rüdiger 2006: Die Verfassungswidrigkeit des § 14 III LuftSiG, in: Neue Juristische Wochenschrift, 59, 11, 736-739.
Scherrer, Philipp 2010: Das Parlament und sein Heer. Das Parlamentsbeteiligungsgesetz, Berlin: Duncker und Humblot.
Schneiderhan, Wolfgang 2003: Die Bundeswehr im sicherheitspolitischen Umfeld des 21. Jahrhunderts. Vortrag während des 14. Forums Bundeswehr und Gesellschaft der Welt am Sonntag am 4. November 2003, <http://www.bmvg.de/archiv/reden>.
Varwick, Johannes 2011: Ist Deutschland außenpolitisch isoliert? In: Gesellschaft, Wirtschaft, Politik (3), 275-279.
Vertrag über den Aufenthalt ausländischer Streitkräfte in der Bundesrepublik Deutschland vom 23. Oktober 1954, in: Bundesgesetzblatt 1955 II: 253.
Vertrag über die abschließende Regelung in bezug auf Deutschland („2+4-Vertrag") vom 12. September 1990, in: Bulletin des Presse- und Informationsamtes der Bundesregierung vom 14. September 1990, Nr. 109: 1153-1156.
Vertrag von Nizza. Hrsg. von der Bundeszentrale für Politische Bildung, Bonn.

Walter, Bernd 2006: Einsatz der Bundeswehr zur Gewährleistung von Innerer Sicherheit. Eine sicherheitsstrategische Grundsatzfrage im Spannungsfeld zwischen Verfassungsrecht und staatlichen Gewährleistungspflichten, in: Neue Zeitschrift für Wehrrecht, 48, 2, 70-84.

Westeuropäische Union 1992: Erklärung der Außen- und Verteidigungsminister der WEU-Staaten zur WEU und zur Sicherheit in Europa vom 19. Juni 1992 in Königswinter („Petersberg-Erklärung"), <http://www.auswaertiges-amt.de/www/de/infoservice/download/pdf/dokumente/6-1ar.pdf>.

Wiefelspütz, Dieter 2003: Der Einsatz der Streitkräfte und die konstitutive Beteiligung des Deutschen Bundestages – zugleich eine Besprechung des AWACS-Beschlusses des Bundesverfassungsgerichts vom 25. März 2003, in: Neue Zeitschrift für Wehrrecht, 45, 4, 133-151.

Wiefelspütz, Dieter 2007a: Die Abwehr terroristischer Anschläge und das Grundgesetz, Frankfurt a. M.: Verlag für Polizeiwissenschaft.

Wiefelspütz, Dieter 2007b: Verteidigung und Terrorismusbekämpfung durch die Streitkräfte, in: Neue Zeitschrift für Wehrrecht, 49, 1, 12-21.

Kapitel 5
Innenpolitische Dimensionen der Sicherheitspolitik

Martin H. W. Möllers

Nach dem Zweiten Weltkrieg wurde in Deutschland – abgeleitet aus dem alliierten Polizeibrief vom 14.4.1949 (abgedruckt bei Pioch: 289f.; vgl. Gusy 2009: 175f.) – „innere Sicherheit" von „äußerer Sicherheit" scharf getrennt. Dadurch kam es zu einer Aufteilung der Funktionen zwischen Organen der äußeren (Streitkräfte u. a.) und inneren (Polizei u. a.) Sicherheit. Die innenpolitischen Dimensionen der Sicherheitspolitik betraf deshalb vor allem die Innere Sicherheit. Diese scharfe Trennung zwischen innerer und äußerer Sicherheit löst sich – beschleunigt insbesondere durch den internationalen Terrorismus seit dem 11. September 2001 (9/11) – immer weiter auf (Wiefelspütz 2007a: 9). Zunehmend hat dies eine Vermischung der Aufgaben von Militär und Polizei im nationalen, aber auch im internationalen Maßstab zur Folge (Lange 2002: 21f.). Die Gewalt dieser „neuen Kriege" richtet sich vor allem gegen die Zivilbevölkerung: Hochhäuser und Züge werden zu Schlachtfeldern, Fernsehbilder zu Waffen im Kontext von Erpressungsversuchen (Münkler 2011: 57). Eine wesentliche Ursache für diese Entwicklung ist die Privatisierung von Gewaltanwendung, die sich parallel zur vor allem wirtschaftlichen Internationalisierung und Globalisierung der Staaten entwickelt hat: Substaatliche und nichtstaatliche Akteure organisieren sich überregional und auch global (Dietl/Hirschmann/Tophoven 2006: 11f.). Sie werden eher von wirtschaftlichen als von politischen Motiven angetrieben, ihre globale Organisation ermöglicht technisch vor allem das Internet. Völkerrechtlichen Begrenzungen und Regulierungen entziehen sie sich durch zum Teil nicht vorhersehbare „Rationalitäten" und individuelle „Militärstrategien", beispielsweise Geiselnahmen. Diese Privatisierung von Gewaltanwendung bedingt ganz maßgeblich die nichtmilitärischen Dimensionen der Sicherheitspolitik, weil sie sich einerseits im erheblichen Maße gegen die Zivilbevölkerung richtet und andererseits ihre „Täter" aus der Zivilbevölkerung rekrutiert. Daran wird deutlich, dass Sicherheitspolitik ihrerseits stark in zivile Strukturen eingebettet ist.

Am Ende dieses Kapitels soll deutlich geworden sein, (1) wer die Handelnden der innenpolitischen Dimensionen von Sicherheitspolitik sind, (2) in welchen Zusammenhängen und Strukturen sie im (sicherheits-)politischen Mehrebenensystem von Ländern, Bund und Europäischer Union (EU) agieren sowie (3) welchen Herausforderungen die Akteure sich stellen müssen; dabei wird die EU nur gestreift, da ihr ein eigenes Kapitel im Rahmen dieses Buches gewidmet ist (vgl. dazu Beitrag Knelangen in diesem Band). Schließlich werden auch (4) die spezifischen Handlungsabläufe und Entscheidungsprozesse der staatlichen Akteure klar werden, die im engen Zusammenhang zu Prozessabläufen, Strategien und Programmen stehen, welche die zivile Sicherheitspolitik im Rahmen internationaler Kooperationen kennzeichnen.

1 Bestandsaufnahme der Handelnden der innenpolitischen Dimensionen von Sicherheitspolitik

Wenn im demokratischen Rechtsstaat das Spannungsverhältnis zwischen „Sicherheit" und „Freiheit" thematisiert wird, stehen regelmäßig staatliche Maßnahmen im Fokus. Denn die individuellen Entfaltungsmöglichkeiten und persönlichen Freiheiten der Menschen werden durch Vorschriften und Maßnahmen eingeengt, die der Sicherung des inneren und äußeren Friedens dienen. Aber nicht nur der „Staat" greift in diese Freiheitssphäre ein. Vielmehr sind seinen „Eingriffen" Akteure zuvorgekommen, die ein friedliches Zusammenleben beeinträchtigen oder sogar verhindern. Denn der Staat reagiert im Wesentlichen nur auf diese Akteure.

1.1 Bestandsaufnahme der Akteure, die ein friedliches Zusammenleben beeinträchtigen oder sogar verhindern

Zur Gruppe der Akteure, die ein friedliches Zusammenleben beeinträchtigen oder sogar verhindern, gehören grundsätzlich alle Menschen, die gegenüber gewohnheitsmäßig geltenden oder förmlich aufgestellten Regeln ein abweichendes Verhalten zeigen. Denn ein friedliches Zusammenleben kann schon durch kleinste Abweichungen gestört sein, wie z. B. die Fülle an Nachbarschaftsstreitigkeiten in Deutschland deutlich macht. Allerdings wird schnell klar, dass nur das Überschreiten bestimmter Niveaus von abweichendem Verhalten im Rahmen der Sicherheitspolitik gemeint und von Interesse sein kann. Insofern kommen nur solche Akteure in Betracht, die notwendigerweise einen staatlichen Sicherheitsapparat erfordern. Dies sind vor allem solche, die Gewaltdelikte begehen. Außerhalb Deutschlands sind dies z.B. Gebiets- und Provinzherrscher, kriminelle Banden und politisch-ideologische Gewalttäter, die den Bereich des internationalen Terrorismus ausmachen.

Im Bereich der Inneren Sicherheit sind bei diesen Akteuren zunächst auf der einen Seite diejenigen zu nennen, die keine politischen, sondern andere Motive – zum Beispiel Bereicherungsabsicht oder Rachsucht – für ihre Tat haben. Von diesen lassen sich auf der anderen Seite Akteure abgrenzen, die aus (angeblich) politischen Motiven handeln. Dabei muss der Begriff des „politischen" Motivs weit ausgelegt werden. Als politisch motivierte Kriminalität werden, zurückgehend auf den Beschluss der Ständigen Konferenz der Innenminister und -senatoren des Bundes und der Länder (IMK) vom 1. Januar 2001, bezeichnet und erfasst: „1. alle Straftaten, die einen oder mehrere Straftatbestände der sog. klassischen Staatsschutzdelikte erfüllen, selbst wenn im Einzelfall eine politische Motivation nicht festgestellt werden kann [...] Als relativ häufig vorkommende Beispiele seien hier Volksverhetzung (§ 130 StGB) und Propagandadelikte (§§ 86, 86a StGB) genannt; aber auch die Bildung einer terroristischen Vereinigung (§ 129a StGB) und Hochverrat (§§ 81, 82 StGB) zählen dazu. 2. im Übrigen aber auch Straftaten, die ebenso in der Allgemeinkriminalität begangen werden können (wie z. B. Tötungs- und Körperverletzungsdelikte, Brandstiftungen, Widerstandsdelikte, Sachbeschädigungen), jedoch nur wenn in Würdigung der gesamten Umstände der Tat und/oder der Einstellung des Täters Anhaltspunkte dafür gegeben sind, dass sie: den demokratischen Willensbildungsprozess beeinflussen sollen, der Erreichung oder Verhinderung politischer Ziele dienen oder sich gegen die Realisierung politischer Entscheidungen richten, sich gegen die freiheitliche demokratische Grundordnung bzw. eines ihrer Wesensmerkmale, den Bestand oder die Sicherheit des Bundes oder eines Landes richten oder eine ungesetzliche Beeinträchtigung der Amtsführung von Mitgliedern der Verfassungsorgane des Bundes oder eines Landes zum Ziel haben, durch Anwendung von Gewalt oder darauf gerichtete Vorbereitungshandlungen auswärtige Belange der Bundesrepublik Deutschland gefährden, sich gegen eine

Innenpolitische Dimensionen der Sicherheitspolitik

Person wegen ihrer politischen Einstellung, Nationalität, Volkszugehörigkeit, Rasse, Hautfarbe, Religion, Weltanschauung, Herkunft oder aufgrund ihres äußeren Erscheinungsbildes, ihrer Behinderung, ihrer sexuellen Orientierung oder ihres gesellschaftlichen Status richten (sog. Hasskriminalität); dazu zählen auch Taten, die nicht unmittelbar gegen eine Person, sondern im oben genannten Zusammenhang gegen eine Institution oder Sache verübt werden" (BMI 2011a: 33f.; BMI 2011b).

Insgesamt lassen sich also im Wesentlichen drei Akteursgruppen ableiten, die den Rechtsstaat ablehnen und die entweder individuell oder als Gruppe organisiert handeln:

- „normale" *Straftäter*, die allein oder organisiert z. B. Gewaltkriminalität, Beziehungsdelikte, Eigentums- und Vermögensdelikte, Wirtschafts-, Umwelt- und Korruptionsdelikte, Straftaten im Zusammenhang mit Alkohol und Drogen und/oder Straßenverkehrsdelikte begehen (vgl. BMI/BMJ 2006);
- politisch motivierte *Verfassungsfeinde* vor allem des extremistischen Lagers, bei dem rechts-, links- oder auch islamistische Bestrebungen sowie sicherheitsgefährdende extremistische Bestrebungen von Ausländern unterschieden werden, sowie
- politisch motivierte *Terroristen*, die gekennzeichnet sind durch eine besonders hohe (zum Teil auch gegen sich selbst gerichtete) Gewaltbereitschaft, die sich gegen Einzelpersonen richtet oder die darauf abzielt, durch Herbeiführung von Katastrophen Chaos zu verbreiten.

Diese drei Akteursgruppen grenzen sich nicht jeweils streng ab, sondern die Grenzen zwischen ihnen sind fließend. Aus Verfassungsfeinden können sich Terroristen entwickeln, beide Gruppen sind immer auch Straftäter (zu den einzelnen Gruppen s. BMI 2011a). Denn Extremisten fallen ja vor allem durch ihre Gewalttaten auf, und internationale Terrororganisationen wie etwa Al Qaida begehen meist im Vorfeld ihrer geplanten Anschläge auch andere Straftaten, z. B. Urkundsdelikte. Zum Teil ist ferner eine Einordnung der Akteure schwer, wenn es etwa um Hooligans geht, deren Straftaten nach obiger Definition ebenfalls als politisch motiviert eingestuft werden könnten. Alle Straftäter, Verfassungsfeinde und Terroristen stören das friedliche Zusammenleben und greifen illegal, unberechenbar und unkontrolliert in die Freiheitsrechte aller Menschen in Deutschland ein. Dies gilt auch, wenn die Akteure selbst keine Deutschen sind und ihre Taten weltweit im Ausland begehen. Denn aufgrund des Weltrechtsprinzips, das in § 6 StGB verankert ist, können Auslandsstraftaten gegen international geschützte Rechtsgüter – z. B. Piraterie auf den Weltmeeren, die von zunehmender Bedeutung ist – von einem deutschen Gericht geahndet werden. Auch wenn die Straftäter, Verfassungsfeinde und Terroristen im Einzelfall die Freiheitssphäre „nur" gefährden, beeinträchtigen sie dennoch die bürgerliche Freiheit, da eben sie den staatlichen „Apparat" bedingen, der reaktiv in die Freiheitssphäre aller Menschen eingreift.

Immerhin darf der Staat zumindest im Bereich der Inneren Sicherheit in Deutschland nur im Rahmen seiner bürgerlichen Ordnung nach dem Grundgesetz agieren: Seine Vollzugsorgane sind an Recht und Gesetz gebunden (Art. 20 Abs. 3 GG), die Menschen können Grundrechte gegen die (Sicherheits-)Ansprüche des Staates geltend machen (Art. 93 Abs. 1 Nr. 4a GG). Außerdem steht ihnen der Rechtsweg gegen alle sicherheitspolitischen Maßnahmen der Staatsgewalt offen (Art. 19 Abs. 4 GG; vgl. Glaeßner/Lorenz 2012: 37). Voraussetzung dafür ist jedoch, dass die Menschen vor allem die staatlichen Akteure kennen, die in ihre Freiheitsrechte eingreifen (können).

1.2 Bestandsaufnahme der sicherheitspolitischen Akteure und deren Netzwerk

Tragende Säulen der öffentlichen Sicherheit sind zunächst Polizei, Verfassungsschutz und Katastrophenschutz (Lange 2011: 79). Diese sind zum Teil befugt, im rechtsstaatlichen Rahmen unmittelbaren Zwang zur Durchsetzung der Sicherheitspolitik anzuwenden. Tatsächlich stehen diese exekutiven staatlichen Institutionen und Einrichtungen aber nicht allein, sondern sind Teile eines nahezu unüberschaubaren Netzwerks sicherheitspolitischer Akteure.

Nach Art. 20 Abs. 2 Satz 1 GG geht alle Staatsgewalt vom Volke aus. Da diese Staatsgewalt nach Art. 20 Abs. 2 Satz 2, 2. Halbs. GG mittelbar durch besondere Organe der Gesetzgebung, der vollziehenden Gewalt und der Rechtsprechung ausgeübt wird, ergibt sich notwendig daraus, dass das Rechtsetzungs- und Gewaltmonopol des Staates nicht nur den oben genannten Exekutivorganen zukommt, sondern alle drei Gewalten betrifft. Legislative, Exekutive und Judikative beeinflussen sich aber gegenseitig. Denn auch wenn die Exekutivorgane erst aufgrund von bereits erlassenen Gesetzen tätig werden können, haben sie bereits im Vorfeld auf die Institutionen und Einrichtungen, die im weiten Sinne am Gesetzgebungsverfahren beteiligt sind, Einfluss genommen. Ebenso beeinflusst die Judikative mit ihren Entscheidungen die Gesetzgebung, allen voran das Bundesverfassungsgericht. Umgekehrt bleiben die Urteile und Beschlüsse der obersten Gerichte, deren Grundlage die Verfassung und die Gesetze der Legislative sind, nicht unbeeindruckt von der Praxis der Vollziehenden Gewalt.

Über Art. 23, 24, 25 und 59 Abs. 2 GG wird die Verbindung zur Europäischen Union, zum Europarat und anderen internationalen Organisationen wie den VN und der NATO eröffnet. Deshalb sind Teil des Netzwerks der sicherheitspolitischen Akteure zum Beispiel auch die internationalen Gerichte, auf supranationaler Ebene der Gerichtshof der Europäischen Union (EuGH) in Luxemburg, international der Europäische Gerichtshof für Menschenrechte (EGMR) des Europarats in Straßburg und schließlich global zum Beispiel der Internationale Strafgerichtshof (IStGH) in Den Haag. Die gegenseitige Abhängigkeit der verschiedenen Organe, Einrichtungen und Institutionen vollzieht sich nicht nur horizontal auf den politischen Ebenen der Länder, des Bundes und der EU, sondern erstreckt sich auch vertikal über diese sicherheitspolitischen Ebenen hinweg und wird durch weitere internationalen Kooperationen ergänzt.

Diese aufgezählten Interdependenzen bilden die Grundlage des Netzwerks der nichtmilitärischen Akteure der Sicherheitspolitik, erschöpfen es aber nicht. Deutlich wird das auf EU-Ebene am Beispiel des Europäischen Wirtschafts- und Sozialausschusses (EWSA), der nach Art. 257 EGV aus Vertretern unterschiedlichster Wirtschaftsgruppen besteht. Aufgabe des EWSA ist es, Ministerrat und EU-Kommission zu beraten und die im EWSA organisierten verschiedenen Interessen auf EU-Ebene zur Geltung zu bringen (Möllers/Spohrer 2011: 210f.). Es handelt sich also beim EWSA um einen als Sekundärorgan institutionalisierten Lobbyismus, der auch in sicherheitspolitischen Fragen Einfluss nimmt. Diesen Lobbyismus gibt es – in eingeschränktem Maße – ebenfalls auf Bundes- und Landesebene. So ist zum Beispiel beim Aufbau von Gesetzesvorlagen der Bundesregierung nach § 47 der Gemeinsamen Geschäftsordnung der Bundesministerien (GGO) nicht nur die Beteiligung der Länder und kommunalen Spitzenverbände vorgesehen, sondern auch „eine rechtzeitige Beteiligung von Zentral- und Gesamtverbänden sowie von Fachkreisen, die auf Bundesebene bestehen" (Abs. 3). An der Politik zur Inneren Sicherheit sind also sehr viele unterschiedliche Akteure beteiligt. Schlüsselt man dieses Gesamtnetzwerk in Einflusssphären auf, lassen sich mit Lange (2006b: 124f.) drei abgrenzbare Bereiche (vgl. Abb. 1) erkennen:

Staatliche Sicherheitsbehörden, politisch-institutionelles Umfeld und korrespondierendes politisches Umfeld.

Abb. 1: Das Netzwerk der zivilen Akteure der Sicherheitspolitik

Quelle: Eigene Darstellung

Während die staatlichen Sicherheitsbehörden *unmittelbar* mit ihren Maßnahmen in die Freiheitsrechte der Menschen eingreifen, schaffen die Akteure des politisch-institutionellen Umfelds – ohne in der Regel selbst direkt gegenüber den Bürgerinnen und Bürgern tätig zu werden – dafür die Voraussetzungen. Ihnen gilt daher in Kap. 1.3 zunächst die Aufmerksamkeit. Das korrespondierende politische Umfeld versucht wiederum, auf das politisch-institutionelle Umfeld zur Verfolgung ganz eigener Interessen entsprechend Einfluss zu nehmen. Welche Akteure dies sind, wird daher in Kap. 1.4 untersucht. Nach den Akteuren, welche die Rahmenbedingungen setzen, wendet sich Kap. 1.5 den staatlichen Sicherheitsbehörden zu, die unmittelbar in die Grundrechte der Menschen eingreifen und die daher als die eigentlichen Akteure der zivilen Sicherheitspolitik gelten.

1.3 Die Akteure des politisch-institutionellen Umfelds

Bei den Akteuren des politisch-institutionellen Umfelds handelt es sich um Institutionen, die gegenüber den vollziehenden staatlichen Sicherheitsbehörden Lenkungs- und Koordinierungsaufgaben sowie Kontrollfunktionen wahrnehmen. Aufgaben und Funktionen ergeben sich für die Ebene der EU unmittelbar aus supranationalem und Völkerrecht, für Deutschland aus der Verfassung oder aus Gesetz.

Staatsrechtlich sind zunächst auf Bundesebene Bundestag und Bundesrat sowie ihre für die Sicherheitspolitik zuständigen Ausschüsse (insbesondere Innen-, Rechts- und Auswärtiger Ausschuss) zu nennen. Auf Landesebene sind es die gesetzgebenden Landtage mit ihren entsprechenden Ausschüssen. Zuarbeit liefern die Bundestags- und Landtagsfraktionen mit ihren Facharbeitskreisen. Alle zusammen bestimmen auf der Grundlage verfassungsrechtlicher und einfachgesetzlicher Vorgaben die rechtlichen Rahmenbedingungen in den Polizeigesetzen und den Gesetzen für die Nachrichtendienste und Katastrophenschutzbehörden in Bund und Ländern. Die Arbeitsweise der Verfassungsorgane einschließlich ihrer Untergliederungen und Institutionen wird in diesem sicherheitspolitischen Lehrbuch als bekannt vorausgesetzt.

Faktisch stehen aber vor den legislativen Organen, Einrichtungen und Institutionen die Innenministerien in Bund und Ländern als Akteure des politisch-institutionellen Umfelds. Denn sie sind für die Polizei, die Nachrichtendienste und den Katastrophenschutz die vorgesetzten obersten Dienstbehörden. Die Innenministerien sind Teil der Bundes- oder Landesregierung, der nach dem Grundgesetz oder einer Landesverfassung jeweils das Initiativrecht zukommt (vgl. z. B. für den Bund Art. 76 Abs. 1 GG). Sie sind somit federführend an den sicherheitspolitischen Gesetzentwürfen beteiligt. Die Innenminister haben sich ferner in der „Ständigen Konferenz der Innenminister und -senatoren der Länder" (IMK) zusammengeschlossen, in der unter Mitwirkung des Bundesministeriums des Innern (BMI) zentrale Koordinierungen und (Vor-)Entscheidungen zu Sicherheitsfragen erarbeitet und getroffen werden.

Die Innenministerkonferenz tagt in der Regel zweimal im Jahr, sofern nicht aktuelle politische Entwicklungen oder Gefahrenlagen Sondersitzungen erforderlich werden lassen. Die meisten Themen, welche die Minister und Staatssekretäre in ihren Sitzungen erörtern, werden von ständigen Arbeitskreisen (AK) vorbereitet. Die IMK unterhält auf der administrativen Arbeitsebene sechs Arbeitskreise, die in ihrem Zuschnitt den Geschäftsbereich der Innenressorts abbilden. Eine besondere Funktion hat dabei der AK II „Innere Sicherheit", der unter anderem für Gefahrenabwehr, Bekämpfung des Terrorismus und Angelegenheit der Polizei zuständig ist (Einzelheiten bei Möllers 2010b: 126). Im AK II sind in Unterausschüssen und Untergliederungen u. a. diejenigen Themen verankert, die sich mit Einsatz, Technik und Organisation der Polizei auseinandersetzen und auch die Fortschreibung der Polizeidienstvorschriften (PDV) und Leitfäden (LF) betreffen. Ferner gehören in diesen AK II die „Polizeiliche Kriminalprävention der Länder und des Bundes" und die „AG Kripo", in der alle Leiterinnen und Leiter des Bundes- und der Landeskriminalämter zusammenkommen. Ihre Hauptaufgabe besteht darin, die national und international zu koordinierende operative Bekämpfung konkreter Kriminalitätsphänomene zu verabreden (vgl. Pütter 2000). Ähnliche Strukturen gelten für den AK IV „Verfassungsschutz" und den AK V „Feuerwehrangelegenheiten, Rettungswesen, Katastrophenschutz und zivile Verteidigung".

Problematisch ist an diesen Unterausschüssen und Untergliederungen zunächst einmal, dass sie sehr einseitig ausschließlich mit Funktionären aus den Sicherheitsbehörden besetzt sind und man vergeblich Vertreterinnen oder Vertreter aus z. B. Menschenrechtsorganisationen findet. Darüber hinaus ist zu kritisieren, dass die dort getroffenen Vereinbarungen weitgehend ohne politische Kontrolle zustande gekommen sind und als Vorentscheidungen für die IMK dienen (Groß 2006: 122), die wiederum ihre Beschlüsse sogar – ohne Aussprache – im schriftlichen Umlaufverfahren fassen kann. Hemmend auf „sicherheitspolitische Begehrlichkeiten" wirkt sich lediglich aus, dass für die Beschlussfassung der IMK das Einstimmigkeitsprinzip gilt. Das bedeutet, dass keines der 16 Mitglieder *gegen* den Beschluss stimmen darf. Es besteht daher für alle der Zwang, Abstriche an der jeweiligen Maximalposition zugunsten einer von allen getragenen Lösung vorzunehmen. Dieses Konsensprinzip beinhaltet aber auch die Möglichkeit, sich der Stimme zu enthalten und in einer Protokollerklärung seine abweichende Auffassung zum Ausdruck zu bringen. Dieses Erklärungsrecht steht auch dem nicht stimmberechtigten Bund zu (Bundesrat 2011).

Weitere Akteure des politisch-institutionellen Umfelds sind die Datenschutzbeauftragten des Bundes und der Länder. Denn Informationsgewinnung und Datenaustausch sind inzwischen national und international die wichtigsten sicherheitspolitischen Maßnahmen geworden. Der Bundesbeauftragte für den Datenschutz und die Informationsfreiheit (BfDI) ist – wie seine Länderkollegen auf Landesebene – Kontrollorgan nach dem Bundesdatenschutzgesetz (BDSG), das die vom Grundgesetz garantierten Persönlichkeitsrechte der Menschen vor Missbräuchen bei der Datenverarbeitung schützen soll. Das Recht auf informationelle Selbstbestimmung nach Art. 2 Abs. 1 i. V. m. Art. 1 Abs. 1 GG garantiert allen Menschen das Recht, grundsätzlich selbst über die Preisgabe und Verwendung ihrer Daten zu bestimmen. Jeder darf selbst entscheiden, wann und innerhalb welcher Grenzen eigene persönliche Lebenssachverhalte offenbart werden (BVerfGE 65, 1 – Volkszählungsurteil; vgl. Möllers 2010b: 2188-2190). Ob dies jedoch immer gewährleistet ist, muss angesichts von „Lauschangriffen" und „Rasterfahndungen" bezweifelt werden. Aufgabe des Datenschutzes ist es deshalb, alle Menschen vor unbegrenzter Erhebung, Speicherung, Verwendung und Weitergabe ihrer persönlichen Daten zu bewahren. Dies wurde auch in jüngeren Urteilen des Bundesverfassungsgerichts zur Online-Durchsuchung, zur automatisierten Erfassung von Kfz-Kennzeichen und zur Vorratsdatenspeicherung nachdrücklich bestätigt (vgl. dazu Bull 2011a).

Rechtsgrundlage für die Einrichtung der Stelle des BfDI sind die §§ 22-26 BDSG. Der BfDI wird auf Vorschlag der Bundesregierung durch den Deutschen Bundestag mit der Mehrheit der Stimmen für fünf Jahre gewählt und vom Bundespräsidenten ernannt. Er steht in einem öffentlich-rechtlichen Amtsverhältnis zum Bund, ist aber kein Beamter. Bei der Ausübung seines Amtes ist er unabhängig und nur dem Gesetz unterworfen. Die Rechtsaufsicht hat die Bundesregierung; die Dienstaufsicht liegt beim Bundesministerium des Innern. Aufgabe des BfDI ist es, Regierung und Parlament in Gesetzgebungsverfahren datenschutzrechtlich zu beraten, den Umgang der Behörden des Bundes mit personenbezogenen Daten zu kontrollieren und diesen Behörden Empfehlungen zur Verbesserung des Datenschutzes zu geben. Jeder Bürger, der sich durch öffentliche Stellen des Bundes in seinen Datenschutzinteressen verletzt fühlt, kann sich auch vertraulich an den BfDI wenden, da dieser ein Zeugnisverweigerungsrecht hat. Festgestellte Datenschutzverstöße kann der BfDI anzeigen und Betroffene hierüber informieren.

Sanktionsmöglichkeiten hat der BfDI nicht. Er kann nur auf Problemfelder im Zusammenhang mit dem Brief-, Post- und Fernmeldegeheimnis nach Art. 10 GG und dem Allgemeinen Persönlichkeitsrecht nach Art. 2 Abs. 1 i. V. m. Art. 1 Abs. 1 GG hinweisen, die durch die Legislative, Exekutive und – eingeschränkt – Judikative entstanden sind oder entstehen. Dennoch haben der BfDI und die Datenschutzbeauftragten der Länder einen erheblichen Einfluss auf die Verwaltungspraxis und die Gesetzgebung gewonnen. Dies liegt nicht zuletzt daran, dass der BfDI alle zwei Jahre dem Bundestag einen Tätigkeitsbericht erstattet, der veröffentlicht wird. In ihm nimmt u. a. auch ein Kapitel zur Inneren Sicherheit und zur Entwicklung der Sicherheitsarchitektur weiten Raum ein (BfDI 2011).

Schließlich sind auch noch die Ausbildungsstätten für die Führungskräfte der staatlichen Sicherheitsbehörden von Relevanz, da hier das Personal berufsspezifisch sozialisiert wird. Zu nennen sind die Deutsche Hochschule der Polizei (DHPol), an der Angehörige des höheren Dienstes aller Polizeien in Bund und Ländern ihren zweijährigen Masterstudiengang zum „Master of Public Administration – Police Management" absolvieren, sowie die Fachhochschulen für öffentliche Verwaltung in Bund und Ländern, die im Bachelorstudiengang das Führungspersonal bei der Polizei, den Nachrichtendiensten und den Verfassungsschutzbehörden sowie für den Katastrophenschutz ausbilden. Diese Einrichtungen werden im Regelfall federführend vom Innenressort und nicht von den Bildungsministerien gelenkt.

Alle genannten Institutionen und Einrichtungen unterhalten zu den Akteuren des politisch-institutionellen Umfelds der EU sowie zu denen auf internationaler Ebene mehr oder weniger enge Beziehungen und sind mit ihnen verflochten. Die Akteure des politisch-institutionellen Umfelds auf allen Ebenen werden wiederum durch die Akteure des korrespondierenden politischen Umfelds beeinflusst.

1.4 Die Akteure des korrespondierenden politischen Umfelds

Die Akteure des korrespondierenden politischen Umfelds können nicht auf direkte verfassungsrechtlich oder gesetzlich verankerte Beziehungen zu den unmittelbar handelnden staatlichen Sicherheitsbehörden aufbauen. Bei ihnen kommt es vielmehr darauf an, welche Durchsetzungsstrategien sie verfolgen und welche Ergebnisse sie im Einzelnen tatsächlich erzielen (können), da es verschiedene Einflussfaktoren gibt, welche die jeweiligen Akteure nicht (immer) selbst bestimmen können.

In erster Linie sind in diesem Zusammenhang die Berufsverbände bis hin zu Dachverbänden auf EU-Ebene zu nennen. Vor allem die Polizei hat eine starke Lobby: Es gibt mehrere Polizeigewerkschaften, wie z. B. die Gewerkschaft der Polizei (GdP), die Mitglied im Deutschen Gewerkschaftsbund DGB ist, oder die Deutsche Polizeigewerkschaft (DPolG) im Deutschen Beamtenbund (DBB). Der Bund deutscher Kriminalbeamter (BDK) gehört keiner dachgewerkschaftlichen Organisation an. Auf europäischer Ebene ist Dachverband für die GdP die European Confederation of Police (EuroCop), der insgesamt 34 Polizeigewerkschaften aus 25 Ländern angehören (http://www.eurocop.org). Berufsverbände anderer Berufe im sicherheitspolitischen Bereich haben kein so großes Netzwerk, sind aber ebenfalls nicht ohne Einfluss. Zu nennen sind etwa der Deutsche Feuerwehrverband e. V. (DFV) und die Verbände des privaten Sicherheitsgewerbes, z. B. der Bundesverband Deutscher Detektive e. V. (BDD) im Bund internationaler Detektive e. V. (BID), der Bundesverband Deutscher Wach- und Sicherheitsunternehmen e. V. (BDWS) und die Bundesvereinigung Deutscher Geld- und Werttransportunternehmen e. V. (BDGW). Auch die übrige Sicherheitswirtschaft mit ihren Verbänden versucht über ihre Lobbyisten Einfluss zu nehmen, da sie auf „Outsourcing" von öffentlichen Sicherheitsaufgaben in die Privatwirtschaft drängt.

Besser als alle anderen Akteure kann die Polizei ihren (gewerkschaftlichen) Einfluss geltend machen, was nicht nur daran zu erkennen ist, dass ihre Organisationen in Bund und den Ländern eine im Vergleich mit anderen Bereichen des öffentlichen Dienstes beispiellose Ausstattung an Personal und Sachmitteln hat. Die Tätigkeit der Polizei wird oft höher bewertet als die vergleichbarer anderer Bereiche des öffentlichen Dienstes. Den „einfachen Dienst" gibt es im Polizeivollzugsdienst nicht mehr, der „mittlere Dienst" ist auf dem Rückzug und in manchen Ländern schon abgeschafft. Polizeiliche Tätigkeiten beginnen überwiegend ab Kommissar/in. Wer noch im mittleren Dienst ist, hat – teilweise mehrfach – die Chance, bei vollem Gehalt den Aufstieg in den gehobenen Dienst zu absolvieren. Das liegt vor allem daran, dass Polizeibeamte in Deutschland den für sicherheitspolitische Gesetzentwürfe zuständigen Innenressortchefs „beratend" nahe kommen, da alle Innenministerien eine Polizeiabteilung unterhalten, in denen insbesondere Polizeivollzugsbeamte beschäftigt sind.

Weitere Akteure des korrespondierenden politischen Umfelds sind die politischen Parteien, die sicherheitspolitische Programme entwickeln und diese im politischen System umzusetzen versuchen. Sie nutzen dazu die Medien; aufgrund dieser Transmissionsfunktion als auch aufgrund ihres eigenständigen Akteurscharakters müssen die Medien daher ebenfalls zum korrespondierenden politischen Umfeld gerechnet werden. Gerade die überregionalen Medien aus dem Print- und Rundfunkbereich berichten mehr oder weniger kritisch über die Entwicklungen auf dem Feld der Sicherheitspolitik und wirken auf diese Weise auf die staatlichen Sicherheitsbehörden ein.

Nicht zu unterschätzen sind außerdem wissenschaftliche Forschungsinstitute, die mit öffentlichen und privaten Drittmitteln (z. B. auch aus Finanztöpfen von Parteien) anwendungsorientierte Forschung im Bereich der öffentlichen Sicherheit durchführen (Lange 2006b: 125).

Über die sonstige Weitergabe von Erfahrungen und Erkenntnissen auf nationaler und internationaler Ebene findet ebenfalls Einflussnahme auf die staatlichen Sicherheitsbehörden statt. Denn Nachrichten werden in allen für die polizeiliche Aufgabenerfüllung wesentlichen Bereichen ausgetauscht. Sie beziehen sich z. B. auf die Aus- und Fortbildung, die kriminal- und nachrichtentechnische Ausstattung oder auch auf die neuesten Forschungsergebnisse der wissenschaftlichen Disziplinen, die für den schutz- und kriminalpolizeilichen Berufsalltag benötigt werden. Gerade angesichts des internationalen Terrorismus haben

Innenpolitische Dimensionen der Sicherheitspolitik

sich unüberschaubar viele internationale Kooperationen gebildet, zu denen neben den schon genannten weitere internationale Akteure des politisch-institutionellen Umfelds zu zählen sind, die auf den Gebieten der Kriminaltechnik, des Erkennungsdienstes und der Datenverarbeitung entstanden bzw. entstehen und bei denen in regelmäßig stattfindenden Arbeitstagungen und Kongressen Nachrichtenaustausch betrieben wird. Als Beispiel sei etwa CEPOL – European Police College zu nennen, eine 2005 von der EU gegründete Agentur, die für Polizeibeamte Fortbildungsveranstaltungen durchführt und Forschungen betreibt (s. http://www.cepol.europa.eu).

Wie weit allerdings der Einfluss dieser Organisationen des korrespondierenden politischen Umfelds tatsächlich geht, lässt sich konkret nicht ermitteln, zumal verschiedene Einflusssphären zumindest aus aktuellem Anlass ähnlich gelagert sind. Zum Beispiel werden Parteivertreter, die den Katalog polizeilicher Maßnahmen erweitern oder einzelne Maßnahmearten der Polizei, die diese schon anwenden darf, intensivieren wollen, kaum auf Widerstände bei den Polizeigewerkschaften stoßen. Im Wesentlichen liegt dies daran, dass – auch fälschlicherweise – angenommen wird, die horizontale und/oder vertikale Erweiterung des Maßnahmenkatalogs wirke erleichternd auf Arbeit und Erfolg. Als Beispiele seien nur die immer wieder geführten Debatten zur *Vorrats*datenspeicherung (z. B. DNA-Datenbanken), die für Telekommunikations- und andere Daten nach wie vor aktuell ist (vgl. Zöller 2006; Szuba 2011), und zur Aufhebung des absoluten Folterverbots (vgl. Brunkhorst 2005; Rosenau 2005; Schmidt 2005; Möllers 2011b; Lembcke/Van Klink/Weber 2011: 115-117) genannt. Teilweise treten Parteipolitiker und Polizeigewerkschafter zusammen in den Medien auf (Möllers 2006c: 358 Fn. 41).

Lässt sich nicht konkret ermitteln, wie weit der Einfluss der Akteure des korrespondierenden politischen Umfelds tatsächlich geht, findet erst recht keine Kontrolle statt. Dagegen unterliegen die Akteure der staatlichen Sicherheitsbehörden, um die es im folgenden gehen wird, einer parlamentarischen und gesellschaftlichen Kontrolle.

1.5 Die Akteure der staatlichen Sicherheitsbehörden

Die Akteure der staatlichen Sicherheitsbehörden gehören zum politisch-administrativen System. Gerade sie sind aufgrund der Verfassung und durch Organe der demokratischen Willensbildung legitimiert, das staatliche Gewaltmonopol auf rechtsstaatlicher Grundlage exekutiv auszuüben, wobei ihnen auch die Anwendung von unmittelbarem Zwang zusteht (Lange 2006b: 123f.). Im Mehrebenensystem der Sicherheitspolitik gibt es staatliche Sicherheitsbehörden nicht nur bundesstaatlich organisiert in Deutschland, sondern auch auf der Ebene der EU. Sie werden im Teil C „Sicherheitspolitik in internationalen Institutionen" zusammen mit den „internationalen Sicherheitsbehörden" bei NATO und VN behandelt.

In Deutschland sind nach dem Grundgesetz (Art. 30, 70-74 GG) in erster Linie die Bundesländer zuständig, staatliche Sicherheitsbehörden einzurichten; allerdings hat auch der Bund nach Art. 87 GG eine Ermächtigung, eigene Sicherheitsbehörden zu unterhalten. An erster Stelle innerhalb des Systems staatlicher Sicherheitsbehörden sind die Polizeien der Länder und des Bundes zu nennen, da sie gegen Menschen unmittelbaren Zwang ausüben und damit u. a. in die Grundrechte des Rechts auf Leben und körperliche Unversehrtheit sowie Freiheit der Person nach Art. 2 Abs. 2 GG eingreifen dürfen.

1.5.1 Die Sonderpolizeien des Bundes und die Polizeien der Länder

Nach der bundesstaatlichen Ordnung des Grundgesetzes ergibt sich die Bundeskompetenz vor allem aus Art. 73 und 74 GG, welche die ausschließliche und konkurrierende Gesetzgebung des Bundes bestimmen. Nach Art. 73 Nr. 10 a) GG wird die Zusammenarbeit von

Bund und Ländern in der Kriminalpolizei vor allem durch das Bundeskriminalamt (BKA) vollzogen. Der Bund hat im Rahmen der bundeseigenen öffentlichen Verwaltung eine begrenzte Polizeigewalt. Neben den bekannten bundespolizeilichen Einrichtungen wie dem BKA und der Bundespolizei (BPOL) haben polizeiliche Aufgaben auf Bundesebene aber auch das Luftfahrtbundesamt, die Zollverwaltung sowie die Strom- und Schifffahrtspolizei für die Bundeswasserstraßen (nicht identisch mit der Wasserschutzpolizei der Länder). Außerdem übt der Präsident des Deutschen Bundestages als ordentliche Polizeibehörde gemäß Art. 40 Abs. 2 GG im Gebäude des Bundestages nicht nur das Hausrecht, sondern auch die ausschließliche Polizeigewalt aus. Die Beamten des Polizei- und Sicherungsdienst beim Deutschen Bundestag werden von der BPOL ausgebildet. Schließlich ist die gerichtliche Sitzungspolizei, die ebenso für die obersten Bundesgerichte gilt, eine Polizeigewalt eigener Art (Schott/Möllers 2005: 243f.).

Bei den Ländern untergliedert sich der Polizeivollzugsdienst (PVD) in die uniformierte Schutzpolizei sowie die meist zivil auftretende Kriminalpolizei. Als Dienststellen unterhalten die Länder die Landespolizei, ein Landeskriminalamt (LKA) und die als Verband organisierte Bereitschaftspolizei, die insbesondere für Großeinsätze benötigt wird. Die Einsatzfähigkeit der Bereitschaftspolizei wird vom Inspekteur der Bereitschaftspolizeien der Länder (IBPdL) als Beauftragter des Bundesministers des Innern überwacht. Innerhalb der Landespolizei können besondere Dienststellen für bestimmte sachliche Dienstbereiche gebildet werden. Das sind z. B. die Verkehrspolizei, die Autobahnpolizei und die Wasserschutzpolizei (WSP), die schifffahrtspolizeiliche Vollzugsaufgaben nach der Bund-Länder-Vereinbarung im Küstenmeer sowie in den inneren und Binnengewässern der Länder wahrnimmt.

Die Schutzpolizei ist jener Teil der uniformierten Vollzugspolizei, der die Vollzugsaufgaben im Allgemeinen Polizeivollzugsdienst wahrnimmt, soweit nicht die genannten besonderen Organisationseinheiten zuständig sind. Zu ihren Aufgaben im Regeldienst gehören z. B. die Gefahrenabwehr durch Posten- und Streifendienst, die Verkehrslenkung und -überwachung, die Verfolgung von Ordnungswidrigkeiten und der erste Zugriff bei der Verfolgung von Straftaten.

Die Kriminalpolizei ist ebenfalls Teil des Polizeivollzugsdienstes. Ihre Hauptaufgabe bildet die Verbrechensbekämpfung, die aber auch von den anderen Polizeikräften teilweise wahrgenommen wird. Zuständig ist die Kriminalpolizei insbesondere für solche Aufgaben der Verbrechensbekämpfung, die besondere Kenntnisse erfordern, wie z. B. bei der Spurensuche und Spurensicherung. Außerdem hält sie spezielle Ressourcen vor, z. B. die Kriminaltechnischen Untersuchungs- und Nachrichtensammelstellen. Die Kriminalpolizei wird daher hauptsächlich für die Verfolgung besonderer Deliktsgruppen eingesetzt: Tötungsdelikte, Staatsschutzdelikte, Drogendelikte, Falschgelddelikte, Sexualdelikte, Brandstiftung und vergleichbare Delikte, Raub und Erpressung, Straftaten der Wirtschaftskriminalität, illegaler Waffenhandel, qualifizierter Diebstahl oder auch Glücksspiel. Bei herausragenden Maßnahmen der Verbrechensbekämpfung werden für eine zeitlich bestimmte Dauer Sonderkommissionen gebildet. Spezialisierte überörtliche Dienststellen mit kriminalpolizeilichen Aufgaben sind die Landeskriminalämter (LKÄ) und das BKA.

Durch Landesgesetz oder Bundesgesetz bestimmt sind Polizeibeamtinnen und Polizeibeamte zugleich Ermittlungspersonen der Staatsanwaltschaft (§ 152 Abs. 2 GVG, z. B. i. V. m. § 12 Abs. 5 BPolG) und mit besonderen Befugnissen ausgestattet (Schott/Möllers 2005: 246f.).

1.5.2 Die Staatsanwaltschaften in Bund und Ländern

Staatsanwaltschaften sind auf Landesebene nur den Land- (LG) und Oberlandesgerichten (OLG) zugeordnet. Bei den Amtsgerichten (AG) bestehen keine eigenständigen Staatsanwaltschaften. Entsprechende Aufgaben nehmen sog. Amtsanwälte, die ausschließlich hier agieren, sowie Staatsanwälte des örtlich zuständigen Landgerichts wahr. Bei den Landgerichten sind Staatsanwälte tätig, bei den Oberlandesgerichten meist Oberstaatsanwälte und der Generalstaatsanwalt. Auf Bundesebene wird das Amt der Staatsanwaltschaft beim Bundesgerichtshof (BGH) vom Generalbundesanwalt (GBA) und den ihm nachgeordneten Bundesanwälten ausgeübt.

Die Staatsanwaltschaften werden durch die Polizei vor allem im Ermittlungsverfahren unterstützt. Diese wird im Rahmen ihrer strafverfolgenden Tätigkeit quasi als „verlängerter Arm" der zuständigen Staatsanwaltschaft tätig und unterliegt deren Weisungsgewalt (§§ 152 GVG, 161 StPO). Zu den staatsanwaltlichen Aufgaben gehören regelmäßig Anordnungen, die einem Richtervorbehalt unterliegen und in die Grundrechte der Betroffenen eingreifen (s. Kasten 1).

Kasten 1: Staatsanwaltliche, in Grundrechte eingreifende Anordnungen (Auswahl)

- zur erkennungsdienstlichen Behandlung,
- zur vorläufigen Festnahme, zur Untersuchungshaft und einstweiliger Unterbringung,
- zur Vorführung und Verhaftung von Beschuldigten, Zeugen und Sachverständigen sowie Verfahrensstörern,
- zur körperlichen Untersuchung und zur Durchsuchung bei Beschuldigten oder Zeugen,
- zur Überwachung der Telekommunikation und polizeilicher Beobachtung sowie zum Einsatz technischer Mittel,
- zu Beschlagnahme und Sicherstellung von Gegenständen,
- zur Postbeschlagnahme, Vermögensbeschlagnahme und zum Arrest,
- zur vorläufigen Entziehung der Fahrerlaubnis,
- zum Betreten und Durchsuchen von Wohnungen und Räumen,
- zur (Raster-)Fahndung nach Personen und Sachen,
- zu Datenabgleichen,
- zur Errichtung von Kontrollstellen oder
- zur Sicherheitsleistung und zum vorläufigen Berufsverbot.

Quelle: Eigene Darstellung

Die konkrete Ausgestaltung des Zusammenwirkens von Staatsanwaltschaft und Polizei wird in erster Linie durch die gesetzlichen Vorschriften und die zusätzlich bundeseinheitlich geltenden Richtlinien für das Strafverfahren und das Bußgeldverfahren (RiStBV) bestimmt. Ergänzt werden sie durch Verwaltungsanordnungen und Verwaltungsvereinbarungen, die auf lokaler, regionaler oder landesweiter Ebene die Zusammenarbeit optimieren sollen. Sie wirken sich auf die praktischen Arbeitsstrukturen bei der Strafverfolgung erheblich aus (vgl. Kastner 2010a: 1833f.). Es geht dabei nicht nur um einen umfassenden Informationsaustausch, sondern die Staatsanwältin oder der Staatsanwalt schaltet sich schon zu Beginn der Ermittlungen in die unmittelbare Fallaufklärung ein und stimmt die Verfahrenstaktik und die einzelnen Ermittlungsschritte konkret ab (vgl. z. B. Nrn. 3.3.2 und 4.2 der Richtlinie über die Zusammenarbeit von Staatsanwaltschaft und Polizei bei der Verfolgung der Organisierten Kriminalität, Gem. RdErl. d. MJ u. d. MI v. 16.7.2008 - 4208-S4.84, P23.23-12334/4 [Nds.MBl. Nr.30/2008 S.825]).

Weitere Ermittlungsbeamte, die der Staatsanwaltschaft zuarbeiten, sind auf Landesebene zum Beispiel Angehörige der Steuer- bzw. der Zollfahndung (§ 404 Satz 2 AO; § 37 Abs. 3 AWG, § 37 Abs. 3 Satz 2 MOG), Förster und Forstbetriebsbeamte, bestätigte Jagdaufseher, sofern sie Berufsjäger oder forstlich ausgebildet sind (§ 25 Abs. 2 BJagdG), Beamte der Veterinär- und Lebensmittelüberwachungsverwaltung, Bedienstete der Fischereiverwaltung und Beamte der Bergverwaltung im Bergbau (§ 148 Abs. 2 BBergG). Außer diesen als „verlängerter Arm" der zuständigen Staatsanwaltschaft tätigen Ermittlungspersonen hat der Bund weitere Sicherheitsbehörden mit sonderpolizeilichen Befugnissen eingerichtet.

1.5.3 Sicherheitsbehörden des Bundes mit sonderpolizeilichen Befugnissen

Polizei im materiellen Sinne ist die Zollfahndung. Sie stellt die Kriminalpolizei des Zolls dar. Organisatorisch handelt es sich um ein Zollfahndungsreferat im Bundesministerium der Finanzen (BMF) als der für den Zoll zuständigen obersten Bundesbehörde, dem Zollkriminalamt (ZKA) in Köln als Bundesmittelbehörde und zentrales Zollfahndungsamt sowie den acht Zollfahndungsämtern mit 24 Außenstellen als örtliche Behörden. Die Zollfahndung ist auf den Gebieten der Zoll- und Verbrauchsteuerhinterziehung, der Außenwirtschaftsdelikte und Kriegswaffenstraftaten, der Zuwiderhandlungen im Marktordnungsbereich, der Verstöße gegen Verbote und Beschränkungen im grenzüberschreitenden Warenverkehr, des Rauschgiftschmuggels und der Geldwäsche zuständig (Müller 2010: 2318). Dabei hat sie die gleichen Rechte und Pflichten wie die Behörden und Beamten des Polizeivollzugsdienstes. Bei den Deliktsfeldern der Zollfahndung besteht die Besonderheit, dass die Zollfahndung sich den Anlass für ihre Ermittlungen (Tatverdacht) im Rahmen der zollamtlichen Überwachung regelmäßig auch durch verdachtsunabhängige Kontrollen selbst besorgen muss, da Strafanzeigen hier verhältnismäßig selten sind (vgl. Wamers/Fehn 2006).

Von zunehmender Bedeutung ist das in Bonn ansässige Bundesamt für Sicherheit in der Informationstechnik (BSI), das 1991 eingerichtet wurde, weil mit der rasanten Fortentwicklung der Informationstechnik nicht nur in fast allen Bereichen des Alltags neue IT-Anwendungen entstehen, sondern weil sich damit auch immer neue Sicherheitslücken auftun. Das BSI soll die Gesellschaft vor Computerversagen, -missbrauch oder -sabotage schützen. In § 3 BSIG ist die Aufgabenvielfalt in 15 Einzelpunkten beschrieben. Sie reicht von der Abwehr von Gefahren für die Sicherheit der Informationstechnik des Bundes, indem das BSI z. B. Informationen für Sicherheitsrisiken und -vorkehrungen sammelt und auswertet, über die Herstellung von Schlüsseldaten und den Betrieb von Krypto- und Sicherheitsmanagementsystemen für informationssichernde Systeme des Bundes, die u. a. im Bereich des staatlichen Geheimschutzes Verwendung finden, bis hin zur Unterstützung der Polizeien und Strafverfolgungsbehörden, des Bundesnachrichtendienstes und der Verfassungsschutzbehörden, die bei der Beobachtung terroristischer Bestrebungen oder nachrichtendienstlicher Tätigkeiten anfallen (Lange, J.A. 2005: 37-67).

Das Bundesamt für Güterverkehr (BAG) ist eine 1994 errichtete Bundesoberbehörde im Geschäftsbereich des Bundesministeriums für Verkehr, Bau und Stadtentwicklung (BMVBS), deren Zentrale sich ebenfalls in Köln befindet. Es überwacht die Einhaltung des Fahrpersonalrechts, insbesondere der Lenk- und Ruhezeiten und ist auch zuständig für die diesbezüglichen Bußgeldverfahren gegen ausländische Betroffene. Seit der Gesetzesnovellierung am 1. Januar 2009 überwacht das BAG auch die Einhaltung der Erlaubnis- und Ausweispflicht beim Führen von Kraftfahrzeugen zur Straßengüterbeförderung sowie des Sonn- und Feiertagsfahrverbotes und der Ferienreiseverordnung (Schmidt 2010: 356).

Das gleichfalls in Köln ansässige Bundesverwaltungsamt (BVA) ist eine selbstständige Bundesoberbehörde im Geschäftsbereich des BMI. Es nimmt die ihm übertragenen zentralen Verwaltungsaufgaben des Bundes wahr. Für die öffentliche Sicherheit, insbesondere im

Zusammenhang mit dem internationalen Terrorismus, spielt das BVA deshalb eine besondere Rolle, weil es das Ausländerzentralregister führt (Kastner 2010b: 392). Das BVA nutzt und verwaltet die Daten des Ausländerzentralregisters im Auftrag und nach Weisung des Bundesamtes für Migration und Flüchtlinge (BAMF). Es führt ferner das Aufnahmeverfahren für Aussiedlerinnen und Aussiedler durch und bestimmt, welches Bundesland Betroffene aufzunehmen hat.

Die drei genannten Sicherheitsbehörden des Bundes mit sonderpolizeilichen Befugnissen sind jedoch nicht die einzigen, sondern es existieren im Amtsbereich der verschiedenen Bundesministerien weitere Einrichtungen mit sicherheitspolitischen Aufgaben (s. Kasten 2).

Kasten 2: Bundeseinrichtungen mit sicherheitspolitischen Aufgaben (Auswahl)

Bundesministeriums des Innern
- Bundesamt für Migration und Flüchtlinge (BAMF),
- Statistisches Bundesamt Deutschland (SBD), das Kriminalstatistiken führt,
- Bundesanstalt Technisches Hilfswerk (THW);

Bundesministerium für Verkehr, Bau und Stadtentwicklung (BMVBS)
- Bundesamt für Seeschifffahrt und Hydrografie (BSH);
- Kraftfahrt-Bundesamt (KBA), welches das Verkehrszentralregister führt,
- Eisenbahn-Bundesamt (EBA);
- DFS Deutsche Flugsicherung GmbH = Bundesanstalt für Flugsicherung,
- Luftfahrt-Bundesamt (LBA),

Bundesministerium für Gesundheit (BMG)
- Bundesamt für Sera und Impfstoffe (Paul-Ehrlich-Institut, PEI),
- Bundesinstitut für Arzneimittel und Medizinprodukte (BfArM),
- Robert Koch-Institut (RKI), das insbesondere für die Bekämpfung von Infektionskrankheiten zuständig ist;

Bundesministerium für Umwelt, Naturschutz und Reaktorsicherheit (BMU)
- Bundesamt für Strahlenschutz (BfS);
- Umweltbundesamt (UBA),

Bundesministerium der Justiz (BMJ)
- Bundesamt für Justiz (BfJ),
- Deutsches Patent- und Markenamt (DPMA), das eine Schiedsstelle nach dem Gesetz über Arbeitnehmererfindungen unterhält;

Bundesministerium der Finanzen (BMF)
- Bundesanstalt für Finanzdienstleistungsaufsicht (BaFin),
- Bundeszentralamt für Steuern (BZSt),
- Bundesamt für zentrale Dienste und offene Vermögensfragen (BADV),
- Zentrum für Informationsverarbeitung und Informationstechnik (ZIVIT);

Bundesministerium für Ernährung, Landwirtschaft und Verbraucherschutz (BMELV)
- Bundesamt für Verbraucherschutz und Lebensmittelsicherheit (BVL),
- Bundesinstitut für Risikobewertung (BfR),
- Bundesforschungsinstitut für Tiergesundheit (Friedrich-Loeffler-Institut, FLI);

Bundesministerium für Wirtschaft und Technologie (BMWi)
- Bundesanstalt für Materialforschung und -prüfung (BAM),
- Bundesamt für Wirtschaft und Ausfuhrkontrolle (BAFA).

Diese umfängliche, aber dennoch immer noch unvollständige Aufzählung von Akteuren der staatlichen Sicherheitsbehörden verdeutlicht, dass das Netzwerk für die meisten Menschen faktisch unüberschaubar ist. Noch schemenhafter bleiben die Befugnisse, die in unterschiedlicher Weise den Mitarbeiterinnen und Mitarbeitern dieser genannten Behörden das Recht einräumen, in Freiheitsrechte einzugreifen und ihre Maßnahmen und Erkenntnisse in Datenbanken zu speichern. Das gespeicherte Material wird mehr und mehr durch Gesetzesänderungen auch zur Grundlage polizeilichen Handelns. Dasselbe gilt für die Verfassungsschutzbehörden, die innerhalb der staatlichen Sicherheitsbehörden in Bund und Ländern eine besondere Rolle einnehmen.

1.5.4 Die Verfassungsschutzbehörden in Bund und Ländern und weitere Nachrichtendienste des Bundes

Das „Gesetz über die Zusammenarbeit des Bundes und der Länder in Angelegenheiten des Verfassungsschutzes und über das Bundesamt für Verfassungsschutz" – kurz: Bundesverfassungsschutzgesetz (BVerfSchG) – regelt die Errichtung und die Aufgaben von Verfassungsschutzbehörden in Bund und Ländern. Für die Zusammenarbeit mit den Ländern unterhält der Bund ein Bundesamt für Verfassungsschutz (BfV) als Oberbehörde des Bundes, das dem Bundesministerium des Innern untersteht, aber keiner polizeilichen Dienststelle angegliedert sein darf. Jedes Bundesland unterhält ebenfalls eine Behörde, die Verfassungsschutzangelegenheiten bearbeitet (§ 2 Abs. 2 BVerfSchG). Die Verfassungsschutzbehörden dürfen zur Erfüllung ihrer Aufgaben grundsätzlich die erforderlichen Informationen einschließlich personenbezogener Daten erheben, verarbeiten und nutzen, soweit nicht die Datenschutzgesetze des Bundes oder der Länder oder sonstige Vorschriften dem entgegenstehen. Dafür dürfen die Verfassungsschutzbehörden auch Methoden, Mittel und Instrumente zur heimlichen Informationsbeschaffung anwenden. Dazu gehören zum Beispiel

- der Einsatz von Vertrauenspersonen und Informanten,
- Observationen,
- Bild- und Tonaufzeichnungen für das Abhören von Wohnungen („Lauschangriff"),
- die Verwendung von Tarnmitteln wie Tarnpapiere und Tarnkennzeichen.

Diese Instrumentarien stehen dem Militärischen Abschirmdienst (MAD) sowie dem Bundesnachrichtendienst (BND) ebenfalls zu. Der MAD ist zwar der Geheimdienst der Bundeswehr und untersteht dem Bundesministerium der Verteidigung (BMVg). Da er aber die gleichen Aufgaben wahrnimmt wie das BfV, soweit sich diese Bestrebungen gegen Personen, Dienststellen oder Einrichtungen im Geschäftsbereich des BMVg richten oder von Personen ausgehen, die diesem Geschäftsbereich angehören, ergibt sich daraus auch eine zivile Dimension. Denn zur Erfüllung ihrer Aufgaben arbeiten MAD und die Behörden des Verfassungsschutzes des Bundes und der Länder, BfV und LfV, zusammen (§ 3 Abs. 1 MADG). Diese Zusammenarbeit gilt auch für den BND, den Auslandsnachrichtendienst der Bundesrepublik Deutschland, der dem Bundeskanzleramt untersteht (vgl. Korte 2005b; Rose-Stahl 2006). Trotz dieser Zusammenarbeit konnten jedoch beispielsweise fremdenfeindliche Anschläge des Rechtsterrorismus (NSU) mit mehreren Toten vor allem gegen Ladeninhaber, aber auch gegen eine Polizistin, nicht verhindert und erst spät Ende 2011 vor dem Hintergrund des Selbstmords zweier Verdächtiger aufgeklärt werden. Die Ursache für diese lange Verzögerung ist v. a. darin zu sehen, dass die Sicherheitspolitik insbesondere den internationalen Terrorismus in den Fokus genommen hatte.

Eine wesentliche Aufgabe der genannten Geheimdienste ist es, Anschläge zu verhindern, die Katastrophen auslösen können. Daher sind in die zivile Sicherheitspolitik auch die Katastrophenschutzbehörden des Bundes und der Länder involviert, die im Folgenden betrachtet werden.

1.5.5 Die Katastrophenschutzbehörden des Bundes und der Länder sowie Bundessicherheitsbehörden

Der Begriff „Katastrophenschutz" bezeichnet die Gesamtheit aller Maßnahmen des Bundes, der Länder und der Gemeinden zur Abwehr von Gefahren, die sich aus einer Katastrophe im weiten Sinn ergeben. Eine Katastrophe definiert sich als besonderes Geschehen, durch welches das Leben, die Gesundheit oder die lebenswichtige Versorgung einer Vielzahl von Personen oder erhebliche Sachwerte gefährdet bzw. wesentlich beeinträchtigt werden und zu deren Abwehr oder Schadensbegrenzung der koordinierte Einsatz verfügbarer Kräfte und Mittel erforderlich ist (Möllers 2006a: 144). Daraus ergibt sich, dass nicht nur – angesichts des Klimawandels zahlenmäßig zunehmende – Naturkatastrophen (z. B. Hochwasser, Tornados) darunter fallen, sondern auch fahrlässig verursachte oder vorsätzlich herbeigeführte schwere Unglücke (vgl. dazu Möllers 2008: 99).

Der Katastrophenschutz ist grundsätzlich Ländersache und wird in den weitgehend einheitlich ausgestalteten Katastrophenschutzgesetzen (KatSG) geregelt. Nur im Verteidigungsfall nach Art. 115a-115l GG wird der Katastrophenschutz zum Zivilschutz und richtet sich dann nach dem Gesetz über den Zivilschutz und die Katastrophenhilfe des Bundes (Zivilschutz- und Katastrophenhilfegesetz [ZSKG]). Die Verpflichtung zur Katastrophenhilfe nicht nur aller Länder-, sondern auch aller Bundesbehörden und -einrichtungen (einschließlich Bundeswehr) ergibt sich aus Art. 35 Abs. 2 Satz 2 GG. Der Katastrophenschutz ist aber keine konkret abgrenzbare Aufgabe der Gefahrenabwehr, wie z. B. Brandschutz oder Verbrechensbekämpfung. Er wird daher nicht aus Einsatzkräften gebildet, die einer Behörde zugeordnet sind, dauerhaft bestehen und kontinuierlich Aufgaben erledigen. Vielmehr ist der Katastrophenschutz ein Organisationsprinzip für eine Vielzahl von Aufgabenträgern, Einsatzkräften und allen anderen Akteuren, die zur Gefahrenabwehr bei einer Großschadenslage zum Einsatz kommen können und zentral geleitet werden (s. Kasten 3).

Kasten 3: Aufgabenträger und Einsatzkräfte im Katastrophenschutz (Auswahl)

Behördliche Aufgabenträger
- Feuerwehr und Rettungsdienst,
- Bundesanstalt Technisches Hilfswerk,
- Bundeswehr,
- Bundespolizei,
- Polizeien mehrerer Bundesländer,
- in betroffenen Ländern stationierte *ausländische* Streitkräfte;zur vorläufigen Festnahme, zur Untersuchungshaft und einstweiliger Unterbringung;

Unternehmer-Einsatzkräfte
- Speditions- und Baufirmen,
- Hersteller/Lieferanten von Kühl- oder Wärmeaggregaten und Zelten,
- Versorgungs- und Busunternehmen;

Hilfsorganisationen
- Deutsches Rotes Kreuz e. V. (DRK),
- Arbeiter-Samariter-Bund Deutschland e. V. (ASB),
- Deutscher Feuerwehrverband e. V. (DFV),
- Malteser Hilfsdienst e. V. und gGmbH (MHD),
- Johanniter-Unfall-Hilfe e. V. (JUH),
- Deutsche Lebens-Rettungs-Gesellschaft e. V. (DLRG),
- Deutsche Gesellschaft zur Rettung Schiffbrüchiger (DGzRS),
- Deutsche Gesellschaft für KatastrophenMedizin e. V. (DGKM).

Die konkret für den Katastrophenschutz zuständige Behörde kann Männer und Frauen im Alter zwischen 18 und 60 Jahren verpflichten, bei der Bekämpfung der besonderen Gefahren und Schäden Hilfe zu leisten, wenn die vorhandenen Kräfte im Einsatzfall nicht ausreichen. Das gilt nach § 28 Abs. 1 ZSKG auch im Verteidigungsfall. Soweit Aufgabenträger und Einsatzkräfte im Katastrophenschutz eingesetzt sind, kommen ihnen hoheitliche Aufgaben zu (Fehn/Selen 2010: 203f.). Auf Grund der zunehmenden terroristischen Bedrohungen sowie Naturkatastrophen wurde zur Unterstützung des Krisenmanagements der Länder seit dem 1. Mai 2004 das Bundesamt für Bevölkerungsschutz und Katastrophenhilfe (BBK) in Bonn als Bundesoberbehörde im Geschäftsbereich des BMI errichtet. Das BBK ist zentrales Organisationselement für den zivilen Bevölkerungsschutz und versteht sich als – neben Polizei, Bundeswehr und Nachrichtendiensten – vierte Säule im nationalen Sicherheitssystem, vor allem gegen den „neuen Feind" des internationalen Terrorismus (Atzbach 2005).

Das BBK hat auch eine Reihe bilateraler Hilfeleistungsabkommen mit europäischen Staaten abgeschlossen, und seine internationalen Beziehungen reichen bis zur NATO und zu den VN. Insbesondere findet aber eine Zusammenarbeit mit der EU statt (Weber 2005: 506f.). In welcher weiterreichenden Sicherheitsarchitektur die staatlichen Sicherheitsbehörden agieren, ist Thema des zweiten Abschnitts.

2 Die Sicherheitsarchitektur der staatlichen Sicherheitsbehörden

Die Sicherheitsarchitektur der staatlichen Sicherheitsbehörden hat auch im Maßnahmenkatalog ein umfangreiches Netzwerk aufgebaut. Rechtsstaatliche Probleme treten vor allem dann auf, wenn die Behörden agieren, weil die Akteure *unmittelbar* die Freiheitsrechte der Menschen beeinträchtigen. Zunächst sind dafür Polizei und Staatsanwaltschaft näher zu untersuchen.

2.1 Gefahrenabwehr und Strafverfolgung bei Polizei und Staatsanwaltschaft

Hauptaufgabe der Polizei in Bund und Ländern ist die *Gefahrenabwehr*. Dabei wird die Polizei im Rahmen unaufschiebbarer Maßnahmen auch tätig, wenn die Gefahrenabwehr durch andere Behörden, die gesetzlich zuständig wären, nicht oder nicht rechtzeitig möglich erscheint. Dies gilt insbesondere für die Ordnungsverwaltung, die z. B. an Wochenenden – wenn überhaupt – nur einen Notdienst unterhält und daher nicht erreichbar ist. In anderen Fällen, z. B. bei der Anwendung unmittelbaren Zwangs, ist die Polizei den anderen Behörden zur Vollzugshilfe verpflichtet. Die Länder regeln die Polizeiorganisation und erlassen allgemeine Polizeigesetze. Dem Bund steht dieses nur ausnahmsweise für seine Sonderpolizeien zu. Während die Polizeiorganisation bei Bund und Ländern größere Verschiedenheiten aufweist, stimmt das Recht des polizeilichen Handelns weitgehend überein. Ausgangspunkt ist der 1975 von der Innenministerkonferenz verabschiedete (erste) „Musterentwurf eines einheitlichen Polizeigesetzes des Bundes und der Länder" (Borsdorff 2010: 1295-1297 m. w. N.).

Alle Polizeibehörden des Bundes und der Länder sind vernetzt im Informationssystem der Polizei (INPOL). Zugriff mit Eingabe und Abruffunktion haben ferner die Zollbehörden in ihrer Funktion als Grenzpolizei sowie das Zollkriminalamt. INPOL ist eine sehr umfangreiche Datenbank zur Personen- und Sachfahndung. In ihr sind Daten zu Kriminalaktennachweisen, erkennungsdienstlichen und Haftdateien sowie zu DNA-Dateien gesammelt. Ferner befinden sich im INPOL Daten aus verschiedenen Spurendokumentationssystemen sowie Arbeits- und Recherchedateien. Außerdem besteht die Vernetzung auch zu anderen Datenbanken, z. B. denen des Kraftfahrt-Bundesamtes und des Schengener Informationssystems (SIS; vgl. Lensch 2010: 982f.). Mit dem 2003 erneuerten System INPOL-neu, das sich in das dezentral bei den Bundesländern geführte INPOL-Land und das beim BKA zentral für den Bund geführte INPOL-zentral gliedert, wurde die Meldetätigkeit dezentralisiert auf die einzelnen Beamten, sodass annähernd 300.000 Terminals angeschlossen sind. Dieser große Kreis von Personen, die Daten erfassen und abfragen können, birgt die Gefahr unberechtigter Zugriffe in sich. Die Gefahr wird durch den hohen Umfang von erhobenen und verknüpfbaren Daten zusätzlich verstärkt (Khan 2004; Mittendorf 2006: 134-136).

Die Staatsanwaltschaften sind die nach dem Gesetz (vgl. §§ 152, 160, 161, 163 StPO) zur *Strafverfolgung* berufenen Behörden, denen im Strafverfahren auf Grundlage des Legalitätsprinzips die Verfahrensherrschaft und das Anklagemonopol zukommt. Dazu obliegen ihr auch Vollstreckungsaufgaben (vgl. § 451 StPO), soweit nicht die Gerichte, die Justizvollzugsanstalten (JVA) oder andere Stellen für Entscheidungen bzw. Maßnahmen im Rahmen der Strafvollstreckung zuständig sind. Die Staatsanwaltschaften sind hierarchisch aufgebaute Justizbehörden (§§ 141 ff. GVG), die jedoch auf Grund ihrer Mitwirkung an der Rechtspflege zumindest partiell auch der Rechtsprechenden Gewalt zugeordnet werden. Sie nehmen deshalb eine Art Brückenstellung zwischen Exekutive und Judikative ein. Anders als die Polizeien, die jeweils dem Innenministerium zugeordnet sind, unterliegen die Staatsanwaltschaften auf Grund ihrer Rechtsstellung als (Justiz) Behörde der Weisungsgewalt und Dienstaufsicht des jeweiligen Justizministeriums. Zur Unterstützung bei Gefahrenabwehr und Strafverfolgung steht der Staatsanwaltschaft und der Polizei eine Reihe von zentralen Registern als Datenbanken zur Verfügung.

2.2 Das System der zentralen Register

Im staatlichen Sicherheitssystem werden verschiedene zentrale Register geführt, in denen personenbezogene Daten gesammelt und ausgewertet werden. Neben dem Verkehrszentralregister (VZR), dem Internationalen Seeschifffahrtsregister (ISR) und weiteren Registern, die alle für gefahrenabwehrende und strafverfolgende Sicherheitsaufgaben genutzt werden, spielen sicherheitspolitisch vor allem das Bundeszentralregister (BZR) und das Ausländerzentralregister (AZR) eine besondere Rolle.

2.2.1 Das Bundeszentralregister als Instrument für die Innere Sicherheit

Seit 2006 führt das Bundesamt für Justiz (BfJ) das Bundeszentralregister, das als organisatorischer Oberbegriff für das Zentralregister und das Erziehungsregister 1972 an die Stelle der bis dahin von den Ländern unterhaltenen 93 Strafregister der Staatsanwaltschaften bei den Landgerichten sowie des Bundesstrafregisters trat und durch das Terrorismusbekämpfungsgesetz (TBG) seit dem 1. April 2002 umfassende Modifikationen erfuhr (Götz/Tolzmann 2003). Nunmehr sind alle Gerichte und Behörden verpflichtet, dem Bundeszentralregister die einzutragenden Entscheidungen, Tatsachen und Feststellungen mitzuteilen. Zudem können auch Suchvermerke ins Register eingetragen werden.

Innerhalb des Register-Systems des Bundeszentralregisters hat für die Innere Sicherheit das *Strafregister* eine besondere Bedeutung: Hier sind vor allem deutsche sowie durch ausländische Gerichte ergangene strafgerichtliche Verurteilungen eingetragen (§§ 54-58 BZRG). Letztere ergeben sich z. B. bei Auslandstaten deutscher Staatsangehöriger sowie solcher „Ausländer", die in Deutschland geboren oder dort wohnhaft sind. Weitere Eintragungen betreffen Entscheidungen über Strafaussetzung oder erlass, Bewährungszeiten, Aussetzen des

Strafrestes, Vollstreckung, Freispruch oder Einstellung wegen Schuldunfähigkeit, Ausweisungen, Abschiebungen, Ausreiseverbote, Versagung und Entziehung eines Passes, Verbote der Ausübung von Berufen, Ablauf von Sperren für die Erteilung einer Fahrerlaubnis, Steckbriefe und Suchvermerke sowie Namensänderungen (§§ 3-20a BZRG). Suchvermerke und Steckbriefe können im Register niedergelegt werden, z. B. bei einer öffentlichen Fahndung nach einem Beschuldigten oder bei einer öffentlichen Zustellung, falls der Aufenthaltsort des Empfängers unbekannt ist. Erfasst ist im BZR auch das Strafregister der Deutschen Demokratischen Republik (§§ 64a u. 64b BZRG), aus dem aber alle Einträge entfernt wurden, die mit rechtsstaatlichen Grundsätzen unvereinbar sind.

Aus dem BZR sind der Polizei und anderen Strafverfolgungsbehörden, Gerichten, obersten Bundes- und Landesbehörden sowie Verfassungsschutz , Einwanderungs , Ausländer- und Gnadenbehörden unter den Voraussetzungen der §§ 41-44a BZRG unbeschränkte Auskünfte zu erteilen. An jedem Arbeitstag werden rund 10.000 Eintragungen im Register niedergelegt und etwa 40.000 Anfragen gestellt. Im Beispieljahr 2011 waren in dem Register Eintragungen von ca. 6,3 Mio. Personen mit rund 15,3 Mio. Entscheidungen gespeichert (BfJ: 2011). Grundsätzlich verstößt die Bekanntgabe von Vorstrafen, die im Strafregister getilgt sind, gegen das in Art. 2 Abs. 1 i. V. m. Art. 1 Abs. 1 GG verankerte Allgemeine Persönlichkeitsrecht des Betroffenen. Liegt aber ein überwiegendes öffentliches Interesse an der Mitteilung von getilgten Vorstrafen vor, ist im Einzelfall die öffentliche Wiedergabe zulässig (Siebrasse 2002; Hase 2003).

2.2.2 Das Ausländerzentralregister als Instrument für die Innere Sicherheit

Auch das Ausländerzentralregister soll zur Kriminalitätsbekämpfung beitragen. In ihm sind deshalb nicht nur Informationen über im Bundesgebiet wohnende Personen mit Migrationshintergrund (zum Begriff vgl. Möllers 2011c: 13-22) gesammelt, sondern auch über solche, die sich nicht nur vorübergehend im Bundesgebiet aufhalten. Neben diesen Informationen werden auch die Daten gespeichert, die für den Aufenthalt relevant sind. Darüber hinaus sind alle Personen mit Migrationshintergrund erfasst, die Adressat ausländerrechtlicher Maßnahmen waren und mit einer deutschen Behörde in Kontakt getreten sind, z.B. in Form der Aufenthaltsablehnung, der Ausweisung, der Abschiebung oder des Einreisebedenkens. Beantragen Ausländerinnen und Ausländer ein Visum im Ausland, beginnt für sie die ausländerrechtliche Überwachung: Ihre persönlichen Daten werden für die nächsten zehn Jahre gespeichert, selbst wenn eine Einreise nach Deutschland gar nicht erfolgt. Dabei werden sehr weitgehende personenbezogene Daten eingetragen (vgl. § 29 AZRG). Zugriff auf diese Daten haben nicht nur alle Polizeien und alle Nachrichtendienste, sondern zum Beispiel auch die Träger der Sozialhilfe, die Bundesagentur für Arbeit und die Behörden der Zollverwaltung (§ 32 Abs. 1 AZRG).

Es lässt sich erkennen, dass die Masse an Datensätzen, die alle von Menschen irgendwann eingegeben werden, und der inzwischen unüberschaubare Kreis der Zugriffsberechtigten ein erhebliches Fehlerpotenzial in sich tragen (Möllers 2006b: 12-15). Ein solches Fehlerpotenzial lässt sich auch in den Strukturen nachrichtendienstlicher Tätigkeiten erkennen, zu denen als Hauptaufgabe ebenfalls das Datensammeln gehört.

2.3 Strukturen nachrichtendienstlicher Tätigkeiten

Aufgabe der Verfassungsschutzbehörden ist zunächst die Sammlung und Auswertung von Informationen. Von Interesse sind insbesondere sach- und personenbezogene Auskünfte, Nachrichten und Unterlagen über Bestrebungen, die gegen die freiheitliche demokratische Grundordnung (FdGO) oder den Bestand oder die Sicherheit des Bundes oder eines Landes gerichtet sind. Ebenso werden Informationen gesammelt, soweit zu erkennen ist, dass Personen oder Organisationen eine ungesetzliche Beeinträchtigung der Amtsführung der Verfassungsorgane des Bundes oder eines Landes oder ihrer Angehörigen zum Ziele haben. Im Fokus der Informationsbeschaffung stehen ferner solche Organisationen, die sicherheitsgefährdende oder geheimdienstliche Tätigkeiten in Deutschland für eine fremde Macht betreiben, oder wenn es um Bestrebungen geht, die durch Anwendung von Gewalt oder darauf gerichtete Vorbereitungshandlungen auswärtige Belange der Bundesrepublik Deutschland gefährden (§ 3 Abs. 1 BVerfSchG). Außerdem wirken die Verfassungsschutzbehörden mit bei der Sicherheitsüberprüfung von Personen (§ 3 Abs. 2 BVerfSchG), die Zugang zu geheimhaltungsbedürftigen Tatsachen und Gegenständen oder Erkenntnissen haben (können). Die Befugnisse des Bundesamts für Verfassungsschutz regelt dafür das „Gesetz über die Voraussetzungen und das Verfahren von Sicherheitsüberprüfungen des Bundes" – Sicherheitsüberprüfungsgesetz (SÜG). In einigen Bundesländern (z. B. Bayern und Thüringen) wurde die Aufgabe der Verfassungsschutzbehörden auf die Beobachtung von Bestrebungen und Tätigkeiten der Organisierten Kriminalität ausgeweitet (Singer 2002: 168-180). Das BfV ist zuständig, wenn die genannten Bestrebungen sich ganz oder zum Teil gegen den Bund richten, sich über den Bereich eines Landes hinaus erstrecken oder auswärtige Belange der Bundesrepublik Deutschland berühren. Außerdem können die Landesämter für Verfassungsschutz das BfV um ein Tätigwerden ersuchen. Die gegenseitige Unterrichtung der Verfassungsschutzbehörden erfolgt über das Nachrichtendienstliche Informationssystem (NADIS). Über die Ergebnisse ihrer Tätigkeiten geben die Verfassungsschutzbehörden jährlich einen Verfassungsschutzbericht heraus.

Der Bundesnachrichtendienst (BND) sammelt zur Gewinnung von Erkenntnissen über das Ausland, die von außen- und sicherheitspolitischer Bedeutung für die Bundesrepublik Deutschland sind, die erforderlichen Informationen und wertet sie aus (§ 1 Abs. 2 BNDG). Im Vordergrund steht die Informationsbeschaffung und -auswertung im Zusammenhang mit dem internationalen Terrorismus, Proliferation von ABC-Waffen, Organisierter Kriminalität, Geldwäsche, illegaler Migration und „Information Warfare". Die Tätigkeit des BND beschränkt sich prinzipiell auf die bloße Beschaffung und Auswertung von Nachrichten, ihm stehen keine polizeilichen Zwangsbefugnisse zu. Für die Beschaffung von Daten arbeitet der BND auch mit ausländischen Geheimdiensten zusammen. Dass er dabei über das Ziel hinausschießt, zeigt jüngst die sog. „NSA-Affäre", bei der aufgrund eines Informanten aus der Organisation öffentlich wurde, dass der US-amerikanische Geheimdienst National Security Agency (NSA) seit Jahren mit Unterstützung des BND weltweit massenhaft personenbezogene Daten sammelt (Trenkamp 2013). Auch der BND hat die Befugnis, auf rechtsstaatlicher Grundlage sogenannte nachrichtendienstliche Mittel zur heimlichen Informationsbeschaffung anzuwenden; insoweit verweist § 3 BNDG auf § 8 BVerfSchG. Der BND wird so zum Instrument aktiver Außenpolitik (Daun 2011: 171f.; Gujer 2006: 234).

Der Militärische Abschirmdienst (MAD) ist der Nachrichtendienst der Bundeswehr. Seine Aufgabe ist nach § 1 Abs. 1 MADG die Sammlung und Auswertung von Informationen, insbesondere – wie oben geschildert – von sach- und personenbezogenen Auskünften, Nachrichten und Unterlagen, von Informationen über Bestrebungen, die gegen die FdGO, den Bestand oder die Sicherheit des Bundes oder eines Landes gerichtet sind, wenn sich diese Bestrebungen gegen Personen, Dienststellen oder Einrichtungen im Geschäftsbereich des Verteidigungsministeriums richten oder von Personen ausgehen, die diesem Geschäftsbereich angehören. Ferner werden Informationen über sicherheitsgefährdende oder geheimdienstliche Tätigkeiten in Deutschland für eine fremde Macht gesammelt und ausgewertet, soweit die Bundeswehr betroffen ist. Neben weiteren Aufgaben wirkt der MAD auch bei der Sicherheitsüberprüfung von Bundeswehrangehörigen mit (§ 1 Abs. 3 MADG) und ist seit 2004 nach § 14 MADG auf besondere Anordnung des Bundesministers der Verteidigung ebenfalls für die Abschirmung der deutschen Kontingente während besonderer Auslandsverwendungen der Bundeswehr oder bei humanitären Maßnahmen zuständig.

Aufgrund des Trennungsgebots zwischen den Nachrichtendiensten und der Polizei – und im Unterschied zu einer „Geheimpolizei" – verfügen alle genannten Nachrichtendienste über keine polizeilichen Zwangsbefugnisse. Sie dürfen keiner Polizeidienststelle angegliedert werden oder die Polizei im Wege der Amtshilfe um Maßnahmen ersuchen, zu denen sie selbst nicht befugt sind. Die geheimdienstliche Tätigkeit der Dienste wird ferner durch das Parlamentarische Kontrollgremium (PKG) und durch das in Art. 10 Abs. 2 GG abgesicherte, sog. „G 10-Verfahren" kontrolliert (Gujer 2006; Schmidt-Eenboom 2007). Bei Eingriffen in das Brief-, Post- und Fernmeldegeheimnis nach Art. 10 Abs. 1 GG findet die Kontrolle außerdem als Ersatz für den üblichen Rechtsweg nach Art. 19 Abs. 4 GG durch die „G 10-Kommission" statt, die normalerweise nicht aus Abgeordneten besteht, sondern aus acht Persönlichkeiten, die das Vertrauen der Bundestagsfraktionen besitzen (Hansalek 2006). Inwieweit eine echte Kontrolle der Nachrichtendienste ausgeübt wird, bleibt angesichts „aufgedeckter" Fälle allerdings fraglich.

Problematisch ist ohnehin, ob das Parlamentarische Kontrollgremium faktisch eine echte Kontrolle durchführt, wenn für die dem Gremium angehörenden Abgeordneten alles geheim ist und sie von Problemen entweder nur aus der Presse (dann ist es in der Regel meistens zu spät) oder vom jeweiligen Nachrichtendienst selbst erfahren. Außerdem gibt es für das Gremium kaum Sanktionsmöglichkeiten. Einer Veröffentlichung bestimmter Vorgänge müssen mindestens zwei Drittel der Mitglieder des Parlamentarischen Kontrollgremiums zustimmen. Das sind sechs der neun Abgeordneten. Diese qualifizierte Mehrheit bedeutet, dass immer auch Abgeordnete, welche die Regierung parteipolitisch unterstützen, mit der „Aufdeckung" von Vorgängen einverstanden sein müssen.

2.4 Zusammenarbeit im Katastrophenschutz

Da eine Vielzahl unterschiedlichster öffentlicher und privater Kräfte für den Katastrophenschutz benötigt wird, ist es erforderlich, die Zusammenarbeit zu koordinieren. Dafür war früher eine Ständige Konferenz für Katastrophenvorsorge und Katastrophenschutz (SKK) eingerichtet worden (Musil/Kirchner 2006: 373-391), die aber inzwischen wieder aufgelöst worden ist. Im Bundesamt für Bevölkerungsschutz und Katastrophenhilfe (BBK) entstand zur Verbesserung des Bund-Länder-Krisenmanagements das Gemeinsame Melde- und Lagezentrum (GMLZ). Es zielt darauf, frühzeitig komplexe Szenarien zu erkennen und Schadensentwicklungen im Ereignisfall zu prognostizieren. Hauptaufgabe ist die Optimierung des bund-, länder-, kommunen- und organisationsübergreifenden Informations- und Ressourcenmanagements bei großflächigen Schadenslagen oder sonstigen Lagen, die von nationaler Bedeutung sind. Für das flächendeckende Lagebild werden ständig verschiedene Gefahrenerfassungsquellen beobachtet und ausgewertet. Das GMLZ ist rund um die Uhr in Betrieb. Es wird von fest angestellten Mitarbeiterinnen und Mitarbeitern des BBK sowie jeweils einer Verbindungsperson der Hilfsorganisationen sowie einer der Länder unterhalten. Auch beim GMLZ geht es somit um Informationen, die entgegengenommen, beschafft und gesammelt werden, um sie der Analyse, Verarbeitung, Koordinierung und auch der Weitergabe zuzuführen. Es findet im GMLZ ein reger Austausch von Meldungen und Informationen statt. Gleichzeitig koordiniert und fördert das GMLZ die Zusammenarbeit bei Katastrophenschutzeinsätzen innerhalb der EU und mit den Nachbarstaaten Deutschlands und ist federführend bei der Entwicklung und Umsetzung von Konzepten zur Optimierung der Zusammenarbeit aller Beteiligten. Das BBK ist darüber hinaus beauftragt, das deutsche Notfallvorsorge- und Informationssystem (deNIS) aufzubauen. Es handelt sich dabei um eine Datenbank (Informationssystem) zur Unterstützung des Gefahrenmanagements bei großflächigen Gefahrenlagen (Fritsche 2011).

Zur BBK gehört außerdem die Akademie für Krisenmanagement, Notfallplanung und Zivilschutz (AKNZ). Diese bereitet zum Beispiel die länderübergreifende Krisenmanagement-Übung/Exercise (LÜKEX) vor, die seit 2009 in § 14 ZSKG verankert ist. Mit LÜKEX wird das Verhalten bei Katastrophenereignissen geübt. Bisher wurde durchgeführt

- LÜKEX 04: Stromausfall, Terroranschlag,
- LÜKEX 05: „WM 2006",
- LÜKEX 07: Pandemie,
- LÜKEX 09/10: „Schmutzige Bombe".

Am 30. November 2011 haben rd. 3000 Mitarbeiter von Behörden des Bundes und der Länder mit „LÜKEX 11" eine zweitägige Krisenübung gestartet, die erstmals die Gefahren von Angriffen aus dem Internet simulierte. Im Mittelpunkt standen Hackerattacken oder Cybersabotage, von denen zielgerichtete Angriffe ausgehen, indem sie die IT-Schwachstellen ausnutzen (BBK 2011; Nolde 2011).

Standen vor 9/11 beim Katastrophenschutz Naturereignisse und Unglücke im Fokus, so spiegelt sich in den Aufgaben ab 2002 die Vorstellung einer Katastrophe als Folge eines Terroranschlags wider. Angesichts der aktuellen Terrorbedrohung rücken deshalb die sogenannten „kritischen Infrastrukturen" immer mehr in den Vordergrund. Die Aufmerksamkeit der Sicherheitsbehörden richtet sich auf die ständige Funktionsfähigkeit der Energieversorgung, der Verkehrsinfrastruktur, der Trinkwasser- und Nahrungsmittelversorgung, der Gesundheitsinfrastruktur, der Sicherheitsinfrastrukturen der Behörden und Organisationen sowie der Entsorgungs- und Kommunikationsinfrastruktur auch in Krisen- und Katastrophenlagen. Die Neuregelungen zielen darauf, eine Flut von Informationen zu erfassen, zu verarbeiten und zu speichern. Diese Aufgabe wird vor allem dem Bund und seiner Zentralstelle BBK übertragen. Sie erhalten auf diese Weise Regelungskompetenz in Bezug auf eine allgemeine Gefahrenabwehr, die aber nach der verfassungsmäßigen Ordnung der Bundesrepublik nicht dem Bund, sondern allein den Ländern zusteht. Insgesamt ist gesetzlich eine „Allzuständigkeit" des BBK festzustellen, das nach § 2 Abs. 1 BBKG Aufgaben wahrnimmt, die ihm durch das ZSKG, andere Bundesgesetze oder auf Grund dieser Gesetze – per Rechtsverordnung oder Verwaltungsakt – übertragen werden oder mit deren Durchführung es vom Bundesministerium des Innern oder mit dessen Zustimmung von anderen fachlich zuständigen obersten Bundesbehörden beauftragt wird (Möllers 2006a: 149).

2.5 Folgen aus der Sicherheitsarchitektur der staatlichen Sicherheitsbehörden

Betrachtet man die Sicherheitsarchitektur der staatlichen Sicherheitsbehörden sowie die Aufgaben und Strukturen der einzelnen Akteure, lässt sich erkennen, dass öffentliche Sicherheit in einen Machtanspruch des Staates gemündet ist: Denn es ist ein Sicherheitsverbund entstanden, in dem durch die allgemeinen polizeilichen Aufgaben „normale", individuelle oder auch organisierte Kriminalität bekämpft wird und durch nachrichtendienstliche Tätigkeiten die Bekämpfung der Verfassungsfeinde voranschreitet. Die Bedrohung durch den Terrorismus führt insbesondere seit 9/11 zu einer neuen speziellen sicherheitspolitischen Zielsetzung, die den Sicherheitsverbund auch auf den Bereich des Katastrophenschutzes erweitert und alle drei Bereiche enger zusammenführt.

Aus der Darstellung der einzelnen Akteure ergibt sich, dass der Bund in einzelnen Feldern der Inneren Sicherheit Zentralaufgaben wahrnimmt, wie etwa bei der Koordinierung der Kriminalpolizei, des Verfassungsschutzes und beim Katastrophenschutz. Die Leitung dieser zentralen Sicherheitsbehörden des Bundes liegt beim Bundesministerium des Innern. In sein Ressort fallen

- die Bundespolizei sowie der Inspekteur der Bereitschaftspolizeien der Länder,
- das Bundeskriminalamt,
- das Bundesamt für Verfassungsschutz einschließlich der Koordination der Nachrichtendienste des Bundes sowie
- das Bundesamt für Bevölkerungsschutz und Katastrophenhilfe mit den Katastrophenschutzdiensten.

Da dem Bundesministerium des Innern die Wahrnehmung der entsprechenden Vertretungen in den europäischen und internationalen Gremien obliegt, koordiniert es außerdem

- die grenzpolizeiliche Zusammenarbeit in der EU (Stichwort: FRONTEX),
- die europäische und internationale kriminalpolizeiliche Zusammenarbeit, soweit sie polizeifachlich nicht vom BKA wahrgenommen wird (Stichwort: EUROPOL),
- die europäische Zusammenarbeit der Inlands-Nachrichtendienste und
- die europäische und internationale Zusammenarbeit im Katastrophenschutz.

Beim Bundesministerium des Innern liegt daher die größte Machtkonzentration. Daher überrascht es auch nicht, dass es „Motor" der bisher getroffenen Entscheidungen der staatlichen Sicherheitsbehörden ist und auf sicherheitsspezifische Herausforderungen auffällig rasch exekutive Maßnahmen ergreift und Gesetze initiiert.

3 Spezifische Herausforderungen der staatlichen Sicherheitsbehörden

Das Ende des klassischen Staatenkriegs (Münkler 2007: 3) verändert zunächst die Situation im Bereich der äußeren Sicherheit und betrifft vor allem die militärischen Beiträge zur Sicherheit. Es stellt sich hier daher die Frage, welche spezifischen Herausforderungen die Innere Sicherheit an die staatlichen Akteure richtet.

Ausgehend von den eingangs beschriebenen drei Gruppen der „normalen" Straftäter, den politisch motivierten Verfassungsfeinden und den politisch motivierten Terroristen hängen Veränderungen der spezifischen Herausforderungen an die Akteure der Sicherheitspolitik vor allem mit den technischen Veränderungen zusammen, die es ermöglichen, globale Netzwerke zu errichten. Denn erst die rasante Entwicklung der Kommunikations- und der Verkehrstechnologie ermöglichte es, dass nicht nur die Menschen, sondern auch Informationen, Güter und Dienstleistungen global mobil wurden, sodass die Menschen nunmehr weltweit privat, beruflich, wirtschaftlich und politisch vernetzt sind. Derartige Netzwerke werden auch von Straftätern genutzt, wie zum Beispiel international agierenden kriminellen Banden, die Schleusungen von Menschen, Schmuggel von Waren (z. B. Zigaretten und Arzneimittel) und/oder Drogenkriminalität betreiben. Verfassungsfeinde bauen regionale Netze im Internet auf, schließen sich international zusammen und unterwandern seriöse Organisationen, indem sie diesen ihre extremistischen Sichtweisen zuzuordnen versuchen (Kestler 2006: 97; Holz 2006: 49). Weltweit entstehen Terror-Netzwerke wie Al Qaida mit zum Teil regionalen Schwerpunkten. Diese Netzwerke der nichtstaatlichen Akteure gefährden die öffentliche Sicherheit in erheblichem Maße. Da an Staatsgrenzen die Befugnisse staatlicher Macht enden, die Drahtzieher aber außer Landes residieren und selbst umgekehrt keine nennenswerte Behinderung durch die Staatsgrenzen erfahren, wird die staatliche Ordnungsfunktion sehr stark geschwächt. Die Verletzlichkeit ziviler Gesellschaften hat sich daher drastisch erhöht. Die aktuelle Sicherheitslage ergibt sich insofern unmittelbar aus dieser globalen Vernetzung.

3.1 Die gegenwärtige Sicherheitslage

Betrachtet man die gegenwärtige Sicherheitslage, lassen sich mit der Organisierten Kriminalität und dem internationalen Terrorismus zunächst zwei unterschiedliche Bereiche ausmachen, die aufgrund der globalen Vernetzung die Innere Sicherheit in Deutschland und Europa gefährden. Als dritter Bereich der internationalen Bedrohung werden inzwischen aber auch solche weltweiten Wanderungsbewegungen angesehen, die europäische Territorien betreffen und – soweit unerwünscht – vereinfachend unter dem Begriff „illegale Migration" zusammengefasst werden (Möllers/van Ooyen 2011d). Darüber hinaus stehen aber auch weitere Erscheinungsformen von Gewaltkriminalität im medialen Fokus, deren Entwicklung mit der kommunikativen Vernetzung im Zusammenhang steht: Der Rechtsterrorismus, der als Faktum bis 2011 weitgehend ignoriert wurde (vgl. Pfahl-Traughber 2007: 88; ders. 2012: 93ff.), weil die Sicherheitsbehörden erst infolge der Selbsttötung zweier Mitglieder des Terrornetzwerks „Nationalsozialistischer Untergrund" (NSU) von der Existenz der Gruppe erfuhren, nachdem sie deren über zehn Jahre schon andauernde Mord- und Anschlagsserie nicht aufgedeckt hatten. Zu nennen sind außerdem „Hooligans", mit denen seit etwa 20 Jahren in Deutschland weit überwiegend Gewalttäter der Fußballszene beschrieben und die von der Polizei als „C-Fans" kategorisiert werden. Hooligans suchen Gewalt, lösen sie bewusst aus und führen gewalttätige Aktionen durch, wobei entscheidendes Merkmal ist, dass sie kein weiteres Interesse am sportlichen Geschehen haben. Untersuchungen haben ergeben, dass rechtsextremistische Tendenzen den Prozess fördern (Pilz 2007: 121; Vieregge 2007: 137). Verabredungen von Hooligans zum nächsten „Einsatz" werden häufig über das Internet getroffen. Dieses bildet inzwischen auch die Plattform für die Ankündigung sog. „Amokläufe" durch Jugendliche, die ihre Gewalttaten auch unter Inkaufnahme des eigenen Todes an Schulen (so in Erfurt im April 2002, in Coburg im Juli 2003, in Emsdetten im November 2006, in Winnenden im März 2009 oder in Ludwigshafen im Februar 2010] oder auf der Straße (so in Berlin im Mai 2006 oder in Lörrach im September 2010] begehen (ausführlich: Lübbert 2002).

3.1.1 Gefährdung der öffentlichen Sicherheit durch Organisierte Kriminalität

Für die Organisierte Kriminalität gibt es derzeit noch keine allgemein anerkannte Definition. Wissenschaft, Praxis, Politik und Öffentlichkeit haben unterschiedliche Vorstellungen über die wesentlichen Charakteristika von Organisierter Kriminalität. Das liegt schon daran, dass die Organisierte Kriminalität sich besonders dicht gegenüber Außenstehenden abschottet, so dass es erhebliche Probleme bereitet, verbindliche Erkenntnisse über die tatsächlichen Strukturen, Arbeitsweisen und die Beteiligten zu gewinnen. Allerdings ist gesichert, dass Gewalt untrennbar zu jeder Form Organisierter Kriminalität gehört, wobei im Mittelpunkt die Drohung mit ihr steht. Empirische Untersuchungen haben ergeben, dass Organisierte Kriminalität aus Netzwerken professionell organisierter Täter besteht, „die geschäftsmäßig agieren, alle Aspekte der Straftaten von der Vorbereitung bis zur Beuteverwertung rational vorausplanen und durchweg überregional bzw. international orientiert sind (BMI/BMJ 2006: 440). Etabliert haben sich in Deutschland allem Anschein nach vor allem ausländische, streng hierarchisch strukturierte kriminelle Gruppierungen. Zu ihnen gehören zum Beispiel Gruppierungen der italienischen Organisierten Kriminalität (etwa Cosa Nostra, 'Ndrangheta und Camorra) sowie türkische oder kosovo-albanische Strukturen. Da es inzwischen länger in Deutschland ansässige Einwanderer aus diesen Gruppen gibt, verfügen sie über entsprechende Anlaufstellen in Deutschland.

Bundeslageberichte über Organisierte Kriminalität des Bundeskriminalamts belegen, dass die erfassten Tätergruppierungen überwiegend deliktübergreifend vorgehen und vielfach aus Mitgliedern verschiedener Nationalitäten zusammengesetzt sind. Ihre Taten legt die Organisierte Kriminalität überregional und international an, wobei sie Schäden in Milliardenhöhe verursacht. Die erzielten Erträge werden gewinnbringend im (auch legalen) Markt reinvestiert (BKA 2006 und 2011; Mohr 2010: 1389f.).

Kasten 4: Besonders relevante Kriminalitätsbereiche der Organisierten Kriminalität

- Rauschgifthandel und Rauschgiftschmuggel,
- Waffenhandel und Waffenschmuggel,
- Kriminalität im Zusammenhang mit dem Nachtleben (vor allem Zuhälterei, Prostitution, Menschenhandel, illegales Glücks- und Falschspiel),
- Schutzgelderpressung,
- unerlaubte Arbeitsvermittlung und Beschäftigung,
- Warenzeichenfälschung (Markenpiraterie) und Goldschmuggel,
- Kapitalanlagebetrug, Subventionsbetrug und Eingangsabgabehinterziehung,
- Betrug zum Nachteil von Versicherungen,
- Fälschung und Missbrauch unbarer Zahlungsmittel,
- Herstellung und Verbreitung von Falschgeld,
- Verschiebung insbesondere hochwertiger Kraftfahrzeuge und von Lkw, Container- und Schiffsladungen,
- Einbruchsdiebstahl in Wohnungen mit zentraler Beuteverwertung,
- illegale Entsorgung von Sonderabfall,
- illegaler Technologietransfer und
- illegale Einschleusung von Ausländern.

Quelle: Meyer-Goßner 2011: RiStBV Anlage E 2.3

Ein Teil der Organisierten Kriminalität steht im engen Zusammenhang mit dem internationalen Terrorismus, der ebenfalls eine erhebliche Gefährdung der öffentlichen Sicherheit darstellt.

3.1.2 Gefährdung der öffentlichen Sicherheit durch den internationalen Terrorismus

Jüngere Ereignisse des internationalen Terrors in Europa nach 9/11 zeigen mehrere Entwicklungen: Zunächst ist festzustellen, dass der internationale Terror nicht nur allgemein als Bedrohung, sondern faktisch in Europa und konkret auch in Deutschland angekommen ist. Die nicht explodierten Kofferbomben in nordrhein-westfälischen Regionalzügen im Jahr 2006 sorgten ebenso für mediales Aufsehen wie 2007 das Auftreten der sog. „Sauerlandgruppe", deren Zerschlagung durch die Sicherheitsbehörden nach aktuellem Stand gelungen ist. Insgesamt wurden bis 2011 bereits acht Terroranschläge vereitelt. Die Arbeit der Sicherheitsbehörden hat gezeigt, dass die Behörden – allen voran das BKA – insbesondere erhebliche Fortschritte bei der Aufklärung von Taten gemacht haben und die Täter sehr rasch ermittelt wurden. Es hat sich aber auch erwiesen, dass nicht immer die Anschläge selbst verhindert wurden. Denn im Falle des Kofferbombenattentats hatten die Sprengsätze technisch versagt. Die Aufdeckung der radikal-islamistischen Terror-Vereinigung „Sauerlandzelle" (zu Einzelheiten vgl. Wöhler-Khalfallah 2010a: 1011f.; 2010b: 1018) war ferner nur durch den US-amerikanischen Abhörgeheimdienst NSA möglich geworden, der den BND informiert hatte.

Die Ereignisse zeigen, dass ein Wandel in den terroristischen Strukturen stattgefunden hat, der als Dezentralisierung bezeichnet werden kann. Denn nicht mehr nur aus dem Ausland eigens eingeschleuste Personen sind die Akteure, sondern inzwischen auch unauffällige „Inländer". Dazu gehören in Deutschland v. a. auch zum Islam konvertierte Männer, die sich in pakistanischen Terrorcamps radikalisiert haben. Die Terrorattentate werden nicht mehr zentral organisiert und durchgeführt, sondern dezentral als „homegrown terrorism", bei dem man „es heute mit dezentralen Strukturen und Netzwerken zu tun [hat], auf die es manchmal nur vage Hinweise gibt" (Friedrich 2011a). Islamistische Terrororganisationen zielen weltweit darauf ab, gewaltbereite Islamisten in die Lage zu versetzen, ohne große finanzielle Mittel ihre Anschläge zu verüben (Urban 2006: 122-126). Dafür hat sich die Kommunikation des Terrorismus zunehmend globalisiert und alle Teile der Welt erreicht, während die Operationen der Terroristen sich immer mehr dezentralisieren, d. h. dass die Gruppen unabhängig agieren. Während auf der einen Seite der Terrorismus in den arabischen Staaten zum Teil erfolgreich bekämpft und nicht zuletzt auch infolge des „Arabischen Frühlings" seit Dezember 2010 zurückgedrängt wird, entwickeln sich neue Terrorzellen in anderen Staaten auf der ganzen Welt. Kommunikationsmedium ist hier hauptsächlich das Internet, das zur Radikalisierung vor allem von Muslimen beiträgt. Hinzu treten ggf. Moscheen, Koranschulen und Jugendtreffs, die ebenfalls dezentral zur Aufwiegelung einzelner Muslime beitragen (vgl. Weikunat 2011: 119-142; Pfahl-Traughber 2009: 271-186; Hansen 2009: 287-296). Die notwendigen Anleitungen zum Bombenbau werden ebenfalls über das Internet angeboten, die brauchbaren Materialien lassen sich aus Drogerien und Baumärkten leicht beschaffen. Auch „Schulungen" zur Durchführung der Anschläge sind im weltweiten Netz erhältlich, was den Terrororganisationen kostspielige „Ausbildungslager" erspart. Diese neue Qualität des internationalen Terrorismus stellt für die Sicherheitsbehörden eine große Herausforderung dar.

Daneben agieren die international tätigen Terrororganisationen wie zum Beispiel Al Qaida, deren Führungsrolle im internationalen Terrorismus schon vor dem Tod Osama Bin Ladens im Mai 2011 zurückgedrängt war (Rübenach 2011: 150-176), oder Ansar Al-Islam (Wöhler-Khalfallah 2010c: 103f.) und Hamas (Wöhler-Khalfallah 2010d: 900-906) weiter. Nicht zu unterschätzen sind deren intensive Beziehungen: Es gibt Verflechtungen mit der Organisierten Kriminalität und mit der sonstigen illegalen, global agierenden Wirtschaft, aber auch Zusammenarbeit bzw. „Nutzung" der legalen Wirtschaft, um Transferwege zu erhalten und Geldmittel zu erlangen (vgl. Lederer 2011: 686-701; El-Samalouti 2003: 234). Verwendung finden soll z. B. das nahezu nicht kontrollierbare Geldtransfersystem „Hawala", das auf dem Prinzip des Vertrauens basiert: Dabei wird Geld oder sein Gegenwert in Gold, Diamanten oder Kunstgegenständen an eine Vielzahl von Personen bar von Hand zu Hand transferiert, ohne dass es irgendwelche Aufzeichnungen dazu gibt. Unterschiedliche „Geheimcodes" stellen die Authentifizierung der verschiedenen Händler (sog. „Hawaladar") und der zielgerichteten Transferwege über Staatsgrenzen der ganzen Welt hinweg sicher (vgl. Passas 2005: 88-101).

Sowohl für die organisierten als auch für die dezentral agierenden Terroristen bilden vor allem ideologisch-religiöse Strömungen die Grundlage (Dietl/Hirschmann/Tophoven 2006: 24). Den Terroristen geht es daher – neben dem Ziel, symbolische Orte ihrer „Feinde" zu treffen – in erster Linie um möglichst hohe Opferzahlen, so dass Orte, an denen sich viele Menschen aufhalten, im Fokus stehen (sog. „weiche Ziele"). Dies hat nämlich die Konsequenz, dass die Tat eine erheblich breitere Medienwirksamkeit erhält. Dadurch wird einerseits den eigenen (latenten) Anhängern suggeriert, dass der ideologische „Kampf" „Wirksamkeit" entfaltet, so dass sich die Bereitschaft zur Mitwirkung und Nachahmung erhöht. Zum anderen steigt durch die intensive und meist länger andauernde Medienpräsenz die Angst in der Bevölkerung bis zur irrationalen Hysterie (z. B. Absetzung von Mozarts

Oper „Idomeneo" in Berlin, in der eine Darstellung des Kopfes von Mohammed gezeigt werden sollte) und „verführt" zuständige Akteure der Gefahrenabwehr aller Gewalten zu teilweise groteskem Aktionismus (z. B. mit dem Vorschlag, Langzeitarbeitslose als „Zugsicherheitsbegleiter" zwangsweise zu verpflichten).

Gleichzeitig ist – vor allem aufgrund von religiösem Fanatismus – die Bereitschaft bei Männern und Frauen gestiegen, als Selbstmordattentäter bewusst ihr eigenes Leben zu verlieren. Dieses bei der Anhängerschaft als „Märtyrertum" hingestellte Verhalten erhöht ebenfalls deren Mitwirkungsbereitschaft. Zudem erleichtert es die Durchführung der Attentate, da keine „Fluchtstrategien" mehr ausgearbeitet werden müssen und eine versuchte staatliche Abschreckung durch drastische Strafen ins Leere läuft (Hirschmann 2006: 25). Eine Zusammenfassung der Aspekte zum internationalen Terrorismus zeigt Kasten 5:

Kasten 5: Aspekte zum internationalen Terrorismus

- Nach wie vor steht auch Europa im Fokus des internationalen Terrorismus.
- Die Gefahr wird zunehmend von endogenen Terrorzellen ausgehen, die aus Einwanderern der 2. und 3. Generation sowie aus Konvertiten bestehen und die sich – u. a. über das Internet – radikalisieren.
- Entsprechend wird der Typus des „homegrown terrorism" zunehmen.
- Die „neuen" Terrorgruppen haben einen geringen Organisationsgrad und sind instabil.
- Die einzelnen Attentäter sind kaum auffällig.
- Diese „neue" Art des Terrorismus verursacht auf der Seite der Terroristen keine hohen finanziellen Kosten.
- Ursachen für die Entwicklung des „neuen" Terrorismus-Typus werden alle (auch regionalen) Ereignisse sein, die durch die *subjektive Sicht* der Islamisten für ihre Zwecke „ausgeschlachtet" werden können.

Europäisches und dabei deutsches Engagement in NATO-, EU- und VN-Missionen stellt daher eine Ursache dar, dass Europa Ziel von Terroranschlägen wird. Denn sie spielen bei der Mobilisierung über das Internet und in bestimmten islamistischen Zentren eine bedeutende Rolle (Möllers 2007: 214f.). Es wird zukünftig damit zu rechnen sein, dass der internationale Terrorismus sich über die terroristischen Anschläge auf Leib und Leben von Menschen weitere Attentatsziele setzt. Im Mittelpunkt stehen dabei Angriffe auf kritische Infrastrukturen, da die Zunahme der zivilen Vernetzung auch ihre höhere Gefährdung bedeutet. Eine Vernetzung der Terrorgruppen untereinander, insbesondere des links- und rechtsextremistischen Lagers, gefährdet zusätzlich die öffentliche Sicherheit.

3.1.3 Gefährdung der öffentlichen Sicherheit durch links- und rechtsextremistischen Terrorismus

Die Fokussierung der Sicherheitsbehörden nach 9/11 auf den internationalen Terrorismus hat dazu geführt, dass einerseits ihr Blick auf links- und rechtsextremistischen Terror getrübt wurde. Andererseits dienten die Gewalttaten des internationalen islamistischen Terrorismus auch anderen, insbesondere rechtsradikalen Extremisten als Modell für eigene verstärkte gewalttätige Reaktionen. Der Terrorismus des Anders Behring Breivik, der im Juli 2011 in Norwegen fast 80 Jugendliche ermordete, ist dafür ein drastisches Beispiel (Patalong 2011).

In Deutschland hat die Hochzeit des Linksterrorismus der 1970er und 1980er Jahre schon lange ihren Niedergang gefunden. Seit Ende der 1990er Jahre besteht in der linken Szene auch keine terroristische Organisation mehr, welche die Fähigkeit hätte, schwerste Anschläge bis hin zu Mordtaten zu planen und durchzuführen. Bemühungen der Gruppierung „militante gruppe" (mg) aus den Kreisen der Autonomen, eine Terrororganisation aufzubauen, blieben bisher erfolglos (Pfahl-Traughber 2010b: 1197-1198).

Dagegen hatte sich schon vor 9/11 auf Seiten des Rechtsextremismus die Terrororganisation „Nationalsozialistischer Untergrund" (NSU) gebildet, die jahrelang ohne Entdeckung durch die Sicherheitsbehörden mordete und Sprengstoffanschläge gegen türkische und griechische Mitbürgerinnen und Mitbürger durchführte (Miklis 2011; Pfahl-Traughber 2012). Das von ihnen verwendete TNT wurde vermutlich schon zehn Jahre vor 9/11 im Jahre 1991 aus einem Bundeswehr-Munitionsdepot nahe dem thüringischen Großeutersdorf im Saale-Holzland-Kreis gestohlen (Deutsche Presse-Agentur 2011a). Erst durch das Auftauchen eines Bekennervideos infolge des Suizids von zwei Mitgliedern wurde die Terrorgruppe bei den Sicherheitsbehörden bekannt. Dies ist umso erstaunlicher, weil der Verfassungsschutz sehr intensiv mit V-Leuten arbeitet. Die Terrorgruppe hatte außerdem Verbindungen ins Ausland.

Hier wird von besonderer Bedeutung für die Sicherheitsbehörden die Aufdeckung der internationalen Vernetzung der unterschiedlichen rechtsextremistischen Organisationen sein, in die auch rechtsradikale Parteien wie die NPD involviert sind. Für die Zukunft muss ferner mit Angriffen auf kritische Infrastrukturen gerechnet werden, da die Zunahme der zivilen Vernetzung auch ihre höhere Gefährdung bedingt.

3.1.4 Gefährdung der öffentlichen Sicherheit durch Angriffe auf kritische Infrastrukturen

Der Einzug des Computers in den Lebensalltag und die damit verbundene Vernetzung der Menschen bietet in Bezug auf die aktuelle Sicherheitslage eine weitere Herausforderung: In technisch hoch entwickelten Gesellschaften wie die der Bundesrepublik Deutschland sind etwa 95 Prozent aller Vorgänge, Handlungen, Planungs- und Steuerungsprozesse von der Informationstechnik abhängig. Denn sie regelt die Versorgung der Bevölkerung mit Waren und Dienstleistungen usw. und bildet dadurch die Grundlage eines funktionierenden Zusammenlebens. Die technische Entwicklung nimmt progressiv zu, d. h. dass sich Leistung, Kapazität und Vernetzung in immer kürzeren Abständen verdoppeln (Kögel/Rosmus 2012: 253-265; Hutter 2005: 539f.). Diese kritischen Infrastrukturen werden zunehmend gefährdet. Das Bundesamt für die Sicherheit in der Informationstechnik (BSI) stuft diese Gefährdung in fünf Kategorien ein:

- höhere Gewalt,
- organisatorische Mängel,
- menschliche Fehlhandlungen,
- technisches Versagen,
- vorsätzliche Handlungen.

Insbesondere bei den vorsätzlichen Handlungen ist eine erhebliche Zunahme auszumachen (Kögel/Rosmus 2012: 257f.). Sie schließen auch neue Angriffsflächen, Verwundbarkeiten und Risiken ein. Einige von ihnen sind „Phishing", bei dem durch gefälschte E-Mails oder Internetseiten Nutzern Bankdaten entlockt werden sollen, „Pharming", mit dem versucht wird, Bankdaten durch Schadprogramme wie „Trojaner" abzugreifen, und Spam-Mails, in denen unverlangte Werbebotschaften enthalten sind. Eine weitere Bedrohung sind virenverseuchte E-Mails, mit denen Absender lediglich das Ziel verfolgen, das Computersystem der Empfänger zu zerstören. Der Datentransfer wird massiv beeinträchtigt, neben den genannten Sabotageakten kommen über das Internet geführte „Informationskriege" (sog. „Hoaxes") hinzu. Ein Hoax ist im Wesentlichen eine Falschmeldung, die über das IT-Netz weltweit in hohem Tempo verbreitet wird. Damit können ganze Unternehmensbereiche in wirtschaftliche Bedrängnis geraten oder der Aktienmarkt erheblich beeinflusst werden. Die Zahl der Sabotageakte im Internet, bei denen es u. a. zu Stromausfällen und dem Zusammenbruch von Buchungssystemen etc. gekommen ist, hat sich in den letzten fünf Jahren jährlich verdoppelt. Mit dem informationstechnischen Fortschritt kann die Gesetzgebung zu Datenschutz und Informationssicherheit kaum noch Schritt halten. Für die Innere Sicherheit bedeutet dies, dass dieser technische Wandel über weite Strecken in einem rechts- und herrschaftsfreien Raum quasi als „Anarchie des Internets" stattfindet (Walter 2008: 22f.).

Die „Cyber-Waffen" sind weltweit praktisch jedem verfügbar. Eine große Herausforderung für die Sicherheitspolitik ist daher, kritische Infrastrukturen Deutschlands zu sichern, damit lebenswichtige Systeme wie Energie- und Nahrungsmittelversorgung, Finanz- und Gesundheitswesen, Sicherheitsdienste, Militär, Politik und Verwaltung funktionieren können. Da diese kritischen Infrastrukturen hochgradig vernetzt sind und von hoch entwickelten elektronischen Überwachungs-, Steuerungs- und Kontrollsystemen abhängen, reagieren sie immer empfindlicher auf Störungen, wodurch wiederum ein Niveau katastrophalen Ausmaßes erreicht werden kann (Hutter 2005: 540f.). Aufgrund dieser Bedrohungslage hat die Bundesregierung im Februar 2011 die Cyber-Sicherheitsstrategie für Deutschland beschlossen mit den Kernpunkten

- verstärkter Schutz Kritischer Infrastrukturen sowie von Regierungseinrichtungen vor IT-Angriffen,
- Schutz der IT-Systeme in Deutschland einschließlich der Sensibilisierung der Menschen,
- Aufbau eines Nationalen Cyber-Abwehrzentrums sowie die Einrichtung eines Nationalen Cyber-Sicherheitsrates,
- internationale Kooperation (Rogall-Grothe 2011).

Wegen seiner politischen Bedeutung ist Cybersicherheit in zahlreichen internationalen Prozessen, Foren und Gremien verankert, z. B. im Europarat, bei OECD/APEC, OSZE, VN, NATO, EU, ITU, G8/G20 usw. (Rogall-Grothe 2011).

Auch die „irreguläre Migration" kann die öffentliche Sicherheit gefährden; mit dieser befasst sich das folgende Unterkapitel.

3.1.5 Gefährdung der öffentlichen Sicherheit durch irreguläre Migration

Mit dem Begriff „irreguläre Migration", ein neutraler Begriff der VN, wird der gesetzeswidrige Grenzübertritt oder der gesetzeswidrige Aufenthalt in Deutschland bezeichnet (vgl. Möllers/van Ooyen 2011d). Die irreguläre Migration ist Teil von Wanderungsbewegungen, die weltweit durch unterschiedliche Schubkräfte ausgelöst werden. Unter „Migration" wird politikwissenschaftlich die auf einen längerfristigen Aufenthalt angelegte, räumliche Verlagerung des Lebensmittelpunktes einzelner Menschen, Familien oder ganzer Gruppen bis hin zu vollständigen Bevölkerungen in eine andere Region oder Gesellschaft bezeichnet (Oltmer 2010: 1). Die früher übliche Unterscheidung zwischen „freiwilligem" Wechsel eines Migranten und einem „unfreiwillig" wandernden Flüchtling im Sinne der Genfer Flüchtlingskonvention von 1951, der wegen Rasse, Religion, Nationalität, politischer Überzeugung, sozialer Gruppenzugehörigkeit verfolgt wird (Mühlum 1993: 8), ist nicht mehr haltbar. Denn auch ein Migrant, der, ohne politisch verfolgt zu sein, aufgrund einer Umweltkatastrophe flieht – z. B. Japaner, die vor nuklearer Verstrahlung aufgrund des Reaktorgaus in Fukushima 2011 flüchteten, – verlagert seinen Lebensmittelpunkt „unfreiwillig". Der definitorische Begriffsunterschied zwischen Migrant und Flüchtling ist faktisch nicht mehr gegeben, da man von Bürgerkriegsflüchtlingen ebenso spricht wie von Armuts- und Umweltflüchtlingen.

Wanderungen bilden ein konstitutives Element in der Geschichte der Menschheit. Seit es Menschen gibt, breiteten sie sich über die gesamte Erde aus. Ziel der großen Wanderungsbewegungen sind seit Mitte des vorigen Jahrhunderts stets die industrialisierten Staaten der Welt. Die Migrationsforschung unterscheidet dabei zwischen Push- und Pull-Faktoren. Als primär, d. h. für den Aufbruch aus der angestammten Heimat entscheidend, gelten Schubkräfte (Push-Faktoren) wie Menschenrechtsverletzungen, Bedrohung und Verfolgung von Minderheiten, Krieg und Bürgerkrieg, absolute Verelendung, wachsende Umweltprobleme (z. B. Wasserknappheit, Bodenerosion), Hunger, wirtschaftliche Not und Perspektivlosigkeit, die auch ohne direkte Existenzgefährdung gesehen werden kann. Erst danach, also sekundär, wirken sich Sogfaktoren (Pull-Faktoren) wie Wohlstand (hoher Lebensstandard) und Stadtkultur bei der Wahl eines Zufluchtsortes aus. Deshalb vertreten die VN schon seit 1980 die These, dass Fluchtprävention bei den Push-Faktoren ansetzen muss.

In den letzten Jahren hat die Europäische Union mit dem Schengener Grenzkodex, Kurzbezeichnung für die Verordnung (EG) Nr. 562/2006 vom 15.3.2006 über das Überschreiten der Außengrenzen durch Personen (ABl. EG L 105/1 v. 13.4.2006), ein gemeinsames Regelwerk aufgestellt, das die Einreise von Nicht-EU-Bürgerinnen und -bürgern in die EU regelt. Für Einreisen aus Drittstaaten in die EU werden in aller Regel entsprechende Einreisepapiere benötigt, die über die Einreiseerlaubnis und die Dauer des Aufenthalts Auskunft geben. Wer ohne Erlaubnis einreist oder länger auf dem Gebiet der EU bleibt, als er – zum Beispiel als Tourist – im Rahmen eines legalen Aufenthalts dürfte, verstößt gegen EU-Recht und wird so zu einem „irregulären" Migranten. In Deutschland und in der Begriffswahl der EU werden sie gegen den Widerspruch von Migrantenorganisationen häufig als „illegale Einwanderer" bezeichnet, im Französischen spricht man von den „Sans Papiers", den „Papierlosen" (Haase/Jugl 2007).

Zu den in Deutschland lebenden Personen, welche die deutsche Staatbürgerschaft (noch) nicht besitzen, kommen diejenigen Menschen hinzu, die sich in Deutschland gesetzeswidrig aufhalten. Sie müssen aus ihrer Sicht verborgen leben, weil sie bei ihrer Entdeckung durch Behörden aus Deutschland abgeschoben werden. Daher ist ihre Zahl in Deutschland nicht gesichert. Geschätzt werden rund 0,6-1 Mio. irregulär Zugewanderte, deren Zahl vermutlich seit 1996 stetig sinkt (Baringhorst 2006: 20), weil die Abwehrmechanismen der Sicherheitsbehörden immer ausgeklügelter werden. Irregulär zugewanderte Menschen haben keine Rechte. Die Eltern dürfen nicht arbeiten, die Kinder nicht in den Kindergarten oder zur Schule gehen. Daraus ergeben sich auch Probleme für die Innere Sicherheit: Ein Teil von ihnen versucht, das eigene Überleben durch kriminelle Handlungen zu sichern. Andere werden in ihrer Situation von skrupellosen Geschäftemachern ausgenutzt, die gesetzwidrig Zugewanderte zu Niedrigstlöhnen beschäftigen (Schwarzarbeit), so dass als weiterer Effekt andere Arbeitsuchende ohne Beschäftigung bleiben. So ist zu erklären, dass irreguläre Migration in Deutschland Auswirkungen auf die Kriminalitätslage, den Arbeitsmarkt und in deren Folge auf die Sozialsysteme hat. „Die Bekämpfung der schweren und der organisierten Schleusungskriminalität bleibt [...] ein wichtiger Baustein im Rahmen der ganzheitlichen Bekämpfung der illegalen Migration" (BMI 2011e). In öffentlichen Debatten wird irreguläre Migration entsprechend problematisiert. Durch diese öffentliche Überbetonung der „Illegalität" und „Bedrohung" von Migration wird ein nicht beabsichtigter, negativer Nebeneffekt erzeugt: Rechtsextremisten, die politisch motivierte Straftaten begehen, erhalten zum Teil aus der Bevölkerung Zustimmung für ihr Tun (vgl. Steglich 2009: 231-244). Für das Jahr 2009 wurden in Deutschland fast 34.000 politisch motivierte Straftaten gemeldet, etwa 6,7 % mehr als im Vorjahr. Auch die mehr als 3.000 Gewalttaten bedeuten einen Anstieg um ca. 20,4 %. Fast zwei Drittel dieser politisch motivierten Straftaten sind dem rechtsextremistischen Lager zuzurechnen (BMI 2010a; vgl. auch BMI 2011h). Illegale Zuwanderung wird zudem häufig in öffentlichen Diskussionen mit dem internationalen Terrorismus verknüpft, der zumindest beim Sicherheitsempfinden der Bevölkerung eine besonders große Rolle spielt. Die genannten spezifischen Herausforderungen der Inneren Sicherheit für die Sicherheitspolitik korrespondieren mit dem verfassungsrechtlichen Rahmen, den das deutsche Grundgesetz den Akteuren der Sicherheitspolitik setzt.

3.2 Verfassungsrechtliche Rahmenbedingungen für Maßnahmen zum Schutz der öffentlichen Sicherheit

Das politische System Deutschlands ist – anders als das US-amerikanische, das dual ausgestaltet ist, – durch einen kooperativen Föderalismus gekennzeichnet (Schatz/van Ooyen/ Werthes 2000: 15f.). Beim dualen Föderalismus verfügt jede Ebene, sowohl der Zentralstaat als auch die Bundesstaaten, über eigene Sicherheitssysteme. Zentralstaat und Bundesstaaten können damit ihre Sicherheitseinrichtungen verändern, ohne dadurch massiv in die Rechte der jeweils anderen Ebene einzugreifen. Daher konnte in den USA etwa das Ministerium für „Homeland Security" geschaffen werden, indem viele zuvor eigenständig agierende Sicherheitsbehörden des Zentralstaats zusammengefasst wurden. Im bundesdeutschen kooperativen Föderalismus ergänzen sich jedoch Bundes- und Länderaufgaben. Eigenständige Sicherheitsbehörden des Bundes und der Länder, z. B. die Bundespolizei einerseits und Länderpolizeien andererseits, sind deshalb nur jeweils ein Teil des Sicherheitssystems. Eine Bündelung in einer Superbehörde für die Innere Sicherheit würde im Prinzip eine neue Verfassungsordnung voraussetzen, weil eine solche zentrale Superbehörde den gesamten kooperativen Föderalismus in Frage stellen würde. Daher lässt die Verfassung in der bestehenden Form nur ein Netzwerk zwischen den Sicherheitsbehörden auf allen Ebenen zu. Ein solches Netzwerk ist auch schon mit dem BKA, dem BfV und dem BBK errichtet (Lange 2006c: 289; zur Problematik der Vernetzung vgl. Stegmaier/Feltes 2009: 337-348).

Eine weitere verfassungsmäßige Vorgabe ist das sog. „Trennungsgebot", also der Grundsatz, dass Polizei und Nachrichtendienste organisatorisch und funktionell getrennt bleiben müssen. Als historischer Hintergrund des Trennungsgebots wird der Missbrauch der Polizei unter dem Nazi-Regime angesehen, das polizeiliche Organisationen wie etwa die Geheime Staatspolizei zu willigen Werkzeugen eines menschenverachtenden Staatsterrorismus umfunktioniert hatte. Rechtsgrundlagen, Inhalt und Reichweite des Trennungsgebots innerhalb des Grundgesetzes sind jedoch bis heute umstritten geblieben (vgl. Gusy 2009: 175-188; Roggan/Bergemann 2007: 876 m. w. N.; Wiefelspütz 2011: 65f.). Weitgehende Übereinstimmung auch bei den Befürwortern des Trennungsgebots besteht aber darin, dass dieses jedenfalls zulässt, dass die Erkenntnisse der Nachrichtendienste auch der Polizei bekannt werden dürfen. Denn sonst blieben diese Erkenntnisse reiner Selbstzweck. Aber das Trennungsgebot fordert, dass Polizei und Nachrichtendienste organisatorisch getrennt bleiben müssen. Daher dürfen die Nachrichtendienste keine polizeilichen Befugnisse erhalten und die Polizeien keine umfassenden nachrichtendienstlichen Methoden anwenden. Außerdem schließt das Trennungsgebot mit ein, dass Polizei und Nachrichtendienste nicht auf das komplette Wissen des jeweils anderen einfach zugreifen können dürfen. Das ergibt sich schon daraus, dass die Polizei dem Legalitätsprinzip der Strafprozessordnung unterworfen ist (sie muss nach § 163 StPO strafverfolgend tätig werden), während die Nachrichtendienste dem Opportunitätsprinzip unterliegen und selbst entscheiden, ob ein Ermittlungsverfahren in Gang kommen soll. Dafür haben sie das Recht, auch ohne Anfangsverdacht ihre Beobachtungstätigkeiten durchzuführen. Daher müssen insbesondere die Nachrichtendienste das Recht behalten zu entscheiden, ob sie einen Vorgang an die Strafverfolgungsbehörden weiterreichen. Denn würde sich durch erste Beobachtungen ein Anfangsverdacht ergeben, müsste – bei Kenntnisnahme durch die Strafverfolgungsbehörden – dieses ein offizielles Ermittlungsverfahren auslösen (Lange 2011: 93).

Selbst wenn man annimmt, dass das Trennungsgebot zumindest heute – wegen seiner nicht hinreichenden Ausgestaltung im Grundgesetz und nach 60 Jahren Bewährung der

Demokratie – keine begrenzende Rolle mehr spielen kann, setzt diese Grenze der Grundrechtsschutz. Unterschieden werden

- repressives Tätigwerden der Strafverfolgung,
- präventives Tätigwerden der Polizei mit Abwehrbefugnissen und
- informatives präventives Tätigwerden der Nachrichtendienste,

wenn es um die Verhinderung und Ahndung von Straftaten geht. Diese Dreiteilung ist in mehreren Urteilen des Bundesverfassungsgerichts immer wieder bestätigt worden (z. B. BVerfGE 113, 348; E 110, 33-76; BVerfG, NJW 2006, 1939f.). Dadurch misst das BVerfG der organisatorischen, aufgabenbezogenen und befugnisbezogenen Trennung der drei Sicherheitsbereiche auch verfassungsrechtliche Bedeutung bei, die vor allem in den Grundrechten begründet ist. Schon die Datenerhebung, von der Durchsicht von schriftlichen Mitteilungen bis hin zum Abfangen von E-Mails, SMS und logistischen Informationen, die beim Surfen durch das Internet entstehen, hat ihre grundrechtlichen Grenzen im Brief-, Post- und Fernmeldegeheimnis nach Art. 10 Abs. 1 GG. Kleine und große „Lauschangriffe" werden durch das Grundrecht auf Unverletzlichkeit der Wohnung nach Art. 13 Abs. 1 GG eingeschränkt, da sie Sicherungen der Unantastbarkeit der Menschenwürde enthalten müssen (Leitsatz 4 von BVerfG, 1 BvR 2378/98 vom 3.3.2004). Und selbst solche Informationen, die von einer Behörde rechtmäßig erhoben wurden, dürfen dennoch nicht grenzenlos ausgetauscht werden. Dies beschränkt nämlich das Grundrecht auf informationelle Selbstbestimmung, das sich aus dem Allgemeinen Persönlichkeitsrecht des Art. 2 Abs. 1 i. V. m. Art. 1 Abs. 1 GG ergibt (Volkszählungsurteil – BVerfGE 65, 1 [41f.]). Das Recht auf informationelle Selbstbestimmung steuert vielmehr den Austausch (Nehm 2004: 3289f.; Kutscha, 2010: 1562f.; Wolff 2007: 236; Roggan/Bergemann 2007: 877). Das BVerfG macht in seinen Urteilen deutlich, dass allein die Berufung auf die geänderte Gefährdungslage nicht ausreicht, Abstriche beim Grundrechtsschutz vorzunehmen.

In diesen Zusammenhang ist auch die Unschuldsvermutung als Ausdruck des Rechtsstaatsprinzips gemäß Art. 20 Abs. 3 GG zu stellen. Sie findet sich zum Beispiel in Art. 48 Abs. 1 GRC, Art. 11 Nr. 1 AMRE, Art. 14 Abs. 2 IPBPR und Art. 6 Abs. 2 EMRK wieder und hat in Deutschland Verfassungsrang (BVerfGE 22, 254 [265]; 74, 358 [370]). Die Unschuldsvermutung besagt nichts anderes, als dass grundsätzlich von der Unschuld eines Menschen auszugehen ist. Diese verfassungsrechtlichen Rahmenbedingungen sind bei den Prozessabläufen sowie den Strategien und Programmen der zivilen Sicherheitspolitik einzuhalten (vgl. Degenhart 2011: 1971; Folz 2012: 82, 1167; Jarass 2010: 385f.; Meyer-Ladewig 2011: 175f.).

4 Prozessabläufe, Strategien und Programme der zivilen Sicherheitspolitik

Prozessabläufe und Strategien, die je nach Durchsetzungskraft letztlich die Sicherheitsprogramme beeinflussen, die umgesetzt werden, sind zunächst davon abhängig, welche Hauptströmungen und sicherheitspolitischen Grundlinien in der Politik jeweils vorherrschen.

4.1 Grundlinien innenpolitischer Dimensionen der Sicherheitspolitik für Prozessabläufe und Strategien

Betrachtet man die Grundlinien der Sicherheitspolitik im Inneren, sind drei Grundpositionen auszumachen, welche die sicherheitspolitischen Strategien bestimmen:

- Wahrung der Freiheitsrechte der Bürger,
- Zentralisierung der Zuständigkeiten im Bereich der Inneren Sicherheit beim Bund,
- Verstärkung der Verzahnung von innerer und äußerer Sicherheit.

Für die erste Position stehen diejenigen Meinungen, die vor allem die Freiheitsrechte der Menschen in den Mittelpunkt stellen und ein maßvolles Vorgehen fordern. Sie hegen Bedenken hinsichtlich des Abbaus föderaler Zuständigkeiten und drängen auf Einhaltung des Trennungsgebots als rechtsstaatliche Grundlage sowie auf Achtung der Grundrechte. Den Vertretern dieser gemäßigten Position wird oft unterstellt, die aktuellen und zukünftigen Gefahren des Terrorismus zu unterschätzen. Außerdem wird ihnen vorgeworfen, die staatlichen Akteure daran zu hindern, im ausreichenden Maße für die Sicherheit der Bürger gegenüber der terroristischen Gefahr sorgen zu können (vgl. Lange 2011: 77).

Dagegen steht bereits die Erwartungshaltung der zweiten Position, die wichtigsten Zuständigkeiten im Bereich der Inneren Sicherheit weg von den Ländern beim Bund zu zentralisieren. Sie beruht augenscheinlich auf dem Vorbild USA, die nach 9/11 ihre Sicherheitsarchitektur sehr umfangreich zentralistisch reorganisierten (Lange 2006c: 288). Die Zentralisierung der Sicherheitsaufgaben beim Bund wird aber durch den föderalen Staatsaufbau begrenzt, so dass orthodoxe Vertreter der Forderung nach Zentralisierung immer wieder das deutsche Bundesstaatsprinzip (Art. 20 Abs. 1 GG) infrage stellen (vgl. Lange 2011: 77).

Die dritte Position argumentiert bei ihrer Forderung nach einer neuen Sicherheitsarchitektur in Richtung eines „erweiterten Sicherheitsbegriffs", der vor allem durch eine stärkere Verzahnung von innerer und äußerer Sicherheit zum Ausdruck kommt (vgl. dazu Möllers/van Ooyen 2008: 29-36). Gestützt wird diese Position darauf, dass die Terroristen des 11. September weltweit agierten, so dass sich daraus ein Zusammenhang von innerer und äußerer Sicherheit ergebe. Als Bestätigung dafür wird zudem der Afghanistankrieg als Reaktion auf den Anschlag herangezogen. Dieser Krieg scheint zu bestätigen, „dass zukünftig zwischen Innen und Außen, Polizei und Militär, Terrorbekämpfung und Krieg nicht mehr zu unterscheiden ist" (Lange 2006c: 288). Kern dieser Verzahnung von innerer und äußerer Sicherheit bildet die Forderung nach dem Einsatz der Bundeswehr im Inneren über das bisher in Art. 35 GG (Rechts-, Amts- und Katastrophenhilfe) festgelegte Maß hinaus. Dieses beschränkt den Einsatz der Bundeswehr vor allem auf Hilfe bei Naturkatastrophen und schweren Unglücksfällen und dehnt ihn (noch) nicht auf Einsätze mit militärischen Waffen aus (Wiefelspütz 2007a: 87f.). Zusätzlich wird der Auslandseinsatz der Polizei gefordert; der bereits seit der Geiselbefreiung 1977 in Mogadischu/Somalia durch die GSG 9 des Bundesgrenzschutzes, der sich seit 2005 Bundespolizei nennt, praktiziert wird (Wiefelspütz 2011: 53f.). Gerade die letzten beiden genannten Grundpositionen begründen die sicherheitspolitischen Strategien zur Durchsetzung von Maßnahmen.

4.2 Sicherheitspolitische Strategien zur Durchsetzung von Maßnahmen

Bei den sicherheitspolitischen Strategien müssen zwei Seiten betrachtet werden: Zum einen stellt sich die Frage, welche Maßnahmenstrategien von den staatlichen Akteuren der Sicherheitspolitik angestrebt werden, und zum anderen, mit welchen Zustimmungsstrategien sie die Menschen davon überzeugen, dass die vorgeschlagenen Maßnahmen Gesetzeskraft bekommen und dadurch die Sicherheitsbehörden mehr Befugnisse erhalten.

Betrachtet man die in den Medien insbesondere durch Interessenvertreter von Polizei und Politik ausgetragenen öffentlichen sicherheitspolitischen Diskussionen seit 9/11, lässt sich feststellen, dass die Zustimmungsstrategien – begründet auf ein aufgebautes Feindbild – aus einer Mischung von Bedrohungsszenario, Erfolgsversprechen und Abwiegelungstaktik beruhen. Obwohl einerseits herausgestellt wird, dass Deutschland eines der sichersten

Länder der Welt sei (Deutsche Presse-Agentur 2011b, Friedrich 2011b), wird immer wieder auf die vielfältigen und unberechenbar gewordenen Bedrohungen insbesondere durch den internationalen Terrorismus hingewiesen (Bundesregierung 2011; Frevel 2007: 3). Diesen Gefahren des nationalen und internationalen Terrorismus, der Organisierten und sonstigen Kriminalität sowie der illegalen Zuwanderung könnten Polizei und Strafverfolgungsbehörden mit den vorhandenen rechtlichen Mitteln nicht mehr Herr werden, so dass ihnen weitere Befugnisse eingeräumt werden müssten. Sicherheit könne nur noch mit mehr Befugnissen garantiert werden.

Daneben oder auch gleichzeitig im logischen Zusammenhang werden Versprechungen gemacht, dass mit den neuen Befugnissen mehr Sicherheit und noch mehr Aufklärung von Straftaten ermöglicht würden. Ein beredtes Beispiel dazu gab etwa der durch Vertreter der Polizei und Politik gemeinschaftlich durchgeführte, aber bisher gescheiterte Versuch, das absolute Folterverbot bei der Polizei aufzuheben (Möllers 2011a: 92f. m. w. N.).

Als dritte Strategie, die Zustimmung der Bevölkerung zu sicherheitspolitischen Maßnahmen zu erhalten, ist die Abwiegelungstaktik anzuführen. Diese besteht darin den Menschen zu suggerieren, dass die freiheitsbeschränkenden Maßnahmen wie Lauschangriffe auf Wohnungen, Videoüberwachung öffentlicher Plätze, Ausforschung des PC, Speicherung der DNA, Sammeln von persönlichen Daten auf Vorrat oder verdachtsunabhängige Personenkontrollen ja nur die Terroristen und Kriminellen treffen und nicht diejenigen, die sich nichts zuschulden kommen lassen (Frevel 2007: 3). Wenn dies stimmen würde, dann müssten alle Tatverdächtigen ausnahmslos schuldig sein und als Täter verurteilt werden.

Diese genannten „Zustimmungsstrategien" werden weiterhin genutzt, um bestimmte „Maßnahmenstrategien" zur Gewährleistung der Inneren Sicherheit durchzusetzen. Seit dem 11. September 2001 lassen sich zwei Hauptrichtungen von Maßnahmenstrategien zur Gewährleistung der Inneren Sicherheit feststellen: Sicherheit wird privatisiert, und der Staat rüstet auf.

Die Privatisierung der Sicherheit stellt sich einerseits öffentlich im Auftreten von Sicherheitspersonal dar: Immer mehr „Schwarze Sheriffs" tauchen in Fußgängerzonen – zum Beispiel als Wachposten vor Schmuckgeschäften – und in zumeist besseren Wohnquartieren auf. Die Zahl der – inzwischen auch mietbaren – Kaufhausdetektive nimmt ebenso zu wie die der Wachdienste aller Art. Außerdem haben Bodyguards Konjunktur. Andererseits hält die Sicherheitswirtschaft eine Fülle von Sicherheitseinrichtungen parat, die von ausgeklügelten Einbruchmeldeanlagen und Sicherheitsvorrichtungen bis hin zur ausgefeilten privaten Sicherheitsarchitektur (Beer/Hohl/Jung 2008) reicht. Das Sicherheitsgewerbe expandiert. Es gibt dort inzwischen mehr Beschäftigte als im Polizeivollzugsdienst von Bund und den Ländern zusammen. Zum Teil sind die privaten Sicherheitskräfte über Private Public Partnerships in die Gewährung der öffentlichen Sicherheit eingebunden (Frevel 2007: 4; Jäger/Kümmel 2007; Lanz 2011: 75-92; Mackeben 2005: 249; Schäubli 2011: 1-14; Zoche/Kaufmann/Haverkamp 2011: 9). Das gilt nicht nur für Polizeiaufgaben, sondern betrifft auch den Strafvollzug (Winterhoff 2009: 377-393). Darüber hinaus werden auch die Menschen selbst durch Konzepte der „Bürgeraktivierung" als „Hilfspolizei", „ABM-Sheriffs" und „Bürgerwehr" eingesetzt (van Ooyen 2011: 229f.).

Angesichts des Gewaltmonopols des Staates, das sich historisch aus der Überwindung des Faustrechts und der Selbstjustiz entwickelte, stellt sich die Frage, ob die Monopolisierung von Gewalt nicht beim Staat verbleiben muss. Denn nur der Staat hat die ausschließliche Kompetenz, physische Gewalt auszuüben, um die Rechtsordnung gegen den Willen anderer durchzusetzen. Die Privatisierung führt aber schrittweise zurück zur „Macht des Stärkeren", wobei dann derjenige „stärker" ist, der sich „Sicherheit" wirtschaftlich leisten kann. Andere werden auf der Strecke bleiben. Denn wenn Sicherheit ein käufliches Gut wird, ergibt sich allein daraus, dass es ungleich – und damit ungerecht – verteilt sein wird.

Die andere Hauptrichtung von Maßnahmenstrategien zur Gewährleistung der Inneren Sicherheit betrifft die „Aufrüstung des Staates". Hier stellt sich die Vorgehensweise in zwei Grundstrategien dar: Der Kreis der Verdächtigen wird erweitert, und die Vernetzung aller Behörden nimmt zu.

Die Erweiterung des Kreises der Verdächtigen erfolgt dadurch, dass immer mehr Vorfeldmaßnahmen (wie z. B. die Vorratsdatenspeicherung und die Rasterfahndung) Gegenstand der gesetzlichen Entwicklung werden. Eingriffsbefugnisse zur vorbeugenden Bekämpfung von Straftaten bedürfen immer weniger einer „konkreten Gefahr" oder eines „Anfangsverdachts", so dass die polizeirechtliche Entwicklung sich zunehmend vom liberalen Polizeirecht entfernt. Schon vor 9/11 ließ sich erkennen, dass die Grenze zwischen „Störer" und „Nichtstörer" verschwimmt und dadurch die Konturen des Übermaßverbotes undeutlich werden (Lisken/Denninger 2001: V). So wird die alltägliche Polizeiarbeit immer mehr bestimmt von anlass- und verdachtsunabhängigen „Jedermannkontrollen" („Schleierfahndung"), außerdem von der Videoüberwachung öffentlicher Räume und vom „Lauschangriff" in Wohnungen. Ebenso sind der Sicherheitsgewahrsam in Form des Unterbindungs- oder Verhütungsgewahrsams, Aufenthaltsverbote und der genetische Fingerabdruck (DNA) mehr und mehr Elemente der alltäglichen Polizeiarbeit geworden.

Die Unschuldsvermutung ist Ausgangspunkt dafür, dass grundsätzlich mindestens ein „Anfangsverdacht" gegen eine Person bestehen muss, ehe gegen sie staatliche Maßnahmen ergriffen werden. Dieser Grundsatz wird jedoch ebenfalls zunehmend aufgehoben. Polizeiliches Handeln orientiert sich nicht mehr an konkreten Gefahren, sondern gründet auf Gefahrenprognosen, die auf vagen Hinweisen und Hypothesen beruhen. Die Folge ist, dass Polizeiarbeit zur Vorfeldarbeit wird und sich dadurch auf alles richten muss. Daher ist es nicht verwunderlich, dass in einzelnen Bereichen bereits mit einem Generalverdacht gegen die gesamte Bevölkerung gearbeitet wird (Pütter 2007: 11f.): Ein Beispiel dafür ist die Speicherung der biometrischen Merkmale von Gesicht und Fingerabdruck auf den Ausweispapieren, die zur Identitätssicherung eingesetzt werden. Bisher gehörten Fingerabdrucknahmen allein zu strafverfolgenden Maßnahmen (§ 81b StPO). Weitere „Vorratsdatenspeicherungen" sind im großen Maßstab in Planung. Das bezieht sich auch auf die Speicherung von Telekommunikationsverkehrsdaten, die durch die Entscheidung des Bundesverfassungsgerichts vom 2. März 2010 (BVerfGE 121, 1) jedoch für verfassungswidrig erklärt wurde (Bull 2011a: 69f.). Innenminister Friedrich (CDU) hat sie seit der Entdeckung der rechtsextremistischen Terrorgruppe NSU Ende 2011 jedoch wieder ins Gespräch gebracht.

Dieser Ausbau der Prävention, mit der aktiv öffentliche Sicherheit durch Maßnahmen im Vorfeld konkret-individueller Gefahr oder konkret-verdachtsbezogener Strafverfolgung gewährleistet werden soll, führt notwendigerweise zu einer Annäherung zwischen Polizei, Strafverfolgungsbehörden und Nachrichtendiensten (Lisken/Denninger 2012: V), insbesondere wenn deren Vernetzung ohne Rücksicht auf Trennungsgebot und Grundrechte weiter betrieben wird. Als Beispiel lässt sich anführen, dass z. B. durch die Polizeigewerkschaft (DPolG 2007) gefordert wird, Verfassungsschutzämter auch zur Bekämpfung der Organisierten Kriminalität einzusetzen (van Ooyen 2012: 59f.). Diese aufgezeigten Strategien lassen sich beispielhaft an bisherigen Programmen der „neuen" Sicherheitsarchitektur nach 9/11 bilanzieren.

4.3 Programme der „neuen" Sicherheitsarchitektur nach 9/11

Unmittelbar nach dem 11. September 2001 wurden in kürzester Zeit sog. „Sicherheitspakete" verabschiedet. Mit diesen Gesetzen sollten die neuen Bedrohungen durch den islamistischen Terror abgewehrt werden. Sie zielten in der ersten Phase darauf ab, den Kreis der Verdächtigen zu erweitern und mehr personenbezogene Daten zu speichern und zu verarbeiten.

Am 9. November 2001 beschloss der Bundestag das „Antiterrorpaket I". Dieses führte zum einen zur Abschaffung des „Religionsprivilegs" durch Änderung des Vereinsgesetzes. Seitdem können auch Religionsgemeinschaften wie andere Vereinigungen nach Maßgabe des Art. 9 Abs. 2 GG verboten werden (Möllers 2010d: 122). Kurz darauf wurde die islamisch-extremistische Vereinigung „Kalifatstaat" aus Köln verboten. Zum anderen wurde durch Einführung des § 129b StGB die Strafverfolgung in Bezug auf die Mitgliedschaft und Unterstützung terroristischer Gruppierungen erweitert auf Terrorgruppen, die nicht in Deutschland ansässig sind.

Das „Sicherheitspaket II" verabschiedete das „Terrorismusbekämpfungsgesetz" (TBG), das am 1. Januar 2002 in Kraft trat. Das TBG änderte nochmals insgesamt 14 deutsche Gesetze vom Asylverfahrens- bis zum Vereinsgesetz (s. Kasten 6).

> **Kasten 6: Politisch angestrebte Zielrichtungen der gesetzlichen Maßnahmen**
> - Bereitstellung der nötigen gesetzlichen Kompetenzen für die Sicherheitsbehörden,
> - Verbesserung des erforderlichen Datenaustausches zwischen den Behörden,
> - Verhinderung bereits der Einreise terroristischer Straftäter nach Deutschland,
> - Verbesserung identitätssichernder Maßnahmen im Visumverfahren,
> - Verbesserung der Grenzkontrollmöglichkeiten,
> - Verbesserung der Erkennung bereits eingereister Extremisten,
> - Ermöglichung des Einsatzes bewaffneter Flugbegleiter der Bundespolizei auf deutschen Luftfahrzeugen,
> - Ermöglichung des Schusswaffengebrauchs in zivilen Luftfahrzeugen durch Polizeivollzugsbeamte,
> - Ermöglichung von Sicherheitsüberprüfungen für Mitarbeiter in lebens- oder verteidigungswichtigen Einrichtungen,
> - Schaffung von Rechtsgrundlagen für die Aufnahme biometrischer Merkmale in Pässe und Personalausweise,
> - Unterbindungserleichterung von Aktivitäten extremistischer Ausländervereine in Deutschland,
> - Effektivierung der Rasterfahndung durch die Einbeziehung von bestimmten Sozialdaten,
> - Sicherstellung der uneingeschränkten Energieversorgung (BMI 2007a).

Soweit das TBG einzelne Befristungen von fünf Jahren vorsah, wurden diese durch das „Terrorismusbekämpfungsergänzungsgesetz" (TBEG) am 11. Januar 2007 erstmals und die meisten Befugnisse am 27. Oktober 2011 – unter Protest des Bundesdatenschutzbeauftragten – nochmals bis 2015 verlängert (Möllers 2007: 217; Krempl 2011; BMI 2011f).

Die allgemeinen Kompetenzen der Sicherheitsbehörden wurden durch das TBG erheblich vor allem im Bereich der Vorfeldmaßnahmen ausgebaut. Denn hier wurde der Grundstein gelegt für Eintragungen von biometrischen Daten wie Fingerabdrücken, Handform oder Augeniris in Ausweisen sowie für Sonderüberprüfungen für Angestellte von sicherheitsrelevanten Einrichtungen und Institutionen. Diese Vorfeldmaßnahmen wurden später noch erweitert. Zum Beispiel wurde durch Änderung der Strafprozessordnung die Nutzung von sog. „IMSI-Catchern" eingeführt, um Mobiltelefon-Besitzer/innen orten zu können. Ebenso wie bei der neuen Bankenkonto-Überwachungsregelung bedarf es auch bei der Nutzung der „IMSI-Catcher" keines Anfangsverdachts, um Maßnahmen einzuleiten.

Weitere verabschiedete Gesetze bis zum TBEG enthalten sicherheitspolitische Komponenten. Im „Zuwanderungsgesetz" zum Beispiel wurden die Sicherheitsbestimmungen beim Aufenthaltsrecht verschärft, so dass Personen, von denen eine terroristische Gefahr ausgeht, auf Anordnung der obersten Landesbehörden oder des BMI schneller abgeschoben werden können, zumal der Instanzenweg verkürzt wurde. Im „Luftsicherheitsgesetz" wurde die Abwehr von Terrorgefahren im Luftraum geregelt (Wiefelspütz 2007a: 11 m. w. N.) und der Einsatz des Ganzkörperscanners eingeführt (zu weiteren Maßnahmen vgl. Giemulla 2011: 95; vgl. auch BMI 2010b, 2011i). Allerdings wurde die zunächst im Luftsicherheitsgesetz geregelte durch Flugzeugabschuss administrativ angeordnete mögliche Tötung Hunderter von unschuldigen Passagieren durch das Urteil des Bundesverfassungsgerichts vom 15. Februar 2006 (BVerfG 1 BvR 357/05) für verfassungswidrig erklärt (Giemulla 2011: 95).

Zusätzlich zu den Erweiterungen von einzelnen Aufgaben und Kompetenzen bei Vorfeldmaßnahmen in den „Sicherheitspaketen" wurde die Vernetzung der Behörden durch die Terrorismusbekämpfungsgesetze ausgebaut.

Schon im TBG wurden die Kompetenzen des BfV, des BND, des MAD, der BPOL und des BKA im Bereich der Terrorismusbekämpfung erheblich erweitert und nochmals im TBEG 2007 ergänzt. Die Vernetzung dieser Behörden – unter Beteiligung der entsprechenden Sicherheitsbehörden der Bundesländer – gipfelt schließlich im Gemeinsamen Terrorismusabwehrzentrum (GTAZ), das am 14. Dezember 2004 seine Arbeit in Berlin aufnahm. Die angeschlossenen Behörden werden in die Arbeitsabläufe vor allem des BKA und des BfV eingebunden, denn das GTAZ dient dazu, die Spezial- und Analyseeinheiten dieser beiden Behörden zusammenzuführen (vgl. Abb. 2).

Abb. 2: Struktur des Gemeinsamen Terrorismusabwehrzentrums (GTAZ)

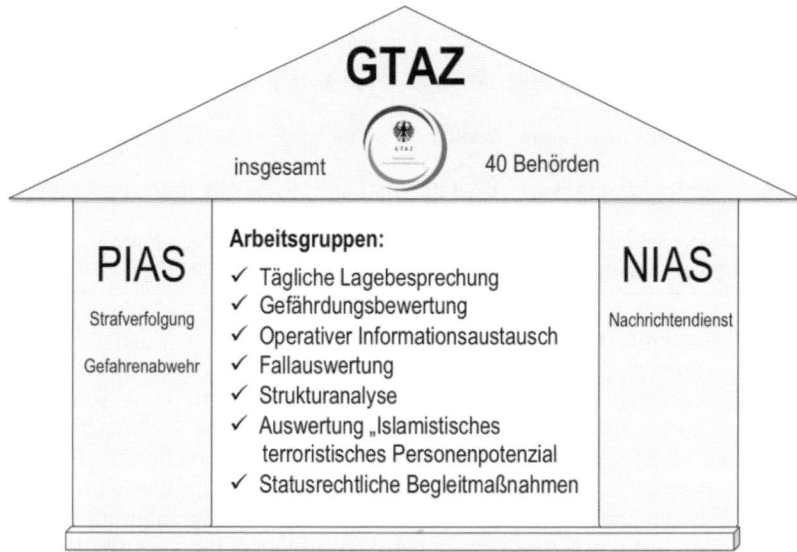

Quelle: Eigene Darstellung nach BMI-Vorlage

Das GTAZ soll in der Lage sein, einen Informationsaustausch in Echtzeit sowie schnelle und zielgerichtete Analysen aktueller Gefährdungshinweise – auch für den Katastrophenschutz – durchzuführen und die Abstimmung operativer Maßnahmen bei der Bekämpfung des islamistischen Terrorismus' gewährleisten zu können (BMI 2004). Es ist jedoch zu befürchten, dass mit dem GTAZ das grundgesetzliche Trennungsgebot zwischen Polizei und Geheimdienst überschritten wurde (Lange 2011: 100f.). Zudem ist nicht geklärt, ob die „Vernetzung" überhaupt effizient und Erfolg versprechend ist (Gusy 2009: 175f.; Stegmaier/Feltes 2009: 337f.). Nochmals wurde die Vernetzung der Behörden in Bund und Ländern durch das Antiterrordateigesetz von 2006 erweitert.

In der vom BKA geführten Antiterrordatei, die seit dem 30. März 2007 freigeschaltet ist, werden vorhandene Erkenntnisse zu Personen aus dem Bereich des internationalen Terrorismus und des ihn unterstützenden Extremismus gespeichert und so für alle beteiligten Sicherheitsbehörden auffindbar. Neben den personenbezogenen „Grunddaten", die zur Identifizierung einer Person dienen, werden auch „erweiterte Grunddaten" gespeichert, die eine fachliche Bewertung der gespeicherten Personen im Sinne einer Gefährdungseinschätzung zulassen. Denn der Gesetzgeber zielt darauf, über die gespeicherten Personen hinaus auch das gewaltgeneigte extremistische Umfeld zu erfassen. Die erweiterten Grunddaten sollen nur im Eilfall oder auf Nachfrage bei der speichernden Behörde sichtbar werden (BMI 2007b). Vernetzt wurden das BKA, das BfV, der BND, die BPOL, das ZKA, der MAD, der Generalbundesanwalt beim Bundesgerichtshof, alle 16 LKÄ und alle LfV. Alle angeschlossenen Behörden gaben ihre Grunddaten aus dem Bereich des islamistischen Terrorismus vollständig in die Datei ein. Danach folgen die „erweiterten Grunddaten". Die gespeicherten Datensätze erfassen mehr als 13.000 Personen, von denen die meisten nicht in Deutschland leben, sondern islamistischen Organisationen im Ausland angehören, die aber Verbindungen zu Deutschland aufweisen. Von den gespeicherten Personen, die in Deutschland leben, wird wiederum nur ein kleiner Teil als im polizeilichen Sinn die öffentliche Sicherheit akut gefährdende Personen eingestuft. Mit der Antiterrordatei sollen weitere Gefährder und ggf. neue terroristische Netzwerkstrukturen möglichst schnell und frühzeitig erkannt werden (BMI 2007b).

Das Gemeinsame Internetzentrum (GIZ) wurde Anfang 2007 zur Bekämpfung des islamistischen Terrorismus im Internet in Berlin eingerichtet. Seine Aufgabe ist es, einschlägige Internetseiten und -foren zu beobachten, um den islamistischen Extremismus und Terrorismus wirkungsvoll bekämpfen zu können. Fünf Bundesbehörden sind im GIZ integriert: das BfV, das BKA, der BND, der MAD und der Generalbundesanwalt beim Bundesgerichtshof. Das GIZ zielt darauf

- frühzeitig extremistische und terroristische Aktivitäten im Internet zu erkennen,
- Anschlagsvorbereitungen aufzudecken sowie
- internetgestützte Rekrutierungs- und Radikalisierungsbemühungen extremistischer Muslime nachzuvollziehen (BMI 2011j).

Um der illegalen Migration entgegenzuwirken, wurde als weiteres Auswertungszentrum das Gemeinsame Analyse- und Strategiezentrum Illegale Migration (GASIM) entwickelt, das am 2. Mai 2006 seine Arbeit in Berlin aufnahm (vgl. Abb. 3).

GASIM ist keine Behörde, sondern eine „Kooperations- und Zusammenarbeitsplattform" für die mit dem Feld der illegalen Migration beschäftigten Bundesbehörden (Hanning 2008). Es zielt darauf, durch die Beteiligung des BKA, der BPOL, des BAMF, der Finanzkontrolle Schwarzarbeit sowie des BND, des BfV und auch durch die unmittelbare Einbindung des Auswärtigen Amtes (AA) die Fachkompetenz aller beteiligten Behörden zu bündeln und effektiv zu nutzen. Die Arbeit von GASIM versteht sich als Ergänzung des bisherigen Informationsaustausches zwischen den mit der Bekämpfung und der Verhütung der irregulären Migration befassten Behörden. Da die Länder für viele Delikte, die mit der Schleusungskriminalität zusammenhängen, sowie für die Ausführung der ausländerrechtlichen Regelungen zuständig sind (Schott 2011: 31f.) , ist auch deren zeitnahe Einbindung angestrebt (BMI 2006).

Über den tatsächlichen Nutzen von GTAZ und GASIM sowie der Antiterrordatei gibt es derzeit noch keine Erfahrungsberichte. Dennoch geben diese Programme der „neuen" Sicherheitsarchitektur Anlass für eine kurze Prognose zur Entwicklung ziviler Dimensionen der Sicherheitspolitik.

Abb. 3: Beteiligte Behörden bei GIZ und GASIM

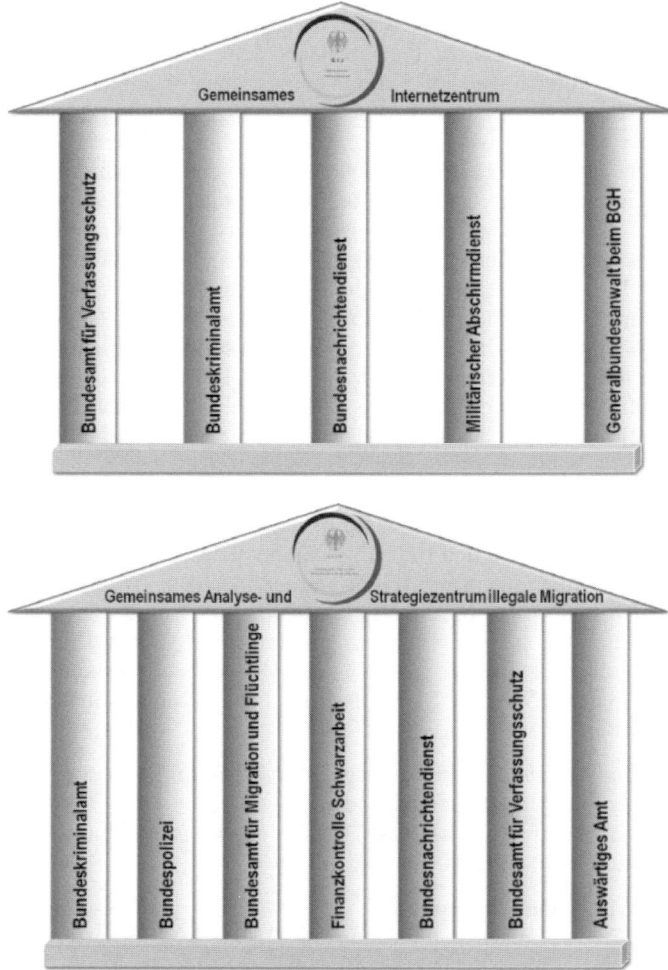

Quelle: Eigene Darstellung

5 Kurze Prognose zur Entwicklung ziviler Dimensionen der Sicherheitspolitik

Betrachtet man die gesetzlichen Entwicklungen sowie die aktuellen Diskussionen zu Fragen der Sicherheitspolitik, in denen immer neue „Datenpools" und „Standardmaßnahmen" (z. B. „Mautdaten", „Unterbindungsgewahrsam", „Online-Durchsuchungen") gefordert werden (Bull 2009: 65-96), scheint die Sorge nicht unbegründet zu sein, dass Sicherheitsinteressen zum Vorwand für die Einschränkung individueller Freiheitsrechte werden können. In Krisenzeiten geht Sicherheitspolitik sehr oft auf Kosten von Grund- und Bürgerrechten. Die in den

"Programmen" der "Sicherheitspakete" aufgezeigten Reaktionsmuster auf die Bedrohung durch den internationalen Terrorismus liefern einen erneuten Beleg für diesen Zusammenhang.

Auch wenn die deutsche Politik die Absicht hegt, den Boden des Rechtsstaats nicht verlassen zu wollen (Möllers 2007: 217f.) und Folter sowie Einsperrung ohne richterliches Verfahren nicht anwenden will, bleibt die Furcht vor Missachtung grundlegender Menschenrechte, da der Staat seit 9/11 kontinuierlich seine Kompetenzen der Vorfeldermittlung erweitert und durch die Vernetzung der Behörden in Kooperations- und Zusammenarbeitsplattformen – im Übrigen auch auf europäischer und internationaler Ebene! – immer mehr Menschen den Zugang zu personenbezogenen Daten eingeräumt hat. Die Konsequenz dieser Entwicklung ist offensichtlich: Persönliche Daten von Menschen werden unbewusst, fahrlässig oder sogar vorsätzlich verbreitet. Gleichzeitig scheint die "Datensammelwut" auch Private zu ermuntern. Soziale Netzwerke wie "Facebook" oder "Twitter" und Dienstanbieter wie "Google" stellen ihre Internetplattformen zur Verfügung und lassen sich von den Menschen dafür mit "Daten" bezahlen. Nicht nur der Staat, der dafür ein eher schlechtes Beispiel gibt, ist deshalb inzwischen in der Lage, genaue Profile von Menschen zu erstellen. Je mehr persönliche Daten jemand freiwillig ins Netz stellt, desto weniger Sorgen macht er sich, wenn der Staat ebenfalls nach seinen Daten greift.

Für die Erweiterung des Maßnahmenkatalogs spielen Argumentationsraster von "gut" und "böse", "Freund" und "Feind" eine wesentliche Rolle. Denn immer kommen der wahre oder eingebildete Feind und ein sorgsam gepflegtes Feindbild ins Spiel, wenn es um die Frage der Gewährleistung von Sicherheit geht. Wird Sicherheitspolitik verschwörungstheoretisch aufgeladen, dient sie nicht selten zur Rechtfertigung der Repression nach innen und einer aggressiven Politik nach außen. Denn die Geschichte zeigt, dass "die Expansionsgelüste des Imperialismus", "die Weltverschwörung des Judentums" oder "die weltrevolutionären Bestrebungen des Bolschewismus" dazu haben herhalten müssen, eine freiheitsberaubende Politik zu legitimieren (Glaeßner/Lorenz 2012: 38). Sicherheit darf nicht zum obersten Staatsziel ausufern.

Zur Vertiefung empfohlene Literatur

Gusy, Christoph 2011: Grundrechte und Verfassungsschutz. Studien zur inneren Sicherheit, Wiesbaden: VS Verlag für Sozialwissenschaften. Das Buch analysiert die neuere Gesetzgebung und Rechtsprechung zum ambivalenten Verhältnis von Grundrechten und Verfassungsschutz. Es zeigt insbesondere den Zusammenhang zwischen Grundrechtsschutz und wirksamen Kontrollverfahren auf, indem es geheimdienstliche Aufklärung, Kontrollrechte der G-10-Kommission, richterliche Kontrolle des Verfassungsschutzes und die parlamentarische Kontrolle der Nachrichtendienste untersucht.

Lisken, Hans/Denninger, Erhard (Hrsg.) 2012: Handbuch des Polizeirechts. Gefahrenabwehr – Strafverfolgung – Rechtsschutz, 5. Aufl., München: Verlag C. H. Beck. Das Buch bietet die umfassende Darstellung des Polizeihandelns. Es gibt Antworten auf alle wichtigen verfassungsrechtlichen und praktischen Fragen der polizeilichen Arbeit. Aufgaben und Befugnisse bei Gefahrenabwehr und Strafverfolgung sind eingehend erläutert. Polizeiliche Informationsverarbeitung, die Aufgaben im Versammlungswesen und die polizeiliche Zusammenarbeit in Europa werden sehr sorgfältig vertieft, ebenso Fragen des Rechtsschutzes, der Haftung für Polizeikosten sowie der Ersatzansprüche des Bürgers. Ein eigenes Kapitel widmet sich zentralen Bereichen der Ordnungsverwaltung.

Möllers, Martin H. W. (Hrsg.) 2010: Wörterbuch der Polizei, 2. Aufl., München: Verlag C. H. Beck. Auf fast 2.500 Seiten integriert das Wörterbuch (WdP) Rechts- und Politikwissenschaften sowie weitere Disziplinen, die für die nationale und internationale Sicherheit von

Bedeutung sind. Die Stichworte sind handbuchartig ausgearbeitet und mit einer Literaturliste versehen.

Möllers, Martin H. W./van Ooyen, Robert Chr. (Hrsg.) 2003f.: Jahrbuch Öffentliche Sicherheit 2002/2003f. Frankfurt a. M.: Verlag für Polizeiwissenschaft. Alle zwei Jahre erscheinender Sammelband, in dem Experten aus Wissenschaft, Politik und Praxis der Sicherheitsbehörden zu aktuellen Sicherheitsfragen vor allem des nichtmilitärischen Bereichs Stellung nehmen. Thematisiert werden regelmäßig die vier Kernbereiche „Extremismus", „Öffentliche Sicherheit in Deutschland", „Europäische Sicherheitsarchitektur" und „Internationale Sicherheit". In der Reihe erscheinen auch themengebundene Sonderbände.

Weiterführende Fragen

1. Welche globalen Ursachen führen zur Auflösung der scharfen Trennung zwischen innerer und äußerer Sicherheit und zur Vermischung der Aufgaben von Militär und Polizei?
2. Welche Maßnahmen wurden in Deutschland seit 9/11 durch die Politik ergriffen, um angesichts der Entwicklungen des internationalen Terrorismus' die Innere Sicherheit durch Bund und Länder zu gewährleisten?
3. Welche verfassungsrechtlichen Probleme könnten die notwendigen internationalen Kooperationen zwischen den Sicherheitsbehörden aufwerfen?
4. Welche neuen Technologien stehen besonders im Konflikt mit der Freiheit der Menschen und wie kann verhindert werden, dass neue „Sicherheitslösungen" nicht die Freiheit einschränken?
5. Wie können Erkenntnisse über Ursachen von Radikalisierung und Entstehung von Bedrohungen für ein Mehr an Sicherheit umgesetzt werden?

Quellen und Literatur

Atzbach, Rudolf L. 2005: Das neue Bundesamt für Bevölkerungsschutz und Katastrophenhilfe (BBK), in: JBÖS 2004/05, 331-334.

Baringhorst, Sigrid 2006: Internationale Migration, in: Bundeszentrale für politische Bildung (Hrsg.), Informationen zur politischen Bildung 291, 2. Quartal, Bonn, 17-23.

Beer, Daniel/Hohl, Peter/Jung, Astrid (Hrsg.) 2008: Sicherheits-Jahrbuch 2009/2010 für Deutschland, Österreich und die Schweiz, 13. Aufl., Ingelheim: SecuMedia Verlag.

Borsdorff, Anke 2010: Musterentwurf eines einheitlichen Polizeigesetzes (ME PolG), in: Möllers, Martin H. W. (Hrsg.): Wörterbuch der Polizei, München: C. H. Beck, 1295-1297.

Brunkhorst, Hauke 2005: Die Folterdebatte des repressiven Liberalismus, in: JBÖS 2004/05, 21-28.

Bull, Hans Peter 2011a: Grundsatzentscheidungen zum Datenschutz bei den Sicherheitsbehörden. Rasterfahndung, Online-Durchsuchung, Kfz-Kennzeichenerfassung und Vorratsdatenspeicherung in der Rechtsprechung des Bundesverfassungsgerichts, in: Möllers, Martin H. W./van Ooyen, Robert Chr. (Hrsg.): Bundesverfassungsgericht und Öffentliche Sicherheit, Frankfurt a. M.: Verlag für Polizeiwissenschaft, 65-96.

Bull, Hans Peter 2011b: Verfehltes Verfahren. Niederlage der abwehrbereiten Demokratie oder Sieg der Toleranz? Zur Einstellung des NPD-Verbotsverfahrens, in: Möllers, Martin H. W./van Ooyen, Robert Chr. (Hrsg.): Parteiverbotsverfahren, 3. Aufl., Frankfurt a. M.: Verlag für Polizeiwissenschaft, 117-138.

Bundesamt für Bevölkerungsschutz und Katastrophenhilfe (Hrsg.) 2011: Länder Übergreifende Krisenmanagementübung (EXercise), Bonn 27. September, <https://www.denis.bund.de/luekex/>.

Bundesamt für Justiz (Hrsg.) 2011: Das Bundeszentralregister; in: Bürgerdienste vom 21.11.2011, <http://www.bundesjustizamt.de/DE/Themen/Buergerdienste/BZR/BZR__node.html>.

Bundesbeauftragter für den Datenschutz und die Informationsfreiheit (Hrsg.) 2011: 23. Tätigkeitsbericht 2009-2010 (= BTag-Drs. 17/5200), Bonn.

Bundeskriminalamt (Hrsg.) 2006: Bundeslagebild Organisierte Kriminalität 2005. Pressefreie Kurzfassung, Wiesbaden, Juli.

Bundeskriminalamt (Hrsg.) 2011: Bundeslagebild Organisierte Kriminalität 2010. Das Bundeskriminalamt veröffentlicht neue Zahlen für Deutschland, Wiesbaden, Juli.

Bundesministerium des Innern (Hrsg.) 2004: Schily: Terrorismusabwehrzentrum in Berlin nimmt Arbeit auf, Presseerklärung vom 14.12.2006, <http://www.bmi. bund.de/cln_028/nn_122688/sid_DD44B60D6AC3D8992B2EDED50B191045/Internet/Content/Nachrichten/Archiv/Pressemitteilungen/2004/12/Terrorismusabwehrzentrum.html>.

Bundesministerium des Innern (Hrsg.) 2006: Gemeinsames Analyse- und Strategiezentrum illegale Migration (GASIM: Herausforderungen der illegalen Migration wirksam begegnen, Presseerklärung vom 17. Juli 2006, <http://www.bmi.bund.de/cln_012/nn_ 122688/Internet/Content/Nachrichten/Pressemitteilungen/2006/07/Gemeinsames__Analyse___20und__Strategiezentrum___20illegale__Migration__GASIM.html>.

Bundesministerium des Innern (Hrsg.) 2007a: Gesetzgebung zur Terrorismusbekämpfung, Presseerklärung vom 10. Januar 2007, <http://www.bmi.bund.de/nn_122688/Internet/Content/Themen/Terrorismus/DatenundFakten/Das__Terrorismusbekaempfungsergaenzungsgesetz.htm>l.

Bundesministerium des Innern (Hrsg.) 2007b: Bundesinnenminister Dr. Schäuble Die Antiterrordatei ist ein wirkungsvolles Instrument mit Augenmaß, Presseerklärung vom 30. März 2007, <http://www.bmi.bund.de/nn_662928/Internet/Content/Nachrichten/Pressemitteilungen/2007/03/Antiterrordatei.html>.

Bundesministerium des Innern (Hrsg.) 2010a: Politisch motivierte Kriminalität im Jahr 2009. Presseerklärung vom 23. März, <http://www.bmi.bund.de/SharedDocs/Pressemitteilungen/DE/2010/03/politisch_motivierte_kriminalitaet.html?nn=106342>.

Bundesministerium des Innern (Hrsg.) 2010b: Start des Probebetriebs für den Körperscanner. Pressemitteilung vom 27. September, <http://www.bmi.bund.de/SharedDocs/Pressemitteilungen/DE/2010/mitMarginalspalte/09/koerperscanner.html>.

Bundesministerium des Innern (Hrsg.) 2011a: Verfassungsschutzbericht 2010, Berlin.

Bundesministerium des Innern (Hrsg.) 2011b: Bekämpfung politisch motivierter Kriminalität. Artikel vom 27. August 2010, http://www.bmi.bund.de/DE/Themen/Sicher heit/Extremismus/PolKriminialitaet/BekaempfungPolMotKriminal.html>.

Bundesministerium des Innern (Hrsg.) 2011c: Das Gemeinsame Terrorismusabwehrzentrum (GTAZ). Aktuelles & Presse, <http://www.bmi.bund.de/SharedDocs/Standardartikel/DE/Themen/Sicherheit/Terrorismus/GTAZ.html;jsessionid=15BDE2900F0D9285BB71949E4C9FF9CB.2_cid156?nn=30393>.

Bundesministerium des Innern (Hrsg.) 2011d: Migration und Integration. Aufenthaltsrecht, Migrations- und Integrationspolitik in Deutschland, Berlin, Oktober.

Bundesministerium des Innern (Hrsg.) 2011e: Bundesinnenminister gibt Entscheidung über Neuaufstellung der Polizei des Bundes bekannt. Presseerklärung vom 28. Juni, <http://www.bmi.bund.de/SharedDocs/Pressemitteilungen/DE/2011/06/polizei.html>.

Bundesministerium des Innern (Hrsg.) 2011f.: Anti-Terror-Gesetze verlängert. Presseerklärung vom 28. Oktober, <http://www.bmi.bund.de/SharedDocs/Kurzmeldungen/DE/2011/10/verlaengerung_sicherheitsgesetze.html>.

Bundesministerium des Innern (Hrsg.) 2011g: Luftsicherheit. Die Terroranschläge des 11. September 2001 verdeutlichten die Anfälligkeit des Luftverkehrs für terroristische Akte. Pressemitteilung vom 27. April, <http://www.bmi.bund.de/DE/Themen/Sicherheit/Luftsicherheit/luftsicherheit.html>.

Bundesministerium des Innern (Hrsg.) 2011h: Entwicklung politisch motivierter Kriminalität 2010. Pressemitteilung vom 15. April, <http://www.bmi.bund.de/SharedDocs/Pressemitteilungen/DE/2011/04/pmk.html?nn=109632>.

Bundesministerium des Innern (Hrsg.) 2011i: Testbetrieb für Körperscanner wird verlängert. Pressemitteilung vom 30. März, <http://www.bmi.bund.de/SharedDocs/Pressemitteilungen/DE/2011/03/koerperscanner.html?nn=109632>.

Bundesministerium des Innern (Hrsg.) 2011j: Das Gemeinsame Internetzentrum (GIZ). Pressemitteilung vom 4. August, <http://www.bmi.bund.de/SharedDocs/Down loads/DE/Themen/ Sicherheit/Terrorismus/giz.html>.

Bundesministerium des Innern/Bundesministerium der Justiz (Hrsg.) 2006: Zweiter Periodischer Sicherheitsbericht, Berlin November.

Bundesrat (Hrsg.) 2011: Aufgaben und Arbeitsweise. Ständige Konferenz der Innenminister und -senatoren der Länder (IMK), <http://www.bundesrat.de/cln_117/nn_8780/DE/gremien-konf/fachministerkonf/imk/imk-inhalt.html>.

Bundesregierung (Hrsg.) 2011: Bedrohung durch Terrorismus besteht fort. Interview mit Angela Merkel in der Passauer Neuen Presse (PNP) vom 7. Mai, <http://www.bundesregierung.de/ Content/DE/Interview/2011/05/2011-05-07-merkel-pnp.html>.

Daun, Anna 2011: Nachrichtendienste in der deutschen Außenpolitik, in: Jäger/Höse/Oppermann (Hrsg.): Deutsche Außenpolitik, 2. Aufl., Wiesbaden: VS Verlag für Sozialwissenschaften, 171-197.

Degenhart, Christoph 2011: Art. 103 [Rechtliches Gehör, Grundrechte des Angeklagten], in: Sachs (Hrsg.): Grundgesetz: GG, Kommentar, 6. Aufl., München: C. H. Beck, 1950-1988.

Deutsche Polizeigewerkschaft im Deutschen Beamtenbund (Hrsg.) 2007: Einbeziehung des Verfassungsschutzes in die Bekämpfung der organisierten Kriminalität, <http://www.dpolg. de/front_content.php?idcatart=150&lang=1&client=1>.

Deutsche Presse-Agentur (Hrsg.) 2011a: Nationalsozialistischer Untergrund – Ermittler beunruhigt. Große Mengen Sprengstoff vermisst, in: Hamburger Abendblatt vom 27. November, http://www.abendblatt.de/politik/deutschland/article2107443/Ermittler-beunruhigt-Grosse-Mengen-Sprengstoff-vermisst.html>.

Deutsche Presse-Agentur (Hrsg.) 2011b: UN zählen Deutschland zu sichersten Nationen. Focus online vom 26. Mai, <http://www.focus.de/politik/ausland/international-un-zaehlen-deutschland-zu-sichersten-nationen_aid_631500.html>.

Dietl, Wilhelm/Hirschmann, Kai/Tophoven, Rolf 2006: Das Terrorismus-Lexikon. Täter, Opfer, Hintergründe. Frankfurt a. M.: Eichborn.

El-Samalouti, Peter 2003: Finanzierung des Terrorismus und Gegenstrategien, in: Hirschmann/ Leggemann (Hrsg.): Der Kampf gegen den Terrorismus. Strategien und Handlungserfordernisse in Deutschland, Berlin: Berliner Wissenschafts-Verlag, 201-234.

Fehn, Karsten/Selen, Sinan 2010: Rechtshandbuch für Feuerwehr-, Rettungs- und Notarztdienst, 3. Aufl., Edewecht: Verlagsgesellschaft Stumpf & Kossendey mbH.

Folz, Hans-Peter 2012: Artikel 6 EUV, in: Vedder/Heintschel von Heinegg (Hrsg.): Europäisches Unionsrecht, Handkommentar, Baden-Baden: Nomos, 81-86.

Folz, Hans-Peter 2012: Artikel 48 GR-Charta, in: Vedder/Heintschel von Heinegg (Hrsg.): Europäisches Unionsrecht, Handkommentar, Baden-Baden: Nomos, 1167-1168.

Frevel, Bernhard 2007: Sicherheit gewähren – Freiheit sichern, in: Aus Politik und Zeitgeschichte, 12, 3-4.

Friedrich, Hans-Peter 2011a: Ziel ist es, den Terroristen immer einen Schritt voraus zu sein. Rede anlässlich der Aussprache im Deutschen Bundestag zur Verlängerung der Antiterrorgesetze vom 22. September, <http://www.bmi.bund.de/SharedDocs/Red en/DE/2011/09/ bm_tbeg.html>.

Friedrich, Hans-Peter 2011b: Niedrigste Zahl an Straftaten und höchste Aufklärungsquote seit Einführung der gesamtdeutschen Kriminalstatistik vom 20. Mai, <http://www.bmi.bund.de/ SharedDocs/Pressemitteilungen/DE/2011/mitMarginalspalte/05/pks.html>.

Fritsche, Klaus-Dieter 2011: Herausforderungen des vernetzten Bevölkerungs- und Katastrophenschutzes. Rede in Bonn-Bad Godesberg aus Anlass des 7. Europäischen Bevölkerungsschutzkongresses vom 28. September, <http://www.bmi.bund.de/SharedDocs/Reden/ DE/2011/09/stf_bevschutz.html>.

Giemulla, Elmar M. 2011: Das Luftsicherheitsgesetz, in: Möllers, Martin H. W./van Ooyen, Robert Chr. (Hrsg.): Europäisierung und Internationalisierung der Polizei 3: Deutsche Positionen, 3. Aufl., Frankfurt a. M.: Verlag für Polizeiwissenschaft, 95-128.

Glaeßner, Gert-Joachim/Lorenz, Astrid 2012: Innere Sicherheit in einem Europa ohne Grenzen, in: Möllers, Martin H. W./van Ooyen, Robert Chr. (Hrsg.): Europäisierung und Internationalisierung der Polizei 1, 3. Aufl., Frankfurt a. M.: Verlag für Polizeiwissenschaft, 37-59.

Götz, Albrecht/Tolzmann, Gudrun 2003: Bundeszentralregistergesetz. Kommentar und Nachtrag zur 4. Aufl. mit Verwaltungsvorschriften (2 Bde.), Stuttgart: Kohlhammer.

Groß, Hermann 2006: Innenministerkonferenz, in: Lange, Hans-Jürgen (Hrsg.): Wörterbuch zur Inneren Sicherheit, Wiesbaden: VS Verlag für Sozialwissenschaften, 120-123.

Gujer, Eric 2006: Kampf an neuen Fronten. Wie sich der BND dem Terrorismus stellt, Frankfurt a. M.: Campus.

Gusy, Christoph 2009: Trennungsgebot. Tatsächliches oder vermeintliches Hindernis für effektive Maßnahmen zur Bekämpfung des internationalen Terrorismus? In: JBÖS 2008/09, 175-188.

Haase, Marianne/Jugl, Jan C. 2007: Irreguläre Migration, in: Bundeszentrale für politische Bildung: Migrationspolitische Handlungsfelder der EU, <www.bpb.de/the men/1QXIX7, 0,0,Irregul%E4re_Migration.html>.

Hanning, August 2008: Bundesinnenministerium: Vorwürfe gegen GASIM entbehren jeder Grundlage. Presseerklärung vom 30. September, <http://www.bmi.bund.de/Shared Docs/Pressemitteilungen/DE/2008/09/gasim.html>.

Hansalek, Erik 2006: Die parlamentarische Kontrolle der Bundesregierung im Bereich der Nachrichtendienste, Frankfurt a. M.: Verlag Peter Lang.

Hansen, Hendrik 2009: Die politische Ideologie von Sayyid Qutb und ihr Einfluss auf den Islamismus, in: JBÖS 2008/09, 287-296.

Härtel, Andrea 2011: Die Entwicklung des Instituts des Parteiverbots innerhalb der bundesrepublikanischen Konzeption „streitbarer Demokratie" vor und nach dem NPD-Verbotsverfahren, in: Möllers, Martin H. W./van Ooyen, Robert Chr. (Hrsg.): Parteiverbotsverfahren, 3. Aufl., Frankfurt a. M.: Verlag für Polizeiwissenschaft, 53-116.

Hase, Peter 2003: Bundeszentralregistergesetz. Kommentar mit Verwaltungsvorschrift zur Durchführung des BZRG, München: C. H. Beck.

Hauenstein, Philipp/Hegi, Lukas (Hrsg.) 2011: Private Militär- und Sicherheitsfirmen und die Entstaatlichung der Gewalt im 21. Jahrhundert, Zürich: Arbeitsgemeinschaft für Sicherheitspolitik.

Hirschmann, Kai 2006: Internationaler Terrorismus, in: Bundeszentrale für politische Bildung. Informationen zur politischen Bildung 291, 2. Quartal, Bonn, 24-30.

Hirschmann, Kai/Leggemann, Christian (Hrsg.) 2003: Der Kampf gegen den Terrorismus. Strategien und Handlungserfordernisse in Deutschland, Berlin: Berliner Wissenschafts-Verlag.

Holz, Klaus 2006: Neuer Antisemitismus? – Wandel und Kontinuität der Judenfeindschaft, in: Bundesministerium des Innern: Neuer Antisemitismus? Judenfeindschaft im politischen Extremismus und im öffentlichen Diskurs, Berlin, 30-53.

Hutter, Reinhard W. 2005: Sicherheit und Risiken vernetzter Gesellschaften, in: JBÖS 2004/05, 539-546.

Jäger, Thomas (Hrsg.) 2011: Die Welt nach 9/11. Auswirkungen des Terrorismus auf Staatenwelt und Gesellschaft, Wiesbaden: VS Verlag für Sozialwissenschaften (Sonderheft 2 der Zeitschrift für Außen- und Sicherheitspolitik).

Jäger, Thomas/Kümmel, Gerhard (Hrsg.) 2007: Private Military and Security Companies. Chances, Problems, Pitfalls and Prospects, Wiesbaden: VS Verlag für Sozialwissenschaften.

Jäger, Thomas/Höse, Alexander/Oppermann, Kai (Hrsg.) 2011: Deutsche Außenpolitik, 2. Aufl., Wiesbaden: VS Verlag für Sozialwissenschaften.

Jarass, Hans D. 2010: Charta der Grundrechte der Europäischen Union unter Einbeziehung der vom EuGH entwickelten Grundrechte und der Grundrechtsregelungen der Verträge, Kommentar, München: C. H. Beck.

Kastner, Martin 2010a: Staatsanwaltschaft (StA), in: Möllers, Martin H. W. (Hrsg.): Wörterbuch der Polizei, München: C. H. Beck, 1833-1834.

Kastner, Martin 2010b: Bundesverwaltungsamt (BVA), in: Möllers, Martin H. W. (Hrsg.): Wörterbuch der Polizei, München: C. H. Beck, 392.

Kestler, Stefan 2006: Antisemitismus und das linksextremistische Spektrum in Deutschland nach 1945, in: Bundesministerium des Innern: Neuer Antisemitismus? Judenfeindschaft im politischen Extremismus und im öffentlichen Diskurs, Berlin, 75-107.

Khan, Aurangzeb 2004: Der Einsatz der Informations- und Kommunikationstechnik im Rahmen der Verbrechensbekämpfung in Deutschland am Beispiel des Bundeskriminalamtes, Frankfurt a. M.: Peter Lang Verlag.

Kögel, Helko/Rosmus, Konrad 2012: Cyber Security und Kritische Infrastrukturen im Kontext neuer Bedrohungslagen, in: Möllers, Martin H. W./van Ooyen, Robert Chr. (Hrsg.): Neue Sicherheit 2, 2. Aufl., Frankfurt a. M.: Verlag für Polizeiwissenschaft, 253-265.

Korte, Guido (Hrsg.) 2005a: Aspekte der nachrichtendienstlichen Sicherheitsarchitektur. Beiträge zur Inneren Sicherheit 26, Brühl: Fachhochschule des Bundes für öffentliche Verwaltung, Fachbereich Öffentliche Sicherheit.

Korte, Guido 2005b: „Out of area" Einsätze der Bundeswehr und des MAD, in: ders. (Hrsg.): Aspekte der nachrichtendienstlichen Sicherheitsarchitektur, Brühl, 11-23.

Krempl, Stefan 2011: Bundesregierung: Verlängerung der Anti-Terror-Gesetze, heise online vom 17. August, <http://www.heise.de/newsticker/meldung/Bundesregierung-Verlaengerung-der-Anti-Terror-Gesetze-1324438.html>.

Kutscha, Martin 2010: Recht auf informationelle Selbstbestimmung, in: Möllers, Martin H. W. (Hrsg.): Wörterbuch der Polizei, 2. Aufl., München: C. H. Beck, 1562-1563.

Lange, Hans-Jürgen 2002: Konturen des neuen Sicherheitsbegriffs. Zur These des Zusammenwachsens von globaler, äußerer und innerer Sicherheit, in: van Ooyen, Robert Chr./Möllers, Martin H. W. (Hg.): Die Öffentliche Sicherheit auf dem Prüfstand, Frankfurt a. M.: Verlag für Polizeiwissenschaft, 21-26.

Lange, Hans-Jürgen (Hrsg.) 2006a: Wörterbuch zur Inneren Sicherheit, Wiesbaden: VS Verlag für Sozialwissenschaften.

Lange, Hans-Jürgen (Hrsg.) 2006b: Innere Sicherheit, in: ders. (Hrsg.): Wörterbuch zur Inneren Sicherheit, Wiesbaden: VS Verlag für Sozialwissenschaften, 123-134.

Lange, Hans-Jürgen (Hrsg.) 2006c: Sicherheitsbegriff, erweiterter, in: ders. (Hrsg.): Wörterbuch zur Inneren Sicherheit, Wiesbaden: VS Verlag für Sozialwissenschaften, 287-292.

Lange, Hans-Jürgen 2011: Eckpunkte einer veränderten Sicherheitsarchitektur für die Bundesrepublik – Gutachten, in: Möllers, H. W./van Ooyen, Robert Chr. (Hrsg.): Neue Sicherheit 2: Sicherheitsarchitektur, Frankfurt a. M.: Verlag für Polizeiwissenschaft, 77-119.

Lange, Jörg Andreas 2005: Sicherheit und Datenschutz als notwendige Eigenschaften von computergestützten Informationssystemen, Wiesbaden: Deutscher Universitätsverlag.

Lanz, Samuel 2011: Das zweischneidige Schwert – Vor- und Nachteile der Privatisierung von Gewalt, in: Hauenstein, Philipp/Hegi, Lukas (Hrsg.), Private Militär- und Sicherheitsfirmen und die Entstaatlichung der Gewalt im 21. Jahrhundert, Zürich: Arbeitsgemeinschaft für Sicherheitspolitik, 75-92.

Lederer, Markus 2011: Die Versicherheitlichung des Finanzmarkts nach den Anschlägen von 9/11. Wie erfolgreich ist das Regime zur Bekämpfung der Terrorismusfinanzierung? In: Jäger, Thomas (Hrsg.): Die Welt nach 9/11. Auswirkungen des Terrorismus auf Staatenwelt und Gesellschaft, Wiesbaden: VS Verlag für Sozialwissenschaften, 686-701.

Lembcke, Oliver W./Van Klink, Bart M. J./Weber, Florian 2011: Zwischen „Ausnahmezustand" und „Autoimmunisierung". Antiterror-Politik im Licht dezisionistischer, deliberativer und dekonstruktivistischer Politiktheorien, in: Möllers, Martin H. W./van Ooyen, Robert Chr. (Hrsg.): Neue Sicherheit 1: Theorie der Sicherheit, Frankfurt a. M.: Verlag für Polizeiwissenschaft, 95-117.

Lensch, Eileen 2010: INPOL [Einsatzlehre], in: Möllers, Martin H. W. (Hrsg.): Wörterbuch der Polizei, München: C. H. Beck, 982-983.

Lisken, Hans/Denninger, Erhard (Hrsg.) 2001: Handbuch des Polizeirechts, 3. Aufl., München: Verlag C. H. Beck.
Lisken, Hans/Denninger, Erhard (Hrsg.) 2012: Handbuch des Polizeirechts. Gefahrenabwehr – Strafverfolgung – Rechtsschutz, 5. Aufl., München: Verlag C. H. Beck.
Lübbert, Monika 2002: Amok. Der Lauf der Männlichkeit, Frankfurt a. M.: Verlag für Polizeiwissenschaft.
Mackeben, Andreas 2005: Grenzen der Privatisierung der Staatsaufgaben Sicherheit. Sicherheitsdienstleistungen im Innovationsbereich „Business Improvement District (BID)", in: JBÖS 2004/05, 247-260.
Matthies, Volker 1991: Neues Feindbild Dritte Welt. Verschärft sich der Nord-Süd-Konflikt, in: Aus Politik und Zeitgeschichte 25-26, 3-11.
Meyer-Goßner, Lutz 2011: Kommentar zur Strafprozessordnung, Gerichtsverfassungsgesetz, Nebengesetze und ergänzende Bestimmungen, 54. Aufl., München: Verlag C. H. Beck.
Meyer-Ladewig, Jens 2011: EMRK Europäische Menschenrechtskonvention, Handkommentar, 3. Aufl., Baden-Baden: Nomos.
Miklis, Katharina 2011: Rechte Terrorgruppe NSU – Die Mörder aus dem Untergrund, in: stern.de vom 18. November 2011, <http://www.stern.de/panorama/rechte-terrorgruppe-nsu-die-moerder-aus-dem-untergrund-1751032.html>.
Mittendorf, Volker 2006: INPOL, in: Lange, Hans-Jürgen (Hrsg.): Wörterbuch zur Inneren Sicherheit, Wiesbaden: VS Verlag für Sozialwissenschaften, 134-136.
Mohr, Michaela 2010: Organisierte Kriminalität (OK), in: Möllers, Martin H. W. (Hrsg.): Wörterbuch der Polizei, 2. Aufl., München: C. H. Beck, 1389-1390.
Möllers, Martin H. W. 2006a: Katastrophenschutz, in: Lange, Hans-Jürgen (Hrsg.): Wörterbuch zur Inneren Sicherheit, Wiesbaden: VS Verlag für Sozialwissenschaften, 144-150.
Möllers, Martin H. W. 2006b: Ausländerzentralregister, in: Lange, Hans-Jürgen (Hrsg.): Wörterbuch zur Inneren Sicherheit, Wiesbaden: VS Verlag für Sozialwissenschaften, 12-15.
Möllers, Martin H. W. 2006c: Paradigmenwechsel im Bereich der Menschenwürde? Der Einfluss der Staatsrechtslehre auf die Rechtsprechung des Bundesverfassungsgerichts, in: van Ooyen, Robert Chr./Möllers, Martin H. W. (Hrsg.), Das Bundesverfassungsgericht im politischen System, Wiesbaden: VS Verlag für Sozialwissenschaften, 351-366.
Möllers, Martin H. W. 2007: „Antworten auf den internationalen Terrorismus – Gewährleistung der Inneren Sicherheit durch Bund und Länder". Tagungsbericht, in: JBÖS 2006/07, 211-228.
Möllers, Martin H. W. 2008: Sicherheit statt Bürgerrecht? – Risikowahrnehmung und die Balance zwischen Bürgerfreiheit und Wahrung öffentlicher Sicherheit bei Katastrophenereignissen, in: Siedschlag, Alexander (Hrsg.): Jahrbuch für europäische Sicherheitspolitik 2008, Baden-Baden: Nomos, 97-111.
Möllers, Martin H. W. (Hrsg.) 2010a: Wörterbuch der Polizei, 2. Aufl., München: Verlag C. H. Beck.
Möllers, Martin H. W. 2010b: Arbeitskreis Innere Sicherheit, in: ders. (Hrsg.): Wörterbuch der Polizei, 2. Aufl., München: C. H. Beck, 125-126.
Möllers, Martin H. W. 2010c: Volkszählungsurteil, in: ders. (Hrsg.): Wörterbuch der Polizei, 2. Aufl., München: C. H. Beck, 2188-2190.
Möllers, Martin H. W. 2010d: Extremisten vor dem Bundesverfassungsgericht. Ist die deutsche Demokratie gegen Verfassungsfeinde wehrhaft? In: Pfahl-Traughber (Hrsg.): Jahrbuch Extremismus- und Terrorismusforschung 2009/2010, Brühl/Rheinland: Fachhochschule des Bundes, 87-124.
Möllers, Martin H. W. 2011a: Polizei und Grundrechte. Ein Lehrbuch zu den Menschenrechten in der polizeilichen Praxis, Blaue Reihe: Studienbücher für die Polizei, 2. Aufl., Frankfurt a. M.: Verlag für Polizeiwissenschaft.
Möllers, Martin H. W. 2011b: Die Diskussion über die Menschenwürde und das Urteil des Bundesverfassungsgerichts zum „Großen Lauschangriff", in: ders./van Ooyen, Robert Chr.:

Bundesverfassungsgericht und Öffentliche Sicherheit, Frankfurt a. M.: Verlag für Polizeiwissenschaft, 39-64.
Möllers, Martin H. W. 2011c: Einführung: Bemerkungen zur amtlichen Definition des Begriffs „Migrationshintergrund", in: ders./van Ooyen, Robert Chr. (Hrsg.): Migration, Integration und europäische Grenzpolitik, Frankfurt a. M.: Verlag für Polizeiwissenschaft, 13-22.
Möllers, Martin H. W./van Ooyen, Robert Chr. (Hrsg.) 2003: Jahrbuch Öffentliche Sicherheit 2002/2003, Frankfurt a. M.: Verlag für Polizeiwissenschaft.
Möllers, Martin H. W./van Ooyen, Robert Chr. (Hrsg.) 2005: Jahrbuch Öffentliche Sicherheit 2004/2005, Frankfurt a. M.: Verlag für Polizeiwissenschaft.
Möllers, Martin H. W./van Ooyen, Robert Chr. (Hrsg.) 2007a: Jahrbuch Öffentliche Sicherheit 2006/2007, Frankfurt a. M.: Verlag für Polizeiwissenschaft.
Möllers, Martin H. W./van Ooyen, Robert Chr. (Hrsg.) 2007b: Politischer Extremismus 1: Formen und aktuelle Entwicklungen, Frankfurt a. M.: Verlag für Polizeiwissenschaft.
Möllers, Martin H. W./van Ooyen, Robert Chr. (Hrsg.) 2007c: Politischer Extremismus 2: Terrorismus und wehrhafte Demokratie, Frankfurt a. M.: Verlag für Polizeiwissenschaft.
Möllers, Martin H. W./van Ooyen, Robert Chr. 2008: Bundeskriminalamt und Bundespolizei im Spannungsfeld von Freiheit und „neuer" Sicherheit, in: Aus Politik und Zeitgeschichte, 48, 29-36.
Möllers, Martin H. W./van Ooyen, Robert Chr. (Hrsg.) 2009: Jahrbuch Öffentliche Sicherheit 2008/2009, Frankfurt a. M.: Verlag für Polizeiwissenschaft.
Möllers, Martin H. W./van Ooyen, Robert Chr. (Hrsg.) 2011a: Jahrbuch Öffentliche Sicherheit 2010/2011, Bd. 1, Frankfurt a. M.: Verlag für Polizeiwissenschaft.
Möllers, Martin H. W./van Ooyen, Robert Chr. (Hrsg.) 2011b: Jahrbuch Öffentliche Sicherheit 2010/2011, Bd. 2, Frankfurt a. M.: Verlag für Polizeiwissenschaft.
Möllers, Martin H. W./van Ooyen, Robert Chr. (Hrsg.) 2011c: Parteiverbotsverfahren, 3. Aufl., Frankfurt a. M.: Verlag für Polizeiwissenschaft.
Möllers, Martin H. W./van Ooyen, Robert Chr. (Hrsg.) 2011d: Migration, Integration und europäische Grenzpolitik, Frankfurt a. M.: Verlag für Polizeiwissenschaft.
Möllers, Martin H. W./van Ooyen, Robert Chr. (Hrsg.) 2011e: Europäisierung und Internationalisierung der Polizei 3: Deutsche Positionen, 3. Aufl., Frankfurt a. M.: Verlag für Polizeiwissenschaft.
Möllers, Martin H. W./Spohrer, Hans-Thomas 2011: Wissenstest Staats- und Gesellschaftswissenschaften für die Polizei. 400 Fragen – 400 Antworten für Ausbildung, Prüfung und Praxis im Polizeivollzugsdienst des Bundes und der Länder, 3. Aufl., Lübeck: Lübecker Medien Verlag.
Mühlum, Albert 1993: Armutswanderung, Asyl und Abwehrverhalten. Globale und nationale Dilemmata; in: Aus Politik und Zeitgeschichte 7, 3-15.
Müller, Volker 2010: Zollfahndung, in: Möllers, Martin H. W. (Hrsg.): Wörterbuch der Polizei, München: C. H. Beck, 2318.
Münkler, Herfried 2007: Neues vom Chamäleon Krieg, in: Aus Politik und Zeitgeschichte 16-17, 3-9.
Münkler, Herfried 2011: Die neuen Kriege, 4. Aufl., Reinbek: Rowohlt digital.
Musil, Andreas/Kirchner, Sören 2006: Katastrophenschutz im föderalen Staat, in: Die Verwaltung 39, 3, 373-391.
Nehm, Kay 2004: Das nachrichtendienstrechtliche Trennungsgebot und die neue Sicherheitsarchitektur, in: Neue Juristische Wochenschrift, 57, 51, 3289-3295.
Nolde, Dirk 2011: Cyberterror im Test – Behörden proben den Ernstfall, Berliner Morgenpost vom 30. November, <http://www.morgenpost.de/politik/article1841606/Cyberterror-im-Test-Behoerden-proben-Ernstfall.html>.
Oltmer, Jochen 2010: Migration im 19. und 20. Jahrhundert. Enzyklopädie deutscher Geschichte, Bd. 86, München: Oldenbourg.
van Ooyen, Robert Chr. 2011: Bürger und „community policing", in: Möllers, Martin H. W./ders. (Hrsg.): Neue Sicherheit 2: Sicherheitsarchitektur, 2. Aufl., Frankfurt a. M.: Verlag für Polizeiwissenschaft, 229-252.

van Ooyen, Robert Chr. 2012: Polizei und Politisches System der Bundesrepublik. Aktuelle Spannungsfelder der Inneren Sicherheit einer liberalen Demokratie, 2. Aufl., Frankfurt a. M.: Verlag für Polizeiwissenschaft.
van Ooyen Robert Chr./Möllers, Martin H. W. (Hrsg.) 2002: Die Öffentliche Sicherheit auf dem Prüfstand. 11. September und NPD-Verbot, Frankfurt a. M.: Verlag für Polizeiwissenschaft.
van Ooyen, Robert Chr./Möllers, Martin H. W. (Hrsg.) 2006: Das Bundesverfassungsgericht im politischen System, Wiesbaden: VS Verlag für Sozialwissenschaften.
Passas, Nikos 2005: Ziele, Grenzen und Risiken der Finanzkontrolle von Terrororganisationen, in: Bundeskriminalamt, Netzwerke des Terrors – Netzwerke gegen den Terror, München, 85-101.
Patalong, Frank 2011: Anders Breivik. Der Attentäter und die Hassblogger, in: Spiegel online vom 24. Juli, <http://www.spiegel.de/netzwelt/netzpolitik/0,1518,776275,00.html>.
Pfahl-Traughber, Armin 2007: Gibt es eine „Braune Armee Fraktion"? Die Entwicklung des Rechtsterrorismus in der Bundesrepublik Deutschland, in: Möllers, Martin H. W./van Ooyen, Robert Chr. (Hrsg.): Politischer Extremismus 2: Terrorismus und wehrhafte Demokratie, Frankfurt a. M.: Verlag für Polizeiwissenschaft, 88-110.
Pfahl-Traughber, Armin 2009: Islamistische Ideologie in deutscher Sprache. Eine ideologiekritische Analyse von Maududi und Qutb-Übersetzungen, in: JBÖS 2008/09, 271-286.
Pfahl-Traughber, Armin (Hrsg.) 2010a: Jahrbuch Extremismus- und Terrorismusforschung 2009/2010, Brühl/Rheinland: Fachhochschule des Bundes.
Pfahl-Traughber, Armin 2010b: Linksterrorismus, in: Möllers, Martin H. W. (Hrsg.): Wörterbuch der Polizei, 2. Aufl., München: C. H. Beck, 1197-1198.
Pfahl-Traughber, Armin 2012: Gab es doch eine ‚Braune Armee Fraktion'? Die Besonderheiten des „Nationalsozialistischen Untergrundes"; in: JBÖS 2012/13, 93-107.
Pilz, Günter A. 2007: Rechtsextremismus und „rechte" Tendenzen im Fußballumfeld – aktuelle Erscheinungen – Herausforderungen für die Prävention, in: JBÖS 2006/07, 121-136.
Pioch, Hans-Hugo 1952: Das Polizeirecht einschließlich der Polizeiorganisation, 2. Aufl., Tübingen
Pütter, Norbert 2000: Föderalismus und Innere Sicherheit. Die Innenministerkonferenz zwischen exekutivischer Politik und politisierter Exekutive, in: Lange, Hans-Jürgen (Hrsg.): Staat, Demokratie und Innere Sicherheit in Deutschland, Opladen: Leske und Budrich, 275-289.
Pütter, Norbert 2007: Prävention. Spielarten und Abgründe einer populären Überzeugung, in: Bürgerrechte & Polizei/CILIP, 86, 1, 3-15.
Rogall-Grothe, Cornelia 2011: Den Cyberraum durch internationale Anstrengungen stärken und schützen. Rede auf der London Conference on Cyberspace vom 2. November, <http://www.bmi.bund.de/SharedDocs/Reden/DE/2011/11/strg_cyber_london.html>.
Roggan, Fredrik/Bergemann, Nils 2007: Die „neue Sicherheitsarchitektur" der Bundesrepublik Deutschland, in: Neue Juristische Wochenschrift, 60, 13, 876-881.
Rosenau, Hartmut 2005: Heiligt der Zweck die Mittel? Theologisch-ethische Bemerkungen zu Gewalt und Folter, Toleranz und Intoleranz, in: JBÖS 2004/05, 37-49.
Rose-Stahl, Monika 2006: Recht der Nachrichtendienste. Beiträge zur Inneren Sicherheit 18, 2. Aufl., Brühl: Fachhochschule des Bundes für öffentliche Verwaltung, Fachbereich Öffentliche Sicherheit.
Rübenach, Stephanie 2011: Entwicklung, Verfall und Ende terroristischer Gruppierungen. Von der „Lebenslaufdynamik" zum erklärenden Entwicklungsmodell, in: Spencer, Alexander/Kocks, Alexander/Harbrich, Kai (Hrsg.): Terrorismusforschung in Deutschland, Wiesbaden: VS Verlag für Sozialwissenschaften, 150-176.
Sachs, Michael (Hrsg.) 2011: Grundgesetz: GG. Kommentar, 6. Aufl., München: C. H. Beck.
Schatz, Heribert/van Ooyen, Robert Chr./Werthes, Sascha 2000: Wettbewerbsföderalismus. Aufstieg und Fall eines politischen Streitbegriffs, Baden-Baden: Nomos Verlagsgesellschaft.
Schäubli, Thomas 2011: Private Sicherheitsfirmen – eine Einführung, in: Hauenstein, Philipp/Hegi, Lukas (Hrsg.): Private Militär- und Sicherheitsfirmen und die Entstaatlichung der Gewalt im 21. Jahrhundert, Zürich: Arbeitsgemeinschaft für Sicherheitspolitik, 1-14.

Schmidt, Rolf 2005: Zur rechtlichen Zulässigkeit von Folter, um Menschenleben zu retten, in: JBÖS 2004/05, 29-35.
Schmidt, Rolf 2010: Bundesamt für Güterverkehr (BAG), in: Möllers, Martin H. W. (Hrsg.): Wörterbuch der Polizei, München: C. H. Beck, 356.
Schmidt-Eenboom, Erich 2007: BND. Der deutsche Geheimdienst im Nahen Osten. Geheime Hintergründe und Fakten, München: Herbig Verlagsbuchhandlung.
Schott, Tilmann/Möllers, Martin H. W. 2005: Strafrecht in der Sozialarbeit. Ein Leitfaden zur Praxis des Strafens, der Strafzumessung und des Strafverfahrens, Regensburg: Walhalla Fachverlag.
Schott, Tilmann 2011: Einschleusen von Ausländern. Eine Einführung in die rechtlichen Grundlagen der §§ 96, 97 des Aufenthaltsgesetzes mit Hinweisen zu den Sachgebieten Schengen/EU-Recht, illegale Beschäftigung und Menschenhandel, Blaue Reihe: Studienbücher für die Polizei, 2. Aufl., Frankfurt a. M.: Verlag für Polizeiwissenschaft.
Siedschlag, Alexander (Hrsg.) 2008: Jahrbuch für europäische Sicherheitspolitik 2008, Baden-Baden: Nomos.
Siebrasse, Pamela 2002: Strafregistrierung und Grundgesetz. Zur Verfassungsmäßigkeit der Straf(verfahrens)registrierung in BZRG, StPO, BKAG und BGSG, Bielefelder Rechtsstudien, Bd. 13, Frankfurt a. M.: Peter Lang Verlag.
Singer, Jens Peter 2002: Die rechtlichen Vorgaben für die Beobachtung der Organisierten Kriminalität durch die Nachrichtendienste der Bundesrepublik Deutschland, Aachen: Shaker Verlag.
Spencer, Alexander/Kocks, Alexander/Harbrich, Kai (Hrsg.) 2011: Terrorismusforschung in Deutschland (Sonderheft 1 der Zeitschrift für Außen- und Sicherheitspolitik), Wiesbaden: VS Verlag für Sozialwissenschaften.
Steglich, Henrik 2009: Die NPD in den neuen Bundesländern. Eine Partei auf dem Vormarsch? In: JBÖS 2008/09, 231-244.
Stegmaier, Peter/Feltes, Thomas 2009: Die ganze Vernetzung der inneren Sicherheit. Wissenskrise und Effektivitätsmythos, in: JBÖS 2008/09, 337-348.
Szuba, Dorothee 2011: Vorratsdatenspeicherung. Der europäische und deutsche Gesetzgeber im Spannungsfeld zwischen Sicherheit und Freiheit, Baden-Baden: Nomos.
Trenkamp, Oliver 2013: Überwachungsaffäre. NSA soll 75 Prozent des US-Datenverkehrs ausspähen können. Spiegel online vom 21.8.2013, <http://www.spiegel.de/politik/ausland/a-917672.html>.
Urban, Johannes 2006: Die Bekämpfung des Internationalen Islamistischen Terrorismus, Wiesbaden: VS Verlag für Sozialwissenschaften.
Vedder, Christoph/Heintschel von Heinegg, Wolff (Hrsg.) 2012: Europäisches Unionsrecht. EUV / AEUV / Grundrechte-Charta, Handkommentar, Baden-Baden: Nomos.
Vieregge, Elmar 2007: Die Fußballweltmeisterschaft 2006 und der deutsche Rechtsextremismus, in: JBÖS 2006/07, 137-145.
Walter, Gregor 2008: Internetkriminalität. Eine Schattenseite der Globalisierung, Berlin: Stiftung Wissenschaft und Politik (SWP-Studie 06/2008).
Wamers, Paul/Fehn, Bernd Josef (Hrsg.) 2006: Handbuch Zollfahndung, Köln: Otto Schmidt Verlag.
Weber, Wolfgang 2005: Die internationalen Beziehungen des Bundesamtes für Bevölkerungsschutz und Katastrophenhilfe (BBK), in: JBÖS 2004/05, 505-511.
Weikunat, Gerhardt 2011: Terrorismus als sozialwissenschaftliches Erklärungsproblem, in: Möllers, Martin H. W./van Ooyen, Robert Chr. (Hrsg.): Neue Sicherheit 1: Theorie der Sicherheit, Frankfurt a. M.: Verlag für Polizeiwissenschaft, 119-142.
Wiefelspütz, Dieter 2007a: Die Abwehr terroristischer Anschläge und das Grundgesetz. Polizei und Streitkräfte im Spannungsfeld neuer Herausforderungen, Frankfurt a. M.: Verlag für Polizeiwissenschaft.
Wiefelspütz, Dieter 2007b: Der Einsatz der Bundespolizei im Ausland, in: JBÖS 2006/07, 255-268.

Wiefelspütz, Dieter 2011: Der Einsatz der Bundespolizei im Ausland, in: Möllers, Martin H. W./van Ooyen, Robert Chr. (Hrsg.): Europäisierung und Internationalisierung der Polizei 3: Deutsche Positionen, 3. Aufl., Frankfurt a. M.: Verlag für Polizeiwissenschaft, 255-268.

Winterhoff, Christian 2009: Privatisierung im Strafvollzug. Aktueller Stand, rechtlicher Rahmen und Zukunftsperspektiven, in: JBÖS 2008/09, 377-393.

Wöhler-Khalfallah, Khadija Katja 2010a: Islamic Movement Uzbekistan (IMU), in: Möllers, Martin H. W. (Hrsg.): Wörterbuch der Polizei, 2. Aufl., München: C. H. Beck, 1011-1012.

Wöhler-Khalfallah, Khadija Katja 2010b: Islamisches Informationszentrum, in: Möllers, Martin H. W. (Hrsg.): Wörterbuch der Polizei, 2. Aufl., München: C. H. Beck, 1018.

Wöhler-Khalfallah, Khadija Katja 2010c: Ansar Al-Islam, in: Möllers, Martin H. W. (Hrsg.): Wörterbuch der Polizei, 2. Aufl., München: C. H. Beck, 103-104.

Wöhler-Khalfallah, Khadija Katja 2010d: HAMAS, in: Möllers, Martin H. W. (Hrsg.): Wörterbuch der Polizei, 2. Aufl., München: C. H. Beck, 900-906.

Wolff, Heinrich Amadeus 2007: Neue Entwicklungen im Bund-Länder-Verhältnis im Bereich der inneren Sicherheit, in: JBÖS 2006/07, 229-236.

Ziercke, Jörg 2011: Deutschland steht im Zielspektrum des internationalen Terrorismus. Interview im Wiesbadener Kurier vom 30. August, <http://www.bmi.bund.de/Shared Docs/Interviews/DE/2011/08/bka_ziercke.html?nn=2216350>.

Zoche, Peter/Kaufmann, Stefan/Haverkamp, Rita (Hrsg.) 2011: Zivile Sicherheit. Gesellschaftliche Dimensionen gegenwärtiger Sicherheitspolitiken, Bielefeld: transcript Verlag.

Zöller, Mark Alexander 2006: Grundrechtseingriffe auf Vorrat. Gesetzentwurf zur Vorratsdatenspeicherung, in: Bürgerrechte & Polizei/CILIP 85, 3, 21-30.

Kapitel 6
Der Klimawandel und seine Folgen für die deutsche Sicherheitspolitik

Susanne Dröge

Das Interesse am Klimawandel und seinen Risiken ist in den vergangenen Jahren weltweit stark gestiegen. Das gilt sowohl für die internationale Politik, in der die Bemühungen um eine Eindämmung und Bewältigung des Klimawandels im Rahmen der verschiedenen Weltklimakonferenzen und in anderen Foren deutlich zugenommen haben, als auch für die unterschiedlichen nationalen Politiken und die regionale Zusammenarbeit. Die internationale Aufmerksamkeit für den Klimawandel hatte 2009 mit der 15. Vertragsstaatenkonferenz der Klimarahmenkonvention der Vereinten Nationen (United Nations Framework Convention on Climate Change, UNFCCC) in Kopenhagen einen vorläufigen Höhepunkt erreicht. Im Vorlauf zu dieser Konferenz fanden auch die potenziellen sicherheitspolitischen Folgen der globalen Erderwärmung größere Aufmerksamkeit (Angenendt et al. 2011). 2007 und 2011 waren die sicherheitspolitisch relevanten Folgen des Klimawandels zudem Gegenstand von Beratungen im Sicherheitsrat der Vereinten Nationen.

Im Dezember 2011 einigten sich die Mitgliedsstaaten der UNFCCC darauf, bis 2015 ein neues globales Klimaabkommen auszuhandeln. Es gibt jedoch große Zweifel, ob die darin angestrebten Anstrengungen zur Eindämmung des Klimawandels ausreichen werden, um die in Kopenhagen vereinbarte Grenze von maximal zwei Grad Celsius Durchschnittserwärmung bis Ende des Jahrhunderts einzuhalten. Für die sicherheitspolitische Betrachtung der Klimafolgen gibt es daher weiterhin berechtigten Anlass. In diesem Kapitel wird aufgezeigt, welche Dimensionen des Klimawandels und der Klimapolitik für die sicherheitspolitische Analyse relevant sein können.

1 Klimafolgen und ihre Rolle in sicherheitspolitischen Debatten

Wie groß die mit dem Klimawandel verbundenen sicherheitspolitischen Risiken sein könnten, hat eine Reihe von Untersuchungen aufgezeigt. Der Vierte Sachstandsbericht des Weltklimarates (IPCC 2007), das Gutachten „Sicherheitsrisiko Klimawandel" des Wissenschaftlichen Beirats der Bundesregierung Globale Umweltveränderungen (WBGU 2007) und die Berichte über die ökonomischen Folgen des Klimawandels, die Nicholas Stern für die britische Regierung erstellt hat (Stern 2007), haben große Aufmerksamkeit in Deutschland und weltweit erfahren. Hinzu kamen weitere einflussreiche Studien, wie zum Beispiel die einer Gruppe ehemaliger US-Generale über die militärischen Aspekte der Klimapolitik (CNA 2007). Ebenfalls im Jahr 2007 diskutierte der Sicherheitsrat der Vereinten Nationen

– auf britische Initiative hin – über mögliche Folgen des Klimawandels (Security Council 2007), und die VN-Generalversammlung verabschiedete im Mai 2009 eine Resolution, in der die sicherheitspolitischen Aspekte des Klimawandels betont werden (United Nations General Assembly 2009).

Deutschland setzte sich 2011 im Rahmen seines einmonatigen Vorsitzes im Sicherheitsrat erneut für das Thema ein: So standen im Juli 2011 die Folgen des Klimawandels auf der Tagesordnung, und in einem sogenannten presidential statement wurde der Klimawandel erneut als Herausforderung für die internationale Sicherheit hervorgehoben, und in diesem Zusammenhang wurden eine Reihe besonders betroffener Staaten benannt. Der VN-Generalsekretär wurde gleichzeitig aufgefordert, künftig regelmäßig dem Sicherheitsrat über die Auswirkungen des Klimawandels zu berichten (vgl. Security Council 2011; Adelphi Research 2011).

Der Klimawandel ist in seinen Auswirkungen bisher nicht verlässlich einzuschätzen, obwohl einzelne Wetterphänomene bereits der Erderwärmung zugeordnet werden. Zu den Folgen, die erwartet werden, wenn es zu einem ungebremsten Ausstoß von Treibhausgasen kommt, gehören die Veränderung der globalen Durchschnittstemperatur, ein daraus folgender Anstieg des Meeresspiegels und die Zunahme von Extremwetterereignissen. Diese Veränderungen werden sich auf die natürlichen Lebensgrundlagen, die Volkswirtschaften und die Gesellschaften in einzelnen Weltregionen sehr unterschiedlich auswirken. Auch eine Versauerung der Meere, die das Treibhausgas Kohlendioxid aufnehmen, wird erwartet, was schwerwiegende Folgen für die Fischbestände haben würde.

Aus den Klimafolgen gehen daher unterschiedliche Sicherheitsrisiken hervor, welche vor allem auf längere Sicht zu erwarten sind: Migrationsbewegungen aufgrund von Landverlust und Versorgungsengpässen, allgemeine Abnahme der Nahrungsproduktion und Gefährdung der Energieversorgung (z. B. aufgrund der Auswirkungen auf Infrastrukturen) oder auch die Verschiebung von Ländergrenzen und territorialen Ansprüchen, wie sie bereits für die Arktisregion diskutiert werden (Kaim 2011; Winkelmann 2011).

Aber nicht nur die Folgen, auch etwaige Maßnahmen gegen den Klimawandel könnten für die deutsche und die internationale Sicherheitspolitik an Bedeutung gewinnen. So suchen beispielsweise in den Vereinigten Staaten Forschungseinrichtungen, unterstützt aus der Privatwirtschaft, nach Lösungen gegen die Erderwärmung. Es geht bei diesen Untersuchungen aber nicht um die Minderung der Treibhausgasemissionen, sondern darum, das Erdsystem so zu beeinflussen, dass Minderungsanstrengungen überflüssig werden. Eine Abkühlung der Atmosphäre durch höhere Reflektion des Sonnenlichts (*solar radiation management*) oder der Eingriff in den natürlichen Kohlendioxidkreislauf (*CO_2-„recycling"* oder *carbon dioxide removal*) werden unter den Begriffen *geo-engineering* oder *climate engineering* zusammengefasst und sind in den vergangenen Jahren vermehrt in den Klimadebatten aufgetaucht (Dröge 2011). Solch unilaterale Eingriffe in natürliche Systeme (Stratosphäre, Weltmeere) können jedoch grenzüberschreitende Folgen haben, die unbeteiligte Staaten bedrohen könnten.

1.1 Zusammenhänge zwischen Klimafolgen und Sicherheitsrisiken – weiterer Forschungsbedarf

Der Klimawandel wirkt sich sowohl direkt als auch indirekt auf gesellschaftliche Entwicklungen aus. Wenn die Klimafolgen einzelne Staaten stark belasten und wenn diese Staaten möglicherweise sogar labile Regierungsstrukturen besitzen, kann dies letztlich Auswirkungen auf Frieden und Sicherheit haben. Die bisherigen Untersuchungen hierzu äußern vor allem die Befürchtung, der Klimawandel werde die Zahl schwacher und fragiler Staaten erhöhen. In solchen Staaten könnten ohnehin bestehende innerstaatliche Konflikte durch zusätzliche Auseinandersetzungen um Nahrung, Wasser und Infrastrukturen verschärft werden, und schwache Regierungen könnten auch noch den Rest an politischer Handlungsfähigkeit einbüßen (dazu u. a. WBGU 2007). Ein anderes Szenario wäre, dass aufgrund einer zunehmenden Konkurrenz um Energie und andere natürliche Ressourcen neue Interessenkonflikte zwischen den Verursachern und den Betroffenen des Klimawandels entstehen könnten. Einerseits besteht zwar noch die Hoffnung auf kooperative Lösungen, andererseits wird aber auch auf die Gefahr neuer gewaltsamer Konflikte verwiesen. In vielen Studien wird darauf hingewiesen, dass die Sicherheit von einzelnen Ländern und Weltregionen durch größere Wanderungsbewegungen gefährdet sein könnte und dass der Klimawandel neuartige Risiken für die weltwirtschaftliche Entwicklung bergen könne (CNA 2007; Barnett/Adger 2007; Stern 2007; WBGU 2007; Angenendt 2011).

Eine Gewissheit über die kausalen Zusammenhänge gibt es indes nicht, vielmehr besteht ein weiterer Bedarf an Forschung zu den sicherheitspolitischen Folgen des Klimawandels. Angenendt et al. (2011) identifizieren drei Dimensionen, die zu differenzierten Forschungsergebnissen führen:

- *Die geografische Dimension.* Die sicherheitspolitischen Effekte der globalen Erwärmung werden von Region zu Region variieren und können deshalb nur in regionalen Kontexten erfasst bzw. analysiert werden (IISS 2008). Bereits heute sind einige Regionen identifizierbar, in denen die sicherheitsrelevanten Folgen des Klimawandels auftreten.
- *Die Dimension der Multikausalität.* Die zweite Ungewissheit bei der sicherheitspolitischen Bewertung der Folgen des Klimawandels betrifft den Stellenwert des Klimawandels im Verhältnis zu anderen Faktoren, die eine gewaltsame Konfliktaustragung begünstigen (Barnett/Adger 2007). Dazu gehören u. a. das Verhältnis von globaler Erderwärmung und anderen menschlich induzierten Umweltveränderungen (Paskal 2007), die Erfahrungen mit der Regelung von Konflikten durch die beteiligten Parteien (Kooperation oder Konfrontation?), den Ressourcen und Institutionen für die Konfliktregelung, die zur Verfügung stehen, und nicht zuletzt die Sachprobleme bzw. Politikfelder, die tatsächlich von den verschiedenen Akteuren als sicherheitspolitische Folgen des Klimawandels angesehen werden.
- *Die Dimension der politischen Handlungsfreiheit.* Veränderungen des Erdklimas müssen nicht unausweichlich zu einer gewaltsamen Austragung von Konflikten führen. Eine Konkurrenz um knappe Ressourcen kann von Staaten und nicht-staatlichen Akteuren zwar durchaus mit militärischer Gewalt, aber eben auch mit ökonomischen Sanktionen oder politischen Drohungen beantwortet werden. Genauso gut könnten Verteilungskonflikte zu einer vertieften Kooperation mit anderen Akteuren, bis hin zur Herausbildung von neuen Regimen und Institutionen führen (WBGU 2007; Mabey 2007, Mabey et al. 2011).

1.2 Der sicherheitspolitische Umgang mit dem Klimawandel – erste Überlegungen und Schritte

Der Umgang mit dem Klimawandel und seinen potenziellen Sicherheitsrisiken ist in einzelnen Ländern und Regionen höchst unterschiedlich. Dies zeigen regionale Fallstudien in Angenendt/Dröge/Richert (2011). In der Arktisregion beispielsweise lässt das Abschmelzen des Eises neue Schifffahrtswege entstehen und führt zu einer Neuformulierung von Ansprüchen auf den Festlandsockel. Die Konflikte, die daraus folgen, betreffen die Nutzung der nun zugänglich werdenden Ressourcen und Transportwege. Das internationale Seerechtsübereinkommen ist derzeit das einzige relevante Vertragsregime für diese Probleme, und es wird diskutiert, inwieweit es dazu geeignet ist, Konflikte über die künftig eisfreien Territorien und deren Ausbeutung zu lösen (Winkelmann 2011).

Von diesen Entwicklungen ist zum Beispiel Kanada betroffen, für das die Veränderung der Arktis vor allem Souveränitätsfragen berührt. Die kanadische Regierung stellt sich einerseits verteidigungspolitisch auf die Öffnung von Schifffahrtswegen und die Veränderung der Territorien ein. Andererseits formuliert sie völkerrechtliche Ansprüche. Laut Kaim (2011) ist diese Politik aber weniger von Konfrontationsrisiken geprägt als von offen erhobenen Ansprüchen, regionalen Ordnungsfragen oder dem Umgang mit Auswirkungen auf die indigene Bevölkerung in den kanadischen Arktisprovinzen.

In der Klimapolitik zeigen sich international erhebliche Unterschiede im Umgang mit den mit den Veränderungen zusammenhängenden sicherheitspolitischen Problemen: Für die Europäische Union wurde 2008 vom damaligen Hohen Vertreter für die Gemeinsame Außen- und Sicherheitspolitik, Javier Solana, und der Kommissarin für die EU-Außenbeziehungen, Benita Ferrero-Waldner, ein Papier zum Thema „Klimawandel und internationale Sicherheit" veröffentlicht. Hierin wie auch an anderen Stellen zeigt sich, dass die Diskussion in Europa einem weiten „Human Security"-Ansatz folgt. Dagegen stellt sich die Situation beispielsweise in den USA anders dar: Zwar wird auch hier das Argument der Klimasicherheit zur Förderung der politischen Aufmerksamkeit für Anliegen der Klimapolitik genutzt, aber darüber hinaus wird das Thema sicherheitspolitisch im Sinne eines engen Verständnisses verarbeitet. Denn im Gegensatz zu Europa wird die Diskussion in den USA vornehmlich unter dem Gesichtspunkt der *nationalen Sicherheit* geführt und folgt damit einer langen US-amerikanischen Tradition, der sich keine US-Regierung entziehen kann (Richert 2011).

Von vielen Entwicklungs- und Schwellenländern schließlich wird die Verknüpfung von Klimawandel und Sicherheit sehr kritisch gesehen. Eine verbesserte Entwicklungszusammenarbeit, die die Folgen des Klimawandels einbezieht, ist laut Tänzler (2011) ein besserer Hebel, um sicherheitsrelevante Folgen zu mindern. Entwicklungszusammenarbeit müsste demnach künftig so ausgerichtet werden, dass Konflikte vermieden und die Kooperation im Umgang mit den Folgen des Klimawandels gefördert wird.

Bisher liegt keine übergreifende oder einheitliche Einschätzung der Problemlage und somit der sicherheitspolitischen Relevanz des Klimawandels vor. Dies ist für die Zukunft auch nicht zu erwarten, denn erstens werden die Auswirkungen – ein Zustrom von Flüchtlingen, akute Hungersnöte, Fluten oder Dürren – regional sehr unterschiedlich ausfallen. Für einige Länder bedeutet dies eine unmittelbare nationale Bedrohung, für andere Staaten liegt das Sicherheitsrisiko eher in den mittelbaren Folgen, z. B. für die Stabilität von Partnerländern oder -regionen. Zweitens treffen Klimafolgen auf unterschiedlich stabile Staaten. Und drittens werden auch Staaten, die in ihrer Entwicklung und Stellung in der internationalen Gemeinschaft große Übereinstimmungen aufweisen, keineswegs auf gleiche Weise mit den Herausforderungen umgehen wollen.

Käme man zu der Schlussfolgerung, dass der Klimawandel auf der sicherheitspolitischen Agenda der EU und Deutschlands stärkere Berücksichtigung finden soll, so würde dies bedingen, dass zunächst die Zuständigkeiten (Verteidigungsministerien, Behörden, Krisenstäbe usw.) festgelegt werden müssten. Auch müsste eine Entscheidung über Definition und Verwendung eines erweiterten Sicherheitsbegriffs fallen. Daher ist die Befassung mit diesem Thema noch wenig ausgereift. In die deutsche Sicherheitspolitik ist der Klimawandel, der als „weiches" Sicherheitsthema gilt, noch nicht integriert, sondern wird als Thema vor allem in der Außen- und in der Entwicklungspolitik berücksichtigt.

2 Wirtschaftliche Aspekte des Klimawandels

Der Klimawandel hat zum einen eine Reihe unmittelbarer sicherheitspolitischer Folgen, insbesondere den Verlust von Territorium, beispielsweise für pazifische Inselstaaten. Im Wesentlichen hat er jedoch für die Mehrheit der Menschheit eher mittelbare wirtschaftliche Konsequenzen, die zum Teil sogar positiv ausfallen mögen. Zu einem ganz erheblichen Teil dürften sie aber erhebliche negative Konsequenzen haben, wobei sowohl Vermeidungs- als auch Anpassungsmaßnahmen mit großen wirtschaftlichen Kosten einhergehen. In diesem Zusammenhang werden die wirtschaftlichen Folgen der steigenden Treibhausgasemissionen, allen voran des Kohlendioxidausstoßes ($CO2$), bereits seit den 1980er Jahren untersucht. Die Leitfrage lautet: Wie lässt sich das öffentliche Gut „Erdatmosphäre" schützen, obwohl die wirtschaftlichen Anreize dazu gering oder sogar negativ sind, weil sich Akteure mit einer Trittbrettfahrerstrategie besser stellen?

In den letzten Jahren ist in der ökonomischen Diskussion die Einsicht gereift, dass auch die Anpassung an den Klimawandel vorangetrieben werden muss. Ein Dilemma besteht darin, dass die Ressourcen, die man in die Vermeidung des Klimawandels investieren muss, mit jenen konkurrieren, die vermehrt für Anpassungsmaßnahmen nötig sein werden, etwa für den Deichbau, die Änderung von Anbaumethoden und -sorten in der Landwirtschaft oder die Sicherung von Gebäuden gegen Extremwetter.

Die Konkurrenz um die finanziellen Mittel wird sich daher national und international verschärfen. Die Erkenntnisse in Bezug auf Klimaschutz und Anpassung aber sind durchaus unterschiedlich zuverlässig. Unbestritten ist die Notwendigkeit, Emissionen zu vermindern, nicht zuletzt durch den politischen Konsens über das Zwei-Grad-Ziel, der sich in der Übereinkunft von Kopenhagen (Copenhagen Accord) 2009 niederschlug. Der Bedarf für Anpassungsmaßnahmen dagegen ist nicht immer klar zu identifizieren. Zu erwarten sind gravierende Veränderungen regionaler klimatischer Bedingungen; einige davon sind bereits heute erkennbar. Wie sich dies entwickelt, hängt jedoch davon ab, ob Klimaschutz greift und wie die natürlichen Systeme auf steigende Temperaturen reagieren werden. Zu den großen Ungewissheiten gehören die sogenannten „Kipp-Punkte" im Klimasystem, also abrupte Klimaänderungen, die etwa beim Abbruch des Golfstroms oder beim Verschwinden des Regenwaldes am Amazonas eintreten können (Umweltbundesamt 2008).

Zu den wesentlichen Ergebnissen aus den ökonomischen Untersuchungen gehört, dass Klimaschutzmaßnahmen eine Reihe unmittelbarer positiver Nebeneffekte haben können, zum Beispiel das Einsparen von Energie oder anderer Ressourcen. Dies kann die politische und privatwirtschaftliche Entscheidung erleichtern, Investitionen in die Verminderung von Treibhausgasen anzustoßen. Langfristige Effekte, insbesondere das Verringern der Anpassungskosten durch frühzeitigen Klimaschutz, werden hingegen in den Untersuchungen wenig berücksichtigt.

Wer die Kosten für frühzeitige Anpassungsmaßnahmen trägt, ist weitestgehend unklar, sie können sowohl die Allgemeinheit als auch private Akteure belasten. Eine private Investition in Anpassungsmaßnahmen wird nur erfolgen, wenn Gefahren unmittelbar und kurzfristig drohen, also beispielsweise Überflutungen, Ernteausfälle oder Sturmschäden (erneut) bevorstehen. Private und politische Entscheidungen über längerfristige Maßnahmen sind noch problematischer. Ob solche Maßnahmen rentabel sein werden, ist nur schwer zu kalkulieren, weil sich kaum abschätzen lässt, ob und in welchem Ausmaß Risiken zu echten Gefahren werden. Außerdem wurden größere Investitionen in die Anpassung an den Klimawandel bisweilen als fatales politisches Signal gewertet, nämlich als Kapitulation vor den Anforderungen des Klimaschutzes.

2.1 Die Kosten der Klimapolitik

Zukunftsszenarien zu Kosten und Nutzen des Klimaschutzes (mit einer Perspektive bis zum Jahr 2050 oder sogar bis 2100) enthalten aufgrund der Unsicherheiten oft lediglich Annahmen über Eintrittswahrscheinlichkeiten von Klimafolgen. Die ermittelten Zahlen variieren stark – je nachdem, welche Wachstums- und Klimaszenarien entworfen werden (Kemfert 2007).

Die Kosten des Klimaschutzes, also der Reduktion von Treibhausgasen, wie sie derzeit nur im Kyoto-Protokoll für die Industrie- und Transformationsländer vorgesehen ist, umfassen erstens die direkten Vermeidungskosten. Darunter versteht man die notwendigen Investitionen in Technologien, die weniger Treibhausgase emittieren, oder die Nachrüstung von Anlagen mit Filtern oder anderen Reinigungsvorrichtungen. Die Kosten hängen vor allem davon ab, welchen Weg die jeweiligen nationalen Klimapolitiken einschlagen, um die Reduktionsziele zu erreichen. Die Bandbreite reicht von einer Regulierung mit Verboten oder Standards bis hin zu marktwirtschaftlichen Instrumenten wie dem Emissionshandel. Welche Akteure diese Kosten tatsächlich zu tragen haben, hängt ebenfalls von der politischen Ausgestaltung ab.

Zweitens wird auch entgangenes wirtschaftliches Wachstum zu den Kosten der Vermeidung gezählt. Vor allem Entwicklungsländer pochen auf diese Sichtweise und verlangen die gleichen Wachstumschancen, wie sie die OECD-Länder in der Vergangenheit hatten. Das heißt vor allem: Ungebremste Industrialisierung. Verpflichtete man sie nun auf Emissionsziele, so ihr Argument, würde ihre Wirtschaft unmittelbar darunter leiden, da die Nutzung von Energie und anderen emissionsintensiven Ressourcen bei ihnen noch sehr ineffizient ist. Dies erklärt auch die Forderungen nach technologischer Unterstützung für einen klimafreundlichen Entwicklungspfad, die in den internationalen Klimaverhandlungen eine wesentliche Rolle spielen (Dröge 2010).

Die Gefährdung des Wachstums ist auch für viele Industrieländer Anlass, sich im Klimaschutz zurückzuhalten. In den internationalen Verhandlungen im Rahmen der Vereinten Nationen führten beispielsweise die USA ins Feld, die US-Unternehmen hätten zu hohe Vermeidungskosten zu tragen, wenn sich die Amerikaner einem neuen Klimaabkommen unterwerfen würden, ohne dass auch die großen Schwellenländer mit an Bord wären. Dies würde ihre Wettbewerbsfähigkeit mindern und ihr Wirtschaftswachstum beeinträchtigen (vgl. zu den wirtschaftlichen Argumenten der Bush-Regierung gegen das Kyoto-Protokoll, die auch im sicherheitspolitischen Kontext benutzt wurden: Richert 2011).

Die Kosten des Nichthandelns, also sämtliche Folgen eines ungebremsten Klimawandels, werden auch als „social cost of carbon" bezeichnet. Im Jahr 2002 ermittelte der britische Government Economic Service (GES) einen Wert für die sozialen Kosten von künftigen CO2-Emissionen (vgl. zur Methode Watkiss/Downing 2008). Den Berechnungen liegt die Annahme zugrunde, dass jede zusätzliche Tonne Kohlenstoffemission, die künftig (z. B. bis in 100 Jahren) emittiert werde, der Allgemeinheit schon heute Kosten aufbürde. Laut GES lagen die Kosten im Jahr 2002 bei rund 28 Euro pro Tonne CO2. Jedes weitere Jahr, in dem kein Klimaschutz stattfinde, treibe diesen Wert in die Höhe (EEA 2007). Dabei müssen für die Ermittlung dieses Wertes jedoch verschiedene Unsicherheiten berücksichtigt werden. Tabelle 1 zeigt eine Risikomatrix nach Watkiss und Downing. Diese erfasst zwei Dimensionen von Unsicherheiten: die Problematik der Vorhersage des Klimawandels und die der Bewertungsmethode. Daraus ergibt sich ein Bündel von Unwägbarkeiten für die Vorhersage des Klimawandels und seiner Auswirkungen.

Tab. 1: Risikomatrix der Bewertung sozialer Kosten des Klimawandels

		Unsicherheit bei der Bewertung		
		Niedrig: marktbasiert (klare Kostenzuordnung)	Hoch: nicht marktbasiert (sozial bedingt ohne direkte Kostenzuordnung)	
Unsicherheit bei der Vorhersage des Klimawandels	Prognose (z. B. Anstieg des Meeresspiegels)	Küstenschutz Verlust von Trockengebieten Energie (Heizen, Kühlen)	Hitzestress Verlust von Feuchtgebieten	Regionale Kosten Investitionen
	Begrenzte Risiken (z. B. Dürren, Überflutungen, Stürme)	Landwirtschaft Wasser Variabilität (Dürren, Überflutungen, Stürme)	Ökosystemveränderungen Biodiversität Verlust von Lebewesen Sekundäre soziale Auswirkungen	Komparative Vorteile und Marktstrukturen
	Systemveränderungen und Überraschungen (z. B. größere Ereignisse)	Neben den oben genannten: signifikanter Land- und Ressourcenverlust Nicht-marginale Auswirkungen	Übergeordnete soziale Auswirkungen Regionaler Zusammenbruch Irreversible Verluste	Regionaler Zusammenbruch

Quelle: Watkiss/Downing „The Social Cost of Carbon", 2008.

Die meisten Studien, die soziale Kosten und damit die ökonomischen Risiken des Klimawandels zum Thema haben, erfassen daher nur wenige Klimaeffekte, zumeist lediglich den Temperaturanstieg. Außerdem werden nur vereinzelt negative Folgen bewertet, die nicht über Märkte vermittelt werden oder die lokal spezifisch sind, etwa der Rückgang der Niederschläge. Am wenigsten schließlich werden schwere Naturkatastrophen einkalkuliert.

Eine Zusammenführung von Kosten und Nutzen der Klimapolitik geschieht aber nicht mehr nur in rein ökonomischen Modellen. Durch sogenannte *integrierte* Bewertungsmodelle können auch Aussagen über die Wirkung der Politikmaßnahmen für das Klima abgeleitet werden. Dies geschieht mit Hilfe von Szenarien (für einen Überblick siehe Schellnhuber et al. 2004). Der Stern-Bericht von 2006 lieferte in diesem Zusammenhang eine einfache politische Botschaft: Heutiges Handeln ist billiger als Abwarten. Laut Stern könnten sich die Folgekosten aus den Klimaveränderungen in den nächsten Jahrzehnten auf bis zu 20 Prozent der jährlichen globalen Wirtschaftsleistung belaufen. Die geschätzten Kosten der Maßnahmen zum Klimaschutz würden heute hingegen bei rund einem Prozent der jährlichen Wirtschaftsleistung liegen (Stern 2007); in einem Folgebericht bezifferte Stern den Betrag auf zwei Prozent, Stern 2008).

2.2 Einordnung der Modellrechnungen

Die Analysen, insbesondere der Stern-Bericht, ernteten aufgrund der notwendigen Einschränkungen Kritik (z. B. Tol/Yohe 2006). Ein Kritikpunkt befasste sich mit dem Problem heutiger Bewertung des Klimaschutzes und weit in der Zukunft liegendem Nutzen des Klimaschutzes. Zur Veranschaulichung dient ein Beispiel: Jeder Sparer überlegt anhand des aktuellen Zinssatzes, ob er sein Geld lieber für die Zukunft zurücklegen oder gleich ausgeben will. Der Zins hilft dabei, den künftigen Nutzen aus dem Ersparten schon zum heutigen Zeitpunkt zu bewerten. Ein solcher Gegenwartswert lässt sich auch für künftige Klimaschutzkosten und -nutzen ermitteln. Umstritten ist dabei allerdings vor allem, ob man die Zukunft mit Hilfe einer einzigen Zinsrate (genauer: Diskontrate) für alle Akteure einheitlich bewerten kann und sollte, denn private Haushalte, Unternehmen und Regierungen bewerten die Zukunft sehr unterschiedlich. Nimmt man eine hohe Diskontrate an, heißt dies, dass Akteure künftigen Schaden oder Nutzen sehr gering in ihren heutigen Entscheidungen berücksichtigen (mathematisch ausgedrückt: künftige Zahlungen werden durch einen hohen Divisor geteilt). Ist die Diskontrate niedrig, spielen zukünftige Ereignisse schon in der Gegenwart eine große Rolle. Nun hat Stern sich in seinen Berechnungen für eine niedrigere Rate entschieden, als sie von anderen Ökonomen verwendet wird, unterstellt also, dass dem künftigen Klimaschutz und den langfristigen Klimaschäden schon heute hohe Bedeutung zugemessen wird.

Gegen Sterns Berechnungen wurde u. a. eingewandt, dass die Bewertungen von zukünftigen Kosten und zukünftigem Nutzen je nach Land und Einkommen stark voneinander abweichen: Beispielsweise wird sowohl in den ölreichen „Rentierstaaten", als auch in den ärmsten Entwicklungsländern die Zukunft bei heutigen Entscheidungen wenig bis gar nicht berücksichtigt. Kurzfristige Gewinnmaximierung oder das Überstehen von akuten Krisen werden als wichtiger angesehen (siehe dazu u. a. Nordhaus 2007, der zu den Kritikern der von Stern gewählten Diskontrate zählt). Langfristiges Denken ist in den westlichen Industrieländern eher anzutreffen, aber auch zwischen den OECD-Staaten gehen die Einschätzungen auseinander. Besonders schwierig ist es, sich international darauf zu einigen, kurzfristiges Handeln von Politik und Wirtschaft zugunsten langfristiger Risikovorsorge zurückzudrängen. Der Umgang mit der Finanzkrise 2008/2009 hat dies deutlich vor Augen geführt. Eine strikte Regulierung der internationalen Akteure im Rahmen der G20 erwies sich als äußerst mühsam, und die Resultate blieben trotz der Erkenntnisse über die Ursachen der Krise dürftig, weil einige Staaten ihre Finanzindustrie nicht beeinträchtigen wollten. Private Akteure setzen je nach Einkommen ebenfalls sehr unterschiedliche Prioritäten. Wenn ein Haushalt mit niedrigem Einkommen sich für oder gegen emissionsarme Energieträger entscheidet, geschieht dies nicht aufgrund seiner Erwartung künftiger Ereignisse, sondern er richtet sich nach dem aktuellen Preis und den technischen Möglichkeiten. Ökonomische Zwänge schränken die Handlungsoptionen massiv ein. Generell lässt sich festhalten, dass künftige Nutzen und Kosten in armen Ländern und in einkommensschwachen Haushalten weitaus weniger in Betracht gezogen werden als in jenen mit hohem Pro-Kopf-Einkommen.

Hinter dem Problem der Diskontratenschätzung verbirgt sich aber nicht nur die Frage von Einkommen, sondern auch die Frage der Verteilungsgerechtigkeit über die Generationen hinweg. Investitionen in die Entlastung der Erdatmosphäre kommen erst künftigen Generationen zugute. Wie jeder Investor würde also der handelnde Staat im Namen heutiger und künftiger Bürger entscheiden, ob sich die „Rendite" aus dem Klimaschutz gegenüber dem heutigen Marktzinssatz rechnet. Wendet ein Staat schon jetzt erhebliche Mittel für den Klimaschutz auf, setzt er damit wertvolle Ressourcen ein. Daher dienen die hohen Kosten eines schnellen und entschlossenen Handelns gegen Emissionssteigerungen häufig als Argument dafür, nichts zu überstürzen (Nordhaus 2008).

Entsprechend plädieren manche Wissenschaftler, wie etwa der Klimaökonom Bjørn Lomborg (2008) dafür, vorhandene Ressourcen zum heutigen Zeitpunkt zur Lösung anderer globaler Probleme zu verwenden, so zur Bekämpfung von Armut und Krankheiten. Dagegen besäßen Maßnahmen gegen die Erderwärmung nur eine minimale Wirkung. Der wirtschaftliche Wandel erfolge nur so schnell oder langsam wie die technologische Entwicklung. Demnach sollten Technologien erst dann eingesetzt werden, wenn sie ausgereift seien und allen Ländern kostengünstig zur Verfügung stünden. Allerdings stritten selbst die Kritiker des Stern-Berichts trotz ihrer Einwände nicht grundsätzlich ab, dass Handlungsdruck besteht. Auch die Erkenntnisse über die Dynamik der globalen Treibhausgasemissionen bei hohem Wirtschaftswachstum lassen keinen Zweifel daran, dass jegliches Zögern den Empfehlungen des Weltklimarats zuwiderläuft (Ziesing 2008).

3 Risiken des Klimawandels, Versicherungen und die Rolle des Staates

Sowohl private als auch öffentliche Akteure müssen mit den ökonomischen Risiken des Klimawandels umgehen. Beide können sich gegen Klimarisiken versichern, doch setzt der Markt dieser Möglichkeit auch Grenzen. Generell werden für die Höhe eines erwartbaren Schadens oder einer Leistung aus einer Versicherung die zu entrichtenden Prämien gestaffelt. Es hängt dann von der Zahlungsbereitschaft eines potenziellen Versicherungsnehmers ab, ob er das Risiko absichern möchte. Manche Risiken aber werden von keiner Versicherung übernommen, weil ein eintretender Schaden nicht durch das vorhandene Kapital oder Sicherungssystem der Rückversicherer abgedeckt werden kann oder die im Schadensfall eintretenden Kosten nicht kalkulierbar sind. Bei den Folgen der Klimaveränderungen kommt hinzu, dass sie nationale Grenzen überschreiten und sowohl ganze Staaten wie beispielsweise die pazifischen Inselstaaten, die in der Allianz der kleinen Inselstaaten (Alliance of Small Island States AOSIS) organisiert sind, als auch ökologische Systeme in ihrer Existenz bedrohen. Daher müssen einzelne Staaten und die Staatengemeinschaft einspringen und als „Versicherer der letzten Instanz" fungieren.

3.1 Klimabezogene Schadensbilanzen von privaten Versicherern

Die Versicherungsgesellschaften unterteilen die ökonomischen Kosten des Klimawandels in Kosten für die Allgemeinheit (volkswirtschaftliche Kosten) und in private Kosten, die zumindest dann genau erfasst werden, wenn sie von Versicherungen übernommen werden. Abbildung 1 zeigt die Daten der Münchener Rückversicherungsgesellschaft (Munich RE bzw. Münchener Rück) für die Jahre 1950 bis 2004 für große Naturkatastrophen. Eine solche große Naturkatastrophe liegt vor, wenn die Selbsthilfefähigkeit der betroffenen Regionen deutlich überschritten wird und überregionale oder internationale Hilfe erforderlich ist. Die Zahl der Todesopfer geht in der Regel in die Tausende, die Zahl der Betroffenen in die Hunderttausende, die volkswirtschaftlichen Schäden erreichen außergewöhnliche Größenordnungen. Beispiele für das Jahr 2004 waren die Überschwemmungen in Bangladesch und Nepal, Wirbelstürme in der Karibik, aber auch Erdbeben und der Tsunami in Südasien (Münchener Rück 2005). Nach Angaben der Münchener Rück sind die Zahl der Ereignisse und die Schäden seit den 1960er Jahren pro Dekade gestiegen, insbesondere im Vergleich der 1980er zu den 1990er Jahre. Für die Periode 2000 bis 2009 stehen die Daten noch aus, aber der Trend („letzte 10 Jahre") von 1994 bis 2004 deutet einen weiteren Anstieg an.

Abb. 1: Entwicklung der Anzahl und Schäden bei großen Naturkatastrophen

Dekade	1950-1959	1960-1969	1970-1979	1980-1989	1990-1999	letzte 10 Jahre	Vergleich der letzten 10 Jahre mit 1960ern zeigt dramatischen Anstieg	letzte 10:60er
Anzahl der Ereignisse	20	27	47	63	91	63		2,3
Volkswirtschaftliche Schäden	44,9	80,5	147,6	228,0	703,6	566,8		7,0
Versicherte Schäden	-	6,5	13,7	28,8	132,2	101,7		15,6

Schäden in Mrd. US$ (in Werten von 2004)

Quelle: Münchener Rück: Jahresrückblick Naturkatastrophen 2004, 2005, S. 14.

Die Bilanz für das Jahr 2007 wies mit 960 registrierten Naturkatastrophen einen neuen Höchststand aus. Abbildung 2 zeigt die Verteilung auf die verschiedenen Phänomene. Seit Ende der 1990er Jahre ist dabei eine starke Zunahme der klimatologischen, meteorologischen und hydrologischen Schadensereignisse erkennbar.

Abb. 2: Anzahl der Naturkatastrophen nach Ursachen 1980 bis 2007

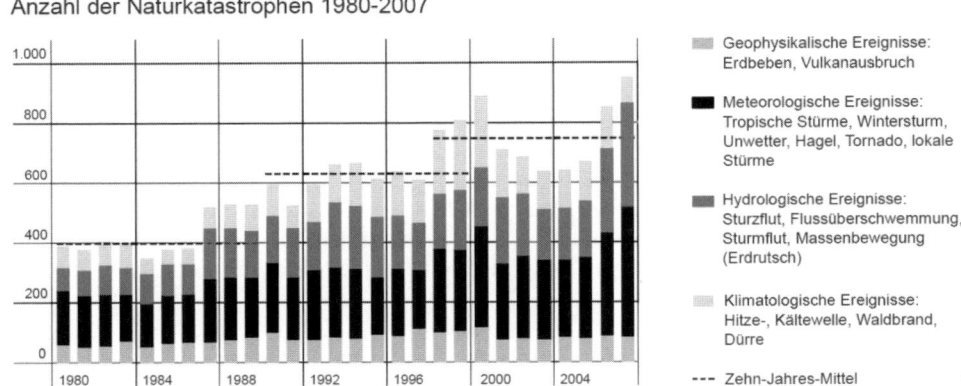

Quelle: Münchener Rück: Topics Geo, Jahresrückblick Naturkatastrophen 2007, München: Edition Wissen, 2008, S. 45

Abb. 3/Abb. 4: Vergleich der Gesamtschäden mit den versicherten Schäden

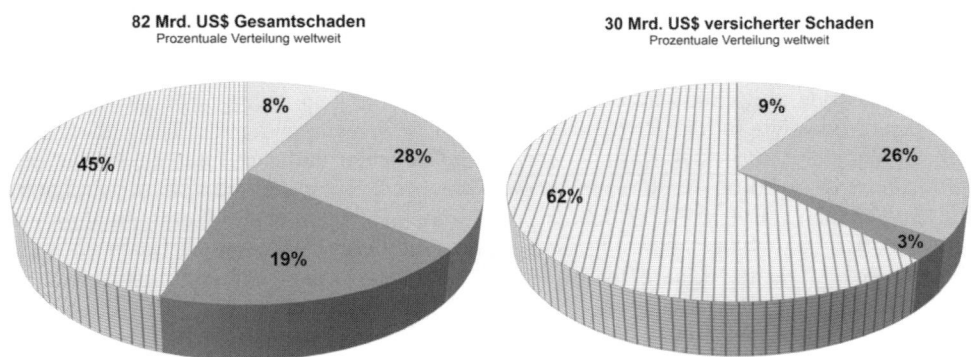

Quelle: Münchener Rück, Topics Geo, Jahresrückblick Naturkatastrophen 2007, München: Edition Wissen, 2008, S. 45. Legende siehe Abbildung 2.

Die Gesamtschäden, also die volkswirtschaftlichen und die versicherten Schäden zusammengenommen, beliefen sich im Jahr 2007 auf 82 Milliarden US-Dollar (s. Abbildung 3). Davon waren allerdings nur 30 Milliarden versichert, was einem Anteil von rund 37 Prozent entspricht. Das bedeutet, dass die Kosten für die restlichen Schäden von den Betroffenen, also Haushalten und Unternehmen, oder vom Staat übernommen werden mussten.

Die Versicherer können nur auf Basis von Vergangenheitsdaten Einschätzungen über den Klimawandel treffen. Dies macht die Berechnung von Prämien schwierig und kann dazu führen, dass sich private Unternehmen aus diesem Geschäft zurückziehen, wenn das Risiko für diese Schäden stark steigt. Letztlich muss wiederum der Staat einspringen, der auch für die privaten Schäden aufkommen müsste, wenn sie existenzieller Natur sind. Die staatlichen Behörden dürften zwar kaum zuverlässigere Informationen besitzen als private Unternehmen, doch kann der Staat den Markt nicht einfach verlassen, wenn ihm die Risiken unkalkulierbar erscheinen. Stattdessen muss er sich entscheiden, wie er begrenzte Ressourcen einsetzen will. Gilman et al. (2007) mutmaßen, dass die staatlichen Akteure angesichts der fehlenden Risikoabschätzung jedoch zu wenig finanzielle Reserven für solche Fälle besitzen werden.

3.2 Unsicherheiten im Umgang mit den Folgekosten des Klimawandels

Zahlreiche Unwägbarkeiten erschweren eine Versicherung gegen die Folgen des Klimawandels. Erstens ist kaum abzuschätzen, wann Sach- und Personenschäden eintreten werden. Schwierig festzustellen ist zweitens, wie groß die Schäden für die Menschheit sind und welche der eingetretenen Schäden tatsächlich von den Klimaveränderungen verursacht worden sind. Immerhin wäre letzteres mit Hilfe klarer Definitionen noch zu ermitteln: Klimawandelbedingter Starkregen beispielsweise ließe sich im Vergleich mit historischen Schwankungen identifizieren. Dagegen ist fraglich, ob die Veränderung der menschlichen Sicherheit überhaupt als „Schaden" zu erfassen, geschweige denn zu kompensieren ist. Drittens hängen die zu erwartenden Klimafolgen von den Interaktionen verschiedener klimatologischer und ökologischer Systeme ab. Steigende Temperaturen zum Beispiel rufen sich selbst verstärkende Prozesse hervor: So strahlt Arktis- oder Gletschereis einen Teil der Sonnenwärme wieder ab. Je schneller dieses Eis schmilzt, desto stärker heizt sich das Meer bzw. ein Landmassiv auf. Kipp-Punkte infolge solcher Prozesse sind nicht kalkulierbar, weil sie einen Systemwechsel ungekannten Ausmaßes bewirken könnten, etwa den Abbruch des Golfstroms oder das Aussetzen des Monsunregens. Kein Versicherungsunternehmen wäre bereit, die Folgen solcher Ereignisse zu versichern, da die möglichen Kosten für überflutete Gebiete, Sachschäden und Versorgungsprobleme zu hoch wären. Offen ist also, wie sich die internationale Gemeinschaft gegen diese Schäden absichern kann und wie generell solche Risiken behandelt werden sollen (Mabey et al. 2011).

Die Auswirkungen des Klimawandels unterscheiden sich hier wesentlich von denjenigen einer Finanzkrise, bei der ein von Menschen geschaffenes System versagt hat. Die Klimaveränderungen betreffen natürliche Zusammenhänge und Systeme, die auch Naturwissenschaftler nicht vollständig verstehen. Mögliche Schäden werden also voraussichtlich zumeist nicht versichert bzw. überhaupt gar nicht versicherbar sein und daher zu Lasten nationaler Haushalte und internationaler Finanzfonds gehen, etwa dem Anpassungsfonds der Vereinten Nationen oder Entwicklungshilfegeldern. Nationale Regierungen und internationale Institutionen einschließlich des Internationalen Währungsfonds und der Weltbank müssen sich darauf bereits heute einstellen.

3.3 Erste globale Versicherungssysteme gegen den Klimawandel

Entsprechend wird unter der VN-Klimarahmenkonvention für die armen Entwicklungsländer, die besonders vom Klimawandel betroffen sind, über innovative Versicherungssysteme nachgedacht, die von der internationalen Gemeinschaft getragen werden. Schon seit 1991 fordern die kleinen, vom steigenden Meeresspiegel bedrohten Inselstaaten (*Small Island Developing States*, SIDS) ein solches System (UNFCCC 2007). Als beispielhaft gilt hier die *Caribbean Catastrophe Risk Insurance Facility* (CCRIF). Deren Prämien werden anhand länderspezifischer Risikoprofile bemessen, und der Versicherungsfall wird mit Hilfe verschiedener Indikatoren (etwa Windstärken) festgestellt. Ein solches Finanzinstrument kann aber nur funktionieren, wenn die Einzahlungen hoch genug sind und die Auszahlungsprämissen transparent gemacht werden und kontrolliert werden können.

Für langfristige Anpassungsmaßnahmen in den Entwicklungsländern müssen neue internationale Finanzquellen erschlossen werden – in einem weitaus größeren Maß, als dies bisher unter der Klimarahmenkonvention (UNFCCC) und in den Weltbankprogrammen der Fall ist, denen 2,3 Milliarden Dollar für Vermeidungsprojekte zur Verfügung stehen (Zahl von 2008). Auf der *Conference of the Parties* (COP) 2007 auf Bali wurde der VN-Anpassungsfonds aufgestockt und bei der Weltbank angesiedelt. Sein Volumen müsste allerdings ein Vielfaches erreichen, um auf die kommenden Kosten vorbereitet zu sein und die armen Länder abzusichern. Ein erster Erfolg war die Zusage der Industrieländer im Kopenhagen Akkord, zwischen 2010 und 2012 insgesamt 30 Milliarden US-Dollar für Anpassungs- und Klimaschutzfinanzierung für einen neuen *Green Climate Fund* bereitzustellen und die Möglichkeiten zu prüfen, die Mittel ab 2020 auf 100 Milliarden Dollar jährlich aufzustocken (UNFCCC 2009).

Bis 2010 gab es drei Anpassungsfonds, finanziert aus mehreren Quellen und auf unterschiedliche Empfängerländer konzentriert: die GEF (*Global Environment Facility*) mit 50 Millionen US-Dollar (2008), der *UNFCCC Adaptation Fund* mit insgesamt 270 Millionen US-Dollar und der *Kyoto Adaptation Fund*, der mit Abgaben aus Klimaprojekten finanziert wird und dessen Volumen daher nur geschätzt werden kann (für den Zeitraum 2008 bis 2012 wird mit 80 bis 300 Millionen US-Dollar gerechnet). Diese Fonds werden ähnlich wie Entwicklungshilfefonds verwaltet und müssen ebenfalls Transparenz in der Mittelverwendung gewährleisten. Sie bieten die Chance, internationale Finanzinstrumente wie Kreditvergabe und Förderprogramme neu auszugestalten, indem sie als Versicherung gegen den Klimawandel konzipiert werden. Mit dem Kopenhagen Akkord ist als vierter Fonds der *Green Climate Fund* unter der Klimarahmenkonvention hinzugekommen – er wurde 2010 beschlossen und hat 2012 seine Arbeit aufgenommen (UNFCCC 2011) – der sich aus den zugesicherten 30 Milliarden US-Dollar schneller Finanzhilfe und künftig noch zu vereinbarenden Mitteln speisen soll.

Die Gestaltung der Fonds einschließlich der Definition von Indikatoren bietet auch Anschauungsmaterial für die Industrieländer: Zwar müssen diese sich auf eigene Kosten gegen die Klimaveränderungen wappnen, weil es für sie keine internationalen Fonds gibt, doch müssen sie sich bei der Gestaltung ihrer eigenen Programme mit ähnlichen Grundfragen beschäftigen. Dazu gehören die Einzahlungsregeln, die Aufsicht über die Mittel und die Kriterien für den Zugriff auf die Gelder.

Während die Anpassungsfonds sich auf direkte Folgeerscheinungen des Klimawandels konzentrieren, ist es schwieriger, für indirekte Folgen wie beispielsweise klimaveränderungsbedingte Ernährungskrisen über die akute Notfallhilfe hinaus einen langfristigen Ausgleichsmechanismus zu finden. Die Zusammenhänge zwischen Ursachen und Wirkungen sind noch komplexer als bei Wetterereignissen. Dies hat nicht zuletzt die Debatte um die Lebensmittelpreise der Jahre 2007 und 2008 gezeigt: Zwar hing das Steigen der Preise unter anderem auch mit einer falschen Energie- und Klimapolitik in Industriestaaten zusammen, die Quoten und Subventionen für die Produktion von Biotreibstoffen beinhaltete, doch die Zusammenhänge sind komplizierter und vielschichtiger. Für solche Fälle müsste ein gesonderter Ausgleich zwischen Verursachern und Betroffenen einer Krise gefunden werden. Daher empfiehlt es sich zugleich, die Definition derjenigen Klimafolgen einzugrenzen, für die Gelder aus den internationalen Fonds fließen können.

In 2012 wurde zudem eine weitere Verhandlungsebene unter der UNFCCC beschlossen. Die „Verluste und Schäden" (Loss and Damage) aus dem Klimawandel sollen in einem neuen, für 2015 angestrebten VN-Klimaabkommen einbezogen werden (Malla 2013). In diesen Verhandlungen wird es um weitere finanzielle Kompensationen gehen, die die historischen Verursacher des Klimawandels an die vom Klimawandel betroffenen Staaten zu leisten haben.

4 Fazit

Angesichts der Bandbreite der direkten und indirekten Zusammenhänge zwischen Klimawandel und Sicherheit wird deutlich, dass Befürchtungen über ein sicherheitspolitisches Risiko aufgrund des sich verändernden Weltklimas durchaus ihre Berechtigung haben.

Insbesondere regionale geographische und politische Besonderheiten sind aus Sicht der Sicherheitspolitik ausschlaggebend. Für einzelne Regionen müssen daher mögliche Klimafolgen wie Dürren, Fluten oder Stürme, Wasser- und Nahrungsmittelverknappungen in die strategischen Planungen einfließen. Die Entwicklungszusammenarbeit wird noch stärker als Element der Prävention eingesetzt werden müssen, insbesondere deshalb, weil aus sicherheitspolitischer Sicht die Binnen- und internationale Migration als größtes Konfliktpotenzial gelten muss, auf das auch der Klimawandel einen Einfluss hat.

In der bisherigen Literatur wird aber auch betont, dass ein starker Einfluss des Klimawandels auf ein Land nicht zwangsläufig zu einem Sicherheitsproblem führen *muss*. Umgekehrt können in Regionen, die bereits von zwischen- und innerstaatlichen Spannungen geprägt sind, schon relativ geringe Veränderungen, z. B. in der Ernährungsversorgung, latente Konflikte zu gewaltsamen Auseinandersetzungen werden lassen. Sicherheitspolitische Maßnahmen im traditionellen Sinne sind jedoch kein geeigneter Ansatz, um die Folgen des Klimawandels zu bewältigen. Da in vielen Regionen eine realistische und angemessene Wahrnehmung der Auswirkungen des Klimawandels auf bestehende Konflikte fehlt, bleibt es vorerst dabei, dass die Entwicklung von Lösungsansätzen für den Umgang mit diesen Folgen schwierig ist. Hier könnte die deutsche und europäische Sicherheitspolitik dazu beitragen, sowohl die allgemeine Aufmerksamkeit zu erhöhen als auch verstärkt darauf zu drängen, den Klimawandel in die Konfliktanalyse aufzunehmen.

Die möglicherweise weit in die Zukunft reichenden finanziellen Belastungen setzen Staaten und die internationale Gemeinschaft zunehmend unter Druck. Politisches Handeln auf diesem Feld ist jedoch sehr schwierig, weil sich langfristig wirkende Maßnahmen zumeist nicht im kurzen politischen Zyklus auszahlen. Die Schäden aus den Naturkatastrophen nehmen jedoch unwiderlegbar rapide zu, und Staaten werden zum Versicherer „der letzten Instanz", sobald die Kosten von privaten Akteuren nicht mehr getragen werden können. Die internationalen Transfers in der Entwicklungshilfe für die Anpassung an den Klimawandel und für die Beseitigung von Klimaschäden werden daher massiv ansteigen müssen, will man auch sicherheitspolitische Risiken (Ernährungssicherheit, Migrationsdruck, Wirtschaftskrisen u. a.) abfedern können. Wesentlich für die Industrieländer wäre ein institutioneller Ansatz für den Umgang mit dem Klimaschutz und mit den Folgen der Klimaveränderung, der national als auch international die Klimapolitik mit den Programmen anderer wirtschafts- und entwicklungspolitischer Institutionen, z. B. der Weltbank, in Einklang bringt. Der Wettbewerb um günstige fossile Energie, der vom Schiefergas-Boom in den USA und von nationalen Subventionen in den aufstrebenden Schwellenländern weiter angeheizt wird, gehört zu den größten Herausforderungen im Kampf gegen den Klimawandel.

Den vom Klimawandel betroffenen konfliktanfälligen Staaten können Deutschland und die Europäische Union jedoch nur dann helfen, wenn diese Staaten auch kooperieren *wollen*. Hierbei kann die Debatte um Klimawandel und Sicherheit unter Umständen sogar hinderlich sein, falls die betroffenen Staaten den Eindruck bekommen, die westlichen Industrienationen würden ausschließlich mit Blick auf ihre eigenen sicherheitspolitischen Interessen handeln.

Zur Vertiefung empfohlene Literatur

Angenendt, Steffen/Dröge, Susanne/Richert, Jörn (Hrsg.) 2011: Klimawandel und Sicherheit. Herausforderungen, Reaktionen und Handlungsmöglichkeiten, Baden-Baden: Nomos Verlagsgesellschaft.

Wissenschaftlicher Beirat der Bundesregierung Globale Umweltveränderungen (WBGU) 2007: Welt im Wandel. Sicherheitsrisiko Klimawandel, Berlin.

Mabey, Nick/Gulledge, Jay/Finel, Bernard/Silverthorne, Katherine 2011: Degrees of Risk. Defining a Risk Management Framework for Climate Security, Third Generation Environmentalism (E3G), London.

Weiterführende Fragen

1. Worin bestehen die bedeutendsten Folgen des Klimawandels aus deutscher, sicherheitspolitischer Sicht?
2. Sollte die Sicherheitspolitik bei der Bewältigung der Folgen des Klimawandels eine Rolle spielen? Wenn ja, welche?
3. Wo liegen die (politischen und finanziellen) Grenzen, den durch den Klimawandel verursachten Folgen zu begegnen?
4. Kann die Kluft zwischen den kurzfristigen Kosten der Klimapolitik und den langfristigen Nutzen überwunden werden? Wie wäre dies möglich und politisch umsetzbar?

Quellen und Literatur

Adelphi Research 2011, UN-Sicherheitsrat einigt sich auf Erklärung zum Klimaschutz, <http://www.adelphi.de/de/service/newsletter/archiv/dok/43526.php?newsletter=7&profile=5#news0>.

Angenendt, Steffen 2011: Klimaflüchtlinge – ein neues Sicherheitsrisiko? In: Angenendt, Steffen/Dröge, Susanne/Richert, Jörn (Hrsg.): Klimawandel und Sicherheit. Herausforderungen, Reaktionen und Handlungsmöglichkeiten, Baden-Baden: Nomos Verlagsgesellschaft, 177-196.

Angenendt, Steffen/Dröge, Susanne/Richert, Jörn (Hrsg.) 2011: Klimawandel und Sicherheit. Herausforderungen, Reaktionen und Handlungsmöglichkeiten, Baden-Baden: Nomos Verlagsgesellschaft.

Angenendt, Steffen/Dröge, Susanne/Kaim, Markus/Richert, Jörn 2011: Klimawandel – eine neue sicherheitspolitische Herausforderung? In: Angenendt, Steffen/Dröge, Susanne/Richert, Jörn (Hrsg.): Klimawandel und Sicherheit. Herausforderungen, Reaktionen und Handlungsmöglichkeiten, Baden-Baden: Nomos Verlagsgesellschaft, 7-18.

Barnett, Jon/Adger, W. Neil 2007: Climate change, human security and violent conflict, in: Political Geography 26, 639-655.

Brzoska, Michael 2009: The Securitization of Climate Change and the Power of Conceptions of Security, in: Sicherheit und Frieden 3, 9, 137-145.

Center for Naval Analyses (CNA) 2007: National Security and the Threat of Climate Change, Alexandria, VA: CNA Corporation.

Dröge, Susanne 2011: Geoengineering auf dem Vormarsch – Klimafolgenabwehr durch die USA und China; in: Lippert, Barbara/Perthes, Volker (Hrsg.): Ungeplant ist der Normalfall. Zehn Situationen, die politische Aufmerksamkeit verdienen, 15-18 (SWP-Studie S 32).

Dröge, Susanne (Hrsg.) 2010: International Climate Policy. Priorities of Key Negotiating Parties, Berlin: Stiftung Wissenschaft und Politik, März 2010 (SWP Research Paper 2/2010).

European Environment Agency (EEA) 2007: Climate Change: The Cost of Inaction and the Cost of Adaptation, Kopenhagen 2007 (EEA Technical Report Nr. 13/2007).

Gilman, Nils/Randall, Doug/Schwartz, Peter 2007: Impacts of Climate Change. A System Vulnerability Approach to Consider the Potential Impacts to 2050 of a Mid-Upper Greenhouse Gas Emissions Scenario, San Francisco: Global Business Network (GBN).

Heinemann-Grüder, Andreas/Hippler, Jochen/Weingardt, Markus/Mutz, Reinhard/Schoch, Bruno (Hrsg.) 2008: Friedensgutachten, LIT-Verlag.
Hovi, Jon/Sprinz, Detlef F./Underdal, Arild 2009: Implementing Long-Term Climate Policy: Time Inconsistency, Domestic Politics, International Anarchy, in: Global Environmental Politics 9, 3, 20-39.
Intergovernmental Panel On Climate Change (IPCC) 2007: Climate Change 2007 – Synthesis Report. Contribution of Working Groups I, II and III to the Fourth Assessment Report, Genf.
International Institute for Strategic Studies (IISS) (Hrsg.) 2008: Strategic Survey 2008. The annual Review of World Affairs, London.
Kaim, Markus 2011: Kanadas Arktispolitik und die arktische Souveränität, in: Angenendt, Steffen/Dröge, Susanne/Richert, Jörn (Hrsg.): Klimawandel und Sicherheit. Herausforderungen, Reaktionen und Handlungsmöglichkeiten, Baden-Baden: Nomos Verlagsgesellschaft, 197-211.
Kemfert, Claudia 2007: Klimawandel kostet die deutsche Volkswirtschaft Milliarden, in: Wochenbericht des DIW Berlin 74, 11, 165-170.
Kemfert, Claudia/Schumacher, Katja 2005: Costs of Inaction and Costs of Action in Climate Protection – Assessment of Costs of Inaction or Delayed Action of Climate Protection and Climate Change (Final Report, Federal Ministry for the Environment), Berlin: Deutsches Institut für Wirtschaftsforschung (DIW) (Politikberatung kompakt, 13).
Lomborg, Bjørn 2008: Why Cut One 3,000th of a Degree? It's Absurd, in: The Times, 30.9.2008.
Mabey, Nick 2008: Delivering Climate Security. International Security Responses to a Climate Change Changed World in: White Hall Paper 69 (Royal United Services Institute), London.
Mabey, Nick/Gulledge, Jay/Finel, Bernard/Silverthorne, Katherine 2011: Degrees of Risk. Defining a Risk Management Framework for Climate Security, Third Generation Environmentalism (E3G), London.
Malla, Katak B. 2011: Climate Change Loss and Damage Compensation: 18 and 19 COP's (April 15, 2013), <http://ssrn.com/abstract=2251149>.
Münchener Rück 2008: Topics Geo, Jahresrückblick Naturkatastrophen 2007, München: Edition Wissen.
Münchener Rück 2005: Topics Geo, Jahresrückblick Naturkatastrophen 2004, München: Edition Wissen.
Nordås, Regnhild/Gleditsch, Nils Petter 2007: Climate Change and Conflict, in: Political Geography 26, 6, 627-638.
Nordhaus, William D. 2008: A Question of Balance, New Haven/London: Yale UP.
Nordhaus, William D. 2007: A Review of the 'Stern Review on the Economics of Climate Change', in: Journal of Economic Literature 45, 3, 686-702.
Nordhaus, William D. 1980: Thinking about Carbon Dioxide. Theoretical and Empirical Aspects of Optimal Control Strategies, New Haven, Conn. (Cowles Foundation Discussion Paper Nr. 565).
Parry, Martin 2009: Climate change is a development issue, and only sustainable development can confront the challenge, in: Climate and Development 1, 1, 5-9.
Paskal, Cleo 2007: How Climate Change is Pushing the Boundaries of Security and Foreign Policy, in: Chatham House Briefing Paper 7, 1, London.
Richert, Jörn 2011: Klimawandel, Bedrohungsdiskurs und Sicherheitspolitik in den USA, in: Angenendt, Steffen/Dröge, Susanne/Richert, Jörn (Hrsg.): Klimawandel und Sicherheit. Herausforderungen, Reaktionen und Handlungsmöglichkeiten, Baden-Baden: Nomos Verlagsgesellschaft, 222 – 237.
Schellnhuber, John et al. 2004: Integrated Assessment of Benefits of Climate Policy, in: Morlot, Jan Corfee/Agrawala, Shadul (Hrsg.): The Benefits of Climate Change Policies, Paris: OECD, 83-110.
Security Council, Department for Public Information 2007: Security Council holds first-ever debate on impact of climate change, proceedings of the Security Council meeting, 17.4.2007, <www.un.org/News/Press/docs/2007/sc9000.doc.htm>.

Security Council 2011, Department of Public Information: Security Council, in Statement, Says 'Contextual Information' on Possible Security Implications of Climate Change Important When Climate Impacts Drive Conflict. 'Make No Mistake', Says Secretary-General, 'Climate Change Not Only Exacerbates Threats to Peace and Security, It Is a Threat to International Peace and Security', <http://www.un.org/News/Press/docs/2011/sc10332.doc.htm>.

Stern, Nicholas 2008: Key Elements of a Global Deal on Climate Change, London: London School of Economics, April 2008 (Working Paper), < http://www.lse.ac.uk/GranthamInstitute/publications/Other/Key%20Elements%20of%20a%20Global%20Deal%20-Final%20version%201300%2030-4.pdf>.

Stern, Nicholas 2007: The Economics of Climate Change. The Stern Review, New York: Cambridge University Press.

Tänzler, Dennis 2011: Entwicklungsrisiko Klimawandel. Internationale Kooperation auf dem Prüfstand, in: Angenendt, Steffen/Dröge, Susanne/Richert, Jörn (Hrsg.): Klimawandel und Sicherheit. Herausforderungen, Reaktionen und Handlungsmöglichkeiten, Baden-Baden: Nomos Verlagsgesellschaft, 238-255.

Tol, Richard S. J. 2008: The Social Cost of Carbon: Trends, Outliers and Catastrophes, in: Economics (E-Journal) 2, 25.

Tol, Richard S. J./Yohe, Gary W. 2006: A Review of the Stern Review, in: World Economics 7, 4, 233-250.

Tol, Richard S. J./Fankhauser, Samuel/Pearce, David W. 1996: Equity and the Aggregation of the Damage Costs of Climate Change", in: Nebojša Nakićenović et al. (Hrsg.), Climate Change: Integrating Science, Economics, and Policy, Laxenburg: International Institute for Applied Systems Analysis, 167-178.

Umweltbundesamt 2008: Kipp-Punkte im Klimasystem. Welche Gefahren drohen? Dessau (Hintergrundpapier).

United Nations Framework Convention on Climate Change (UNFCCC) 2011: Cancun Agreements Part Two: Action taken by the Conference of the Parties, 15 March 2011, FCCC/CP/2010/7/Add.1 <http://gcfund.net/about-the-fund/background.html>.

United Nations Framework Convention on Climate Change (UNFCCC) 2010: Cancun Agreements, 11.12.2010, <http://unfccc.int/documentation/decisions/items/3597.php>.

United Nations Framework Convention on Climate Change (UNFCCC) 2009: Copenhagen Accord, 18.12.2009, <http://unfccc.int/resource/docs/2009/cop15/eng/11a01.pdf#page=4>.

United Nations Framework Convention on Climate Change (UNFCCC) 2007: Dialogue on Long-term Cooperative Action to Address Climate Change by Enhancing Implementation of the Convention, 24.8.2007 (Dialogue Working Paper 14/2007), <http://unfccc.int/files/meetings/dialogue/application/pdf/wp14-aosis.pdf>.

United Nations General Assembly 2009: Climate change and its possible security implications, Report of the Secretary-General, 11.9.2009, A/64/350, <http://www.unhcr.org/refworld/docid/4ad5e6380.html>.

Watkiss, Paul/Downing, Thomas E. 2008: The Social Cost of Carbon: Valuation Estimates and Their Use in UK Policy, in: The Integrated Assessment Journal 8, 1, 85-105.

Welfens, Paul J. J. 2007: Grundlagen der Wirtschaftspolitik. Institutionen – Makroökonomik – Politikkonzepte, Heidelberg: Springer.

Welzer, Harald 2008: Klimakriege. Wofür im 21. Jahrhundert getötet wird, Frankfurt: Fischer.

Winkelmann, Ingo 2011: Klimawandel und Sicherheit in der arktischen Region, in: Angenendt, Steffen/Dröge, Susanne/Richert, Jörn (Hrsg.): Klimawandel und Sicherheit. Herausforderungen, Reaktionen und Handlungsmöglichkeiten, Baden-Baden: Nomos Verlagsgesellschaft, 59-97.

Wissenschaftlicher Beirat der Bundesregierung Globale Umweltveränderungen (WBGU) 2007: Welt im Wandel. Sicherheitsrisiko Klimawandel, Berlin.

Ziesing, Hans-Joachim 2008: Weiteres Warten auf Rückgang der weltweiten CO_2-Emissionen", in: Energiewirtschaftliche Tagesfragen 58, 9, 62-73.

Kapitel 7
Die Sicherheit der Energieversorgung – Herausforderungen für die deutsche Außen- und Sicherheitspolitik

Kirsten Westphal

Dieser Beitrag beleuchtet die Frage, welche Rolle der Politik und genauer der Sicherheitspolitik für die Energieversorgung in Deutschland zukommt. Dabei sind die größten Herausforderungen begründet in den wechselseitigen Verflechtungen des Weltenergiesystems und in dem Umgang mit den daraus resultierenden Chancen und Risiken für die deutsche Energiesicherheit. Im Kern ist Energieversorgungssicherheit eine Frage der nationalen Wirtschaft. Da aber Teile der Versorgungskette außerhalb deutscher und europäischer Jurisdiktion liegen, sind davon auch außen- und sicherheitspolitische Fragen berührt. Energiesicherheit ist eine zentrale Aufgabe des Staates und mithin national definiert. Gleichzeitig sind es in erster Linie private Unternehmen, die für die Sicherung der Versorgung zuständig sind. Diese Aufgabenverteilung hängt damit zusammen, dass in Deutschland wie in der EU Energieträger vorrangig als Handelsgüter und Dienstleistung (bei Elektrizität) definiert werden und weniger als strategisches Gut wie in anderen Ländern der Welt. In diesem unterschiedlichen staatlichen Zugriff liegen globale Ungleichgewichte und Marktunvollkommenheiten (mit)begründet. Die globalen Energiemärkte sind nämlich gekennzeichnet durch ein hohes Maß an staatlichen Interventionen. Energieträger werden einerseits als Machtressource gebraucht, andererseits sind liberalisierte Märkte eine zentrale Voraussetzung für eine sichere Energieversorgung.

Wie robust und widerstandsfähig die deutsche Energieversorgung ist, hängt nicht nur von der Liefersituation bei den Primärenergieträgern ab. Zu häufig wird Energiesicherheit auf das Kriterium der Importabhängigkeit reduziert. Energieversorgungssicherheit umfasst jedoch alle Stufen der Versorgungskette von der Förderung, dem internationalen Handel, der Weiterverarbeitung und dem Transport bis hin zu Handel und Vertrieb.

In der EU ist Energieversorgungssicherheit zwar eine nationale Aufgabe, wie auch die Prärogative über den Energiemix beim jeweiligen Mitgliedsland liegt. Aber mit der europäischen Integration und dem 2009 verabschiedeten EU-Vertrag von Lissabon wird „Gewährleistung der Energieversorgungssicherheit in der Union" zunehmend kollektiv verstanden. Dieses Ziel soll „im Geiste der Solidarität zwischen den Mitgliedsstaaten im Rahmen (…) des Binnenmarktes" in der EU verfolgt werden (Art. 194 AUEV). Dieses ist eine entscheidende Entwicklung, die parallel mit der Schaffung eines integrierten und funktionierenden Binnenmarktes verläuft.

Die Frage der Energiesicherheit hat mit Beginn des neuen Jahrtausends und verstärkt seit 2006 an Bedeutung für die deutsche Außen- und Sicherheitspolitik gewonnen. Damit ist nach mehreren Jahrzehnten die Frage der Energieversorgung zurück auf der politischen Agenda, das Thema hat zudem auch (wieder) eine sicherheitspolitische Dimension: Das *Weißbuch zur Sicherheitspolitik und Zukunft der Bundeswehr* 2006 definiert eine sichere, nachhaltige und wettbewerbsfähige Energieversorgung als eine Frage von „strategischer Bedeutung" für die Zukunft Deutschlands und Europas (Bundesministerium der Verteidigung 2006: 23). Bereits die Europäische Sicherheitsstrategie *Ein sicheres Europa in einer besseren Welt* von 2003 sah in der Abhängigkeit von Energie und in Energiefragen zentrale Herausforderungen für die Gemeinschaft (EU 2003). Auch das EU-Grünbuch von 2006 macht das Thema zum Gegenstand (European Commission 2006).

Internationale Verflechtung und wechselseitige Abhängigkeiten sind ein Leitprinzip in den internationalen Energiebeziehungen Deutschlands. Hierin liegen die Gründe, warum Deutschland auf den Vorschlag Polens zur Gründung einer „Energie-NATO" den Begriff einer „Energie-KSZE" ins Spiel brachte. Das ist auch in der Energiepartnerschaft mit Russland begründet. In der Tat ist Russland der wichtigste Energielieferant für Deutschland. Die Frage einer verlässlichen Energieversorgung ist eng mit dem Verhältnis zu Russland und den Gaslieferungen aus dem Osten verknüpft. Die russisch-ukrainischen Gasstreitigkeiten 2006 und 2009 waren vor allem für die öffentliche Wahrnehmung wichtige Einschnitte. Dennoch dürfen darüber die außen- und sicherheitspolitischen Herausforderungen beim Erdölhandel, bei der Kernenergie, aber auch künftig bei den Erneuerbaren Energien nicht übersehen werden.

Der hohe Grad an Importabhängigkeit, der aus dem deutschen Energiemix resultiert, determiniert und strukturiert energie-, außen- und sicherheitspolitisches Handeln. Die EU bestimmt in zunehmendem Maß deutsche Energiepolitik mit. Dabei kennzeichnet die deutsche Energiepolitik, dass sie auf den Stromsektor fokussiert und dass eine strategische und sicherheitspolitische Rahmung der internationalen Energiebeziehungen nur sehr punktuell, eher reaktiv und in Krisenzeiten erfolgt.

1 Energieversorgungssicherheit: Theoretisch-konzeptionelle Überlegungen

1.1 Versorgungssicherheit als Aufgabe des Staates

Die deutsche Wirtschaft basiert wie alle modernen und hoch industrialisierten Volkswirtschaften auf einem hohen Energiekonsum. Die Leistungsfähigkeit und Position der Volkswirtschaften im globalen Wirtschaftssystem sind eng an die Verfügbarkeit von Energieträgern gekoppelt. Aufgrund ihrer Bedeutung für die Wirtschaft wird Energie als ein Produktionsfaktor neben Kapital, Boden und Arbeit gesehen. Dem Produktions- und Konsumfaktor Energie kommt somit eine zentrale Rolle für die Erzeugung von Wohlstand sowie für das Funktionieren und die langfristigen Entwicklungs- und Wachstumschancen der Volkswirtschaft zu. Gleichzeitig hat die Verfügbarkeit von Energieressourcen auch Auswirkungen auf die militärische Macht und Verteidigungsfähigkeit eines Landes.

Die Energiewirtschaft unterliegt wegen ihrer volkswirtschaftlichen und gesamtgesellschaftlichen Bedeutung einer starken Einflussnahme und Regulierung durch den Staat. Aufgrund ihrer Bedeutung ist die Versorgungssicherheit also ein „öffentliches Gut", dessen Herstellung und Aufrechterhaltung im Aufgabenbereich des Staates liegt. Dabei kann diese Aufgabe privaten Akteuren überantwortet werden. Der Staat muss aber für den politischen und regulativen Rahmen sorgen. Die Energieversorgung steht mithin in einem Spannungsfeld zwischen Staat und Markt. In Deutschland sind es weitgehend private Unternehmen, die primär für die Bereitstellung der Energieversorgung verantwortlich sind.

Energiepolitik ist die Summe aller Maßnahmen, mit denen ein Staat das Energiesystem, die Energiewirtschaft und die Form der Energieversorgung nach den Erfordernissen und Interessen einer Gesellschaft gestaltet und lenkt. Energiepolitik ist Teil der Wirtschaftspolitik, vollzieht sich aber an den Schnittstellen zu anderen Politikfeldern wie der Umwelt- und Klima-, der Verkehrs-, Forschungs- und Sozialpolitik. Da der Energiehandel internationale Abhängigkeiten schafft, ist die Energiepolitik ebenfalls mit der Außen- und Sicherheitspolitik verwoben. Aufgrund der Tatsache, dass die Energiemärkte von Marktunvollkommenheit und Marktversagen gekennzeichnet sind, fällt dem Staat die Aufgabe zu, Angebot und Nachfrage im gesamtwirtschaftlichen Interesse zu koordinieren und zu ordnen, um idealiter das Marktversagen zu korrigieren und einem Wohlfahrtsoptimum nahe zu kommen (Erdmann/Zweifel 2008: 9).

Den Energiemarkt kennzeichnet aber auch ein unvollkommener Markt bis hin zu Marktversagen. Die Verteilung leitungsgebundener Energien (Erdgas, Strom, Fernwärme) zeitigt die Eigenschaften eines natürlichen Monopols, denn der Aufbau von Parallelnetzen wäre wirtschaftlich unsinnig (Erdmann/Zweifel 2008: 8). Funktionierende Märkte kennzeichnet unter anderem Transparenz und Information sowie das Zusammenspiel von Angebot und Nachfrage, vermittelt durch den Preismechanismus. Auf den energetischen Rohstoffmärkten funktioniert der Preismechanismus oftmals nicht richtig: Die Energiewirtschaft ist anfällig für den sogenannten „Schweinezyklus": Steigen die Preise, werden Kapazitäten ausgebaut, und es wird stärker investiert. Bis etwa Öl und Erdgas aus neuen Vorkommen auf den Markt kommen, dauert es fünf bis 15 Jahre oder länger, abhängig auch von der Infrastruktur, die zusätzlich gebaut werden muss. Das Angebot steigt erst mit Zeitverzögerung – dann häufig allerdings sehr stark. Das erweiterte Angebot führt wiederum zu sinkenden Preisen. In der Folge werden Produktion und Investitionen zurückgefahren; steigt die Nachfrage dann wieder, kann das Angebot nicht mithalten, und die Preise steigen abermals. Das zentrale Problem ist die zeitliche Verzögerung der Produktion. Der Preis kann daher nicht richtig als Steuerungsmechanismus wirken. Die Investitionsentscheidungen werden zudem durch die Intransparenz der Energiemärkte und teils widersprüchliche Signale aus der Politik erschwert. Die Märkte für Erdöl, Kohle und verflüssigtes Erdgas (LNG) sind zwar global, doch eine wirkliche globale Regulierung fehlt weitgehend.

1.2 Versorgungssicherheit und das strategische Dreieck der Energiepolitik

Die Energieversorgung setzt sich aus einer Matrix verschiedener Energieträger (dem „Energiemix") zusammen. Der deutsche Primärenergiemix ist dominiert von fossilen Brennstoffen: Öl hat einen Anteil von 34 Prozent, Kohle von 24 Prozent und Erdgas von 20 Prozent. Im Jahr 2011 hatte Kernenergie immer noch einen Anteil von neun Prozent, während Erneuerbare Energien schon einen Anteil von elf Prozent aufwiesen (AGEB 2012).

Dabei bezeichnet man als Primärenergieträger diejenigen Rohstoffe, die wie Erdöl, Erdgas, Kohle, aber auch Sonnenenergie natürlichen Ursprungs sind und noch keinen technischen Bearbeitungsprozess zu einem Energieendprodukt durchlaufen haben. Diese Primärenergieträger werden z. B. in Strom umgewandelt oder zu Diesel, Kerosin, Benzin, E10 etc. weiterverarbeitet. Und sie werden als Wärme, Licht und Bewegungsenergie in Industrie, privaten Haushalten, Handel und Verkehr genutzt. Dabei kommt es zu erheblichen Verlusten, z. B. durch Abwärme und Reibung beim Transport. Die unterschiedlichen Energieträger haben wiederum ganz spezifische Eigenschaften, beispielsweise den geographischen und geologischen Charakter ihrer jeweiligen Lagerstätten, die Transportmöglichkeiten etc. Dadurch werden auch ihre Nutzungsmöglichkeiten bestimmt, denn all das wirkt sich auf die Kapital- und Technologieintensität aus (Rebhan 2002; Erdmann/Zweifel 2008; Westphal 2011).

Die Kontrolle über die Versorgungskette spielt nicht nur unter dem Gesichtspunkt der Wertschöpfung eine wichtige Rolle, da die verschiedenen Bearbeitungs- und Umwandlungsstufen neue Einnahmequellen mit sich bringen. Sie ist auch für die Versorgungssicherheit von Bedeutung, da darüber Marktsegmente beherrscht und strategische Informationen internalisiert werden und somit Marktmacht ausgeübt werden kann. Deswegen zeigen Energiekonzerne ein Interesse an einer vertikal-integrierten Organisation, die von Exploration, Produktion/Erzeugung, Transport, über die Weiterverarbeitung bis zum Vertrieb alle Stufen einschließt, um einen größtmöglichen Gewinn zu erzielen. Je nachdem, ob ein Primärenergieproduzent eine Vorwärtsintegration, also die Übernahme nachgelagerter Produktions- und Verarbeitungsstufen vorantreibt, oder ein Unternehmen Rückwärtsintegration betreibt und vorgelagerte Versorgungsstufen übernimmt, können sich auch die Kräfte- und Machtverhältnisse auf den (internationalen) Märkten verschieben. Die vertikale Integration und die Monopolbildung auf dem Energiemarkt unterliegen deswegen in Deutschland und der EU einer besonderen staatlichen Regulierung, auf die noch einzugehen sein wird.

Die vorangegangenen Ausführungen zeigen bereits, dass ein Energiesystem die gesamten technischen Einrichtungen und wirtschaftlichen Tätigkeiten der Energiewirtschaft umfasst, die mit der Produktion, Umwandlung, Weiterverarbeitung und dem Verbrauch von Energie einhergehen. Dabei unterscheidet sich die Energiewirtschaft in einigen Punkten fundamental von anderen Wirtschaftssektoren: Sie ist bei der fossilen Energieproduktion standortabhängig und -gebunden, die Verteilung von Strom und Gas ist leitungsgebunden und stellt auch eine Dienstleistung dar. Der Energiesektor ist kapitalintensiv und langfristig angelegt mit seinen Großanlagen und der notwendigen, jeweils spezifischen Infrastruktur.

All dieses sind wichtige Hintergrundinformationen für die Frage der Energieversorgungssicherheit. Definiert man Versorgungssicherheit eng, dann ist darunter die Verfügbarkeit und Verlässlichkeit der Energielieferungen zu angemessenen Preisen zu verstehen (Yergin 1991; 2006). Wenn die Verbraucher unterbrechungsfrei, derzeit und künftig ihren Energiebedarf decken können, ist Versorgungssicherheit gegeben (CONSENTEC/EWI/ IAEW 2008: 2). Energie muss also in der Form, an dem Ort und zu dem Zeitpunkt, an dem sie gebraucht wird, zuverlässig bereitgestellt werden (Clingendael Energy Programme 2004). Damit umfasst Versorgungssicherheit alle Stufen der Versorgungskette von der Förderung und Bereitstellung von Primärenergieträgern, der Weiterverarbeitung (in Raffinerien etc.), der Produktion von Strom oder Wärme, dem (bei Strom und Erdgas leitungsgebundenen) Transport und der Verteilung bis hin zu Handel und Vertrieb (CONSENTEC/EWI/ IAEW 2008: 2). Am schwierigsten ist die Kategorie der „angemessenen und wirtschaftlichen Preise" zu fassen, die häufig mit Kosteneffizienz, Preiswürdigkeit oder Wettbewerbsfähigkeit umschrieben wird. Diese Kategorisierung öffnet schon den Blick für eine weitere Definition entlang des sogenannten strategischen Dreiecks, das für die deutsche wie die europäische Energiepolitik ein normatives Leitbild ist. Diese energiepolitische Trias besteht aus den Zielen Wirtschaftlichkeit, Klima- und Umweltverträglichkeit sowie eben der Versorgungssicherheit. Zu den wichtigen staatlichen Aufgaben gehört mithin, die unterbrechungsfreie Energieversorgung zu wirtschaftlichen Preisen und mit Blick auf ihre Nachhaltigkeit zu gewährleisten.

Die Energiepolitik befindet sich häufig in einem Zielkonflikt, da die einzelnen Ziele unterschiedlich gewichtet werden und sich in ihrer Umsetzung widersprechen können. Häufig muss Politik dann einen *trade-off* zwischen den einzelnen Zielen vornehmen: So können Kohlekraftwerke zu preisgünstiger und sicherer Versorgung beitragen, mit allerdings äußerst negativen Folgen für die Umwelt und das Klima. Die Prioritätensetzung unterliegt sowohl globalen Einflüssen als auch den ordnungspolitischen Leitvorstellungen der jeweiligen Bundesregierung, die sich auf die Wettbewerbs- und die Eigentumsordnung, die Sozial- und Verteilungspolitik, aber auch die Rolle des Staates in der Wirtschaft generell beziehen.

2 Die deutsche Energiepolitik und die Sicherheit der Energieversorgung

2.1 Deutscher Energiemix und Importabhängigkeiten

Da der deutsche Energiemix von fossilen Brennstoffen dominiert wird (siehe Abbildung 1), ist das Energiesystem durch einen hohen Grad an Importabhängigkeit (siehe Abbildung 2) charakterisiert.

Abb.1: Primärenergieverbrauch 2012

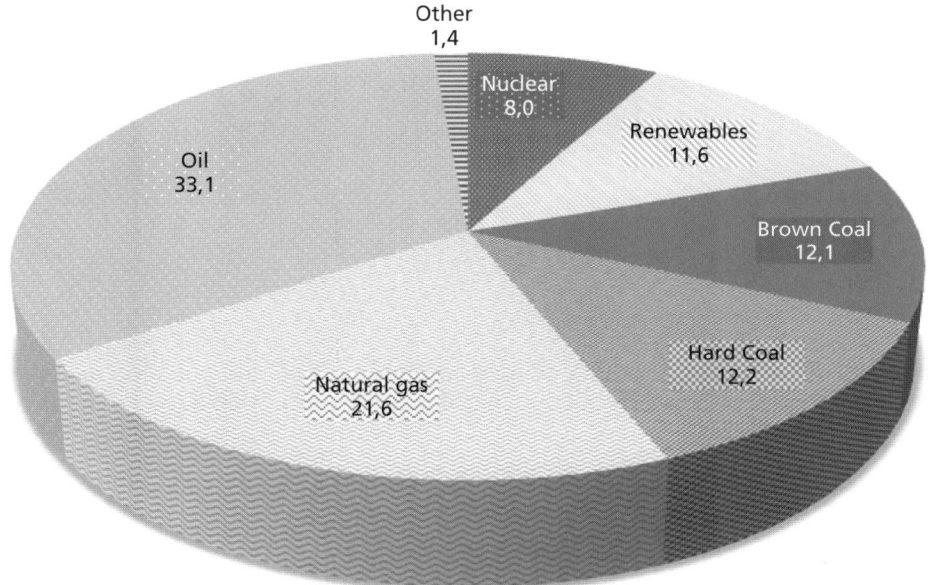

Quelle: Arbeitsgemeinschaft Energiebilanzen (AGEB), März 2012, <http://www.ag-energiebilanzen.de/viewpage.php?idpage=1>

Deutschland importiert rund 80 Prozent seines Steinkohle-, mehr als 86 Prozent seines Gas- und fast 97 Prozent seines Erdölverbrauchs aus dem Ausland. Auch Uran wird zu 100 Prozent aus dem Ausland importiert. Braunkohle stellt die einzige einheimische Energiequelle dar, bei der Deutschland nicht auf Importe zurückgreifen muss. Erneuerbare Energien werden somit sowohl als Beitrag zum Klimaschutz als auch zu verbesserter Energiesicherheit gesehen.

Abb. 2: Anteil der Nettoimporte am Endenergieverbrauch nach Energieträgern 2011 (für Deutschland; in %)

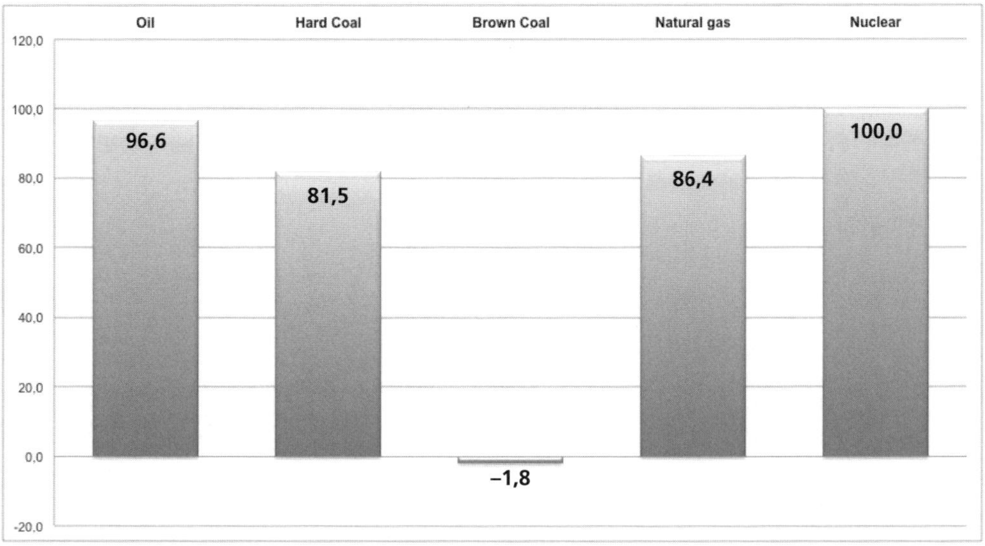

Oil
Hard Coal
Brown Coal
Natural gas
Nuclear
120,0
100,0
80,0
60,0
40,0
20,0
0,0
-20,0
96,6
81,5
–1,8
86,4
100,0

Quelle: Arbeitsgemeinschaft Energiebilanzen (AGEB)

Blickt man auf den Strommix (2012), dann ist erkennbar, dass Kohle, vor allem die Braunkohle die wichtigste Stromquelle in Deutschland darstellt (siehe Abbildung 4). Gas hat einen Anteil von 12 Prozent.

Abb. 3: Energiemix zur Elektrizitätserzeugung nach Energieträgern 2011 (Deutschland)

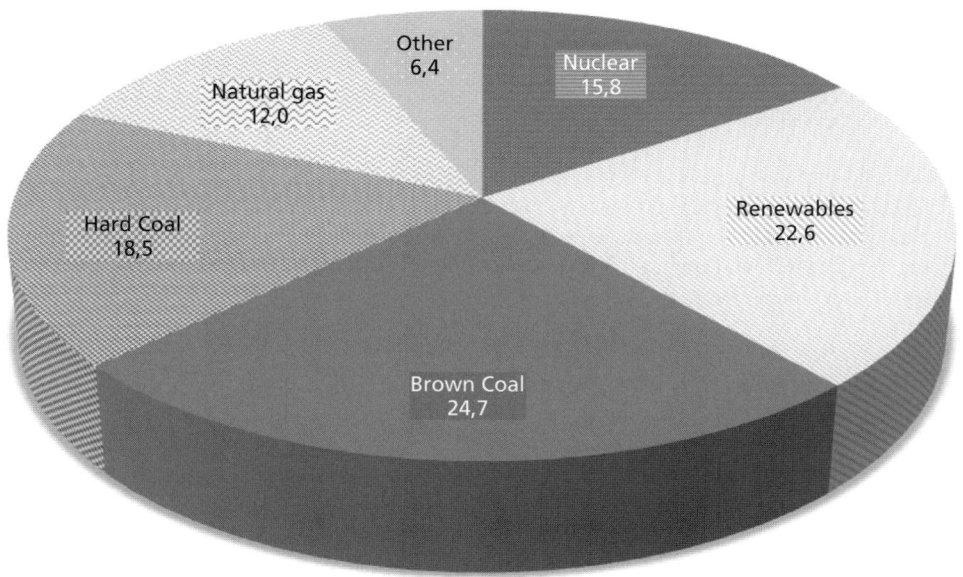

Other
6,4
Nuclear
15,8
Natural gas
12,0
Renewables
22,6
Hard Coal
18,5
Brown Coal
24,7

Quelle: Arbeitsgemeinschaft Energiebilanzen (AGEB), 2012.

Der Anteil der Erneuerbaren Energie am Strommix ist in den letzten Jahren signifikant angestiegen und hat 22 Prozent überschritten.

2.2 Die deutsche Energiewende

Im Juni 2011 hat die deutsche Bundesregierung die „Energiewende" mit dem Doppelziel Atomausstieg und Dekarbonisierung des Energiesystems beschlossen. Die „Energiewende", basierend auf dem Energiekonzept von 2011, beruht auf drei Säulen: erstens der schrittweisen Abschaltung der Kernkraftwerke bis 2022 und zweitens dem Ausbau der Erneuerbaren Energien. Eine dritte Säule besteht aus Maßnahmen zu Energieeinsparungen und Energieeffizienz (BMU 2011). Deutschland hat sich mit diesem innenpolitisch prioritären Projekt auch international in eine Vorreiterrolle manövriert.

Neben Deutschland haben sich nur Dänemark und das Vereinigte Königreich auf eine energiepolitische Strategie eingelassen, die bis 2050 ein Niedrig-Karbon-Energiesystem vorsieht und damit die klimapolitischen Zielvorstellungen bis 2050 ernst nimmt. Auch die EU-Kommission hat im Dezember 2011 ihren Energie-Fahrplan 2050 veröffentlicht. Jedoch hat der EU-Rat das Dokument im Juni 2012 nicht bestätigt, da Polen sein Veto eingelegt hatte.

Im Zusammenhang mit der Energiewende ist es wichtig, darauf hinzuweisen, dass der politische Beschluss zu einer Transformation des Energiesystems mehr Kontinuität aufweist, als gemeinhin wahrgenommen wird: Das Energie-Konzept 2011 mit dem Atomausstieg bis zum Jahr 2022, das unter dem Eindruck der Nuklearkatastrophe von Fukushima sehr schnell verabschiedet wurde, markiert zwar eine Kehrtwende gegenüber dem Energiekonzept der schwarz-gelben Bundesregierung 2010, das die Laufzeiten existierender Kernkraftwerke verlängern wollte. Im Grunde aber ist die Energiewende eine Rückkehr auf den bereits 2002 unter der rot-grünen Bundesregierung mit dem „Gesetz zur geordneten Beendigung der Kernenergienutzung zur gewerblichen Erzeugung von Elektrizität" eingeschlagenen Pfad. Die damalige Koalition aus SPD und Grünen hatte beschlossen, die Gesamtlaufzeit bestehender Kernkraftwerke auf 32 Jahre zu begrenzen. Allerdings erlaubte das Gesetz einen Transfer von noch verbleibender Laufzeit auf modernere Kraftwerke, so dass ein exaktes Datum des deutschen Ausstiegs aus der Atomenergie nicht vorgegeben war, aber ungefähr bei den Jahren 2021/2022 gelegen hätte. Die Kehrtwende der schwarz-gelben Koalition 2011 markiert mithin einen parteiübergreifenden Konsens darüber, die Nutzung der Kernenergie auslaufen zu lassen.

Im Kontext der nun laufenden Transformation des Energiesystems ist es interessant, wie weit der Anteil der Kernenergie am Primärenergieverbrauch seit dem ersten Beschluss der rot-grünen Koalition zum Atomausstieg bereits gesunken ist, nämlich von 12,5 Prozent in 2002 auf 8 Prozent im Jahr 2012. Der Anteil der Erneuerbaren Energien stieg im gleichen Zeitraum von 3,1 Prozent im Jahr 2002 auf 11,6 Prozent in 2012 (AGEB 2013).

Es gibt also eine gewisse Kontinuität bei der Förderung und dem Ausbau der Erneuerbaren Energien: Deutschland besitzt seit 1991 ein Einspeisegesetz für Energie aus regenerativen Quellen. Der richtige Anschub für Erneuerbare Energien kam aber durch das Erneuerbare-Energien-Gesetz aus dem Jahr 2000 (mit jeweiligen Änderungen in den Folgejahren), das den Erneuerbaren Energien den Einspeisevorrang ins Netz gab und eine Anbindungspflicht vorsah. Im August 2007 verabschiedete die große Koalition aus SPD und CDU/CSU bei einem Treffen in Meseberg außerdem das „Integrierte Energie- und Klimaprogramm". Das war ein entscheidender Schritt, denn er setzte das "Klima- und Energiepaket" der EU-Kommission vom 10. Januar 2007 um. Damals wurden unter deutscher Ratspräsidentschaft auch die „20-20-20-Ziele" bis zum Jahr 2020 formuliert (bis zum Jahr 2020 eine Senkung der CO_2-Emissionen um 20 Prozent bei Steigerung des Anteils von Erneuerbaren Energien um 20 Prozent), die seitdem die wichtigen Eckdaten für die Klima- und Energiepolitik in der Europäischen Union bilden. Im Energiekonzept 2011 der Bundesregierung wurde beschlossen, den Anteil der Erneuerbaren Energien am Gesamtenergieverbrauch auf 18 Prozent im Jahr 2020 und dann auf 60 Prozent im Jahr 2050 zu erhöhen. Im Strommix [Bruttostromverbrauch] soll ihr Anteil dann bei 80 Prozent liegen.

Auch die Ziele für die Reduktion von Treibhausgasen beruhen auf früheren Beschlüssen. So ist geplant, die Treibhausgasemissionen bis zum Jahr 2020 um 40 Prozent zu kürzen, um 55 Prozent bis zum Jahr 2030 und um 80-95 Prozent bis zum Jahr 2050 (ausgehend vom Emissionsniveau im Jahr 1990). Energieeffizienz stellt den dritten Pfeiler des Energiekonzepts von 2011 dar. So soll der Primärenergieverbrauch bis zum Jahr 2020 um 20 Prozent sinken und bis zum Jahr 2050 um 50 Prozent (beim Ausgangsjahr 2008). Um diese Ziele zu erreichen, ist geplant, die Sanierungsrate bei Gebäuden zu verdoppeln, um nötige Einsparungen im Wärmesektor zu erzielen. Im Transportsektor soll der Verbrauch um 10 Prozent bis zum Jahr 2020 und um 40 Prozent bis zum Jahr 2050 sinken (Basisjahr 2005). Darüber hinaus wurde das „Regierungsprogramm Elektromobilität" verabschiedet, wonach sechs Millionen elektrisch betriebene Fahrzeuge bis zum Jahr 2030 auf Deutschlands Straßen unterwegs sein sollen.

Zusammenfassend lässt sich sagen, dass die Implementierung des Energiekonzepts von 2011 und die Realisierung der Energietransformation ein zentrales politisches Projekt der jeweiligen Regierungskoalition und der Bundeskanzlerin ist. Die Energiewende hat einen klaren Schwerpunkt auf dem Stromsektor, dessen rascher Wandel hier Herausforderungen für die Systemstabilität nach sich zieht.

2.3 Akteure, Prozesse und Entscheidungsstrukturen

Bis zum Regierungswechsel 2013 waren die Kompetenzen für Energie aufgeteilt zwischen dem Bundesministerium für Umwelt, Naturschutz und Reaktorsicherheit, das verantwortlich ist für die Erneuerbaren Energien und die nukleare Sicherheit, sowie dem Bundeswirtschaftsministerium, das das Thema der fossilen Energiequellen abdeckt. Man konnte argumentieren, dass die deutsche Institutionenarchitektur zu einem gewissen Grad das strategische Dreieck abbildet. Aber die Kompetenzaufteilung zwischen den beiden Ministerien wurde gerade im Zuge der Energiewende zunehmend kritisiert als ein Haupthindernis für eine effektive und kohärente Energiepolitik. Im Zuge der Großen Koalition wurden deswegen die Kompetenzen im Bundesministerium für Wirtschaft und Energie zusammengelegt. Neben diesem Ministerium ist eine Vielzahl von Ministerien und Behörden mit Energiefragen befasst: Das Auswärtige Amt, das Bundesministerium für Bildung und Forschung, das Ministerium für Verkehr, Bau und Stadtentwicklung, das Bundesministerium für wirtschaftliche Zusammenarbeit und Entwicklung und schließlich das Bundesministerium der Verteidigung. Die Deutsche Energieagentur, die im Jahr 2000 gegründet wurde, ist für Erneuerbare Energien und Energieeffizienz zuständig. Die Bundesnetzagentur kümmert sich um den Zugang zu den Strom- und Gasnetzen und leitet die Planung der Modernisierung und des Aus- und Umbaus.

Seit der Energiewende 2011 ist Energiepolitik ein innenpolitisches Thema ersten Ranges. Damit wurden bereits bestehende Trends verstärkt: Trotz hoher Energieimportabhängigkeit fokussiert man auf den deutschen Markt und vor allem auf den Strommarkt. Energiesicherheit wird mehr denn je zuerst über den Stromsektor definiert und von der Frage nach Systemstabilität im Netz dominiert. Dabei spielt sicherlich eine Rolle, dass Deutschland über keine große internationale Öl- und Gasgesellschaft verfügt, die in der Liga der großen „Multis" ExxonMobil, RoyalDutch-Shell, Total sowie BP oder den großen staatlich dominierten Konzernen wie Gazprom, Saudi Aramco oder CNOOC mitspielen könnte. Die Akteure der (inter)nationalen Energiepolitik sind neben Staaten und Regierungsbehörden vor allem diese Energiekonzerne. Die großen internationalen „Energiemultis" stehen nach Umsätzen, Gewinnen und Börsenwerten regelmäßig an der Spitze der Topunternehmen, sowohl auf nationaler als auch auf globaler Ebene.

Besonders auf nationaler Ebene, zunehmend aber auch auf transnationaler Ebene nehmen weitere gesellschaftliche Kräfte, die mit der Ausgestaltung des Energiesystems Interessen verknüpfen, indirekt Einfluss auf die politische Willensbildung (Parteien, Gewerkschaften, Medien, Wissenschaft, Unternehmen und ihre Verbände sowie Verbraucherorganisationen). In zunehmendem Maße engagieren sich auch Nichtregierungsorganisationen aus dem Menschenrechts- und Umweltbereich.

Tab. 1: Energieträger und unterschiedliche Standpunkte

	Politik	Energieindustrie	Öffentliche Meinung
Kernenergie	Politischer Konsens über Kernenergie-Ausstieg nach Fukushima	Schock nach Kehrtwende 2011; Verlust an Marktkapitalisierung	Unterstützung für den Ausstieg
Kohle	Unentschlossen; Carbon Capture and Storage offen/verschoben	Erste Wahl nach kommerziellen Gesichtspunkten	„not in my backyard"
Gas	Versorgungssicherheit; Speicherfragen; Abhängigkeit von Russland; kein klares politisches Bekenntnis; unkonventionelle Gasvorkommen in der Diskussion	Wärmemarkt-Anteil sinkt; Verstromung zu teuer; Gaskraftwerke rechnen sich kaum; Problem der Vermarktung und Erhalt von Marktanteilen	Importabhängigkeit (von Russland); wenn fossil, dann Gas beste Option
Erneuerbare Energien	Ambitionierte Ziele; Stromnetz als Engpass	Neuauslegung der Strategie	Von Image als Allheilmittel zu einer skeptischeren Einschätzung
Erdöl und -produkte	Kein strategischer Zugriff; Transportsektor eher nachgeordnet: „Auto als heilige Kuh" in Deutschland	Ehemals reine Ölmultis werden zu Gas- und Ölmultis	Benzinpreise als „Quartalsaufreger"

Quelle: eigene Darstellung

Energiepolitik ist ein Querschnittsthema und ein Politikfeld, in dem einflussreiche und gutorganisierte Lobbyarbeit betrieben wird. Die unterschiedlichen gesellschaftlichen Gruppen, die politischen Parteien und die Energieindustrie haben sehr verschiedene Interessenslagen und unterscheiden sich auch entlang der jeweiligen Energieträger.

Energiefragen und die Klimaproblematik sind generell auf der politischen Agenda nach oben gerückt seit 2006. Die Gründe dafür sind vielseitig, aber mehrere Ereignisse haben das Thema in der Öffentlichkeit nach vorne gebracht: Die Ölpreissteigerungen und wachsenden Volatilitäten des letzten Jahrzehnts haben zur Sensibilisierung der Öffentlichkeit erheblich beigetragen. Die Gasstreits zwischen Russland und der Ukraine in den Jahren 2006 und 2009 sowie die Krim-Krise 2014 haben ein Schlaglicht auf die hohe Importabhängigkeit geworfen. Die Reaktorkatastrophe in Fukushima hat zur abermaligen Mobilisierung der Anti-Atomkraftbewegung und der Öffentlichkeit beigetragen. Diese Krisen des letzten Jahrzehnts spiegeln das strategische Dreieck wider und illustrieren die Notwendigkeit, eine Balance bei den Zielen zu finden.

3 Außen- und sicherheitspolitische Implikationen der deutschen Energieversorgung

3.1 Deutsches Bezugsportfolio bei Erdöl und Erdgas und bestehende Vulnerabilitäten

Der wichtigste Energielieferant für Deutschland bei Erdöl, Erdgas und Steinkohle ist Russland, das für 37 Prozent des deutschen Erdöl- und für 36 Prozent des deutschen Gasbezugs steht. Weitere wichtige Lieferanten für Öl sind Großbritannien und Norwegen, für Erdgas Norwegen und die Niederlande.

Abb. 4: Herkunft des in Deutschland verbrauchten Öls 2012

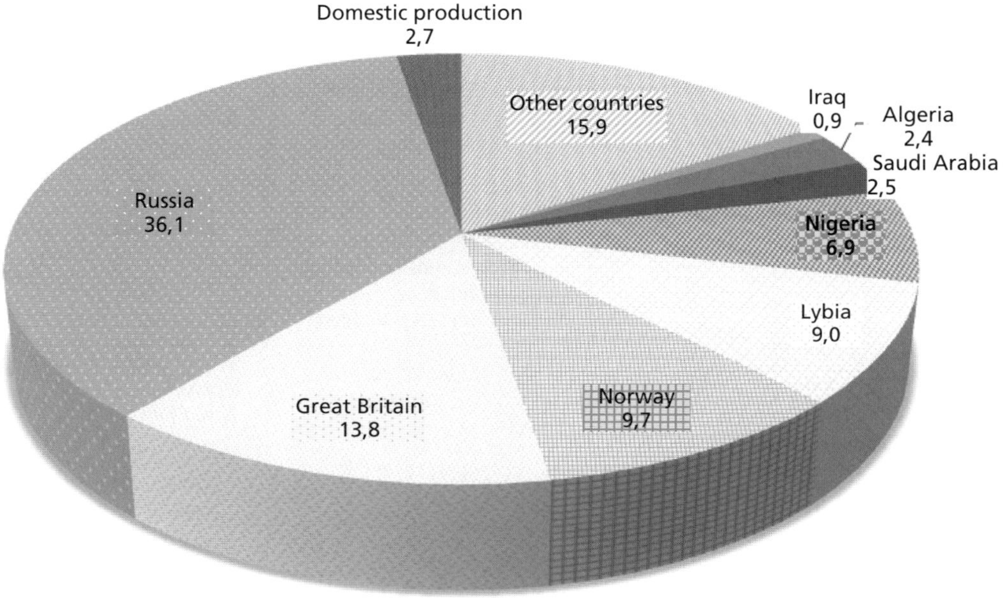

- Domestic production: 2,7
- Other countries: 15,9
- Iraq: 0,9
- Algeria: 2,4
- Saudi Arabia: 2,5
- Nigeria: 6,9
- Lybia: 9,0
- Norway: 9,7
- Great Britain: 13,8
- Russia: 36,1

Quellen: Arbeitsgemeinschaft Energiebilanzen; Bundesministerium für Wirtschaft und Technologie; Statistisches Bundesamt; Bundesamt für Wirtschaft und Ausfuhrkontrolle (BAFA).

Ein Blick auf diese Statistik macht die herausragende Bedeutung Russlands für die deutsche Versorgung mit Erdöl deutlich; ähnlich verhält es sich bei Erdgas, aber auch Kohle. Das Verhältnis zu dem großen Energieproduzenten ist von strategischer Bedeutung. Das Leitbild der engen Beziehungen war stets eine enge wechselseitige Verflechtung und ein Gleichgewicht in den engen Firmenallianzen in Bezug auf die Risiko-Verteilung zwischen den Vertragspartnern. Die Energiebeziehungen waren langfristig ausgerichtet und entscheidender Bestandteil der deutschen Außenpolitik mit Russland. Mit den Veränderungen auf den europäischen Gasmärkten und der Abkehr wichtiger strukturierender Vertragselemente, aber auch der Schwächung der Importeure in Folge der Binnenmarktregulierung befinden sich die Beziehungen nun in einer sensiblen Übergangsphase (Westphal 2012a). Für Deutschland und die EU gehören die engen Energiebeziehungen zu Russland zu den strategischen Herausforderungen. Mit Blick auf den Kaspischen Raum und Zentralasien spielt auch das Verhältnis zu dem aufsteigenden Verbraucher China eine immer größere Rolle.

Aktuell wird die Versorgung mit Erdöl und Erdgas bequemerweise zu einem signifikanten Maße aus Europa selbst befriedigt. Allerdings werden diese Lieferungen in Zukunft abnehmen, denn die konventionellen Energievorkommen in Europa schwinden. Auch wenn die Lieferbezüge bei Erdöl diversifiziert sind, so haben doch die Umbrüche im arabischen Raum seit dem Jahreswechsel 2010/2011 ein Schlaglicht auf die geopolitischen Versorgungsrisiken geworfen. Libyen war ein Beispiel dafür, wie schnell Öl- und Gaslieferungen in Folge von Kämpfen ausfallen können. Mittel- und langfristig wird zwar jede Regierung ein Interesse daran haben, Exporte als Haupteinnahmequelle und Instrument für den Machterhalt aufrechtzuerhalten, um soziale und ökonomische Programme zu finanzieren. Aber kurzfristig können Lieferengpässe zu Turbulenzen auf den Weltmärkten und zu erheblichen Ausschlägen bei den Ölpreisen führen.

3.2 Erneuerbare Energien und Außenpolitik

Letztlich ergeben sich aber nicht nur im Zusammenhang mit den fossilen Energielieferungen außen- und sicherheitspolitische Implikationen. Auch bei den Erneuerbaren Energien ist die internationale Kooperation entscheidend. Gerade mit Blick auf den notwendigen massiven und beschleunigten Ausbau der Erneuerbaren Energien kommt man schnell zu dem Schluss, dass hier ein nationaler Alleingang volkswirtschaftlich teurer werden wird als ein internationales Kooperieren. Die Nachfrage nach technischen Lösungen allein in Deutschland wird zu wenig und zu langsam dazu beitragen, die notwendigen Skaleneffekte auf den Märkten zu erzielen und die Kostenkurve bei den Technologien zu senken. Dafür bedarf es internationaler Kooperation, Vermarktung und Vernetzung.

Zudem gibt es für die regenerative Stromerzeugung in Europa und in der europäischen Nachbarschaft wie in Nordafrika, Nahost oder der Nordsee effiziente(re) Standorte (als in Deutschland), um den Ertrag aus Sonnen- und Windenergie kostengünstig zu optimieren. Bei der „Ernte" von Strom aus Wind, Sonne, Geothermie und anderen Quellen spielen meteorologische und topographische Gegebenheiten eine entscheidende Rolle. Erneuerbare Energien werden also in einigen Regionen Europas und in der europäischen Nachbarregion schneller wettbewerbsfähig sein als in Deutschland. Der Import von Strom und die Nutzung von Systemleistungen (Regelenergie, Reserve- und Speicherkapazitäten) im weiteren Stromverbund sind im Verlauf der Transformation absehbar und für die Erreichung der Ziele der Energiewende wichtig. Allerdings stellen Stromimporte etwa aus Nordafrika wie in den Wüstenstromprojekten (Desertec) oder aus großen Offshore-Windparks eine besondere Herausforderung für die Versorgungssicherheit dar. Da Strom als End- und Nutzenergie die Verbrauchsstruktur – auch bei privaten Haushalten – dominiert, bestehen hier besondere Vulnerabilitäten. Das hat auch erhebliche außen- und sicherheitspolitische Implikationen.

3.3 Deutsche Energiepolitik und die Europäische Union

Die deutsche Energiepolitik wurde in den letzten Jahren stark durch EU-Politik(en) geprägt. Die EU hat über ihre Umwelt-, Klima-, Wettbewerbs- und Binnenmarktpolitik erheblichen Einfluss auf die nationale Energiepolitik und die Ausgestaltung der Märkte genommen. Vor allem die Schaffung eines Binnenmarktes hat mit den ersten Richtlinien für die Strom- und Gasmärkte (1997/98), der zweiten Richtlinie (2003) und dem dritten Binnenmarktpaket für Strom und Gas (2009) die betroffenen Sektoren erheblich verändert. Der Vertrag von Lissabon (2009) ist der erste Vertrag, der ein Energiekapitel umfasst (Art. 194 AEUV).

Brüssel ist also für Berlin ein entscheidender Bezugspunkt auch in der Energiepolitik. Die Schaffung eines funktionierenden Marktes bindet ein hohes Maß an politischen Ressourcen. Mit Blick auf die Formulierung einer gemeinsamen Energiepolitik spielt Deutschland jedoch eine ambivalente Rolle (Duffield/Westphal 2011). Dabei ist Deutschland generell treibender

Motor der europäischen Integration gewesen und entscheidender Mitgliedsstaat in der Energiepolitik. Deutschland ist mit Abstand der größte Energieverbraucher in der EU, denn es steht für fast 19 Prozent des Gesamtenergieverbrauchs, für 20 Prozent der Nettoimporte und für fast 19 Prozent der Stromerzeugung. Außerdem rangiert das Land auf Rang 2 der europäischen Kohleproduzenten. Aber vor allem spielt die geographische Lage eine entscheidende Rolle, die Deutschland ins Zentrum der Stromnetze rückt und zu einem Umschlagplatz für Erdgas macht (ibid.: 169).

Unter deutscher Ratspräsidentschaft in der ersten Jahreshälfte 2007 hat Deutschland eine integrierte Klima- und Umweltpolitik gefördert, und das „20-20-20"-Paket wurde formuliert, mit dem die EU die bis zum Jahr 2020 zu erreichenden verbindlichen Ziele der CO_2-Emissionssenkung um 20 Prozent (im Vergleich zu 1990) sowie der Steigerung des Anteils der Erneuerbaren Energien um 20 Prozent (ausgehend von 2005) festgelegt hat. Das Ziel, die Energieeffizienz um 20 Prozent zu verbessern, war lange Zeit nur indikativ. Die Energieeffizienz-Richtlinie vom Juni 2012 sieht nun eine jährliche Reduktion des Energiebedarfs um 1,5 Prozent vor, was ein Erreichen des Effizienz-Zieles fraglich macht.

Mit Blick auf die Gestaltung der EU-Außenbeziehungen und der von einigen Mitgliedsstaaten geforderten Gemeinsamen Energie-Außenpolitik und das Sprechen mit einer Stimme war die deutsche Position eher ambivalent. Gefordert wurde eine „EU-Energie-Außenpolitik" insbesondere von den neuen EU-Mitgliedsstaaten in Mittel- und Osteuropa nach dem Beitritt 2004 und in Bezug auf die Energiebeziehungen zu Russland. 2006 wurde von Polen gar der Vorschlag einer „Energie-NATO" ins Spiel gebracht, den Deutschland mit der Idee einer „Energie-KSZE" erwiderte. Hier hat Deutschland dezidiert auf die enge Energie-Partnerschaft mit dem großen Nachbarn gesetzt. Das wurde beim Beschluss für die Ostsee-Pipeline „NordStream" 2005 und den engen strategischen Firmenallianzen deutscher Unternehmen mit der russischen Gazprom mehr als deutlich. Das Mantra deutscher Energiepolitik, wonach Russland ein verlässlicher Partner sei, ist seit fast vierzig Jahren integraler Bestandteil der deutschen Energiepolitik. Die Erdgas-Röhren-Geschäfte der 1970er Jahre waren eine Säule der neuen Ostpolitik und der dahinterstehenden Idee eines „Wandels durch Annäherung". Der damalige Außenminister Steinmeier sprach sich 2006 für eine „Annäherung durch Verflechtung" aus, und 2009 wurde eine „Modernisierungspartnerschaft" ins Auge gefasst. Trotz der rhetorisch immer positiver und enger gerahmten strategischen Partnerschaft sind die Beziehungen in der Substanz eher schwieriger geworden (Westphal 2012a), zumal sich auch die Rahmenbedingungen auf den europäischen Energiemärkten verändert haben. Zum anderen hat die Krim-Krise 2014 die Friktionen weiter vertieft. Außerdem hat sich die Haltung des Kremls zu internen Reformen und zur internationalen Zusammenarbeit negativ entwickelt (Stewart 2012). Die Folge ist mithin teilweise eher eine „umgekehrte Sozialisierung" (ibid.: 3), denn Deutschland und deutsche Energiefirmen lobbyierten in Brüssel auch gegen ursprüngliche Vorschläge des Dritten Binnenmarktpakets und setzten weichere und alternative Formulierungen in Bezug auf die „Drittstaaten-Klausel" und die Frage der Reziprozität durch. Da das Dritte Binnenmarktpaket das sogenannte „Unbundling" (also die Trennung der Netze von Erzeugung und Vertrieb) enthielt, befürchtete man seitens der EU die Übernahme unabhängiger Netze durch die Gazprom. Also wurde diskutiert, dass nur Unternehmen aus Drittstaaten Anteile in der EU übernehmen dürfen, die umgekehrt europäischen Firmen die gleichen Rechte gewähren („Reziprozität"). Die sogenannte Drittland-Klausel ist heute auch auf Betreiben Deutschlands weicher formuliert: Drittland-Aktivitäten setzen eine Genehmigung des jeweiligen EU-Mitgliedslandes voraus. Die Prüfung erfolgt dahingehend, ob die Übernahme die Sicherheit der Energieversorgung des Mitgliedsstaates und in der Gemeinschaft gefährden. Deutschland wirkte mit dieser Position einer stärkeren Politisierung oder gar „Versicherheitlichung" der Energiebeziehungen mit Russland entgegen. Andererseits unterstützte es mit dem Vertrag von Lissabon die Aufnahme des Prinzips der Energiesolidarität ins Primärrecht der EU und kam damit vor allem polnischen Forderungen entgegen.

Deutschlands ambivalente Rolle gegenüber einer Europäisierung der Energiepolitik ist wieder und noch deutlicher mit der Energiewende vom Juni 2011 zu Tage getreten, als die deutsche Regierung unter dem Eindruck der Atomkatastrophe im japanischen Fukushima im März 2011 im Alleingang ohne Konsultation die Energiewende beschloss. Die Energiewende macht Deutschland zwar zu einem ambitionierteren Mitgliedsstaat bei der Klima- und Energiepolitik, schafft aber bei der Umsetzung neue Konfliktlinien mit Brüssel und den Nachbarstaaten. Insbesondere die Nachbarländer fühlten sich durch die schnelle politische Entscheidung düpiert.

3.4 Die „beispiellosen Ungewissheiten" im Energiesystem und Marktcharakteristika

Deutschland steht wie andere Staaten vor der Herausforderung, dass die Energiemärkte durch „beispiellose Ungewissheiten" geprägt (IEA 2010) sind. Mit der wachsenden Bedeutung von Erdöl und später auch Erdgas ist der internationale Energiehandel stetig angestiegen. Damit hat sich das Weltenergiesystem herausgebildet. Die internationale Verbrauchsstruktur wird zurzeit und auch auf längere Sicht von den fossilen Brennstoffen Erdöl, Erdgas und Kohle bestimmt. Weltweit dominiert Erdöl mit 33 Prozent, gefolgt von Kohle mit 27 Prozent, Erdgas mit 21 Prozent, 10 Prozent Biomasse und Abfälle, 5,7 Prozent Atomenergie und 2,3 Prozent Wasserkraft. Weniger als ein Prozent stammte 2009 aus anderen Erneuerbaren Energiequellen (vgl. IEA 2011a: 74). Eine besondere Herausforderung für die internationale Energiepolitik und Sicherheitspolitik liegt in der Nutzung von Kernenergie wegen der mit ihr verbundenen Risiken und der Fragen der Nicht-Proliferation. Zudem bestehen enge Verbindungen zum internationalen Finanz- und Währungssystem. Die Preisveränderungen bei Energieträgern ziehen enorme Reichtums- und Devisentransfers auf internationaler Ebene nach sich. Die Schuldenkrise der 1980er Jahre geht nicht zuletzt auf die Verwertung von inflationären „Petrodollars" in Krediten für Entwicklungsländer zurück. Energetische Rohstoffe unterliegen sehr konjunkturellen Einflüssen. Insbesondere Erdöl und genauer dessen Preisentwicklung zeitigen eine komplexe Wechselwirkung mit den Konjunkturzyklen der Weltwirtschaft.

Mit den Ungewissheiten gehen zunehmende Volatilitäten einher, und die Mengen- und Preisausschläge erfolgen im Vergleich zur Vergangenheit in kürzeren Zyklen: Seit einigen Jahren schwanken verfügbare Mengen und Preise stark. Zudem lösen neue Nachfrage- und Anbieterstrukturen altbekannte Muster ab. Der globale Ölverbrauch hat 2010 mit 88 Millionen Barrel pro Tag eine Rekordhöhe (BP 2012: 9) erreicht. Hinzu kommt die Ungleichheit in der geographischen Verteilung, die eine zentrale Herausforderung in der internationalen Energiepolitik darstellt und erhebliche geopolitische Risiken birgt. Aus der sogenannten MENA-Region (Naher Osten und Nord-Afrika) kommt mit 34 Millionen Barrel am Tag mehr als ein Drittel der globalen Ölversorgung. Die größten traditionellen Ölkonsumenten USA, EU und Japan konsumieren zusammen etwa 42,5 Prozent, produzieren selbst aber nur etwa 10,6 Prozent des Öls auf dem globalen Markt (BP 2012: 8f.). Bei Erdgas beträgt ihr Anteil am Konsum etwa 38 Prozent, an der Produktion etwa 24,5 Prozent (BP 2012: 22f.). Der Anteil der OECD-Länder und mithin der traditionell großen Verbraucherländer wird aber im Vergleich zu den aufstrebenden Schwellenländern Asiens sinken. Damit verbunden ist auch ein relativer Verlust von Marktmacht. Bis 2030 erwartet man einen fast 40 prozentigen Anstieg der Nachfrage, die zu über 90 Prozent aus Nicht-OECD-Staaten kommen wird (BP 2011: 17).

In der ersten Dekade der 2000er Jahre ist die Endlichkeit der fossilen Brennstoffe in das Interesse der internationalen Öffentlichkeit gerückt. Dabei sind die „Grenzen des

Wachstums" (Meadows 1972) seit Mitte der 1970er Jahre Teil der öffentlichen Debatte. Vertreter der „Peak Oil"-Theorie warnen immer wieder, dass der Höhepunkt der globalen konventionellen Ölförderung nun oder in näherer Zukunft erreicht sein und sich danach die Schere zwischen Angebot und Nachfrage öffnen wird, was weitreichende Folgen für die Weltwirtschaft nach sich ziehen werde (Hubbert 1956, 1962; Campbell 2002; Zentrum für Transformation der Bundeswehr 2011). Auch wenn der genaue Zeitpunkt umstritten ist, so scheint Konsens zu sein, dass in fünf bis 20 Jahren mit einem sukzessiven Rückgang der konventionellen Erdölförderung zu rechnen ist. Künftig müssen Lagerstätten in klimatisch ungünstigeren und geographisch schwer zugänglichen Regionen erschlossen und Öl selbst mit aufwändiger Technologie gefördert werden, was zu einem Anstieg der Erdölpreise führt – mit Folgen für die Energiepreise insgesamt. Die Zeit des billigen Erdöls ist also vorbei. Gleichzeitig ist die erwartete Nachfrage nach Öl bis 2030 nach Angaben des Chefökonoms der Internationalen Energieagentur (IEA), Fatih Birol, so hoch, dass es neben der bestehenden Produktion „sechs Saudi-Arabiens" bedürfe, um sie zu decken (Connor 2009). All dies bedeutet erheblichen Stress auf dem Ölsektor. Angesichts der Wirtschaftskrise 2008/2009 und der Staatsschuldenkrise 2011/2012 bestehen erhebliche Zweifel, ob die Investitionen in ausreichendem Maße getätigt werden (können). Jede nicht getätigte oder verzögerte Investition wirkt sich zwar zeitverzögert, aber doch direkt auf die zur Verfügung stehenden Volumina und mithin auch auf die Preise aus (Geden et al. 2007: 7). Konkurrenzen und Konflikte über den Zugang und die Verteilung von Energieressourcen sind absehbar.

Die Bewegungen auf den Energiemärkten zwischen Verengung und Überangebot, die Pendelbewegung zwischen Anbieter- und Nachfragemarkt sind sowohl dem sogenannten „Schweinezyklus" als auch Technologiesprüngen und Innovationsschüben geschuldet. Mit dem Fracking-Boom in den USA erscheint das globale Ölfördermaximum (Peak Oil) mehr denn je eine Chimäre, abhängig von technologischer Entwicklung und Preisniveau. In zunehmendem Maße werden in Kanada und den USA sogenannte unkonventionelle Vorkommen ausgebeutet: Ölsande, Bitumen und extraschweres Öl, Schiefergas, Ölschiefer, Tight-Öl und -Gas, Kohleflözgas und anderes, und immer mehr Tiefsee-Offshore-Lagerstätten werden erschlossen. Der Schiefergas-Boom in den USA hat dazu geführt, dass die USA 2011 Russland als größten Erdgasproduzenten überholten. Auch bei der Ölproduktion werden die USA noch zu Saudi-Arabien aufschließen. Die großen Fragezeichen bestehen darin, ob sich diese „Revolution" in anderen Regionen der Welt, etwa in Europa und Asien, replizieren lässt. Hier gibt es noch erhebliche Unsicherheit mit Blick auf die Geologie, Technik, aber auch die regulativen und politischen Rahmenbedingungen. Großangelegte und unabhängige Untersuchungen über den ökologischen Fußabdruck stehen nämlich noch aus.

Damit sind die benötigten Investitionsmittel enorm. Soll die erwartete Nachfrage nach Gas bis 2035 gedeckt werden – und die IEA geht von einem „goldenen Zeitalter für Erdgas" aus (IEA 2011b) – dann muss die jährliche Erdgasproduktion in einem Umfang steigen, der in etwa der dreifachen jährlichen Produktion Russlands entspricht (ibid.: 13). Im Klartext: Der Gasverbrauch kann nur dann in diesem Maße steigen, wenn „unkonventionelles Gas" wirtschaftlich und ökologisch akzeptabel nach „goldenen Regeln" (IEA 2012) gefördert werden können, denn „unkonventionelles Gas" wird zu mehr als zwei Dritteln den zusätzlichen Bedarf befriedigen (müssen).

Der Ölmarkt ist zunächst einmal ein globaler Markt vor allem mit Blick auf die Preisbildung. Saudi-Arabien ist der Schlüsselspieler auf dem globalen Ölmarkt. Neben Russland ist das Land der größte Ölproduzent mit einem Anteil von ungefähr zwölf Prozent und einer Produktionskapazität von 12 Millionen Barrel am Tag. Die Schlüsselrolle kommt ihm vor allem wegen der freien Produktionskapazitäten von circa anderthalb bis zwei Millionen Barrel am Tag. Das Land ist deswegen ein entscheidender Swing-Produzent, der Lieferausfälle oder ein Überangebot auf den Märkten korrigiert. Da die USA seit den Terroranschlägen vom 11. September 2001 konsequent die Strategie einer Energieunabhängigkeit vor allem von arabischen Ländern verfolgen und insbesondere seit 2003 im nordamerikanischen Markt zunehmend in neue Vorkommen investiert worden ist, ist das Land heute weniger stark von möglichen Engpässen durch die Umbrüche in der arabischen Welt betroffen als die EU. Besonders die südeuropäischen Länder nämlich trafen die Entwicklungen in Ägypten, der Krieg in Libyen sowie die Sanktionen gegen Libyen, Syrien und den Iran empfindlich. In der Folge haben sich zwischen 2010 und 2012 die Preise für die Ölsorte West Texas Intermediate und die Nordseesorte Brent auseinanderentwickelt. Diese breite Schere zwischen den Ölsorten zeigt, dass die USA weit weniger von den Umbrüchen betroffen waren. Die USA beziehen nur noch wenig Erdöl aus der Region. Für Europa sind dabei vor allem die Öl- und Gaslieferungen aus Nordafrika von unmittelbarer Bedeutung. Die Hauptexportmenge aus der Golfregion geht dagegen in den asiatisch-pazifischen Raum. Für das transatlantische Verhältnis als entscheidender Motor für die Energiekooperation sind diese Entwicklungen zentral. Die erfolgreichen US-amerikanischen Diversifzierungsbemühungen und vor allem die massive Förderung unkonventioneller Reserven können geopolitische Auswirkungen zeitigen. Bisher waren die USA der strategisch entscheidende Akteur, um den freien Handel und den Transport zu garantieren sowie die Ölpreisentwicklung zu stabilisieren. Dieses wurde auch militärisch mit ihrer Präsenz vor allem im Persischen Golf flankiert. Bei einer weitgehenden Energie-Autonomie könnten die USA schrittweise von dieser Rolle Abschied nehmen oder ihr zumindest nicht mehr diese Bedeutung zumessen. Dann aber würde ein Vakuum entstehen, und es wäre völlig offen, ob die Ordnungsrolle als Garant für einen freien Ölhandel von der EU, von China oder von Japan übernommen würde.

Die Gasmärkte sind eher regional strukturiert: Zum ersten der nordamerikanische Markt mit Kanada, den USA und Mexiko, zum zweiten der europäisch-asiatische Kontinentalmarkt und zum dritten der asiatisch-pazifische Raum. Der südamerikanische Gasmarkt ist noch wenig entwickelt. Die Gründe sind in der Leitungsgebundenheit von Erdgas zu suchen. Erst mit dem wachsenden Anteil von verflüssigtem Erdgas (LNG), das mit Schiffen transportiert werden kann, bilden sich flexiblere und globale Handelsströme heraus. Der LNG-Anteil lag 2011 bei über 32 Prozent (BP 2012: 28). Auf den Gasmärkten hat die sogenannte „Schiefergas Revolution" in den USA bereits fundamentale Auswirkungen: Da die USA mit der Schiefergas-Produktion ab 2010 größter Erdgasproduzent (noch vor Russland) sind und noch keine Exportoptionen bestehen, koppelt sich der nordamerikanische Markt wegen der zunehmenden Energie-Autonomie weitgehend vom globalen Markt und von den anderen Märkten ab. Dies führte in Europa 2009-2011 zu einer regelrechten Gasschwemme, da ursprünglich für den US-amerikanischen Markt vorgesehenes LNG nach Europa gelenkt wurde, dort aber die Nachfrage wegen der Wirtschaftskrise sank. In Deutschland, aber auch der EU, hatte dies weitreichende Auswirkungen auf die Marktorganisation und die Preisstrukturen. Global stehen die Gasmärkte an einem entscheidenden Punkt, nämlich der Frage, ob ein zunehmender LNG-Handel die Entwicklung von globalen Handelsströmen begünstigt und zu einer Preisangleichung führt. Bisher trägt die Schiefergas-Revolution eher zu einer Abkopplung des nordamerikanischen Marktes bei, die sich auch in historisch einmaligen Preisdifferenzen ausdrückt: die Teilung der Märkte spiegelte sich 2012 in sehr günstigen Gaspreisen in den USA, mittleren Gaspreisen in Europa (etwa dreimal so hoch wie in den USA) und sehr hohen Gaspreisen in Japan und Südkorea (etwa sechsmal so hoch wie in den USA) wider (Commerzbank 2012). Die Schere hat sich nun etwas verkleinert und das LNG-Angebot in Europa verengt. Bahnbrechende Entwicklungen sind denkbar: Wenn China seine Schiefergas-Reserven entwickelt, hätte das große Auswirkungen für den europäisch-asiatischen Markt für pipelinegebundenes Gas und den LNG-Handel im pazifischen Raum. Von ebenso entscheidender Bedeutung ist, dass die USA mitSchiefergas zunehmend zum LNG-Exporteur werden und darüber eine Rückkopplung an die Märkte stattfindet, mit allerdings preissteigernden Effekten auf dem nordamerikanischen Markt (Hulbert/Goldthau 2012).

Der Blick in die Energiezukunft zeigt, dass Öl, Gas und Kohle den Energiemix 2030 zu weitgehend gleichen Teilen bestimmen werden, ergänzt durch eine ganze Bandbreite Erneuerbarer Energiequellen. Damit zeichnet sich eine zunehmende Heterogenität in der Energiewelt ab, denn nach dem Zeitalter von Kohle und Öl wird kein Energieträger mehr allein dominieren. Die *eine* Lösung für die Energiefrage(n) wird es nicht geben. Die Energieversorgung differenziert sich in Bezug auf Produktion, Anwendungsgebiete, Nutzungspfade und Standorte aus. Die Kosten werden jeweils stärker durch (begrenzt vorhersehbare) technologische Entwicklungen beeinflusst, sind aber bei den Erneuerbaren Energien wegen „frei verfügbarer" Brennstoffe leichter kalkulierbar.

Die Unsicherheit mit Blick auf die künftige Versorgung ist groß: Die fossilen Energieträger sind endlich, aber die Ressourcenbasis verbreitert sich. Dabei steigt erstens die globale Nachfrage weiter, trotz immer höherer Preise. Zweitens hat das hohe Preisniveau nicht, wie einst erhofft, bewirkt, dass ein klarer Umschwung zu den Erneuerbaren Energien zu verzeichnen ist. Stattdessen fließen die begrenzten Finanzmittel verstärkt in die Erschließung von unkonventionellen Lagerstätten. Mit diesen Entwicklungen und der Frage der Bereitstellung der notwendigen Investitionen sind erhebliche Risiken für die Preisentwicklung und damit die Verteilung verbunden.

3.5 Ungewissheiten und Risiken in der Energieversorgung

Ungewissheit ist sowohl mit Risiken als auch mit Chancen verbunden und abhängig davon, was die Akteure daraus machen. Das existierende Energiesystem ist international vernetzt, viele Sektoren sind global, Effekte und Nebenwirkungen der Energieproduktion und des Energieverbrauchs machen nicht an nationalen Grenzen Halt, sondern haben transnationale Auswirkungen auf die Umwelt und das Klima. Aus energie-, aber auch außen- und sicherheitspolitischer Sicht ist es wichtig, sich die bestehenden und künftigen Risiken vor Augen zu führen. Auf einer sehr abstrakten Ebene können idealtypisch folgende Risiken in der Energieversorgung identifiziert werden:

- Physische Risiken, d. h. die Unterbrechung oder das Ende der physischen Verfügbarkeit eines Energieträgers in Folge von geologischen oder technischen Entwicklungen oder Naturkatastrophen.
- (Geo)politische Risiken, d. h. Lieferkürzungen und Stopps in Folge von Kriegen, Unruhen, Streiks, Renationalisierungen etc. oder aber auch Einsatz von Energielieferungen als politische Druckmittel und zur Einflussnahme.
- Ökonomische Risiken verbunden mit Preisvolatilitäten bzw. Preissteigerungen auf den Märkten, aber auch dem hohen Investitionsbedarf im Sektor, um den Status Quo an Versorgungssicherheit zu halten und die (steigende) Nachfrage zu erfüllen.
- Soziale Risiken sind eng verbunden mit den ökonomischen Risiken einer Preiserhöhung, aber auch Ausfällen bei der Stromversorgung etc.
- Klima- und Umweltrisiken, d. h. die negativen Effekte, die mit der Produktion, dem Transport und dem Verbrauch von Energie verbunden sind.

In der Realität sind diese Risiken eng miteinander verflochten. Das existierende Energiesystem ist international vernetzt, viele Sektoren sind global organisiert, Effekte und Nebenwirkungen der Energieproduktion und des Energieverbrauchs machen nicht an nationalen Grenzen Halt, sondern haben transnationale Auswirkungen auf die Umwelt und das Klima. An der Frage des Zugangs und der Verteilung von Energieressourcen können sich

Konflikte und kriegerische Auseinandersetzungen entzünden. Energiesicherheit hat neben der ökonomischen Dimension der realen Verfügbarkeit der Energieträger auch eine nicht zu unterschätzende psychologische Dimension der gefühlten Sicherheit. Diese psychologische Komponente hat vor allem Auswirkungen auf die Preisentwicklung, womit die internationale Verflechtung und die Importabhängigkeit in den Mittelpunkt rücken.

Große Energieprojekte erfordern zudem Investitionen in Milliardenhöhe, die die einzelnen nationalen Kapitalmärkte überfordern und die nur mit Hilfe von internationalen Konsortien oder Krediten realisiert werden können. Spekulationen auf den Finanzmärkten wirken zudem verstärkend auf Preisausschläge und erhöhen damit Preisvolatilitäten.

Mit den Erfahrungen der extremen Ölpreisvolatilität im Jahr 2008 mit dem Fall um 100 US-Dollar pro Barrel innerhalb von sechs Monaten, unter dem Eindruck des Unfalls der Ölplattform Deep Water Horizon im Golf von Mexico im April 2010 und der Nuklearkatastrophe in Fukushima im März 2011 und dem sogenannten Arabischen Frühling seit 2011 wird die Notwendigkeit einer Risikoschätzung, Kommunikation, Bewertung und eines Risikomanagements deutlich vor Augen geführt.

Für die Region, in der die meisten bedeutenden Energiereserven vorkommen, hat sich die Bezeichnung der „strategischen Ellipse" durchgesetzt. Sie umfasst Westsibirien, die Kaspische Region und Zentralasien sowie die Staaten des Nahen und Mittleren Ostens. Hier konzentrieren sich etwa 71 Prozent der konventionellen Weltölreserven und 69 Prozent der Weltgasreserven (BGR 2009: 253). An erster Stelle steht das Risiko einer physischen Unterbrechung von Energielieferungen durch terroristische Anschläge, Piraterie, Kriege oder auch Lieferstopps aus politischem Kalkül. Ein Großteil der konventionellen Erdöl- und Erdgasreserven konzentriert sich hier und damit in politisch instabilen Regionen. Diese Förderregionen kennzeichnet das Phänomen des „Ressourcenfluchs" und des „Rentierstaates", das sich auf politischer Seite in Machtkonzentration sowie in der Existenz autoritärer bis totalitärer Regime und auf ökonomischer Seite in einer einseitigen Ausrichtung der Wirtschaft auf den Energiesektor niederschlägt. In solchen Rohstoffökonomien konzentriert sich häufig politische und ökonomische Macht in einigen wenigen Händen und mündet in Korruption, Klientelismus und wirtschaftlichen Fehlallokationen (Karl 1997; Ross 1999; Heinrich/Pleines 2013). Staatliche Unternehmen handeln nach anderen Maßgaben, denn sie dienen vor allem der Abschöpfung einer Rente durch den Eigentümer. Sie können die Rente für einen Zeitraum auch dadurch erhöhen, dass sie nicht in neue Explorationen investieren, sondern im Gegenteil den aufgrund der Verknappung tendenziell steigenden Marktpreis zur Profitnahme nutzen (Geden et al. 2007: 7). Darin spiegelt sich auch eine kurzfristige Handlungslogik wider. Das sozio-ökonomische Grundproblem von Rohstoffökonomien besteht darin, dass sie kapitalintensiv sind, aber nur wenige Arbeitskräfte benötigen. Daraus ergibt sich ein Verteilungsproblem, dem die Eliten mit umfangreichen Sozialprogrammen und Machterhaltungsstrategien entgegenwirken, die teuer zu finanzieren sind und notwendige Reinvestitionen in die Energiesektoren verhindern.

Auch der Energiehandel kann politischen Interventionen unterliegen. Die Einnahmen aus dem Export geben den Produzenten größere Unabhängigkeit von westlichen Investitionen, und die wachsende Konkurrenz der Verbraucherländer ermöglicht es, die Energiereserven für außen- und sicherheitspolitische Interessen zu instrumentalisieren. Die politischen Risiken liegen in einer möglichen politischen Erpressbarkeit der Verbraucherländer durch die Produzentenländer. Die Versorgung mit Öl und Gas kann deswegen als politisches Druckmittel eingesetzt werden, da die Unterbrechung von Energielieferungen enorme Auswirkungen auf die Leistungs- und Wettbewerbsfähigkeit einer Volkswirtschaft hätte. Aus energiepolitischer Sicht stellt sich damit das Problem, dass ein hoher Investitionsbedarf besteht, aber gleichzeitig die Produzentenländer die strategische Kontrolle über die Produktion besitzen möchten, so dass westliche Ölfirmen immer seltener beteiligt werden.

Anfang der 2000er Jahre warnten Wissenschaftler angesichts des begrenzten Zugangs zu Energievorkommen vor Ressourcenkriegen (Klare 2001). Doch geopolitische Risiken bleiben ein Schlüsselfaktor für Energieversorgung, auch in Zeiten des Schieferbooms. Die Sicherung der Transportwege ist von strategischer Bedeutung für die globale Energieversorgung. Die militärische Absicherung von sogenannten „Choke Points" ist zunehmend Teil der Sicherheitspolitik einzelner Staaten und Staatenkoalitionen. Zu diesen geographischen Engstellen zählen u. a. die Straße von Hormuz, der Bosporus und die Dardanellen sowie das Horn von Afrika. Die Straße von Hormuz ist die wichtigste Arterie der Weltöl- und -flüssiggasversorgung, denn über sie wird ein Drittel des über Seewege gehandelten Öls verschifft.

Eng damit verbunden sind die Risiken von Preissprüngen, da allein die Androhung einer Lieferkürzung zu hohen Preisausschlägen auf den Märkten führen kann. Im Jahr der Finanzkrise 2008 fiel der Ölpreis, die Leitwährung für Energieträger von einem Preishoch im Juli auf das Preistief Ende des Jahres um fast 100 US-Dollar pro Barrel. Das erwies sich für Produzenten- und Konsumentenländer als gleichermaßen problematisch: Preisvolatilitäten sind sehr kostenintensiv für Volkswirtschaften, da sie immer wieder neue Anpassungsstrategien erfordern. Die Finanz- und Wirtschaftskrise verschärft dabei das Problem der schon existierenden chronischen Unterfinanzierung.

Gerade die Ungewissheit mit Blick auf die Förderbarkeit nicht-konventionellen Erdöls und Erdgases ist eng mit technischen Risiken und Umweltrisiken verbunden, die wiederum Risiken für die physische Versorgung nach sich ziehen können: Weil eine größere Bandbreite an Lagerstätten und Fördertechniken genutzt wird, ist nur schwer kalkulierbar, welche Mengen sich wirtschaftlich fördern lassen. Untersuchungen über den ökologischen „Fußabdruck", die jeweils die gesamte Produktionskette abdecken, stehen erst an. Die Gefahren im Offshore-Bereich hat der Unfall der Ölplattform Deep Water Horizon deutlich vor Augen geführt. Neue Risiken lauern hinter unkonventionellen Fördertechniken und hinter der Erschließung in sensiblen Ökosystemen wie Tiefsee und Arktis. Ein großes Unglück kann zeitnah in einigen Ländern oder Regionen zu einem Stopp der Förderung führen und damit den Märkten plötzlich signifikante Mengen entziehen. Die Erschließung und Produktion unkonventioneller Reserven ist mit erheblichen Unsicherheiten auch politischer und regulativer Natur verbunden. Es ist eine offene Frage, ob diese Reserven wirklich in dem Maße die Nachfrage befriedigen können, wie es Daten der IEA oder der großen Konzerne nahelegen.

Hier liegen Vorteile bei den Erneuerbaren Energien, denn dort ist weniger zu erwarten, dass die technologischen und ökologischen Risiken der Erneuerbaren neu bewertet werden müssen und infolgedessen auch die politischen und regulativen Rahmenbedingungen nicht grundlegend modifiziert werden. Eine der größten Fragestellungen lautet, wie, wann und wie effektiv Regierungen mit Blick auf das Klimaproblem handeln (siehe dazu den Beitrag von Dröge in diesem Band).

3.6 Verwundbarkeiten und Resilienzen im deutschen Energiesystem

Ganz grundlegend ist Diversifizierung der Schlüssel für Energiesicherheit. Sie ist entscheidend für die Risikominimierung und die Versorgungssicherheit, aber auch die Wirtschaftlichkeit der Energieversorgung. Jede kluge Energiestrategie wird daher auf diesem Leitprinzip beruhen. Diversifizierung hat drei Dimensionen: Erstens ist es wichtig, den Energiemix zu diversifizieren und nicht auf einen einzigen Energieträger zu setzen. Zweitens sollte Energie aus mehreren Ländern und Regionen bezogen werden, um nicht in ein einseitiges Abhängigkeitsverhältnis zu geraten, das vor allem über eine Monopolsituation zu höheren Preisen führen kann. Drittens sind Transportwege und Transportmittel zu diversifizieren, um weniger verletzlich gegenüber z. B. terroristischen Anschlägen zu sein (Westphal 2011).

National definierte Energiesicherheit sieht sich in Deutschland und in der EU mit der Tatsache konfrontiert, dass ein Großteil der Versorgungskette außerhalb der eigenen Jurisdiktion liegt. Den Realitäten in der internationalen Energieversorgung Rechnung zu tragen, bedeutet eben auch, Energieversorgungssicherheit nicht mit Blick auf den Grad der Importabhängigkeit zu definieren, sondern ihn nur als *einen* Faktor zu erfassen. Eine politische Priorisierung von Energieautarkie oder -autonomie verkennt, dass die Vernetzung in der Energieversorgung auch Sicherheit selbst bereitstellt. Insofern ist politisches Handeln auf die Stabilität und das Funktionieren der Energiemärkte und des freien Handels gerichtet. Sie sind ein entscheidender Beitrag zur Versorgungssicherheit *per se* (Yergin 2006: 79). Der hohe Grad der (internationalen) Vernetzung macht allerdings das Energiesystem auch anfällig und setzt es vielfältigen Einflüssen aus. Das bedeutet letztlich ein hohes Ansteckungspotenzial, so dass sich eine kleine Krisensituation oder ein Schock in Kaskaden zu einer größeren Versorgungskrise ausweiten kann, die mehrere Sektoren erfasst. So ist denkbar, dass Lieferausfälle bei Erdgas zu einem Engpass im Stromsektor führen können, nämlich dann, wenn Gas in Kraftwerken fehlt, wie im Februar 2012 in Deutschland geschehen. Dies kann in der Folge einen Blackout verursachen, der schnell zu Krisensituationen in anderen Sektoren führen könnte. Insofern muss mit Blick auf strategische Vorratshaltung und bei der Risikoanalyse auch auf mögliche Substitutionsenergien geachtet werden.

Der (gewünschte) Grad an Versorgungssicherheit ist eine politisch, gesellschaftlich und wirtschaftlich hoch relevante Frage. Die anzulegenden Kriterien und Ansprüche bedürfen auch einer politischen Entscheidung. Dabei sind Energiesysteme ebenso historisch gewachsen wie Mechanismen der Krisenvorsorge und des Krisenmanagements. Erst eine Neubewertung der Versorgungssituation und der mit ihr verbundenen Risiken wird auch in neue Maßnahmen münden.

Risiken müssen aber auf allen Stufen der Versorgungskette bewertet werden: 1) bei der Primärenergieversorgung, 2) der Infrastruktur und 3) im Hinblick auf die Verletzbarkeit des Endenergieverbrauchs (Buttermann/Freund 2010). Um Aussagen über den Status quo der deutschen Versorgungssicherheit zu machen, muss die Verwundbarkeit des Energiesystems, also seine Anfälligkeit und Schutzlosigkeit in den Blick genommen werden (vgl. Buttermann/Freund 2010). Hier spielt vor allem die Resilienz, das heißt die Widerstandsfähigkeit in potenziellen Energiekrisen, eine Rolle. Eine Energiekrise (aus Sicht des Verbrauchers) kann durch Lieferunterbrechungen und -kürzungen, aber auch durch Preisanstiege ausgelöst werden. Verwundbarkeit ist aber nicht nur mit einem Mangel gleichzusetzen, sondern meint eine chronische oder temporäre Situation, in der das Energiesystem besonderen Stressfaktoren und Schocks ausgesetzt ist (Hilpert et al. 2010:11). Die Resilienz ergibt sich aus den „Sicherheitsmargen", das heißt den Puffern und Redundanzen im System. Für die Widerstandsfähigkeit des Systems spielen eine Reihe von Faktoren eine Rolle: Dazu gehören freie Produktionskapazitäten, strategische Reserven, Ersatz für Equipment, Speichermöglichkeiten auf unterschiedlichen Versorgungsstufen, ausreichend Regelenergie im Strom- und Gassektor, engmaschige Energienetze, aber auch entsprechende und angemessene Krisenmechanismen und Notfallpläne (Yergin 2006: 76). Mit Blick auf potenzielle Versorgungsrisiken liegt also ein besonderes Augenmerk auf der Bevorratung und dem Krisenmanagement. Das schafft dann auch die nötige Flexibilität im System. Diese wird durch kollektive Mechanismen gestärkt. Deutschland ist deswegen als Mitgliedsland der Internationalen Energieagentur (IEA) und der Europäischen Union in die jeweilige Krisenbevorratung und Notfallplanung für die Energieträger Erdöl (IEA und EU), Erdgas (EU) und Strom (EU) einbezogen. Krisenmechanismen orientieren sich zumeist an *benchmarks*, die

die Ausrufung einer Krisensituation und die entsprechenden Notfallmaßnahmen nach sich ziehen können. Für die strategischen Ölreserven hat die IEA eine Ausfallquote von sieben Prozent in einem ihrer Mitgliedsländer oder einer Ländergruppe als kritischen Wert definiert. Die EU hat in ihrer Versorgungsrichtlinie für Gas einen zehnprozentigen Ausfall in einem Mitgliedsland als Richtgröße formuliert.

Der Ausbau regenerativer Energien, emissionsarmer und effizienter Kraftwerkstechnologien sowie die Minimierung der Risiken durch Kooperation, Informationsaustausch sowie wirtschaftliche und finanzielle Verflechtung stellt eine Chance für die internationale Politik und für die Einhegung von potenziellen Konflikten dar.

3.7 Energieversorgung als Thema internationaler Sicherheitspolitik

Auf die stärkere „Versicherheitlichung" der internationalen energiepolitischen Agenda haben auch die kollektiven Sicherheitsbündnisse mit ihren Mitgliedsländern reagiert. Man trägt dabei der Entwicklung Rechnung, dass „Energie (...) zum globalen Machtfaktor geworden (ist)" (Rühle 2011: 96). Obwohl die NATO sich dem Thema Energie sehr vorsichtig genähert hat, auch wegen der sehr unterschiedlichen Interessen- und Ausgangslagen ihrer Mitglieder, die vom jeweiligen nationalen Energiemix determiniert werden, so hat sie sich seit 2008 doch einen Acquis, einen gemeinsamen Besitzstand erarbeitet. Energiesicherheit besitzt demnach eine militärische Dimension, die sich vor allem bei maritimen Operationen zum Schutz von Öltankern vor Piraterie zeigt, ist aber anerkanntermaßen im Kern ein wirtschaftspolitisches Thema, und man möchte eine „Militarisierung" des Themas gerade mit Blick auf das Verhältnis zu Russland vermeiden (ibid.: 97). Seit dem Gipfel in Bukarest vom April 2008 wurden aber Leitprinzipien, Optionen und Empfehlungen in einem Report über „Die Rolle der NATO für die Energiesicherheit" festgehalten (NATO 2012). Dieses wurde auf den nachfolgenden Gipfeln bestätigt.

Die NATO hat drei Schlüsselbereiche identifiziert, in denen die Allianz einen Mehrwert für ihre Mitglieder bereitstellen kann: Dazu wird 1) Aufklärung und intensiver Austausch von Informationen und nachrichtendienstlichen Erkenntnissen unter den Verbündeten und mit Partnern (auch des privaten Sektors) sowie eine regelmäßige Beurteilung der Risiken gerechnet. Dabei geht es um die Sicherheit kritischer Infrastruktur und der Transportrouten sowie um die Beobachtung terroristischer Vereinigungen und eine Beurteilung ihrer Handlungsmöglichkeiten. Natürlich geht es auch um eine Analyse der Energieversorgung von NATO-Truppen im Einsatz. Man erwartet 2) eine Projektion von Stabilität. Davon wird ein positiver Einfluss auf Reformprozesse im strategischen Umfeld der NATO erhofft. Hier wird ein Schwerpunkt auf den politischen Dialog und die militärische Zusammenarbeit mit den Partnerstaaten der strategischen Ellipse gelegt. Der Schutz kritischer Infrastruktur wird 3) als Kernbereich definiert (Rühle 2011: 96/97). Die Ausführungen zeigen, dass Energiesicherheit im Bündnis eine gewisse Heimat bekommt. Innerhalb der „Emerging Security Challenges Division" wird Energie gemeinsam mit den verwandten Themen Cyberangriffe, Terrorismus und Verbreitung von Nuklearwaffen bearbeitet. Die NATO sucht dabei den Dialog nicht nur mit den Mitgliedern und Partnerländern, sondern auch mit bestehenden internationalen Institutionen wie der EU, der OSZE und der IEA.

Seit 2003 beschäftigt sich auch die OSZE mit Energiefragen, verstärkt seit 2006. Dabei bezieht sich die OSZE auch aufgrund ihrer umfassenden Mitgliedschaft von (postsowjetischen) Produzenten-, Transit- und Verbraucherländern direkt auf die Erklärung zur Energiesicherheit des G8-Gipfels 2006 in St. Petersburg.

4 Deutschland als Akteur im internationalen Energiesystem

4.1 Internationale Energiebeziehungen: Zwischen Konflikt und Kooperation

Deutschland hat aufgrund seines Energiemixes, aber auch wegen des Fehlens großer Ölmultis (als entscheidendes Handlungsinstrument) ein vitales Interesse an funktionierenden Märkten und damit einer Steuerung und Verregelung der internationalen Energiebeziehungen. In Bezug auf das engere Krisenmanagement sind für Deutschland die IEA und die strategische Bevorratung auf dem Erdölsektor von Bedeutung. Auf dem Gassektor ist Deutschland über die Krisenmechanismen der EU eingebunden.

Die hohe volkswirtschaftliche und gesamtgesellschaftliche Bedeutung sowie ihre geographische Konzentration tragen dazu bei, dass Energieträger sowohl als normale Handelsgüter und Dienstleistungen als auch als strategische Güter behandelt werden. Ein strategisches Gut wird dabei viel stärker politischen Maßgaben unterliegen und für politische Zwecke instrumentalisiert werden. Auch die Qualität der Akteure und mithin die Rechtsform der Unternehmen und ihrer Eigentümerstruktur ist davon beeinflusst.

Internationale Energiebeziehungen sind deswegen gekennzeichnet durch ein Spannungsverhältnis von Konflikt und Kooperation. Die Interessen der Produzenten- und Verbraucherländer können gleichgerichtet und komplementär, aber auch divergent und gegensätzlich sein. Die internationalen Energiebeziehungen verlangen jedoch nach Kooperation und Interessenausgleich, denn der Produzent möchte Energie verkaufen, und der Konsument möchte Energie beziehen. Beide haben zudem ein Interesse, die Volatilität der Preise einzuhegen.

Die Knappheit eines Energieträgers und seine Allokation sowie die Verteilung der aus dem Verkauf resultierenden Gewinne können innerstaatlich und international konfliktträchtig sein (Hilpert et. al 2010: 12). Konflikte entstehen oft aus einer einseitigen Abhängigkeit heraus und verstärken sich, wenn die eine Seite das Ziel verfolgt, sich aus diesen Zusammenhängen zu lösen. Die Hauptsorge der Energiekonsumenten gilt also neben kostengünstiger Energie dem Ziel, die Risiken einer Lieferunterbrechung und -kürzung zu minimieren. Die Energieproduzenten haben ein Interesse an einer hohen, stabilen Nachfrage und an hohen Gewinnen aus den Energieverkäufen. Deswegen gab und gibt es auch immer Tendenzen, die eigene Marktposition durch Monopol- oder Kartellbildung zu stärken. Während also die Energiekonsumenten ein Interesse am Wettbewerb auf Produzenten- und Lieferantenseite haben und dies als ein Mittel sehen, die Energiepreise niedrig zu halten, liegt eine solche Wettbewerbssituation nicht im Interesse der Produzenten und Lieferanten. Die Gründung der Organisation Erdölexportierender Länder (OPEC) im Jahre 1960 geht auf die Überlegungen zurück, die Preisstruktur zum eigenen Vorteil mitzubestimmen und über ein Quotensystem stabil zu halten.

Die deutsche Politik setzt dabei auf den Modus der Kooperation und Integration. Ein Beispiel für weitgehende Kooperation liefert die Europäische Gemeinschaft für Kohle und Stahl von 1951, die sich aus der Idee entwickelt hat, die strategisch und militärisch bedeutende Montanindustrie gemeinsam zu kontrollieren. Damit stand Kooperation in Energiefragen auch am Beginn der Europäischen Integration, und mit der EURATOM folgte 1957 eine weitere Gemeinschaft, diesmal für die friedliche Nutzung der Kernenergie im Rahmen der europäischen Einigung. Mit dem Inkrafttreten des Vertrags von Lissabon 2009 gewann die Europäische Union Kompetenzen in der Energiepolitik, und die Energiesolidarität unter den Mitgliedsstaaten wurde Bestandteil des Primärrechts. Außerdem wurden für Erdgas neue Krisenkoordinationsmechanismen geschaffen. Die genannten Beispiele zeigen, dass die Energiebeziehungen auch die Integration einer Region befördern können. Das hängt neben dem Energiemix und dem Ausbau der Infrastruktur vor allem von den regulativen Rahmenbedingungen ab.

4.2 Internationale Energiebeziehungen zwischen Geopolitik und Markt

Aus historischer Perspektive wurden die Spielregeln entweder von Anbieter- oder Nachfrageseite gesetzt. Dabei folgt die Strukturierung der Energiebeziehungen bestimmten Trends und Zyklen. Die Governance-Landschaft hat sich historisch entwickelt. Entscheidend sind dabei die Akteure, ihre jeweiligen Interessen und die Strukturen und Steuerungsmechanismen im Energiehandel, die sich über die Zeit herausgebildet und verändert haben. Besonders relevant ist dabei das Verhältnis zwischen multinationalen Energiekonzernen und energiereichen Staaten. Denn nach einer ersten langen Phase vom Beginn der kommerziellen Ölförderung 1859 bis nach dem Zweiten Weltkrieg, in der die großen multinationalen Konzerne, die sogenannten „Sieben Schwestern" aus den USA und den Kolonialmächten, dominierten und die Preisstruktur bestimmten, wurde die Kontrolle über die Energieressourcen zu einem wichtigen Thema für die staatliche Souveränität (Yergin 1991).

In der zweiten Hälfte des 20. Jh. proklamierten die energiereichen Länder ihre souveränen Rechte im Zuge der gleichzeitig ablaufenden Entkolonialisierung. Damit verloren die großen Ölkonzerne ihre strategische und zentrale Position als vertikal-integrierte Unternehmen, die die Preisstruktur weitgehend bestimmten. Die OPEC forderte permanente Souveränität über die Naturressourcen. Ihren Höhepunkt erreichte diese Phase mit den Ölkrisen 1973/74 und 1979. Während in den 1970er Jahren mit den Ölkrisen 1973 in Folge des Yom-Kippur-Krieges und 1979/80 in Folge der islamischen Revolution im Iran und des ersten Golfkrieges der Energiehandel eher konfliktiv und durch geopolitische Verwerfungen bestimmt wurde, trugen in der Folge niedrige Ölpreise zu einer wesentlichen Entspannung bei. In den OECD-Staaten wurde seit der zweiten Hälfte der 1980er Jahre die Energiewirtschaft liberalisiert und einem Wettbewerb ausgesetzt. Dies wurde als ein Mittel gesehen, Energie effizienter und kostengünstiger zu produzieren. Dieses Paradigma dominierte auch in den 1990er Jahren, die durch günstige Energiepreise in den internationalen Beziehungen und durch Ansätze einer multilateralen Governance und einer Globalisierung und wachsenden Verflechtung gekennzeichnet waren. Die EU mit ihrem Binnenmarkt setzt dabei auf Integration und offene Märkte. Mit den steigenden Preisen ab 2002 und der Verengung der Ölmärkte kam es zu Renationalisierungstendenzen in den ressourcenreichen Staaten, was in einen Rückgang der Globalisierung (Peters/Westphal 2013) auf dem Energiesektor mündete. Da die Energiepolitik der OECD-Staaten und der großen multinationalen Konzerne auf dem liberalisierten Zugang auch zur Produktion beruht, stellen die heute asymmetrisch strukturierten Märkte – auf der einen Seite staatliche Kontrolle, auf der anderen Seite ein liberalisierter Markt – eine große Herausforderung für die internationale Energiepolitik dar. Weit über 75 Prozent der fossilen Brennstoffreserven sind in staatlicher Hand, mit steigender Tendenz. Damit werden auch ihre Exploration und der Export durch staatliche Akteure und staatliche Unternehmen kontrolliert. Dabei nutzen die energiereichen Länder ihr zunehmendes Marktgewicht, um die Spielregeln auf den Energiemärkten stärker als bisher mitbestimmen zu können. Die Rolle des Staates ist aber nicht nur in den Produzentenländern gewachsen, sondern auch in den großen neuen Verbraucherländern wie China und Indien. Für die OECD-Staaten stellt sich somit immer stärker die Frage, in wie weit sie auf Marktmechanismen zur Sicherung ihrer Energiepolitik setzen können. Die Verfügbarkeit von energetischen Rohstoffen zu wettbewerbsfähigen Preisen hängt in einem hohen Maß von den jeweiligen Konstellationen auf den Märkten ab (Geden et al. 2007: 5).

Die Internationale Politische Energie-Ökonomie ist mithin gekennzeichnet von einem Spannungsfeld zwischen Geopolitik und offenen Märkten (Clingendael Energy Programme 2004). Idealtypisch ist das entscheidende Ordnungsprinzip entweder der Staat oder der Markt. Das auf Geopolitik beruhende Ordnungsmodell setzt auf Machtprojektion und Einflusssphären. Energie ist dabei Machtressource, Machtinstrument und mithin Mittel zum

Zweck. Die internationalen Energieflüsse sind hier determiniert durch Vormachtstellung und Einflusssphären. Umgekehrt folgt das Ideal des Marktes einem freien Handel, in dem die Beziehungen, Fragen des Marktzugangs und der Ressourcenallokation auf Basis allgemeiner und gleich gültiger Regeln erfolgen. International werden eine enge Verflechtung und wechselseitige Abhängigkeiten angestrebt, deren Verregelung über internationale *Governance* erfolgt.

Dieses Spannungsverhältnis zwischen Geopolitik und Märkten führt in der Realität dazu, dass die Energiemärkte fragmentiert sind. Allerdings spielen geologische und topographische Gegebenheiten und mithin auch die Geographie als strukturierende Raumnutzung in der Energiewirtschaft eine determinierende Rolle. Produktionsstätten und Pipelineverläufe folgen nun einmal geologischen, topographischen und Markt-Gegebenheiten.

4.3 Globale Herausforderungen

Deutschland ist mit der Energiewende ein Referenzpunkt international. Die Energiewende bietet wichtige Antworten auf die großen globalen Herausforderungen. Die Internationale Energieagentur (IEA) weist seit vielen Jahren auf den wenig nachhaltigen Energiepfad und seit 2005 mit wachsender Dringlichkeit auf die Doppelherausforderung von Klimawandel und Energiesicherheit hin. Hinzu kommt das drängende Problem der Energiearmut: Bereits heute haben 1,4 Milliarden Menschen keinen Zugang zu Strom, und 2,7 Milliarden Menschen kochen mit traditioneller Biomasse (IEA 2011a). Dieses Problem kann sich angesichts des Bevölkerungswachstums und der Endlichkeit fossiler Energieträger weiter verschärfen. Die Energieerzeugung und die Nutzung fossiler Brennstoffe auf dem Transport- und Wärmesektor tragen zu mehr als zwei Dritteln des Ausstoßes klimaschädlicher Gase bei.

Die nationale und internationale Politik steht somit vor der Herkulesaufgabe, das Energiesystem nachhaltiger zu gestalten und gleichzeitig für einen Übergangszeitraum die Versorgung mit fossilen Brennstoffen zu garantieren, ohne das bestehende Energiesystem fortzuführen (Westphal 2012). Richtet man den Blick auf das für die internationalen Klimaverhandlungen relevante Datum 2050, so sollte bis zu diesem Zeitpunkt die Energieversorgung weltweit so strukturiert werden, dass die erwarteten neun bis zehn Milliarden Menschen auf der Erde Zugang zu moderner, nachhaltiger Energieversorgung haben, ohne dass die Lebensgrundlagen heutiger und künftiger Generationen dadurch weiter zerstört werden (ibid.).

Für die politische Bearbeitung der skizzierten Herausforderungen erweisen sich die unterschiedlichen Länderpositionen im Energiehandel (Weltmarktanteile/Netto-Importeur/Netto-Exporteur), in der globalisierten Wirtschaft, beim Grad der volkswirtschaftlichen und gesellschaftlichen Entwicklung (Bevölkerungswachstum/Industrialisierung/Urbanisierung) und hinsichtlich der Betroffenheit und Anpassungsfähigkeit als schwere Hypothek. Was Bradshaw (2010) treffend als globale Energiedilemmata bezeichnet, erschwert den UN-Klimaprozess und kompliziert globale Steuerungsfragen im Energiesystem. So variiert auch die jeweilige nationale Sicht auf die Doppelherausforderung stark, und infolgedessen verfolgen Staaten auch sehr unterschiedliche Wege aus den Dilemmata, die wiederum von den jeweiligen Staaten sehr unterschiedlich definiert werden. Im OECD-Raum geht es vor allem um Wohlstandswahrung, im post-sozialistischen Raum hat man mit den Nachwirkungen der Sowjetära zu tun, der Aufgabe der Transformation und einer Positionssuche in der globalen Ökonomie. Der „Ressourcenfluch" bestimmt das Energiedilemma der energiereichen aufstrebenden Länder, während die Frage des ausreichenden Energiezugangs die energiearmen aufsteigenden Länder beschäftigt. Das Spannungsverhältnis zwischen Abstieg und Entwicklung prägt das Energiedilemma der Entwicklungsländer. Diese Verortung bestimmt die unterschiedliche Gewichtung in der energiepolitischen Trias. Vor allem aber resultieren daraus auch sehr unterschiedliche Definitionen von Energiesicherheit. Energieimporteure definieren Energiesicherheit als Sicherheit bei der Versorgung, u. U. auch abhängig vom Grad der Importabhängigkeit. Energieexporteure definieren Energiesicherheit vorrangig mit Blick auf eine gesicherte Nachfrage.

4.4 Die Governance-Landschaft in den Energiebeziehungen

Deutschland setzt in seiner Energie-Außenpolitik nicht nur auf Energiepartnerschaften mit wichtigen Partnerländern, sondern ist als Mitgliedsland der EU auch über die dort bestehende variable Geometrie der EU-Energiedialoge mit Russland, den USA und wichtigen Schwellen- und Produzentenländern oder Regionen eingebunden. Deutschland wie die EU insgesamt setzen auch auf multilaterale Kooperation.

Die Governance-Strukturen und die Institutionen-Landschaft reflektieren die historische Entwicklung der Energiebeziehungen. Multilaterale Ansätze zur Verregelung und Steuerung sind in der internationalen Energiepolitik, wenn überhaupt existent, zumeist auf Teilmärkte, bestimmte Aspekte oder einen exklusiven Teilnehmerkreis beschränkt. Damit sind Governance-Strukturen im Energiebereich sehr fragmentiert und segmentiert. Eine Weltenergie-Organisation gibt es also nicht.

Zu den Produzentenorganisationen gehören die Organisation Erdölexportierenden Länder (OPEC) und das Forum Gasexportierender Länder (GECF, gegründet 2001). Die Internationale Energieagentur (IEA) wurde 1974 von Ländern der OECD als Antwort auf den ersten Ölpreisschock ins Leben gerufen. Die Krisenvorsorge und das -management gehören zu ihren Kernaufgaben. Außerdem stellt die IEA wichtige Informationen über die globale Energiesituation zusammen.

Auch wenn es die Vereinten Nationen mehrfach versucht haben, ihre eigene Rolle im Energiebereich zu stärken, so bleibt diese doch begrenzt, auch wenn mehr als 20 VN-Behörden und -Organisationen Energiefragen als Teil ihres Mandates kennen. Auch die Welthandelsorganisation (WTO) ist für den Energiehandel deswegen wenig bedeutend, weil Handelsrestriktionen vor allem den Export und weniger Fragen des Imports und Marktzugangs betreffen. Zu den Institutionen, die auf einzelne Sektoren fokussieren, gehört die Internationale Atomenergiebehörde (IAEA). Sie widmet sich der friedlichen Nutzung der Kernenergie.

Erste Ansätze zu einer umfassenderen Organisation und Verregelung der internationalen Energiebeziehungen griffen erst nach dem Ost-West-Konflikt in den 1990er Jahren, der Hochzeit des Multilateralismus. Den Versuch, die Regeln der Welthandelsorganisation erstmals auch für den Energiesektor einzuführen, machte 1991 die Europäische Energie-Charta, die 1994 in den völkerrechtlich bindenden Energie-Charta-Vertrag mündete. Dieses Regelwerk ist der weitreichendste internationale Vertrag auf dem Gebiet der internationalen Energiepolitik, der sowohl den nicht-diskriminierenden Zugang für Investitionen in Transportnetze als auch Streitschlichtungsmechanismen regelt. Ohne Zweifel ist der Vertrag ein „Kind der liberalen 1990er Jahre", der vor allem entsprechend den Interessen der Verbraucherländer formuliert wurde. Auch deswegen wurde dieses Vertragswerk wegen unterschiedlicher Vorbehalte von den wichtigen Energieproduzenten Russland, Norwegen, USA, Saudi-Arabien u. a. nicht unterschrieben oder ratifiziert. Hier brachte das Jahr 2009 einen erheblichen Rückschlag, weil Russland in diesem Jahr die provisorische Anwendung des Energie-Charta-Vertrags beendete. Der Vertrag hat bisher begrenzte Wirkung gezeigt beim Handel und bei Transitfragen, vor allem während des russisch-ukrainischen Gasstreits, aber er war sehr wirksam mit Blick auf die Investitionssicherheit. Aktuell (im Jahr 2012) ist seine Zukunft jedoch weitgehend offen.

Um den Produzenten-Konsumenten-Dialog zu stärken, mehr Informationen und Daten zu sammeln und transparenter zu machen, wurde 2003 das Internationale Energie-Forum

(IEF) mit einem permanenten Sekretariat in Riyad etabliert. Das Jahr 2008 war ein Kristallisationspunkt für die Kooperation im IEF, nachdem die Ölpreise binnen Jahresfrist um 100 US-Dollar gefallen waren, was sowohl für Produzenten als auch Konsumenten teuer war. Die Erfahrung hoher Preise, zunehmender Volatilitäten und beispielloser Ungewissheiten auf den Energiemärkten hat der Kooperation zwischen Produzenten und Verbrauchern neuen Auftrieb gegeben. Preisvolatilitäten wurden verstärkt Thema im IEF, aber auch bei den G20. Im Mittelpunkt stand dabei die Joint Organisation Data Initiative (JODI) des IEF, die als entscheidender Beitrag zu mehr Transparenz auf den Öl- und künftig auch den Gasmärkten gesehen wird. In der Datenbank werden monatlich anhand eines Fragebogens standardisiert die 42 Schlüsselkennzahlen für den Ölsektor eines jeden Mitgliedslandes erhoben. Für den Erdgasbereich werden ähnliche Statistiken aufgebaut. Sogar eine Datenbank über Investitionen im Energiebereich ist im Gespräch. Trotz der Versuche bleibt Ambiguität mit Blick auf die Reduktion von Unsicherheiten bei der Nachfrage und dem Angebot bestehen. Jeder Verschiebung in die eine oder andere Richtung begünstigt einen „Käufer-" oder „Anbietermarkt" und bringt natürlich auch Profite und Gewinne für partikulare Akteure mit sich. Nicht ausreichende Informationen und unvollkommene Märkte sind Teil des Spiels. Insofern gibt es einen natürlichen Widerstand in den Konzernen, zu mehr Transparenz beizutragen, vor allem mit Blick auf Investitionen.

Mit der Unterzeichnung der IEF-Charter im Februar 2011 wurde auch der Dialog über die globale Energiesicherheit bekräftigt und das Forum langfristig gestärkt. Rückschläge gab es aber bei der Abstimmung innerhalb der OPEC und zwischen OPEC und IEA im Sommer 2011, als sich die OPEC trotz der Förderausfälle in Libyen nicht auf eine Erhöhung der Förderquoten einigen konnte. Das veranlasste die IEA dazu, einen Teil ihrer strategischen Reserven zur Beruhigung der Märkte anzuzapfen. Dahinter steht ein Paradigmenwechsel, der künftige nachteilige Wirkung zeigen könnte, da er die Anreize für die Vorhaltung freier Produktionskapazitäten durch die OPEC-Länder und allen voran durch Saudi-Arabien senkt. Innerhalb der IEA zeichnen sich auch 2012 weitere Diskussion darüber ab, ob man strategische Reserven freigeben soll, um die Ölmärkte zu entspannen.

Im Ergebnis lässt sich zwar ein zunehmender Kommunikations- und Verregelungsbedarf in den internationalen Energiebeziehungen feststellen, aber die Governance-Strukturen bleiben fragmentiert oder von der Krise des Multilateralismus betroffen. Es gibt kein einzelnes Forum, um Energiefragen zu adressieren, sondern stattdessen ein Flickwerk an verstreuten, segmentierten und manchmal konkurrierenden Foren, Institutionen und Organisationen. Außerdem wurde in vielen Fällen das Mandat Jahrzehnte zuvor entwickelt, und es entstand damit unter ganz anderen Voraussetzungen als den heutigen. Häufig wird die Realität nicht mehr abgebildet, auch weil die traditionellen Rollen und Grenzen zwischen Produzenten, Transitländern und Verbrauchern aufweichen. Auch die Rolle der aufstrebenden Nicht-OECD-Länder ist nicht genügend berücksichtigt. Hinzu kommt, dass vielfach die Governance-Mechanismen kaum für alle Seiten (Anbieter, Nachfrager, Transitländer) gleichermaßen einen Mehrwert bieten, so dass die Ansatzpunkte zur übergreifenden Verregelung und Steuerung nur sehr punktuell gegeben sind.

Es war keine energie-spezifische Institution, die einen wichtigen Beitrag zu Fortentwicklung der Energie-Governance lieferte, sondern die G8 (Lesage et al. 2010) und damit ein Spiegelbild einer multipolaren Weltordnung: Seit dem Gipfel von Gleneagles 2005 haben die G8 bis 2009 eine wichtige Rolle als "Agenda-Setter" und als Forum für die integrierte Behandlung von Klima- und Energiefragen gespielt (Van de Graaf/Westphal 2011). Unter russischer Präsidentschaft verabschiedeten die G8 2006 eine lange und detaillierte, aber weitgehend unkontroverse Erklärung zur Energiesicherheit und einen entsprechenden Aktionsplan. Die G8 haben mit den G5 im Heiligendamm-L'Aquila-Prozess auch wichtige Schritte unternommen, um die aufstrebenden Mächte in die internationale Energie-

Governance zu integrieren (Lesage et al. 2010). Zudem haben sie die Internationale Partnerschaft für Energieeffizienz (IPEEC) ins Leben gerufen. Sie haben die IEA gestärkt und einen „Outreach-Prozess" etabliert, um mit den wichtigen Schwellenländern stärker zu kooperieren. Obwohl die IEA dem Muster der traditionellen fossilen Energieversorgung entsprungen ist und sie die Interessen ihrer Mitglieder berücksichtigen muss, hat sich die Organisation auch zunehmend dem Zusammenhang zwischen Energienutzung und Klimawandel gewidmet.

Seit 2010 zeichnet sich eine Verschiebung der Energiefragen von den G8 zu den G20 ab. Ob die G20 diese Rolle ausfüllen können und möchten und inwieweit die „Energiekompetenz" von den G8 zu den G20 gewandert ist, ist noch offen. Auch im Rahmen der G20 gab es mit der Initiative zum Auslaufen der ineffizienten Subventionen für fossile Brennstoffe einen entscheidenden Fortschritt. Die Initiative wurde 2009 auf dem Gipfel in Pittsburgh ins Leben gerufen (vgl. Belschner/Westphal 2011). Die Förderung fossiler Energien ist ein entscheidendes Hindernis für eine effizientere Energienutzung, den Ausbau der Erneuerbaren Energien und mehr Klimaschutz. Wenn die Subventionen für die fossile Energie auslaufen würden, könnten die Energienachfrage 4,1 Prozent niedriger liegen und der Ölverbrauch um 3,7 Millionen Barrel täglich gekürzt werden. Die CO_2-Emissionen würden um 1,7 Gigatonnen sinken (EurActiv 2011). Wie wenig wirksam die Initiative bisher allerdings war, zeigen die Zahlen aus dem Herbst 2011: Laut IEA wurden die fossilen Energien mit 409 Milliarden US-Dollar gefördert, das waren 110 Milliarden US-Dollar mehr als 2009. (EurActiv 2011).

Wichtige Fortschritte mit Blick auf die Bildung einer internationalen Organisation hat es mit der Gründung der IRENA 2009 gegeben, die 2011 nach Anfangsschwierigkeiten ihre Arbeit richtig aufgenommen hat. Die Gründung war auch ein Erfolg deutscher Diplomatie. Die IRENA ist 2012 dabei, ihre Rolle als Stimme für die Nutzung Erneuerbarer Energien, als relevantes Politik-Beratungsorgan und als Dreh- und Angelpunkt für internationale Kooperation auszugestalten. Viel wird davon abhängen, wie sie sich zwischen bereits bestehenden Initiativen für Erneuerbare Energien (REN21 und Clean Energy Ministerial) und den bestehenden Institutionen wie der IEA aufstellt (vgl. Röhrkasten/Westphal 2012).

Die Institutionenlandschaft für Energie-Governance ist hoch fragmentiert, repräsentiert partikulare Interessen und ist mit Blick auf die Doppelherausforderung von Energiesicherheit und Klimawandel relativ schwach. Anders gesagt: Die internationale Governance ist „nicht fit für 2050". Angesichts der Komplexität der Akteursbeziehungen, der Interdependenzen im Energiesystem und der Verbindungen zwischen den Energiesektoren und dem Zusammenspiel der unterschiedlichen Verarbeitungsstufen ist die Governance eine Herkulesaufgabe: Sie verlangt ein Langzeit-Commitment, geteilte internationale Ziele, enorme politische und finanzielle Ressourcen und integrierte Energie- und Klimapolitiken über verschiedene nationale, regionale und globale Handlungshorizonte hinweg sowohl auf der Nachfrage- als auch auf der Verbraucherseite sowie hinsichtlich der Technologien (Cherp et al. 2011: 75).

Um es klar zu unterstreichen: Es braucht keine Weltenergie-Organisation, aber eine kohärentere und integrierte Politik mit Blick auf die großen energiepolitischen Herausforderungen. Das wäre dann auch ein entscheidender Beitrag zu einer nachhaltigen Energiesicherheit.

Zur Vertiefung empfohlene Literatur

Bukold, Steffen 2009: Öl im 21. Jahrhundert, Band I und Band II, München: Oldenbourg.
Dryer, Hugh/Trombetta, Maria Julia (Hrsg.) 2013: International Handbook of Energy Security, Edward Elgar: Cheltenham, Northhampton, 2013.

Goldthau, Andreas (Hrsg.) 2013: The Handbook of Global Energy Policy, Hoboken, N.J.: Wiley-Blackwell.

Weiterführende Fragen

1. Was kennzeichnet den Energiesektor als strategischen Wirtschaftsbereich?
2. Wie definiert man Versorgungssicherheit?
3. Wo liegen die großen Herausforderungen für die internationalen Energiebeziehungen?
4. Wie kann man die Risiken für die Energieversorgung kategorisieren?
5. Welche Mechanismen der Einhegung von Risiken kennen wir national und international?
6. Wer formuliert die deutsche Energiepolitik?
7. Was bedeutet die deutsche Energiewende?
8. Wie unterscheiden sich die Öl- und Gasmärkte?
9. Warum gibt es keine Weltenergie-Organisation? Welche Foren existieren mit welcher Zielsetzung?
10. Was kennzeichnet die internationale Institutionenlandschaft?

Quellen und Literatur

Arbeitsgemeinschaft Energiebilanzen (AGEB) 2012, März 2012, <http://www.bmwi.de/BMWi/ Redaktion/Binaer/Energiedaten/energiegewinnung-und-energieverbrauch2-primaerenergie verbrauch,property=blob,bereich=bmwi,sprache=de,rwb=true.xls>.]
Arbeitsgemeinschaft Energiebilanzen (AGEB): Auswertungstabellen, <www.ag-energiebilanzen. de/index.php?article_id=10&clang=0>.
Belschner, Tobias/Westphal, Kirsten 2011: The G20 and Inefficient Energy Subsidies. Grasping the Cause of Price Distortions by the Roots? Berlin: SWP (SWP-Kommentare 2011/C 22).
BP 2011: BP Energy Outlook 2030, London: BP.
BP 2012: BP Statistical Review of World Energy, June 2012, London: BP.
Bradshaw, Michael 2010: Global Energy Dilemmas. A Geographical Perspective, in: The Geographical Journal, 176, 4, 275-290.
Bubash, Navroz K./Florini, Ann 2011: Mapping Global Energy Governance, in: Global Policy, 2, Special Issue, 6-18.
Bundesanstalt für Geowissenschaften und Rohstoffe (BGR) 2009: Energierohstoffe 2009. Reserven, Ressourcen, Verfügbarkeit, Hannover: BGR.
Bundesanstalt für Geowissenschaften und Rohstoffe (BGR) 2010: Kurzstudie. Reserven, Ressourcen und Verfügbarkeit von Energierohstoffen, Hannover: BGR.
Bundesministerium für Umwelt, Naturschutz und Reaktorsicherheit 2011: Das Energiekonzept und seine beschleunigte Umsetzung, <www.bmu.de/energiewende/beschluesse_und_mass nahmen/doc/47892.php>.
Bundesministerium der Verteidigung 2006: Weißbuch zur Sicherheitspolitik Deutschlands und zur Zukunft der Bundeswehr, Berlin.
Bundesministerium für Wirtschaft und Technologie (BMWI) 2013: Zahlen und Fakten. Energiedaten. Nationale und internationale Entwicklung, <www.bmwi.de/DE/Themen/Energie/ energiedaten.html>.
Bundesnetzagentur 2012: Bericht über den Zustand der leitungsgebundenen Energieversorgung, Bonn: BNA.
Bundesregierung/BMU 2011: Eckpunktepapier zur Energiewende [online unter: www.bmu.de/ energiewende/beschluesse_und_massnahmen/doc/47465.php]
Buttermann, Hans Georg/Freund, Florian 2010: Sicherheit unserer Energieversorgung. Indikatoren zur Messung von Verletzbarkeit und Risiken. Untersuchung im Auftrag des Weltenergierats. Deutschland, Endbericht, Energie und Umwelt Analysen 54, Münster/Berlin: Energy Environment Forecast GmbH & Co. KG.

Campbell, Colin et al. 2002: Ölwechsel! Das Ende des Erdölzeitalters und die Weichenstellung für die Zukunft, hrsg. von Global Challenges Network, München: Deutscher Taschenbuch Verlag.

Cherp, Aleh et al. 2011: Governing Global Energy: Systems, Transitions, Complexity, in: Global Policy, 2, 1, 75-88.

Clingendael Energy Programme (CIEP) 2004: Study on Energy Supply and Geopolitics. Final Report January 2004 for DG TREN, Den Haag: Clingendael.

Commerzbank 2012: Rohstoffe kompakt Energie, 15. August 2012.

Connor, Steve 2009: Warning: Oil supplies are running out fast. Catastrophic shortfalls threaten economic recovery, says world's top energy economist, in: The Independent, 3. August 2009, <http://www.independent.co.uk/news/science/warning-oil-supplies-are-running-out-fast-1766585.html>.

CONSENTEC/EWI/IAEW 2008: Analyse und Bewertung der Versorgungssicherheit in der Elektrizitätsversorgung. Analyse im Auftrag des Bundesministerium für Wirtschaft und Technologie (BMWi), Abschlussbericht, Aachen/Köln: Consentec.

Darbouche, Hakim/Fattouh, Bassam 2011: The Implications of the Arab Uprisings for Oil and Gas Markets, London: The Oxford Institute for Energy Studies.

Erdmann, Georg/Zweifel, Peter 2008: Energieökonomik. Theorie und Anwendungen, Berlin/Heidelberg: Springer.

EurActiv 2011: IEA top economist calls for bonfire of the fossil fuel subsidies, 24. Oktober 2011, <http://www.euractiv.com/specialreport-solarpower/iea-top-economist-calls-bonfire-fossil-fuel-subsidies-news-508497?utm_source=EurActiv+Newsletter&utm_campaign=52f296ba43-my_google_analytics_key&utm_medium=email>.

European Commission 2006: Green Paper. A European Strategy for Sustainable. Competitive and Secure Energy, SEC (2006) 317.

European Union 2003: A Secure Europe in a Better World. European Security Strategy, 12.12.2003, Brüssel.

Florini, Ann 2011: The International Energy Agency in Global Energy Governance, in: Global Policy, 2, Special Issue, 40-50.

Geden, Oliver/Goldthau, Andreas/Nötzel, Timo 2007: "Energie-NATO" und „Energie-KSZE". Instrumente der Versorgungssicherheit? Die Debatte um Energieversorgung und kollektive Sicherheitssysteme, Berlin: SWP (Diskussionspapier).

Goldthau, Andreas/Witte, Jan Martin 2011: Assessing OPEC's Performance in Global Energy, in: Global Policy, 2, Special Issue, 31-39.

Grätz, Jonas/Westphal, Kirsten 2009: Oldies not Goldies. Warum wir uns von der Abhängigkeit von Öl und Gas lösen müssen, in: Internationale Politik, 11/12, 45-51.

Harks, Enno 2007: Der Globale Ölmarkt. Herausforderungen und Handlungsoptionen für Deutschland, Berlin: SWP (SWP-Studie S 11/2007).

Heinrich, Andreas/ Pleines, Heiko 2013: Weder Fluch noch Segen. Die Steuerung des Ölbooms im postsowjetischen Raum, in: Osteuropa, 63, 7, 87-100.

Hensing, Ingo/Pfaffenberger, Wolfgang/Ströbele, Wolfgang 1998: Energiewirtschaft. Einführung in Theorie und Politik, München: R. Oldenbourg.

Hilpert, Hanns Günter et al. 2010: II. Ressourcenknappheit, in: Mildner, Stormy-Annika (Hrsg.): Konkurrenz um knappe Ressourcen, Berlin: SWP (SWP-Projektpapier).

Hubbert, Marion King 1956: Is Oil Nearing a Production Crisis? In: Petroleum Week 2 (März 1956), 9-10.

Hubbert, Marion King 1962: Energy Resources. A Report to the Committee on Natural Resources of the National Academy of Sciences – National Research Council. Washington: National Academy of Sciences – National Research Council.

Hulbert, Matthew/Goldthau, Andreas 2012: Why America Can Make or Break a New Gas World, in Forbes, 8/05/2012.

International Energy Agency (IEA) 2008: World Energy Outlook 2008, Paris: International Energy Agency.
International Energy Agency (IEA) 2009: World Energy Outlook 2009, Paris: International Energy Agency.
International Energy Agency (IEA) 2010: World Energy Outlook 2010, Paris: International Energy Agency.
International Energy Agency (IEA) 2011a: World Energy Outlook 2011, Paris: International Energy Agency.
International Energy Agency (IEA) 2011b: World Energy Outlook 2011. Special Report: Are We Entering a Golden Age of Gas? Paris: International Energy Agency.
International Energy Agency (IEA) 2012: Golden Rules for a Golden Age of Gas. World Energy Outlook Special Report on Unconventional Gas, Paris: International Energy Ageny.
Jaffe, Amy Myers/Soligo, Ronald 2007: The International Oil Companies, Houston: The James A. Baker III Institute for Public Policy of Rice University.
Kalicki, Jan H./Goldwyn, David (Hrsg.) 2005: Energy and Security. Toward a New Foreign Policy Strategy, Washington/Baltimore: Woodrow Wilson Center Press und The Johns Hopkins UP.
Karamanolis, Stratis 1993: Phänomen Energie, München: Elektra.
Karl, Terry Lynn 1997: The Paradox of Plenty. Oil Booms and Petro-States, Berkeley: University of California Press.
Klare, Michael 2001: Resource Wars. The New Landscape of Global Conflict, New York: Metropolitan Books.
Konoployanik, Andrey 2005: Energy Security and the Development of International Energy Markets, in: Barton, Barry et al. (Hrsg.): Energy Security. Managing Risk in a Dynamic Legal and Regulatory Environment, New York: Oxford UP, 47-84.
Koranyi, David (Hrsg.) 2011: Transatlantic Energy Futures. Strategic Perspectives on Energy Security, Climate Change, and New Technologies in Europe and the United States, Washington, DC: Center for Transatlantic Relations.
Lesage, Dries/Van de Graaf, Thijs/Westphal, Kirsten 2010: Global Energy Governance in a Multipolar World (Global Environmental Governance), Farnham/Burlington: Ashgate.
Meadows, Dennis 1972: Die Grenzen des Wachstums. Bericht des Club of Rome zur Lage der Menschheit, Stuttgart: Deutsche Verlags-Anstalt.
NATO 2012, NATO's role in energy security, <www.nato.int/cps/natolive/topics_49208.htm>.
Peters, Susanne /Westphal, Kirsten 2013: Global energy supply. Scale, perception and the return to geopolitics? In: Dyer, Hugh/ Trombetta, Maria Julia: International Handbook of Energy Security, Cheltenham/ Northhampton: Edward Elgar Publishing, Inc, 92-113.
Rebhan, Eckhard (Hrsg.) 2002: Energiehandbuch. Gewinnung, Wandlung und Nutzung von Energie, Berlin u. a.: Springer.
Reiche, Daniel 2005: Grundlagen der Energiepolitik, Frankfurt a. M.: Peter Lang.
Röhrkasten, Sybille /Westphal, Kirsten 2012: Die IRENA. Schon vergessen? Vom Wert einer multilateralen Organisation für erneuerbare Energien, Berlin: SWP (SWP-Aktuell A62/2012).
Ross, Michael L. 1999: The Political Economy of the Resource Curse, in: World Politics, 51, 297-322.
Rühle, Michael 2011: Energie und Sicherheit. Warum die NATO jetzt handeln muss, in: Internationale Politik, 2, 96-100.
Simon, Nils/Dröge, Susanne 2011: Green Economy. Vision mit begrenzter Reichweite, Berlin: SWP (SWP-Aktuell 19/2011).
Stewart, Susan 2012: Prämissen hinterfragen. Plädoyer für eine Neugestaltung der deutschen Russlandpolitik, Berlin: SWP (SWP-Aktuell 50/2012).

Umbach, Frank 2003: Globale Energiesicherheit. Strategische Herausforderungen für die europäische und deutsche Außenpolitik (Internationale Politik und Wirtschaft, 70), München: R. Oldenbourg Verlag.

Van de Graaf, Thijs/Westphal, Kirsten 2011: The G8 and G20 as Global Steering Committees for Energy: Opportunities and Constraints, in: Global Policy, 2, Special Issue, 19-30.

Westphal, Kirsten 2011: Internationale Energiepolitik, in: Woyke, Wichard (Hrsg.): Handwörterbuch Internationale Politik, 12. Aufl., Opladen: Verlag Barbara Budrich, 186-197.

Westphal, Kirsten 2012a: Versorgungssicherheit beim Erdgas. Ein Schlaglicht auf vier Herausforderungen für die Politik, SWP-Aktuell 24, Berlin: Stiftung Wissenschaft und Politik.

Westphal, Kirsten 2012b: Die Energiewende global denken, SWP-Aktuell 37, Berlin: Stiftung Wissenschaft und Politik.

Yergin, Daniel 1991: Der Preis. Die Jagd nach Öl, Geld und Macht, Frankfurt a. M: S. Fischer.

Yergin, Daniel 2006: Ensuring Energy Security, in: Foreign Affairs, March/April 2006, 69-82.

Zentrum für Transformation der Bundeswehr, Dezernat Zukunftsanalyse 2011: Streitkräfte, Fähigkeiten und Technologien im 21. Jahrhundert. Umweltdimensionen von Sicherheit, Teilstudie 1: Peak Oil. Sicherheitspolitische Implikationen knapper Ressourcen, Strausberg: Zentrum für Transformation der Bundeswehr.

Zündorf, Lutz 2008: Das Weltsystem des Erdöls. Entstehungszusammenhang, Funktionsweise, Wandlungstendenzen, Wiesbaden: VS Verlag für Sozialwissenschaften.

Kapitel 8
Entwicklungszusammenarbeit im Kontext der deutschen Sicherheitspolitik

Siegmar Schmidt

Ein Artikel über Entwicklungszusammenarbeit (EZ) in einem Lehrbuch über Sicherheitspolitik wäre noch vor 25 Jahren zwar nicht undenkbar, aber doch ungewöhnlich gewesen. Sicherheit und Sicherheitspolitik einerseits, Entwicklungszusammenarbeit andererseits wurden als zwei getrennte Sphären betrachtet, die auch getrennt bleiben sollten. Dies galt auch für die wissenschaftliche Beschäftigung mit Zusammenhängen zwischen Sicherheits- und Entwicklungspolitik. So widmet selbst das 2010 erschienene, mit über 500 Seiten umfassende Standardwerk von Menzel/Nuscheler/Stockmann dem Thema „Sicherheit" keinen eigenen Abschnitt, und das Problem des Umgangs mit fragilen Staaten erhält lediglich zwei Seiten Aufmerksamkeit. Gerade in Deutschland bestanden aufgrund seiner Vergangenheit erhebliche Berührungsängste mit allem möglicherweise Militärischen. Eine Vermischung von Entwicklungspolitik und militärischer Sicherheitspolitik wurde sowohl von der offiziellen Politik als auch von den nichtstaatlichen Akteuren als unvereinbar betrachtet.

Das Verhältnis zwischen den beiden Politikbereichen veränderte sich in den letzten 20 Jahren jedoch grundlegend. Entwicklungspolitik ist zu einem Teil Sicherheitspolitik geworden, und in Fällen von fragilen Staaten, in denen Gewaltkonflikte herrschen, bedürfen die humanitäre Hilfe und die Entwicklungspolitik einer militärischen Absicherung.

Dieser Beitrag beginnt mit einer kurzen Skizze des Politikfelds „Entwicklungspolitik". Im folgenden zweiten Kapitel wird argumentiert, dass Entwicklungspolitik auch immer Interessenpolitik gewesen ist und durchaus Bezüge zur Außen- und Sicherheitspolitik bestanden haben. Das umfangreichere dritte Kapitel widmet sich ausführlicher den aktuellen Herausforderungen, denn sie bedingen den Kurswechsel in der Entwicklungspolitik, sich zunehmend auch sicherheitspolitischen Herausforderungen zu stellen und einen Beitrag zur Konfliktprävention und -bearbeitung leisten zu wollen. Unter den Herausforderungen kommt gegenwärtig dem Problem fragiler Staaten und erodierender Staatlichkeit eine zentrale Bedeutung zu. Der Schwerpunkt des Beitrages liegt aber auf dem vierten Kapitel: Hier werden die konzeptionellen Veränderungen der deutschen Entwicklungspolitik im Hinblick auf Konflikte und Kriege ausführlich dargestellt. Dabei werden jeweils Ziele, Prinzipien und Instrumente der Konzepte vorgestellt. Im Folgenden konzentriert sich der Beitrag auf die aktuelle BMZ-Strategie gegenüber fragilen Staaten. Aufmerksamkeit wird dabei auch der interministeriellen Abstimmung gewidmet. Im fünften Kapitel werden mit Abschnitten zum neuen Instrument des Zivilen Friedensdienstes (ZFD) und dem Einsatz in Afghanistan konkrete Auswirkungen der konzeptionellen Wende hin zur Konfliktbearbeitung untersucht. Ein kurzes Fazit fasst wesentliche Argumente abschließend zusammen.

Der Redaktionsschluss für diesen Band fällt in die Zeit des Regierungswechsels von der CDU/CSU-FDP-Koalition zur Großen Koalition. Zu diesem Zeitpunkt ist noch nicht absehbar, inwieweit es aufgrund des personellen Wechsels an der Spitze des BMZ grundlegende Veränderungen in der Entwicklungspolitik geben wird. Die bisherigen Erfahrungen sprechen jedoch dagegen, denn in der Entwicklungspolitik herrschte bisher wie in der Außen- und Sicherheitspolitik ein vergleichsweise hohes Maß an Konsens und Kontinuität. Auch der Übergang in der Leitung des Ministeriums von so unterschiedlichen Persönlichkeiten wie von Heidemarie Wieczorek-Zeul (SPD) zu Dirk Niebel (FDP) hat auf der konzeptionell-strategischen Ebene zu keinem vollständigen Bruch geführt. Auf zahlreichen Feldern herrschte Kontinuität (vgl. zu den Kontinuitäten auch Schmidt 2012). Daher stützt sich der Text auf die aktuell vorliegenden Konzepte, die aus der Amtszeit Dirk Niebels und dabei größtenteils aus den Jahren 2012 und 2013 stammen.

1 Zur Struktur des Politikfeldes

Die Organisation der Entwicklungspolitik (siehe hierzu die Artikel in Ihne/Wilhelm 2013) weist mindestens zwei Besonderheiten auf: Akteurspluralität und die wichtige Rolle von Durchführungsorganisationen. Das Bundesministerium für wirtschaftliche Zusammenarbeit und Entwicklung (BMZ) entstand erst 1961, und seine Stellung zwischen den etablierten Ministerien war zunächst schwach. Die Kompetenzen des BMZ wurden erst sukzessive und häufig gegen den Widerstand anderer Ministerien und Akteure ausgeweitet. Mit einem langsam anwachsenden Personalbestand auf ca. 800 Beschäftige (2013) und einem Haushalt von 6,3 Mrd. Euro (2013) gehört das BMZ auch heute noch zu den kleineren Ministerien, selbst wenn der Etat über dem des Auswärtigen Amtes liegt. Werden die Beschäftigten der halbstaatlichen Durchführungsorganisationen – erstens die aus der Verschmelzung des Personalentsendedienstes Deutscher Entwicklungsdienst (DED), der Bildungseinrichtung InWent und der GTZ (Gesellschaft für Technische Zusammenarbeit) hervorgegangene Gesellschaft für Internationale Zusammenarbeit (giz), die 17.000 Personen (meist einheimische Fachkräfte) beschäftigt, zweitens die Kreditanstalt für Wiederaufbau (KfW) und drittens die Deutsche Investitions- und Entwicklungsgesellschaft (DEG) – hinzugerechnet, so sind indirekt über 20000 Menschen in der staatlichen und halbstaatlichen Entwicklungszusammenarbeit beschäftigt. Die Durchführungsorganisationen handeln im vorgegebenen Rahmen relativ autonom und nehmen auch Einfluss auf die konzeptionelle Arbeit des Ministeriums, was von Zeit zu Zeit zu Konflikten führt. Neben den Durchführungsorganisationen sind noch sehr viele Nichtregierungsorganisationen (NRO oder NGO) in der EZ tätig, darunter auch die Hilfswerke der beiden großen Kirchen (Misereor und Brot für die Welt/Evangelischer Entwicklungsdienst) sowie die politischen Stiftungen. Die NRO bringen erhebliche eigene Mittel in die EZ ein; dies sind im wesentlichen Spenden; so spendete die deutsche Bevölkerung im Jahr 2012 Geld und Sachspenden im Wert von rund fünf Milliarden Euro (200 Euro/Person), was wiederum rund 80% des BMZ-Etats entspricht. Die NRO arbeiten teilweise mit dem BMZ zusammen, das deren Arbeit mit jährlich rund 600 Millionen Euro unterstützt. Die NGO legen Wert auf ihre Unabhängigkeit, und sie spielen eine bedeutende Rolle bei der Vermittlung der Entwicklungsproblematik in der Öffentlichkeit. Die deutsche Öffentlichkeit wiederum ist prinzipiell positiv gegenüber der Entwicklungspolitik eingestellt: Bei einer aktuellen repräsentativen Umfrage vom Dezember 2013 gaben 87% der Befragten an, die Entwicklungspolitik sei „wichtig" oder „sehr wichtig" (epo). Im Bundestag bilden die an Entwicklungspolitik interessierten Abgeordneten schon seit Beginn der Entwicklungspolitik über die Parteigrenzen hinweg eine „große Koalition", die um Unterstützung für die Entwicklungspolitik wirbt.

Die Vielzahl der Akteure mit unterschiedlichem Selbstverständnis, Zielen und Prinzipien macht die Entwicklungspolitik zusammen mit einer hohen Anzahl von Aktivitätsfeldern und der engen Verzahnung mit internationalen Organisationen sowie der EU-EZ zu einem unübersichtlichen und komplexen Politikfeld.

2 Entwicklungspolitik und Interessen im historischen Überblick

Entwicklungspolitik war nach dem Selbstverständnis derjenigen, die in diesem Bereich engagiert und beschäftigt waren, immer „etwas Gutes", in jedem Fall sollte sie uneigennützig und vom Hilfe-Gedanken inspiriert sein. Gegen diese idealistische Begründung der Entwicklungspolitik regte sich immer wieder Kritik. Vor allem von Seiten der politischen Linken wurde die Entwicklungspolitik als Deckmantel kapitalistischer Ausbeutung oder imperialistischer Politik interpretiert. Aus diesem Blickwinkel stehen auch humanitäre Interventionen unter dem Generalverdacht eines von der Gier nach Rohstoffen oder Prestige getragenen Imperialismus. In periodischen Abständen hat auch Fundamentalkritik an der Entwicklungspolitik eine Hochzeit. Den Anfang machte das Buch mit dem provokanten Titel „Tödliche Hilfe" der ehemaligen Entwicklungshelferin Brigitte Erler (Erler 1985). Sie und in der Folgezeit andere argumentierten, dass Entwicklungshilfe zu Abhängigkeit, Unmündigkeit und Unterentwicklung führe. Die neuere Kritik (z. B. Easterly 2006) hingegen betonte stärker, dass die Hilfe insgesamt wirkungslos gewesen sei oder von autoritären und korrupten Regierungen in den Empfängerländern zweckentfremdet würde. Defizite, so wurde argumentiert, bestünden aber keinesfalls nur auf der Empfängerseite der Hilfe, sondern auch auf Seiten der Geber würden – trotz aller guten Absichten (so spricht Easterly (2013) von einem „Kartell der guten Absichten" aus internationalen Organisationen, NGO und nationalen Regierungen) – Fehler bei der Vergabe, der Verwaltung der Hilfe und der Projektimplementierung gemacht (Faust/Michaelowa 2013). Die Entwicklungspolitik ist aufgrund der zunehmenden Kritik an ihren Wirkungen und trotz offensichtlicher Entwicklungserfolge einiger Länder (die eben nicht zu den großen Empfängern massiver Außenunterstützung gehörten (z. B. China), in eine Legitimationskrise geraten. Die Aktivitäten in neuen Politikbereichen, wie in den 1990er Jahren in der Menschenrechts- und Demokratieförderung sowie eben bei der Konfliktbearbeitung einige Jahre später, sind daher nicht ausschließlich als Reaktion auf neue Herausforderungen zu verstehen, sondern auch der Versuch, Entwicklungspolitik zusätzlich in der Öffentlichkeit zu legitimieren und dadurch den Mittelzufluss aufrechtzuerhalten.

Die bis heute in der Öffentlichkeit stark verankerte Vorstellung von einer positiven, uneigennützigen Politik, die stark von den Hilfswerken der beiden großen Kirchen geprägt ist, war und ist immer ein Stereotyp gewesen. Entwicklungspolitik in Deutschland war und ist immer auch Interessenpolitik, wobei die Interessen in einzelnen historischen Phasen sehr unterschiedlich definiert sein können. Die Betonung liegt aber auf dem Wort *auch*, denn die Beteiligten aus der Zivilgesellschaft, aber erfahrungsgemäß auch aus den parastaatlichen und staatlichen Institutionen sind häufig intrinsisch motiviert und der Überzeugung, durch ihre Arbeit einen Beitrag zur Reduktion von Armut und Unterentwicklung zu leisten. Dieses Selbstverständnis führt häufig zu einer Distanzierung von den als zweitrangig oder dem eigentlichen Entwicklungsauftrag sogar als entgegenstehend angesehenen materiellen, vor allem wirtschaftlichen und strategischen Interessen. Sicherheitspolitik, vor allem in ihrer militärischen Dimension, hatte aus dieser Perspektive keine Berechtigung, in die Entwicklungspolitik hineinzuwirken. Dabei wird häufig vergessen, dass es einen Nexus zwischen Entwicklungspolitik auf der einen und Außen- und Sicherheitspolitik auf der anderen Seite in den ersten Jahrzehnten nach dem Beginn der deutschen Entwicklungspolitik durchaus gegeben hatte: Westdeutsche Entwicklungspolitik diente zum einen dem Alleinvertretungsanspruch der BRD gegenüber der DDR (Hallstein-Doktrin) und zum anderen der Unterstützung im Kampf des Westens gegenüber einer Ausbreitung des Kommunismus in der Dritten Welt (Harnisch/Schmidt et al. 2012). Vor dem Hintergrund der Hallstein-Doktrin versuchte Westdeutschland, zu möglichst vielen Staaten entwicklungspolitische Bande zu knüpfen und damit seinen Alleinvertretungsanspruch in Konkurrenz zur DDR zu wahren. Die Vergabe von Leistungen während des Ost-West-Konflikts orientierte sich vor allem an außen- und sicherheitspolitischen Erwägungen und nicht primär an der Bedürftigkeit der unterstützten Staaten. Die Mittelvergabe nach ideologisch-strategischen Interessen hielt bis zum Ende des Ost-West-Konflikts an, auch wenn in der Praxis der EZ der Primat der bündnispolitisch ausgerichteten Sicherheitspolitik im Laufe der Jahrzehnte deutlich schwächer wurde. Doch nach dem Ende der globalen Blockkonfrontation entstanden neue sicherheitspolitische Herausforderungen und Gefahren, die eine Verzahnung von Entwicklungspolitik und Sicherheitspolitik geradezu erzwangen.

Mit der Wiedervereinigung betonte die Bundesregierung unter Helmut Kohl vor allem die Kontinuitätslinien der deutschen Außenpolitik, auch um Befürchtungen und Ängsten vor einer außenpolitisch stärker unilateral ausgerichteten Politik des vereinten Deutschlands entgegenzutreten. Durch den Maastricht-Vertrag integrierte sich Deutschland bewusst tiefer in die EU und erklärte sich langfristig dazu bereit, die D-Mark – Symbol des wirtschaftlichen Erfolges und wichtiges Element der Nachkriegsidentität – aufzugeben. Der Zwei-Plus-Vier-Vertrag schrieb den Verbleib in der NATO fort. Den deutschen Entscheidungsträgern war 1990 allerdings klar, dass einem wiedervereinigten Deutschland in zentraler europäischer Lage ein höheres Gewicht in der internationalen Politik zugeschrieben werden würde. Sie reagierten mit einem Bekenntnis – wie es Helmut Kohl formulierte – „sich der größeren Verantwortung für die Wahrung des Weltfriedens in Kooperation mit UN, EU und NATO zu stellen" (zit. nach Knapp 2007: 733). Es war aus dieser Perspektive konsequent, einen Sitz im VN-Sicherheitsrat für Deutschland zu reklamieren (siehe zur VN-Politik den Beitrag von Johannes Varwick in diesem Band). Insbesondere der damalige Außenminister Klaus Kinkel betonte bei vielen Gelegenheiten, dass die Bundesregierung nach einem Sitz im Sicherheitsrat strebe (Knapp 2007: 743). Damit war ein klares außenpolitisches Interesse definiert. Um diesen Anspruch zu untermauern, war die Aufgabe der historisch und gesellschaftlich verankerten restriktiven Haltung zu Auslandseinsätzen erforderlich. Mit seinem Urteil vom Juli 1994 schuf das Bundesverfassungsgericht die Voraussetzungen für eine aktive Rolle der Bundeswehr bei Auslandseinsätzen. In den folgenden Jahren nahm Deutschland an einer zunehmenden Zahl von Einsätzen Teil (vgl. Tab. Knapp 2007: 735-737, siehe dazu auch den Beitrag von Sven Bernhard Gareis in diesem Band). Die rot-grüne Bundesregierung hielt am Ziel eines Sitzes im VN-Sicherheitsrat fest und brachte 2005 zusammen mit Brasilien, Indien und Japan einen entsprechenden Resolutionsentwurf in die VN ein. Der Widerstand der ständigen Mitglieder, vor allem von Seiten der USA und Chinas, verhinderte jedoch alle Reformen des VN-Sicherheitsrates, und die deutsche Politik lief ins Leere. Zwar ist das Ziel nicht aufgegeben worden, doch mittlerweile wird es nicht mehr mit Nachdruck verfolgt.

Die Definition des neuen außenpolitischen Ziels war begleitet von einem zunehmenden Engagement bei Friedensmissionen und besaß auch deutliche Auswirkungen auf die Entwicklungspolitik, denn vor allem die Konfliktnachsorge und die langfristige Konfliktprävention (oft auch in vielen Dokumenten weniger konkret als „Krisenprävention" bezeichnet) waren mit primär militärischen Mitteln nicht zu leisten, sondern bedurften der Instrumente aus der Entwicklungszusammenarbeit.

3 Gewaltsame Konflikte als Herausforderung für die Entwicklungspolitik

Entgegen den Hoffnungen auf eine friedlichere Welt im Sinne einer „neuen Weltordnung" und einer „Friedensdividende" nach dem Ende des Ost-West-Konflikts 1990 nahmen in den folgenden Jahren die Anzahl und Intensität von primär innerstaatlichen Gewaltkonflikten stark zu. Der Weltbank-Bericht 2011 nennt für die 1990er Jahre die seit 1945 historisch einmalig hohe Zahl von 91 (neuen) gewaltsamen Konflikten (World Bank 2011: 3). Mit dem Zerfall Jugoslawiens nach 1991 und den damit einhergehenden äußerst grausamen, ethnisch geprägten Bürgerkriegen berührten Krieg und Gewalt auch Westeuropa. Noch weitaus extremere Ausmaße besaß der Völkermord in Ruanda, bei dem zwischen 750.000 und einer Million Tutsi und moderate Hutu ermordet wurden. Schätzungen zufolge waren in Afrika im Jahr 2000 die Hälfte der afrikanischen Staaten und ca. 20% der Bevölkerung Afrikas von den unmittelbaren oder mittelbaren Auswirkungen von Gewaltkonflikten betroffen (Matthies 2008: 250). Der politische Schock im Westen saß tief und führte in Deutschland zu einem Überdenken der bisherigen Politik gegenüber humanitären Interventionen. Von Herfried Münkler (Münkler 2002) wurden die Gewaltexzesse mit dem Begriff der „Neuen Kriege" erklärt. Die neuen Kriege, die oft mit dem Dreißigjährigen Krieg (1618-1648) verglichen werden, weisen keine klaren Fronten auf, und die Konfliktakteure sind keine regulären Armeen, sondern oftmals „private" Gewaltakteure wie Milizen, Warlords, Söldner und Kriminelle (vgl. zum Umgang der EZ mit nichtstaatlichen Gewaltakteuren Grävingholt/Hofmann/Klingebiel 2007; zu den Neuen Kriegen auch den Beitrag von Stephan Böckenförde in diesem Band) mit dem Ziel, Macht – weniger im Sinne politisch und gestalterischer Macht, sondern im Sinne der alleinigen Verfügungsgewalt über Ressourcen (Rohstoffe), Territorium und Menschen – zu erringen. In diesen „neuen" Kriegen gilt nicht das humanitäre Völkerrecht: Terror und Verbrechen gegen die Bevölkerung (z. B. Massenvergewaltigungen) sind bewusst eingesetzte Mittel, um Angst und Schrecken zu verbreiten und die ortsansässige Bevölkerung zur Flucht zu zwingen. Die „neuen Kriege" finden vor allem in zerfallenden Staaten statt, in denen das Gewaltmonopol nicht mehr exklusiv beim Staat oder bei Zentral- oder Regionalregierungen liegt. Der Prozess des Staatszerfalls kann bis hin zur vollständigen Auflösung des staatlichen Gewaltmonopols führen (beispielsweise in Somalia ab 1991). Das Desinteresse der Staatengemeinschaft an vielen Ländern nach dem Ende des Ost-West-Konflikts und die leichte Verfügbarkeit von Waffen und Handelsmöglichkeiten begünstigten die Entstehung staatfreier und rechtsfreier Räume, in denen Gewalt herrscht. Beispiele finden sich vor allem auf dem afrikanischen Kontinent: Die DRC, Liberia und Sierra Leone stehen für geradezu „anomische" Verhältnisse. Staatszerfall und die damit einhergehenden „neuen Kriege" führen zu unsäglichem, menschlichem Leid durch Gewalt und zum Zusammenbruch der Lebensmittelversorgung, der sozialen Infrastruktur wie Gesundheitsfürsorge und Bildungssystem. Ein bewaffneter Konflikt kann die Entwicklung eines Landes um Jahrzehnte zurückwerfen und vernichtet im wahrsten Sinne des Wortes auch die Ergebnisse der bisher geleisteten Entwicklungszusammenarbeit. Die Weltbank stellt fest, dass in fragilen gering entwickelten Ländern und in Ländern mit Gewaltkonflikten kein einziges Ziel der Millennium Development Goals erreicht worden sei (World Bank 2011: 5). Über diesen direkten Zusammenhang zwischen Entwicklungschancen und Gewalt bzw. Krieg ist herrscht mittlerweile Konsens, auch wenn Unterwicklung auch durchaus andere oder zusätzliche Gründe haben kann (wie ungünstige klimatische, demografische und historische Bedingungen oder politisches Missmanagement). Der Weltbank-Bericht bestätigte auch erneut die Erkenntnis, dass ein Zusammenhang zwischen der sozio-ökonomischen Lage der Bevölkerung und der Bereitschaft, zu Gewalt zu greifen, besteht. Die in Umfragen am häufigsten genannten Gründe, sich einer Bande oder einer Miliz anzuschließen, waren Arbeitslosigkeit und Unterbeschäftigung. Hinzu kommen große soziale Unterschiede als Konfliktursache (World Bank 2011: 2).

Nach Angaben der Weltbank ist zwar die Zahl der Konflikte im Jahrzehnt nach der Jahrtausendwende auf 39 in diesem Jahrzehnt ausgebrochene Konflikte deutlich zurückgegangen (wenngleich das Heidelberger Konfliktbarometer in der Regel höhere Zahlen angibt; siehe HIIK 2001), jedoch nicht die Zahl der Menschen, die potenziell von Gewalt und Konflikt bedroht sind: „Violence and conflict have not been banished: one in four people on the planet, more than 1.5 billion, live in fragile and conflict affected states or in countries with very high levels of criminal violence" (Worldbank 2011:). Die Analysten der Weltbank argumentieren, dass Gewalt und Konflikt sich in zahlreichen Staaten „zyklisch" entfalten: Da die Rahmenbedingungen in diesen Staaten fragil sind, brechen Konflikte und Gewalt von Zeit zu Zeit – häufig nach langen Perioden des Friedens – immer wieder auf. Die Weltbank betont weiter, dass diese Konflikte auch desaströse Auswirkungen auf Nachbarstaaten und ganze Regionen haben können.

Die Zahl der Konflikte ging nach dem Höhepunkt Mitte der 1990er Jahre zurück, allerdings sind die Angaben zum Ausmaß des Rückgangs unterschiedlich. Das Heidelberger Konfliktbarometer 2012 geht von 43 massiv gewaltsamen Konflikten für das Jahr 2012 aus (HIIK 2012: 2), was im langfristigen Mittel der letzten Jahrzehnte liegt. Im interregionalen Vergleich verzeichnet das Forschungsinstitut – dessen Zuordnung zu bestimmten Konflikttypen allerdings nicht unumstritten ist (siehe zur Methodik HIIK 2012: 120f.) – die meisten Konflikte mit hoher Intensität in Afrika (19 von 90 insgesamt), wohingegen die Region Asien/Ozeanien 128 Konflikte (meist im Bereich geringer und mittlerer Intensität) aufweist (ebd. 4).

Als Reaktion auf die Zunahme an Gewaltexzessen nahm auch die Anzahl militärischer humanitärer Interventionen zu. Die häufig von den VN legitimierten Interventionen vor allem westlicher Staaten wurden erst nach negativen Erfahrungen in Somalia und Jugoslawien effizienter und reflektieren einen schwierigen Lernprozess der externen Akteure. Die Bilanz der humanitären Interventionen fällt sehr gemischt aus. Es gelang in der Regel zwar, die gewaltsamen oder kriegerischen Auseinandersetzungen zumindest vorübergehend einzudämmen, doch flammte die Gewalt sporadisch wieder auf (z. B. im Kosovo). Die Missionen bezogen im Laufe der Zeit stärker zivile Komponenten ein und berücksichtigten Maßnahmen der EZ für die Zeit nach Ende der Kampfhandlungen. Das UN Department of Peace Keeping Operations (DPKO) unterhält zurzeit (Ende 2013) 15 Missionen und listet Dutzende von früheren Militärmissionen der VN auf (United Nations, Past Peacekeeping Operations). Hinzu kommen noch Missionen von Regionalorganisationen wie der EU, der Afrikanischen Union und anderer Organisationen wie z. B. der NATO. Im Verlaufe der Jahrzehnte veränderten sich dabei die Struktur, die Mandate und damit der Charakter der Missionen, die immer komplexer wurden. Allerdings sind Gesamtkonzepte mit einer klaren Prioritätensetzung von Maßnahmen und klare Abstimmung zwischen verschiedenen Akteuren und ihren Strategien und Instrumenten eher die Ausnahme. Eine Arbeitsteilung zwischen den staatlichen und nichtstaatlichen (NGO, internationalen Organisationen) Akteuren findet, wenn überhaupt, in der Praxis meistens erst nach Ende der Gewalthandlungen nach langwierigen Abstimmungsprozessen statt.

3.1 Die Erosion von Staatlichkeit und Staatszerfall als komplexe Herausforderung

In Politik und Wissenschaft begann eine bis heute nicht abgeschlossene Debatte um Ursachen, Phasen und Charakteristika des Zerfalls staatlicher Strukturen (zum Überblick über die Literatur siehe Mair/Petretto 2008 und zur thematischen Einführung zum Staat in der Dritten Welt Mols 2010) sowie um die Ursachen der exzessiven Gewalt. Die von der Forschung diskutieren Gründe sind vielfältig: Ethnizität, mangelnde Legitimität politischer Herrschaft als Ergebnis von autoritärer Herrschaft, Misswirtschaft, Korruption oder schlichtweg Unfähigkeit der staatlichen Handelnden. In der Diskussion lassen sich häufig Ursache und Wirkung bzw. Folgen nicht eindeutig bestimmen, denn diese Faktoren können auch Folgen des Staatszerfalls sein. Häufig übersehen wird, dass schwache Staatlichkeit kein neues Phänomen, sondern strukturell in vielen Staaten, insbesondere in Afrika, nach Erlangung der Unabhängigkeit von Kolonialmächten angelegt ist. Robert Jackson (1986) prägte den Begriff der „quasi-states", die zwar über völkerrechtliche Souveränität verfügten, aber häufig weder über Legitimität noch die Fähigkeiten und häufig auch nicht eine Entwicklungsorientierung sowie den notwendigen politischen Willen aufwiesen, auf die Bedürfnisse der Bevölkerung einzugehen und die Länder zu entwickeln. Die Kontrolle des Territoriums durch die Regierung in *quasi-states* erstrecke sich lediglich häufig auf die Hauptstadt und zentrale Einrichtungen. Die Souveränität dieser Staaten weise letztlich keine Substanz auf, sondern viele Staaten würden von außen – durch Kredite, militärische Unterstützung und Entwicklungszusammenarbeit – am Leben erhalten. Mit dem Ende des Ost-West-Konflikts zogen sich die Sowjetunion nahezu völlig, aber auch in Teilen die USA aus zahlreicher Ländern zurück. Angesichts der dramatischen Ereignisse in Osteuropa, des Endes der Sowjetunion, der deutschen Wiedervereinigung und des ersten Golfkriegs wurde den Entwicklungen vor allem in Afrika (auch, weil hier nur vereinzelte Wirtschaftsinteressen bestanden) kaum noch politische Aufmerksamkeit zuteil.

Zahlreiche afrikanische Regierungen waren ohne externe Unterstützung nicht mehr in der Lage, die politische Stabilität zu garantieren, und weite Teile der Bevölkerungen begannen gegen die Despoten und ihre fast ausnahmslos schlechte Entwicklungsbilanz zu protestieren. In vielen Fällen wurden dadurch Demokratisierungsprozesse eingeleitet, die zumindest teilweise erfolgreich waren (Benin, Sambia etc.). In anderen Fällen gelang der Übergang zu einem demokratischeren System jedoch nicht, und die Länder entwickelten sich günstigstenfalls zu instabilen defekten Demokratien.

Staatszerfall oder auch die Erosion von Staatlichkeit wird zunehmend nicht nur als extreme humanitäre Notlage, sondern auch als Sicherheitsproblem wahrgenommen. In den ressortübergreifenden Leitlinien zu fragilen Staaten der primär relevanten Ministerien in Deutschland (AA, BMVg, BMZ) heißt es dazu: „Heute sind vor allem schwache staatliche Gebilde eine große Herausforderung für die globale Sicherheit. Sie bilden grenzüberschreitende Destabilisierungspotentiale, dienen als Umschlagplätze für illegalen Waffen-, Drogen-, Menschen- und Kulturguthandel, als Rückzugsräume für terroristische Netzwerke, und sie bedrohen den legalen Handelsverkehr" (AA, BMVg, BMZ 2012: 2). Diese Annahmen bezüglich der kriminellen Potenziale stützen sich auf die Erfahrungen in „staatsfreien" Räumen wie z. B. der DRC, Sierra Leone, Liberia, Mexiko (regional) oder jüngst Mali. Am Beispiel Somalia lassen sich die Auswirkungen des Staatszerfalls auf die internationale Sicherheit aufzeigen. Durch Kaperung von Schiffen und Geiselnahmen am Horn von Afrika erpressten somalische Piraten laut einer Studie der Weltbank und der VN allein zwischen 2005 und 2012 die Summe von 413 Mill. US-Dollar. Der wirtschaftliche Schaden betrug durch die diversen Sicherheitsmaßnahmen, Alternativrouten für Schiffe etc. schätzungsweise 18 Mrd. US-Dollar. Die Abwesenheit einer Zentralregierung in Somalia führte auch zu einem Anstieg des Terrorismus, der sich häufig durch Entführungen finanziert. Nach den Militäreinsätzen Kenias in Somalia unternahm die radikale islamistische al-Shabaab-Miliz Entführungen im Grenzgebiet und spektakuläre Anschläge in der Hauptstadt Nairobi, bei denen bei einem Anschlag im Oktober 2013 in einem Einkaufszentrum 70 Menschen starben.

Das Argument, dass schwache oder nicht vorhandene Staatlichkeit Terroristen Rückzugsräume (Basen, Trainingsmöglichkeiten) bietet, bezieht sich zumeist auf Afghanistan oder den Irak. Die Erfahrungen demonstrierten auch, dass ein Ignorieren der staatsfreien Räume hohe Risiken birgt (die Anschläge in New York wären ohne die Aktivitäten Bin Ladens in Afghanistan nicht möglich gewesen). Staatsferne Räume, in denen private Gewaltakteure herrschen, bedeuten langfristig zumindest die Gefährdung der eigenen Sicherheit. Die Globalisierung ist auch eine Globalisierung krimineller und terroristischer Aktivitäten, vor denen sich weder die USA noch Europa abschotten können. Nicht eigens in den Leitlinien für die Politik gegenüber fragilen Staaten erwähnt, aber von großer Bedeutung für die staatliche und regionale Stabilität sind Flüchtlingsströme, die ganze Regionen innerhalb des Landes oder die Nachbarstaaten überfordern können. Im Falle afrikanischer Staaten ist es möglich, dass die Migration nach Europa durch die Auswirkungen von Kriegen und Gewalt noch zusätzlich steigt. Nicht erwähnt wird auch die akute Gefährdung deutscher Staatsbürger.

3.2 Statebuilding von außen?

Francis Fukuyama (2006) betrachtet den Staatsaufbau mit Hilfe von außen als eine der zentralen Herausforderungen im 21. Jahrhundert. Er entwirft beim Staatsaufbau ein abgestuftes Konzept auf der Basis von Konzepten der Weltbank im Hinblick auf die Erfüllung spezifischer Funktionen eines Staates (Fukuyama 2006: 22-24). Als Minimalfunktionen eines Staates gelten: Bereitstellung rein öffentlicher Güter, Verteidigung, Recht und Ordnung, Garantie von Eigentumsrechten, gesamtwirtschaftliche Politik, öffentliche Gesundheit, Verbesserung von Gleichheit und Schutz der Armen (ebd. 23). Um diese „Minimalfunktionen" zu erfüllen, bedarf es effektiver Institutionen und eines handlungsfähigen Staates, d. h. eines Staates, der in der Lage ist, „effective governance" zu praktizieren. Fukuyama geht von einem breiten Institutionenbegriff aus, indem er sowohl formale Institutionen (in politischen Systemen und der Verwaltung) als auch informelle Institutionen (im Bereich Werte und Normen) berücksichtigt. Institutionen können dabei nur bedingt von außen transferiert werden und kaum, etwa über Konditionalitäten, erzwungen werden.

Fukuyamas Ansatz ist letztlich optimistisch, und die Erfüllung der von ihm als Minimalfunktionen bezeichneten staatlichen Funktionen ist aus der Perspektive der Entwicklungszusammenarbeit schon ambitioniert, da es in vielen Fällen auch nach 40 Jahren Außenunterstützung hier klare Defizite gibt. Angesichts der Situation in Staaten wie Somalia, Liberia und Sierra Leone ist offensichtlich, dass es umfassender militärischer und ziviler Ressourcen bedarf, um auch nur ein funktionierendes Gemeinwesen aufzubauen, das Sicherheit, Ordnung und zumindest eine Grundversorgung der eigenen Bevölkerung garantieren kann. Hinzu kommt, dass die Maßnahmen eine sehr lange Laufzeit haben müssen und eine umfassende Koordination zwischen verschiedenen Gebern und Durchführungsorganisationen verlangen. Unklarheit herrscht in der internationalen Diskussion auch darüber, welche Bereiche prioritär sind. Dabei präferieren die meisten Autoren die Herstellung von Recht und Ordnung, oder anders ausgedrückt: ein funktionierendes Gewaltmonopol als elementare Voraussetzung für alle weiteren Schritte. Aus dieser Perspektive wäre die Aufbauarbeit in Afghanistan verfrüht gewesen.

4 Die Neuausrichtung der Entwicklungspolitik als Krisenpolitik

Die Zunahme an gewaltsamen Konflikten und innerstaatlichen Kriegen, das Verschwinden der globalen Blockkonfrontation und die Zunahme an externen Interventionen waren zentrale Ursachen für die partielle Neuausrichtung der deutschen Entwicklungspolitik als Mittel der Konfliktbearbeitung, wobei erneut internationale Organisationen und die EU eine wichtige Rolle für die Formulierung einer Politik zur Konfliktprävention spielten (vgl. Council of the European Union 1997). Die Erkenntnis des negativen Zusammenhangs zwischen Kriegen oder gewaltsamen Auseinandersetzungen und Entwicklung war dabei keineswegs neu. Willy Brandt hatte bereits im Kontext des Ost-West-Konflikts formuliert: "Frieden ist nicht alles, aber ohne Frieden ist alles nichts". Obwohl der Satz im Grund genommen selbstverständlich ist, dauerte es bis in die 1990er Jahre, bis dieser Erkenntnis die Entwicklungspolitik folgte. Der bis heute keineswegs abgeschlossene Umbau der Entwicklungspolitik zu einer stärker auf Konflikt- und Krisenpolitik ausgerichteten Politik erfolgt zwar unter Beibehaltung der traditionellen Ziele, Prinzipien und Instrumente, die allerdings mit der neuen Politik und den ihr inhärenten Instrumenten abgestimmt oder neujustiert werden müssen. Dieser Prozess läuft seit fast zwei Jahrzehnten und hat zu zahlreichen Veränderungen beigetragen.

Zwar gab es im Verlauf der fünfzigjährigen Geschichte des BMZ immer wieder Überlegungen, Frieden und Sicherheit stärker in der Entwicklungspolitik zu berücksichtigen, doch wurden weiterreichende Konzepte erst in der Amtszeit von Heidemarie Wieczorek-Zeul als Ministerin (1998-2009) entwickelt. Den zeitgeschichtlichen Hintergrund bildeten die Erfahrungen mit dem Kosovo-Konflikt, die erneut aufzeigten, dass die internationale Gemeinschaft nicht in der Lage war, die Intensität eines Konflikts vorab zu erkennen, und daher eine teure und politisch riskante und aus Völkerrechtsperspektive problematische Intervention beginnen musste (Mehler/Dückers 2007: 229). Entwicklungspolitik wurde von der Ministerin als zivile Konfliktprävention verstanden: „Die Ursachen solcher Konflikte sind so komplex wie ihre Akteure zahlreich. Militärische „Lösungen" sind allzu häufig keine Lösungen. Um diese Konflikte auf Dauer friedlich zu lösen und Sicherheit für die Menschen in den betroffenen Ländern zu gewährleisten, müssen wir auf zivile und präventive Ansätze setzen. Hier ist die Entwicklungszusammenarbeit gefordert" (BMZ 2006: Vorwort). Konzeptionell bedeutend war die Aufstellung des Aktionsplans der Bundesregierung „Zivile Krisenprävention, Konfliktlösung und Friedenskonsolidierung" (Bundesregierung 2004). Dieses umfangreiche Dokument bildete den Rahmen für die Konfliktbearbeitung (siehe dazu auch den Beitrag von Stephan Böckenförde in diesem Band) und stellt bis heute die Grundlage für die deutsche Politik dar. Dabei wurde ein unmittelbarer Zusammenhang zwischen Entwicklungspolitik und Sicherheit hergestellt. Unterentwicklung, sichtbar an Armut, Hunger und Umweltzerstörung, wurde als strukturelle Konfliktursache verstanden. Aus Sicht des BMZ sollte die Entwicklungspolitik nicht nur konfliktpräventiv durch Abbau struktureller Konfliktursachen einen Beitrag leisten, sondern durch die Unterstützung von Akteuren, die sich für eine friedliche Konfliktbeilegung einsetzen, auch in bereits ausgebrochenen Konflikten aktiv werden (BMZ 2005). Nach Beendigung der Kampfhandlungen in der Post-Konflikt-Phase sollten die Schwerpunkte dann auf Wiederaufbau, Reintegration von Flüchtlingen und Kombattanten und Aufarbeitung der Kriegsvergangenheit und Menschenrechtsverletzungen liegen. Alle Maßnahmen sollten „konfliktsensibel" sein und damit dem *Do-No-Harm*-Prinzip folgen. Mit diesem von Mary B. Anderson entwickelten Grundsatz ist gemeint, dass vor allem externe Akteure die Folgen der Entwicklungszusammenarbeit und humanitären Hilfe auf nicht-intendiere Wirkungen hin überprüfen (so kann beispielsweise Nahrungsmittelhilfe unter Umständen zur Konfliktverlängerung beitragen, wenn Konfliktparteien darauf direkten Zugriff erlangen können).

Seit Mitte der 1990er Jahre wurde der Sicherheitsbegriff durch die starke Fokussierung auf die Konfliktbearbeitung erheblich erweitert. Der Aktionsplan der Bundesregierung definierte die Konfliktbearbeitung als „Querschnittaufgabe" hauptsächlich zwischen den drei Ressorts AA, BMVg und BMZ. Auf Seiten des BMZ begann man damit, die Programme und Länderkonzepte an den Zielen Konfliktprävention und Friedenskonsolidierung auszurichten. Die Durchführungsorganisationen, vor allem die GTZ, schufen umgehend neue Programme („Sektorvorhaben"). Zahlreiche ressortübergreifende Abstimmungsmaßnahmen und Gesprächskreise wurden ins Leben gerufen, doch gelang es nicht, ein bereits im Jahr 2000 vorgeschlagenes Gesamtkonzept zur Konfliktbearbeitungspolitik zu entwickeln. Zwischen dem BMZ und dem AA auf der einen Seite und Forschungsinstituten auf der anderen Seite wurden enge Kontakte aufgebaut. Dies zeigt sich in zahlreichen Tagungen, auf denen Vertreter der Ministerien und einiger Forschungsinstitute die unterschiedlichen Erfahrungen und Handlungsperspektiven austauschen (Blanke 2004). Eine wichtige Rolle spielte dabei neben der Stiftung Wissenschaft und Politik (SWP) die Bundesakademie für Sicherheitspolitik (BAKS) und insbesondere das Deutsche Institut für Entwicklungspolitik (DIE), dessen Konzepte in die Grundsatzpapiere eingingen.

Mit der Gründung des Zivilen Friedensdienstes (ZFD) wurde ein neues Instrument sowohl zur Konfliktprävention als auch zur Friedenskonsolidierung geschaffen. Dabei suchte das BMZ den Schulterschluss mit NGO (vgl. zum ZFD ausführlicher unten). Es gelang der durchsetzungsstarken Ministerin, für das Ministerium 1998 einen Sitz im Bundessicherheitsrat zu erhalten und damit an Entscheidungen über Rüstungsexporte beteiligt zu werden. Der Sitz bedeutete eine Aufwertung der Entwicklungspolitik gegenüber anderen Ressorts. Das Verhältnis zwischen Militär und EZ blieb aber aus parteipolitischen Gründen (die Ministerin stand dem linken Parteiflügel der SPD nahe) eher distanziert. In den zahlreichen Konzeptionen und Grundsatzpapieren spielten militärische Fragen kaum eine Rolle. Angesichts der Erfahrungen in Afghanistan und in der DRC war dies jedoch problematisch.

Keine Berührungsängste mit der militärischen Dimension hatte der Nachfolger Dirk Niebel (FDP), der häufig demonstrativ mit Bundeswehrkäppi bei Reisen auftrat und die Nähe zur Truppe suchte. Die bisherigen sicherheitspolitischen Konzepte der Entwicklungspolitik wurden von Dirk Niebel im BMZ und den neuen Ministern im Außen- und Verteidigungsressort fortgeführt und erweitert.

Das BMZ sieht seit Ende der 1990er Jahre in Übereinstimmung mit internationalen Organisationen Kriege und gewaltsame Konflikte als eines der größten Entwicklungshemmnisse. Besondere Aufmerksamkeit erfahren fragile Staaten. In fragilen Staaten besteht die Gefahr des Ausbruchs von gewaltsamen Konflikten, die im Extremfall zur Auflösung von Staatlichkeit führen können. Ziel nicht nur der deutschen Politik ist es daher, die Fragilität von Staaten bereits vor dem Ausbruch von Gewalt zu erkennen und präventiv tätig werden zu können. Die Entwicklung von Konzepten zur Krisenpolitik orientierte sich zunächst an der Unterscheidung in drei idealtypische Phasen:

- Konflikt- bzw. Krisenprävention, um den Ausbruch von Gewalt und damit die Eskalation von einem latenten zu einem manifesten Konflikt zu verhindern. Hier kann auf ein breites Spektrum an entwicklungspolitischen und diplomatischen Instrumenten zurückgegriffen werden, um Konfliktpotenziale zu reduzieren und Akteure aus den gefährdeten Ländern zu beeinflussen.
- Konflikt- bzw. Krisenbearbeitung beginnt nach dem Ausbruch der Gewalt. Sie umfasst ebenfalls diplomatische Instrumente (Vermittlung) als auch im Falle exzessiver Gewalt

die Androhung oder den Einsatz militärischer Gewalt. In dieser Phase besitzen die traditionellen Instrumente der EZ nur begrenzte Bedeutung.
- Konfliktnachsorge (Post-Conflict Peacebuilding) beginnt nach dem Ende der Gewalt. Sie kann unter Umständen jahrzehntelang dauern und stellt eine extrem komplexe Aufgabe dar. Zunächst geht es darum, den Opfern der Gewalt zu helfen und Nothilfe (humanitäre Hilfe, Aufbau einer Basisversorgung) zu leisten. Langfristig ist das Ziel der Aufbau dauerhafter Strukturen. Im politischen Bereich geht es darum, den Aufbau möglichst inklusiver legitimer Institutionen und Verfahren zu fördern. Im ökonomischen Bereich müssen Bedingungen für wirtschaftliches Wachstum geschaffen werden. Die Reintegration von Kombattanten und die langfristige Versöhnung ehemaliger Gegner sind wesentliche Aufgaben im gesellschaftlichen Bereich.

Zu dieser geradezu klassischen Trias ist in den letzten Jahren die Übergangshilfe gekommen (vgl. unten), die ganz am Beginn der Konfliktnachsorge steht. In den meisten neueren Papieren des BMZ wird konzeptionell nicht mehr zwischen den drei Phasen unterschieden werden. Die folgenden Ausführungen stützen sich auf die Analyse der aktuellen BMZ-Konzeptionen (BMZ 2013a, 2013b, 2013c).

4.1 Die Relativierung des Paradigmas der Konfliktprävention

Als Leitidee, die in zahlreichen Dokumenten ausgeführt und ständig erweitert wurde, besaß die Konfliktprävention durchaus folgende konkrete Folgen (vgl. Mehler/Dückers 2007: 229-235):

- Erstellung eines Krisenindikatorenkatalogs durch das BMZ,
- Förderung des Kofi Annan International Peacekeeping Training Centre in Accra/Ghana und damit Unterstützung des afrikanischen Peacekeepings,
- Einrichtung eines „Ressortkreises zivile Konfliktprävention" zur interministeriellen Kooperation mit zahlreichen konzeptionellen Innovationen.

Insgesamt lassen sich konzeptionelle und institutionelle Fortschritte in einem relativ kurzen Zeitraum konstatieren. Trotzdem ziehen Mehler/Dückers (2007: 236) ein eher negatives Fazit, da die finanzielle Ausstattung für Konfliktprävention gering blieb und keine umfassende Konfliktanalyse vorgelegt wurde. In den neueren Papieren des BMZ taucht der Begriff deutlich seltener auf, oder es wird der Konfliktprävention deutlich weniger Raum gewidmet; hingegen konzentriert sich die Aufmerksamkeit in den letzten Jahren vor allem auf fragile Staaten. Deutschland folgt mit dieser Veränderung rhetorisch und konzeptionell der internationalen Diskussion und damit ihren Aufmerksamkeitskonjunkturen. Für Mehler/Dückers (2007: 236) wurde mit der Aufgabe von Konfliktprävention als Leitbegriff eine Chance vertan, ein klares außenpolitisches Interesse zu definieren und umzusetzen und damit die Entwicklungszusammenarbeit nicht nur mit „Altruismus" zu legitimieren (ebd.). Die eher konzeptionelle als substantiell-inhaltliche Aufwertung der Konfliktprävention hat ein strukturelles Dilemma von Konfliktprävention gar nicht erst aufkommen lassen: Wie kann man eindeutig belegen, dass Maßnahmen nicht zum Ausbruch eines Konfliktes führten? Diese schwierige Beweisführung erklärt auch die in der Praxis seltene praktische Anwendung (wie z. B. in Mazedonien) der durchaus vorhandenen Analysen und Konzepte in der Konfliktprävention durch Regierungen und internationale Organisationen.

4.2 Die aktuelle BMZ-Strategie

„Außen-, Sicherheits- und Entwicklungspolitik (...) gehen in fragilen Staaten Hand in Hand" (BMZ 2013a: 11).

Im April 2013 veröffentlichte das BMZ ein umfangreiches Strategiepapier mit dem Titel „Entwicklung für Frieden und Sicherheit. Entwicklungspolitisches Engagement im Kontext von Konflikt, Fragilität und Gewalt" (BMZ 2013b). Es ersetzte das bisherige übersektorale Konzept zur Krisenprävention aus dem Jahre 2005 (BMZ 2005), integrierte aber zahlreiche Argumente der bisherigen Strategie und nahm Bezug auf neuere BMZ-Papiere und Studien internationaler Organisationen. Erneut wird deutlich, in welch hohem Ausmaß sich die deutsche Entwicklungspolitik an internationalen Trends orientiert. Das Konzept bezieht sich auf die Ländergruppe der fragilen Staaten unter den 50 Kooperationsländern, mit denen bilaterale Verträge bestehen (mit weiteren Ländern wird im Rahmen multilateraler Programme zusammengearbeitet) (BMZ Länderliste), und ist für die staatlichen Institutionen verbindlich, für andere Akteure wie NRO wird es als Orientierung empfohlen.

In diesem Konzept werden zunächst die Herausforderungen beschrieben und dann einzelne Handlungsfelder benannt. Das BMZ geht davon aus, dass etwa die Hälfte der 50 Kooperationsländer als fragil gelten können oder unter gewaltsamen Konflikten leiden. Das Ministerium benennt eine ganz Reihe möglicher Konflikt- und Gewaltursachen in fragilen Staaten. Dazu zählen eingeschränkte oder nicht existente Repräsentations- und Partizipationsmöglichkeiten für die Bevölkerung, dysfunktionale Folgen von Entwicklungsanstrengungen (z. B. Verschärfung sozialer Disparitäten) und mangelnde staatliche Dienstleistungen (BMZ 2013b: 12). Erwähnt werden auch eine hohe Anzahl von Jugendlichen ohne Beschäftigungsmöglichkeiten und eine ungerechte Verteilung von Rohstoffexportgewinnen. Mit diesem Ursachenkatalog greift das Ministerium neuere Forschungsergebnisse auf (Collier 2010).

Das BMZ argumentiert ferner, dass auch globale Entwicklungen wie Klimawandel, organisierte Gewalt etc. Staaten und Gesellschaften destabilisieren können. Als logische Folge wird betont, dass diesen Problemen mit entwicklungspolitischen Instrumenten allein nicht begegnet werden kann, sondern außen- und sicherheitspolitische Maßnahmen erforderlich seien (BMZ 2013b: 13). Das BMZ orientiert sich aktuell im Bereich Frieden und Sicherheit am Weltentwicklungsbericht des Jahres 2011 mit dem Titel „Conflict, security and development" (Worldbank 2011).

So vielfältig die Ursachen für Konflikt und Fragilität sind, so unterschiedlich sind auch die verschiedenen Ansatzpunkte und Maßnahmen. In den einschlägigen Dokumenten finden sich folgende Instrumente:

- Förderung von Demokratisierung, Einhaltung von Menschenrechten, Rechtsstaatlichkeit und Good Governance werden dabei als Elemente von Konfliktprävention und Konfliktnachsorge interpretiert. Auffällig ist in den verschiedenen BMZ-Papieren (wie auch in EU-Dokumenten), dass der Begriff der „Demokratisierung" kaum Verwendung findet, sondern stattdessen von politischer Teilhabe oder von Good Governance die Rede ist. Dabei ist der Begriff von Good Governance zweidimensional angelegt: Zum einen werden in der normativen Dimension grundsätzliche Werte wie Menschen- und Bürgerrechte, Demokratie und Rechtsstaatlichkeit benannt, zum anderen in der eher technisch-administrativen Dimension Management öffentlicher Finanzen und Korruptionsbekämpfung.
- Entwicklung von Kapazitäten zur Konfliktbeilegung, die an „traditionelle Mechanismen" (BMZ 2013b: 13) anknüpfen, sowie Förderung von Friedenserziehung. Letzteres wird auch als Aufgabe von Medien verstanden.
- Maßnahmen zu Aufbau und Stärkung regionaler Sicherheitsstrukturen. Hier wird ausdrücklich die Unterstützung für die Afrikanische Sicherheitsarchitektur der Afrikanischen Union (AU) angesprochen, die vor allem von der EU geleistet wird.

- Unterstützung von Demobilisierung von Soldaten und Rückkehrförderung von Flüchtlingen. Die Bereiche umfassen eine ganze Reihe von Einzelmaßnahmen, wozu auch die Arbeit mit in Folge von Gewalterfahrungen Traumatisierten gehört.

Angesichts der sehr unterschiedlichen Situationen vor Ort identifiziert das BMZ verschiedene Typen von Ländern anhand der Unterscheidungskriterien „staatliche Leistungsfähigkeit", „Legitimität" und „Gewaltniveau". Den fünf Ländertypen wird dann jeweils eine spezifische Mischung aus Handlungsfeldern zugeordnet (BMZ 2013b: 16). Zwar ist das konzeptionell und heuristisch sinnvoll, doch werden den Typen weder Staaten noch auf Seite der Handlungsfelder Instrumente zugeordnet.

Im Unterschied zu vielen früheren Papieren ist eine deutliche Vorsicht oder sogar Skepsis gegenüber der Wirksamkeit der Politik zu spüren. Auf vier Seiten werden Dilemmata und Probleme geschildert. Dies reflektiert die bisherigen Erfahrungen, indem ausdrücklich und ausführlich auf mögliche Schwierigkeiten eingegangen wird. So heißt es mit einem etwas resignativen Unterton, dass es gelte, „realistische Ziele zu formulieren und Misserfolge in Kauf zu nehmen" (BMZ 2013b: 18). Das Do-no-harm-Prinzip wird als übergreifende Orientierungslinie nochmals bestätigt, und es wird für ein kontextsensibles Engagement geworben. Betont wird die Notwendigkeit eines langfristigen Engagements als Erfolgsfaktor.

Neben den traditionellen Instrumenten – Finanzielle (FZ) und Technische Zusammenarbeit (TZ) und Ziviler Friedensdienst ZFD – wurde die strukturbildende Übergangshilfe geschaffen (vgl. den folgenden Abschnitt). Die Länderkonzepte als die wichtigsten Steuerungsinstrumente werden beibehalten, aber es wird durch systematische Konfliktanalyse (Peace and Conflict Assessment) stärker auf die Konfliktproblematik abgestellt. Alle Vorhaben werden mit drei unterschiedlichen Kennungen versehen, die den Grad der Relevanz für das Ziel „Frieden und Sicherheit" bestimmen (BMZ 2013b: 28-30). Bei der höchsten Stufe (FS 2) ist ein Beitrag zu Frieden und Sicherheit das zentrale Ziel einer Maßnahme, bei FS 0 besteht kein Zusammenhang.

Die Konfliktbearbeitungspolitik stellt hohe Anforderungen an Kooperation. Erstens bedarf sie der Partner im Zielland, wozu neben der Regierung vor allem zivilgesellschaftliche Kräfte gerechnet werden, darunter auch traditionelle oder religiös geprägte Gruppen. Zweitens wird die Kooperation im internationalen Kontext mit multilateralen Institutionen fortgesetzt. Die VN werden dabei vor allem als Legitimitätsgarant gesehen. Das BMZ erklärt auch ausdrücklich seine Unterstützung für Institutionen zur Konfliktbearbeitung innerhalb der internationalen Organisationen und setzt auf Abstimmung mit anderen bilateralen Gebern. Die bisherige Politik wird damit fortgesetzt, obwohl die Kohärenz der Geberpolitiken oder gar die Geberharmonisierung zu den bisher nicht befriedigend gelösten Problemen gehört. Zwar nennt die OECD-Erklärung von 2005 (Paris Declaration on Aid Effectiveness) unter den fünf Kriterien für eine wirksamere EZ Eigenverantwortung, Partnerausrichtung, Ergebnisorientierung, gegenseitige Rechenschaftspflicht auch die Geberharmonisierung, doch sind bislang wenig konkrete Schritte in diese Richtung unternommen worden (vgl. auch zu den Problemen Geberkoordinierung und ihre Folgen die Beiträge in Faust/ Michaelowa 2013).

Das Instrument der strukturbildenden Übergangshilfe wurde für Staaten in fragilen Konfliktsituationen geschaffen. Damit sind sowohl Staaten mit langanhaltenden, d. h. jahrzehntelangen Versorgungskrisen als auch in Momenten nach Naturkatastrophen (in sog. Hochrisikostaaten wie z. B. in Haiti) gemeint. Mit der Strategie der entwicklungsfördernden und strukturbildenden Übergangshilfe (ESÜH) (BMZ 2013c) soll der Übergang von humanitärer Hilfe, die in der Regel am Anfang der Intervention von außen steht, und der langfristig angelegten EZ optimiert werden. Abgesehen von Fällen, in denen Naturkatastrophen Verheerungen anrichten, greift die ESÜH nach Bürgerkriegen oder Konflikten oder in Situationen, in denen Gewalt wieder aufgeflammt ist und der Staat nicht willens oder in Lage ist, für Sicherheit, Ordnung und die Versorgung der Bevölkerung zu sorgen. Die Gefahr von Dilemmata – etwa dem Aufbau von Übergangstrukturen durch die Geber von außen und den bereits vorhandenen Institutionen – wird in Kauf genommen, um eine Stabilisierung der Situation zu erreichen und Bevölkerungsgruppen vor dauerhafter Armut zu schützen. Ziel ist es dabei, die Resilienz der Menschen – verstanden als Widerstandsfähigkeit gegen externe Schocks – zu stärken. Konkret geht es darum, im Zusammenwirken mit lokalen Akteuren und anderen externen Gebern funktionsfähige Strukturen der Grundversorgung (in den Bereichen Gesundheit, Wasser, Nahrungsmittelsicherheit) und eine Basisinfrastruktur aufzubauen sowie die Wiedereingliederung von Flüchtlingen zu unterstützen. Pro Land sollen drei Schwerpunkte identifiziert werden. Die ESÜH ist dabei nicht an den Katalog der Kooperationsländer gebunden.

Mit der Etablierung der entwicklungsfördernden und strukturbildenden Übergangshilfe stellten sich Fragen der Zuständigkeit zwischen den verschiedenen Regierungsressorts. Kompetenzabgrenzungsprobleme sind dabei keineswegs neu, denn bereits in den 1990er Jahren mussten die Kompetenzen in der Demokratieförderung, insbesondere die Rolle der politischen Stiftungen, zwischen AA und BMZ geklärt werden.

Im November 2011 unterzeichneten das AA und das BMZ eine förmliche Ressortvereinbarung zur Abgrenzung der Zuständigkeiten für die humanitäre Hilfe und die Übergangshilfe. Die Vereinbarung, an der auch der Bundestag beteiligt war, stellte klar, dass die humanitäre Hilfe in der Verantwortung des AA liege. Zur humanitären Hilfe gehören die Soforthilfe, die mittel- bis langfristig angelegte Nothilfe und die Übergangshilfe, Katastrophenvorsorge im Kontext der Nothilfe und „humanitäres Minen- und Kampfmittelräumen" (AA/BMZ 2011: 3). Beim BMZ verbleibt die Zuständigkeit für die generelle Katastrophenprävention, die mittel- bis langfristig angelegte Ernährungssicherheit (inklusive Nahrungsmittelhilfe), Maßnahmen für Reintegration von Flüchtlingen und für den Wiederaufbau. Die vom BMZ verantworteten Bereiche haben eine Laufzeit von einem bis zu vier Jahren. Infolge der Ressortvereinbarung werden 95 Millionen Euro aus dem BMZ-Etat auf das AA übertragen.

5 Instrumente und Aktionsfelder

5.1 Der Zivile Friedensdienst (ZFD)

Auf der Basis der Koalitionsvereinbarung zwischen SPD und Grünen wurde 1999 der Zivile Friedensdienst ins Leben gerufen. Ziel war die Schaffung eines Instrumentes zur friedlichen Bearbeitung von Konflikten durch die Entsendung von Friedensfachkräften. Die Friedensfachkräfte sollen auf lokaler und regionaler Ebene durch die Unterstützung einheimischer Kräfte, die sich zu Gewaltfreiheit und friedlicher Konfliktlösung bekennen, friedliche Wege der Konfliktbearbeitung beispielhaft auch für andere Situationen und Regionen im Sinne eines Multiplikatoreffekts aufzeigen. Mit der Friedensarbeit sollte entweder ein Beitrag zur Konfliktprävention oder zur Stabilisierung des Friedens nach Einstellung der Gewalt geleistet werden. Die Konstruktion des ZFD war einzigartig. Der ZFD wurde zunächst vom DED und sieben NRO getragen, wobei sich die NRO zu einem Konsortium Ziviler Friedensdienst zusammengeschlossen haben. Die sieben NRO stellten zunächst über den DED, bei dem das ZFD-Sekretariat angesiedelt wurde, Anträge für konkrete Projekte an das BMZ und das AA. Der DED war ebenfalls berechtigt, Projektanträge zu stellen. Zwischen 1999 und 2013 wurden von 575 Anträgen 382 mit einem Mittelvolumen von ca. 220 Millionen Euro bewilligt. Das Volumen der Anträge nahm im Laufe der Jahre stark zu, und allein 2010 waren 272 Friedensfachkräfte eingesetzt oder in der aufwändigen und qualitativ hochwertigen Vorbereitung tätig. Die ganz überwiegende Mehrheit war in Projekten in Afrika eingesetzt. Die Spannbreite der Projekte ist dabei äußerst groß (vgl. DED 2003; BMZ 2007). Mit der Einrichtung des ZFD folgte das BMZ der internationalen Diskussion, die der Zivilgesellschaft in Konfliktsituationen hohe Relevanz und Effektivität zusprach (Pfaffenholz 2010). Zivilgesellschaftliche Organisationen, zu denen die NGO gehören, gelten als „basisnah" und genießen hohe Glaubwürdigkeit aus der Sicht der Bevölkerung. Die Bewertung der Arbeit des Zivilen Friedensdienstes fällt auch aus unterschiedlichen Perspektiven wie dem der politischen Akteure und dem der NRO generell positiv aus (giz 2012).

Der ZFD gilt uneingeschränkt als Erfolg.

Seit 2001 existiert die Arbeitsgemeinschaft Frieden und Entwicklung (FriEnt), mit der die Zusammenarbeit zwischen BMZ, kirchlichen Hilfswerken, politischen Stiftungen und Durchführungsorganisationen im Bereich Friedensförderung institutionalisiert wurde. Zu den Zielen gehört der gegenseitige Austausch in Form von Dialogen zwischen den Beteiligten und die Vermittlung von Informationen durch Veröffentlichungen und Tagungen an die interessierte Öffentlichkeit.

5.2 Entwicklungszusammenarbeit und Militär: Erfahrungen aus Afghanistan

Die Frage des Verhältnisses zwischen zivilen Instrumenten der Entwicklungszusammenarbeit und primär militärischen Instrumenten stellte sich nach dem Kosovo-Einsatz nochmals in Afghanistan in aller Deutlichkeit, da die Sicherheitslage sich weitaus prekärer entwickelte als im Kosovo. Der Afghanistan-Einsatz der Bundeswehr begann bereits im September 2001. Bei dem Einsatz von über 5000 Soldaten auf dem Höhepunkt des Einsatzes sind bislang 54 deutsche Soldaten (Stand Oktober 2013) gefallen. Aus dem Blickwinkel der Entwicklungspolitik ist das Engagement der Bundeswehr und der Durchführungsorganisationen eine extreme Herausforderung, da die Sicherheitslage in zahlreichen Regionen zumindest temporär instabil blieb oder sich sogar verschlechterte. Deutschland war seit der Wiederaufbaukonferenz auf dem Bonner Petersberg einer der größten Geber in Afghanistan. Für den Wiederaufbau wurden bislang ca. 1,7 Mrd. Euro bereitgestellt.

Die Projekte konzentrieren sich regional vor allem in den Nordprovinzen, in denen Deutschland die Hauptverantwortung für die Sicherheit trägt. Deutschland unterhielt im Norden des Landes zwei Provincial Reconstruction Teams.

Die Afghanistan-Mission entwickelte sich auch zu einem entwicklungspolitischen Großeinsatz. Die giz gibt an, dass Ende 2011 über 2000 Mitarbeiter deutscher Durchführungsorganisationen dort tätig waren, darunter aber lediglich 360 deutsche Staatsbürger. Die Aufwendungen für den zivilen Aufbau für 2013 werden vom BMZ mit 430 Millionen Euro, davon 250 Millionen aus dem BMZ-Etat (Niebel 2012) angegeben. Die deutsche EZ konzentriert sich schwerpunktmäßig auf folgende Bereiche: Bildung (insbesondere von Mädchen), Energie, Gesundheit, gute Regierungsführung, Wasser und Wirtschaftsentwicklung. Hinzu kommen noch Projekte zur Friedensarbeit, die vor allem vom DED durchgeführt wurden. Der DED entsandte seit 2004 über den ZFD bis zu 50 Friedensfachkräfte pro Jahr. Ihre Arbeit konzentrierte sich auf Verbreitung von Informationen über gewaltfreie Konfliktbearbeitung und den Aufbau einer Friedensinfrastruktur in einigen Gebieten des Landes. Sie arbeiten vor allem mit nichtstaatlichen Organisationen zusammen und beteiligen sich am Aufbau zivilgesellschaftlicher Netzwerke und Medien (vgl. Projekte in: DED 2010). Im Rahmen der DED-Projekte und Projekte anderer Durchführungsorganisationen war eine enge Kooperation mit der Bundeswehr erforderlich, z. B. gab die Bundeswehr Geleitschutz bei Reisen von Angehörigen der Durchführungsorganisationen. Die Zusammenarbeit mit der Bundeswehr im Rahmen der Provincial Reconstruction Teams wurde von der DED-Leitung als – nach allen bisherigen Erfahrungen – auszeichnet beschrieben, in den DED-Publikationen wird das Verhältnis jedoch nicht genauer thematisiert, und interne Auswertungen der Erfahrungen vor Ort sind nicht zugänglich. Die vergleichsweise geringe Reichweite der Maßnahmen und die sich verschlechternden Sicherheitsbedingungen haben die Arbeit beeinträchtigt und demonstrieren, dass das Instrument ZFD in prekären Sicherheitslagen nur bedingt sinnvoll eingesetzt werden kann. Inwieweit die Arbeit des DED nachhaltig im Sinne des erfolgreichen Aufbaus für Friedensnetzwerke in einigen Regionen gewesen ist, wird sich nach dem Abzug der ISAF zeigen.

5.3 Das Konzept der Vernetzten Sicherheit

Die Erfahrungen mit dem deutschen Engagement in Afghanistan haben eine enge Verbindung zwischen Entwicklungspolitikpolitik und Sicherheitspolitik zur Folge gehabt. Von der Bundesregierung wird die Kooperationserfahrung in Afghanistan als sehr positiv bewertet. Die langfristige Bedeutung der Afghanistan-Erfahrungen ist hoch einzuschätzen, weil bisherige Trennungslinien zwischen der militärischen Sicherheit und der EZ überschritten wurden. Ohne militärische Absicherung, so die Erfahrung, sind erfolgreiche Entwicklungsanstrengungen nicht möglich. Im Juni 2011 unterzeichneten die giz und die Bundeswehr ein Kooperationsabkommen, wobei die bereits seit Jahren laufende Zusammenarbeit auf eine eigene vertragliche Grundlage gestellt wurde. Inhaltlich regelt das Abkommen die gegenseitige Nutzung der jeweiligen Infrastruktur und den Informationsaustausch.

In den BMZ-Dokumenten findet sich vor dem Hintergrund der Afghanistan-Intervention häufig der Begriff der Vernetzen Sicherheit. Damit ist laut Ex-Bundesminister Niebel gemeint „(...), dass allen Politikfeldern bei der Krisenprävention, der Krisenbewältigung und Friedenssicherung eigene Rollen zukommen, die sich im Gesamtrahmen ergänzen und gegenseitig unterstützen" (Niebel 2012). Angestrebt wird also eine umfassende Komplementarität zwischen Sicherheits- und Entwicklungspolitik, die durch eine enge Abstimmung zunächst zwischen den beteiligten Ministerien erreicht werden soll. Voraussetzung für vernetzte Sicherheit ist „ (...) ein gegenseitiges Verständnis über die gemeinsamen Ziele sowie die Respektierung der komparativen Vorteile beziehungsweise der Eigenheiten eines jeden Politikbereichs" (Niebel 2012). Die EZ soll sich im Rahmen der Arbeitsteilung zwischen den Akteuren auf die Reduzierung der strukturellen Konfliktursachen wie Armut, Gesundheit, Ernährung und den Aufbau leistungsfähiger wirtschaftlicher Strukturen und staatlicher Institutionen unter Beteiligung der Zivilgesellschaft konzentrieren. Damit soll die Entwicklungspolitik einen wesentlichen Beitrag zum Aufbau von Staatlichkeit und zur Friedenssicherung leisten. Um diese sehr weitreichenden Ziele zu erreichen, unterstreicht das BMZ die Notwendigkeit einer engen Kooperation zwischen allen Akteuren der deutschen EZ und der internationalen Geber. Angesichts der vielschichtigen Herausforderungen, begrenzter Mittel und der bisherigen Erfahrungen mit der schwierigen Geberkoordination sind Zweifel angebracht, ob sich diese umfassenden Ziele realisieren lassen. Nichtregierungsorganisationen kritisieren weniger den Gesamtansatz, und meistens wird eine militärische Komponente als notwendig anerkannt, doch wollen die Organisationen erstens nicht Teil eines aus ihrer Sicht vagen Gesamtkonzeptes sein, und zweitens befürchten sie negative Folgen für ihre Arbeit von Ort. Von Venro, dem Dachverband der NRO in Deutschland, wird argumentiert, dass durch die enge Kooperation mit dem Militär die eigenen Organisationen als Teil einer „Konfliktpartei oder sogar einer Besatzungsmacht" von der Bevölkerung und Aufständischen wahrgenommen würden (Venro 2012: 1). Die verlorene Neutralität gefährde außerdem das eigene Personal. Eine eher grundsätzliche Kritik betont, dass Krisenpolitik aus der Sicht der

NRO generell und ausschließlich ziviler Natur sei und die Organisationen sich am Konzept der menschlichen Sicherheit orientierten, das von den VN 1994 erstmalig (als freedom from want und freedom from fear verstanden) vorgestellt, aber aufgrund der Vagheit als „Versicherheitlichung" kritisiert wurde (Ulbert/ Werthes 2008: 13-20). Die NRO empfinden die Kooperation als Vereinnahmung durch die Regierungspolitik und fordern mehr Beteiligung an der Erstellung der Konzepte. Angesichts der Heterogenität der Interventionen und der jeweils spezifischen Situation vor Ort bedürfe es einer „auf den Einzelfall abgestimmten Gesamtstrategie", in der die Art und Weise des Zusammenwirkens – z. B. ob die Kooperation eher offen oder eher verdeckt sein soll – zu klären sei (Kloke-Lersch/Poeschke 2013: 300).

6 Fazit und Perspektiven

Nicht nur für die deutsche Entwicklungspolitik stellen fragile und zerfallende Staaten gegenwärtig die größte Herausforderung dar (Senghaas 2007). Entwicklungspolitik in diesen Ländern ist ohne militärische Komponente kaum vorstellbar.

Der Konsens über die sicherheitspolitische Dimension von Entwicklungspolitik ist nahezu parteiübergreifend. Gegen jeglichen Einsatz von Gewalt – selbst in humanitären Missionen – und die Kooperation mit der Bundeswehr treten nur Die Linke und verschiedene Friedens- und Dritte-Welt-Gruppen ein. Das Verhältnis zwischen Bundeswehr und EZ wird aufgrund des Afghanistan-Einsatzes generell als normalisiert empfunden. Im Rahmen des ZFD erfolgte auf lokaler und regionaler Ebene in Afghanistan die Abstimmung zwischen dem Bundeswehreinsatz und den Entwicklungshelfern vor Ort ohne die vorhergesagten Grundprobleme. Die Abstimmung zwischen Entwicklungspolitik und Sicherheitspolitik kann jedoch als ein noch keineswegs abgeschlossener Diskussions- und Lernprozess der letzten zwanzig Jahre gelten. Nicht nur die Begriffe änderten sich während dieser Zeit, sondern auch Konzeptionen und strategische Überlegungen. Das anfänglich dominierende Paradigma der Konfliktprävention wurde zwar nicht aufgegeben, doch relativiert, so dass sich die Aufmerksamkeit nach und nach stärker auf fragile Staaten konzentrierte. Dabei stehen Maßnahmen zur Stabilisierung, humanitäre Nothilfe aufgrund von Naturkatastrophen oder durch Menschen verursachte Katastrophen sowie der Staatsaufbau im Zentrum des Interesses. Der Aufbau von Staatlichkeit wie etwa in der DRC, Haiti, Afghanistan oder Liberia ist eine extrem komplexe Aufgabe, die eine nationale Entwicklungspolitik nicht allein leisten kann. Die zahlreichen umfangreichen Konzepte, nicht nur auf Seiten des BMZ, erwecken aber den Eindruck, dass die Probleme lösbar sind. Rückschläge können jedoch die Glaubwürdigkeit der Entwicklungspolitik gefährden. Franz Nuscheler (2007: 682) geht davon aus, dass sich die Entwicklungspolitik schon seit Jahren in einer „Legitimationskrise und Irrelevanzfalle" befinde, da sie zu hohe Erwartungen wecke: „Sie kann mit dem Input von noch so viel Geld und Expertenwissen nicht säkulare Herkulesaufgaben bewältigen und von außen heilen, was marode Staatswesen und korrupte Eliten anrichten". Gerade im Hinblick auf fragile Staaten und Staatsbau droht die EZ überfordert zu werden.

Der Koalitionsvertrag 2013 zwischen SPD und CDU setzt keine neuen Akzente, sondern bestätigt die bisherigen Ziele und Prinzipien. Allerdings wird im Unterschied zur bisherigen Politik von Minister Dirk Niebel das Thema Privatwirtschaft nun lediglich im Zusammenhang mit Private Public Partnership (PPP) erwähnt. Zum Thema Entwicklungspolitik und Sicherheit findet sich lediglich folgender Satz: „Entwicklungspolitik hat präventiven Charakter und ist damit auch vorausschauende Friedenspolitik" (Koalitionsvertrag

2013: 181). Damit herrscht Kontinuität, und die bisherige Linie wird wahrscheinlich vom neuen Minister Gerd Müller (CSU) fortgesetzt werden, eventuell mit anderen Begrifflichkeiten und modifizierten Schwerpunkten.

Als ein Fazit lässt sich festhalten: Entwicklungspolitik ist vor allem in fragilen Staaten Teil der Sicherheitspolitik geworden, und sie kann dazu beitragen, Sicherheit zu erhöhen, indem sie strukturelle Konfliktursachen langfristig zumindest reduziert und einen Beitrag zum Friedenserhalt in Post-Conflict-Staaten liefert.

Zur Vertiefung empfohlene Literatur

Wilhelm, Jürgen/Ihne, Hartmut (Hrsg.) 2013: Einführung in die Entwicklungspolitik, Münster/Hamburg: Lit-Verlag. Ein umfassendes Nachschlagewerk mit ausführlichen Überblicksartikeln von Praktikern und Wissenschaftlern zu den relevanten Themen der EZ.

Menzel, Ulrich/Nuscheler, Franz/Stockmann, Reinhard 2010: Entwicklungspolitik, München: Oldenburg. Ein umfassendes Einführungswerk von „Altmeistern" der Entwicklungsländerforschung, das Theorien, Herausforderungen, konkrete Handlungsoptionen und Instrumente der EZ vorgestellt.

Weiterführende Fragen

1. Welche außen- und sicherheitspolitischen Interessen verfolgte die deutsche EZ im Laufe der Jahrzehnte?
2. Welche sicherheitspolitischen Herausforderungen haben Einfluss auf die aktuellen Konzeptionen von Entwicklungszusammenarbeit?
3. Welchen Beitrag soll die EZ aus der Perspektive der Bundesregierung zur Konfliktprävention, Konfliktbearbeitung und Konfliktnachsorge leisten?
4. Wie hat sich das Verhältnis zwischen Sicherheitspolitik mit einer militärischen Komponente und der EZ in den letzten Jahren entwickelt?
5. Wie verteilen sich die Kompetenzen zwischen AA und BMZ im Bereich fragile Staaten?
6. Inwieweit ist das Konzept der „vernetzten Sicherheit" den Herausforderungen angemessen?

Quellen und Literatur

Auswärtiges Amt/Bundesministerium der Verteidigung/Bundesministerium für wirtschaftliche Zusammenarbeit und Entwicklung 2012: Für eine kohärente Politik der Bundesregierung gegenüber fragilen Staaten – ressortübergreifende Leitlinien, Berlin.

Auswärtiges Amt/Bundesministerium für wirtschaftliche Zusammenarbeit und Entwicklung 2011: Leitfaden zur Erläuterung der Aufgaben des AA und des BMZ in den Bereichen der Humanitären Hilfe und der entwicklungsfördernden und strukturbildenden Übergangshilfe, Berlin.

Baumann, Martin et al. 2013: Von Lomé bis Cotonou Der Stellenwert von Armutsbekämpfung und guter Regierungsführung in der Entwicklungspolitik der Europäischen Union zwischen 1980 und 2006, in: Faust, Jörg/Michaelowa, Katharina (Hrsg.): Politische Ökonomie der Entwicklungszusammenarbeit, Nomos: Baden-Baden, 197-240.

Blanke, Ursula (Hrsg.) 2004: Krisen und Konflikte. Von der Prävention zur Friedenskonsolidierung, Berlin: Berliner Wissenschafts-Verlag.

Bundesministerium für Wirtschaftliche Zusammenarbeit und Entwicklung Länderliste, <http://www.bmz.de/de/was_wir_machen/laender_regionen/laenderliste/>.

Bundesministerium für Wirtschaftliche Zusammenarbeit und Entwicklung 2005: Übersektorales Konzept zur Krisenprävention, Konfliktbearbeitung und Friedensförderung in der deutschen Entwicklungszusammenarbeit, Bonn.

Bundesministerium für Wirtschaftliche Zusammenarbeit und Entwicklung 2007: ZFD – Mehr Frieden wagen. Wege zur Überwindung von Gewalt. Sieben Jahre Ziviler Friedensdienst, Bonn.
Bundesministerium für wirtschaftliche Zusammenarbeit und Entwicklung 2013a: Entwicklungspolitischer Bericht der Bundesregierung. Weißbuch zur Entwicklungspolitik, Bonn.
Bundesministerium für Wirtschaftliche Zusammenarbeit und Entwicklung 2013b: Entwicklung für Frieden und Sicherheit. Entwicklungspolitisches Engagement im Kontext von Konflikt, Fragilität und Gewalt. BMZ-Strategiepapier 4/2013.
Bundesministerium für Wirtschaftliche Zusammenarbeit und Entwicklung 2013c: Strategie der entwicklungsfördernden und strukturbildenden Übergangshilfe (ESÜH), Resilenz stärken – Übergänge schaffen, Bonn Juni 2013.
Bundesregierung 2004: Aktionsplan. Zivile Krisenprävention, Konfliktlösung und Friedenskonsolidierung, Berlin.
Collier, Paul 2000: Doing well out of war: an economic perspective, in: Berdal, Mats R./Malone David M. (Hrsg.): Greed and Grievance. Economic Agendas in Civil Wars, Boulder, Coll.: Lynne Rienner Publishers, 91-113.
Council of the European Union 1997: Gemeinsamer Standpunkt des Rates 97/00356: Common position of 2 June 1997 defined by the Council on the basis of Article J.2 of the Treaty on European Union, concerning conflict prevention and resolution in Africa, Brussels.
DED (Deutscher Entwicklungsdienst) 2003: Zivile Konfliktbearbeitung und Friedensförderung, Bonn.
DED (Deutscher Entwicklungsdienst) 2010: Der DED in Afghanistan, Bonn.
Easterly, William 2006: The White Man's Burden. Why the West's effort to aid the rest have done so much ill and so little good. London: Penguin.
Easterly, William 2013: Kartell der guten Absichten – Bürokratie versus Markt in der Entwicklungshilfe, in: Faust, Jörg/Michaelowa, Katharina (Hrsg.): Politische Ökonomie der Entwicklungszusammenarbeit, Baden-Baden; Nomos, 31-50
epo Entwicklungspolitik online: Ressortvereinbarung zwischen AA und BMZ in Kraft, <http://www.entwicklungspolitik-online.de/index.php?option=com_content&view=article&id=8427:ressortvereinbarung-zwischen-aa-und-bmz-in-kraft&catid=45&Itemid=90>.
Erler, Brigitte 1985: Tödliche Hilfe. Bericht von meiner letzten Dienstreise in Sachen Entwicklungshilfe, Freiburg: Dreisam-Verlag.
Faust, Jörg/Michaelowa, Katharina (Hrsg.) 2013: Politische Ökonomie der Entwicklungszusammenarbeit, Baden-Baden: Nomos.
Fukuyama, Francis 2006: Staaten bauen. Die neue Herausforderung internationaler Politik. Berlin: Ullstein.
giz: Evaluation Report. 10 Years ZDF Programme in Rwanda, <http://www.ziviler-friedensdienst.org/sites/ziviler-friedensdienst.org/files/anhang/publikation/zfd-evaluation-report-1774.pdf>.
Grävingholt, Jörn/Hofmann, Claudia/Klingebiel, Stephan 2007: Entwicklungszusammenarbeit im Umgang mit nichtstaatlichen Gewaltakteuren, Bonn: DIE.
Harnisch, Sebastian/Schmidt, Siegmar/ Steltemeier, Rolf/Bundesministerium für Wirtschaftliche Zusammenarbeit und Entwicklung 2012: Auf Augenhöhe. 50 Jahre Bundesministerium für wirtschaftliche Zusammenarbeit und Entwicklung 1961-2011, Baden-Baden: Nomos.
Ihne, Hartmut/Wilhelm, Jürgen (Hrsg.) 2013: Einführung in die Entwicklungspolitik, 3. Auflage, Münster/Hamburg: Lit Verlag.
Jackson, Robert H. 1986: Quasi-states: sovereignty, international relations, and the third world, Cambridge, Mass.: Cambridge UP.
Klingebiel, Stephan 2006: New interfaces between security and development. Changing concepts and approaches, Bonn: DIE (Studies 13).
Kloke-Lersch, Adolf/Poeschke, Roman 2012: Entwicklungspolitische Zusammenarbeit und militärische Intervention, in: Ihne, Hartmut/Wilhelm, Jürgen (Hrsg.): Einführung in die Entwicklungspolitik, 3. Auflage, Münster u. a.: Lit Verlag, 291-308.

Knapp, Manfred 2007: Vereinte Nationen, in: Schmidt, Siegmar/Wolf, Reinhard/Hellmann, Gunther (Hrsg.): Handbuch der deutschen Außenpolitik, Wiesbaden: VS Verlag, 727-746.

Mair, Stefan/Petretto, Kerstin 2008: Auflösung des staatlichen Gewaltmonopols und Staatszerfall, in: Ferdowsi, Mir A. (Hrsg.): Afrika. Ein verlorener Kontinent, 2. Aufl., München: UTB, 121-144.

Matthies, Volker 2008: Friedenspolitische Bearbeitung kriegerischer Konflikte, in: Ferdowsi, Mir A. (Hrsg.): Afrika. Ein verlorener Kontinent, 2. Aufl., München; UTB, 249-288.

Mehler, Andreas/Dückers, Daniel 2007: Deutsche Außenpolitik und Krisenprävention. Schicksal eines vordergründig erfolgreichen Paradigmas, in: Jäger, Thomas u. a. (Hrsg.): Deutsche Außenpolitik, Wiesbaden: VS Verlag, 218-240.

Menzel, Ulrich/Nuscheler, Franz/Stockmann, Reinhard 2010: Entwicklungspolitik, München: Oldenbourg.

Mols, Manfred 2011: Der Staat in der „Dritten Welt", in: KAS-Auslandsinformationen 11/11, 124-157.

Münkler, Herfried 2002: Die neuen Kriege, Reinbek: Rowohlt.

Niebel, Dirk 2012: Vernetzte Sicherheit. Erfahrungen in Afghanistan und Lehren für die Zukunft, in: Zeitschrift für Außen- und Sicherheitspolitik (ZfAS), Supplement 01/2012, <www.bmz.de/de/presse/reden/minister_niebel/2012/Oktober/20121016_artikel_zfas.html>.

Nuscheler, Franz 2007: Entwicklungspolitik, in: Schmidt, Siegmar/Hellmann, Gunther./Wolf, Reinhard (Hrsg.): Handbuch zur deutschen Außenpolitik, Wiesbaden: VS Verlag, 672-683.

Paffenholz, Thania 2010: What civil society can contribute to peacebuilding, in: Paffenholz, Thania (Hrsg.): Civil society and Peacebuilding. A critical assessment, Boulder, Coll.: Lynne Rienner Publishers, 381-494.

Schmidt, Siegmar 2012: Deutsche Entwicklungspolitik. Neubeginn nach einem halben Jahrhundert? In: Meier-Walser, Reinhard/Wolf, Alexander (Hrsg.): Die Außenpolitik der Bundesrepublik Deutschland. Anspruch, Realität, Perspektiven, München:, Hanns-Seidel-Stiftung, 199-209 (Berichte &Studien 95).

Senghaas, Dieter 2007: Eine Welt oder vier Welten? Lagebeurteilung und Folgerungen, in: Ferdowsi, Mir A. (Hrsg.): Weltprobleme, München: Bayerische Landeszentrale für Politische Bildung, 6. Aufl., 393-428.

Ulbert, Cornelia/Werthes, Sascha 2008: Menschliche Sicherheit – Der Stein der Weisen für globale und regionale Verantwortung?, in: dies, (Hrsg.): Menschliche Sicherheit, Baden-Baden: Nomos, 13-27.

United Nations: Past Peacekeeping Operations, <http://www.un.org/en/peacekeeping/operations/past.shtml>.

Venro 2003: Armutsbekämpfung und Krisenprävention, Berlin.

Venro 2012: Konturenlos und unbrauchbar. Das Konzept der vernetzten Sicherheit aus Perspektive von Nichtregierungsorganisationen, in: Standpunkte, 2/2012, <http://venro.org/uploads/tx_igpublikationen/2012_Standpunkt_2_Vernetzte_Sicherheit.pdf>.

World Bank 2011: World Development Report. Conflict, security and development, Washington D.C.

Kapitel 9
Öffentliche Meinung und Sicherheitspolitik

Heiko Biehl und Jörg Jacobs

1 Einleitung

In der wissenschaftlichen Analyse der Sicherheitspolitik wird der öffentlichen Meinung oftmals eine untergeordnete Rolle zugewiesen. Im Zentrum stehen stattdessen zumeist weltpolitische Fragen und Erwägungen: Globale Herausforderungen werden analysiert, sicherheitspolitische Gefährdungen und Bedrohungen abgeschätzt, die Interessen anderer Staaten ins Kalkül gezogen, die Möglichkeiten transnationaler Zusammenarbeit ausgelotet und nach geeigneten Bündnispartnern gesucht. Diese Schwerpunktsetzung der empirischen Forschung ist Ausdruck der Theorien der Internationalen Beziehungen, nach denen es in erster Linie Staaten sind, die gemäß ihren Interessen handeln. In der Außen- und Sicherheitspolitik besteht aufgrund ihrer Komplexität und Ferne vom Lebensalltag der Bürger ein weitgehendes Informationsmonopol der Regierung, das jede Beteiligung der Bevölkerung als wankelmütig erscheinen lässt, da Präferenzen zwangsläufig auf einer unvollständigen Informationsbasis beruhen müssen. Bis zum Vietnamkrieg vertrat auch die Wissenschaft diese Überzeugung einer informierten Exekutive auf der einen und einer auf dem Feld der Außen- und Sicherheitspolitik unwissenden, schwankenden Öffentlichkeit auf der anderen Seite: So besagt der Almond-Lippmann-Konsens, dass weite Teile der Bevölkerung keine Kenntnisse von außenpolitischen Fragen haben, die öffentliche Meinung deshalb wankelmütig und an spektakulären Ereignissen orientiert sei und nur einen geringen Einfluss auf politische Entscheidungen ausübe (Almond 1956).

Dieser wissenschaftlichen Perspektive steht jedoch eine sicherheitspolitische Praxis entgegen, die sich nicht alleine – und häufig nicht einmal vorrangig – aus den internationalen Entwicklungen und Herausforderungen erklären lässt. Unabhängig von der Frage, ob man einem Primat der Innen- oder der Außenpolitik bei Regierungshandeln und insbesondere außenpolitischen Entscheidungen anhängt, wird die Sicherheitspolitik eben nicht nur durch die internationalen Begebenheiten und Institutionen geprägt, sondern auch von den beteiligten Akteuren und deren Ressourcen. Dies gilt umso mehr, als durch die technischen Entwicklungen in der Medienwelt in der jüngeren Vergangenheit Informationen schnell und unmittelbar weltweit verfügbar sind. Durch den Kontrollverlust staatlicher Akteure sind Informationen über die digitale Medienwelt verfügbar und vorrangig der Logik der Medienwelt verpflichtet. Deshalb kann die Außen- und Sicherheitspolitik eines Landes stets nur das leisten, was innenpolitisch möglich und erklärbar ist. Mit Bruce Russett (1990) kann von einer „Demokratisierung der Außen- und Sicherheitspolitik" gesprochen werden.

Mehrere Faktoren stecken dabei den Rahmen sicherheitspolitischer Optionen ab: Als erstes ist an die konkreten Mittel – seien sie politischer, diplomatischer oder auch militärischer Natur – zu denken, die zur Verfügung stehen. Wirtschaftliche und finanzielle Bedingungen beeinflussen ebenso die Handlungsoptionen wie die Interessen der politischen Entscheidungsträger und beteiligten Ministerien. Nicht zuletzt sind gesellschaftliche Werte, Normen und Vorstellungen von Belang. Dies gilt insbesondere, aber nicht nur, in Gesellschaftsordnungen westlicher Prägung, in denen die Bevölkerung die Handlungen der herrschenden politischen Elite in regelmäßigen Abständen bei Wahlen sanktioniert. Die öffentliche Meinung setzt den politisch Verantwortlichen gewisse Grenzen, innerhalb derer zahlreiche sicherheitspolitische Optionen ergriffen werden können. So weist Henrike Viehrig (2010) nach, dass die Bevölkerungseinstellungen zwar nicht determinieren, ob sich ein Staat an einer internationalen Militärmission beteiligt oder nicht. Aber sie wirken entscheidend auf die konkrete Ausgestaltung von Einsätzen ein. Dies kann sich in der Wahl bestimmter Einsatzregionen, der Übernahme gewisser Aufgaben oder in der Implementierung von *caveats* äußern, die die Verwendung der Streitkräfte im Einsatzland restringieren.

In der Folge üben die Einstellungen und Präferenzen der Bevölkerung einen wesentlichen und nicht zu vernachlässigenden Einfluss auf die konkrete Ausgestaltung der Sicherheitspolitik aus. Dies gilt auch für die deutsche Sicherheitspolitik, die sich in den letzten beiden Jahrzehnten grundlegend verändert hat. Die Konturen dieses Wandels, seine Dynamik und seine Grenzen sind jedoch nur zu verstehen, wenn die Rolle der deutschen Öffentlichkeit mitberücksichtigt wird. Aufgrund dieser Relevanz lohnt es sich, das Wechselverhältnis zwischen öffentlicher Meinung und Sicherheitspolitik ins Blickfeld wissenschaftlicher Analysen zu rücken. Im Folgenden werden die zentralen Forschungsstränge im Bereich „Sicherheitspolitik und öffentliche Meinung" vorgestellt sowie die Stabilität und Struktur sicherheitspolitischer Einstellungen diskutiert. Anschließend werden die Konturen des sicherheitspolitischen Meinungsbildes der deutschen Öffentlichkeit skizziert und dessen Relevanz für Politik, Wissenschaft, Streitkräfte und den einzelnen Bürger aufgezeigt. Der Beitrag endet mit alternativen Szenarien, wie sich angesichts des gegenwärtigen Meinungsbildes in der Bevölkerung die deutsche Sicherheitspolitik entwickeln kann.

2 Sicherheitspolitische Einstellungen als Gegenstand wissenschaftlicher Betrachtungen

Aufgrund der mannigfaltigen Bedeutung des sicherheitspolitischen Meinungsbildes für Politik, Bürger und Streitkräfte kann es nicht überraschen, dass sich verschiedene sozialwissenschaftliche Teildisziplinen mit dem Thema befassen. In der Militärsoziologie stellt die öffentliche Meinung einen wesentlichen Aspekt der zivil-militärischen Beziehungen dar. Insbesondere in den letzten Jahren ist in der Wissenschaft über vermeintliche oder tatsächliche Gemeinsamkeiten und Unterschiede im Meinungsbild der Soldaten und Zivilbevölkerung intensiv geforscht und diskutiert worden. Ihren Ausgang nahm die Debatte in den 1990er Jahren in den USA, wo ein „civil-military gap" (Feaver/Kohn 2001) diagnostiziert wurde. Demzufolge bestehen relevante Unterschiede in den Haltungen, Präferenzen und Werten von Soldaten und Zivilisten, die einer Entfremdung Vorschub leisten. In letzter Konsequenz könnten aus einer Verschlechterung der zivil-militärischen Beziehungen Folgen für die sicherheitspolitischen Optionen eines Landes erwachsen.

In den USA ist diese Diskussion mit den Anschlägen des 11. September 2001, den darauf folgenden militärischen Interventionen in Afghanistan und Irak sowie der offenkundigen Solidarisierung der amerikanischen Bevölkerung mit ihren Streitkräften und Soldaten – ungeachtet einer zunehmend kritischen Haltung zu den Einsätzen – mittlerweile jedoch merklich abgeebbt. Demgegenüber scheint diese Debatte im europäischen Kontext weiterhin relevant. Im deutschen Kontext wurde jüngst über die Klage mancher Soldaten über den fehlenden Rückhalt aus der Gesellschaft diskutiert, und die unterschiedliche Wahrnehmung der Ergebnisse des Einsatzes in Afghanistan von Angehörigen der Bundeswehr einerseits, in der medialen Darstellung andererseits begleitet den Einsatz seit einigen Jahren. Mehrere Publikationen und Forschungsanstrengungen in Anschluss an die einflussreiche Studie von Peter Feaver und Richard Kohn verweisen auf das anhaltende wissenschaftliche Interesse an dieser Problematik (Caforio 2007; Kümmel 2001). Über die empirischen Befunde und deren Bewertung hinaus ist festzuhalten, dass die militärsoziologische Forschung bestehende Einstellungen der Bürger (hier unter dem Fokus des Vergleichs zu den Haltungen von Soldaten) als einen wesentlichen Indikator für den Zustand der zivil-militärischen Beziehungen heranzieht.

Ein zweiter Forschungszweig befasst sich mit der Legitimierung politischer Beschlüsse. Die Gemeinsamkeiten der Bewertungsgrundlagen für die Kommunikation und Interaktion zwischen der politischen Elite und der breiten Öffentlichkeit sind hier zu klären. Wie beurteilt der Bürger die Entscheidung der Regierung, deutsche Soldaten an Aktionen der Vereinten Nationen zu beteiligen oder im Auftrag der NATO oder der EU einzusetzen? Liegen diesen Urteilen langfristige Vorstellungen über die Ausgestaltung der internationalen Beziehungen zugrunde? Sind die Bürger in der Lage, Auslandseinsätze der Bundeswehr in einem Zusammenhang mit allgemeinen außenpolitischen Zielen zu sehen? Diese Fragen sind in der Theorie Internationaler Beziehungen letztlich Ausdruck einer alten Debatte zwischen „Realisten" und „Idealisten" (Nincic 1992: 25-29). Während erstere der öffentlichen Meinung keine Rolle zubilligen, sehen letztere in gesellschaftlichen Gruppen relevante Akteure der internationalen Politik. Ähnlich sollte die individuelle Weltsicht der Akteure auch in der Theorie des Konstruktivismus in den Internationalen Beziehungen betont werden. Ausgangspunkt dieser theoretischen Überlegungen ist die These, dass die Lagebeurteilung bei der Konstruktion von Realität jedes Handelnden aus der Lebenserfahrung mit hervorgeht (vgl. Risse 2004). Allerdings fällt auf, dass die Dimension der öffentlichen Meinung aufgrund einer Fokussierung auf die handelnden Eliten in den theoretischen Ausführungen nur allzu selten berücksichtigt wird. Auch in der Perspektive des Konstruktivismus' handeln Eliten, bei allen innenpolitischen Differenzen, schlussendlich als Repräsentanten eines Staates. Damit wird letztlich die gesellschaftliche Verankerung der handelnden Akteure nur als Randbedingung thematisiert und einer Tradition von Theorien der Internationalen Beziehungen gefolgt, nach der Staaten als homogene Entitäten agieren. Lediglich dann jedoch, wenn die theoretischen Modelle an die Grenzen ihrer Erklärungskraft kommen, wird die Residualkategorie der „kulturellen Verankerung" von Sicherheitspolitik bemüht. Zwar gibt es seit einiger Zeit eine Debatte um die Bedeutung der strategischen Kultur eines Landes (Longhurst 2000, 2004; Giegerich 2006; Biehl et al. 2011 und 2013), letztlich wird aber die Brücke zwischen der Bedeutung von gesellschaftlichen Rahmenbedingungen für staatliches Handeln in den Theorien der Internationalen Beziehungen nur als ein Nebenaspekt behandelt.

Für die Politische Soziologie sind in diesem Zusammenhang zwei Punkte von Bedeutung: Einerseits gerät in einer repräsentativen Demokratie jede Politik unter massiven Druck, die sich gegen große Teile der Bevölkerung richtet. Bereits kurzfristig besteht die Möglichkeit, politische Entscheidungen in anstehenden Parlamentswahlen zu sanktionieren. Der ständige Legitimationsdruck erfordert von der politischen Elite, Meinungen von potenziellen Wählern in ihren Entscheidungen zu berücksichtigen. Andererseits gewinnt die Bevölkerung nur dann Einfluss auf außen- und sicherheitspolitische Entscheidungen, wenn sich Einstellungen von Einzelnen zu einer öffentlichen Meinung zusammenfassen lassen. Sind die Einstellungen hingegen nicht beständig und werden lediglich *ad hoc* geformt, dann ist auch die Einflussmöglichkeit der Bevölkerung auf die Entscheidungsfindung ihrer Vertreter als gering einzuschätzen. V.O. Key hat die öffentliche Meinung als ein System von

Deichen bezeichnet, das die Handlungsoptionen der politischen Eliten in der Außen- und Sicherheitspolitik kanalisiert, ohne einzelne Entscheidungen zu determinieren (vgl. auch Rattinger u. a. 1995: 18; Rattinger/Holst 1998: 238).

Für eine gewisse Rationalität der Bevölkerungseinstellungen spricht dagegen, dass Regierungen versuchen, durch eine aktive *Public Diplomacy* Einfluss auf die Präferenzen der Öffentlichkeit zu nehmen. Dabei ist die eigene Bevölkerung mindestens so sehr das Ziel wie die Öffentlichkeit in anderen Staaten. In den Vereinigten Staaten beispielsweise arbeitet eine eigene Behörde (United States Information Agency/Office of Research Department of State) daran, die Position der USA öffentlich zu vermitteln und gleichzeitig Informationen über die öffentliche Meinung in verschiedenen Ländern zu sammeln. So werden zum Beispiel jährlich in vielen Staaten der Welt Umfragen zu aktuellen sicherheitspolitischen Fragen in Auftrag gegeben.

Aus der Politischen Psychologie und Sozialpsychologie stammen Forschungstraditionen, die sich mit Einstellungsstrukturen befassen, die als Zusammenhang von Einstellungen definiert werden. Der Blick wendet sich von der Verteilung einzelner Einstellungen in der Bevölkerung ab und der Bündelung von Einstellungen zu. Die politisch-praktische Anwendung dieser Forschung beschäftigt sich mit der Frage, bis zu welchem Grad die Öffentlichkeit von den politischen Eliten beeinflusst werden kann. Fehlt eine Struktur, die man als Weltbild, Ideologie oder *belief system* bezeichnen kann, ist die Bevölkerung leicht manipulierbar, und einzelne politische Vorhaben sind leichter durchsetzbar. Umgekehrt bilden starre Weltbilder hohe Deiche eines engen Kanals und lassen der Politik nur eine begrenzte Menge an Handlungsmöglichkeiten.

Dabei gibt es zwei unterschiedliche Verwendungen des Strukturbegriffs: Während die „horizontale Struktur" nach Zusammenhängen zwischen Einzeleinstellungen sucht (Converse 1964), leiten Arbeiten mit „vertikalem Strukturverständnis" Einzeleinstellungen von Heuristiken ab (Hurwitz/Peffley 1987). Von diesen durch Lernen, Erfahrungen und Sozialisation geformten Denkbildern (*belief systems*) (Tuschhoff 1990: 22-23) wird angenommen, dass sie das Entscheidungsverhalten eines Individuums steuern. Diese Denkbilder stellen abstrakte, allgemeine und stabile Konstrukte dar. Werden Entscheidungen tatsächlich nicht nur nach vorliegenden Informationen und erlerntem Wissen, sondern vor allem nach diesen generellen Denkbildern getroffen, wäre es notwendig, mehr über ihr Aussehen und ihre Verankerung in der Bevölkerung zu erfahren (Schissler/Tuschhoff 1988: 8-9). Weiterhin würde der aktuellen Berichterstattung und Bewertung anstehender *policy*-Fragen zwar eine kurzfristige, aber keine nachhaltige Bedeutung für Einstellungen zur Außen- und Sicherheitspolitik zukommen.

Seit nunmehr fünfzig Jahren schwelt die Debatte um die Ergebnisse, die Philip Converse (1964) zur Struktur von Einstellungen vorlegte (vgl. z. B. Bishop u. a. 1980; Jenkins-Smith/Mitchell/Herron 2004). Converse behauptete, dass die Einstellungen der Bevölkerung mit denen der Elite kaum zusammenhingen und relativ instabil seien – sie mithin keine horizontale Struktur aufwiesen. Natürlich bestritt auch Converse nicht, dass es Personen gibt, die über strukturierte Einstellungen verfügen. Ihre Zahl schätzte er aber aufgrund der Komplexität der Außenpolitik und der nur begrenzten Aufnahmekapazität für Informationen als sehr gering ein. Converses These, wonach aus logischen, psychologischen und sozialen Gründen sowie aufgrund des Grades an Information und Kommunikation über ein Thema Einstellungen in der breiten Masse der Bevölkerung einen geringeren Grad an Konsistenz und an Stabilität aufweisen als die Einstellungen von Eliten (Converse 1964, Kinder 1983: 392-293), gab immer wieder Anlass zur kritischen Überprüfung der Ergebnisse (z. B. Bennett 1974; Bishop u. a. 1980).

Mit der öffentlichen Diskussion um den Vietnamkrieg, wie in dem wegweisenden Aufsatz von Donald Kinder zusammenfassend dargestellt, begann ein Umdenken in der Erforschung der Struktur von Einstellungen: „[...] the field of public opinion has been far too occupied with the ideological possibility. Alternatives have suffered neglect, and the consequences have not been benign" (1983: 390). Viele Wissenschaftler übernahmen zwar Converses grundlegende Behauptung, dass die Bevölkerung sich kaum mit der Internationalen Politik beschäftige und nur über geringes Wissen in diesem Feld verfüge. Sie teilten aber nicht seine Schlussfolgerung, die Bevölkerung sei nicht in der Lage, ihre Haltungen zu strukturieren. Heute geht die Strukturforschung vielmehr dahin zu fragen, wie Menschen unter gegebenen Bedingungen ihre Einstellungen strukturieren. Als Alternativen zur möglichen Antwort „Ideologie" schlägt Kinder (1983: 402-412) das Eigeninteresse des Einzelnen, die Identifikation mit sozialen Gruppen, Beeinflussung durch Meinungsführer, Folgerungen, die aus der politischen Geschichte gezogen werden, und die Bestätigung von zentralen Werten vor. Werte sollen nach dieser Theorie eine zentrale Position in einem Denkbild besitzen und Einstellungen strukturieren (Conover/Feldman 1984). Jon Hurwitz und Mark Peffley (1987) behaupten daher, die Entwicklung eines geschlossenen Denkbildes sei nicht notwendig, wenn Einstellungen zu speziellen Problemen von allgemeinen Werten abgeleitet würden. In den Begriffen von Hurwitz und Peffley bedeutet vertikale Struktur vielmehr, dass Meinungen zu einzelnen politischen Fragen (*specific issues*) von allgemeinen individuellen Werten (*core values*), katalysiert durch Forderungen, welche generellen Positionen die Regierung in der internationalen Politik einnehmen solle (*postures*), abgeleitet werden. (Für die Bundesrepublik lässt sich in diesem Zusammenhang zeigen, dass Wertorientierungen für die Formulierung von sicherheitspolitischen Positionen tatsächlich eine gewisse Rolle spielen, vgl. Jacobs 1995).

Von Eugene Wittkopf (1981, 1986, 1990) stammt der Vorschlag, Einstellungen zum internationalen Engagement anhand der Bereitschaft zum Einsatz militärischer und nichtmilitärischer Mittel zu strukturieren. Aus diesen zwei Dimensionen leitet er für die USA vier Typen außenpolitischer Einstellungen ab:

1. *Isolationists*: Diese Gruppe lehnt jedes internationales Engagement ab.
2. *Accomodationists*: Diese Gruppe befürwortet ein ausschließlich nichtmilitärisches internationales Engagement.
3. *Internationalists*: Diese Gruppe befürwortet ein kombiniertes militärisches und nichtmilitärisches Engagement.
4. *Interventionists*: Diese Gruppe befürwortet ein ausschließlich militärisches internationales Engagement.

Zwar gibt es verschiedene Ergänzungen und Versuche, außen- und sicherheitspolitische Einstellungen unter anderen Bezeichnungen zu bündeln (z. B. Chittick/Billingsley 1989; Holsti/Rosenau 1990; Holsti 1992, 2004), im Kern bleibt es aber unwidersprochen, dass Einstellungen zu einzelnen außen- und sicherheitspolitischen Themen im Zusammenhang zu sehen sind und systematisiert werden können. In einer Anwendung des Modells zeigen Ronald Asmus, Philip Everts und Pierangelo Isernia, dass sich in den kontinentaleuropäischen Ländern eine Mehrheit für ein nichtmilitärisches Engagement ausspricht, während sich in Großbritannien und den USA eine klare Mehrheit für ein kombiniertes militärisches und nichtmilitärisches Engagement in internationalen Fragen findet (Asmus/Everts/Isernia 2004a: 5; vgl. auch Collmer 2004; Jacobs 2009; Biehl u. a. 2011).

Insgesamt bleibt festzuhalten, dass die Forschung sich vom „alten" Almond-Lippman-Konsens, der Vorstellung von einer wankelmütigen, struktur- und einflusslosen Öffentlichen Meinung, entfernt hat. Seit den 1970ern besteht ein „neuer" Konsens, dass man es mit einer rationalen Öffentlichkeit zu tun habe, die politischen Entscheidungen Handlungsgrenzen setze (vgl. Page/Shapiro 1992; Isernia/Juhasz/Rattinger 2002). Allerdings ist auch anzumerken, dass diese Einsicht noch nicht bei allen Protagonisten angekommen ist. So sind aus Wissenschaft, Politik und Streitkräften durchaus noch Stimmen zu vernehmen, die Einstellungen der Bevölkerung als uninformiert, leicht manipulierbar und sprunghaft charakterisieren. Dabei wäre es gerade angesichts der gegenwärtigen internationalen Lage und der weiteren Entwicklung der deutschen Sicherheitspolitik hilfreich, der Strukturiertheit und relativen Stabilität der Haltungen der Bürger gebührende Aufmerksamkeit zu schenken. Denn wie in den nachfolgenden Abschnitten gezeigt wird, besteht derzeit kein sicherheitspolitischer Konsens in der Bundesrepublik. Stattdessen klafft eine Lücke zwischen den politischen Vorgaben, den militärischen Maßnahmen und dem Mehrheitswillen der Bürger: Während die Politik sich international im Rahmen von Missionen der Vereinten Nationen, der NATO und der Europäischen Union verpflichtet hat und die Bundeswehr im Auftrag der Bundesregierung ihren Umbau von einer reinen Verteidigungsarmee zu einer Armee im Einsatz vorantreibt (siehe dazu das Weißbuch der Bundesregierung, Bundesministerium der Verteidigung 2006, und die Konzeption der Bundeswehr, Bundesministerium der Verteidigung 2013), lehnt die Mehrheit der Bürger bei außenpolitischen Herausforderungen den Einsatz militärischer Mittel mit einem klar formulierten Kampfauftrag ab. Es ist folglich ein sicherheitspolitischer Widerspruch auszumachen zwischen den veränderten politischen Rahmenbedingungen auf der einen und der Haltung weiter Teile der Bevölkerung auf der anderen Seite.

3 Konturen und Relevanz des sicherheitspolitischen Meinungsbildes

3.1 Konjunkturen sicherheitspolitischer Themen

Die Erfahrungen mit dem Zweiten Weltkrieg und die nachfolgende Konfrontation der Nordatlantischen Sicherheitspartnerschaft mit den Staaten des Warschauer Vertrages auf europäischem Boden haben bis zur Implosion der Sowjetunion die öffentlich diskutierten sicherheitspolitischen Themen bestimmt. Flynn und Rattinger (1985) gruppieren sicherheitspolitische Einstellungen anhand von Positionen zum Grad von erreichter Sicherheit, Einstellungen zum potenziellen Gegner Sowjetunion und Einstellungen zu den Fähigkeiten und der Verlässlichkeit der eigenen Verbündeten. Für letzteres identifizieren Pierangelo Isernia und Philip Everts (2004) drei Wellen, in denen die öffentliche Meinung zu transatlantischen Beziehungen Gegenstand wissenschaftlicher Analysen war: In den späten 1950er Jahren nahmen sich Karl W. Deutsch und seine Mitarbeiter des Themas anhand von Bevölkerungsumfragen und Elitenstudien an und zeigten, dass eine sehr enge Beziehung zwischen den USA und Europa befürwortet wurde. Ein Befund der Elitenstudien lautete, dass die Mehrheit der sicherheitspolitischen Eliten in Frankreich und Deutschland eine deutlich engere Übereinstimmung der Interessen mit den USA als mit dem jeweiligen Nachbarn sah (Deutsch 1966: 360). Ausgelöst durch die Proteste gegen den NATO-Doppelbeschluss und durch die Sorge vor einem Atomkrieg wurde eine zweite Welle von Forschungsvorhaben initiiert. Diese Studien behandelten vorrangig die Beziehungen zwischen den NATO-Staaten, Einstellungen zu Strategien im Umgang mit der Sowjetunion sowie Haltungen zu Kernwaffen (u. a. Flynn/Rattinger 1985; Eichenberg 1989; Szabo 1983). Unter dem Eindruck des Einmarsches der Sowjetunion in Afghanistan und der Nuklearstrategie der Reagan-Regierung wurde ein Graben in den transatlantischen Einstellungen festgestellt. Während die Zusammenarbeit in der NATO weiterhin breit befürwortet wurde, gab es deutliche Unterschiede in der amerikanischen und der europäischen Öffentlichkeit hinsichtlich der Einschätzung der Bedrohung durch die Sowjetunion und des Einsatzes militärischer Mittel (vgl. zusammenfassend Eichenberg 1989).

Mit dem Ende der Nachkriegsordnung änderte sich auch der Fokus der wissenschaftlichen Analyse der öffentlichen Meinung auf dem Feld der Sicherheitspolitik. Diese dritte Welle der Forschung thematisiert Konsequenzen der Veränderungen des sicherheitspolitischen Umfeldes für die transatlantischen Beziehungen (z. B. Nacos/Shapiro/Isernia 2000; Everts/Isernia 2001). Die gemeinsam wahrgenommene Bedrohung durch die Sowjetunion ist als ein äußerer Beweggrund für die Zusammenarbeit der westlichen Länder entfallen (vgl. Anderson/Ikenberry/Risse 2008). Unterschiedliche Interpretationen zum Grad der Herausforderung des Westens durch Prozesse der Staatsbildung in Afrika und Asien sowie zum Ausmaß der Bedrohung durch ideologisch motivierte nichtstaatliche Bewegungen führen auch zu unterschiedlichen Präferenzen und Einstellungen über angemessene Reaktionen. Ebenso werden die Bilder von befreundeten Nationen und Gegnern durch konkrete politische Handlungen als Reaktion auf neue Bedrohungen geprägt (vgl. Kagan 2003). Die NATO als zentrale Allianz westlicher Sicherheitspolitik ist gezwungen, neue Aufgabenstellungen gegenüber der Öffentlichkeit zu begründen und um Unterstützung in den Mitgliedsländern zu werben. Schließlich ist durch die veränderte Sicherheitslage und durch neue asymmetrische Bedrohungen der Einsatz militärischer Mittel im Auftrag der Staatengemeinschaft wahrscheinlicher geworden. Für formal nach dem Völkerrecht legale Einsätze gilt es die Unterstützung der Öffentlichkeit zu gewinnen. Denn die empirische Legitimität eines Einsatzes ist durch eine Entscheidung internationaler Organisationen nicht automatisch gegeben. Asmus, Isernia und Everts (2004a, 2004b) arbeiten in ihren Analysen der transatlantischen Öffentlichkeit deutliche Unterschiede der Vorstellungen in den USA und Europa darüber heraus, ob ein Krieg mit dem Ziel, Gerechtigkeit zu erreichen, gerechtfertigt ist. Es ist auffällig, dass die deutsche Ablehnung eines rein militärischen Vorgehens bei internationalen Krisen europaweit geteilt wird, während in den USA 22 Prozent der Befragten bereit sind, ausschließlich militärisch zu agieren (Asmus/Isernia/Everts 2004a: 78).

Eine Konsequenz der veränderten sicherheitspolitischen Lage war die veränderte Haltung der deutschen Regierung zur Doktrin der Zurückhaltung beim Einsatz militärischer Mittel. Über 40 Jahre wurde diese Zurückhaltung mit historischen Erfahrungen und der deutschen Teilung im Kalten Krieg begründet. Heute ist es der erklärte politische Wille, die Bundeswehr zu einer „Armee im Einsatz" umzugestalten, die in Zusammenarbeit mit den Verbündeten weltweit Aufgaben übernehmen kann (Bundesministerium der Verteidigung 2006). Die Bundeswehr ist ein wesentliches Instrument, um die sicherheitspolitischen Ziele Deutschlands zu erreichen. Im weiteren Verlauf dieses Beitrags werden daher Verteilungen von Bevölkerungseinstellungen zur Bundeswehr und deren neuer Rolle beim Einsatz in internationalen Konflikten beschrieben.

3.2 Die gesellschaftliche Verankerung der Streitkräfte

Gemäß ihrem Selbstverständnis ist die Bundeswehr eine in die Bevölkerung eingebettete Armee. Schlagwörter wie das vom „Staatsbürger in Uniform" veranschaulichen das Integrationsgebot der Inneren Führung. Die einschlägige Dienstvorschrift der Bundeswehr (Zentrale Dienstvorschrift 10/1 Innere Führung, Ziffer 401) erhebt den Anspruch, die Integration der Bundeswehr und ihrer Soldaten in Staat und Gesellschaft zu fördern und Verständnis für deren Aufgaben zu wecken. Hierbei wird das Werben um die Bevölkerungsunterstützung für die anstehenden Aufgaben explizit als Zweck der Inneren Führung genannt. Diesen Aspekt aktualisiert das weiterhin gültige Weißbuch der Bundesregierung 2006, wenn es in Kapitel 3.4 postuliert: „Die Innere Führung steht für die Erkenntnis, dass sicherheitspolitische Handlungsfähigkeit ein erfolgreiches Zusammenwirken von Politik, Gesellschaft und Armee voraussetzt. Auftrag und Aufgaben der Bundeswehr müssen deshalb in ein gesamtpolitisches Konzept eingebunden sein. Gerade auf ihrer engen und bewährten

Verankerung in der deutschen Gesellschaft beruht die Stärke der Bundeswehr" (Bundesministerium der Verteidigung 2006).

Im Folgenden wird das sicherheitspolitische Meinungsbild der deutschen Bevölkerung auf der Grundlage mehrerer Studien skizziert. Die hier vorgestellten Interpretation beruhen im Wesentlichen auf zwei regelmäßig erhobenen Datengrundlagen: Auf der „Sicherheitspolitischen Lage" und auf der „Medienresonanzstudie". Die Studie „Sicherheitspolitische Lage" wurde über mehrere Jahrzehnte bis 2007 jährlich durchgeführt (bis Anfang der 1990er Jahre unter dem Namen *Wehrpolitische Lage*). Seit kurzem werden in „Medienresonanzstudien" die Veränderungen im Medienkonsumverhalten und der Wahrnehmung sicherheitspolitischer Themen in der Öffentlichkeit untersucht. Zielstellung dieser Studien ist es, grundlegende Erkenntnisse für die Öffentlichkeitsarbeit der Bundeswehr zu gewinnen. SPSS-lesbare Datensätze ab dem Jahr 1980 sind erhalten und für die wissenschaftliche Sekundäranalyse verfügbar. Sie können über das Zentralarchiv der Universität Köln oder die Akademie der Bundeswehr für Information und Kommunikation angefordert werden. Zweitens führt das Sozialwissenschaftliche Institut der Bundeswehr (seit 2013 Zentrum für Militärgeschichte und Sozialwissenschaften der Bundeswehr) seit Mitte der 1990er Jahre regelmäßig Bevölkerungsbefragungen durch. Sie dienen der Grundsatzforschung über Einstellungen zur Sicherheits- und Verteidigungspolitik. Die Befunde werden in aufbereiteter Form auf der Homepage des Instituts (http://www.zmsbw.de) zur Verfügung gestellt. Darüber hinaus werden in einzelnen Forschungsvorhaben an Universitäten oder durch diverse Meinungsforschungsinstitute immer wieder Umfragedaten mit sicherheitspolitischen Thematiken erhoben. Eine Aufbereitung der diversen Befunde bis in die 1990er Jahre findet sich in Rattinger u. a. 1995.

Dass die Bundeswehr gegenwärtig ein gutes Ansehen genießt, kann beispielhaft an der generellen Einstellung der Bevölkerung zur Bundeswehr gezeigt werden (s. Tabelle 1). In den einzelnen Jahren geben nur um die 20 Prozent der Befragten an, negative Einstellungen zur Bundeswehr zu haben. Dies ist eine Größenordnung, die man in pluralistischen Gesellschaften nicht als eine weitgehende ablehnende Haltung interpretieren kann. Durchgängig mehr als drei Viertel der Befragten stehen der Bundeswehr positiv bzw. eher positiv gegenüber. Dies zeigt, dass die Streitkräfte gegenwärtig in der Mitte der Gesellschaft verankert sind. Dazu hat sicherlich beigetragen, dass die Bundeswehr bei den Hochwassersituationen an Oder und Elbe tatkräftig geholfen hat. Aber auch internationale Hilfsleistungen und die Unterstützung humanitärer VN-Missionen finden eine breite gesellschaftliche Akzeptanz. Negative Schlagzeilen in den Medien wie das Bombardement von Tanklastzügen in Kunduz 2009 und medial aufbereitete Skandale haben bisher keine dauerhaft negativen Auswirkungen auf die generelle Akzeptanz der Bundeswehr gehabt.

Tab. 1: Generelle Generelle Einstellung zur Bundeswehr 1997 bis 2012 in Prozent

1997	1998	1999	2000	2001	2002	2003	2005	2006	2007	2008	2009	2010	2011	2012
24	20	20	19	20	21	19	16	14	15	15	14	15	13	16

Quelle: 1999 – 2006: Sicherheitspolitische Lage, 2011,2012 Medienresonanzstudie: Antworten auf einer Fünfer-Skala, Anteile „Eher negativ" und „sehr negativ", zusammengefasst; Angaben in Prozent)
1997, 1998, 2007 – 2010: Bevölkerungsbefragungen des Sozialwissenschaftlichen Instituts der Bundeswehr 1997 bis 2010. Antworten auf einer Sechser-Skala, Anteile „Sehr negativ, „Negativ" und „Eher negativ", zusammengefasst; Angaben in Prozent, vgl. Bulmahn u.a. 2011: 671997, 1998, 2007 – 2010: Bevölkerungsbefragungen des Sozialwissenschaftlichen Instituts der Bundeswehr 1997 bis 2010. Antworten auf einer Sechser-Skala, Anteile „Sehr negativ, „Negativ" und „Eher negativ", zusammengefasst; Angaben in Prozent, vgl. Bulmahn u.a. 2011: 67.

Tab. 2: Vertrauen in Institutionen 1998 bis 2013 in Prozent

	1998	2000	2001	2002	2003	2004	2005	2006	2007	2009	2013
Polizei	77	81	78	72	-	78	-	81	-	-	-
Bundesverfassungsgericht	70	75	76	70	68	73	74	73	71	76	74
Bundeswehr	59	65	56	48	-	55	-	59	-	-	-
Gewerkschaften	43	38	37	34	26	26	-	26	29	39	-
Bundestag	36	49	52	36	36	41	33	33	37	48	46
Bundesregierung	31	47	52	30	25	26	32	28	36	45	43
Kirchen	33	35	32	34	-	36	-	38	-	-	-
Politische Parteien	25	24	26	15	14	17	16	14	16	23	22

Quelle: Infratest 2009, Hilmer (2013)

Die vorliegenden Umfragen bestätigen unisono das hohe Ansehen der deutschen Streitkräfte in der Bevölkerung. Noch nie in ihrer Geschichte hatte die Bundeswehr ein ähnlich positives Renommee aufzuweisen wie derzeit (2013) – schließlich hegte ein beachtlicher Teil der Deutschen nach 1945 Vorbehalte gegen das Militär(ische) (vgl. Bremm 2005). Dies gilt bereits für die Gründung in den 1950er Jahren, die unter dem Eindruck des Zweiten Weltkriegs von massiven Protesten begleitet wurde. Diese Vorbehalte setzten sich – verstärkt durch eine Reihe von Skandalen – bis in die 1960er Jahre fort. Ende der 1970er und Anfang der 1980er Jahre mobilisierte die Friedensbewegung im Zuge der Nachrüstungsdebatte große Teile der Bevölkerung. Hunderttausende demonstrierten gegen den NATO-Doppelbeschluss und setzten sich kritisch mit der deutschen Sicherheits- und Verteidigungspolitik sowie mit der Bundeswehr auseinander (vgl. zusammenfassend Rattinger/ Heinlein 1986; Eichenberg 1989). Nach dem Ende des Ost-West-Konflikts hofften Teile der Bevölkerung auf ein generelles Ende militärischer Drohgebärden in Europa und die damit einhergehende Ausschüttung einer Friedensdividende. Die Konflikte in Somalia und der gewaltsame Zerfall Jugoslawiens zeigten jedoch schnell, dass es sich um eine Wunschvorstellung handelte. Das Ansehen der Bundeswehr erreichte Mitte der 1990er Jahre in einer Situation internationaler Unsicherheit ein relativ hohes Niveau. Bemerkenswert hieran ist, wie gut die Bundeswehr auch im Vergleich zu anderen Institutionen abschneidet (vgl. Tabelle 2). Wird nach dem Vertrauen in verschiedene öffentliche Institutionen und Organe gefragt, dann landen die deutschen Streitkräfte seit mehreren Jahren – zuweilen nur hinter dem Bundesverfassungsgericht und der Polizei – auf einem Spitzenplatz (s. auch Infratest 2009). Die positive Haltung der Bürger zu den Streitkräften ist dabei nicht auf einige typische Unterstützergruppen beschränkt, sondern äußert sich mehrheitlich in fast allen sozialen Gruppierungen und in West- wie Ostdeutschland gleichermaßen. Der hohe Zuspruch zur „Armee der Einheit" in den neuen Bundesländern ist keine Selbstverständlichkeit. Andere Einrichtungen – stellvertretend seien Kirchen, Gewerkschaften und politische Parteien genannt – haben massive Akzeptanzschwierigkeiten in der ostdeutschen Bevölkerung. Diese breite Wertschätzung und konkrete Unterstützung sind ein hohes Gut, das die Streitkräfte und die Politik bislang noch nicht im ausreichenden Maße als Ausgangsbasis beim Werben um Unterstützung für die politisch gewollten Aufgaben thematisieren.

3.3 Öffentliche Meinung als Ressource und Restriktion für die Politik

Es gibt unterschiedliche Facetten, aus denen sich die Relevanz des sicherheitspolitischen Meinungsbildes ergibt: Zumindest in Demokratien besteht das normative Ideal, wonach der Einzelne als aufgeklärter Staatsbürger den politischen Prozess begleitet, sich seine Meinung bildet und am politischen Geschehen aktiv teilhat. Entsprechend ist das Streben nach öffentlicher Unterstützung fast schon eine Definitionsgröße demokratisch bedingter Politik. Die handelnden Politiker werden durch den Souverän – die Bevölkerung – legitimiert und erhalten ihre Macht durch periodisch stattfindende Wahlen. Dementsprechend ist es für den Erwerb und Erhalt von politischer Macht notwendig, dass die Mehrheit der Gesellschaft ihrem Handeln bzw. Handlungsangebot zumindest nicht ablehnend gegenübersteht. Gerade in Zeiten permanenter und thematisch breit gestreuter Meinungsumfragen haben die verantwortlichen Politiker die Möglichkeit, fortlaufend über die Ansichten und Einstellungen der Wähler im Bilde zu sein, und können diese Präferenzen in ihr Kalkül einbeziehen. Bevölkerungsmeinungen sind somit eine allgegenwärtige Ressource bzw. Restriktion in der politischen Auseinandersetzung.

Für das Politikfeld der Außen- und Sicherheitspolitik kommt verschärfend hinzu, dass militärische Einsatzentscheidungen eine hohe politische Sensibilität besitzen – geht es doch in letzter Konsequenz um die Frage von Krieg und Frieden, Leben und Tod von Staatsbürgern in Uniform als auch der Bevölkerung in den Einsatzgebieten. Deshalb kann es nicht überraschen, dass in der Bundesrepublik stets die breite Zustimmung aller politisch und gesellschaftlich relevanten Kräfte zu sicherheitspolitischen Grundausrichtungen als Ideal galt und gilt. Gleichzeitig besteht ein weitgehender Konsens, die Sicherheitspolitik aus parteipolitischen Kalkülen und Taktiereien herauszuhalten. Entsprechend bemühen sich die politisch Verantwortlichen um die breite gesellschaftliche Akzeptanz sicherheitspolitischer Entscheidungen. Werden sicherheitspolitisch relevante Maßnahmen gegen die Mehrheit der Bevölkerung getroffen, dann wird dies von den verantwortlichen Politikern durchaus als brisant wahrgenommen.

Zwar ist die Unterstützung durch die Bevölkerung weder ein notwendiges noch gar ein hinreichendes Kriterium der Legitimation sicherheitspolitischer Entscheidungen und militärischer Einsätze. Aber das Gebot der politischen Verantwortlichkeit legt engere Verbindungen zwischen den politisch Handelnden und den Orientierungen der Bürger nahe, als dies häufig – nicht zuletzt auch in der Bundeswehr selbst – wahrgenommen wird. Dass der diesbezügliche Meinungsbildungsprozess nicht abgeschlossen und nach den Veränderungen der internationalen Rahmenbedingungen die neue Rolle Deutschlands noch zu formulieren ist, zeigen die Einstellungen zum außenpolitischen Engagement Deutschlands.

Tab. 3: Zustimmung zu einer aktiven Politik Deutschlands in internationalen Krisen in Prozent

1996	1997	1998	1999	2000	2001	2002	2003*	2005	2006	2007	2008	2009	2010	2012*
45	42	54	54	52	54	49	32	43	43	51	43	45	45	52

Quelle: 1996-2010: Bulmahn et al. 2011: 87; *: 2003 wurden die Antwortmöglichkeiten um die Kategorie „weiß nicht" erweitert.
2003 war auch der Anteil an Befragten mit der Angabe „weiß nicht" mit 17 Prozent besonders ausgeprägt.
Frageformulierung: „Was meinen Sie: Wie sollte sich Deutschland in der internationalen Politik am ehesten verhalten? Sollte Deutschland
(1) eher eine aktive Politik verfolgen und bei der Bewältigung von Problemen, Krisen und Konflikten mithelfen oder
(2) sich eher auf die Bewältigung der eigenen Probleme konzentrieren und sich aus Problemen, Krisen und Konflikten anderer möglichst heraushalten?"
2012: Medienresonanzstudie. Zustimmung zu der Aussage: „Deutschland sollte einen hohen Einfluss auf die internationale Politik ausüben und sich international stark engagieren." (5-stufige Antwortskala, hier Anteil stimme vollkommen und stimme eher zu).

Der Anteil derjenigen, die eher eine international aktive Politik befürworten, steht in jüngster Zeit – mit einer Ausnahmen im Jahre 2007 – hinter dem Anteil derjenigen zurück, der sich für eine Konzentration auf die eigenen Probleme ausspricht. Dabei ist es aber keineswegs so, dass hier einem neuen Isolationismus das Wort geredet wird. Denn diejenigen, die eine aktive Politik in internationalen Krisen wünschen, und diejenigen, die eine Konzentration auf eigene Probleme befürworten, halten sich in etwa die Waage. Die Komplexität der Neuausrichtung der deutschen Streitkräfte zu einer „Armee im Einsatz" wird deutlich, wenn man sich die Zustimmung zu verschiedenen Arten von Einsätzen vor Augen führt. Hierbei wäre es falsch, der deutschen Gesellschaft eine pazifistische Tendenz zu unterstellen (vgl. Kagan 2003). So ist in der Bevölkerung etwa die Aufgabe der Landesverteidigung unumstritten. Auch der Einsatz von Streitkräften zur Friedenssicherung stößt seit 1991 bei 80 Prozent oder mehr der Befragten auf Zustimmung (vgl. Tabelle 4). Ebenso ist die Verteidigung von Verbündeten innerhalb des NATO-Territoriums bei weiten Teilen der Bevölkerung akzeptiert. Allerdings sinkt die Zustimmung kurzfristig nach der Reaktion der westlichen Welt auf die terroristischen Anschläge des Jahres 2001 auf 68 Prozent (2002) ab, um bis 2006 wieder die seit 1993 bestehenden konstant hohen Werte von knapp 80 Prozent Zustimmung zu erreichen.

Tab. 4: Zustimmung zu verschiedenen Arten von Einsätzen der Bundeswehr 1991-2012 in Prozent

	1991	1992	1993	1994	1995	1996	1997	1999	2000	2001	2003	2004	2005	2006	2007	2010	2011	2012
Verteidigung des Landes	90,0	91,0	94,0	91,0	92,5	92,7	90,7	91,1	91,0	94,0	92,0	97,0	95,0	96,0	96,0	96,0	97,0	88,0
Verteidigung des NATO-Gebietes	65,0	71,0	70,0	69,0	72,7	71,6	71,0	85,3	84,0	82,0	84,0	86,0	81,0	84,0	81,0	75,0	83,0	64,0
Frieden sichernde Maßnahmen im Auftrag der VN	71,0	70,0	82,0	78,0	78,9	80,8	81,6	78,4	76,0	68,0	67,0	77,0	73,0	73,0	80,0	73,0	72,0	63,0
Frieden schaffen durch Kampfeinsätze im Auftrag der VN	44,0	48,0	50,0	39,0	54,2	45,1	60,5	69,8	71,0	60,0	58,0	62,0	58,0	52,0	56,0	51,0	56,0	49,0

Quelle: 1991 – 2007: Sicherheitspolitische Lage, 2010 - 2012 Medienresonanzstudie Frageformulierung: Bitte sagen Sie mir, ob Sie dafür oder dagegen sind, dass die Bundeswehr zukünftig folgende Aufgaben wahrnimmt.

Gesellschaftlich umstritten ist dagegen, die Bundeswehr in Kampfeinsätzen zur Friedenschaffung unter VN-Mandat einzusetzen. Die Zeitreihe zeigt, dass die Einstellungen hier internationalen Ereignissen folgen und der veränderten Lage Rechnung tragen. Zu Beginn der 1990er Jahre war die Bundesrepublik noch nicht an internationalen Militäraktionen beteiligt. Das Motto „der Frieden ist der Ernstfall" beherrschte die Vorstellungen zum Einsatz der Streitkräfte (unter 50 Prozent Zustimmung zu Kampfeinsätzen bis 1994). Die Ereignisse im ehemaligen Jugoslawien führten bis zum Kosovokrieg zu höheren Zustimmungsraten der Bevölkerung auch bei Kampfeinsätzen. Danach sank die Zustimmung zu Frieden schaffenden Einsätzen schleichend, aber kontinuierlich bis 2012. Allerdings verblieb sie auch im Jahre 2012 noch bei der 50 Prozent-Marke, so dass eher von einer Spaltung der Gesellschaft als von einer einheitlichen Ablehnung gesprochen werden kann. Zugleich ist anzumerken, dass in dieser Frage bis zur Finanzkrise eine Ost-West-Angleichung stattgefunden hat. Die Bürger in den neuen Bundesländern waren in den 1990er Jahren noch deutlich skeptischer gegenüber Kampfeinsätzen als die Bürger in den alten Bundesländern. 2007 fanden sich keine signifikanten Unterschiede mehr, und das Niveau der Zustimmung in Ostdeutschland hatte sich dem Niveau in Westdeutschland angeglichen. Mit der Finanzkrise sahen Befragte in Ostdeutschland ein militärisches Engagement wieder mit einer größeren Distanz.

Einschränkend gilt es zu beachten, dass in Tabelle 3 die generelle Unterstützung der Bürger für die Übernahme von Aufgaben und Einsatzarten durch die Bundeswehr abgebildet ist. Hierbei geht es um die Frage, ob die deutschen Streitkräften grundsätzlich an den entsprechenden Einsätzen teilnehmen sollen oder nicht. Eine Zustimmung ist keinesfalls gleichzusetzen mit der Unterstützung für eine konkrete Mission. Vielmehr kann die Faustregel aufgestellt werden, dass die Zustimmung der Bürger schwerer zu gewinnen ist, je konkreter ein Einsatz Gestalt annimmt. Folglich ist eine hohe Zustimmung der Bevölkerung zu Auslandseinsätzen gegenwärtig an zwei Bedingungen geknüpft:

- Die Missionen müssen der Stabilisierung von Krisenregionen bzw. dem Wiederaufbau in einer Nachkriegssituation dienen, d. h. vornehmlich einen helfenden und unterstützenden Charakter aufweisen – auch im Verbund mit zivilen Aufbauelementen.
- Die Einsätze müssen einen friedlichen Verlauf erwarten lassen. (Dies ist gegenwärtig mit Blick auf den Balkan und die Marineeinsätze vor dem Libanon und dem Horn von Afrika weitestgehend der Fall, in Afghanistan trifft dieses aber schon länger nicht mehr zu.)

Sind diese Bedingungen *erfüllt*, dann ist seit etwa Mitte der 1990er Jahre durchgehend eine Zustimmung – nach gewissen Vorbehalten unmittelbar nach der deutschen Vereinigung – zu verzeichnen. Sind diese Voraussetzungen aber *nicht erfüllt*, dann ist die Bevölkerung mehrheitlich nicht bereit, entsprechende Missionen mit zu tragen. Wie die vorliegenden Umfragen belegen, lehnen weite Teile der deutsche Bevölkerung Kampfeinsätze ohne Zweckbestimmung ab, d. h. Missionen, bei denen es zum offensiven Einsatz militärischer Gewalt ohne klar erkennbare politische Zielvorgaben kommt. Dabei gilt: Je konkreter und gefährlicher die Einsätze werden, desto massiver äußern sich die Vorbehalte.

Dies belegt eine international vergleichende Umfrage des Sozialwissenschaftlichen Instituts der Bundeswehr, die zugleich zeigt, dass sich das hiesige Meinungsbild nicht grundlegend von dem der anderen kontinentaleuropäischen Staaten unterscheidet (Biehl u.a. 2011). Dabei wurden die Bürgerinnen und Bürger in acht europäischen Staaten nach ihrer Haltung zum Afghanistan-Einsatz ihrer jeweiligen Streitkräfte gefragt. Dabei hatten sie nicht alleine die Möglichkeit, diesem zuzustimmen oder diesen abzulehnen. Sie sollten darüber hinaus ihre Unterstützung für konkrete Aufgaben der Truppen in Afghanistan darlegen. Dabei wurden drei Aufgabenfelder unterschieden: Erstens das humanitäre Engagement, das sich auf den Wiederaufbau des Landes und der Infrastruktur konzentriert, zweitens Stabilisierungsbemühungen, die sich der Etablierung von Ordnungsstrukturen und dem Aufbau von Streitkräften und Polizei widmen, sowie drittens genuine Kampfhandlungen gegen die Taliban.

Öffentliche Meinung und Sicherheitspolitik

Tab. 5: Einstellung der Bevölkerung in verschiedenen europäischen Ländern zu den Aufgaben des Militärs im Rahmen des ISAF-Einsatzes in Afghanistan (Zustimmung in Prozent)

	Vornehmlich Wiederaufbau im Afghanistaneinsatz	Unterstützen von afghanischer Polizei und Militär bei der Herstellung von Ordnung und Stabilität	Auch Kampfeinsätze gegen die Taliban in Afghanistan
Deutschland	74	64	20
Frankreich	74	63	37
Großbritannien	60	81	63
Österreich	62	39	7
Schweden	76	65	36
Spanien	76	65	29
Tschechische Republik	76	69	35
Türkei	61	70	35

Quelle: Studie „Strategische Kultur" des Sozialwissenschaftlichen Instituts der Bundeswehr 2010 (vgl. Biehl et al. 2011). Antworten auf einer 5-stufigen Skala, Anteile „stimme voll und ganz zu" und „stimme eher zu", zusammengefasst.

Wie die Tabelle 5 ausweist, gibt es in allen acht Ländern unterschiedliche Haltungen zu den drei Aufgabenfeldern. Es kann zwar kaum überraschen, dass Maßnahmen des Wiederaufbaus in sämtlichen betrachteten Bevölkerungen und die Unterstützung der afghanischen Sicherheitskräfte in fast allen (Ausnahme: Österreich) mehrheitsfähig sind. Bemerkenswert sind aber die Diskrepanzen in der Haltung zu Kampfeinsätzen. Diese sind für fast zwei Drittel der britischen Befragten eine selbstverständliche Aufgabe in Afghanistan. Hierbei fällt der deutliche Abstand zu den anderen Nationen auf, die zu maximal einem Drittel die Beteiligung der eigenen Armee an der Bekämpfung der Taliban gutheißt. Merkliche Vorbehalte dagegen bestehen in Spanien und in Deutschland, und in Österreich finden sich kaum Befragte, die ihre Streitkräfte in Kampfeinsätze senden wollen. Die Kampfhandlungen treffen folglich nicht nur in Deutschland auf öffentliche Vorbehalte, erheblicher Widerspruch ist auch bei den anderen kontinentaleuropäischen Bevölkerungen zu verzeichnen (vgl. Jacobs 2008; Transatlantic Trends 2007). Hinter diesen (ebenso im historischen Rückblick bemerkenswerten) Vorbehalten beim Gebrauch militärischer Gewalt stehen mindestens drei Ursachenbündel:

- Die deutsche Bevölkerung hat seit der Wiederaufstellung von Streitkräften nach dem Zweiten Weltkrieg gute Erfahrungen mit der Bundeswehr als reiner Verteidigungsarmee gemacht. Das Sich-Heraushalten aus den Händeln der Weltpolitik und der – politisch auch stets proklamierte – Verzicht auf den offensiven Einsatz militärischer Gewalt sind im kollektiven Gedächtnis als Erfolgsgaranten einer soliden Sicherheits- und Verteidigungspolitik verankert. Nicht nur im Vergleich zu anderen Epochen der deutschen Geschichte, sondern auch zu den militärischen Maßnahmen anderer westlicher Staaten – etwa in den Entkolonialisierungskriegen – erwies sich der Verzicht auf jede Funktionalisierung und Instrumentalisierung von Streitkräften zu außenpolitischen Zwecken aus Sicht der Bürger als die bessere Wahl.
- Es fehlt gegenwärtig an positiv bewerteten Modellen, gemäß denen der offensive Gebrauch militärischer Gewalt ethisch berechtigt, politisch vernünftig und militärisch erfolgreich sein kann. Schließlich liefert der Blick auf das internationale Umfeld wenig prominente Beispiele dafür, dass andere Länder durch den Einsatz militärischer Mittel

erfolgreich Konfliktregionen stabilisiert oder nationale Interessen durchgesetzt hätten. Stattdessen verfestigt sich in der deutschen Bevölkerung – nicht zuletzt vor dem Hintergrund der Konflikte im Irak und in Afghanistan – der Eindruck, dass der offensive bzw. präventive Einsatz militärischer Mittel zwangsläufig zur Eskalation der Gewalt führt, dass er mit hohen politischen, militärischen und humanitären Kosten verbunden und dass er letztlich auch kontraproduktiv ist.

- Auch die bisherigen Einsätze der Bundeswehr verlaufen – zumindest in der Wahrnehmung vieler Bürger – nicht so erfolgreich, dass aus ihnen unmittelbar die Billigung für den ausgiebigeren Einsatz militärischer Mittel abgeleitet werden könnte. Die Tatsache, dass der gemessen am Verhältnis von Aufwand und Zielerreichung vermutlich erfolgreichste Einsatz der Bundeswehr, das rechtzeitige Intervenieren in Mazedonien im Jahre 2001, im öffentlichen Bewusstsein so gut wie gar nicht präsent ist, stützt diese Einschätzung nochmals.

3.4 Sicherheitspolitische Meinung und Streitkräfte

Das derzeitige sicherheitspolitische Meinungsbild der Bevölkerung bleibt nicht ohne Folgen für die Bundeswehr. Schließlich repräsentieren Soldaten die auswärtige Gewalt eines Staates. Die Legitimität ihres Handelns beziehen Soldaten der Bundeswehr aus den formalen Anforderungskriterien (d. h. der Zustimmung des Bundestages und dem Vorliegen eines internationalen Mandates) sowie aus dem Wissen, dass ihr Handeln die Unterstützung der Bevölkerung erfährt. Studien zur Situation von deutschen Soldaten im Einsatz haben gezeigt, dass ein Zusammenhang zwischen wahrgenommener sozialer Unterstützung und soldatischer Motivation besteht (vgl. Biehl 2012). Dies bedeutet, dass der Soldat, der weiß, dass sein Tun auf gesellschaftliche Zustimmung trifft, sich auch stärker mit seinem Auftrag und den ihm gestellten Aufgaben identifiziert. Deshalb ist es ein Anliegen der Streitkräfte, offen über die Einsätze zu berichten und die Mehrheit der Bevölkerung zu gewinnen. Es gilt ein Szenario zu vermeiden, wie es die spanischen Soldaten 2003 bei ihrer Entsendung in den Irak erleben mussten, als sich eine übergroße Mehrheit der spanischen Bevölkerung gegen die Beteiligung ihrer Armee an der „Koalition der Willigen" aussprach (vgl. Goot 2004). Aus Sicht der Streitkräfte geht die Bedeutung der Öffentlichen Meinung über den engeren Zusammenhang von Einsatz- bzw. Berufsmotivation der Soldaten aber noch hinaus. Untersuchungen zur Berufswahl haben ausreichend belegt, dass das Interesse am Soldatenberuf unter anderem von dem Ansehen der Streitkräfte in der breiteren Öffentlichkeit beeinflusst wird. Für die Streitkräfte ist dieser Befund insofern von Belang, als aus der soziologischen Berufsforschung bekannt ist, dass sich das Interesse Jugendlicher an einem Beruf nicht nur an den zu verrichtenden Tätigkeiten und dem zu erzielenden Einkommen orientiert, sondern auch am sozialen Renommee, das der Berufsinhaber erfährt (vgl. die diversen Verweise bei Biehl/Leonhard 2012). Es ist gerade für eine Freiwilligenarmee, zu der sich die Bundeswehr gegenwärtig entwickelt, sicherlich einfacher, qualifizierten Nachwuchs in ausreichender Zahl zu finden, wenn sie das Vertrauen und die Unterstützung eines Großteils der Bevölkerung genießt, als wenn sie auf Indifferenz oder offene Ablehnung trifft.

3.5 Die Betroffenheit des Einzelnen

Obwohl sicherheitspolitische Entscheidungen oftmals von einem relativ kleinen Expertengremium verborgen vor der Öffentlichkeit vorbereitet werden, bestehen mehrere Bezugspunkte für den einzelnen Staatsbürger, die aus einer wohlwollenden Distanz (Biehl/Jacobs 2007) bewertet werden. Zwar finden andere Politikfelder wie die Bekämpfung von Arbeitslosigkeit oder der Schutz der Umwelt eine größere mediale Aufmerksamkeit, aber dennoch

Öffentliche Meinung und Sicherheitspolitik

äußert über die Jahre konstant etwa die Hälfte der Befragten ein Interesse an sicherheitspolitischen Themen. In Abhängigkeit von aktuellen sicherheitspolitischen Ereignissen (vgl. Tabelle 6 Anteile in 2001) steigt das Interesse an, weshalb der prägende Begriff des „freundlichen Desinteresses", den der ehemalige Bundespräsident Horst Köhler in die Debatte eingebracht hat, den Kern der Beziehung nicht hinreichend trifft.

Tab. 6: Anteil der Bevölkerung mit (sehr) viel Interesse an Sicherheitspolitik 1999-2012 (in Prozent)

1999	2000	03.01.01	11.01.01	06.02.01	01.12.02	2003	2004	2005	2006	2007	2010	2011	2012
52	42	45	77	72	67	50	52	58	57	50	60	61	50

Quelle: 1999 – 2007: Sicherheitspolitische Lage, 2010 - 2012 Medienresonanzstudie

Man muss allerdings zugestehen, dass auch dramatische Ereignisse wie die Anschläge des 11. September 2001 die Aufmerksamkeit gering Interessierter nur für eine relativ kurze Zeit binden können. Dennoch sind es eben nicht nur zehn oder zwanzig Prozent der Befragten, die ein Interesse an Sicherheitspolitik äußern, sondern immerhin rund die Hälfte. Ausweislich des in Tabelle 7 dargestellten Interesses an (Sicherheits)Politik zeigt die deutsche Bevölkerung ein auch im europäischen Rahmen vergleichbares Interesse an außen- und sicherheitspolitischen Themen.

Tab. 7: Interesse der Bevölkerung in verschiedenen europäischen Ländern an (Sicherheits)Politik in Prozent

	Interesse an Politik	Interesse an innenpolitischen Themen	Interesse an außen- und sicherheitspolitischen Themen
Deutschland	50	62	56
Frankreich	54	54	45
Großbritannien	51	64	56
Österreich	43	50	40
Schweden	35	53	48
Spanien	42	52	38
Tschechische Republik	25	39	33
Türkei	51	65	51

Quelle: Studie „Strategische Kultur" des Sozialwissenschaftlichen Instituts der Bundeswehr 2010 (vgl. Biehl et al. 2011). Antworten auf einer 5-stufigen Skala, Anteile „sehr" und „eher interessiert", zusammengefasst.

In Deutschland, Frankreich, Österreich und Großbritannien äußert etwa die Hälfte der Befragten, ein generelles Interesse an Politik zu haben. In Schweden und der Tschechischen Republik sind es um die 40, in der Türkei 25 Prozent. Wird zwischen innen- und außenpolitischen Themen differenziert, findet man in allen Ländern ein signifikant größeres Interesse an innenpolitischen Themen. Aufgrund der Bedeutung der Innenpolitik für die Alltagsprobleme der Menschen ist dieses Ergebnis nicht überraschend, und die Daten bestätigen einen viel zitierten Leitsatz: „*All politics is local*". Es ist aber immerhin noch etwa jeder zweite Befragte in Deutschland, Frankreich, Österreich, Spanien und Großbritannien, der angibt, ein Interesse an außen- und sicherheitspolitischen Themen zu haben. In Schweden und der

Tschechischen Republik äußern um die 40 Prozent Interesse für diese Thematik. Damit gibt es insgesamt ein breites Interesse, auch wenn in allen Ländern weite Teile der Bevölkerung ihr Recht auf Desinteresse in Anspruch nehmen.

Wie weitergehende Analysen belegen, bestehen sozialstrukturelle Unterschiede im Interesse an außen- und sicherheitspolitischen Themen. In allen acht Ländern ist der Anteil der Männer mit einem Interesse an der Thematik signifikant höher als der von Frauen. Offensichtlich sind die gängigen Argumente für die Unterschiede zwischen den Geschlechtern (z. B. Alltagsnähe, Technikaffinität, Gewalthandlungen, geschlossene Expertengruppen in der Außen- und Sicherheitspolitik) nicht nur in Deutschland gültig, sondern auch für die übrigen Länder zutreffend. Die erwartbare Differenzierung ist ebenso bei einer Unterscheidung nach dem Bildungsniveau abzulesen: Der Anteil an interessierten Befragten steigt in allen Ländern mit dem Bildungsniveau. Daneben zeigt sich tendenziell in den untersuchten Ländern, dass das Interesse an außen- und sicherheitspolitischen Themen bei älteren Befragten höher ist. Dies ist u. a. darauf zurückzuführen, dass jüngere Befragte eher gezwungen sind, Zeit und Kraft auf die Bewältigung eines dynamischen Lebensalltags (z. B. Arbeitssituation, Kindererziehung, soziales Umfeld) zu konzentrieren.

Unmittelbar ist die Beziehung des einzelnen Staatsbürgers zur Sicherheitspolitik lange Zeit bei der Wehrpflicht sichtbar gewesen, die einen wesentlichen Eingriff des Staates in die Persönlichkeitsrechte des Einzelnen darstellt. Denn Wehrpflichtige sind angehalten, sich für die sicherheitspolitischen und militärischen Belange ihres Staates – im Extremfall mit dem Leben – einzusetzen. Trotz medial zelebrierter Skandale und Skandälchen im Zusammenhang mit dem Alltag und abweichendem Verhalten von Wehrdienstleistenden hatte die Wehrpflicht insgesamt ein sehr gutes Image in der Bevölkerung. Mehr als zwei Drittel der Befragten standen ihr grundlegend positiv gegenüber (Bulmahn u. a. 2011: 19-27). Die Öffentlichkeit ist in ihrer Haltung zur Aussetzung der Wehrpflicht seit 2011 ähnlich gespalten, wie dies die Politik lange war und ist. Bis 2001 plädierte noch eine klare Mehrheit für die Beibehaltung der Wehrpflicht; seit 2002 sprach sich dann eine Hälfte für eine Umwandlung der Bundeswehr in eine Freiwilligenarmee aus, die andere Hälfte mochte die Wehrpflichtarmee beibehalten. Nachdem die Aussetzung der Wehrpflicht beschlossen war, unterstützten dieses rund 60 Prozent, während mehr als ein Drittel unverändert an ihr festhalten wollte (Bulmahn u. a. 2011: 19-27).

Eine weitere Verbindung des Einzelnen zur Sicherheitspolitik besteht in dem Anspruch, Begründungen für die Aufwendung erheblicher finanzieller Mittel zu erhalten. Jeder Bürger trägt durch Steuern zur Finanzierung der Sicherheitspolitik und zum Unterhalt der Streitkräfte bei. Ungeachtet der nominalen Reduzierungen in den letzten Jahrzehnten kostet die Bundeswehr den Steuerzahler im Jahr 2013 etwa 33 Milliarden Euro, womit das Verteidigungsressort den zweithöchsten Etat aller Ministerien aufweist und nach dem Schuldendienst und den Ausgaben für Arbeit und Soziales den drittgrößten Anteil am Bundeshaushalt besitzt. Zwischen 1997 und 2006 nahm der Anteil derjenigen ab, die sich für eine Reduzierung der Ausgaben aussprachen. In den Folgejahren (2007-2008) überstieg die Zustimmung zu einer Erhöhung der Ausgaben sogar den Anteil derjenigen, die eine Reduzierung für angemessen hielten. Dies hat sich unter dem Eindruck der wirtschaftlichen und finanzpolitischen Krise sowie der anhaltenden Debatten um Schuldenreduzierungen und europäische Konsolidierung 2009 und 2010 wiederum verändert (vgl. Bulmahn u. a. 2011). Über alle Jahre hinweg spricht sich jedoch eine deutliche Mehrheit dafür aus, das bestehende Niveau der Ausgaben für die Bundeswehr beizubehalten. Inwiefern sich aus diesem Meinungsbild bei insgesamt knappen öffentlichen Budgets ein Fundament für die Finanzierung von Instrumenten der deutschen Sicherheitspolitik in Konkurrenz zur Finanzierung anderer Politikfelder ableiten lässt, muss allerdings offen bleiben, dürfte die öffentliche Unterstützung für eine spürbare Erhöhung des Einzelplans 14 doch eher gering sein.

4 Szenarien deutscher Sicherheitspolitik

Das sicherheitspolitische Meinungsbild der deutschen Bevölkerung zeigt zwar ein hohes Ansehen der Bundeswehr und eine breite Unterstützung für die meisten ihrer Aufgaben. Aber es bestehen ebenso massive Vorbehalte gegen die Beteiligung deutscher Soldaten an Kampfeinsätzen, die sich unter dem Eindruck der Entwicklung des Einsatzes der internationalen Gemeinschaft in Afghanistan weiter stabilisieren dürften. Angesichts dieses sicherheitspolitischen Dissenses befindet sich die deutsche Sicherheitspolitik in einem Dilemma: Einerseits muss sie sich den internationalen Erwartungen und Ambitionen stellen, die sie teilweise selbst geweckt hat. So hat sich Deutschland im Rahmen der NATO und der Europäischen Union auf militärische Engagements eingelassen, die im Falle eines Einsatzes durchaus einen kriegerischen Charakter aufweisen können, so wie der laufende Einsatz in Afghanistan vom ehemaligen Bundesminister der Verteidigung zu Guttenberg als „kriegsähnlicher Zustand" beschrieben wurde. Andererseits weiß die Politik um die Vorbehalte der Bevölkerung und muss bzw. will diesen ebenfalls Rechnung tragen. Vor dem Hintergrund dieser Diskrepanzen werden nachfolgend drei Entwicklungsmöglichkeiten skizziert, wie sich die deutsche Sicherheitspolitik – bei gegebenen Rahmenbedingungen – weiter entwickeln kann.

Szenario 1: Normalisierung

Das Schlagwort der „Normalisierung" geistert bereits seit der deutschen Vereinigung durch die publizistische und wissenschaftliche Debatte. Ziel einer in diese Richtung gehenden Strategie ist es, dass sich Deutschland zu einer „normalen" – im Sinne einer etablierten und gleichberechtigten – europäischen Mittelmacht entwickelt. Dabei stünde Deutschland auch in militärischen Angelegenheiten auf Augenhöhe mit Großbritannien und Frankreich und setzte ähnlich unbefangen (oder befangen) wie diese militärische Gewalt zur Erreichung außenpolitischer Ziele ein. Wesentlich ist dabei, dass die Bevölkerung diese Entwicklung grundlegend mitträgt. Dies könnte entweder mittels einer schleichenden Gewöhnung an Kampfeinsätze oder mittels einer „großen sicherheitspolitischen Debatte" erreicht werden. Allerdings ist der Ausgang einer solch breiten Diskussion zumindest offen. Nimmt man die vorliegenden Erkenntnisse über das sicherheitspolitische Meinungsbild der Deutschen ernst und weiß um dessen Stabilität, dann ist weiterhin mit einer deutlichen Diskrepanz zwischen politischer Beschlusslage, militärischen Planungen und Bevölkerungswillen zu rechnen. Denn das derzeitige Meinungsbild der Bevölkerung ist in seinen Strukturen zu gefestigt, um durch eine schlichte Informationskampagne oder eine inszenierte Diskussion grundlegend verändert zu werden. Jedenfalls wird diese Diskrepanz nicht aufgelöst, solange die politischen Eliten keinen Diskurs mit der Öffentlichkeit über die grundsätzliche Gestaltung der Sicherheitspolitik suchen. Mithin ist kaum mit einer einfachen „Normalisierung" des sicherheitspolitischen Meinungsbildes und der Handlungsoptionen der deutschen Sicherheitspolitik zu rechnen.

Szenario 2: Internationalisierung bzw. Europäisierung

Andere Beobachter hoffen, durch eine Internationalisierungs- bzw. Europäisierungsstrategie die gegenwärtigen Kalamitäten zu überwinden. Der entscheidende Schritt wäre dabei eine Überführung der bislang national strukturierten Sicherheitspolitik auf supranationale Organisationen und Entscheidungsebenen, also auf die NATO oder die EU im Rahmen der GSVP. Aus den schon vorhandenen multinationalen Strukturen könnte sich dann eine europäische Streitmacht entwickeln, über deren Einsatz auf europäischer Ebene – etwa im Europäischen Parlament – entschieden werden würde. Der Vorteil dieses Vorgehens wäre die Entkopplung vom nationalen Begründungszwang für die Einsätze. Die Politik müsste den eigenen Bevölkerungen nicht mehr begründen, was national kaum noch begründbar ist. Gegen diese Variante sprechen jedoch die nationalen Vorbehalte gegenüber einem Verlust an Entscheidungsmöglichkeiten auf diesem Feld. Im Vergleich zu anderen Staaten fiele Deutschland eine Abtretung der Verfügungsgewalt über militärische Mittel noch vergleichsweise leicht. Doch in der Folge wäre ein weiteres wesentliches – und symbolträchtiges – Merkmal nationaler Souveränität, die Entscheidung über den Einsatz von Streitkräften, an eine überstaatliche Organisation abgetreten. Dagegen sprechen die sicherheitspolitischen Divergenzen in Europa und der EU. Während einige Staaten sich stärker an der Seite der USA sehen als an der ihrer europäischen Verbündeten, halten andere bewusste Distanz zu den Vereinigten Staaten. Zudem erscheint vor dem Hintergrund der Schuldenkrise und der anhaltenden Debatten um den Euro der Zeitpunkt ungeeignet, um weitere Initiativen zur Vergemeinschaftung von Politikfeldern anzustoßen. Und schließlich tragen nationale Regierungen bis zu einer Vergemeinschaftung gegenüber ihren Bürgern die Verantwortung für ihr politisches Handeln, das in Wahlen sanktioniert wird.

Szenario 3: „muddling through"

Das wahrscheinlichste Szenario ist die Fortsetzung der bisherigen Praxis, d. h. eine Politik des *muddling through*. Ziel ist dabei der Ausgleich zwischen internationalen Ansprüchen und Ambitionen einerseits und nationalen Vorbehalten andererseits. Dahinter steht die implizite Erfahrung, dass dieses Vorgehen bislang auch von Erfolg gekrönt war und zwar insofern, als dass halbwegs die internationalen Begehrlichkeiten und nationalen Vorbehalte in Einklang gehalten werden konnten. Dies mag auch zukünftig gelingen – zumal wenn international die Bereitschaft zum militärischen Engagement aufgrund der Erfahrungen im Irak und in Afghanistan nachlässt und die internationale Politik insgesamt in eine „post-interventionistische Epoche" eintritt. Aber mit der fortlaufenden Praxis eines *muddling through* sind auch Risiken verbunden. Schließlich ist das Geschehen in den Einsätzen stets kontingent. Jede militärische Mission ist zu einem erheblichen Teil von Zufälligkeiten und Unvorhersehbarkeiten bestimmt – auch Stabilisierungseinsätze. Entsprechend kann sich die Situation auch in Einsätzen mit einem Stabilisierungs- oder Ausbildungsauftrag für die Bundeswehr jederzeit verschärfen: Konflikte können eskalieren, es kann zum offenen Ausbruch von Gewalttätigkeiten kommen, der aus einem Ausbildungs- einen Kampfauftrag macht. Trotz dieser Unwägbarkeiten erscheint das Szenario *muddling through* als das wahrscheinlichste. Allerdings könnten die damit einhergehende konzeptionelle Unsicherheit für die Politik und insbesondere für die Ausbildung, Ausrüstung und das Selbstverständnis der Streitkräfte gravierend sein.

Zum gegenwärtigen Zeitpunkt (Herbst 2013) ist deshalb insgesamt zu bilanzieren, dass es der deutschen Sicherheitspolitik noch nicht gelungen ist, ihre eigenen Ambitionen, die internationalen Verpflichtungen und den Willen der Bürgerinnen und Bürger in eine Balance zu bringen.

Zur Vertiefung empfohlene Literatur

Everts, Philip P./Isernia, Pierangelo (Hrsg.) 2001: Public Opinion and the International Use of Force, London: Routledge. Länderstudien zur Rolle militärischer Einsätze out-of-area.

Gelpi, Christopher/Feaver, Peter D./Reifler, Jason 2009: Paying the Human Costs of War – American Public Opinion and Casualties in Military Conflicts, Princeton: Princeton UP. Aktuelle Studie, unter welchen Bedingungen die amerikanische Öffentlichkeit den Einsatz militärischer Mittel unterstützt.

Holsti, Ole R. 2004: Public Opinion and American Foreign Policy. Revised edition. Ann Arbor: University of Michigan Press. Standardwerk zur Bedeutung der öffentlichen Meinung in der Außenpolitik.

Rattinger, Hans/Holst, Christian 1998: Strukturen und Determinanten außen- und sicherheitspolitischer Einstellungen in der Bundesrepublik. Abschlussbericht des DFG-Forschungsprojektes, <http://lsvpv.uni-mannheim.de/lehrstuhlteam/prof_dr_hans_rattinger/publikationsliste/index.html>. Darstellung des Forschungsstandes, Bestandsaufnahme und Dokumentation empirischer Forschung in der Bundesrepublik Deutschland.

Weiterführende Fragen

1. Wie sind die sicherheitspolitischen Einstellungen organisiert, und wie stabil sind diese?
2. Trifft die Diagnose zu, wonach die Bevölkerung der Sicherheitspolitik und der Bundeswehr mit „wohlwollendem Desinteresse" begegne?
3. Informieren Sie sich über die sicherheitspolitischen Einstellungen in anderen Ländern und arbeiten Sie heraus, welche Gemeinsamkeiten und Unterschiede sich zwischen dem sicherheitspolitischen Meinungsbild in Deutschland und dem in anderen europäischen Staaten sowie in den USA ausmachen lassen. Was sind die Ursachen für die gefundenen Überschneidungen und Diskrepanzen? (Hinweis: Nutzen Sie als Datengrundlage die Befragungen des German Marshall Fund – transatlantictrends.org sowie den SOWI Forschungsbericht 96 Biehl u. a. 2011).

Quellen und Literatur

Almond, Gabriel A. 1956: Public Opinion and National Security Policy, in: Public Opinion Quarterly, 20, 371-378.

Anderson, Jeffrey/Ikenberry, G. John/Risse, Thomas 2008: The End of the West? Crisis and Change in the Atlantic Order, Ithaca/London: Cornell UP.

Asmus, Ronald/Everts, Philip P./Isernia, Pierangelo 2004a: Power, War, and Public Opinion. Looking behind the Transatlantic Divide, in: Policy Review, February/March 2004, 73-88.

Asmus, Ronald/Everts, Philip P./Isernia, Pierangelo 2004b: Across the Atlantic and the Political Aisle. The Double Divide in U.S.-European Relations, <www.transatlantictrends.org>.

Bardes, Barbara/Oldendick, Robert W. 1978: Beyond Internationalism. A Case for Multiple Dimensions in the Structure of Foreign Policy Attitudes, in: Social Science Quarterly, 59, 496-508.

Bennett, Stephen Earl 1974: "Attitude Structures" and Foreign Policy Opinions, in: Social Science Quarterly, 55, 732-742.

Biehl, Heiko/Jacobs, Jörg 2007: Freundliches Desinteresse. Zur sicherheitspolitischen Sensitivität der deutschen Bevölkerung, in: if. Zeitschrift für Innere Führung, 4, 51, 52-55.

Biehl, Heiko/Fiebig, Rüdiger/Giegerich, Bastian/Jacobs, Jörg/Jonas, Alexandra 2011: Strategische Kulturen in Europa. Die Bürger Europas und ihre Streitkräfte, Strausberg: Sozialwissenschaftliches Institut der Bundeswehr (SOWI-Forschungsbericht 96).

Biehl, Heiko 2012: Kampfmoral und Einsatzmotivation, in: Leonhard, Nina/Werkner, Ines-Jacqueline (Hrsg.): Militärsoziologie. Eine Einführung, 2. aktualisierte und ergänzte Aufl., Wiesbaden: VS Verlag für Sozialwissenschaften, 447-474.

Biehl, Heiko/Leonhard, Nina 2012: Beruf: Soldat, in: Leonhard, Nina/Werkner, Ines-Jacqueline (Hrsg.): Militärsoziologie. Eine Einführung, 2. aktualisierte und ergänzte Aufl., Wiesbaden: VS Verlag für Sozialwissenschaften, 393-427.

Biehl, Heiko/Giegerich, Bastian/Jonas, Alexandra (Hrsg.) 2013: Strategic Cultures in Europe. Security and Defence Policies Across the Continent, Wiesbaden: VS Verlag für Sozialwissenschaften.
Bishop, George F. et al. 1978: The Changing Structure of Mass Belief Systems. Fact or Artifact? In: Journal of Politics, 40, 781-787.
Bishop, George F. et al. 1980: Attitudes and Nonattitudes in the Belief System of Mass Publics, in: Journal of Social Psychology, 110, 53-64.
Bremm, Klaus-Jürgen 2005: Wehrhaft wider Willen? Die Debatte um die Bewaffnung Westdeutschlands in den fünfziger Jahren, in: Bremm, Klaus-Jürgen/Mack, Hans-Hubertus/Rink, Martin (Hrsg.): Entschieden für den Frieden. 50 Jahre Bundeswehr, 1955 bis 2005, Freiburg: Rombach.
Bundesministerium der Verteidigung (Hrsg.) 1995: Streitkräfte in der Demokratie. Reden von Bundespräsident Roman Herzog, Bonn: Bundesministerium der Verteidigung.
Bundesministerium der Verteidigung 2006: Weißbuch 2006 zur Sicherheitspolitik Deutschlands und zur Zukunft der Bundeswehr, Berlin: Bundesministerium der Verteidigung.
Bundesministerium der Verteidigung 2013: Konzeption der Bundeswehr, Berlin: Bundesministerium der Verteidigung.
Caforio, Guiseppe (Hrsg.) 2007: Cultural Differences Between the Military and Parent Society in Democratic Countries, Amsterdam/Oxford: Elsevier.
Caspary, William R. 1970: The "Mood Theory". A Study of Public Opinion and Foreign Policy, in: American Political Science Review, 64, 536-547.
Chittick, William O. /Billingsley, Keith R. 1989: The Structure of Elite Foreign Policy Beliefs, in: Western Political Quarterly, 42, 201-224.
Cohen, Bernard C. 1973: The Public's Impact on Foreign Policy, Boston: Little, Brown and Company.
Collmer, Sabine 2004: Europäerinnen und Europäer im Aufwind? Die öffentliche Meinung in der Europäischen Union zur Außen- und Sicherheitspolitik, in: Staack, Michael/Voigt, Rüdiger (Hrsg.): Europa nach dem Irak-Krieg. Ende der transatlantischen Epoche? Baden-Baden: Nomos.
Conover, Pamela J./Feldman, Stanley 1984: How People Organize the Political World. A Schematic Model, in: American Journal of Political Science, 28, 95-126.
Converse, Phillip E. 1964: The Nature of Belief Systems in Mass Publics, in: Apter, D.E. (Hrsg.): Ideology and Discontent, New York: Free Press, 206-261.
Deutsch, Karl W. 1957: Political Community and the North Atlantic Area. International Organization in the Light of Historical Experience, Princeton: Princeton UP.
Deutsch, Karl W. 1966: Integration and Arms Control in the European Environment. A Summary Report, in: American Political Science Review, 60, 354-365.
Deutsch, Karl W. 1967: Arms Control and the Atlantic Alliance. Europe Faces Coming Policy Decisions, New York: John Wiley&Sons.
Dobler, Wolfgang 1989: Außenpolitik und öffentliche Meinung. Determinanten und politische Wirkungen außenpolitischer Einstellungen in den USA und der Bundesrepublik, Frankfurt a. M.: Haag und Herchen.
Eichenberg, Richard C. 1989: Public Opinion and National Security in Western Europe, Ithaca: Cornell UP.
Eichenberg, Richard C. 2007: Citizen Opinion on Foreign Policy and World Politics, in: Dalton, Russell J./Klingemann, Hans-Dieter (Hrsg.): The Oxford Handbook of Political Behavior. The Oxford Handbooks of Political Science, Oxford: Oxford UP, 383-401.
Everts, Philip P./Isernia, Pierangelo (Hrsg.) 2001: Public Opinion and the International Use of Force, London: Routledge.
Feaver, Peter D./Kohn, Richard H. (Hrsg.) 2001: Soldiers and Civilians. The Civil-Military Gap and American National Security, Cambridge: MIT Press.
Flynn, Gregroy/Rattinger, Hans (Hrsg.) 1985: The Public and Atlantic Defense, Totowa, N.J.: Rowman and Allanheld.

Gelpi, Christopher/Feaver, Peter D./Reifler, Jason 2009: Paying the Human Costs of War. American Public Opinion and Casualties in Military Conflicts, Princeton: Princeton UP.

Giegerich, Bastian 2006: European Security and Strategic Culture. National Responses to the EU's Security and Defense Policy, Baden-Baden: Nomos.

Goot, Murray 2004: Introduction. World Opinion Surveys and the War in Iraq, in: International Journal of Public Opinion, 16, 239-268.

vom Hagen, Ulrich 2012: Zivil-militärische Beziehungen, in: Leonhard, Nina/Werkner, Ines-Jacqueline (Hrsg.): Militärsoziologie. Eine Einführung, 2. aktualisierte und ergänzte Aufl., Wiesbaden: VS Verlag für Sozialwissenschaften, 88-116.

Hilmer, Richard 2013: Demokratie heißt, einander zu vertrauen. Redemanuskript, Vortrag am Evangelischen Kirchentag 2013, <http://www.infratest-dimap.de/uploads/media/Richard_Hilmer_EKT2013_Redemanuskript_01.pdf>.

Hinckley, Ronald H. 1992: People, Polls, and Policymakers. American Public Opinion and National Security, New York: Lexington Books.

Holsti, Ole R. 1992: Public Opinion and Foreign Policy. Challenges to the Almond-Lippmann Consensus, in: International Studies Quarterly, 36, 439-466.

Holsti, Ole R. 2004: Public Opinion and American Foreign Policy, rev. edition, Ann Arbor: University of Michigan Press.

Holsti, Ole R./Rosenau James N. 1990: The Structure of Foreign Policy Attitudes among American Leaders, in: Journal of Politics, 52, 94-125.

Hurwitz, Jon/Peffley, Mark 1987: How are Foreign Policy Attitudes Structured? A Hierarchical Model, in: American Political Science Review, 81, 1100-1120.

Hurwitz, Jon/Peffley, Mark/Seligson, Mitchell A. 1993: Foreign Policy Belief Systems in Comparative Perspective. The United States and Costa Rica, in: International Studies Quarterly, 37, 245-270.

Infratest 2009, <http://www.infratest-dimap.de/service/presse/aktuell/vertrauen-der-buerger-in-die-politik-gestiegen>.

Isernia, Pierangelo/Everts, Philip P. 2004: Partners Apart? The Foreign Policy Attitudes of the American and European Publics, in: Japanese Journal of Political Science, 5, 229-258.

Isernia, Pierangelo/Juhasz, Zoltan/Rattinger, Hans 2002: Foreign Policy and the Rational Public in Perspective, in: Journal of Conflict Resolution, 46, 201-224.

Jacobs, Jörg 1995: Einstellungen zu out-of-area Einsätzen der Bundeswehr und ihre zeitliche Stabilität, unveröffentlichte Diplomarbeit, Universität Bamberg: Bamberg.

Jacobs, Jörg 2007: Germans to the Front? German Attitudes towards the deployment of German troops 'out of area', in: Debatte. Special Issue on German Politics in the 21st century, 14, 271-281.

Jacobs, Jörg 2008: Militärkritisch oder militäraffin? Grundhaltungen der Bevölkerung ausgewählter europäischer Staaten, in: Dörfler-Dierken, Angelika/Portugall, Gerd (Hrsg.): Friedensethik und Sicherheitspolitik, Wiesbaden: VS Verlag für Sozialwissenschaften, 201-218.

Jacobs, Jörg 2009: Öffentliche Meinung und Transformation der Bundeswehr zu einer Einsatzarmee. Eine Bestandsaufnahme, in: Kümmel, Gerhard (Hrsg.): Streitkräfte unter Anpassungsdruck. Sicherheits- und militärpolitische Herausforderungen Deutschlands in Gegenwart und Zukunft, Baden-Baden: Nomos, 43-56.

Jenkins-Smith, Hank C./Mitchell, Neil J./Herron, Kerry G. 2004: Foreign and Domestic Policy Belief Structures in the U.S. and British Publics, in: Journal of Conflict Resolution, 48, 287-309.

Kagan, Robert 2003: Macht und Ohnmacht. Amerika und Europa in der neuen Weltordnung, München: Siedler.

Key, V.O. 1961: Public Opinion and American Democracy, New York: Knopf.

Kinder, Donald R. 1983: Diversity and Complexity in American Public Opinion, in: Finifter, A.W. (Hrsg.): Political Science. The State of the Discipline, Washington: American Political Science Association, 389-425.

Kümmel, Gerhard 2001: Civil-Military Relations in Germany. Past, Present and Future, Strausberg: Sozialwissenschaftliches Institut der Bundeswehr (SOWI-Arbeitspapier Nr. 131).
Longhurst, Kerry 2000: The Concept of Strategic Culture, in: Kümmel, Gerhard/Prüfert, Andreas (Hrsg.): Military Sociology, Baden-Baden: Nomos, 301-310.
Longhurst, Kerry 2004: Germany and the Use of Force, Manchester: Manchester UP.
Nacos, Brigitte L./Shapiro, Robert Y./Isernia, Pierangelo (Hrsg.) 2000: Decisionmaking in a Glass House, Lanham: Rowman&Littlefield.
Nincic, Miroslav 1992: A Sensible Public. New Perspectives on Popular Opinion and Foreign Policy, in: Journal of Conflict Resolution, 36, 772-789.
Page, Benjamin I./Shapiro, Robert Y. 1992: The Rational Public. Fifty Years of Trends in Americans' Policy Preferences, Chicago: Chicago UP.
Rattinger, Hans 1985: The Federal Republic of Germany. Much Ado About (Almost) Nothing, in: Flynn, Gregory/Rattinger, Hans (Hrsg.): The Public and Atlantic Defense, Totowa, N.J.: Rowman and Allanheld, 101-174.
Rattinger, Hans 1990: Einstellungen zur Sicherheitspolitik in der Bundesrepublik und in den Vereinigten Staaten. Ein Vergleich von Befunden und Strukturen in den späten achtziger Jahren, in: Kaase, Max/Klingemann, Hans-Dieter (Hrsg.): Wahlen und Wähler. Analysen aus Anlaß der Bundestagswahl 1987, Opladen: Westdeutscher Verlag, 377-418.
Rattinger, Hans 2007: Öffentliche Meinung, in: Schmidt, Siegmar/Hellmann, Gunther/Wolf, Reinhard (Hrsg.): Handbuch zur deutschen Außenpolitik, Wiesbaden: VS Verlag für Sozialwissenschaften, 313-325.
Rattinger, Hans/Heinlein, Petra 1986: Sicherheitspolitik in der öffentlichen Meinung. Umfrageergebnisse für die Bundesrepublik Deutschland bis zum „heißen Herbst" 1983, Berlin: Duncker.
Rattinger, Hans/Holst, Christian 1998: Strukturen und Determinanten außen- und sicherheitspolitischer Einstellungen in der Bundesrepublik. Abschlussbericht des DFG-Forschungsprojektes, <www.uni-bamberg.de/~ba6po5/forschung/publications/textband.pdf>.
Risse, Thomas 2004: Social Constructivism and European Integration, in: Wiener, Antje/Diez, Thomas (Hrsg.): European Integration Theory, Oxford: Oxford UP, 159-176.
Risse-Kappen, Thomas 1991: Public Opinion, Domestic Structure and Foreign Policy in Liberal Democracies, in: World Politics, 43, 479-512.
Russett, Bruce 1990: Controlling the Sword. The Democratic Governance of National Security, Cambridge: Harvard UP.
Schissler, Jakob/Tuschhoff, Christian 1988: Kognitive Schemata. Zur Bedeutung neuerer sozialpsychologischer Forschungen für die Politikwissenschaft, in: Aus Politik und Zeitgeschichte, 3-13.
Schweigler, Gebhard 1985: Grundlagen der außenpolitischen Orientierung der Bundesrepublik Deutschland. Rahmenbedingungen, Motive, Einstellungen, Baden-Baden: Nomos.
Szabo, Stephen F. 1983: Successor Generation. International Perspectives of Postwar Europeans, London: Butterworths.
Tuschhoff, Christian 1990: Einstellung und Entscheidung. Perzeptionen im sicherheitspolitischen Entscheidungsprozeß der Reagan-Administration 1981-1984, Baden-Baden: Nomos.
Viehrig, Henrike 2010: Militärische Auslandseinsätze. Die Entscheidungen europäischer Staaten zwischen 2000 und 2006, Wiesbaden: VS Verlag für Sozialwissenschaften.
Weller, Christoph 2000: Die öffentliche Meinung in der Außenpolitik. Eine konstruktivistische Perspektive, Wiesbaden: Westdeutscher Verlag.
Wittkopf, Eugene R. 1981: The Structure of Foreign Policy Attitudes. An Alternative View, in: Social Science Quarterly, 62, 108-123.
Wittkopf, Eugene R. 1986: On the Foreign Policy Beliefs of the American People. A Critique and Some Evidence, in: International Studies Quarterly, 30, 425-445.
Wittkopf, Eugene R. 1990: Faces of Internationalism. Public Opinion and American Foreign Policy, Durham/London: Duke UP.

C Sicherheitspolitik in internationalen Institutionen

Kapitel 10
Die Europäische Union und die deutsche Sicherheitspolitik

Wilhelm Knelangen

Die Europäische Union (EU) hat in den vergangenen Jahren erheblich an Bedeutung für die deutsche Außen- und Sicherheitspolitik gewonnen. Die Förderung der europäischen Einigung gehörte zwar bereits seit den Anfängen zu den strategischen Interessen der bundesdeutschen Außenpolitik und galt seit der Ära Adenauer als „Staatsraison" (Müller-Brandeck-Bocquet 2007). Die Bundesregierungen haben deshalb die Vertiefung der politischen und ökonomischen Integration unterstützt und vorangetrieben. Fragen der Sicherheits- und insbesondere der Verteidigungspolitik standen dabei allerdings bis in die 1990er Jahre hinein nicht im Vordergrund. Das hat sich verändert: Mit der Schaffung der Gemeinsamen Außen- und Sicherheitspolitik (GASP) und insbesondere der Gemeinsamen Sicherheits- und Verteidigungspolitik (GSVP) hat die EU ein eigenes Profil in diesem Feld entwickelt.

1 Der Faktor Europa in der deutschen Sicherheitspolitik

Wie für die meisten Mitgliedstaaten der damaligen Europäischen Gemeinschaft (EG) war Sicherheitspolitik auch für die Bundesrepublik unter den Bedingungen des Ost-West-Konflikts in erster Linie Bündnispolitik im Rahmen der NATO (vgl. Haftendorn 1986; Varwick 2007). Die in den frühen 1970er Jahren eingeleiteten Versuche, mit der Europäischen Politischen Zusammenarbeit (EPZ) eine engere außenpolitische Koordinierung der Mitgliedstaaten zu begründen, litten demgegenüber nicht nur regelmäßig an mangelnder Einigkeit der Regierungen. Verteidigungspolitische Fragen waren zudem explizit ausgeklammert und blieben stattdessen in den politischen und militärischen Strukturen des transatlantischen Bündnisses mit den USA verankert (vgl. Theiler in diesem Band). Die viel zitierte Formel, wonach es sich bei der EU (bzw. der EG) um einen ökonomischen Riesen, einen politischen Zwerg und einen militärischen Wurm handele, konnte insoweit bis zum Fall des Eisernen Vorhangs 1990 weitgehende Gültigkeit beanspruchen, basierte die europäische Einigung doch auf einer klaren Arbeitsteilung zwischen der EG (primär ökonomische Integration) und der NATO (sicherheitspolitische Zusammenarbeit).

Fast 25 Jahre später haben weder die eingängige Formel noch die ihr zugrunde liegende Arbeitsteilung Bestand, denn in den frühen 1990er Jahren setzte ein dynamischer Prozess der Europäisierung der Außen- und Sicherheitspolitik ein, der noch immer anhält. Der 1993 in Kraft getretene Maastrichter Vertrag stellte die Zusammenarbeit mit der Gemeinsamen Außen- und Sicherheitspolitik (GASP) auf eine neue Grundlage. Noch stärker fällt freilich ins Gewicht, dass die EU 1999 begann, eine Europäische bzw. – seit dem Lissaboner Vertrag so genannte – Gemeinsame Sicherheits- und Verteidigungspolitik (GSVP) zu entwickeln. In der GSVP dominieren zwar zivile Instrumente, sie umfasst aber explizit auch den Einsatz militärischer Kräfte. Durch Aktionspläne und Zielvereinbarungen haben sich die EU-Mitglieder auf den Auf- und Ausbau militärischer Fähigkeiten verpflichtet, die für Einsätze im gesamten Spektrum des internationalen Krisenmanagements in Frage kommen sollen. Seit dem Beginn der EU-Polizeimission in Bosnien-Herzegowina im Januar 2003 sind mittlerweile mehr als 25 militärische und zivile Operationen unter dem Dach der GSVP in Südosteuropa, der Kaukasusregion, in Afrika und in Asien durchgeführt worden. Die GSVP ist durch die Prinzipien der Regierungszusammenarbeit (Intergouvernementalität) geprägt, und die Mitgliedstaaten spielen in diesem eng mit der Idee der nationalen Souveränität verbundenen Politikfeld die Hauptrolle. Dennoch ist bemerkenswert, dass die EU binnen weniger Jahre ein eigenes Profil als außen- und auch als sicherheitspolitischer Akteur entwickelt hat (vgl. Algieri 2010; Hill/Smith 2011; Diedrichs 2012).

Den Prozess der sicherheitspolitischen Europäisierung hat die Bundesrepublik aktiv mitgestaltet und unterstützt, weil er ihren grundlegenden außen- und sicherheitspolitischen Präferenzen und Leitideen entspricht (vgl. Schmalz 2004; Wagner 2007). Handlungsleitend war dabei die Einsicht, dass die erfolgreiche Vertretung deutscher Interessen und Ordnungsvorstellungen auf eine außen- und sicherheitspolitisch handlungsfähige EU angewiesen ist, die in der Wahl ihrer Mittel nicht auf diplomatische Instrumente beschränkt bleibt. Als Ergebnis dieses Prozesses hat sich die institutionelle Umgebung, in der die deutsche Sicherheitspolitik formuliert und umgesetzt wird, wesentlich verändert. Zwar wird die NATO von der Bundesregierung weiterhin als „Kernstück unserer Verteidigungsanstrengungen" (BMVg 2011: 7) bezeichnet, und ihr wird der Status „des stärksten Ankers der deutschen Sicherheits- und Verteidigungspolitik" (BMVg 2006: 30) zugeschrieben. Der deutsche Einsatz für eine Stärkung der EU-Strukturen sollte deshalb nicht als Versuch, eine grundsätzliche politische und militärische Alternative zur NATO aufzubauen, missverstanden werden. Die traditionelle Fixierung auf die Partnerschaft mit den USA ist gleichwohl einer pragmatischen und konditionalen Kooperation gewichen. In zentralen Feldern der deutschen Außen- und Sicherheitspolitik hat sich die EU zum wichtigsten Handlungsrahmen entwickelt. Dazu gehört seit mehreren Jahren auch die aktive Teilnahme an militärischen Einsätzen unter dem Dach der Union.

Vor diesem Hintergrund analysiert dieses Kapitel den Prozess der Europäisierung der Außen- und Sicherheitspolitik und fragt nach der Bedeutung dieser Entwicklung für die Bundesrepublik Deutschland. Am Ende des Kapitels werden Sie beantworten können, wie sich der Charakter und die verschiedenen Dimensionen der Außen- und Sicherheitspolitik der EU darstellen und wie sie sich seit den frühen 1950er Jahren schrittweise entwickelt haben. Sie kennen die außen-, sicherheits- und verteidigungspolitischen Strukturen der EU und das Zusammenspiel der einzelnen Akteure, die unterschiedlichen zivilen und militärischen Instrumente, die in den verschiedenen EU-Operationen zum Einsatz kommen, und die Rolle Deutschlands in der EU-Sicherheitspolitik. Sie können Aussagen über das Verhältnis von europäischer und einzelstaatlicher Außen- und Sicherheitspolitik machen und besitzen schließlich eine Grundlage, um Erfolge, Misserfolge und Perspektiven der Außen- und Sicherheitspolitik der EU zu beurteilen.

2 Außen- und Sicherheitspolitik zwischen nationaler und europäischer Ebene

In der politikwissenschaftlichen und der öffentlichen Debatte wird mit zunehmender Selbstverständlichkeit von der „Außen- und Sicherheitspolitik der Europäischen Union" oder verkürzend von „europäischer Außen- und Sicherheitspolitik" gesprochen. Was genau darunter zu verstehen ist, bleibt aber vielfach unklar. Insbesondere die Abgrenzung der EU von den Außen- und Sicherheitspolitiken der Mitgliedstaaten bereitet Schwierigkeiten. Das liegt vor allem daran, dass die EU für ihr Außenhandeln begriffliche Attribute in Anspruch nimmt, die nach traditionellem Verständnis an die Existenz eines Staates gebunden sind (zu den Begriffen vgl. Meyers 1997: 329-345). Unter Außenpolitik werden gemeinhin die grenzüberschreitenden Aktivitäten eines Staates (bzw. einer staatlich verfassten Gesellschaft) verstanden, die der Verwirklichung bestimmter Ziele dienen. Als Sicherheitspolitik kann jene Teilmenge der Außenpolitik gelten, die die Bewahrung von als gefährdet angesehenen Werten und Gütern zum Ziel hat. Nach klassischem Verständnis richtet sich die Sicherheitspolitik insbesondere auf die Garantie der Unversehrtheit des Staatsgebiets und der autonomen Entwicklungsfähigkeit der eigenen gesellschaftlichen Ordnung. Im Rahmen eines erweiterten Sicherheitsbegriffs können freilich auch andere Werte und Güter zum Gegenstand der Sicherheitspolitik erklärt werden, beispielsweise die Achtung der Menschenrechte, der Schutz der natürlichen Lebensgrundlagen oder die Versorgung mit Rohstoffen und Energie (vgl. zum Sicherheitsverständnis Böckenförde in diesem Band). An dieser potentiellen Vielfalt von Zielen wird schon deutlich, dass Sicherheitspolitik heute mehr denn je auf ein breites Spektrum von Instrumenten zurückgreifen muss. Sie weist daher immer weniger Deckungsgleichheit mit der Verteidigungspolitik – jenem Teil der Sicherheitspolitik, der mit militärischen Instrumenten verbunden ist – auf.

Lassen sich diese Begriffe nun auf die auswärtigen Beziehungen der EU anwenden, obwohl diese bekanntlich kein Staat ist? Die Union basiert auf vertraglichen Beziehungen zwischen derzeit 28 Staaten, die sich auf bestimmte politische Ziele und eine institutionelle Ordnung zur Umsetzung dieser Ziele verständigt haben (zum politischen System der EU allgemein siehe Wessels 2008). Dass die EU eine außen- und sicherheitspolitische Rolle wahrnehmen soll, wird an verschiedenen Stellen der Verträge deutlich. Die einschlägigen Bestimmungen sind auch nach dem Lissaboner Vertrag, der seit dem 1. Dezember 2009 die Rechtsgrundlage der EU darstellt, über den gesamten Text verteilt. Im Vertrag über die Europäische Union heißt es in Art. 24 (1), die Zuständigkeit der Union in der Gemeinsamen Außen- und Sicherheitspolitik erstrecke sich „auf alle Bereiche der Außenpolitik sowie auf sämtliche Fragen im Zusammenhang mit der Sicherheit der Union". Dazu gehöre auch die schrittweise Festlegung einer gemeinsamen Verteidigungspolitik, „die zu einer gemeinsamen Verteidigung führen kann". Die Gemeinsame Sicherheits- und Verteidigungspolitik, so heißt es wiederum in Art. 42 (1) EUV, ist „integraler Bestandteil der Gemeinsamen Außen- und Sicherheitspolitik". Aber auch im Vertrag über die Arbeitsweise der Europäischen Union finden sich in den Bestimmungen zu den supranationalen Politikbereichen zahlreiche Verweise auf das auswärtige Handeln, so etwa in den Bestimmungen zur Außenhandelspolitik, Entwicklungspolitik oder Erweiterungspolitik (siehe die Übersicht in Kasten 1).

> **Kasten 1: Die Mehrdimensionalität der europäischen Außen- und Sicherheitspolitik**
>
> *Vertrag über die Europäische Union (EUV)*
> - Gemeinsame Außen- und Sicherheitspolitik (Art. 23-41 EUV)
> - Europäische Sicherheits- und Verteidigungspolitik (Art. 42-46 EUV)
> - Erweiterungspolitik (Art. 49 EUV)
> - Beziehungen zu den Nachbarstaaten (Art. 8 EUV)
>
> *Vertrag über die Arbeitsweise der Europäischen Union (AEUV)*
> - Gemeinsame Handelspolitik (Art. 206-207 AEUV)
> - Entwicklungspolitik (Art. 208-211 AEUV)
> - Kooperation mit Drittländern und Assoziierungspolitik (Art. 212-213, 216-219 AEUV)
> - Humanitäre Hilfe (Art. 214 AEUV)
> - Restriktive Maßnahmen (Art. 215 AEUV)
> - Kooperation mit internationalen Organisationen (Art. 220-221 AEUV)
> - auswärtige Aspekte anderer Politikfelder, z.B. Asylpolitik (Art. 78 AEUV), Währungspolitik (Art. 138 AEUV), Umweltpolitik (Art. 191 AEUV)

Während man angesichts dieser beeindruckenden Liste auf der einen Seite den Eindruck bekommen könnte, dass die EU als ein starker außen-, sicherheits- und verteidigungspolitischer Akteur in der Weltpolitik auftreten soll, verweisen die Verträge auf der anderen Seite mehrfach auf die Mitgliedstaaten und ihre eigenständige Rolle in den internationalen Beziehungen. So heißt es beispielsweise, dass die Mitgliedstaaten „ihr Handeln in internationalen Organisationen und auf internationalen Konferenzen" koordinieren (Art. 34 [1] EUV) oder dass die EU-Staaten, „die auch Mitglieder des Sicherheitsrats der Vereinten Nationen sind", sich abstimmen und die übrigen Mitgliedstaaten und den Hohen Vertreter „in vollem Umfang" unterrichten (Art. 34 [2] EUV). Schon diese Vertragsbestimmungen zeigen: Der Ausbau der europäischen Außen- und Sicherheitspolitik ist nicht von der Absicht bestimmt, dass die Mitgliedstaaten auf die Formulierung eigener Ziele und Interessen verzichten oder gar ihre Akteursqualität einbüßen. In den vergangenen Jahren sind zwar die politisch-administrativen Strukturen von GASP und GSVP in Brüssel beständig ausgebaut worden. Es sind aber nach wie vor die mitgliedstaatlichen Regierungen, die durch ihre – in der Regel einstimmigen – Entscheidungen die entsprechenden Maßnahmen der EU legitimieren und die Beschlüsse im Rahmen ihrer „nationalen" Außen- und Sicherheitspolitiken umsetzen – oder auch nicht umsetzen. In der Konsequenz bedeutet das: Nationale und europäische Ebenen können zwar analytisch voneinander getrennt werden, in der politischen Wirklichkeit sind sie aber unmittelbar aufeinander bezogen. Ein umfassendes Bild der Handlungs- und Leistungsfähigkeit der Außen- und Sicherheitspolitik der EU ergibt sich somit erst, wenn neben GASP und GSVP sowie den auswärtigen Gemeinschaftspolitiken auch die mitgliedstaatlichen Außenpolitiken einschließlich der Formen bi- und multilateraler Koordinierung als Komponenten einer „zusammengesetzten" Außenpolitik (Rummel 1982) in den Blick genommen werden.

Wie die europäische Außen- und Sicherheitspolitik vor diesem Hintergrund theoretisch eingeordnet und erklärt werden kann, ist in der Politikwissenschaft umstritten (vgl. Andreatta 2011). In der lebhaften Diskussion gibt es insbesondere kontroverse Antworten auf die Frage, wie das Verhältnis zwischen EU und Mitgliedstaaten in der „zusammengesetzten" Außen- und Sicherheitspolitik zutreffend zu fassen ist und welche Wirkungen von der Verflechtung der Ebenen ausgeht. *Neorealismus* (Grieco 1996) und *liberaler Intergouvernementalismus* (Moravcsik 1998) erklären zwar die Entstehung nationaler Präferenzen unterschiedlich, für beide ist die EU aber lediglich ein Rahmen, den die nationalen

Regierungen geschaffen haben, weil sie sich davon eine effektivere Verfolgung und Durchsetzung eigener Interessen versprechen. Die Regierungen sind keinesfalls bereit, ihre eigene Handlungsfreiheit in der Außen- und Sicherheitspolitik dauerhaft an die EU abzugeben. Deshalb beharren sie auf dem Einstimmigkeitsprinzip, das allen Mitgliedstaaten eine Vetoposition sichert. Die Möglichkeiten der europäischen Außenpolitik finden deshalb im kleinsten gemeinsamen Nenner der Regierungen ihre Grenze. Arbeiten in der Tradition des *historischen Institutionalismus* (Pierson 1996) gehen zwar auch davon aus, dass Regierungen grundsätzlich ihre Interessen durchsetzen wollen. Der Ansatz verweist aber darauf, dass einmal getroffene Grundsatzentscheidungen auf mittlere Sicht Konsequenzen haben können, die von den Beteiligten nicht beabsichtigt waren. Außerdem wird betont, dass die Regierungen ihre Interessen nicht isoliert, sondern innerhalb der Kommunikations- und Verhandlungszusammenhänge der EU formulieren. In dem Maße, in dem die europäische Kooperation stärker institutionalisiert werde, sei deshalb mit Lernprozessen zu rechnen, die zu einer Annäherung der Sichtweisen und Interessen der Regierungen führen können. Die These von den sozialisierenden Effekten der Kooperation ist vom *sozialen Konstruktivismus* (Christiansen u.a. 2001), der die Bedeutung ideeller Faktoren unterstreicht, aufgegriffen und weiter entwickelt worden. Europäische Außen- und Sicherheitspolitik ist in dieser Perspektive ein Prozess, in dessen Verlauf sich die Werte und Normen sowie das handlungsbezogene Wissen der Akteure annähern. Grundlage für das gemeinsame Agieren der EU in der internationalen Politik ist mithin eine gemeinsame politische Identität. Die theoretische Diskussion kann im Rahmen dieses Kapitels nicht vertieft werden. Aber schon die kurze Skizze der Debattenpole zeigt, dass die widersprüchlichen Urteile über die Rolle der EU in der internationalen Politik nicht zuletzt auf unterschiedliche Ausgangsannahmen und theoretische Grundpositionen zurückzuführen sind.

3 Die Entwicklung der europäischen Außen- und Sicherheitspolitik

Angesichts der engen Verbindung der Außen- und Sicherheitspolitik mit der Idee der souveränen Staatlichkeit ist es kein Zufall, dass die Beantwortung der Frage, ob und, wenn ja, in welchem Umfang auf europäischer Ebene eine gemeinsame Außenpolitik betrieben werden soll, seit den Anfängen des Integrationsprozesses eine diffizile Angelegenheit gewesen ist (zur Integrationsgeschichte allgemein siehe Loth 2014). Nachdem der Plan für eine Europäische Verteidigungsgemeinschaft im Jahr 1954 an der Ablehnung durch die französische Nationalversammlung gescheitert war, blieb die westeuropäische Politik bis zum Ende des Ost-West-Konflikts durch eine sicherheitspolitische Arbeitsteilung vorgezeichnet. Für die Sicherheit und Verteidigung der Mitgliedstaaten war die Organisation des Nordatlantikpakts (NATO) – und damit das Bündnis der Westeuropäer mit den USA – die maßgebliche Institution. Die 1958 gegründete Europäische Wirtschaftsgemeinschaft (EWG) besaß lediglich an den Stellen auswärtige Kompetenzen, an denen dies für das Ziel der Schaffung eines Gemeinsamen Marktes unvermeidlich war – namentlich in der Außenhandelspolitik. Zu Ansätzen einer stärkeren außenpolitischen Koordinierung, die zwar über außenwirtschaftliche Aspekte hinausging, aber die Verteidigungspolitik nach wie vor ausschloss, kam es erst durch die Europäische Politische Zusammenarbeit (EPZ). Unter deren Dach kamen die Außenminister der sechs Mitgliedstaaten nach einem Beschluss der Staats- und Regierungschefs in Den Haag vom Dezember 1969 regelmäßig zusammen. Das Ziel der EPZ war zunächst bescheiden. In ihrem „Luxemburger Bericht" von 1970 formulierten die Außenminister die Absicht, außenpolitische Standpunkte zu harmonisieren, Haltungen abzustimmen und dort, wo dies „möglich und wünschenswert erscheint", auch gemeinsam vorzugehen (Auswärtiges Amt 1998: 40). Die EPZ basierte zunächst auf halbjährlichen Treffen der Außenminister, die von einem „Politischen Komitee" von hohen Beamten der Ministerien vor- und nachbereitet wurden. Da die Zusammenarbeit außerhalb der vertraglichen und organisatorischen Strukturen der Gemeinschaft angesiedelt war, ähnelte sie klassischen Formen zwischenstaatlicher Kooperation.

Die politische Bilanz der EPZ bis Ende der 1980er Jahren blieb denn auch durchwachsen (vgl. Nuttall 1992). Auf der einen Seite stimmten sich die Regierungen und ihre außenpolitischen Bürokratien angesichts aktueller Herausforderungen zusehends gewohnheitsmäßig ab. Auf der anderen Seite waren die Deklarationen und Beschlüsse der EPZ unverbindlich und klammerten strittige Punkte in der Regel aus. Dem Erfolg einer weitgehenden Einigkeit während der Konferenz für Sicherheit und Zusammenarbeit in Europa (KSZE, 1973-1975) standen deshalb offene Meinungsverschiedenheiten in anderen zentralen Fragen der internationalen Politik (Apartheid in Südafrika, Nahostkonflikt, Einmarsch der Sowjetunion in Afghanistan) gegenüber. Vor diesem Hintergrund hatte es zahlreiche Initiativen für eine Verbesserung der Kooperations-strukturen gegeben, die in der 1987 in Kraft getretenen Einheitlichen Europäischen Akte einen ersten Niederschlag fanden. Mit diesem Vertrag erhielt die EPZ erstmals eine formale völkerrechtliche Grundlage, blieb aber außerhalb der Gemeinschaftsstrukturen.

Die unterschiedlichen Positionen der Mitgliedstaaten wurden einmal mehr deutlich, als nach dem Ende des Ost-West-Konflikts und der Vereinigung der beiden deutschen Staaten die Frage nach der künftigen Positionierung Europas in der Welt zu beantworten war. Großbritannien, Portugal und Dänemark lehnten während der Maastrichter Regierungskonferenz 1991 jede Annäherung der EPZ an die Gemeinschaftsmethode ebenso ab wie eine Europäisierung der Verteidigungspolitik. Andere Regierungen, etwa diejenigen von Deutschland, Belgien, Spanien oder Italien, standen einer Supranationalisierung offener gegenüber. Die französische Regierung wiederum trat zwar für eine Stärkung einer europäischen Verteidigungspolitik ein, votierte aber zugleich gegen eine Supranationalisierung. Angesichts der widerstreitenden Interessen konnte im Vertrag über die Europäische Union, der 1993 in Kraft trat, nur ein Kompromiss erreicht werden. Die Gemeinsame Außen- und Sicherheitspolitik (GASP) gelangte zwar als zweite Säule unter das Dach der EU und löste die EPZ ab. Deren zentrale Strukturprinzipien – Intergouvernementalität, Einstimmigkeitsprinzip – blieben jedoch erhalten, so dass sich die GASP weiterhin grundlegend von den Gemeinschaftspolitiken unterschied. Zur Verteidigungspolitik blieb der Vertrag sehr vage. Art. J.4 (1) EUV-M sprach zwar davon, die GASP umfasse „sämtliche Fragen, welche die Sicherheit der Europäischen Union betreffen", schränkte jedoch sprachlich ungelenk zugleich ein, dass die Festlegung einer gemeinsamen Verteidigungspolitik, „die zu gegebener Zeit zu einer gemeinsamen Verteidigung führen könnte", erst „auf längere Sicht" dazugehöre. Stattdessen setzte ein Prozess der Annäherung der Westeuropäischen Union (WEU) – eine Verteidigungsorganisation, der damals mit Ausnahme von Dänemark und Irland alle EU-Mitglieder angehörten – an die EU ein (vgl. Varwick 1998).

Die außen- und sicherheitspolitische Praxis der EU in den 1990er Jahren erinnerte an ein Pendel, das beständig zwischen den beiden Polen „Krise" und „Reform" ausschlug (vgl. Regelsberger 2004; Fröhlich 2008: 81-132). Durch den Maastrichter Vertrag waren Erwartungen an eine starke internationale Rolle der EU geweckt worden, die in vielen Fällen enttäuscht wurden. Die Kriege um Bosnien-Herzegowina (1995) und den Kosovo (1999) verdeutlichten, dass die EU bei der Krisenbewältigung auf dem eigenen Kontinent auf die überlegenen militärischen Kapazitäten und das politische Gewicht der USA ange-

Die Europäische Union und die deutsche Sicherheitspolitik   295

wiesen war. Erfolgreicher war das Krisenmanagement der Union in der Mazedonien-Krise des Jahres 2001, in vielen anderen Fällen waren die mitgliedstaatlichen Regierungen aber nicht bereit, die eigenen Interessen einer gemeinsamen europäischen Position unterzuordnen. Zu einer bis dahin nicht gekannten Zuspitzung kam es in dieser Hinsicht im Vorfeld des Irak-Krieges 2003. Mit welchen Mitteln der Irak zur Einhaltung der Sanktionen des VN-Sicherheitsrates gezwungen werden solle und ob der Krieg ein angemessenes Mittel zur Konfliktlösung sei, war umstritten. Während eine Gruppe um Deutschland und Frankreich sich den Kriegsplänen der US-amerikanischen Regierung offen widersetzte, unterstützte die Mehrheit der Mitgliedstaaten den Irak-Krieg und beteiligte sich mit eigenen Truppen an der „Koalition der Willigen".

Auf der anderen Seite waren es gerade die Erfahrungen gescheiterter Koordinierung, fehlgeschlagener Strategien und evidenter Konstruktionsmängel, die seit Mitte der 1990er Jahre eine Serie von Reformmaßnahmen zur Schärfung des außen- und sicherheitspolitischen Profils der EU hervorriefen. Mit den Vertragsreformen von Amsterdam und Nizza wurden nicht nur die rechtlichen Rahmenbedingungen, sondern auch die Strukturen und Abläufe der außenpolitischen Entscheidungsfindung der EU sukzessive verändert. Der Amsterdamer Vertrag, der 1997 unterzeichnet wurde und 1999 in Kraft trat, führte zu einer vorsichtigen Annäherung der Verteidigungspolitik an die GASP. Die Mitgliedstaaten vereinbarten, die 1992 von der WEU formulierten „Petersberg-Aufgaben" zur Beschreibung der sicherheitspolitischen Handlungsmöglichkeiten in den Vertrag zu übernehmen (siehe Kasten 2). In institutioneller Hinsicht brachte Amsterdam mit der Einrichtung des Amtes des „Hohen Vertreters für die Gemeinsame Außen- und Sicherheitspolitik" sowie der Einrichtung einer „Strategieplanungs- und Frühwarneinheit" einen Schritt in Richtung größerer Handlungsfähigkeit.

Kasten 2: Die Petersberg-Aufgaben

Nach der Neufassung des Art. 43 EUV durch den Lissabonner Vertrag umfassen die zivilen und militärischen Missionen der EU die folgenden Felder:
- gemeinsame Abrüstungsmaßnahmen,
- humanitäre Aufgaben und Rettungseinsätze,
- Aufgaben der militärischen Beratung und Unterstützung,
- Aufgaben der Konfliktverhütung und der Erhaltung des Friedens sowie
- Kampfeinsätze im Rahmen der Krisenbewältigung einschließlich friedenschaffender Maßnahmen und Operationen zur Stabilisierung der Lage nach Konflikten.

Mit allen diesen Missionen kann zur Bekämpfung des Terrorismus beigetragen werden, unter anderem auch durch die Unterstützung für Drittländer bei der Bekämpfung des Terrorismus in ihrem Hoheitsgebiet.

Eine Zäsur in der Entwicklung der europäischen Sicherheitspolitik bedeutete die Entscheidung des Europäischen Rates von Köln im Juni 1999, eine Europäische Sicherheits- und Verteidigungspolitik (ESVP) zu schaffen. Eine zentrale Voraussetzung für diesen Prozess war, dass sich mit Frankreich und Großbritannien die beiden „Antipoden" der europäischen Sicherheitspolitik während des Gipfels von St. Malo im Dezember 1998 vor dem Hintergrund des Kosovo-Konflikts für den Aufbau autonomer militärischer Kapazitäten der EU ausgesprochen hatten. Auf den Gipfeln von Helsinki (1999), Feira (2000) und Göteborg (2001) konkretisierte der Europäische Rat das Ziel, mit militärischen und zivilen Kräften im vollen Spektrum der Petersberg-Aufgaben handlungsfähig zu sein. Der Vertrag von Nizza, der im Dezember 2000 beschlossen wurde und im Februar 2003 in Kraft trat, vollzog diesen Durchbruch auch vertragsrechtlich nach, indem die zentralen Funktionen der WEU nun vollständig in den EU-Vertrag überführt wurden. Außerdem wurde durch Nizza die Grundlage dafür geschaffen, die institutionelle Struktur des Rates für die neuen Aufgaben zu erweitern.

Der im Dezember 2003 unterzeichnete Europäische Verfassungsvertrag konnte wegen der gescheiterten Referenda in Frankreich und den Niederlanden nicht in Kraft treten. In der Substanz blieben die – insgesamt gesehen ohnehin moderaten – außen- und sicherheitspolitischen Neuerungen in dem 2009 in Kraft getretenen Vertrag von Lissabon aber erhalten (vgl. Algieri/Bauer 2008). Von großer symbolischer Bedeutung ist die erstmals eingeführte „Beistandsklausel" (Art. 42 [7] EUV), nach der sich die Mitgliedstaaten „im Falle eines bewaffneten Angriffs" gegenseitig „alle in ihrer Macht stehende Hilfe und Unterstützung" schulden. Worin diese Unterstützung im konkreten Fall bestehen soll, lässt der Vertrag freilich offen. Der Vertrag stellt überdies fest, dass die NATO für ihre Mitglieder „weiterhin das Fundament ihrer kollektiven Verteidigung und das Instrument für deren Verwirklichung ist".

4 Die deutsche Rolle im Prozess der sicherheitspolitischen Europäisierung

Die Bundesrepublik hat den Ausbau der außen- und sicherheitspolitischen Zusammenarbeit der EG-Mitglieder seit den Anfängen der frühen 1970er Jahre aktiv unterstützt. Dafür können mehrere Gründe benannt werden. Zunächst war das Engagement aus deutscher Sicht eine konsequente Fortsetzung der integrationsfreundlichen Europapolitik, die auf einem breiten Konsens sowohl der politischen Elite als auch der Gesellschaft basierte (vgl. Müller-Brandeck-Bocquet u. a. 2009). In der generellen Zustimmung der deutschen Bevölkerung zur europäischen Integration ist zwar nach 1990 eine Abkühlung festzustellen (vgl. Knelangen 2012). Die Unterstützung einer europäischen Außen-, Sicherheits- und Verteidigungspolitik bewegt sich aber nach wie vor auf einem sehr hohen Niveau. Im Herbst 2012 sprachen sich in der regelmäßig durchgeführten „Eurobarometer"-Umfrage 77 Prozent der befragten Deutschen für eine gemeinsame Außenpolitik gegenüber anderen Staaten aus (EU-27-Durchschnitt: 64 Prozent), den Vorschlag einer gemeinsamen Sicherheits- und Verteidigungspolitik unterstützten sogar 81 Prozent der Befragten (EU-27-Durchschnitt: 73 Prozent) (vgl. Europäische Kommission 2012: 70, 72). Bemerkenswert sind ebenfalls die Werte, die das Sozialwissenschaftliche Institut der Bundeswehr im Sommer 2008 zu der Frage gemessen hat, mit welchen internationalen Institutionen Deutschland vor allem zusammenarbeiten solle: Während die EU dabei den Spitzenwert von 89 Prozent erreicht, sprechen sich nur 72 Prozent generell für eine Zusammenarbeit mit der NATO aus (vgl. Bulmahn u. a. 2009: 182).

Stärker als die meisten anderen Mitgliedstaaten hielten die Bundesregierungen bis in die 1990er Jahre hinein programmatisch am Leitbild des „Bundesstaates Europa" fest; sie verbanden diese Finalitätsvorstellung allerdings mit einem pragmatischen Vorgehen in den aktuellen Tagesfragen der europäischen Politik (vgl. Algieri 2007: 114). Konkret bedeutete das eine weitreichende Bereitschaft zur Vertiefung des Integrationsprozesses durch die Einbeziehung zusätzlicher Politikfelder, die Ausweitung von Mehrheitsentscheidungen und zusätzliche Kompetenzen für die Gemeinschaftsorgane Kommission, Parlament und Gerichtshof. Die Kooperation in der Außen- und Sicherheitspolitik ist von der Bundesrepublik daher als eine sachgerechte und notwendige Ergänzung der primär ökonomischen Integration der Gemeinschaften verstanden worden. Die Entwicklung bediente aber zugleich offenkundige Interessen Deutschlands. Dabei gingen die Bundesregierungen davon aus, dass deutsche Positionen am erfolgreichsten durchgesetzt werden können, wenn sie in einen multilateralen Rahmen eingebettet sind. Die Strategie der bewussten Einbindung in die Kooperationsmechanismen der EPZ bot einerseits den Vorteil, dass der Eindruck außen- und sicherheitspolitischer Alleingänge vermieden werden konnte. Andererseits konnten die Ziele der Bundesrepublik durch die europäische Flankierung mit größerem Gewicht in der Weltpolitik vertreten werden. Dabei konnte als eine Besonderheit der deutschen außenpolitischen Debatte bis in die 1990er Jahre hinein beobachtet werden, dass zwischen nationalen und europäischen Interessen nicht scharf unterschieden, sondern in vielen Fällen implizit von einer Kongruenz der Interessen ausgegangen wurde (vgl. Wagner 2007: 147).

Die Einschätzung, dass eine Renationalisierung der Außen- und Sicherheitspolitik die Handlungsspielräume der Bundesrepublik eher beschneiden als vergrößern würde, bestimmte denn auch nach dem Ende des Ost-West-Konflikts die Haltung der Bundesregierungen (vgl. Meiers 2006). Die deutsche Seite demonstrierte außenpolitische Kontinuität und zerstreute Befürchtungen vor einer Lockerung der europäischen Bindungen. Während der Vertragsreformen von Amsterdam und Nizza wie auch in der Verfassungsdebatte haben die Bundesregierungen ihren Kurs einer Vertiefung der Zusammenarbeit fortgesetzt. Weil mit den Erweiterungen von 1995 und 2004/07 die Heterogenität der Interessen und damit die Anfälligkeit für Entscheidungsblockaden deutlich zunahm, haben sich die deutschen Regierungen seit der Amsterdamer Regierungskonferenz überdies für die Möglichkeit einer Flexibilisierung der GASP und später der GSVP eingesetzt (vgl. Algieri 2007: 113f.). Charakteristisch für das deutsche Vorgehen war dabei, die Initiativen mit engen Partnern abzustimmen und gemeinsam voranzutreiben. Neben Italien spielte in dieser Hinsicht die Partnerschaft mit Frankreich eine herausragende Rolle (vgl. Woyke 2004). Deutschland und Frankreich traten für eine stärkere sicherheitspolitische Dimension der Integration ein, verfolgten aber unterschiedliche ordnungspolitische Positionen. Aber gerade das machte den deutsch-französischen Bilateralismus der 1980er und 1990er Jahren so erfolgreich. Das integrationsfreundliche und atlantisch orientierte Deutschland und das souveränitätsorientierte und eher auf sicherheitspolitische Autonomie bedachte Frankreich deckten eine hinreichend große Schnittmenge ab, auf der Kompromisse im Kreis aller Mitglieder aufbauen konnten.

Die Europäisierung der Sicherheitspolitik hat schließlich in mehrfacher Hinsicht den längerfristigen Grundorientierungen und Leitideen der bundesdeutschen Außen- und Sicherheitspolitik entsprochen, wie sie sich nach dem Zweiten Weltkrieg herausgebildet haben (vgl. Maull 2001). Dazu gehören insbesondere die unwiderrufliche Zugehörigkeit zur Wertegemeinschaft des Westens, die Absage an eine nationalistische und machtstaatlich geprägte Rolle in der Weltpolitik, die Bereitschaft zur Einbindung in multilaterale Strukturen und zur Teilung von Souveränität, die Skepsis gegenüber militärischen Instrumenten, die Kultur der außenpolitischen Zurückhaltung sowie die Präferenz für dialog- und kooperationsorientierte Formen der Politik. Der im internationalen System beispiellose Versuch der Europäer, eine große Gruppe von Staaten mit unterschiedlichen Interessen, Prioritäten und Ressourcen auf ein gemeinsames außenpolitisches Handeln zu verpflichten, spiegelt – bei allen Widersprüchlichkeiten in der Praxis der Zusammenarbeit – die Essenz dieser Leitideen geradezu idealtypisch wider. Wie wirkmächtig die Überzeugungsmuster in der sicherheitspolitischen Elite Deutschlands waren, zeigte sich nach der Vereinigung der beiden deutschen Staaten, als über Parteigrenzen hinweg Einigkeit darüber herrschte, den bewährten Kurs der bewussten Einbindung trotz neu gewonnener Spielräume nicht zu verlassen (vgl. Schmalz 2004).

Einer verteidigungspolitischen Dimension für die EU stand die Bundesrepublik gleichwohl lange skeptisch gegenüber. Während der Phase des Ost-West-Konflikts hatte das vor allem damit zu tun, dass die Bundesrepublik sicherheitspolitisch auf das enge Bündnis mit den USA angewiesen war, die alle Versuche einer europäischen Abkoppelung argwöhnisch beäugten. Im Unterschied zu Frankreich verbanden die Bundesregierungen die Europäisierung der Sicherheitspolitik deshalb bis 1989/90 nicht mit der Perspektive eines sicherheitspolitischen Alternativmodells. Die EPZ hatte nach Bonner Lesart vielmehr die Funktion, den europäischen Pfeiler innerhalb der NATO zu stabilisieren und in den transatlantischen Diskussionen zu stärken. Weil das Projekt für beide Lager attraktiv war, konnte die Bundesrepublik es vermeiden, sich zwischen der französischen und der amerikanisch-britischen Position entscheiden zu müssen. Vielmehr bestand die Leistung der deutschen Außenpolitik darin, zwischen den verschiedenen ordnungspolitischen Konzepten zu vermitteln. Das blieb auch nach 1989/90 lange so, als die zunächst zaghaften Schritte in Richtung einer stärkeren verteidigungspolitischen Dimension der GASP sowohl als Beginn einer militärischen Emanzipation als auch als Beitrag zur überfälligen Lastenteilung in der NATO interpretiert werden konnten. Dass die Bundesrepublik sicherheitspolitisch im Zweifel dem atlantischen Bündnis den Vorrang einräumen würde, konnte in dieser Phase dennoch als gesichert gelten.

Für die Entscheidung der Europäischen Räte von Köln und Helsinki aus dem Jahr 1999, eigene militärische Fähigkeiten der EU aufzubauen, kamen die entscheidenden Impulse aus Frankreich und Großbritannien. Die rot-grüne Bundesregierung hat das ESVP-Projekt gleichwohl unterstützt und sich zugleich darum bemüht, dem Eindruck einer Militarisierung der europäischen Außen- und Sicherheitspolitik durch den Ausbau ziviler Komponenten der ESVP entgegenzutreten (vgl. Rummel 2006b). Einen neuen Akzent setzte die Bundesrepublik, als sie im April 2003 – unter dem Eindruck der transatlantischen Krise im Vorfeld des Irak-Krieges – gemeinsam mit Belgien, Frankreich und Luxemburg einen Vorschlag für eine zunächst außerhalb der EU-Verträge zu begründende „Sicherheits- und Verteidigungsunion" der vier (und potenziell weiterer) Staaten vorstellte. Dieser zielte auf den abgestimmten Ausbau militärischer Fähigkeiten und den Aufbau gemeinsamer Planungs- und Führungskapazitäten im belgischen Tervuren, um unabhängig von der NATO (und damit vom Zugriff der USA) Militäreinsätze durchführen zu können. Wenngleich die vier Regierungen eilig erklärten, dass der Vorschlag nicht als eine Abkehr von der NATO missverstanden werden dürfe, erweckte er doch eben diesen Eindruck (vgl. Ehrhart 2004: 157f.). Von dem Vorstoß blieb zwar letztlich nur der von Großbritannien, Frankreich und Deutschland gemeinsam getragene Plan übrig, eine kleine zivil-militärische Zelle im EU-Militärstab und eine EU-Planungszelle beim NATO-Hauptquartier SHAPE zu schaffen. Er symbolisierte aber zugleich, dass die deutsche Sicherheitspolitik bereit war, in der Frage des Aufbaus verteidigungspolitischer Strukturen außerhalb des NATO-Rahmens politische Führung zu übernehmen.

Die demonstrative Wendung zur EU ist mittlerweile einem nüchterneren Ansatz der Bundesregierungen gewichen. Die große Koalition (2005-2009) war in ihrem Bemühen erfolgreich, die Substanz des gescheiterten Verfassungsvertrages und damit auch die Regeln zu GASP und GSVP in den Reformvertrag von Lissabon aufgehen zu lassen. Als sich seit dem Ende des Jahrzehnts die Aufmerksamkeit auf die Bearbeitung der internationalen Finanz- und Wirtschaftskrise richtete und Frankreich und Großbritannien ihre außen- und sicherheitspolitischen Interessen stärker als zuvor nach nationalen Maßstäben definierten, steuerte die Bundesrepublik der damit verbundenen Schwächung von GASP und GSVP aber allenfalls halbherzig entgegen. Das hat mit den kleiner gewordenen finanziellen Spielräumen der Verteidigungspolitik wie auch mit der gewachsenen Skepsis der deutschen Bevölkerung gegenüber der EU zu tun. Im Gegensatz zur Politik zur Rettung des Euros, bei der die Bundesregierung eine Führungsrolle in der EU übernahm, blieben Impulse zur Stärkung der sicherheitspolitischen Handlungsfähigkeit aus. Das Beispiel des Libyen-Krieges, dem die Bundesregierung im März 2011 im Sicherheitsrat der Vereinten Nationen nicht zustimmen mochte, wie der Dissens in der Syrien-Frage zeigen indes auch, dass die deutsche Politik gegenwärtig der Souveränität in Sicherheitsfragen den Vorrang vor dem Projekt einer „Friedensmacht Europa" gibt (vgl. Müller-Brandeck-Bocquet 2012).

5 Die Gemeinsame Außen- und Sicherheitspolitik

5.1 Grundsätze der GASP

Es ist schon hervorgehoben worden, dass mit der Schaffung der GASP die mitgliedsstaatlichen Außenpolitiken nicht zugunsten einer exklusiven europäischen Außenpolitik abgeschafft worden sind. Das übergeordnete Anliegen der GASP besteht vielmehr darin, nationale Außenpolitiken zu koordinieren und, wo möglich, zu harmonisieren, um auf internationaler Ebene mit einer einheitlichen Position auftreten zu können. Das heißt umgekehrt auch: Wo sich die Regierungen nicht auf eine gemeinsame Position einigen können, bleibt die EU in der Weltpolitik zur Tatenlosigkeit verurteilt. Das war auch in der jüngeren Vergangenheit nicht selten der Fall, am offenkundigsten bei der Spaltung der Union in der Irak-Krise. Häufiger kommt es jedoch vor, dass die Schnittmenge der Regierungen bis zu einem bestimmten Punkt reicht, weitergehende Aspekte jedoch kontrovers bleiben. Angesichts der Vielfalt der Akteure sollte dieser Sachverhalt nicht überraschen. Jede nationale Regierung bringt eigene Traditionen und historische Erfahrungen, Interessen, Machtpotenziale und Schwerpunktsetzungen in den Entscheidungsprozess ein. Es macht beispielsweise einen Unterschied, ob ein ständiges Mitglied des VN-Sicherheitsrates mit kolonialer Vergangenheit wie Frankreich oder ein Staat wie Schweden seine Position zur Bewältigung einer regionalen Krise in Afrika markiert. Auch die innenpolitische Situation spielt eine wichtige Rolle, denn jede Regierung wird ihre außenpolitische Positionierung nicht zuletzt mit Blick auf die Zustimmung am heimischen Wählermarkt vornehmen. Hinzu kommt schließlich, dass insbesondere die großen drei Mitgliedstaaten Großbritannien, Frankreich und Deutschland eine ihrem politischen und militärischen Gewicht entsprechende Sonderrolle beanspruchen und durchsetzen (Kaim 2007).

Dass zwischen dem Wunsch nach einer starken gemeinsamen Stimme Europas und dem nationalen Interesse an möglichst umfassender Entscheidungsfreiheit in der Außenpolitik ein Spannungsverhältnis liegt, spiegelt sich auch in der vertraglichen Festlegung der Grundsätze der GASP wider (vgl. Regelsberger 2008). Auf der einen Seite haben die Mitgliedstaaten als „Herren der Verträge" für das auswärtige Handeln insgesamt in Art. 21 EUV einen anspruchsvollen Zielkatalog formuliert (siehe Kasten 3). Für die Umsetzung dieses ambitionierten Programms, das sich explizit an den normativen Leitbildern der liberalen Demokratie, des Völkerrechts und des Multilateralismus orientiert, bedürfte es eines starken und einheitlichen „Akteurs EU". Der Vertragstext weckt damit hohe Erwartungen an die EU und ihr internationales Handeln.

> **Kasten 3: Grundsätze des auswärtigen Handelns der EU (Art. 21 EUV)**
>
> (1) Die Union lässt sich bei ihrem Handeln auf internationaler Ebene von den Grundsätzen leiten, die für ihre eigene Entstehung, Entwicklung und Erweiterung maßgebend waren und denen sie auch weltweit zu stärkerer Geltung verhelfen will: Demokratie, Rechtsstaatlichkeit, die universelle Gültigkeit und Unteilbarkeit der Menschenrechte und Grundfreiheiten, die Achtung der Menschenwürde, der Grundsatz der Gleichheit und der Grundsatz der Solidarität sowie die Achtung der Grundsätze der Charta der Vereinten Nationen und des Völkerrechts. (…)
> (2) Die Union legt die gemeinsame Politik sowie Maßnahmen fest, führt diese durch und setzt sich für ein hohes Maß an Zusammenarbeit auf allen Gebieten der internationalen Beziehungen ein, um
> a) ihre Werte, ihre grundlegenden Interessen, ihre Sicherheit, ihre Unabhängigkeit und ihre Unversehrtheit zu wahren;
> b) Demokratie, Rechtsstaatlichkeit, die Menschenrechte und die Grundsätze des Völkerrechts zu festigen und zu fördern;
> c) nach Maßgabe der Ziele und Grundsätze der Charta der Vereinten Nationen sowie der Prinzipien der Schlussakte von Helsinki und der Ziele der Charta von Paris, einschließlich derjenigen, die die Außengrenzen betreffen, den Frieden zu erhalten, Konflikte zu verhüten und die internationale Sicherheit zu stärken;
> d) die nachhaltige Entwicklung in Bezug auf Wirtschaft, Gesellschaft und Umwelt in den Entwicklungsländern zu fördern mit dem vorrangigen Ziel, die Armut zu beseitigen;
> e) die Integration aller Länder in die Weltwirtschaft zu fördern, unter anderem auch durch den schrittweisen Abbau internationaler Handelshemmnisse;
> f) zur Entwicklung von internationalen Maßnahmen zur Erhaltung und Verbesserung der Qualität der Umwelt und der nachhaltigen Bewirtschaftung der weltweiten natürlichen Ressourcen beizutragen, um eine nachhaltige Entwicklung sicherzustellen;
> g) den Völkern, Ländern und Regionen, die von Naturkatastrophen oder von vom Menschen verursachten Katastrophen betroffen sind, zu helfen; und
> h) eine Weltordnung zu fördern, die auf einer verstärkten multilateralen Zusammenarbeit und einer verantwortungsvollen Weltordnungspolitik beruht.

In den besonderen Bestimmungen zur GASP findet sich die bereits eingangs zitierte Feststellung, dass sich die Zuständigkeit der EU in diesem Politikbereich „auf alle Bereiche der Außenpolitik sowie auf sämtliche Fragen im Zusammenhang mit der Sicherheit der Union" erstreckt (Art. 24 EUV). Zugleich lässt der Vertragstext indes erkennen, dass die EU von der Akteursqualität, wie sie für ein erfolgreiches internationales Handeln notwendig wäre, noch einiges entfernt ist (siehe Kasten 4). Die Mitgliedstaaten verpflichten sich zwar auf eine aktive und vorbehaltlose Unterstützung der GASP und bekräftigen außerdem, dass sie darauf verzichten, wider die Interessen der Union zu handeln und ihrer „Wirksamkeit als kohärente Kraft in den internationalen Beziehungen" zu schaden. Offenkundig gibt es jedoch Zweifel an der Umsetzung dieser Verpflichtung, denn die GASP soll erklärtermaßen dazu beitragen, die gegenseitige Solidarität zu entwickeln, Fragen von allgemeiner Bedeutung zu ermitteln und eine immer stärkere Konvergenz des mitgliedstaatlichen Handelns zu erreichen. Mit anderen Worten: Die GASP wird als ein Prozess verstanden, der darauf zielt, die Bedingungen, die für ihre eigene Wirksamkeit notwendig sind, erst noch herzustellen.

Auf die diffizile Frage, was passiert, wenn die mitgliedsstaatlichen Regierungen nicht „im Geiste der Loyalität" handeln oder durch ihr Verhalten die Beschlüsse der GASP sogar konterkarieren, gibt der Vertrag keine abschließende Antwort. Eine Zuständigkeit des Europäischen Gerichtshofs haben die Mitgliedstaaten in Art. 275 AEUV im Wesentlichen ausgeschlossen; sie stünde in großen Bereichen der – in der Regel ja nicht in Gesetzesform gefassten – Außenpolitik auch vor der schwierigen Frage, wie Maßstäbe zur Beurteilung des Handelns der Regierungen entwickelt werden können. Die Schlichtung eines etwaigen Streits um die Einhaltung des Vertrages oder anderer Verpflichtungen bleibt eine Angelegenheit des Rates – und damit der mitgliedsstaatlichen Regierungen. Das bedeutet auch, dass der Erfolg der GASP letztlich von der freiwilligen Umsetzung durch die Mitgliedstaaten abhängt.

> **Kasten 4: Grundsätze der GASP (Art. 24 EUV)**
>
> (1) Die Zuständigkeit der Union in der Gemeinsamen Außen- und Sicherheitspolitik erstreckt sich auf alle Bereiche der Außenpolitik sowie auf sämtliche Fragen im Zusammenhang mit der Sicherheit der Union, einschließlich der schrittweisen Festlegung einer gemeinsamen Verteidigungspolitik, die zu einer gemeinsamen Verteidigung führen kann.
> (...)
> (2) Die Union verfolgt, bestimmt und verwirklicht im Rahmen der Grundsätze und Ziele ihres auswärtigen Handelns eine Gemeinsame Außen- und Sicherheitspolitik, die auf einer Entwicklung der gegenseitigen politischen Solidarität der Mitgliedstaaten, der Ermittlung der Fragen von allgemeiner Bedeutung und der Erreichung einer immer stärkeren Konvergenz des Handelns der Mitgliedstaaten beruht.
> (3) Die Mitgliedstaaten unterstützen die Außen- und Sicherheitspolitik der Union aktiv und vorbehaltlos im Geiste der Loyalität und der gegenseitigen Solidarität und achten das Handeln der Union in diesem Bereich.
> Die Mitgliedstaaten arbeiten zusammen, um ihre gegenseitige politische Solidarität zu stärken und weiterzuentwickeln. Sie enthalten sich jeder Handlung, die den Interessen der Union zuwiderläuft oder ihrer Wirksamkeit als kohärente Kraft in den internationalen Beziehungen schaden könnte.
> Der Rat und der Hohe Vertreter tragen für die Einhaltung dieser Grundsätze Sorge.

5.2 Die institutionelle Struktur der GASP

An der Spitze des Entscheidungssystems der GASP steht der *Europäische Rat*, in dem die Staats- und Regierungschefs der Mitgliedstaaten, der (seit Lissabon) ständige *Präsident des Europäischen Rates* und der Präsident der Europäischen Kommission mehrmals im Jahr zusammenkommen (zum Folgenden vgl. Algieri 2011: 45-87; Diedrichs 2012: 41-76). Zu den Aufgaben des Präsidenten, der für eine größere Kohärenz der Arbeit des Europäischen Rates sorgen soll, gehört auch, dass er die Staats- und Regierungschefs zu einer außerordentlichen Sitzung einberufen kann, „wenn eine internationale Entwicklung es erfordert". Allgemein agiert der Europäische Rat wie eine institutionalisierte Regierungskonferenz, bestimmt er doch nach Art. 26 (1) EUV „die strategischen Interessen der Union und legt die Ziele und die allgemeinen Leitlinien" von GASP und GSVP fest. Wenngleich die Sitzungen von den Außenministern und den Gremien der Ratsstruktur vorbereitet werden, beschränken sich die Treffen des Europäischen Rates keineswegs darauf, von den Ministern und den Vorbereitungsgremien bereits beschlossene Papiere zur Kenntnis zu nehmen. Erstens gelingt zu den politisch umstrittenen Weichenstellungen der Sicherheitspolitik vielfach erst auf der Ebene des Europäischen Rates ein Kompromiss. Zweitens behalten es sich die Staats- und Regierungschefs vor, in zentralen außen- und sicherheitspolitischen Fragen das maßgebliche Wort zu haben, beispielsweise zur strukturellen Entwicklung der GSVP oder bei der Entscheidung über militärische Missionen.

Die formalen Entscheidungen von GASP und GSVP werden nach Art. 26 (2) EUV „auf der Grundlage der vom Europäischen Rat festgelegten allgemeinen Leitlinien und strategischen Vorgaben" vom *Rat der Außenminister* (Rat „Auswärtige Angelegenheiten") getroffen. Damit ist der Rat, der sich mindestens einmal im Monat in Brüssel und vielfach auch in dem Land der halbjährlich wechselnden EU-Präsidentschaft trifft, das prinzipielle Beschlussfassungsorgan in diesem Politikbereich. Eine eigene Ratsformation für die Verteidigungspolitik gibt es nicht, sondern bei Bedarf werden die Verteidigungsminister zu den Tagungen des Außenministerrates hinzugezogen. Eine herausragende Rolle – es wird sogar von einer „Leitungsfunktion" (Algieri/Bauer 2009: 131) gesprochen – hat seit Lissabon die *Hohe Vertreterin der Union für die Außen- und Sicherheitspolitik* (seit 2009: Catherine Ashton) inne, denn sie führt nicht nur den ständigen Vorsitz im Rat und nimmt an den Tagungen des Europäischen Rates teil. Sie trägt überdies die Verantwortung für die Vorbereitung der Ratssitzungen und die Durchführung der Beschlüsse und vertritt die EU auf der internationalen Bühne. Nicht zuletzt ist sie zugleich Vizepräsidentin der Kommission und soll dadurch die Arbeiten von Rat und Kommission verknüpfen.

Bei der Erfüllung ihrer Aufgaben kann sich die Hohe Vertreterin auf den *Europäischen Auswärtigen Dienst* (EAD) stützen, der im Juli 2010 eingerichtet wurde. Im EAD wurden die außen- und sicherheitspolitischen Kapazitäten des Generalsekretariats des Rates und der Kommission zusammengeführt. Der Dienst gliedert sich in thematische und regionale Generaldirektionen, er umfasst zudem die Strukturen der GSVP zum Krisenmanagement. So ist hier das *Crisis Management and Planning Directorate* (CMPD) für die Planung ziviler und militärischer Missionen angesiedelt. Auch *die Civilian Planning and Conduct Capacity* und der *EU-Militärstab* für die Planung und Durchführung von zivilen bzw. militärischen Missionen sind in die Strukturen des EAD eingegliedert worden. Ebenfalls dem EAD zugeordnet sind die etwa 160 Delegationen der EU in den meisten Staaten der Erde sowie bei internationalen Organisationen. Ob der EAD tatsächlich die ursprünglich gewünschte Stärkung der GASP befördern kann, ist jedoch fraglich. Die Regierungen waren bei der Einrichtung des EAD sehr auf die Wahrung ihrer nationalen Kompetenzen bedacht, und auch die Kommission achtete darauf, dass ihre Zuständigkeiten für die supranationalen Bereiche der Außenbeziehungen (Handel, Entwicklung, Erweiterung) nicht unter das Dach des EAD verlagert werden.

Der Rat wird von weiteren Gremien unterstützt, die außerhalb der Struktur des Auswärtigen Dienstes organisiert sind. Für das tägliche Geschäft und für die Vorbereitung der Ratstagungen besitzt das *Politische und Sicherheitspolitische Komitee* (PSK) eine herausragende Rolle (Art. 38 EUV). Im PSK kommen Botschafter und hohe Beamte (politische Direktoren) aus den nationalen Außenministerien mehrmals wöchentlich zusammen, gleichen die Positionen der Regierungen zur internationalen Lage ab und überwachen die Durchführung der GASP-Beschlüsse. Der ständige Militärausschuss der EU (*EU Military Committee, EUMC*) ist das höchste militärische Gremium in der Ratsstruktur. Es tagt mindestens einmal wöchentlich, setzt sich aus den Generalstabschefs der Mitgliedstaaten (bzw. deren Vertretern) zusammen, berät Rat und PSK in allen militärischen Fragen und überwacht die laufenden Missionen der EU. Im Ausschuss für zivile Aspekte des Krisenmanagements (*Committee for Civilian Aspects of Crisis Management, CIVCOM*) kommen nichtmilitärische Fachleute und Diplomaten in Fragen des zivilen Konfliktmanagements zusammen. Den Vorsitz des PSK wie auch der Arbeitsgruppen führt die Hohe Vertreterin bzw. deren Beauftragte. Zwischen PSK und Rat ist der *Ausschuss der Ständigen Vertreter* (AStV) geschaltet, denn dieser bereitet in der gesamten Breite der europäischen Politik die Sitzungen des Rates vor, so auch in der GASP. Der Einfluss des AStV ist aber eher gering, denn hier findet keine Beratung statt, wenn die Direktoren im PSK bereits zu einem Beschluss gekommen sind.

Die Europäische Union und die deutsche Sicherheitspolitik

Abb. 1: Die institutionelle Struktur der GASP

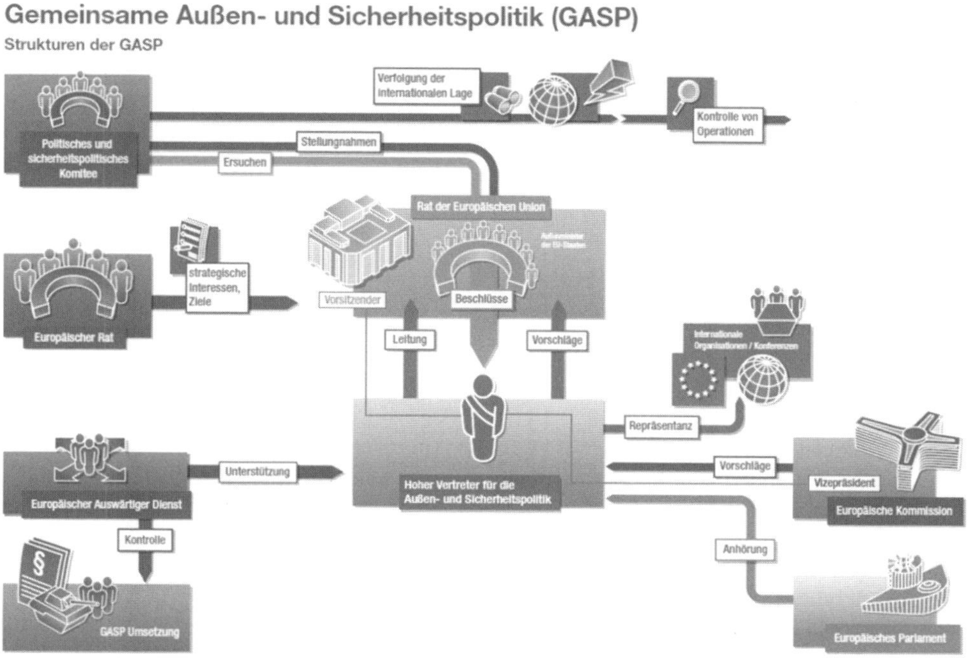

Quelle: Bundeszentrale für politische Bildung

Die Unterschiede zwischen den supranationalen Politikfeldern und der intergouvernementalen GASP werden bei der Stellung von Kommission und Parlament augenfällig. Die *Europäische Kommission* hat im Unterschied zu den supranationalen Politikbereichen in der GASP kein Initiativmonopol. Sie verfügt lediglich über das Recht, gemeinsam mit der Hohen Vertreterin, die ja zugleich Vizepräsidentin der Kommission ist, den Ministern den Vorschlag zu unterbreiten, sich mit einer Frage zu befassen. Zudem nimmt sie an den Sitzungen des Rates und seiner vorbereitenden Gremien teil. Die institutionelle Verankerung der Hohen Vertreterin zwischen Rat und Kommission zielte darauf, für eine bessere Abstimmung zwischen den intergouvernementalen und supranationalen Teilen der Außen- und Sicherheitspolitik zu sorgen. In der Praxis bereitet das allerdings weiterhin Schwierigkeiten, denn die Kommission wacht über ihre Zuständigkeiten (und auch finanziellen Ressourcen) in den Bereichen Erweiterung (einschließlich der Zusammenarbeit mit den Nachbarstaaten), Außenhandel sowie Entwicklung und humanitäre Hilfe. Wenngleich die Kommission sich in den vergangenen Jahren daher zusehends Respekt und eigene Handlungsspielräume erworben hat, bleiben die Möglichkeiten, in dem von den Regierungen dominierten Feld eigene Akzente zu setzen, begrenzt. Insbesondere verfügt die Kommission über keine wirksamen Mittel, Entscheidungsblockaden und mangelnde Einigkeit der Mitgliedstaaten zu durchbrechen.

Das Europäische Parlament hat im Rahmen der GASP ebenfalls eingeschränkte Kompetenzen. Es wird nach Art. 36 EUV „zu den wichtigsten Aspekten und den grundlegenden Weichenstellungen" der GASP und der GSVP von der Hohen Vertreterin gehört und regelmäßig von ihr informiert. Die Vertreterin soll nach dem Vertrag dafür Sorge tragen, dass die Auffassungen des Parlaments „gebührend" berücksichtigt werden. Die Abgeordneten können zudem an den Rat oder die Vertreterin Anfragen und Empfehlungen richten. Im außen- und sicherheitspolitischen Entscheidungsprozess steht das Parlament gleichwohl allenfalls in der zweiten Reihe. Formale Einflussmöglichkeiten hat es vor allem durch seine weitreichenden Kompetenzen im Haushaltsverfahren, doch erlaubt dieses Recht keine politische Feinsteuerung. Seit dem Amsterdamer Vertrag wird die Finanzierung der GASP aus dem Unionshaushalt bestritten. Das gilt allerdings nicht für Maßnahmen mit militärischem oder verteidigungspolitischem Bezug und in Fällen, in denen der Rat einstimmig anders entscheidet (Art. 41 EUV). In diesen Fällen werden die Kosten nach dem Bruttosozialprodukt der Mitgliedstaaten aufgeteilt. Bei Assoziierungsabkommen und der Aufnahme neuer Mitglieder kommt der Rat an den Abgeordneten ebenfalls nicht vorbei, denn diesen muss das Parlament zustimmen.

5.3 Instrumente und Entscheidungsverfahren

Dem Rat steht ein breites Spektrum von Instrumenten zur Durchführung der GASP zur Verfügung. Zuerst sind die klassischen Instrumente der Diplomatie zu nennen. Der Rat beschließt routinemäßig zahlreiche Erklärungen, Deklarationen und Schlussfolgerungen zu einzelnen Problemfeldern oder zur Situation in bestimmten Ländern und Regionen, die entweder öffentlich gemacht oder aber nur dem Adressaten weitergeleitet werden. Zu dieser Kategorie sind auch die traditionellen Mittel der Reisediplomatie zu zählen, d. h. Treffen zwischen Repräsentanten der EU und Vertretern dritter Staaten. Die EU ist in ein engmaschiges internationales Netzwerk eingebunden. Mehr als 160 Staaten unterhalten diplomatische Beziehungen zu ihr, mit mehr als 30 Regionalorganisationen, Staatengruppen oder auch hervorgehobenen Einzelstaaten pflegt die Union institutionalisierte Formen des politischen Dialogs (Fröhlich 2008: 36). An ältere Kooperationen anknüpfend, hat die EU in den 1990er Jahren überdies gezielte Prozesse des Interregionalismus eingeleitet, etwa mit dem *Asia Europe Meeting* (ASEM), der Rio-Kooperation mit den Staaten Lateinamerikas, dem Barcelona-Prozess mit den Mittelmeer-Anrainer-Staaten oder dem EU-Afrika-Dialog zwischen EU und Afrikanischer Union. Die Vertretung der EU in der internationalen Politik kennt dabei verschiedene Formate.

Für die supranationale Politik übernimmt die Kommission die Vertretung nach außen, in Fragen der Außen- und Sicherheitspolitik wird die Union hingegen nach Art. 27 (2) EUV grundsätzlich von der Hohen Vertreterin repräsentiert. Gleichzeitig nimmt gemäß Art. 15 (6) EUV aber auch der Präsident des Europäischen Rates „auf seiner Ebene und in seiner Eigenschaft" – das heißt bei Treffen mit Staats- und Regierungschefs – und „unbeschadet der Befugnisse des Hohen Vertreters" die Aufgabe der Außenvertretung der GASP wahr. Insbesondere bei sogenannten „Gipfeln" mit Drittstaaten oder internationalen Institutionen tritt er in der Regel nicht allein, sondern gemeinsam mit dem Präsidenten der Kommission auf – damit repräsentieren sie die intergouvernementale und die supranationale Seite der EU. Im Jahr 2012 haben die Präsidenten van Rompuy (Europäischer Rat) und Barroso (Kommission) die EU beispielsweise bei Gipfeltreffen mit Indien, der VR China, Südkorea, Russland, Mexiko und Südafrika sowie bei den Tagungen von G 8, G 20, ASEM und dem Nukleargipfel in Seoul vertreten.

Neben den klassischen Mitteln der Diplomatie sind für die GASP spezifische Instrumente entwickelt worden. Die generelle Ausrichtung der GASP ist dem Europäischen Rat vorbehalten, denn er kann die strategischen Interessen wie auch die Ziele und allgemeinen Leitlinien der GASP beschließen (Art. 26 [1] EUV). Der Rat kann Beschlüsse erlassen, mit denen er die Ziele, den Umfang, die Mittel, die Bedingungen und den Zeitraum einer operativen Aktion der Union festlegt (Art. 25, 28 EUV). Während hier also der Handlungsaspekt im Vordergrund steht, kann der Rat auch Beschlüsse zur Festlegung eines Standpunktes zu einer „bestimmten Frage geografischer oder thematischer Art" treffen (Art. 25, 29 EUV). Damit wird also eine Art politische Richtschnur für das Handeln von Union und Mitgliedstaaten vereinbart. Allen genannten Formen ist gemein, dass sie im Unterschied zu den Rechtsakten der supranationalen Politiken (Verordnung, Richtlinie, Entscheidung) lediglich völkerrechtliche Bindungskraft entfalten. Sie sind weder unmittelbar geltend, noch haben sie Vorrang vor nationalem Recht. In der Praxis verschwimmen die Grenzen zwischen GASP/GSVP und den supranationalen Politiken freilich häufig. Das ist vor allem dann der Fall, wenn die EU im Rahmen von außen- und sicherheitspolitischen Maßnahmen auf Instrumente der klassischen Unionspolitik, etwa der Handelspolitik oder der Entwicklungspolitik, zurückgreift.

Im Gegensatz zur supranationalen Politik, bei der die Initiative für die Gesetzgebung von der Kommission ausgehen muss, kann der Anstoß für eine außen- und sicherheitspolitische Befassung von jedem Mitgliedstaat und der Hohen Vertreterin (ggf. mit Unterstützung der Kommission) ausgehen. Die Entscheidungen im Rat erfolgen grundsätzlich einstimmig, Ausnahmen von diesem ehernen Gesetz sind im Fall einer konstruktiven Enthaltung (Art. 31 [1] EUV) eines Mitgliedstaates möglich. Auch kann bei der Umsetzung von Beschlüssen des Europäischen Rates über die strategischen Interessen und Ziele oder bei Durchführungsbestimmungen für einstimmig ergangene Aktionen und Standpunkte sowie bei der Bestellung von Sonderbeauftragten mit qualifizierter Mehrheit entschieden werden (Art. 31 [2] EUV). In diesen Fällen können jedoch einzelne Mitgliedstaaten eine Abstimmung verhindern. Nicht nur wegen dieses komplizierten Mechanismus, sondern auch wegen der Sensibilität außenpolitischer Materien wird in der Praxis in allen wichtigen Fragen nicht vom Einstimmigkeitsprinzip abgewichen. In Fragen der Verteidigungspolitik muss ohnehin im Konsens beschlossen werden.

Die seit Nizza vorgesehene Möglichkeit einer flexibilisierten Zusammenarbeit im Bereich der GASP, für die sich die Bundesrepublik stark gemacht hatte, ist bislang nicht zur Anwendung gekommen. Nach Art. 20 EUV können mindestens neun Mitgliedstaaten eine „verstärkte Zusammenarbeit" beantragen. Der Lissabonner Vertrag schuf schließlich die Möglichkeit einer „ständigen strukturierten Zusammenarbeit" im Rahmen der GSVP, mit denen einzelne Mitgliedstaaten „weiter gehende Verpflichtungen", d. h. eine gemeinsame und abgestimmte Entwicklung und Anwendung militärischer Fähigkeiten, eingehen können (Art. 42 [6] EUV). Eine solche Form der Zusammenarbeit liefe auf eine gemeinsame Verteidigungsplanung und eine verbindliche sicherheitspolitische Abstimmung mehrerer EU-Mitglieder hinaus.

5.4 Die Europäische Sicherheitsstrategie

Dass die EU trotz der Reform der institutionellen Grundlagen und der regelmäßigen Bekräftigung gemeinsamen Handlungswillens wiederholt unter Zerrissenheit und Handlungsunfähigkeit litt, ist immer wieder auf die mangelnde strategische Klarheit der europäischen Politik zurückgeführt worden. In der Tat kann eine gemeinsame Sicherheitspolitik kaum gelingen, wenn sie nicht auf gemeinsamen Einschätzungen über Gefahren und Bedrohungen, angemessene Mittel und die Prioritäten des Handelns basiert. Der 11. September 2001 und die Auseinandersetzung um den Irak-Krieg zeigten diese Schwäche mit besonderer Klarheit auf, weil rasch deutlich wurde, dass die Union nicht über eine konzeptionelle Antwort auf die neuen Herausforderungen verfügte. Unter dem Eindruck des offenen Zerwürfnisses in der Irak-Krise beauftragten die Staats- und Regierungschefs den damaligen Hohen Vertreter für die GASP, ein strategisches Grundsatzpapier vorzulegen. Bereits im Juni 2003 stellte Javier Solana einen Entwurf einer *Europäischen Sicherheitsstrategie* vor, die nach einer Überarbeitung im Dezember 2003 von den Staats- und Regierungschefs verabschiedet wurde.

Abb. 2: Die Europäische Sicherheitsstrategie

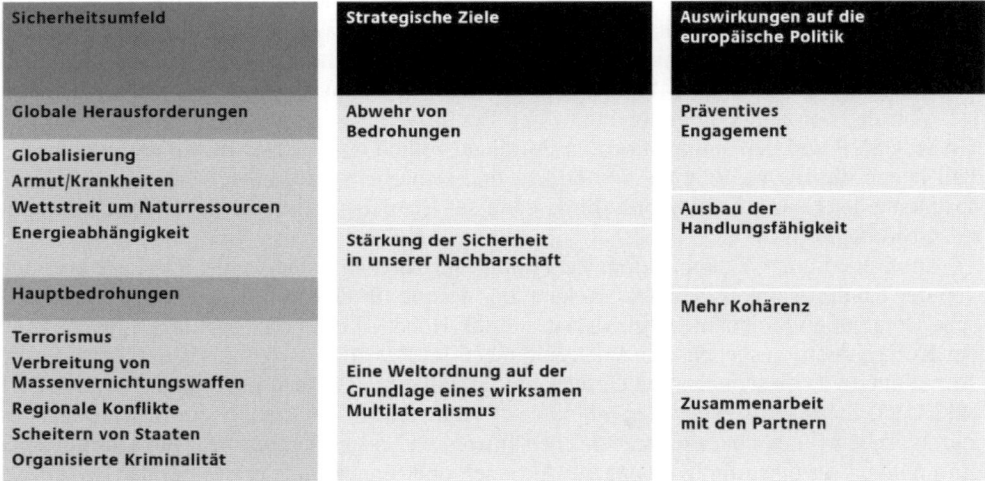

Quelle: Weißbuch 2006

Mit dem Strategiepapier kam die EU zum ersten Mal zu einer gemeinsamen Einschätzung der Sicherheitsbedrohungen und der strategischen Rolle der EU (alle folgenden Zitate: ESS 2003; vgl. zur ESS auch den Beitrag von Böckenförde in diesem Band). Das Papier stellt fest, dass größere Angriffe gegen Mitgliedstaaten „nunmehr unwahrscheinlich" geworden seien, Europa aber mit neuen Bedrohungsformen konfrontiert sei, „die verschiedenartiger, weniger sichtbar und weniger vorhersehbar sind". Als Hauptbedrohungen für die Sicherheit der Union werden der transnationale Terrorismus, die Verbreitung von Massenvernichtungswaffen, regionale Konflikte, scheiternde Staatlichkeit und die organisierte Kriminalität benannt. Besonders problematisch sei die Gefahr, dass sich die einzelnen Bedrohungsfaktoren verbinden und gegenseitig verstärken, denn „bei einer Summierung dieser verschiedenen Elemente" sei es durchaus vorstellbar, „dass Europa einer sehr ernsten Bedrohung ausgesetzt sein könnte".

Im zweiten Teil des Papiers werden die strategischen Ziele der EU benannt. Das erste Ziel besteht in der *Abwehr der Bedrohungen*. Dabei werde „die erste Verteidigungslinie oftmals im Ausland liegen". Auch müsse die EU bereit sein, bereits vor dem Ausbruch von Krisen zu handeln. Die Strategie betont aber zugleich, dass militärische Instrumente nur eine begrenzte Reichweite bei der Lösung von Konflikten haben. Weil keine der neuen Bedrohungen „rein militärischer Natur" sei, sei eine Kombination militärischer und ziviler Instrumente angezeigt. Das zweite Ziel ist die *Schaffung einer sicheren und stabilen Nachbarschaft*. An den Rändern der EU soll die Entstehung neuer Trennlinien verhindert und ein Ring verantwortlich regierter Länder geschaffen werden. Strategische Priorität wird dabei dem israelisch-palästinensischen Konflikt und den Nachbarn des Mittelmeers und Osteuropas eingeräumt. Das dritte Ziel ist schließlich die *Schaffung einer Weltordnung auf der Grundlage eines „wirksamen Multilateralismus" und einer Stärkung von Völkerrecht und Vereinten Nationen*. Die Strategie benennt schließlich die notwendigen Konsequenzen für die EU. Die EU müsse aktiver, handlungsfähiger und kohärenter in ihrer Außenpolitik werden. Das bedeutet konkret ein entschlosseneres Handeln und die Bereitschaft zum frühzeitigen Engagement, aber auch die Intensivierung der Anstrengungen, um die militärischen und zivilen Ressourcen bereitzuhalten.

Über den Wert der Sicherheitsstrategie ist in der Literatur breit diskutiert worden (vgl. Jäger u. a. 2005; Biscop/Andersson 2008). So wurde kritisch eingewandt, dass sie an vielen Stellen undeutlich bleibt. Unter welchen Umständen die EU beispielsweise bereit ist, militärische Mittel einzusetzen, welche Kriterien an einen präventiven Einsatz anzulegen sind – dazu sagt das Papier nichts Explizites. Immerhin ist es mit der Strategie in international beispielloser Weise gelungen, eine Gruppe von Staaten auf eine gemeinsame sicherheitspolitische Perspektive festzulegen und damit ein „wichtiges Orientierungsinstrument" (Gareis 2005: 119) für die Beratungen der Regierungen zu schaffen. Andererseits kann nicht übersehen werden, dass die Mitgliedstaaten es bislang nicht geschafft haben, das Strategiepapier mit Blick auf die neuen Herausforderungen fortzuschreiben, etwa was die Konsequenzen des „Arabischen Frühlings" anbetrifft, die Auswirkungen der Finanzkrise auf die Verteidigungspolitik oder das Verhältnis zu anderen wichtigen Akteuren der Weltpolitik.

6 Die Gemeinsame Sicherheits- und Verteidigungspolitik

6.1 Die militärische Dimension

Mit dem Projekt der GSVP hat sich die EU seit den späten 1990er Jahren daran gemacht, eine wichtige Lücke zu schließen, die zwischen dem Anspruch der autonomen Formulierung einer Politik mit regionaler oder gar globaler Reichweite und der Wirklichkeit der politischen und militärischen Dominanz der USA besteht (vgl. Koutrakos 2013). Am Ende der deutschen Ratspräsidentschaft im Juni 1999 erklärten die Mitglieder des Europäischen Rates von Köln ihre Absicht, „der Europäischen Union die notwendigen Mittel und Fähigkeiten an die Hand zu geben, damit sie ihrer Verantwortung im Zusammenhang mit einer gemeinsamen europäischen Sicherheits- und Verteidigungspolitik gerecht werden kann". Um dem Rat die Möglichkeit zu eröffnen, in der gesamten Breite der Petersberg-Aufgaben auf internationale Krisensituationen reagieren zu können, müsse die Union „die Fähigkeit zu autonomem Handeln, gestützt auf glaubwürdige militärische Fähigkeiten, sowie die Mittel und die Bereitschaft besitzen, deren Einsatz zu beschließen" (Europäischer Rat 1999a: 32). Ein halbes Jahr später präzisierte der Europäische Rat von Helsinki diesen Grundsatzbeschluss mit der Vereinbarung des *Helsinki Headline Goal*. Darunter wurde der Plan verstanden, bis zum Jahr 2003 eine europäische Eingreiftruppe (*Rapid Reaction Force*) in einer Stärke von 50.000 bis 60.000 Personen vorzuhalten, die innerhalb von 60 Tagen auch in weit entfernte Orte verlegt werden kann und für mindestens ein Jahr durchhaltefähig sein soll (Europäischer Rat 1999b: 28). An die Schaffung einer gemeinsamen europäischen Armee, wie sie zuletzt in den EVG-Plänen in der ersten Hälfte der 1950er Jahre zur Debatte gestanden hatte, war dabei allerdings nicht gedacht. Vielmehr sollte sich die Truppe aus nationalen Kontingenten zusammensetzen, die die Mitgliedstaaten grundsätzlich für gemeinsame Einsätze zur Verfügung stellen, nicht ohne sich jedoch in jedem Einzelfall vorzubehalten, die Zustimmung zum Einsatz zu verweigern.

Die Planzahlen des *Helsinki Headline Goal* waren vergleichsweise schnell erreicht (Gareis 2006: 116). Die Mitgliedstaaten meldeten bis 2003 über 100.000 Soldaten, 400 Kampfflugzeuge und 100 Schiffe als Beiträge zur Eingreiftruppe. Die Bundesrepublik stellte mit etwa 33.000 Soldaten (davon 18.000 als erstes Kontingent), 90 Flugzeugen und 15 Schiffen fast ein Drittel der Kräfte. Angesichts dieser Zahlen konnte der Europäische Rat von Thessaloniki im Juni 2003 feststellen, die EU sei „nun im gesamten Spektrum der Petersberg-Aufgaben einsatzfähig". Zugleich räumten die Staats- und Regierungschefs jedoch ein, dass es „Einschränkungen und Zwänge aufgrund anerkannter Lücken gibt, die sich durch die Weiterentwicklung der militärischen Fähigkeiten der EU" (Europäischer Rat 2003: 17) mindern ließen. Damit umschrieb der Europäische Rat vornehm die Tatsache, dass die zunächst beeindruckenden Zahlen nur wenig über die Qualität und Einsetzbarkeit der militärischen Komponenten aussagen und mahnte Verbesserungen an. Denn wenn die GSVP auch als ein Projekt zur Schaffung sicherheitspolitischer Handlungsfähigkeit der EU daherkommt, so war und ist sie in militärischer Hinsicht nicht zuletzt ein Programm zur Modernisierung der Streitkräfte mit Blick auf neue Einsatzszenarien. Die vom Europäischen Rat als „anerkannte Lücken" bezeichneten Probleme liegen dabei in drei Bereichen (vgl. Meiers 2005: 128f.):

- Zum einen besteht eine *Fähigkeitslücke*, d. h. insbesondere für anspruchsvolle Einsatzszenarien fehlen der Eingreiftruppe die notwendigen militärischen Fähigkeiten. Als besonders dringlich gelten weiterhin die Verbesserung der Kapazitäten in den Bereichen Führungs-, Beobachtungs- und Kommunikationssysteme und strategische Aufklärung, während es in den vergangenen Jahren zu einer Verbesserung beim strategischen Lufttransport gekommen ist.
- Zum zweiten kann eine *Einsatzlücke* ausgemacht werden, weil die Mitgliedstaaten, von Großbritannien und Frankreich abgesehen, kaum mehr als vier Prozent ihrer Streitkräfte für Auslandseinsätze bereitstellen können. Das gilt auch für die Bundeswehr, die offiziell mit 10.000 Soldaten in mehreren Einsatzgebieten plant (BMVg 2011: 12), sich aber schon mit deutlich geringeren Kräften im Auslandseinsatz am Rande der Belastbarkeit sieht.
- Zum dritten besteht eine *Ausgabenlücke*, denn mit Ausnahme von Großbritannien und Frankreich stagnierten in den 2000er Jahren die Verteidigungsausgaben der EU-Mitgliedstaaten oder waren rückläufig. Als Reaktion auf die Finanz- und Wirtschaftskrise sind in den vergangenen Jahren deutliche Kürzungen der Militärbudgets angekündigt oder vollzogen worden. Die Bundesrepublik macht dabei keine Ausnahme. Im Gegenteil: Trotz der gestiegenen Belastungen durch Auslandseinsätze und international eingegangene Verpflichtungen blieb der Verteidigungshaushalt seit Mitte der 1990er Jahre im Wesentlichen konstant, in den kommenden Jahren sollen die Ausgaben sinken (vgl. Mölling 2013: 11f.).

Um die noch nicht erledigten Defizite abzubauen, beschloss der Europäische Rat im Juni 2004 ein neues *Headline Goal 2010*. Die Umsetzung der Vereinbarungen wurde im Rahmen des *European Capabilities Action Plan* (ECAP) durchgeführt und sollte durch die Arbeit der 2004 gegründeten Europäischen Verteidigungsagentur unterstützt werden, deren Auftrag in der Koordinierung der Rüstungsanstrengungen der Mitgliedstaaten besteht. Ein wichtiges Element des erneuerten *Headline Goals* bestand in dem Konzept der EU Battle Groups. Das sind Einsatzverbände in der Größe von mindestens 1.500 Soldaten, die innerhalb von fünf bis zehn Tagen verlegt werden können und schwerpunktmäßig der Verhütung und Beendigung von Krisen in Konfliktregionen dienen sollen. Seit 2007 befinden sich pro Halbjahr ständig zwei *Battle Groups* in Bereitschaft. Das Konzept sieht vor, dass einzelne Mitgliedstaaten oder kleinere Gruppen von Mitgliedstaaten für die Kampfgruppen ein Paket bereitstellen, das im Kern aus einem Infanteriebataillon mit ergänzenden Kampfunterstützungskräften besteht. Um diesen Kern herum werden Kräfte der Marine, der Luftwaffe und der Logistik entsprechend den Erfordernissen der Missionen hinzugezogen. Über die Struktur, die Ausrüstung und das Profil des Pakets entscheiden im Einzelnen die entsendenden Nationen. Im Unterschied zu Frankreich, Italien, Spanien und Großbritannien, die auch eine Gruppe aus rein nationalen Kräften gebildet haben, beteiligt sich Deutschland ausschließlich an gemischtnationalen Gruppen, so etwa im ersten Halbjahr 2007 als Führungsnation gemeinsam mit den Niederlanden und Finnland oder im zweiten Halbjahr 2008 mit der

Deutsch-französischen Brigade und Belgien, Luxemburg und Spanien. Obwohl die Idee der *Battle Groups* in der Öffentlichkeit einige Aufmerksamkeit gefunden hat, haben die EU-Mitglieder bislang in keinem Fall auf dieses Instrument zurückgegriffen.

Schon das Konzept der Battle Groups, das ja ein deutliches Abrücken von dem ambitionierten Plan der Eingreiftruppe darstellt, konnte man als ein Eingeständnis der begrenzten Möglichkeiten der GSVP verstehen. Denn so richtig es ist, dass die schlanken Einsatzverbände flexibler eingesetzt werden können, so zutreffend ist auch, dass sie sich nur für ein begrenztes Spektrum möglicher Einsätze eignen. Die strukturellen Schwierigkeiten der europäischen Verteidigungspolitik haben sich im Zeichen der Finanzkrise indes noch verschärft, denn durch die – zwischen den Mitgliedstaaten kaum koordinierten – Kürzungen in den Verteidigungsbudgets sind die oben genannten Lücken größer geworden (vgl. dazu Mölling 2013). Während daher aufgrund der Defizite in den nationalen Armeen der Bedarf an Kooperation eigentlich steigt, fehlen den Mitgliedstaaten nach Ansicht von Experten zusehends die Fähigkeiten zur Zusammenarbeit. Um dieser Entwicklung entgegenzuwirken, sind in den vergangenen Jahren mehrere Projekte angestoßen worden, um Rüstungsvorhaben gemeinsam zu planen und militärische Fähigkeiten gemeinsam zu nutzen. Die Bundesrepublik und Schweden starteten die sogenannte Gent-Initiative, die dazu beitragen soll, geeignete Vorhaben für die Umsetzung der Idee von *Pooling and Sharing* in der Verteidigungspolitik zu identifizieren. Die bisherigen Erfahrungen sind allerdings ernüchternd, denn die meisten Regierungen stehen der mit der gemeinsam Planung und Nutzung von militärischen Fähigkeiten unweigerlich verbundenen Einschränkung der nationalen Autonomie ablehnend gegenüber (vgl. Mölling 2013: 14f.). Im Umkehrschluss bedeutet das, dass die EU – jedenfalls auf Sicht – in wesentlichen Fragen der Verteidigung und des Einsatzes von Militär auf die Kapazitäten der USA angewiesen bleibt – obwohl die Absicht, diese Abhängigkeit zu verringern, bekanntlich am Anfang des Europäisierungsprozesses in der Sicherheitspolitik stand.

Eine wichtige und lange umstrittene Frage für die militärische Handlungsfähigkeit der ESVP war, ob die EU bei Einsätzen ausschließlich auf eigene Planungs- und Führungskapazitäten zurückgreifen muss oder ob sie die entsprechenden Strukturen der NATO nutzen kann (vgl. Dembinski 2005). Nach schwierigen Verhandlungen gelang im März 2003 eine Einigung auf ein Verfahren, das als „Berlin plus" bekannt geworden ist. In dieser Vereinbarung wurde der EU der Zugang zu den Kapazitäten der NATO zur Durchführung einer Operation eröffnet, sofern die Allianz nicht als Ganzes einbezogen ist. Um die Zusammenarbeit zwischen beiden Organisationen zu verbessern, wurde beim NATO-Hauptquartier SHAPE eine kleine EU-Arbeitseinheit eingerichtet, zugleich ist die NATO im EU-Militärstab vertreten. Während die Militärmission der EU in Bosnien-Herzegowina noch nach dem Modell „Berlin plus" durchgeführt wurde und wird, steht dieser Weg nach dem EU-Beitritt Zyperns (2004) aufgrund des türkisch-zypriotischen Konflikts de facto nicht mehr zur Verfügung. Die EU greift daher in der Regel auf nationale Kommandostrukturen zurück. Frankreich, Griechenland, Italien, Großbritannien und Deutschland haben ihre eigenen Hauptquartiere als mögliche EU-Hauptquartiere zur Verfügung gestellt. Im Dezember 2004 beschloss der Europäische Rat darüber hinaus, die Voraussetzungen für eine EU-Einsatzzentrale mit zivil-militärischem Schwerpunkt zu schaffen. Seit dem 1. Januar 2007 ist das *EU Operation Centre* einsatzbereit. Dabei handelt es sich nicht um ein ständiges Hauptquartier, sondern um eine kleine Zelle, die binnen weniger Tage zu einer Stärke von etwa 90 Personen „aufwachsen" kann. Wenngleich mit dieser Ausstattung lediglich kleinere Einsätze geplant und geführt werden können, war damit ein politisches Signal verbunden: Die EU hat sich auf den Weg begeben, eigene Führungsstrukturen jenseits der NATO zu schaffen (vgl. den Beitrag von Theiler in diesem Band).

6.2 Die zivile Dimension

Die Entwicklung der militärischen Fähigkeiten der EU stellt das sichtbarste Element des Wandels der europäischen Außen- und Sicherheitspolitik dar. Dass dieser Trend in der politischen wie auch der politikwissenschaftlichen Debatte in den Vordergrund gestellt wird, ist deshalb nicht verwunderlich. Dennoch wird dabei vernachlässigt, dass das Schwergewicht der europäischen Sicherheitspolitik nach wie vor im zivilen Bereich liegt. Zu einem Markenzeichen der EU ist dabei die Politik der Stabilisierung und Demokratisierung in ihrer näheren und weiteren Nachbarschaft geworden (vgl. Knelangen 2011). Ein wichtiges Instrument für die Stabilisierung und Demokratisierung der Staaten Mittel- und Osteuropas stellte nach 1990 das Beitrittsangebot dar. Ob diese Strategie auch in Zukunft ein Kernelement der europäischen Außen- und Sicherheitspolitik sein kann, ist aber fraglich. Zwar haben nach dem Beitritt Kroatiens mit Island, Montenegro, Mazedonien, Serbien und der Türkei bereits weitere Staaten den Status eines Beitrittskandidaten, und Albanien, Bosnien-Herzegowina und dem Kosovo ist die Mitgliedschaft in Aussicht gestellt worden, sofern sie die politischen und wirtschaftlichen Kriterien der EU erfüllen. Die Bereitschaft zur Aufnahme weiterer Mitglieder stößt innerhalb der EU aber an Grenzen. So reagiert die Union ablehnend auf die Beitrittswünsche aus Georgien und der Ukraine. Vielmehr wird ihnen – wie auch anderen Nachbarn im Osten und im Mittelmeerraum – im Rahmen der Europäischen Nachbarschaftspolitik eine enge Zusammenarbeit ohne Beitrittsperspektive angeboten (vgl. Ratka/Spaiser 2012).

Während sich die Stabilisierungs- und Demokratisierungspolitik der EU auf die mittel- bis langfristige Veränderung von grundlegenden Strukturen konzentriert, hat die Union in den vergangenen Jahren parallel zur Aufwertung der verteidigungspolitischen Dimension das Profil der eher kurz- bis mittelfristig angelegten zivilen Krisenintervention im Rahmen der GSVP geschärft (vgl. Major 2012). Die entscheidenden Impulse für diese Profilierung gingen von der schwedischen und der finnischen Regierung aus, die rot-grüne Bundesregierung hat die Initiative mit Nachdruck unterstützt (vgl. Rummel 2006b: 7). Die Vorschläge gingen von der Erfahrung aus, dass die Anforderungen im Bereich der Krisenprävention und der Intervention nur zu einem kleinen Teil von militärischen Kräften erfüllt werden können. Insbesondere die Stabilisierung und der Wiederaufbau staatlicher und administrativer Strukturen nach kriegerischen Auseinandersetzungen und Konflikten stellen wichtige Aufgaben internationaler Kriseneinsätze dar. Die Staats- und Regierungschefs vereinbarten deshalb auf dem Gipfel von Feira im Juni 2000, die zivilen Kapazitäten für die GSVP zu verbessern. Dabei lehnten sie sich an das militärische Muster an und beschlossen ein *Civilian Headline Goal*, das den Aufbau von Kontingenten aus Polizei, Rechtsstaatsbereich (Richter, Staatsanwälte, Strafvollzugsbeamte), Zivilverwaltung und Katastrophenschutz vorsah. Die in Feira vereinbarten Planzahlen wurden im Dezember 2004 im Rahmen des *Consolidated Civilian Headline Goal 2008* wegen des Beitritts der zehn neuen EU-Mitglieder nach oben korrigiert. Zugleich wurden mit den Kräften für Überwachungsmissionen und zur Unterstützung von Sonderbeauftragten in den Bereichen Menschenrechte, Gender und Reform des Sicherheitssektors neue Kategorien vorgesehen. Die Planzahlen des konsolidierten Planziels und die deutschen Beiträge sind in Kasten 6 zusammengestellt.

Der Einsatz von Polizeibeamten und anderem zivilen Personal in GSVP-Operationen unterliegt in Deutschland anderen Rahmenbedingungen als der Einsatz von Militär. Ein zentraler Unterschied ist vor allem, dass die Bereitstellung nicht einem Parlamentsvorbehalt unterliegt, sondern ausschließlich von der Exekutive verantwortet wird. Für die Rekrutierung von geeignetem Personal wurde 2002 das „Zentrum für internationale Friedenseinsätze" in Berlin gegründet. Zentrales Koordinierungsgremium für deutsche Polizeikräfte in GSVP-Operationen ist die „Arbeitsgruppe Internationale Polizeimissionen" (AG IPM) von Bund und Ländern, die seit 1996 für die Vorbereitung, Beteiligung und Durchführung von

Polizeimissionen zuständig ist. Aus verfassungsrechtlichen Gründen – das Grundgesetz sieht eine strikte Trennung von militärischer Verteidigungsaufgabe und polizeilicher Gefahrenabwehr vor (vgl. Knelangen 2006) – beteiligt sich Deutschland nicht mit Polizeikräften an Einsätzen, die unter militärischer Führung stehen. Diese Trennung gibt es aber nicht in allen Mitgliedstaaten. Mehrere EU-Partner verfügen über militärisch strukturierte Polizeiverbände. So kooperieren Frankreich, Italien, Spanien, Portugal, die Niederlande und Rumänien seit September 2004 im Rahmen der European Gendarmerie Force, die im italienischen Vicenza ihren Verwaltungssitz hat. Neben dem Militär und der Polizei kommen in zivilen Einsätzen schließlich Experten in den Blick, die über spezifische Kenntnisse verfügen, die im Rahmen internationaler Einsätze benötigt werden.

Kasten 5: *Consolidated Civilian Headline Goal* **und deutsche Beiträge**

Kräfte	Vorgesehene Stärke	Deutscher Beitrag
Polizei	5761	910
Rechtsstaatsexperten	631	34
Zivilverwaltung	576	39
Katastrophenschutz	4698	755
Überwachung von Krisen	516	40
Unterstützung von Sonderbeauftragten	444	35

Quelle: Rummel (2006a: 7-9), Gareis (2006: 117).

6.3 GSVP in Aktion: Militärische und zivile Missionen

Seit dem Beginn der *European Union Police Mission* in Bosnien-Herzegowina im Januar 2003 sind unter dem Dach der ESVP bereits rund 25 Operationen durchgeführt worden (siehe Kasten 7; vgl. Asseburg/Kempin 2009). Damit ist die EU zu einem wichtigen Akteur in den internationalen Bemühungen um Konfliktprävention, Stabilisierungspolitik und Friedenskonsolidierung geworden. Einen geographischen Schwerpunkt stellte zunächst die Konfliktregion des ehemaligen Jugoslawien dar, nach der Militäroperation *Artemis* in der Demokratischen Republik (DR) Kongo hat sich Afrika zu einem weiteren regionalen Fokus entwickelt. Darüber hinaus haben Einsätze auch in der Kaukasusregion (Georgien), im Nahen und Mittleren Osten (Palästinensische Autonomiegebiete, Irak) und in Asien (Afghanistan, Indonesien) stattgefunden.

In der öffentlichen Diskussion haben vor allem die militärischen Missionen Aufmerksamkeit gefunden, zumal sich die Bundeswehr mehrmals mit starken Kontingenten an den Einsätzen beteiligt hat. Rechtliche Grundlagen sind jeweils Beschlüsse des Rates, die in der Folge regelmäßig konkretisiert und erweitert werden. Charakteristisch für die GSVP-Missionen ist, dass sie häufig in umfangreichere Maßnahmen der internationalen Gemeinschaft eingebettet und in der Regel durch ein Mandat der Vereinten Nationen legitimiert sind. Die erste Militärmission *Concordia* in Mazedonien (März bis Dezember 2003) stellte mit etwa 400 Soldaten eine Fortsetzung der NATO-geführten Operation *Amber Fox* dar, die auf Einladung der mazedonischen Regierung die Sicherheitslage in der ehemaligen jugoslawischen Republik stabilisieren helfen sollte. Die Bundesrepublik beteiligte sich mit etwa 40 Soldaten an der Operation. Eine Fortsetzung einer NATO-Mission ist auch die Operation *EUFOR Althea* in Bosnien-Herzegowina, die seit Dezember 2004 die Aufgabe übernommen hat, die Umsetzung des Friedensabkommens von Dayton zu überwachen. Mit anfangs über 7.000 Soldaten (davon etwa 1.000 Soldaten der Bundeswehr) galt die Übernahme dieser Aufgabe als ein erster Beweis für die „Reife" der GSVP.

Während die EU bei diesen Einsätzen nach den „Berlin plus"-Regeln auf die Planungs- und Führungsstrukturen der NATO zurückgriff bzw. noch zurückgreift, führte sie weitere militärische Missionen außerhalb der NATO-Strukturen durch. Die Operation *Artemis* (Juni bis Dezember 2003) fand unter französischem Kommando statt und verfolgte die Absicht, die fragile Sicherheitslage in der DR Kongo zu stabilisieren und in Bunia (Distrikt Ituri) die humanitäre Lage zu verbessern, wo es aufgrund von Massakern zu großen Fluchtbewegungen gekommen war. Die multinationale Truppe bestand aus etwa 1.800 Soldaten, die Bundeswehr leistete mit etwa 100 Soldaten einen Beitrag in den Bereichen Lufttransport und Sanitätsdienst. Eine zweite Operation in der DR Kongo (*EUFOR RD Congo*) fand von Juni bis November 2006 zur Absicherung der Parlaments- und Präsidentschaftswahlen statt. An dieser Mission beteiligte sich die Bundesrepublik mit bis zu 780 Soldaten, das strategische Hauptquartier war beim Einsatzführungskommando der Bundeswehr in Potsdam angesiedelt. Der Schutz von Flüchtlingslagern im Osten des Tschad und im Nordosten der Zentralafrikanischen Republik stand im Mittelpunkt der Militäroperation *EUFOR CHAD/RCA* (März 2008 bis März 2009). An dieser Mission war die Bundeswehr nicht mit eigenen Truppen beteiligt.

Die bisherigen Militäroperationen der EU sind durch eine geringe bis mittlere Intensität gekennzeichnet. Für Einsätze, die ein hohes Eskalationsrisiko bergen, werden offenbar andere institutionelle Kontexte gesucht. So hat die EU die beiden Operationen auf dem Balkan von der NATO zu einem Zeitpunkt übernommen, als die Lage als weitgehend ruhig gelten konnte. Auch die Operationen in Afrika waren zwar keineswegs frei von Risiken, doch konzentrierte sich ihr Auftrag auf Stabilisierungs- und Beobachtungsaufgaben. Einen neuen Ansatz verfolgt die EU seit 2008 mit der Operation *Atalanta*, mit der der Piraterie am Horn von Afrika Einhalt geboten werden soll. Komplementär zu dieser Marinemission unterstützt die Union den Aufbau von staatlichen Kapazitäten (*EU Regional Maritime Capacity Building Nestor*) und die Ausbildung von Soldaten (*EU Training Mission*) zur Pirateriebekämpfung in Somalia.

Kasten 6: Operationen der ESVP

abgeschlossene Missionen

Name, Einsatzort	Typ	Laufzeit	Aufgabe
EUPM (European Union Police Mission), Bosnien-Herzegowina	zivil	1/2003 – 12/2011	Unterstützung beim Aufbau von Polizeistrukturen und Kriminalitäts- und Korruptionsbekämpfung
CONCORDIA, ehem. jugoslawische Republik Mazedonien	militärisch	3 – 12/2003	Stabilisierung der Sicherheitslage
EUPOL PROXIMA, ehem. jugoslawische Republik Mazedonien	zivil	12/2003 – 12/2005	Unterstützung beim Aufbau von Polizeistrukturen
ARTEMIS, Demokratische Republik Kongo	militärisch	6 – 9/2003	Stabilisierung der Sicherheitslage, Verbesserung der humanitären Lage im Distrikt Ituri
EUJUST Themis, Georgien	zivil	7/2004 – 7/2005	Stärkung rechtsstaatlicher Strukturen
EUPOL Kinshasa, Demokratische Republik Kongo	zivil	4/2005 – 6/2007	Beratung von Polizeikräften
AMIS, Sudan	zivil-militärisch	7/2005 – 12/2007	Unterstützung der ‚African Union Mission in Sudan' (AMIS) bei der Befriedung der Provinz Darfur, z. B. durch Polizeiausbildung und Truppentransport
AMM (Aceh Monitoring Mission), Indonesien	zivil	9/2005 – 12/2006	Überwachung des Friedensabkommens zwischen indonesischer Regierung und der Rebellenbewegung GAM

EUPAT (EU Police Advisory Team), ehem. jugoslawische Republik Mazedonien	zivil	12/2005 – 5/2006	Unterstützung beim Aufbau von Polizeistrukturen
EUFOR RD Congo, Demokratische Republik Kongo	militärisch	7 – 11/2006	Unterstützung der VN-Mission MONUC bei der Aufrechterhaltung der öffentlichen Ordnung in Kinshasa während der Wahlen
EU SSR (Support of Security Sector Reform) Guinea-Bissau	zivil	6/2008 – 9/2010	Unterstützung bei der Reform des Sicherheitssektors
EUFOR TCHAD/RCA, Tschad und Zentralafrikanische Republik	militärisch	3/2008 – 3/2009	Unterstützung der VN-Mission MINURCAT bei der humanitären Hilfe

Quelle: Schmalz (2007: 102), eigene Fortschreibung; Stand:1.9.2013.

laufende Missionen			
EUFOR ALTHEA, Bosnien-Herzegowina	militärisch	seit 12/2004	Sicherung des Dayton-Abkommens
EUSEC RD Congo, Demokratische Republik Kongo	zivil	seit 5/2005	Unterstützung bei der Reform der staatlichen Sicherheitsstrukturen
EUJUST LEX, Irak	zivil	seit 7/2005	Unterstützung beim Aufbau eines rechtsstaatlichen Justizwesens
EU BAM (EU Border Assistance Mission) Rafah, Palästinensische Autonomiegebiete	zivil	seit 11/2005	Überwachung der palästinensischen Abfertigung am Grenzübergang Rafah zwischen Gazastreifen und Ägypten
EU BAM Moldau	zivil	seit 12/2005	Überwachung von Grenzschutz und Zoll an der moldauisch-ukrainischen Grenze
EUPOL COPPS, Palästinensische Autonomiegebiete	zivil	seit 1/2006	Unterstützung beim Aufbau von Polizeistrukturen
EUPOL AFGH, Afghanistan	zivil	seit 6/2007	Unterstützung bei Aufbau und Ausbildung der Polizei
EUPOL RD Congo	zivil	seit 7/2007	Unterstützung und Ausbildung der Polizei
EULEX KOSOVO	zivil	seit 2/2008	Unterstützung beim Aufbau rechtsstaatlicher Polizei- und Justizstrukturen
EU NAVFOR Atalanta	militärisch	seit 12/2008	Überwachung der Seewege und Bekämpfung von Piraterie am Horn von Afrika
EUTM Somalia	militärisch	seit 4/2010	Ausbildung von somalischen Soldaten in Uganda
EUCAP Sahel Niger	zivil	seit 8/2012	Ausbildung der zivilen Sicherheitskräfte in Niger
EUCAP Nestor	zivil	seit 9/2012	Aufbau von Kapazitäten zur Pirateriebekämpfung am Horn von Afrika
EUAVSEC Südsudan	zivil	seit 10/2012	Unterstützung des Ausbaus des Flughafens Juba
EUTM Mali	militärisch	seit 2/2013	Ausbildung der Armee von Mali
EU BAM Libyen	zivil	seit 5/2013	Unterstützung des libyschen Grenzschutzes

Quelle: Schmalz (2007: 102), eigene Fortschreibung; Stand:1.9.2013.

Die überwiegende Mehrheit der bisher durchgeführten Operationen hatte einen zivilen Charakter und zielte auf die Stabilisierung fragiler staatlicher Strukturen oder den Wiederaufbau der zentralen Elemente der Staatlichkeit. Die erste GSVP-Operation überhaupt, die *European Union Police Mission* (EUPM) in Bosnien-Herzegowina, verfolgte von 2003 bis 2011 die Zielsetzung, die lokalen Polizeikräfte beim Aufbau stabiler und effektiver Sicherheitsstrukturen zu unterstützen. Einen ähnlichen Auftrag hatten *EUPOL Proxima* und das *EU Police Advisory Team*, die im Anschluss an die Militärmission *Concordia* vom Dezember 2003 bis zum Mai 2006 die Republik Mazedonien beim Aufbau einer rechtsstaatlichen Polizei unterstützten. Auch außerhalb Europas sind bereits Polizeimissionen durchgeführt worden, so in der DR Kongo und in den Palästinensischen Autonomiegebieten. An das deutsche Projekt der Ausbildung der afghanischen Polizei knüpft seit Juni 2007 die Operation *EUPOL Afghanistan* an, die dem Aufbau einer afghanischen Zivilpolizei dienen soll.

Ebenfalls in den Kontext der Stabilisierung bzw. des Wiederaufbaus der staatlichen Strukturen sind die Rechtsstaatsmissionen einzuordnen, die die EU in Georgien (*EUJUST Themis*) und für den Irak (*EUJUST LEX*) eingesetzt hat. Die Operationen zielen darauf, eine rechtsstaatliche Justiz aufzubauen. Während *EUJUST Themis* stärker die Struktur des georgischen Rechtsstaats im Blick hatte, geht es bei *EUJUST LEX* um die Weiterbildung von Beamten aus dem Bereich der Strafjustiz und der Kriminalpolizei. Hinsichtlich der Größenordnung und des Aufgabenumfangs bedeutete die im Februar 2008 beschlossene Mission *EULEX* im Kosovo eine neue Dimension. Hier geht es darum, den Aufbau des souverän gewordenen Staates mit zeitweise rund 2.500 Polizisten, Richtern, Staatsanwälten und Verwaltungspersonal zu unterstützen. Die Bundesregierung, die sich für das Zustandekommen von *EULEX* stark engagierte, hatte Anfang März 2008 die Entsendung von 180 Polizeibeamten beschlossen.

Einen anderen Schwerpunkt setzen die Operationen, die der Überwachung von Friedensabkommen bzw. der Beobachtung in problematischen Grenzregionen dienen. Den Anfang machte dabei die *Aceh Monitoring Mission*, durch die die EU gemeinsam mit ASEAN-Staaten von September 2005 bis Dezember 2006 dabei geholfen hat, die Einhaltung der Friedensvereinbarung zwischen der indonesischen Regierung und der Befreiungsbewegung GAM zu überwachen. Mit Grenzbeobachtungsmissionen überwacht die EU das Verhalten der Grenztruppen an umstrittenen Grenzverläufen. Eine Mission betrifft den Grenzübergang in Rafah an der Grenze zwischen dem palästinensischen Autonomiegebiet und Ägypten. Mit etwa 70 Beamten der *Border Assistance Mission Rafah* überwacht die EU als unabhängige dritte Partei die Einhaltung der bilateralen Vereinbarungen. Die *Border Assistance Mission to Moldova and Ukraine* überwacht die Aktivitäten der Behörden an der Grenze zwischen der Republik Moldau und der Ukraine und unterstützt die lokalen Kräfte bei der Bekämpfung der Grenzkriminalität. Vor allem die Lage an dem transnistrischen Grenzabschnitt hatte sich in den vergangenen Jahren zusehends verschlechtert, weil er sich zu einem faktisch kontrollfreien Raum entwickelt hatte.

Die Bilanz der militärischen und zivilen Missionen der GSVP fällt zwangsläufig gemischt aus, weil die Ausgangsbedingungen und die Aufgaben sich stark unterscheiden. Auffallend ist aber, dass die Initiative in der Regel von einzelnen oder einer Gruppe von Mitgliedstaaten ausgeht. Ein generelles Muster, wann und mit welchem Einsatz die EU sich engagiert, ist deshalb nicht erkennbar. Zweitens besteht in den meisten Fällen ein Widerspruch zwischen dem anspruchsvollen Auftrag der Missionen und den Ressourcen, die von den Regierungen zur Verfügung gestellt werden. Das hat mit dem politischen Willen zu tun, aber auch damit, dass die Regierungen nicht auf die notwendigen Fähigkeiten zurückgreifen können. Das betrifft nicht nur den oben bereits diskutierten militärischen Bereich, sondern auch die zivilen Kräfte. Wenngleich der Vorzug ziviler vor militärischen Instrumenten durchaus dem Selbstbild der EU-Sicherheitspolitik entspricht, legen die meisten Mitgliedstaaten keinen großen Wert auf den Aufbau eigener Potenziale für das zivile Krisenmanagement (vgl. Major 2012). Aus diesem Grund ist die Nachhaltigkeit der GSVP-Operationen ein Problem, denn nach dem Abzug der europäischen Soldaten oder Polizisten ist die Situation nicht selten nach kurzer Zeit wie vor dem Beginn der Operation.

7 Bilanz und Perspektiven

Die Europäische Union hat in den vergangenen Jahren einen bemerkenswerten Weg in der Außen- und Sicherheitspolitik hinter sich. Während die 1990er Jahre vor allem durch die kontinuierliche Reform der institutionellen und vertragsrechtlichen Grundlagen gekennzeichnet waren, stand seit den Beschlüssen von Köln und Helsinki der Aufbau eigener sicherheits- und verteidigungspolitischer Kapazitäten im Vordergrund. Bei politischen Absichtserklärungen ist es nicht geblieben: Seit dem Beginn der Polizeimission in Bosnien-Herzegowina im Januar 2003 sind zahlreiche zivile und militärische Operationen unter dem Dach der GSVP durchgeführt worden. Erst ein Blick zurück auf die Situation um das Jahr 1990 offenbart, wie deutlich der qualitative Wandel der internationalen Rolle der EU ist. Das schlägt sich auch in der politischen Sprache nieder: Während das Wort vom „politischen Zwerg und militärischen Wurm" sukzessive aus den Debatten verschwunden ist, wird die EU nunmehr als eine „Zivilmacht mit Zähnen" (so etwa Steinmeier 2007) charakterisiert.

Diese neue Leitformel bedarf freilich einer Einschränkung. Denn richtig ist auf der einen Seite, dass das Profil der Außen- und Sicherheitspolitik der EU nach wie vor von zivilen Instrumenten geprägt ist, während militärische Mittel im Kanon des europäischen Handlungsrepertoires weiterhin nicht im Mittelpunkt stehen. Im Vergleich zur NATO oder anderen möglichen Trägern internationaler Militäreinsätze hat die EU den großen Vorteil, über ein umfassendes Spektrum von Instrumenten zu verfügen. Deswegen wird die „europäische Option" von den Mitgliedstaaten besonders dann gewählt, wenn militärische Fähigkeiten in einen mehrere Politikfelder übergreifenden Ansatz von Krisenprävention und Konfliktmanagement eingebettet werden sollen. Auf der anderen Seite ist aber nicht zu übersehen, dass die militärische Dimension der Sicherheitspolitik in der EU in geradezu rasanter Geschwindigkeit an Bedeutung gewonnen hat. Wie die rasche Folge von Militäroperationen auf dem afrikanischen Kontinent zeigt, hat sich die EU binnen weniger Jahre zu einem neuen politischen Rahmen für die Durchführung von Militäreinsätzen zur Krisenintervention und Stabilisierung entwickelt. Mehr noch: Parallel zu den entsprechenden Bemühungen der NATO (vgl. den Beitrag von Theiler in diesem Band) ist sie überdies zu einem Referenzpunkt für die Modernisierung der nationalen Armeen und Rüstungspotentiale geworden.

Die Bundesrepublik hat diese Entwicklung maßgeblich unterstützt und vorangetrieben. Die sicherheitspolitische Europäisierung ist deshalb in zweifacher Hinsicht ein Symbol für den Wandel der deutschen Außen- und Sicherheitspolitik nach dem Ende des Ost-West-Konflikts. Zum einen manifestiert sich in diesem Prozess eine Relativierung des transatlantischen Bündnisses, das vor 1990 das zentrale Rückgrat der deutschen Politik darstellte. Die EU hat sich zum wichtigsten außen- und sicherheitspolitischen Handlungsrahmen entwickelt, der seit den späten 1990er Jahren auch militärische Kapazitäten aufbaut. Zum anderen reflektiert das deutsche Engagement für die GSVP die veränderte Wahrnehmung der Bedeutung von Streitkräften in der Sicherheitspolitik außerhalb von Bündnisverpflichtungen. Neben der NATO ist die EU zur zweiten wichtigen Trägerin von Auslandseinsätzen der Bundeswehr geworden, die seit Mitte der 1990er Jahre das Erscheinungsbild der deutschen Außen- und Sicherheitspolitik zusehends prägen.

Es bleiben gleichwohl grundlegende Probleme und Widersprüche. Zum einen besteht ein Missverhältnis zwischen den globalen Ambitionen der EU und der geringen Bereitschaft der Mitgliedstaaten, die dafür notwendigen Ressourcen zur Verfügung zu stellen. Zumindest bei anspruchsvollen militärischen Einsätzen bleibt die Union daher auf Ressourcen angewiesen, die sie (bzw. ihre Mitgliedstaaten) nicht selber besitzt. Daraus ergibt sich bis auf weiteres ein Paradoxon der europäischen Sicherheitspolitik: Je autonomer die EU als Träger von militärischer Krisenreaktion und Stabilisierung auftritt, desto unverzichtbarer bleibt der Rückgriff auf die Kapazitäten und Fähigkeiten der NATO. Das Verhältnis zur NATO und damit das Verhältnis zu den USA bleibt mithin eine Schlüsselfrage für die Gestaltung der europäischen Außenpolitik. Aber auch in politischer Hinsicht dürfen die Grenzen der Belastbarkeit des Sicherheitsakteurs EU nicht übersehen werden. Die Irak-Krise hat ebenso wie jüngst die Kontroversen um Libyen und Syrien gezeigt, dass europäische Loyalität für die Regierungen der Mitgliedstaaten nur eine Richtgröße neben anderen ist – und offenkundig nicht immer die ausschlaggebende. Erhebliche Meinungsverschiedenheiten können zwar angesichts der Heterogenität der Interessen und Sichtweisen von 28 Mitgliedstaaten nicht verwundern – die Ungerechtigkeit eines Vergleichs der GSVP etwa mit der Sicherheitspolitik der USA ist offensichtlich. Auf der anderen Seite sind mit den vertraglichen und institutionellen Reformen der vergangenen Jahre Erwartungen an einen handlungsfähigen Akteur EU geweckt worden, die nur bei komplementären Präferenzen der Mitgliedstaaten erfüllt werden können. Die Gefahr von Entscheidungsblockaden ist deshalb immer dann gegeben, wenn sich wichtige Interessen und Leitideen der nationalen Außenpolitiken gegenüber stehen. Allen Reformschritten der vergangenen Jahre zum Trotz gehört dazu nach wie vor die Frage nach der Finalität der GSVP, die zwischen den EU-Mitgliedern hoch umstritten ist.

Eine abgewogene Einschätzung der Möglichkeiten und Grenzen der europäischen Außenpolitik markiert deshalb einerseits die unbestreitbaren Fortschritte und Reformen, die in den vergangenen Jahren eingeleitet worden sind und zunehmend Früchte tragen. Sie weist aber auch darauf hin, dass die Schaffung einer europäischen Außenpolitik ein mühsamer Prozess ist, bei dem mit regelmäßigen Rückschlägen zu rechnen ist. Zu erkennen ist, dass die EU in die Debatte über die Fragen eingestiegen ist, welche Rolle sie im internationalen System des 21. Jahrhunderts spielen will, was ihre Prinzipien bei der Bearbeitung der globalen Probleme sind und wie sie ihr Verhältnis zu den anderen Akteuren gestalten will. Damit hat ein schleichender Charakterwandel der EU von einer Wirtschaftsgemeinschaft zu einem globalen Akteur eingesetzt. Dass sich in den Beratungen zur Europäischen Verfassung auch für geringfügige Aufweichungen des Einstimmigkeitsprinzips in GASP und ESVP keine Zustimmung fand, deutet aber darauf hin, dass die mitgliedstaatlichen Regierungen – zumal die größeren – auch in Zukunft beanspruchen werden, ihre eigenen Antworten in der Außenpolitik geben zu können. Das gilt auch für die Bundesrepublik Deutschland.

Zur Vertiefung empfohlene Literatur

Algieri, Franco 2010: Die Gemeinsame Außen- und Sicherheitspolitik der EU, Wien: facultas.wuv. Das Lehrbuch führt in die GASP (und auch die GSVP) ein und bietet einen Einstieg in die Strukturen und Prozesse der Politikgestaltung in diesem Bereich.

Biscop, Sven/Whitman, Richard G. 2013: The Routledge Handbook of European Security, Milton Park: Routledge. Für eine vertiefte Beschäftigung mit GASP und GSVP bietet dieser Band einen vorzüglichen Überblick über den Forschungsstand.

Diedrichs, Udo 2012: Die Gemeinsame Sicherheits- und Verteidigungspolitik der EU. Wien: facultas.wuv. Kompakt und zuverlässig werden hier die vertraglichen und institutionellen Grundlagen wie auch die Praxis der GSVP vorgestellt.

Hill, Christopher/Smith, Michael (Hrsg.) 2011: International Relations and the European Union, 2. Aufl. Oxford: Oxford UP. Sammelband, der die Strukturen und Prozesse des auswärtigen Handelns der EU ebenso analysiert wie die Beziehungen zu ausgewählten Akteuren.

Müller-Brandeck-Bocquet, Gisela u. a. 2009: Deutsche Europapolitik. Von Adenauer bis Merkel. 2. Aufl., Wiesbaden: VS Verlag für Sozialwissenschaft. Das Buch vermittelt einen gründlichen Überblick über den europapolitischen Kontext, innerhalb dessen die Bundesrepublik ihre Sicherheitspolitik entwickelt.

Weiterführende Fragen

1. Woran liegt es, dass die EU außen- und sicherheitspolitisch nicht (immer) mit einer Stimme spricht?
2. Welche Gründe haben dazu geführt, dass die EU nach dem Ende des Ost-West-Konflikts ihr außen- und sicherheitspolitisches Profil geschärft hat?
3. Vergleichen Sie die Europäische Sicherheitsstrategie mit der National Security Strategy der USA. Wo liegen Gemeinsamkeiten, wo liegen Unterschiede?
4. Informieren Sie sich über die zivilen und militärischen Einsätze der GSVP. Wer hat diese angestoßen, wer hat sich beteiligt? Waren diese erfolgreich, woran kann man den Erfolg messen?
5. Sollte die Bundesrepublik auf eine nationale Sicherheitspolitik verzichten und für den Ausbau einer supranationalen EU-Sicherheitspolitik eintreten?

Literatur und Quellen

Algieri, Franco 2007: Deutsche Außen- und Sicherheitspolitik im europäischen Kontext. Zur Parallelität von Kontinuität und Wandel, in: Jäger, Thomas u. a. (Hrsg.): Deutsche Außenpolitik, Wiesbaden: VS Verlag für Sozialwissenschaften, 106-122.

Algieri, Franco/Bauer, Thomas 2008: Die Festschreibung mitgliedstaatlicher Macht. GASP und ESVP im Vertragswerk von Lissabon, in: Weidenfeld, Werner (Hrsg.): Lissabon in der Analyse, Baden-Baden: Nomos, 125-156.

Algieri, Franco 2010: Die Gemeinsame Außen- und Sicherheitspolitik der EU, Wien: facultas.wuv.

Andreatta, Filippo 2011: The European Union's International Relations. A Theoretical View, in: Hill, Christopher/Smith, Michael (Hrsg.): International Relations and the European Union, 2. Aufl., Oxford: Oxford UP, 21-43.

Asseburg, Muriel/Kempin, Ronja (Hrsg.) 2009: Die EU als strategischer Akteur in der Sicherheits- und Verteidigungspolitik? Eine systematische Bestandsaufnahme von ESVP-Missionen und -Operationen, Berlin: Stiftung Wissenschaft und Politik (SWP-Studie S 32).

Auswärtiges Amt (Hrsg.) 1998: Gemeinsame Außen- und Sicherheitspolitik der Europäischen Union (GASP), Dokumentation, 11. Aufl., Bonn: Auswärtiges Amt.

Biscop, Sven/Andersson, Jan Joel (Hrsg) 2008: The EU and the European security strategy. Forging a global Europe, London u. a.: Routledge.

Bulmahn, Thomas u. a. 2009: Sicherheits- und verteidigungspolitisches Meinungsklima in der Bundesrepublik Deutschland. Ergebnisse der Bevölkerungsbefragung 2008, Strausberg: Sozialwissenschaftliches Institut der Bundeswehr (Forschungsbericht 90).

Bundesministerium der Verteidigung 2006: Weißbuch 2006 zur Sicherheitspolitik Deutschlands und zur Zukunft der Bundeswehr. Berlin: BMVg.

Bundesministerium der Verteidigung 2011: Verteidigungspolitische Richtlinien 2011, Berlin: BMVg.

Christiansen, Thomas/Jorgensen, Knud Erik/Wiener, Antje (Hrsg.) 2001: The Social Construction of Europe, London: Sage.

Dembinski, Matthias 2005: Die Beziehungen zwischen NATO und EU von „Berlin" zu „Berlin plus". Konzepte und Konfliktlinien, in: Varwick, Johannes (Hrsg.): Die Beziehungen zwischen NATO und EU. Partnerschaft, Konkurrenz, Rivalität? Opladen: Verlag Barbara Budrich, 61-80.

Diedrichs, Udo 2012: Die Gemeinsame Sicherheits- und Verteidigungspolitik der EU, Wien: facultas.wuv.

Ehrhart, Hans-Georg 2004: Abschied vom Leitbild „Zivilmacht"? Konzepte zur EU-Sicherheitspolitik nach dem Irak-Krieg, in: Varwick, Johannes/Knelangen, Wilhelm (Hrsg.): Neues Europa, alte EU? Fragen an den europäischen Integrationsprozess, Opladen: Leske + Budrich, 149-163.
Europäische Kommission 2012: Standard Eurobarometer 78. Tables of Results, <http://ec.europa.eu/public_opinion/archives/eb/eb78/eb78_anx_en.pdf>.
Europäische Union 2003: Europäische Sicherheitsstrategie. Ein sicheres Europa in einer besseren Welt. Brüssel.
Europäischer Rat 1999a: Schlussfolgerungen des Vorsitzes. Europäischer Rat von Köln, 3. und 4. Juni 1999.
Europäischer Rat 1999b: Schlussfolgerungen des Vorsitzes. Europäischer Rat von Helsinki, 10. und 11. Dezember 1999.
Europäischer Rat 2003: Schlussfolgerungen des Vorsitzes. Europäischer Rat von Thessaloniki, 19. und 20. Juni 2003.
Fröhlich, Stefan 2008: Die Europäische Union als globaler Akteur. Eine Einführung. Wiesbaden: VS Verlag für Sozialwissenschaften.
Gareis, Sven Bernhard 2006: Deutschlands Außen- und Sicherheitspolitik. Eine Einführung, 2. Aufl., Opladen: Verlag Barbara Budrich.
Grieco, Joseph 1996: State Interests and Institutional Rule Trajectories. A Neorealist Interpretation of the Maastricht Treaty and European Economic and Monetary Union, in: Security Studies 5:3, 261-306.
Haftendorn, Helga 1986: Sicherheit und Entspannung. Zur Außenpolitik der Bundesrepublik Deutschland 1955-1982, 2. Aufl., Baden-Baden: Nomos.
Hill, Christopher/Smith, Michael (Hrsg.) 2011: International Relations and the European Union, 2. Aufl., Oxford: Oxford UP.
Jäger, Thomas/Höse, Alexander/Oppermann, Kai (Hrsg.) 2005: Die Sicherheitsstrategien Europas und der USA. Transatlantische Entwürfe für eine Weltordnungspolitik, Baden-Baden: Nomos.
Kaim, Markus 2007: Die Europäische Sicherheits- und Verteidigungspolitik. Präferenzbildungs- und Aushandlungsprozesse in der Europäischen Union (1990-2005), Baden-Baden: Nomos.
Knelangen, Wilhelm 2006: Einsatz der Bundeswehr im Innern. Möglichkeiten und Grenzen, in: Gareis, Sven Bernhard/Klein, Paul (Hrsg.): Handbuch Militär und Sozialwissenschaften, 2. Aufl., Wiesbaden: VS Verlag für Sozialwissenschaften, 112-124.
Knelangen, Wilhelm 2011: Demokratisierungs- und Stabilisierungspolitik, in: Woyke, Wichard (Hrsg.): Handwörterbuch Internationale Politik., 12. Aufl., Opladen/Farmington Hills: Verlag Barbara Budrich, 55-67.
Knelangen, Wilhelm 2012: Euroskepsis? Die EU und der Vertrauensverlust der Bürgerinnen und Bürger, in: Aus Politik und Zeitgeschichte 4, 32-40.
Koutrakos, Panos 2013: The EU Common Security and Defence Policy, Oxford: Oxford UP.
Loth, Wilfried 2014: Europas Einigung. Eine unvollendete Geschichte, Frankfurt/Main: Campus.
Major, Claudia 2012: Ziviles Krisenmanagement in der Europäischen Union. Stand und Optionen zur Weiterentwicklung der Gemeinsamen Sicherheits- und Verteidigungspolitik, Berlin: SWP (SWP-Studie S 22).
Maull, Hanns W. 2001: Außenpolitische Kultur, in: Korte, Karl-Rudolf/Weidenfeld, Werner (Hrsg.): Deutschland Trendbuch. Fakten und Orientierungen, Bonn: Bundeszentrale für politische Bildung, 645-672.
Meiers, Franz-Josef 2005: Die „NATO Response Force" und die „European Rapid Reaction Force". Kooperationspartner oder Konkurrenten? In: Varwick, Johannes (Hrsg.): Die Beziehungen zwischen NATO und EU. Partnerschaft, Konkurrenz, Rivalität? Opladen: Verlag Barbara Budrich, 119-138.
Meiers, Franz-Josef 2006: Zu neuen Ufern? Die deutsche Sicherheits- und Verteidigungspolitik in einer Welt des Wandels 1990-2000, Paderborn u. a.: Schöningh.

Meyers, Reinhard 1997: Grundbegriffe und theoretische Perspektiven den Internationalen Beziehungen, in: Bundeszentrale für politische Bildung (Hrsg.): Grundwissen Politik, 3. Aufl., Bonn: Bundeszentrale für politische Bildung, 313-434.
Mölling, Christian 2013: Wege aus der europäischen Verteidigungskrise. Bausteine für eine Verteidigungssektorreform., Berlin: Stiftung Wissenschaft und Politik (SWP Studie S 8).
Moravcsik, Andrew 1998: The Choice for Europe. Social Purpose and State Power from Messina to Maastricht, Ithaca: Cornell UP.
Müller-Brandeck-Bocquet, Gisela 2007: Europapolitik als Staatsraison, in: Schmidt, Manfred G./Zohlnhöfer, Reimut (Hrsg.): Regieren in der Bundesrepublik Deutschland. Innen- und Außenpolitik seit 1949, Wiesbaden: VS Verlag für Sozialwissenschaften, 467-490.
Müller-Brandeck-Boquet, Gisela u. a. 2009: Deutsche Europapolitik. Von Adenauer bis Merkel, 2. Aufl., Wiesbaden: VS Verlag für Sozialwissenschaften.
Müller-Brandeck-Boquet, Gisela 2012: Deutschland und die Außen- und Sicherheitspolitik der EU, in: Meier-Walser, Reinhard/Wolf, Alexander (Hrsg.): Die Außenpolitik der Bundesrepublik Deutschland. Anspruch, Realität, Perspektiven, München: Hanns-Seidel-Stiftung.
Nuttall, Simon J. 1992: European Political Co-operation, Oxford: Clarendon Press.
Pierson, Paul 1996: The Path to European Integration. A Historical Institutionalist Analysis, in: Comparative Political Studies 29, 123-163.
Ratka, Edmund/Spaiser, Olga A. (Hrsg.) 2012: Understanding European Neighbourhood Policies, Baden-Baden: Nomos.
Regelsberger, Elfriede 2004: Die Gemeinsame Außen- und Sicherheitspolitik (GASP). Konstitutionelle Angebote im Praxistest 1993-2003, Baden-Baden: Nomos.
Regelsberger, Elfriede 2008: Von Nizza nach Lissabon – das neue konstitutionelle Angebot für die Gemeinsame Außen- und Sicherheitspolitik der EU, in: Integration 31, 266-280.
Rummel, Reinhardt 1982: Zusammengesetzte Außenpolitik. Westeuropa als internationaler Akteur, Kehl am Rhein/Straßburg: N.P. Engel Verlag.
Rummel, Reinhardt 2006a: Die zivile Komponente der ESVP. Reichhaltiges Gestaltungspotential für europäische Krisenintervention, Berlin: Stiftung Wissenschaft und Politik (SWP-Studie S 16).
Rummel, Reinhardt 2006b: Deutscher Einfluss auf den Aufbau ziviler Krisenintervention der EU, Berlin: Stiftung Wissenschaft und Politik (SWP-Diskussionspapier der FG 2, 2006/03).
Schmalz, Uwe 2004: Deutschlands europäisierte Außenpolitik. Kontinuität und Wandel deutscher Konzepte zur EPZ und GASP, Wiesbaden: VS Verlag für Sozialwissenschaften.
Schmalz, Uwe 2007: Die Gemeinsame Außen- und Sicherheitspolitik der EU zwischen Anspruch und Wirklichkeit, in: Ehrhart, Hans-Georg u. a. (Hrsg.): Die Europäische Union im 21. Jahrhundert, Wiesbaden: VS Verlag für Sozialwissenschaften, 92-107.
Schmidt, Siegmar/Hellmann, Gunther/Wolf, Reinhard (Hrsg.) 2007: Handbuch zur deutschen Außenpolitik, Wiesbaden: VS Verlag für Sozialwissenschaften.
Steinmeier, Frank 2007: „Zivilmacht mit Zähnen" – Die EU in Krisenregionen, in: Süddeutsche Zeitung vom 8.2.2007.
Varwick, Johannes 1998: Sicherheit und Integration in Europa. Zur Renaissance der Westeuropäischen Union, Opladen: Leske + Budrich.
Varwick, Johannes 2007: Nordatlantische Allianz, in: Schmidt, Siegmar/Hellmann, Gunther/Wolf, Reinhard (Hrsg.): Handbuch zur deutschen Außenpolitik, Wiesbaden: VS Verlag für Sozialwissenschaften, 763-778.
Wagner, Wolfgang 2007: Die Außen-, Sicherheits- und Verteidigungspolitik der Europäischen Union, in: Schmidt, Siegmar/Hellmann, Gunther/Wolf, Reinhard (Hrsg.): Handbuch zur deutschen Außenpolitik, Wiesbaden: VS Verlag für Sozialwissenschaften, 143-168.
Wessels, Wolfgang 2008: Das politische System der Europäischen Union, Wiesbaden: VS-Verlag für Sozialwissenschaften.
Woyke, Wichard 2004: Deutsch-französische Beziehungen seit der Wiedervereinigung. Das Tandem fasst wieder Tritt, 2. Aufl., Wiesbaden: VS Verlag für Sozialwissenschaften.

Kapitel 11
Deutschland und die NATO

Olaf Theiler

Seit dem Beitritt Westdeutschlands zur NATO im Mai 1955 ist die Mitgliedschaft der Bundesrepublik im Nordatlantischen Bündnis in der deutschen Bevölkerung trotz der zahlreichen und mitunter gravierenden sicherheitspolitischen Veränderungen bis heute praktisch unstrittig (Hoffmann 1994, Asmus et al. 2004 und Sender 2008). Nicht einmal hochemotionale Streitfragen wie die der nuklearen Nachrüstung in den 1980er Jahren (als es um die Frage ging, ob eine Strategie zu vertreten sei, die im Falle des Scheiterns der nuklearen Abschreckung die Vernichtung Deutschlands und weiter Teile Europas in Kauf nahm, vgl. u. a. Haftendorn 1987 und Theiler 2007), die Vorverhandlungen zur Wiedervereinigung 1990 (als die Möglichkeit der Neutralität eines künftigen vereinten Deutschlands zur Debatte stand, vgl. Schöllgen 2003; Zelikow/Rice 2001) oder die Auseinandersetzungen um den zweiten Irak-Krieg 2003 (als die NATO angesichts der erheblichen Spannungen im transatlantischen Verhältnis ein festigender Pol und Ausgangspunkt für die Wiederannäherung der Bündnispartner war, vgl. Kempin/Wagener 2003; Garton Ash 2004; Theiler 2008: 5-9; Heisbourg 2005: 3-8; Asmus 2003: 20-31) haben die grundsätzlich positive öffentliche Einstellung zur NATO-Mitgliedschaft maßgeblich beeinflusst. Angesichts dieser langjährig stabilen Zustimmung zur NATO und der deutschen Mitgliedschaft im Bündnis erscheint es fast müßig, nach dem Sinn des deutschen Engagements zu fragen. Umgekehrt jedoch bietet der deutliche, ja fast radikale Wandel der Institution seit dem sicherheitspolitischen Umbruch von 1989/90 alleine Anlass genug, um die Frage nach den Zielen und Interessen Deutschlands in der NATO sowie möglicher Vor- und Nachteile einer Mitgliedschaft unter den aktuellen Rahmenbedingungen zu stellen.

Um sich diesen Kernfragen nähern zu können, wird in diesem Artikel zunächst die NATO selbst in den Blick genommen. Wie stellt sich die Nordatlantische Allianz heute dar, welche Strukturen prägen die Allianz, welche Akteure spielen eine zentrale Rolle, und welche Regeln haben sich die Mitgliedstaaten gegeben? Auch die aktuellen und möglichen zukünftigen Aufgaben der NATO werden mit den daran geknüpften Erwartungen und Befürchtungen angesprochen werden. All diese Aspekte müssen geklärt werden, um das „Funktionieren" einer Institution erklären zu können, bei der es sich wohl trotz aller gegenwärtigen Probleme um die erfolgreichste Militärallianz der Geschichte handelt. Dabei werden an dieser Stelle nicht die historischen Entwicklungen nachgezeichnet, daran interessierte Leser werden im Literaturverzeichnis einige Anregungen finden können. Im Kern dieses Beitrages soll ausschließlich die gegenwärtige Situation der NATO mit Deutschland als einem seiner wichtigen Mitglieder stehen.

Wenn diese Grundlagen geklärt sind, gilt es die besonderen Dimensionen des deutschen Engagements in der NATO herauszuarbeiten. Die ursprünglichen Motive Westdeutschlands zum Beitritt zur NATO waren gleichermaßen der Wunsch nach Sicherheit, nach institutioneller Einbindung in die westliche Staatengemeinschaft und nach Gleichberechtigung im Bündnis. Doch welche Interessen verknüpft das wiedervereinigte Deutschland über fünfzig Jahre später mit seiner Mitgliedschaft in der NATO? Welche Bedrohungsvorstellungen und politischen Erwartungshaltungen sind heute die Grundlage für ein Engagement in einer völlig veränderten, in Struktur und Zielsetzung transformierten Allianz? Welche Ziele verfolgt die Bundesrepublik innerhalb der NATO, und mit welchen Mitteln verfolgt sie diese? Welchen Einfluss hat Deutschland mit seiner verringerten Streitkräftezahl heute noch in einem Bündnis, das gleichzeitig nicht mehr auf das westdeutsche Territorium zur Verteidigung seiner östlichen Grenze angewiesen ist? Was erwarten die NATO-Partner ihrerseits von Deutschland, und was sind die zentralen Herausforderungen, vor denen die deutsche Bündnispolitik heute steht? All diese Fragen werden schrittweise im vierten Kapitel des Beitrages geklärt.

1 Die Institution

Bei der North Atlantic Treaty Organization (NATO) handelt es sich, wenn man den Namen wörtlich nimmt, um eine Organisationsstruktur, die geschaffen wurde, um einen spezifischen Vertrag mit einem institutionellen Rahmen zu versehen. Dies stimmt insoweit, als der am 4. April 1949 von zwölf Nationen abgeschlossene Vertrag erst langsam und schrittweise in der Phase zwischen dem Ende des Ratifizierungsprozesses im August 1949 und 1952 mit den wichtigsten Strukturen und Mechanismen ergänzt wurde, die zum Teil noch heute die Arbeit der Allianz prägen.

1.1 Allianztheorie

Kern des Washingtoner Vertrages ist das Versprechen aller beteiligten Nationen, sich im Falle eines militärischen Angriffes gegenseitig Hilfe zu leisten und auch darüber hinaus in allen Fragen der gemeinsamen Sicherheit zu kooperieren und sich zu konsultieren. Die Bindewirkung der in Artikel 5 des Vertrages festgelegten kollektiven Verteidigung ist relativ schwach formuliert und lässt die Art der zu leistenden Hilfe ausdrücklich offen (NATO 1981: 11). Darüber hinaus wurde die Wirksamkeit dieser Bündnisverpflichtung in Artikel 6 unter Ausschluss der damaligen Kolonialgebiete geografisch auf die Territorien der Mitgliedstaaten eingeschränkt. Nationale spezifische Besonderheiten wie verfassungsrechtliche Rahmenbedingungen oder der deutsche Parlamentsvorbehalt für den Einsatz von bewaffneten Streitkräften können noch zusätzlich beschränkende Wirkung haben; beispielsweise dehnte das Bundesverfassungsgericht den Parlamentsvorbehalt für den Einsatz deutscher Soldaten auch auf den Bündnisfall aus, als es im Mai 2008 rückwirkend über die Beteiligung deutschen AWACS-Personals über der Türkei 2003 entschied.

Ihrem Wesen nach handelt es sich bei der NATO um eine klassische Allianz, definiert als „formal association[s] of states for the use (or non-use) of military force, in specified circumstances, against states outside of their own membership" (Snyder 1997: 4). Der Begriff „Bündnis" gilt eigentlich als etwas allgemeiner gefasster Überbegriff unterschiedlicher staatlicher Übereinkünfte, wird aber im weiteren Verlauf des Beitrages synonym zum Allianzbegriff verwendet. Der Terminus „formal" bezieht sich auf die Notwendigkeit der Existenz „of a formal agreement of some sort that makes explicit the contingencies in which military cooperation will occur" (Snyder 1997: 4) und dient zur Unterscheidung von eher informellen Verbindungen und Absprachen zwischen Staaten, die in der Literatur häufig gleichermaßen mit dem Begriff Allianz bezeichnet werden.

Bei der NATO handelt es sich allianztheoretisch gesehen allerdings um einen Sonderfall, da hier nicht nur ein expliziter Vertrag existiert, sondern zusätzlich noch ein umfangreicher institutioneller Apparat aufgebaut wurde. Mit dessen Hilfe konnten die Prinzipien der multilateralen Kooperation zwischen verschiedenen souveränen Staaten einerseits und der Integration im Sinne des Aufbaus eines leistungsfähigen politischen und militärischen Leitungsapparates andererseits erfolgreich miteinander kombiniert werden. Diese für eine klassische Allianz untypische institutionelle Ausgestaltung hat wesentlich zur Etablierung gegenseitigen Vertrauens und konstanter Erwartungshaltungen innerhalb des Bündnisses beigetragen (Haftendorn 1997; Theiler 1997).

Gleichzeitig ist die NATO auch institutionentheoretisch ein Sonderfall, da es sich um eine spezifisch auf die militärische Verteidigung ihrer Mitgliedstaaten ausgerichtete Organisation handelt, die zwar vertragstechnisch durchaus sicherheitspolitische Aspekte im weiteren Sinne mit behandelt, sich in ihrer praktischen institutionellen Ausgestaltung jedoch primär auf die militärischen Kernbereiche der Sicherheit konzentriert (Wallander/Keohane 1999). Darüber hinaus macht auch das Ausmaß an institutionellem Wandel die NATO zu einer Besonderheit sowohl unter den Allianzen als auch unter den Sicherheitsinstitutionen der jüngeren Vergangenheit ganz allgemein: Wohl kaum eine andere Institution außer vielleicht der EU hat im Laufe ihrer Existenz eine dermaßen flexible Anpassung ihrer Strukturen, Instrumente und auch ihrer jeweiligen Aufgabenschwerpunkte zu leisten gehabt wie das Nordatlantische Bündnis (Theiler 2003).

1.2 Grundlagen

Bei der NATO handelt es sich um ein rein zwischenstaatliches Bündnis von derzeit – im Jahr 2013 – 28 souveränen Staaten. Im Gegensatz zur EU findet bei der NATO ungeachtet des hohen Institutionalisierungsgrades der Allianz keinerlei Verzicht auf nationale Souveränität statt. Diese Tatsache darf man bei einer Beurteilung der NATO als sicherheitspolitischem Akteur in der internationalen Politik auf keinen Fall unberücksichtigt lassen. Von der NATO als eigenständigem Akteur kann also im engen Sinne nur dann die Rede sein, wenn mit dieser Bezeichnung die kollektiven Entscheidungen und Handlungsgrundlagen oder aber die wenigen wirklich gemeinsamen Strukturen wie beispielsweise das Amt des Generalsekretärs und der dem Generalsekretär zur Verfügung stehende Internationale Stab gemeint sind. Diese Strukturen werden ausführlicher im nächsten Kapitel behandelt.

Dennoch überwiegt in der Literatur, vor allem aber in den Medienberichten eine sehr allgemeine Verwendung des Begriffs der NATO als Synonym für die Gemeinschaft ihrer Mitgliedstaaten. Journalistische Formulierungen wie „NATO-Soldaten haben .." sind jedoch faktisch substanzlos, da kein Mitgliedstaat des Bündnisses jemals auf die nationale Verfügungsgewalt über sein militärisches Personal verzichtet hat und dies wohl auch in naher Zukunft nicht tun wird. Zwar beziehen derartige Formulierungen zumindest implizit die den jeweiligen Aktivitäten zugrunde liegende kollektive Entscheidungsfindung mit ein, sie ignorieren dabei jedoch weitgehend die in jeder Situation vollständig bei den Nationen liegende Verantwortlichkeit für jegliche Handlungen ihres zivilen oder militärischen Personals.

Alles Handeln innerhalb der Bündnisstrukturen bleibt grundsätzlich und jederzeit strikt dem Nationalitätenprinzip untergeordnet. Dies gilt sowohl für das Zustandekommen der Entscheidungen, das ausschließlich dem *Einstimmigkeitsprinzip* folgt, als auch für die militärische Umsetzung dieser gemeinsamen Entscheidungen. D. h. in praktisch jeder Situation kann jedes Bündnismitglied für sich selbst frei und souverän entscheiden, was es tut und wie es die zuvor getroffene Konsensentscheidung interpretieren und praktisch umsetzen will. Dazu gehört auch die Möglichkeit, in gemeinsamen Einsätzen u. U. unabhängig von der NATO-Befehlsstruktur auch im nationalen Alleingang zu handeln, selbst wenn dies eventuell negative Auswirkungen auf den Allianzeinsatz bzw. die Verbündeten haben sollte. Sogar ein nachträglicher Rücktritt von einmal gemeinschaftlich verabschiedeten Beschlüssen ist jederzeit möglich, selbst wenn man dabei von einem nur schwer einzuschätzenden politischen Preis ausgehen muss, den ein so „unsolidarisch" handelnder Staat würde zahlen müssen. Bei der Abwägung von potenziellen Nutzen und Kosten einer derartigen Entscheidung muss allerdings vom handelnden Staat stets berücksichtigt werden, dass die ursprüngliche Entscheidung des NATO-Rates damit nicht rückwirkend aufgehoben werden kann, sondern nur die daraus resultierenden politischen und militärischen Handlungen sowie eventuelle neue Entscheidungssituationen im Rat betroffen sein werden.

Eine verbindliche Verpflichtung zum gemeinschaftlichen Handeln gibt es in der NATO also nicht. Stattdessen ist die Basis der Nordatlantischen Allianz „nur" ein politisches Versprechen ihrer Mitgliedstaaten zur gegenseitigen Solidarität und Unterstützung im Falle eines externen Angriffes. Dabei sind in Artikel 5 des Washingtoner Vertrages weder der Ursprung oder die Ursache dieses Angriffes näher festgelegt noch die Art oder das Ausmaß der zu leistenden Hilfe (NATO 1981: 10-13). Zusätzlich wird in Artikel 6 des NATO-Vertrages das Territorium definiert, für das dieses Solidaritätsversprechen gilt. Damit wurde im Grunde noch zusätzlich nationales Handeln außerhalb des Bündnisterritoriums von eben dieser ohnehin vagen Solidaritätsverpflichtung ausgeschlossen – vor allem auf Wunsch der USA, die damit eine mögliche Verwicklung in Kolonialkonflikte ausschließen wollten, die andererseits in den 1970er Jahre dafür aber auch auf eine NATO-Unterstützung im Vietnamkrieg verzichten mussten.

Mit dem Ende des Kalten Krieges rückten jedoch gerade Entwicklungen weit außerhalb des ursprünglichen NATO-Vertragsgebietes ins Zentrum der sicherheitspolitischen Überlegungen aller Bündnisstaaten. Seit 1990 ist daher die im Vertrag selbst nicht geregelte Frage nach der territorialen wie handlungsfeldorientierten Reichweite der Allianzsolidarität „out-of-area" zur wesentlichen Determinante des inneren Transformationsprozesses der NATO geworden.

Wenn also von einer rechtsverbindlichen Verpflichtung zur militärischen Unterstützung eines Bündnispartners weder im Falle eines Angriffes und schon gar nicht im Zusammenhang mit sicherheitspolitischen Problemen außerhalb eines Artikel-5-Falles die Rede sein kann, stellt sich die Frage nach den Gründen für die bisherigen Erfolge der Allianz. Der auf der Basis einer glaubwürdigen militärischen Abschreckung politisch errungene Sieg der NATO im Kalten Krieg und auch die heutige Ausstrahlung der Allianz beruhen im Wesentlichen auf zwei wichtigen, aber weniger formalistischen Faktoren:

Zum einen ist das Vertrauen aller beteiligten Staaten (sowie der potenziellen Gegner) in eine zuverlässige militärische Umsetzung der Allianzsolidarität von zentraler Bedeutung. Dieses historisch gewachsene Vertrauen wiederum wurzelt sowohl in der umfangreichen Institutionalisierung der Allianz als Basis für eine hohe Verhaltenssicherheit und Bindewirkung aller bestehenden Bündnisvereinbarungen und Allianzbeschlüsse als auch in der Erfahrung von tagtäglich aktiv ge- und erlebter Bündnissolidarität. Darüber hinaus spielt wohl auch die institutionelle Flexibilität der NATO eine wichtige Rolle, die es dem Bündnis ermöglicht hat, jeweils zeitadäquate politische und strukturelle Antworten auf die sich wandelnden Koordinations- und Kollaborationsprobleme ihrer Mitgliedstaaten (Theiler 2003: 36) zu finden. Damit sind die Probleme des *abandonment* – also die Gefahr, im Stich gelassen zu werden –, des *entrapment* – die Gefahr, ungewollt in einen Konflikt hineingezogen zu werden – und des *free riding* – also die Gefahr, dass Staaten sich nicht an den Gemeinschaftsverpflichtungen bzw. -aktionen beteiligen, davon jedoch profitieren – gemeint.

Zum anderen beruht die wahrgenommene Stärke der NATO natürlich auch zu einem erheblichen Maße auf der dominanten Position der USA als ihrem wichtigsten Mitglied in der globalen Verteilung militärischer Macht. Mit einem Verteidigungsetat von über 698 Milliarden Dollar bestreiten die Vereinigten Staaten von Amerika mit Stand 2011 etwa 43 Prozent der weltweiten Militärausgaben (SIPRI 2011). Alle europäischen NATO-Partner zusammen fügen dieser Summe noch weitere ca. 250 Milliarden Dollar hinzu, also zusätzliche 20 Prozent der weltweiten Militärausgaben. Darüber hinaus verfügen die USA mit ihren über 8500 Atomsprengköpfen (davon 2150 stationierte, d. h. unmittelbar einsatzfähige Sprengköpfe) über ca. 42 Prozent der weltweit existierenden Nuklearwaffen (SIPRI 2011). Die insgesamt ca. 525 existierenden und zum Teil veralteten zusätzlichen Atomsprengköpfe in europäischer Hand haben dem gegenüber nur eine eingeschränkte Bedeutung. Darüber hinaus trug auch die unbestrittene Führungsrolle der USA innerhalb des Bündnisses zur perzipierten Stärke der Allianz bei, da man einem Hegemon einen maßgebenden Einfluss sowohl auf das Zustandekommen als auch die Geschwindigkeit einer Entscheidungsfindung in den multinationalen Strukturen der NATO zuspricht. Ein Mangel an Führungswillen in den USA wurde daher bisher auch immer als potenzielle Schwächung der Allianz und ihrer Handlungsfähigkeit wahrgenommen.

Aufbauend auf der Abschreckungswirkung der US-Atomstreitkräfte trug das Gesamtpotenzial an militärischer Macht wesentlich zum Erfolg der NATO im Kalten Krieg gegenüber dem ebenso hochgerüsteten Warschauer Pakt bei. Insgesamt kann die Nordatlantische Allianz noch heute trotz der in den meisten Mitgliedstaaten bevorstehenden Streitkräftereduzierungen und Rüstungseinsparungen angesichts über drei Millionen Soldaten mit einer beachtlichen militärischen Macht aufwarten. Wie später noch zu sehen sein wird, haben sich jedoch diese beiden zentralen Säulen der Bündnisstärke (Vertrauen und militärisches Machtpotenzial) unter den veränderten sicherheitspolitischen Rahmenbedingungen seit dem Ende des Kalten Krieges zunehmend zu den drängendsten Problemfeldern der Allianz entwickelt.

1.3 Strukturen

Alles Handeln in der NATO geht von den Staaten aus. Diese Grundregel spiegelt sich naturgemäß auch in den Strukturen der Allianz wider. Dabei muss man die politischen Entscheidungsorgane strikt von den militärischen Strukturen unterscheiden, die in einem nur schwer zu beschreibenden Verhältnis zueinander stehen.

1.3.1 Politische Strukturen

Im Zentrum der Entscheidungsfindung innerhalb der Allianz steht der Nordatlantikrat (NAC), einfach auch NATO-Rat genannt. In ihm sind alle Mitgliedstaaten mit je einer Stimme vertreten. Der Rat tagt regelmäßig mindestens einmal pro Woche auf der Ebene der Ständigen Vertreter, die umgangssprachlich auch als „NATO-Botschafter" bezeichnet werden (Botschafter werden in Staaten entsandt, bei Internationalen Organisationen sind es üblicherweise „Vertreter", im NATO-Jargon auch „PermReps" für „Permanent Representatives" genannt). Zur Zeit tagt der NATO-Rat in der Regel sogar zwei bis vier Mal in der Woche, davon ein bis zwei Mal in einem informellen Rahmen, um so ohne den Druck formeller Entscheidungsfindung einen offenen Gedankenaustausch zwischen den Nationenvertretern zu ermöglichen.

Der Nordatlantikrat kann jedoch auch auf der Ebene der Außenminister, der Verteidigungsminister oder sogar der höchsten Ebene der Staats- und Regierungschefs tagen. Auf Ministerebene trifft sich der NATO-Rat bisher regelmäßig normalerweise drei Mal im Jahr, davon zwei Mal informell in Form der klassischen Frühjahrs- und Herbsttagungen der Außenminister, einmal formell zur offiziellen Beschlussfassung. Dazu kommen in der Regel noch drei weitere Treffen auf der Ebene der Verteidigungsminister. Zumindest je eines dieser Ministertreffen findet in einem der Mitgliedstaaten statt, die anderen beiden werden im Brüsseler Hauptquartier der NATO durchgeführt. Eine Sonderform der Verteidigungsministertreffen sei noch genannt, nämlich die im Rahmen der Nuklearen Planungsgruppe (NPG). Diese hat seit dem Ende des Kalten Krieges nur noch selten getagt, und dann zumeist als integrierter Bestandteil einer regulären Sitzung der Verteidigungsminister. Die informellen Tagungen der Außen- und Verteidigungsminister sollen den offenen Gedankenaustausch zwischen den Ministern ohne Protokollzwänge und formale Beschlüsse ermöglichen. Dies war u. a. als Reaktion auf die Initiative des damaligen Bundeskanzlers Schröder zur Wiederbelebung des strategischen transatlantischen Dialoges innerhalb der Allianz (Schröder 2005) vorgeschlagen worden.

Eine weitere Besonderheit der NPG ist der Umstand, dass es sich bei ihr um das einzige politische Führungsgremium der Allianz handelte, an dem Frankreich zwischen 1967 und 2009 kontinuierlich nicht mehr teilgenommen hatte. In den Jahren seit 1990 kehrte Frankreich schrittweise wieder in alle anderen Entscheidungsgremien zurück, einschließlich der regulären Treffen der Verteidigungsminister. Seit 2004 waren so auch wieder ca. 100 französische Offiziere im Rahmen des NATO-Krisenmanagements in den jeweiligen relevanten Hauptquartieren der Allianz präsent. Frankreich trat jedoch erst 2009 wieder vollständig den militärisch integrierten Kommandostrukturen der Allianz bei (Ehrhart 2010: 101-103) und stellt seitdem u. a. den Oberbefehlshaber des *Allied Command Transformation* (ACT) in Norfolk/Virginia, einem der beiden strategischen Hauptquartiere der Allianz, das dem ehemaligen *Allied Command Atlantic* hervorging (bei dem anderen handelt es sich um das *Allied Command Operations*, ACO, eher bekannt unter dem alten Namen Supreme Headquarter Allied Powers in Europe, SHAPE, in Mons, Belgien).

Die selteneren und unregelmäßig stattfindenden Treffen der Staats- und Regierungschefs werden auch als „NATO-Gipfel" bezeichnet, um den herausgehobenen Charakter einer Tagung auf der höchsten Ebene der zwischenstaatlichen Entscheidungsfindung zu betonen. Die beiden wichtigsten Gründe, einen Gipfel zu organisieren sind normalerweise „fostering NATO's cohesion by highlighting remarkable decisions" und „speeding up NATO's evolution" (Kamp 2008a: 2), obwohl zunehmend auch der politische Kalender die Terminwahl mit zu beeinflussen scheint. So wurde sowohl der Ort als auch der Termin des Gipfels im Mai 2012 gezielt mit Blick auf die damals anstehenden amerikanischen Präsidentschaftswahlen als auch die in diesem Zeitraum in den USA stattfindenden G8- und G24-Treffen ausgewählt. Hier trafen also innenpolitische Interessen mit der Notwendigkeit kosten- und zeitsparender Reiseplanungen der Staats- und Regierungschefs optimal zusammen. Interessant ist dabei, dass der NATO-Rat in der Zeit des Kalten Krieges zwischen 1949 und 1989 nur insgesamt zehn Mal auf dieser Ebene getagt hat, in den 18 Jahren seit 1990 jedoch schon mehr als ein Dutzend Gipfeltreffen stattgefunden haben. So hat in Chicago, USA, im Mai 2012 bereits der Gipfel Nr. 26 stattgefunden und die Nr. 27 ist für Oktober 2014 schon geplant.

Dies deutet auf einen erhöhten Bedarf sowohl an öffentlichkeits- und medienwirksamer Präsenz als auch an politischer Beschlussfassung auf höchster Ebene hin. Dabei gilt es festzustellen, dass der NATO-Rat im Prinzip auf allen seinen unterschiedlichen Tagungsebenen gleichermaßen entscheidungsfähig ist. Dementsprechend sind die auf der Botschafterebene getroffenen Entscheidungen ebenso verpflichtend für alle Mitgliedstaaten wie die Beschlüsse auf den NATO-Gipfeltreffen der Staats- und Regierungschefs.

Dazu kommen noch die verschiedenen Treffen mit den Partnerstaaten. Auch hier haben sich inzwischen zahlreiche unterschiedliche Formate herausgebildet, in denen die Staaten jedoch sehr unregelmäßig zusammenkommen. Dies gilt für die Treffen der 49 Mitgliedstaaten des Euro-Atlantischen Kooperationsrates (EAPC, bestehend aus den 28 Mitgliedern und 22 Partnerstaaten) genauso wie für die sieben im Mittelmeer-Dialog (MD) organisierten Länder (Algerien, Ägypten, Israel, Jordanien, Mauretanien, Marokko und Tunesien) oder die mit vier Staaten etwas kleinere Gruppe der Istanbul Cooperation Initiative (ICI, bestehend aus Kuwait, Katar, Bahrain, VAE, bislang im Wesentlichen mit bilateralen Kontakten zur NATO).

Wesentlich häufiger finden die regelmäßigen Treffen der NATO-Staaten mit Russland im NATO-Russland-Rat (NRC), mit der Ukraine im NATO-Ukraine-Rat (NUC) und mit Georgien in der NATO-Georgien-Kommission (NGC) statt. Diese Treffen, die wie auch die NATO-Ratstagungen auf den unterschiedlichen Ebenen stattfinden können, werden häufig miteinander verknüpft, so dass am selben Tag die Minister oder Botschafter in zwei, drei oder sogar vier unterschiedlichen Foren zusammenkommen. Derartige Sitzungsmarathons werden gerade auf der Ministerebene und vor dem Hintergrund eines entsprechend hohen Medieninteresses in der Regel durch eine Reihe von Pressekonferenzen und Einzelinterviews gekrönt. Seit 2010 kommt auch noch eine weitere, flexible Form der Ratssitzungen hinzu, die der Allianz im sogenannten „NATO-plus-N-Format" erlaubt, mit einer gezielten Auswahl beliebiger Größe gemeinsam zu tagen. So fand z. B. im September 2011 ein Treffen zur Piratriebekämpfung im „NAC-plus-N-Format" mit 19 ausgewählten Partnern der Allianz statt, und im November 2011 tagte der NATO-Rat mit sieben Partnern zum Themenkomplex der *cyber defense*. Dieses neue flexible Format wurde u. a. auch aufgrund der zunehmend intensiveren, aber primär noch bilateralen Kontakten mit globalen Partnern wie Australien, Japan oder Neuseeland notwendig.

Unterhalb dieser hohen politischen Ebene wurden in der Allianz noch eine ganze Reihe weiterer Ausschüsse und Arbeitsgremien geschaffen, die mit unterschiedlichen Themenschwerpunkten die Entscheidungen im NATO-Rat vorbereiten helfen. Seit 1952 wurden so zahlreiche Komitees geschaffen und immer wieder umgegliedert, zuletzt durch die sogenannte Committee-Review von 2010. Neben der *Deputy Group* (DPRC) der stellvertretenden Delegationsleiter, die den Rat in verschiedenen Angelegenheiten entlasten soll, gibt es noch das *Partnership and Policy Committee* (PPC) genannte Treffen der Leiter der Politischen Abteilungen in den ständigen Vertretungen der Mitgliedstaaten bei der NATO, dessen Hauptaufgabe in der Vorbereitungen der Ministertreffen und Ministercommuniqués besteht. Für die Vorbereitung der Verteidigungsministertagungen ist das *Defence Policy and Planning Committee* (DPPC) zuständig, und für die politische Aufsicht über die Missionen und Einsätze der Allianz ist vor allem *das Operations Policy Committee* (OPC) verantwortlich. Weitere wichtige Gruppen sind das *Recource Policy and Planning Board* (RPPB) und das *Infrastructure Committee*.

Je nach Themen- oder Arbeitsschwerpunkt können alle diese Foren eine führende Rolle als „Lead Committee" in der Vorbereitung der eigentlichen Entscheidungsfindung auf der Ebene des Nordatlantikrates übernehmen, der letztendlich als ältestes Gremien der Allianz die endgültige Entscheidungskompetenz inne hat. Zusätzlich gibt es für die meisten *Committees* noch die Möglichkeit, je nach Bedarf eigenständige Arbeitsgruppen und Spezialistentreffen („re-inforced" Formate) einzurichten. Alles in allem summiert sich die Anzahl der in der NATO durchgeführten Tagungen, Konferenzen und Sitzungen einschließlich der militärischen und gemischten Treffen auf die stattliche Zahl von über 5.000 Veranstaltungen im Jahr. Um den dabei anfallenden Arbeitsbedarf bewältigen zu können, sind die meisten nationalen Delegationen inzwischen zu eigenen kleinen Apparaten mit Personalstärken von in Einzelfällen über 100 Mitarbeitern angewachsen. Die größte Delegation wird von den USA mit 138 Mitarbeitern gestellt, die kleinste, von Island gestellte Delegation, umfasst dagegen nur acht Mitarbeiter. Deutschland gehört mit immerhin 68 Mitarbeitern noch immer zu den größeren nationalen Vertretungen bei der NATO. Dazu kommen dann noch die gesonderten Ständigen Militärischen Vertretungen, die – Stand 2012 – im Falle Deutschlands noch einmal zusätzliche 52 Mitarbeiter umfasst.

Insgesamt gehören von den ca. 4000 im NATO-Hauptquartier arbeitenden Personen einschließlich der im Rahmen des Euro-Atlantischen Partnerschaftsrates (EAPC) und der Partnerschaftskoordinationszelle (PCC) mit eigenen Missionen vertretenen Partnerstaaten ca. 2.300 Personen zu den nationalen Delegationen.

Zur Unterstützung und Vorbereitung der staatlichen Entscheidungsfindung sowie zur Gewährleistung von organisatorisch-bürokratischen Dienstleistungen wurde 1951 ein erster kleiner Internationaler Stab unter der Leitung eines Chairman bzw. seit 1952 des Generalsekretärs der NATO gegründet und aus einem gemeinsamen Budget bezahlt (NATO 1989: 35-39). Erst mit dieser Entscheidung wurde aus der NATO eine wirkliche permanente Organisation mit eigenständigen Strukturen, da alle früher eingerichteten Elemente wie der NATO-Rat und der Verteidigungsplanungsausschuss (Rat der Verteidigungsminister) nur als regelmäßig mindestens einmal im Jahr tagende Konferenzen organisiert waren. Heute umfasst der Internationale Stab (IS) der NATO einschließlich einiger eigenständiger NATO-Agenturen ca. 1.200 zivile Mitarbeiter. Sie werden sowohl aus den verschiedenen Fachministerien der Mitgliedstaaten als auch aus offenen Ausschreibungen rekrutiert, wobei jedoch auf eine gewisse national-repräsentative Ausgewogenheit des Personalbestandes geachtet wird (Kriendler 2005: 18; siehe auch Mayer 2009).

Ein Großteil der zivilen Mitarbeiter ist im Bereich der organisatorischen Dienstleistungen wie Kommunikationstechnologie, Personalmanagement, Finanzen oder Sicherheit (*Executive Management/EM, NATO-Office of Resources/NOR* und Teile des *NATO Office of Security/NOS*) tätig. Für die eigentlich politische Unterstützungsarbeit (*Private Office of the Secretary General/PO, Political Affairs and Security Policy Division/PASP, Defence Policy and Planning Division/DPP, Emerging Security Challenges Division/ESCD, Operations Division/OPS, Defence Investment Division/DI und Public Diplomacy Division/PDD*) steht daher mit etwa 600 Dienstposten nur eine vergleichsweise geringe Anzahl an Mitarbeitern zur Verfügung. Dazu kommt der mit ca. 450 Personen (überwiegend national bezahlte Militärdienstposten) besetzte Internationale Militärstab im Brüsseler Hauptquartier. Bei diesen Zahlen sind die in der integrierten Kommandostruktur der NATO tätigen Soldaten nicht mit eingeschlossen. Diese werden auch nicht aus dem gemeinsamen Etat der NATO, sondern vielmehr weiterhin von ihren nationalen Ministerien bezahlt und unterliegen auch weiterhin weitgehend der nationalen Befehlshierarchie. Im Vergleich dazu verfügt die EU beispielsweise über ca. 22.000 Mitarbeiter (davon arbeiten alleine 2.500 Personen für die Europäische Kommission), und die VN besitzen immerhin noch ca. 10.000 Mitarbeiter.

An der Spitze dieses Verwaltungsapparates steht der (stets europäische) Generalsekretär der NATO. Er ist nicht nur das Sprachorgan der in der NATO organisierten Staaten, sondern führt zugleich auch den Vorsitz aller Sitzungen des Nordatlantikrates. Trotz der Tatsache, dass er im Rat selbst über keine Stimme verfügt, gibt ihm diese Sonderrolle zusammen mit seiner Leitungsfunktion über den bürokratischen Apparat einen gewissen Einfluss innerhalb der Allianz (Varwick 2008: 51). Sein Stellvertreter war bis 2011 immer ein europäischer (meist italienischer) Diplomat, der primär repräsentative Funktionen wahrnahm und über nur wenig eigenen politischen Einfluss verfügte. Erstmals in der NATO-Geschichte wurde dieses Amt 2012 von einem Amerikaner übernommen. Alexander Vershbow, der als ehemaliger NATO-Botschafter der USA (1998 bis 2001) über gute Kenntnisse der Allianzstrukturen verfügt, kann anders als seine Vorgänger als ranghoher Diplomat des mächtigsten NATO-Mitgliedes auch erheblichen Einfluss auf die Weiterentwicklung des Bündnisses ausüben.

Abb. 1: Organisationsstruktur der NATO – Internationaler Stab

Quelle: Eigene Darstellung

1.3.2 Militärische Strukturen

In Ergänzung zu diesem umfangreichen politischen Überbau verfügt die NATO noch über eine ebenso ausdifferenzierte Militärstruktur. An deren Spitze steht offiziell der Militärausschuss (*Military Committee*, MC), der sich wiederum aus den jeweils höchsten nationalen militärischen Vertretern zusammensetzt und das wichtigste militärische Beratungsgremium der Allianz darstellt. Er tagt regelmäßig mindestens einmal pro Woche auf der Ebene der Ständigen Militärischen Vertreter (*Military Permanent Representatives*, MilReps), bei Bedarf auch häufiger. Drei Mal im Jahr tagt der Militärausschuss auch auf der Ebene der nationalen Generalstabschefs (*Chiefs of Defense*, CHODS). Dazu kommen noch monatliche Tagungen mit den Partnerstaaten der NATO auf der Ebene der Ständigen Militärischen Vertreter sowie mindestens zwei Treffen auf der Ebene der Generalstabschefs (*Euro-Atlantic-Partnership Military Council*, EAPMC). Darüber hinaus gibt es noch Treffen im Rahmen des NATO-Russland-Rates, des NATO-Ukraine-Rates und mit den Generalstabschefs der Mitgliedstaaten des Mittelmeerdialoges.

Die Kernaufgaben des Militärausschusses bestehen auf der einen Seite in der militärischen Beratung der politischen Entscheidungsorgane der Allianz, allen voran natürlich des NATO-Rates, und auf der anderen Seite in der Umsetzung der politischen Beschlüsse in militärische Handlungen. Damit ist der Militärausschuss auch für die Bereitstellung militärpolitischer Empfehlungen an die beiden strategischen Kommandos der Allianz verantwortlich, das *Allied Command Operations* (ACO) und das *Allied Command Tranformation* (ACT) (NATO

2006: Kapitel 7 und 9). Umgekehrt ist das MC aber auch bei der Erarbeitung des *military advice* über die Beiträge des Integrierten Militärstabes (IMS) hinaus auf die Zuarbeit durch die beiden strategischen *Commands* als zusätzliche „Arbeitsmuskeln" angewiesen. Bei dem *Military Committee* handelt es sich also um ein wichtiges militärpolitisches Verbindungs- und Vermittlungsinstrument zwischen den politischen Entscheidungsebenen und den militärischen Ausführungsebenen innerhalb des Bündnisses.

Eine wichtige Besonderheit dabei ist die Tatsache, dass es sich beim Vorsitzenden des Militärausschusses trotz der immerhin ca. 8.800 Mann starken Militärstruktur um den einzigen wirklichen „NATO-Soldaten" handelt. Er wird zwar aus dem Kreis der nationalen Generalstabschefs (bzw. im Falle Deutschlands dem Generalinspekteur) gewählt, verlässt anschließend jedoch diese Position und steht dann als *Chairman of the Military Committee* (CMC) für eine dreijährige Amtszeit außerhalb jeglicher nationaler Befehlshierarchie. Er bzw. sein Vertreter leiten alle Sitzungen des Ausschusses, repräsentieren den Ausschuss in sämtlichen hochrangigen politischen Tagungen des NATO-Rates auf allen seinen unterschiedlichen Ebenen sowie im Nuklearen Planungsausschuss, und darüber hinaus fungiert der CMC auch als wichtigster militärischer Sprecher gegenüber der Öffentlichkeit.

Dem Militärausschuss steht wiederum der Internationale Militärstab (IMS) mit ca. 450 Mitarbeitern, davon ca. 85 Zivilangestellte, als Arbeitsgremium zur Verfügung. Der Militärstab bereitet militärisch-operative Lagebeurteilungen für die politischen Entscheidungsträger vor, erarbeitet Analysen und Auswertungsberichte zu allen Angelegenheiten der militärischen Verteidigung oder/und der militärischen Einsätze der Allianz und bereitet Antworten auf konkrete Einzelfragen aus dem Kreis der Mitgliedstaaten an die militärischen Verantwortlichen vor. Für diese Aufgaben untergliedert sich der Internationale Militärstab unter der Leitung eines *Director General* des Militärstabes (DGIMS) (im Gegensatz zu den Viersterne-Generalen auf den Positionen des *Chief Military Staff* und denen der Kommandeure der Strategischen Kommandos lediglich ein Dreisterne-General, also ein Generalleutnant oder Vizeadmiral) in fünf funktionale Abteilungen: „Plans and Policy", „Operations", „Intelligence", „Co-operation and Regional Security" und „Logistic". Das Verhältnis zwischen dem *Chairman of the Military Committee* (CMC) und den Kommandeuren der beiden strategischen Kommandos der NATO, *Allied Command Operations* (ACO) und *Allied Command Transformation* (ACT), ist schwer einzuordnen. Es handelt sich bei allen drei Kommandeuren um Viersterne-Generale, die sowohl von ihren Dienstgraden als auch von ihren Funktionen her in keinerlei direktem militärisch-hierarchischen Verhältnis zueinander stehen. Formal gesehen sollten alle Weisungen vom Nordatlantikrat an die Alliierten Kommandostäbe über den Militärstab und seinen Vorgesetzten laufen, doch lässt sich in der praktischen Arbeit gerade angesichts der teilweisen Dringlichkeit operativer Belange ein direkter Austausch zwischen dem *Allied Commander Operations* (auch heute noch fast ausschließlich SACEUR, *Supreme Allied Commander Europe*, genannt) und dem Generalsekretär der NATO nicht vermeiden. Das Military Council befürchtet vor diesem Hintergrund auch immer wieder eine schleichende politische Marginalisierung. Zum Jahreswechsel 2011/2012 fand unter dem Stichwort „collocation" eine weitgehende örtliche Zusammenlegung der politischen und militärischen internationalen Stäbe statt, soweit das die gegenwärtige Aufgabenzuordnung der einzelnen Abteilungen erlaubte, ohne jedoch die organisatorische Trennung anzutasten. Diese Maßnahme scheint ein Kompromiss zu sein zwischen der politisch (noch) nicht durchsetzbaren vollständigen Zusammenlegung der beiden Stäbe und dem drängenden Wunsch nach verbesserter Abstimmung zwischen den einzelnen inhaltlich/aufgabenbezogen vergleichbaren Fachabteilungen. Auch von der sich 2013 noch in der Planungsphase befindlichen IMS-Reform werden nur geringe Veränderungen vor allem in Form von möglichen Stelleneinsparungen erwartet, da jede Form der radikalen Neuorganisation sogleich den Widerstand einiger um ihren Einfluss besorgter Nationen wecken würde.

Deutschland und die NATO

Abb. 2: NATO Organisationsstruktur – politisch und militärisch

Quelle: Eigene Darstellung in Anlehnung an NATO 2007a

Außerdem muss man berücksichtigen, dass der SACEUR traditionell immer von den Vereinigten Staaten gestellt wird und er auch immer in Personalunion der Befehlshaber aller amerikanischen Streitkräfte in Europa (*Commander US-European Command*, US-EUCOM) ist. Es kann also durchaus vorkommen, dass der SACEUR unabhängig von den politischen Vorgaben aus Brüssel, sondern vielmehr gemäß einer Weisung aus Washington handelt und im Extremfall, wie während des Konfliktes im Kosovo geschehen, den amerikanischen Streitkräften Befehle erteilt, die den NATO-internen Abmachungen zuwiderlaufen (Theiler 2004: 38).

Dies ist im Rahmen der stets zu gewährleistenden vollen nationalen Handlungsfreiheit nie auszuschließen, auch wenn schon aufgrund mangelnder militärischer Fähigkeiten wohl nur wenige Mitgliedstaaten überhaupt noch in der Lage sind, eigenständige militärische Aktionen durchzuführen. Da größere derartige nationale Alleingänge jedoch kaum ohne Folgen im Umgang der Staaten miteinander im NATO-Rat bleiben können, haben sich solche Vorkommnisse bisher auf außerordentlich seltene Einzelfälle beschränkt. Zuletzt kam es im Umfeld des Libyen-Einsatzes zu vereinzelten nationalen Alleingängen, z. B. bei der von Frankreich aktiv unterstützten Suche nach Oberst Gaddafi, die letztendlich zu seiner Inhaftierung und schließlich zu seinem Tod unter nicht ganz geklärten Umständen führten (Spiegel-Online 2011).

Das *Allied Command Operations* (ACO) ist seit der Reform der Kommandostrukturen im Juni 2003 für die Leitung aller Einsätze der NATO weltweit zuständig. Den 2011 beschlossenen Reformplänen zufolge, die eine weitere Personalreduktion von 13.000 auf insgesamt ca. 8.800 Dienstposten mit sich brachten, gehören in erster Linie die zwei multinationalen Hauptquartiere in Brunssum (JFHQ Brunssum) und Neapel (JFHQ Naples) zu den untergeordneten Bereichen des ACO. Ihnen ist neben einer teilweisen Verlegefähigkeit (bis zu 500 von insgesamt ca. 800 Dienstposten) als Ergebnis der Bemühungen um die Revitalisierung von Artikel 5 auch wieder eine begrenzte territoriale Verantwortung für den Bündnisfall zugewiesen worden. Dazu kommen noch drei *Component Commands* (CC), in denen die jeweiligen Teilstreitkräfte Heer (Izmir/TU), Luftwaffe (Ramstein/GE) – hier wird auch die Verantwortlichkeit für die Raketenabwehr liegen – und Marine (Northwood/UK) auf taktischer Ebene eigenständig geführt werden (NATO 2011a). Des Weiteren können jederzeit weltweit verlegefähige nationale oder multinationale Kommandostäbe wie der des Deutsch-Niederländischen Korps dieser Kommandostruktur untergeordnet werden. Die NATO hat hierfür sieben so genannte *High Readiness Forces and Headquarters* der Landstreitkräfte sowie fünf weitere der Seestreitkräfte identifiziert und zertifiziert. Diese können jederzeit entweder einzeln oder als Bestandteil einer multinationalen streitkräfteübergreifenden Einsatzstreitmacht (*Combined Joint Task Force*/CJTF) Missionen der Allianz übernehmen. Dabei sind natürlich nationale Spielregeln wie der Parlamentsvorbehalt gegenüber dem Einsatz deutscher Truppen sowie der national zu regelnde Bereitschaftsstatus der jeweiligen Streitkräfte zu berücksichtigen.

2 Wie funktioniert die NATO?

Das Zusammenspiel dieser komplexen politischen und militärischen Strukturen lässt sich am besten an einem praktischen Beispiel darstellen: dem Einsatz der NATO in der ehemaligen Jugoslawischen Republik Mazedonien (siehe dazu http://www.nato.int/ims/docu/decision-making.htm).

2.1 Das Beispiel „Operation Essential Harvest"

Im Frühjahr 2001 kam es in der seit 1991 unabhängigen ehemaligen Jugoslawischen Republik Mazedonien zu bewaffneten Auseinandersetzungen zwischen radikalen Gruppen der albanischen Minderheit und mazedonischen Sicherheitskräften. Die Unruhen waren eine direkte Folge der Entwicklungen im Kosovo, zumal Mazedonien viele der 1998 und 1999 von den Serben vertriebenen Kosovo-Albaner aufgenommen hatte. Vor dem Hintergrund der eigenen Verantwortung für die Gesamtsituation und der realen Gefahr einer Ausweitung der Konflikte auf die ehemaligen Krisengebiete des Kosovo und Bosnien-Herzegowinas entschloss sich die westliche Staatengemeinschaft nach anfänglichem Zögern zu einer Intervention.

Die mazedonische Regierung wurde zu Zugeständnissen in Bezug auf die Minderheitenrechte der albanischen Bevölkerung gedrängt, während gleichzeitig die albanischen Gruppen in Mazedonien ebenso wie die inzwischen grenzüberschreitend aktive UÇK im Kosovo zur Zurückhaltung ermahnt wurden. Zur selben Zeit bemühte sich die NATO darum, die Grenzübergänge vom Kosovo nach Mazedonien so weit wie möglich abzusperren, um radikale Kräfte der ehemaligen kosovarischen UÇK von einer weiteren Unterstützung der Unruhen abzuhalten. In einer äußerst wirksamen Kombination aus politischem Druck durch die USA und führende europäische Staaten, einer Mischung aus wirtschaftlichen Angeboten und Drohungen von Seiten der EU und militärischem Druck durch die NATO auf alle Konfliktparteien konnte ein drohendes Aufflammen von bewaffneten Auseinandersetzungen frühzeitig unterbunden werden.

Dabei gab es innerhalb der NATO durchaus einige Spannungen, vor allem in Bezug auf die Art und das Ausmaß des Bündnisengagements bzw. der jeweiligen nationalen Beiträge der NATO-Partner, die diese zusätzlich zu ihrem Engagement in den noch immer laufenden Einsätzen in Bosnien und im Kosovo einbringen sollten. Viele Europäer hatten die Sorge, mit einem erneuten Militäreinsatz parallel zu den bisherigen Stabilisierungsanstrengungen auf dem Balkan einerseits ihre mitten in Transformationsprozessen befindlichen Streitkräfte zu überlasten, andererseits aber auch vor dem Hintergrund des nicht unumstrittenen Krieges im Kosovo die eigene Bevölkerung politisch zu überfordern (der Einsatz war in Deutschland hochumstritten, und im Parlament war die rot-grüne Regierung angesichts der Mehrheitsverhältnisse auch auf Stimmen aus der Opposition angewiesen; siehe dazu Strutynski 2001). Umgekehrt zeigten die USA angesichts ihres zu diesem Zeitpunkt noch dominanten Engagements auf dem Balkan wenig Geduld mit der offensichtlichen militärischen Schwäche und mangelnden Risikobereitschaft einiger ihrer Verbündeten. Die Erfolge der politischen Intervention der Allianz auf dem Balkan ermöglichten dabei erst das Erreichen eines bündnisinternen Kompromisses in Bezug auf ein militärisches Engagement in Mazedonien. Die Zugeständnisse von beiden Konfliktparteien erleichterten so wesentlich das Zustandekommen des NATO-Ratsbeschlusses, da sie einen größeren Militäreinsatz im Falle ihrer Einhaltung unnötig machten.

Unter dem kombinierten Druck von NATO und EU stimmte die UÇK im Sommer 2001 der freiwilligen Auslieferung eines erheblichen Teils ihrer Bewaffnung zu, während gleichzeitig die mazedonische Regierung die Einführung weitgehender Minderheitenrechte versprach. Unter diesen Rahmenbedingungen erreichte die NATO nicht nur zwei Waffenstillstandsabkommen im Mai und Juli 2001, sondern auch die Unterzeichnung des für den Friedensprozess entscheidenden Ohrid-Abkommens im August 2001, in dem ein umfangreicher innenpolitischer Prozess zur Gewährleistung und gesetzlichen Verankerung breiter Rechte für die in Mazedonien lebende albanische Volksgruppe vereinbart wurde. Damit war endgültig der Weg für den ersten „Blauhelmeinsatz" der NATO frei, der auf die direkte Bitte der mazedonischen Regierung eingeleitet wurde. Diese Bitte wiederum war auf ausdrücklichen Wunsch der NATO erfolgt. In der *Operation Essential Harvest* sammelten NATO-Truppen in der Folge fast 4.000 Waffen von der UÇK ein, die am 27. September 2001 ihren Auflösungsbeschluss bekannt gab. Der darauf folgende Stabilisierungsprozess in Mazedonien verlief nicht immer ohne Probleme, doch alles in allem durchaus erfolgreich. Inzwischen ist das Land bereits so weit in die westlichen Strukturen integriert, dass eine NATO-Mitgliedschaft in Aussicht steht und eine zukünftige EU-Mitgliedschaft ebenfalls als klare Perspektive erscheint.

Bei diesem Fallbeispiel ist nicht nur der in Abbildung 3 dargestellte zeitliche Ablauf von der Mandatserteilung, in diesem Falle durch die Einladung der mazedonischen Regierung, bis hin zum Einsatzbeschluss exemplarisch, sondern auch die vorausgehenden politischen Auseinandersetzungen. Zusammengenommen führt dies zu einem recht komplexen Bild der Entscheidungsfindung, die unter steter Abwägung eines schwierigen Dreiecks von sicherheitspolitischen Prozessen, bündnispolitischen Entwicklungen und innenpolitischen Stimmungen und dabei aufgrund des wichtigen Zeitfaktors häufig genug parallel zu den notwendigen militärischen Planungen ablaufen muss. Es entspricht dabei der politischen Natur der Allianz, dass bei diesen Prozessen militärische Effizienzgedanken meist hinter politischen Opportunitätsgedanken zurückstehen müssen. Die Stufen der politischen und militärischen Entscheidungsfindung innerhalb der Allianz sind in der folgenden Grafik beispielhaft dargestellt.

Abb. 3: NATO-Entscheidungsfindung – Das Beispiel des Einsatzes *Essential Harvest*

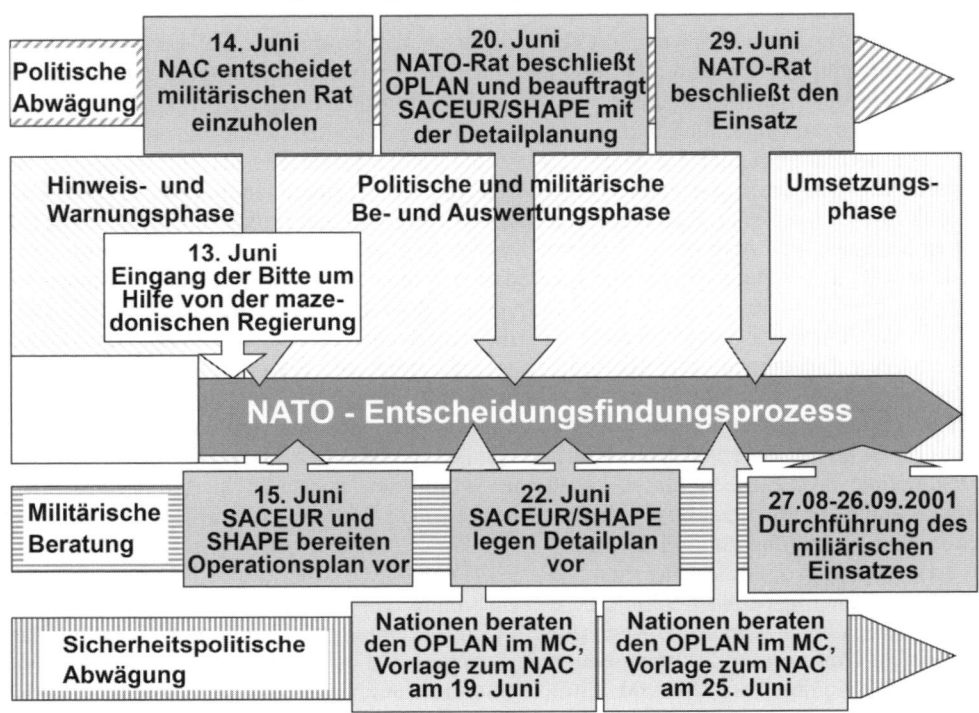

Quelle: Eigene Darstellung

Der baldige Bruch des im Mai 2001 unter NATO-Vermittlung zwischen der UÇK und der mazedonischen Regierung vereinbarten ersten Waffenstillstands zeigt dabei deutlich, in welcher direkten Abhängigkeit die sensiblen bündnisinternen Kompromisse von den externen Entwicklungen stehen. Eine negative Entwicklung der sicherheitspolitischen Lage kann mit ihren Konsequenzen für die militärischen Planungen jederzeit einen mühsam innerhalb der NATO erreichten politischen Kompromiss gefährden. Umgekehrt können die bündnisinternen Spannungen ihrerseits Entwicklungen im Krisengebiet negativ beeinflussen, da die Konfliktparteien die Stimmungen in der westlichen Staatengemeinschaft intensiv beobachten und für den eigenen Vorteil zu nutzen suchen. Die NATO steht also bei jeder Entscheidung über eine aktive Beteiligung am Krisenmanagement vor einer enormen politischen Herausforderung, die weit über die Suche nach ebenso effizienten wie politisch tragfähigen militärischen Beiträgen zur Konfliktlösung hinausgeht.

2.2 Spielregeln und Akteure

Wie bereits aufgezeigt, sind die eigentlichen Akteure innerhalb der NATO die Staaten bzw. ihre Repräsentanten, angefangen von den Staats- und Regierungschefs über die Außen- und Verteidigungsminister bis hin zu den Ständigen Vertretern und ihren Delegationen. Sie vertreten in den zahlreichen Sitzungen im NATO-Hauptquartier die Interessen und Positionen ihrer jeweiligen Regierungen. Mit diesen stehen sie stets in engem Kontakt, schon um für die Entscheidungsfindung innerhalb der Allianz jeweils aktuell abgestimmte Anweisungen aus den jeweiligen Leitministerien einzuholen. Doch trotz aller elektronisch unterstützten

Kommunikation zwischen den Delegationen und ihren Regierungen sind auch die Einzelpersönlichkeiten und die individuellen Fähigkeiten der nationalen Repräsentanten im NATO-Hauptquartier durchaus von Bedeutung. So kann in langen Konferenzen z. B. die Fähigkeit, unmittelbar auf Änderungsvorschläge in Englisch, der *De-facto*-Arbeitssprache der Allianz, mit Gegenvorschlägen oder Kompromissformulierungen zu reagieren, mitunter über den Ausgang einer Sitzung mitentscheiden.

Dies ist vor allem in Momenten großen Zeitdrucks von enormer Bedeutung, der immer wieder kurz vor den Ministertagungen oder Gipfeltreffen auftritt. In derartigen Situationen würde die sonst übliche Vorgehensweise, die Sitzung für weitere Abstimmungen mit dem jeweils zuständigen Ministerium zu vertagen, das Scheitern eines Vorhabens oder Dokuments in Kauf nehmen, das auf der kommenden Ministertagung öffentlich verkündet werden soll.

Zwar kommt ein Scheitern durchaus vor, setzt aber den verantwortlichen Staat gleichzeitig einem hohen politischen Druck aus. Auch die individuellen kommunikativen Fähigkeiten der Diplomaten sind daher wichtig, schließlich sind viele Entscheidungen und Kompromisslösungen bereits in den zahlreichen informellen Abstimmungsgesprächen außerhalb der offiziellen Tagungen vorbereitet worden. In diesem Sinne ist auch die Personalstärke der Delegationen von Bedeutung, da die mit der Spezialisierung des Personals einhergehenden umfangreichen Detailkenntnisse und eine effektive Lastenteilung innerhalb der mit vielen parallelen Verhandlungen beschäftigten Delegationen häufig genug in einen Verhandlungsvorteil umgemünzt werden können.

Der NATO-Apparat ist ebenfalls nicht ganz ohne Einfluss, obwohl dieser deutlich hinter dem der Staaten zurücksteht (Mayer/Theiler 2013). Durch Verhandlungsgeschick und die Pflege enger Kontakte zu den jeweiligen Delegationen können die hochrangigen Leiter der verschiedenen Abteilungen und ihre Stellvertreter, die u. a. die Sitzungen der Ausschüsse unterhalb der NATO-Ratsebene leiten, immer wieder den Ausgang der Gespräche mitbestimmen. Selbst die einfachen Mitarbeiter haben Einfluss (wenngleich einen relativ geringen), da sie die Papiere erstellen, die als Grundlage für die Verhandlungen dienen. Je nach Stil und Kommunikationskultur der Delegationen und abhängig vom Engagement der Sachreferenten kommt es immer wieder zu einem informellen Informationsaustausch über laufende Projekte zwischen den Mitarbeitern des Internationalen Stabes und den nationalen Vertretungen einerseits sowie den eigenen Staatenvertretungen andererseits. In diesem eingeschränkten Sinne ist der Anteil der Staaten am festen Personalbestand der NATO ein gewisses Indiz für den nationalen Einfluss im Bündnis.

Die Macht des Militärapparates in IMS und SHAPE dagegen basiert vor allem auf zwei Faktoren. Zum einen wirken beide Institutionen an der Erstellung des so genannten *„military advice"* mit, der eine wichtige Grundlage für die politische Entscheidungsfindung darstellt. Zum anderen resultiert aus der Umsetzung der politischen Beschlüsse ein eigenständiger Einfluss, denn die mitunter politisch-vagen schriftlichen Anweisungen aus dem politischen Hauptquartier bedürfen praktisch immer der Interpretation durch die militärische Führung. Sowohl politische Vorsicht als auch der Zwang zum Kompromiss führen regelmäßig zu Formulierungen, denen eine sogenannte *„constructive ambiguity"* zu eigen ist, also eine konstruktive Ungenauigkeit, die den Staaten verschiedene Interpretationen eines gemeinsam erarbeiteten Kompromisses erlaubt. Schon um sich den mitunter rasch ändernden Bedingungen in den Einsätzen der Allianz anpassen zu können, müssen derartige Formulierungen von den handelnden Militärs immer wieder neu interpretiert werden. Der dadurch entstehende Handlungsspielraum wird durch die Staaten mit beeinflusst, denn jeder einsatzverantwortliche Offizier ist, wie bereits erwähnt, selbst wieder in eine nationale Hierarchie eingegliedert.

Außerdem muss man noch die teilweise umfangreichen nationalen Vorbehalte bei der militärischen Umsetzung der Beschlüsse des NATO-Rates berücksichtigen, im Bündnisjargon

„Caveats" genannt. Mit dem Verschwinden der unmittelbaren militärischen Bedrohung ist auch der Bedarf an weitgehender multinationaler Integration und Abstimmung des militärischen Handelns geringer geworden. Schließlich hängt beim multinationalen Krisenmanagement die nationale Existenz nicht mehr unmittelbar vom reibungslosen Zusammenspiel aller vorhandenen Kräfte ab. Stattdessen ergeben sich zahlreiche nationale Spielräume für militärisches Handeln im Rahmen eines vom NATO-Rat definierten Auftrages, das sich an den jeweiligen Fähigkeiten, der Militärkultur oder den innenpolitischen Stimmungen orientiert. Damit verstärken die Caveats einerseits noch den Einfluss der Nationalstaaten, die in ihrer Allianzpolitik über ein zusätzliches und mit umfangreichen Nuancen versehenes Element verfügen. Andererseits verkomplizieren sie jedoch noch zusätzlich die Umsetzung politischer und militärischer Konzepte, ohne dabei eine eindeutig einem Akteur zuordbare Verantwortlichkeit aufzuweisen, wie das Beispiel der nationalen Vorbehalte Deutschlands beim Militäreinsatz der NATO in Afghanistan zeigt. Da diese Vorbehalte häufig stärker innenpolitischen als allianzpolitischen Erwägungen unterworfen sind, können sie darüber hinaus mitunter sogar den konsensualen Beschlüssen im NATO-Rat bzw. deren effizienter und effektiver Umsetzung zuwiderlaufen. So schränkte die deutsche Weigerung, sich aktiv an der Bekämpfung des Opium-Anbaus in Afghanistan zu beteiligen, die Einsatzfähigkeit der ISAF offiziell nicht ein. Schliesslich hatten andere Staaten durchaus die Möglichkeit, diese Aufgabe individuell zu leisten, da die Bundesrepublik dem prinzipiellen Anspruch des Bündnisses nicht widersprochen hat, den Drogenanbau in Afghanistan als eine der Finanzierungsquellen der Taliban zu bekämpfen. Doch die dominierende Rolle Deutschlands im Regionalen Kommandobereich Nord und die hohe Belastung anderer Staaten in ihren jeweiligen Einsatzgebieten machte einen wirkungsvollen Einsatz gegen den Opiumhandel im Norden praktisch unmöglich, da die afghanischen Sicherheitskräfte diese Aufgabe mangels qualitativer wie quantitativer Kapazitäten weder in eigener Zuständigkeit übernehmen konnten noch wollten (Der Spiegel 2005). Das Gesamtbild der politischen Verantwortung von einer Idee bis hin zur praktisch-militärischen Umsetzung bleibt also hoch komplex und lässt sich von daher auch nie vollständig und im Detail, sondern immer nur in groben Verallgemeinerungen nachvollziehen.

Formal gesehen hat jeder Staat in der NATO das gleiche Gewicht, denn im NATO-Rat hat jeder Vertreter nur eine Stimme, ob er nun aus Island oder den USA kommt. Natürlich hat Washington mehr Möglichkeiten, die handelnden Akteure in Reykjavik im Zweifelsfalle zu einer Veränderung ihrer Positionen zu bewegen, als umgekehrt. Doch das ist innerhalb der Allianz meistens gar nicht nötig, denn bei Bündnisentscheidungen spielen noch andere Faktoren eine Rolle. Eine der ungeschriebenen Regeln innerhalb der NATO besagt, dass das Ausmaß der Mitsprache eines Staates nicht nur von seiner generellen Macht, sondern in jedem Einzelfall vor allem von seinem konkreten Beitrag abhängig ist. Bei allgemeinen Entscheidungen ohne konkreten Bezug zu einem Einsatz oder einer Aktivität spielt der finanzielle Beitrag zum Allianzhaushalt eine Rolle. Bei Einsätzen jedoch ist der jeweilige Beitrag eines Staates *das* entscheidende Kriterium dafür, wie viel Gewicht seine Stimme bei den Gesprächen über einsatzrelevante Themen erhält.

Dieser Beitrag bemisst sich im Rahmen der militärischen Koalitionen bei den aktuellen Einsätzen häufig nicht so sehr über die reine Quantität der Beiträge („boots on the ground"), sondern immer mehr auch über die qualitativen Aspekte moderner Streitkräfte wie Mobilität, Ausrüstung, Feuerkraft und Durchhaltefähigkeit über Zeit. Angesichts der schwierigen Sicherheitslage in vielen Einsätzen der Allianz gewinnt neben der Lasten- auch die Risikoteilung zunehmend Einfluss auf die Gewichtung nationaler Beiträge. Diese Entwicklungen ermöglichen es zunehmend auch kleineren Staaten mit spezifischen Nischentechnologien und höherer Risikobereitschaft, Einfluss weit über ihren nominalen Machtstatus im Bündnis hinaus auszuüben.

Diese Entwicklung geht vor allem auf Kosten der so genannten „Mittelmächte", zu denen u. a. auch Deutschland gehört. Die USA als mächtigstes Mitglied der Allianz jedoch profitieren sogar vom relativen Bedeutungsgewinn der kleineren NATO-Staaten: Da die USA als einziges Mitglied notfalls auch ohne Partner zu militärischen Handlungen befähigt sind, fällt es ihnen leichter, kleinere Staaten für eine Koalition zu gewinnen, zumal sie über zahlreiche bilaterale Sonderbeziehungen verfügen und so eine gegen sie gerichtete etwaige Koalitionsbildung bei Entscheidungen innerhalb der NATO verhindern können. Von ihnen geführte Koalitionen der „Willigen und Fähigen" drohen dabei zumindest bei kleineren, begrenzten Einsätzen, die klassische Abhängigkeit eines NATO-Einsatzes von der Zustimmung der Gesamtheit aller Mitglieder auszuhebeln.

Die bisherigen Mittelmächte bräuchten schon mehrere große und kleine Partner, um auch nur eine annähernd vergleichbare politische Schlagkraft aufbieten zu können, während ihre frühere Vetomacht heute wesentlich leichter durch eine Gruppe kleinerer Staaten relativiert, wenn auch nie wirklich aufgehoben werden könnte. Damit haben sich die Kräfteverhältnisse seit dem Ende des Kalten Krieges schrittweise immer weiter zu Ungunsten der europäischen Mittelmächte verschoben. Zwar hat jedes Mitgliedsland formal die Möglichkeit, sich von einzelnen Einsätzen auszuklammern, ohne dabei den Bündniskonsens zu deren Durchführung zu behindern (*opting out*), aber dies geht immer mit einem politischen Preis in Form von Mitsprache- bzw. Einflussverlusten einher. Im Zweifelsfalle wirkt schon die Möglichkeit eines amerikanischen Alleinganges als Einschüchterungsmittel, da die größeren Staaten letztendlich vor die Wahl gestellt werden, sich entweder im Bündnisrahmen zu beteiligen oder im Falle einer „Koalition der Willigen" zu reinen Beobachtern der Entwicklungen weitgehend ohne Einflussmöglichkeit degradiert zu werden.

Vor diesem Problem stand beispielsweise die neue Bundesregierung aus SPD und Bündnis 90/Die Grünen im Frühjahr 1999: Die Luftschläge gegen Serbien waren im NATO-Rat bereits im Oktober 1998 unter Zustimmung der alten CDU/CSU-FDP-Regierung beschlossen worden, und ein deutsches Veto war damit im Frühjahr 1999 bereits ausgeschlossen; die neue Bundesregierung musste daher die Wahl zwischen Nichtbeteiligung und daraus folgender außen- und bündnispolitischer Ohnmacht in der Folge einerseits und innenpolitischen Turbulenzen bei Beteiligung andererseits treffen und hatte sich damals ausdrücklich für den Weg des militärischen Engagements als Preis für den Gewinn an politischer Handlungsfähigkeit entschieden.

Die inzwischen häufiger praktizierte Möglichkeit zum *opting out* ist in diesem Zusammenhang ein durchaus zweischneidiges Schwert. Einerseits wird durch die passive Zustimmung einzelner Staaten mehr Flexibilität für die Allianz im Sinne einer „coalition in waiting" erreicht, die eine Handlungsfähigkeit der NATO auch in Situationen gewährleistet, in denen sich nicht alle Mitglieder an einer militärischen Operation beteiligen wollen oder können. Andererseits entstehen dadurch immer auch offene Fragen in Bezug auf die Lasten- und Risikoteilung bzw. das Ausmaß der bündnisinternen Solidarität.

Die zunehmend komplexeren Herausforderungen des Krisenmanagements in den letzten Jahren, namentlich in Afghanistan, haben jedoch mit dem Ansatz der Umfassenden Sicherheitspolitik (Comprehensive Approach) inzwischen auch einen leicht gegenläufigen Trend in Gang gesetzt. Die Einsicht, dass militärisches Handeln allein immer häufiger keinen „Sieg" garantieren kann, sondern dass der Erfolg bei Stabilisierungsvorhaben vor allem von politischen und wirtschaftlichen Entwicklungen abhängig ist, hat auch eine deutliche Erweiterung der notwendigen nationalen Beiträge im Rahmen des Krisenmanagements zur Folge. Inzwischen setzt sich immer mehr die Erkenntnis durch, dass finanzielle Beiträge, zivile Aufbaumaßnahmen und Expertise, ja sogar reine Entwicklungs- oder Wirtschaftshilfe für den langfristigen Erfolg maßgeblicher sein können als der militärische Einsatz. Da solche Leistungen in der Regel nur von wirtschaftlich leistungsfähigeren Staaten in einem nennenswerten Ausmaß erbracht werden können, stellt die Entwicklung hin zum *Comprehensive Approach* in der NATO für die Mittelmächte einen gewissen Ausgleich für ihren relativen Machtverlust auf militärischer Ebene dar.

Eine weitere aktuelle Entwicklung ist in ihren Auswirkungen auf die Binnenverhältnisse in der NATO gegenwärtig noch schwer einzuschätzen: der „verteidigungsökonomische Imperativ" (Mölling 2011). Angesichts der derzeitigen Wirtschafts- und Finanzkrisen in Europa und den USA ist nicht nur allgemein mehr Zurückhaltung der NATO-Staaten beim globalen militärischen Krisenmanagement zu erwarten, sondern auch eine stärkere interne Spannung über die jeweilige Lastenteilung in den Einsätzen. Die Tatsache, dass sowohl Italien (Mölling 2011: 1) als auch Norwegen (Die Zeit 2011a) bereits vor Ende des Libyen-Einsatzes im Rahmen der Operation *Unified Protector* (OUP) primär aus finanziellen Gründen Rückzugsgedanken hegten, macht nicht nur das Ausmaß der Sparzwänge deutlich. Vielmehr wird hier ersichtlich, wie sehr der Mangel an finanzieller Unterfütterung der sicherheitspolitischen Rhetorik inzwischen die Handlungsfähigkeit der Allianz als ganze gefährdet. Inwieweit derzeit diskutierte Ansätze wie die NATO-Pläne zur „Smart Defence" oder die EU-Initiative zum „Pooling and Sharing" hier dauerhafte Abhilfe schaffen, bleibt höchst fraglich. Aber es ist bereits jetzt absehbar, dass der Druck auf die Mitgliedstaaten zur besseren und kosteneffizienteren Kooperation stetig steigen wird. Entsprechend äußerte sich der Generalsekretär: „'Smart Defence' can only work if it is done together. It is not an excuse for decreasing defence budgets. Because that's not burden 'sharing'. That's burden 'shedding'. At the end of the day, we have to decide if we want to work together to lower costs. If we do, then Smart Defence will give us the best capabilities at the best value for the best price. And that's our choice: Smart Defence, or less defence" (Rasmussen 2011).

In diesem Zusammenhang ist die deutsche Sicherheitspolitik von besonderer Bedeutung, nicht nur weil die Bundesrepublik noch immer einer der finanzstärksten Mitgliedstaaten der Allianz ist oder weil die Streitkräftereform von 2010/2011 weitgehend ohne Koordination oder Absprache mit den Verbündeten geplant und durchgeführt worden ist (hier stellt Deutschland allerdings keine Ausnahme, sondern eher die Regel dar). Auch eine Reihe von konkreten Einzelentscheidungen gegen eine deutsche Beteiligung an existierenden multinationalen Strukturen der Allianz hatten bei der Weiterentwicklung kooperativer Ansätze in der Sicherheitspolitik in der NATO ebenso wie in der EU einen deutlich negativen Einfluss.

So verweigerte die Bundesrepublik bereits mehrfach ihre Teilnahme an Einsätzen der AWACS, einer der wenigen bereits existierenden gemeinsamen Fähigkeiten der Allianz zur Luftraumüberwachung (FAZ 2008a). Da Deutschland einen großen Anteil an dem von 14 Staaten gestellten AWACS-Personal hat (das Kommando rotiert zwischen Deutschland und den USA) und sich außerdem auch zusammen mit 15 anderen NATO-Staaten die Finanzierung teilt, ist die AWACS-Einsatzfähigkeit ohne deutsche Beteiligung nachhaltig eingeschränkt. Aufgrund deutscher Bedenken konnte auch „die deutsch-französische Brigade - ein Verband, der ja nicht nur für Paraden und völkerversöhnende Feste gut sein sollte - noch nicht geschlossen eingesetzt werden" (FAZ 2011). Ähnliches gilt für die Battlegroups der EU ebenso wie für die multinationale Schnelle Eingreiftruppe der Allianz, die NATO-Response Force. Der erneute Rückzug deutscher Soldaten im Sommer 2011, diesmal aus der Marinemission zur Überwachung des VN-Waffenembargos gegen Libyen, sendete erneut ein stark negatives Signal. Da der Aufbau multinationaler Strukturen und Fähigkeiten immer auch Abhängigkeiten der beteiligten Staaten mit sich bringt, wird Deutschland gerade aufgrund seiner mit ca. 15 Prozent recht hohen Beteiligung an der gemeinsamen Finanzierung innerhalb der NATO ein unkalkulierbarer Risikofaktor für die Kooperation. Bei den Entscheidungen in Berlin mögen jeweils schlüssige innen- wie außenpolitische Begründungen vorgelegen haben, und man stand auch nicht immer alleine mit einer negativen Haltung. Aber wie soll irgend eine Nation in der EU oder der NATO die Beteiligung an derartigen Strukturen zusammen mit Deutschland riskieren können, wenn man sich nicht sicher sein kann, diese anschließend auch in Krisensituationen wirklich nutzen zu können. Ohne eines der wirtschaftlich leistungsfähigsten Mitglieder der Allianz werden jedoch die multinationalen Vorhaben, letztendlich auch viele Ansätze zur Rollenspezialisierung innerhalb des Bündnisses, nie ihr wirkliches Einsparungspotential realisieren können (FES 2011: 8 f. und Nachtsheim 2011). Da auch andere Staaten ernste Probleme mit dem einer verstärkten Kooperation einhergehenden Verlust nationaler Entscheidungsfreiheit haben, sind die Rückschlüsse aus der teilweise fast reißerischen Rhetorik einerseits und der mangelnden politischen oder/und finanziellen Unterfütterung multinationaler Kompensationsansätze höchst ambivalent: Entweder erscheinen die Auswirkungen der aktuellen Sparpolitik den handelnden Akteuren als beherrschbar, oder aber die Akteure gehen sehenden Auges einer strukturelle Handlungsunfähigkeit zukünftiger Sicherheitspolitik entgegen. Letzteres würde dann praktisch auch die im Zusammenhang mit militärischen Fähigkeiten so häufig gestellte Frage nach der nationalen Souveränität endgültig beantworten – und zwar negativ im Sinne eines vollständigen Verzichtes auf staatliche Selbstbestimmung. Hier liegt mittelfristig wohl auch die größte Gefahr für die Zukunft der transatlantischen Allianz, die ohne realistische Aussichten auf irgendeine Form gegenseitiger Lasten- und Risikoteilung – und sei sie noch so ungleichgewichtig – nicht mehr kohäsionsfähig wäre (Theiler 2009).

Trotz aller existierenden Spannungen haben bisher die realen Machtverhältnisse, aber auch die jahrelange gute Zusammenarbeit im Bündnis noch immer dafür gesorgt, dass Spaltungen innerhalb der Allianz die eindeutige Ausnahme blieben. Selbst die wohl bisher schwerste Allianzkrise, zu der es im Zusammenhang mit dem Irak-Konflikt kam, konnte so letztendlich doch überwunden werden. Das heißt jedoch keinesfalls, dass es nicht unter Umständen zu Koalitionen und Partnerschaften zwischen einzelnen NATO-Staaten kommen kann. In der sicherheitspolitischen Welt nach dem 11. September 2001 werden die Allianzbeziehungen deutlich stärker von den sich verändernden Ereignissen und Situationen beeinflusst, als das noch in den relativ stabilen Zeiten des Kalten Krieges der Fall war. Daraus ergeben sich fast zwangsläufig anlassbezogene Partnerschaften, deren Basis eine kurzfristige Kongruenz der Interessen darstellt. So kann es durchaus sein, dass beispielsweise zwei oder mehr Staaten eine gemeinsame Position bei der Diskussion über den Afghanistan-Einsatz der NATO vertreten und diese auch immer wieder vor den entscheidenden Sitzungen der unterschiedlichen Ausschüsse untereinander abstimmen, zugleich jedoch entgegengesetzte Positionen in Bezug auf die weitere Entwicklung des Kosovo-Einsatzes einnehmen und dabei mit ganz anderen Staaten innerhalb der Allianz Koalitionen eingehen. Die nationalen Aktivitäten innerhalb der NATO werden also zunehmend von einer themen- und anlassbezogenen Zusammenarbeit in kurzfristigen Interessengemeinschaften bestimmt.

Trotz dieser strukturellen Veränderungen bleibt die Arbeitsatmosphäre im Bündnis grundsätzlich gut. Nach fast 60 Jahren tagtäglicher Zusammenarbeit haben alle NATO-Mitgliedstaaten am Ende doch volles Vertrauen in die so häufig bewiesene Kompromissfähigkeit des Bündnisses und die Kompromisswilligkeit seiner Mitglieder. Außerdem existiert nach den langen Jahrzehnten kontinuierlich erlebter Allianzsolidarität auch heute noch ein starkes Vertrauen darin, dass kein Partner ohne weiteres gegen die Interessen der anderen Staaten handeln wird. Daran konnten auch die schwierigen Phasen der Allianz im Zusammenhang des Irak-Konfliktes in den Jahren 2002 und 2003 im Grundsatz nichts ändern. Stattdessen ließ sich nach 2005 sogar eine erneute Stärkung des Bündnisses beobachten. So suchten die USA in dieser Zeit aufgrund ihrer anhaltenden militärischen Schwierigkeiten im Irak wieder die Zusammenarbeit im Bündnis. Aber auch die europäischen Staaten bemühten sich angesichts ihrer drohenden militärischen Marginalisierung verstärkt um den Bedeutungserhalt der NATO als ihrem wichtigsten Instrument zur Einflussnahme auf globale sicherheitspolitische Entwicklungen im Allgemeinen und auf die der USA im Besonderen. Unter diesen Rahmenbedingungen haben auch die zeitweiligen Spannungen um den Afghanistan-Einsatz und die dortige Lasten- und Risikoteilung, trotz aller aufgeregten Berichterstattung in den Medien (z. B. über die Gefahr des Entstehens einer „Two-Tier-Alliance" (The Times 2008)), keine gravierende Veränderung der grundsätzlich guten Arbeitsatmosphäre im Bündnis zur Folge gehabt. Bündnis- und Medien- (aber auch gelegentlich Wissenschafts-) Wirklichkeit sind und bleiben unterschiedliche Dinge.

3 Was will und was macht die NATO?

Lord Ismay, dem ersten Generalsekretär der NATO, wird die Aussage zugeschrieben, dass das Bündnis drei zentrale Aufgaben habe: „to keep the Soviets out, the Americans in, and the Germans down". Diese Formulierung ist für die Deutschen nicht gerade schmeichelhaft, traf jedoch zum Zeitpunkt, als sie geäußert wurde, nämlich 1950, fünf Jahre nach dem Ende des Zweiten Weltkrieges und fünf Jahre vor dem Beitritt Westdeutschlands, den politischen Kern dieser Allianz. Außerdem wird hier erstmals der klassische Dreiklang der Aufgabenstellung der NATO präzise, wenn auch etwa drastisch formuliert: Verteidigung nach außen, transatlantische Bindung und ein Mindestmaß an kollektiver Sicherheit nach innen.

3.1 Aufgaben, Ziele und Missionen

Bei den beiden letztgenannten Aufgaben hat sich im Grunde nur wenig verändert, außer vielleicht, dass sie inzwischen stärker miteinander verwoben sind als jemals zuvor. Schon lange war der amerikanische Einfluss als „europäische Macht" auch mitentscheidend für das Verhältnis vieler europäischer Staaten untereinander (Lundestad 1998). Dies galt für die deutsch-französischen Beziehungen ebenso, wie es noch heute für das Verhältnis zwischen der Türkei und Griechenland gilt. Während jedoch die USA noch im Kalten Krieg überwiegend die konstruktive Rolle eines „external balancer" gespielt haben und damit die innereuropäischen Beziehungen positiv und konfliktreduzierend beeinflussten, steht heute zunehmend ein potenziell negativer, die europäischen Entwicklungen bremsender Einfluss der USA im Vordergrund (Theiler 2008: 29-32): Der Verlauf transatlantischer Bruchlinien quer durch die Europäische Gemeinschaft im Irak-Konflikt hat nur zu deutlich werden lassen, dass die USA aufgrund ihrer zahlreichen „special relationships" zu ihren europäischen Partnern eine blockierende oder aber sogar spaltende Rolle gegenüber europäischer Sicherheitspolitik ausüben können. Da dies jedoch nicht ohne massive Rückwirkungen auf die NATO als transatlantische Allianz bleiben kann, sehen sich hier alle Seiten zu größter Vorsicht und gegenseitiger Rücksichtnahme aufgefordert.

Angesichts der aktuellen wirtschaftlichen Herausforderungen steigt die gegenseitige Abhängigkeit der transatlantischen Gemeinschaft wieder spürbar. Den USA droht sowohl aus finanziellen als auch innenpolitischen Gründen eine weitere Schmälerung ihrer Führungsrolle. Dies deutete sich bereits in der Libyen-Krise an, als Washington sich erstmalig darauf beschränkte, „von hinten zu führen" (Davis 2011) und den europäischen Partnern die Leitfunktion zu überlassen. In Europa sind angesichts der aktuellen Kürzungen der Verteidigungsetats in fast allen Staaten langfristig massive und nachhaltige Fähigkeitsverluste zu befürchten (Mölling 2011). In der Folge wären nicht nur erneute transatlantische Spannungen in Bezug auf die Lasten- und Risikoteilung zu erwarten, sondern vielmehr auch dauerhafte Verschiebungen im globalen Machtverhältnis zu Ungunsten der westlichen Gemeinschaft. Auf jeden Fall wird es im Bereich der Sicherheitspolitik angesichts der derzeitigen Wirtschafts- und Finanzprobleme in absehbarer Zeit definitiv auf ein transatlantisches

„together or never" hinauslaufen, da keiner der Partner alleine noch wirklich handlungsfähig sein wird.

Die Aufgabe der kollektiven Verteidigung ist durch das Verschwinden der Bedrohung durch einen massiven Angriff an allen europäischen Fronten der NATO zu einer Art Rückversicherung gegen eventuelle Bedrohungen aus der Peripherie des Bündnisses geworden. Zu diesen unwahrscheinlichen, aber nicht völlig auszuschließenden Risiken gehören die Möglichkeiten eines wiederkehrenden russischen Expansionismus – wie er seit der Georgien-Krise von 2008 vor allem von den osteuropäischen Mitgliedern der NATO gefürchtet wird – oder eines nuklearen Erpressungsversuches, aber auch regionale militärische Bedrohungen aus dem politisch instabilen, von Marokko bis zum Indischen Ozean reichenden „Krisenbogen".

Schon seit Mitte der 1990er Jahre wurde die Liste der möglichen Sicherheitsrisiken auch durch die Gefahren des internationalen Terrorismus ergänzt. Nach den Ereignissen des 11. Septembers 2001 wurde die Abwehr dieser neuartigen Bedrohung fester Bestandteil des Aufgabenkataloges der NATO und auch dauerhafter Tagesordnungspunkt bei den Sitzungen des NATO-Rates. Einerseits verstärkte die Allianz ihre Bemühungen zur Terrorismusbekämpfung durch einen intensivierten Dialog und vermehrten Informationsaustausch im NATO-Rat ebenso wie im Euro-Atlantischen Partnerschaftsrat (EAPR) und im Rahmen der Partnerschaft für den Frieden (PfP). Andererseits beteiligt sich die NATO auch selbst aktiv an der Bekämpfung des Terrorismus. Dies geschieht im Sinne der kollektiven Verteidigung im Rahmen der Operation *Active Endeavour*, mit der Seegebiete im Mittelmeer und am Horn von Afrika – und damit mögliche Rückzugs- und Nachschubrouten von Terroristen – überwacht werden sollen. Außerdem wurde die von den VN mandatierte und anfangs fast ausschließlich von Bündnismitgliedern gestellte *International Security Assistance Force* (ISAF) von Beginn an indirekt von der NATO unterstützt und 2003 dann direkt in einen NATO-Einsatz überführt. Dabei arbeitete die NATO-geführte ISAF auch eng mit dem von den USA geführten Anti-Terror-Einsatz *Operation Enduring Freedom* (OEF) zusammen, bevor diese beiden unterschiedlichen Aufgaben unter dem gemeinsamen Kommando eines amerikanischen ISAF-Kommandeurs auch praktisch miteinander verschmolzen wurden.

Mit dem auf dem Gipfel von Lissabon im November 2010 verabschiedeten neuen strategischen Konzept der Allianz wurde eine ganze Reihe von weiteren neuen sicherheitspolitischen Herausforderungen in den Aufgabenkatalog der NATO aufgenommen. Dazu gehören gleichermaßen die Risiken, die mit einer globalen Klimaveränderung einhergehen, als auch relativ neue Themen wie die Energie- und Ressourcensicherheit oder Cyberbedrohungen (Theiler 2012). Allen diesen Bereichen ist vor allem eines gemeinsam: Aufgrund der gegenwärtigen Unmöglichkeit, ihre Auswirkungen auf die Mitgliedstaaten der Allianz oder deren sicherheitspolitisches Umfeld konkret einzuschätzen, gelten sie alle primär als Themen für die bündnisinternen Konsultationen nach Artikel 4 des Washingtoner Vertrages, obwohl man ihnen im Einzelfall durchaus das Potenzial für einen in Artikel 5 formulierten Fall der kollektiven Verteidigung zugestehen könnte (NATO 2010b).

Seit 1991 ist mit dem Stabilitätstransfer in die Peripherie des Bündnisses eine weitere anspruchsvolle Aufgabe für die NATO hinzugekommen. Einen Beitrag dazu leistet der politische Ansatz des Dialoges und der Kooperation, der sich allmählich zu einer politischen Kernaufgabe der Sicherheitsinstitution NATO entwickelt hat. Dafür wurden innerhalb der Allianz eine ganze Reihe neuer Gremien und Mechanismen geschaffen. Durch die Gründung des Nordatlantischen Kooperationsrates (NACC) erhielt der Dialog der NATO mit den Ländern Mittel- und Osteuropas bereits 1991 einen festen institutionellen Rahmen. Die Gründung der Partnerschaft für den Frieden (PfP) erweiterte 1994 den auf Dialog ausgerichteten Ansatz des NACC – bzw. seit 1997 seines leicht modifizierten Nachfolgers, des Euro-Atlantischen Partnerschaftsrates (EAPR) – durch das Angebot militärischer Kooperation sowie einer mittel- oder zumindest langfristigen Perspektive einer zukünftigen Bündnismitgliedschaft.

Darüber hinaus wurde die Reichweite dieses kooperativen Ansatzes im Rahmen des Mittelmeerdialogs (MD) und der *Istanbul Cooperation Initiative* (ICI) auf die Mittelmeeranrainer und den Nahen Osten erweitert. Inzwischen werden neue Wege eines verstärkten Dialoges mit den sogenannten „contact-countries" gesucht, die entweder, wie Australien, Neuseeland oder Japan, direkt an NATO-Einsätzen beteiligt oder aber, wie Pakistan, als Anrainerstaaten von Einsatzgebieten von strategischer Bedeutung sind. Dialog und Kooperation besaßen als positive Nebeneffekte u. a. die Erweiterung des Truppenpotenzials für das Krisenmanagement und gleichzeitig auch die Heranführung beitrittswilliger Kandidaten an eine NATO-Mitgliedschaft. Mit ihrer „Politik der offenen Tür" verbanden die NATO-Staaten explizit den Wunsch, die Entwicklung von Demokratie, Marktwirtschaft und Rechtsstaatlichkeit in den Staaten Mittel- und Osteuropas zu unterstützen.

Mit der zweiten Erweiterungsrunde im Jahr 2004 wurde dieser kooperative Politikansatz für die nähere Zukunft des Bündnisses fortgeschrieben. Das Bemühen der Allianz um eine sicherheitspolitische Kooperation mit Russland ist ebenfalls ein Aspekt des Stabilitätstransfers nach Osteuropa. Mit der Schaffung eines eigenen Gremiums für den Dialog zwischen der NATO und Russland (*Permanent Joint Council*, PJC) im Jahr 1997 und der 2002 beschlossenen Aufwertung zum NATO-Russland-Rat (NRC) wurde Russland schrittweise erst ein Mitsprache- und schließlich auch ein konkretes Mitentscheidungsrecht in gemeinsamen Angelegenheiten zugestanden. Dabei wurde jedoch strikt darauf geachtet, die autonome Entscheidungsfähigkeit des NATO-Rates in keiner Weise zu gefährden: Sollte man sich nicht gemeinsam im NRC einigen können, bleibt der NATO-Rat in seiner Entscheidungsfähigkeit völlig unbeeinflusst.

Stabilitätstransfer ist jedoch nur zum Teil eine politische Aufgabe. Angesichts des gewaltsamen Auseinanderbrechens des ehemaligen Jugoslawiens wurde schnell klar, dass die politischen und zivilen Aspekte des Krisenmanagements ohne die Gewährleistung eines Mindestmaßes an sicherheitspolitischer Stabilität durch die internationale Gemeinschaft kaum erfolgreich angewendet werden könnten. Mit der neuen Herausforderung des Krisenmanagements hat sich die Allianz seit 1992 schrittweise auch militärisch zu einem zentralen Instrument des Stabilitätstransfers über die Bündnisgrenzen hinaus entwickelt. Am Anfang dieses Prozesses stand die Bereitschaft zur Übernahme von OSZE- und VN-Mandaten, mit der die Grundentscheidung für *out of area*-Einsätze der NATO gefallen war. Das langfristige Engagement der NATO-Truppen in Bosnien-Herzegowina seit 1995, im Kosovo seit 1999 und schließlich auch in Mazedonien zwischen 2001 und 2003 belegt die konsequente Umsetzung des neuen militärischen Auftrages zur Stabilisierung eines unsicheren sicherheitspolitischen Umfeldes.

Über die schlagzeilenträchtigen Bündnisaktivitäten im Rahmen des Krisenmanagements drohte die in allen entsprechenden NATO-Dokumenten immer wieder betonte Kernfunktion der kollektiven Verteidigung fast in Vergessenheit zu geraten. Erst die Ereignisse der Terroranschläge auf das Word Trade Center und das Pentagon stärkten diese Aufgabe des Bündnisses wieder im öffentlichen Bewusstsein. Hatte zuvor in Bezug auf die Frage der *out of area*-Aktivitäten der NATO und die Reichweite der „Non-Article 5 operations" erheblicher Dissens bestanden, so verstummten diese Debatten nun fast vollständig. Angesichts dieser Entwicklung konnte sich kein NATO-Staat noch länger dem Drängen der USA nach verstärktem globalem Engagement entziehen. Dabei wirkte das allianzpolitische Debakel, beim ersten offiziellen Artikel-5-Fall in der Geschichte der NATO und dem in Folge des Angriffes vom 11. September 2001 von den USA durchgeführten Afghanistan-Feldzug gegen die Taliban als Bündnis praktisch keine Rolle gespielt zu haben, für die europäischen

NATO-Partner wie ein Schock, der eine deutliche Veränderung ihrer Allianzpolitik notwendig erscheinen ließ.

Auf dem Reformgipfel von Prag im November 2002 versuchten sich die europäischen Verbündeten daher wieder für ihren stärksten Partner interessant zu machen: Neben der Neugliederung der militärischen Kommandostruktur sollte mit der *NATO Response Force* (NRF) eine schlagkräftige militärische Eingreiftruppe geschaffen werden, die in der Lage ist, weltweit bedrohte Sicherheitsinteressen ebenso effektiv zu verteidigen, wie es die „alte NATO" bis 1990 für das Territorium ihrer Mitgliedstaaten getan hatte. Doch angesichts der zahlreichen parallel ablaufenden und die nationalen Streitkräfte stark beanspruchenden Militäreinsätze musste die Allianz dieses ehrgeizige Ziel vorerst zurückstellen. Seit 2008 steht die NRF nur noch als „Kaderstruktur mit Aufwuchsfähigkeit" (NATO 2008a) für konkrete Notfälle zur Verfügung. Gleichzeitig bemühten sich die europäischen Staaten nun verstärkt darum, ihre militärischen Streitkräfte nach amerikanischem Vorbild – jedoch strikt nach nationaler Militärkultur und Finanzlage – zu transformieren und damit ihre Einsatzfähigkeit im Rahmen des internationalen Krisenmanagements zu erhöhen. Von ähnlicher oder vielleicht sogar noch größerer Bedeutung war die endgültige Zustimmung aller Mitgliedstaaten zur Globalisierung des möglichen Einsatzgebietes für das Krisenmanagement der Allianz. Mit dieser Grundsatzentscheidung war der Weg frei für die Übernahme der aktuellen NATO-Missionen in Afghanistan, im Irak und im Sudan, aber auch für die Übernahme des VN-Mandats zum Schutz der Zivilbevölkerung gegen die eigenen Regierungsstreitkräfte im Libyen unter Oberst Gaddafi vom Frühjahr bis zum Sommer 2011. Die Ereignisse der Georgien-Krise im Spätsommer 2008 riefen dann zusätzlich die alten Ängste vor allem kleinerer mittel- und osteuropäischer Staaten vor einem Wiedererwachen russischer Expansionsbestrebungen hervor, die wiederum eine stärkere Rückbesinnung auf die Kernfunktion der Allianz im Sinne kollektiver Verteidigung nach sich zogen. Symbolisch dafür steht u. a. die Tatsache, dass 2011 erstmals seit vielen Jahren wieder eine hochrangige Stabsrahmenübung der Allianz (CMX) zum Artikel 5 durchgeführt wurde.

3.2 Das Neue Strategische Konzept und weiterführende Fragen

Bei allen bisherigen Schritten zur Transformation der NATO von einem rein an Status Quo und Territorialverteidigung orientierten Defensivbündnis hin zu einer aktiven Allianz zur weltweiten Verteidigung westlicher Sicherheitsinteressen bleiben für die Zukunft der NATO im 21. Jahrhundert noch einige Fragen offen. Für die Leistungsfähigkeit der Nordatlantischen Allianz werden über die militärisch-institutionellen Anpassungen hinaus vor allem politische Aspekte entscheidend sein. Deshalb initiierten die NATO und ihre Mitglieder im Frühjahr 2009 die Debatten zum Entwurf eines neuen Strategischen Konzeptes, dass Klarheit in Bezug auf die zukünftige Aufgabengestaltung der Allianz liefern sollte.

Der Entstehungsprozess lief primär in drei Phasen ab: Erst wurden mit Hilfe einer von Madeleine Albright geführten Expertengruppe eine Reihe von Leitfragen in zahlreichen Foren und staatlich organisierten Kongressen mit breiter Öffentlichkeitswirkung diskutiert und in Form einer Studie an den Generalsekretär der NATO, Anders Fogh Rasmussen, übergeben (NATO 2010a). Dieser war dann in den darauffolgenden Monaten selbst unmittelbar daran beteiligt, einen Rohentwurf für das Strategische Konzept zu entwerfen, der anschließend im September und Oktober 2010 mit den Nationen im NATO-Rat diskutiert wurde. Die endgültige Version wurde schließlich von den Staats- und Regierungschefs der NATO am 9. November 2010 in Lissabon verabschiedet.

Zu den im Vorfeld diskutierten Kernfragen gehörten die folgenden Punkte: Die NATO ist inzwischen eindeutig zum globalen Akteur geworden, doch zu welchem Zweck? Welchen Themen soll sich die NATO zukünftig widmen und in welchem Ausmaß? Energiesicherheit, Cyber-Defence, Seeüberwachung und Katastrophenschutz könnten Bereiche verstärkten Engagements der Allianz im 21. Jahrhundert sein, doch welche konzeptionellen, institutionellen und nicht zuletzt auch finanziellen Konsequenzen würden aus derart erweiterten Tätigkeitsfeldern für die Mitgliedstaaten resultieren? Droht sich die Allianz hier zu verzetteln, und soll sie sich nicht doch eher auf ihr Kerngeschäft militärischer Sicherheit konzentrieren? Können Aufgaben wie kollektive Verteidigung und globales Krisenmanagement die Zukunftsfähigkeit der NATO sichern? Oder würde eine derartige Selbstbeschränkung vielleicht doch auf eine allmähliche Marginalisierung des Bündnisses hinauslaufen? Selbst aus der aktuellen Kernaufgabe des Krisenmanagements resultieren schon zahlreiche Konfliktpotenziale und offene Fragen an alle Bündnismitglieder. Ist die Globalisierung dieser Aufgabe zukunftsweisend, oder wird die NATO dadurch politisch wie militärisch überlastet? Und was kommt danach? Die Tatsache, dass militärische Mittel allein kein erfolgreiches Krisenmanagement garantieren können, wird inzwischen allgemein anerkannt. Aber welche Konsequenzen soll man aus dieser Erkenntnis ziehen? Sollte die NATO die notwendigen zivilen und politisch-ökonomischen Instrumente zur Ergänzung ihrer militärischen Anstrengungen selbst entwickeln oder diese vielleicht doch besser durch eine verstärkte Zusammenarbeit mit anderen internationalen Organisationen wie der VN oder EU sozusagen „outsourcen"?

Das neue Strategische Konzept der Allianz liefert zumindest eine Reihe von Hinweisen, wenn schon nicht klare Antworten auf diese Fragen. Als zentrale Kernaufgaben der Allianz werden neben der kollektiven Verteidigung gegen jegliche Form der sicherheitspolitischen Bedrohung – einschließlich potenzieller neuer sicherheitspolitischer Herausforderungen, die aus Terrorismus, Cyberangriffen, Fragen der Energie- und Rohstoffsicherheit oder dem Klimawandel resultieren könnten – das Krisenmanagement und die kooperative Sicherheit genannt.

Die kollektive Verteidigung wurde ausdrücklich als zentrale Allianzaufgabe bestätigt und darüber hinaus auch auf neue Formen der Bedrohungen erweitert. Zum einen galt es hier, den seit der Georgienkrise im Sommer 2008 wieder verstärkten Sorgen der mittel- und osteuropäischen Staaten entgegen zu kommen, zum anderen wollte man auch die Anpassungsfähigkeit der Allianz an das neue, sich rasch wandelnde sicherheitspolitische Umfeld signalisieren, in dem die Interessen der Mitgliedstaaten durch mehr als nur militärisch-territoriale Bedrohungen gefährdet werden könnten. Dabei gilt es wiederum zu berücksichtigen, dass diese neuen Formen der Bedrohung zwar grundsätzlich das Potenzial für einen Artikel-5-Fall besitzen, jedoch primär zunächst eine Angelegenheit für den Artikel 4, d. h. für allianzinterne Konsultationen darstellen. Das potenzielle Konfliktthema der nuklearen Abschreckung wurde in diesem Zusammenhang durch den Beschluss zur Formulierung einer „Deterrence and Defence Posture Review" auf einen späteren Zeitpunkt vertagt. Allerdings konnte Deutschland hier keinen vorzeitigen Verzicht auf die letzten in Europa stationierten Atomwaffen erreichen, sondern musste sogar akzeptieren, dass „as long as there are nuclear weapons in the world, NATO will remain a nuclear Alliance" (NATO 2010b).

Die explizite Nennung der kooperativen Sicherheit als eine Aufgabe der Allianz auch nach außen hin resultiert vor allem aus der gestiegenen Notwendigkeit, den Dialog und die Partnerschaft über die bereits institutionalisierten Strukturen des EAPC und des MD sowie der ICI (Istanbul Cooperation Initiative) hinaus mit besonders relevanten Staaten und internationalen Organisationen im globalen Rahmen weiter zu entwickeln. Trotz des erklärten Willens, die Zusammenarbeit mit anderen internationalen Organisationen weiter auszubauen, gibt es auf diesem Weg noch viele Hindernisse zu überwinden, die zum Teil aus den unterschiedlichen Arbeitskulturen dieser Institutionen, zum Teil jedoch auch aus der unterschiedlichen Mitgliedschaft resultieren.

So hat sich zwar die Zusammenarbeit mit der VN als dem wichtigsten Mandatgeber beim Krisenmanagement der Allianz seit der Unterzeichnung der VN-NATO Declaration 2008 (NATO 2011d), vor allem aber seit der engen Abstimmung in Kooperation in der Libyen-Krise im Sommer 2011 deutlich verbessert. Dennoch gibt es bei einigen Mitgliedstaaten des Sicherheitsrates, vor allem bei Russland, immer wieder Bedenken in Bezug auf eine zu enge Kooperation der beiden Institutionen. Gleichzeitig gibt es auch im VN-Apparat selbst immer wieder gewisse Hemmungen, wenn es um die Zusammenarbeit mit einer primär militärischen Organisation wie der NATO geht. Umgekehrt ließen sich auch innerhalb der Allianz mitunter Unzufriedenheit mit der Arbeitsweise und den bisweilen nur langsam vorangehenden politischen Bemühungen der VN beobachten, von deren Umsetzung ein nachhaltiger Erfolg des Bündnis' zum Beispiel in Afghanistan abhängig ist.

Auch das Verhältnis zur EU ist weiterhin sehr problematisch, nicht nur aufgrund der Spannungen zwischen der Türkei, Zypern und der Europäischen Union, die derzeit praktisch jede Formalisierung einer institutionellen Zusammenarbeit verhindern. Vor dem Hintergrund, dass ein erfolgreiches Krisenmanagement der Allianz u. a. auf dem Balkan von den politischen und militärischen Beiträgen der EU abhängig sein wird, stellt der relativ langsame und komplizierte Arbeitsstil der EU ein zusätzliches Problem für die NATO dar. Dies war beispielsweise im Zusammenhang der Entwicklung der EU-Polizeimission in Afghanistan zu beobachten, die erst nach vielen Verzögerungen und internen Konflikten angelaufen und deren volle Einsatzfähigkeit erst nach über einem Jahr erreicht worden war (vgl. Kramer 2008). Auch beim Schutz von VN-Lebensmittellieferungen nach Somalia am Horn von Afrika musste die NATO mit der Mission Allied Provider (NATO einspringen, als sich aufgrund der langwierigen Vorbereitungsarbeiten in der EU eine zeitliche Lücke von fast drei Monaten zwischen dem von Kanada bis Oktober 2008 gestellten Geleitschutz und der Aktivierung der EU-Mission Atalanta im Dezember 2008 auftat (NATO 2013a).

Dagegen lässt sich beobachten, dass die fast schon klassischen transatlantischen Spannungen im Verhältnis zwischen NATO und EU, die zwischen 1991 und 2001 noch ein Haupthindernis für die Weiterentwicklung jeglicher institutioneller Kooperation darstellten, in den letzten Jahren deutlich an Bedeutung verloren haben. Angesichts der hohen Belastung der USA, die in zahlreichen Krisenherden der Welt engagiert sind, scheint sich der vormalige Widerstand gegen eine stärkere Rolle der EU im Krisenmanagement praktisch aufgelöst zu haben. Trotz einer zunehmend reibungslosen Zusammenarbeit in der Praxis bleiben die politischen Hürden der *institutionellen* Zusammenarbeit allerdings noch immer erheblich. So werden auch die Diskussionen um den vielversprechenden *comprehensive approach*, der die internationalen Organisationen in ein gemeinsames Dachkonzept einbinden soll, noch immer von Hierarchie- und Kapazitätsfragen begleitet, deren Lösung wohl noch Jahre auf sich warten lassen wird. Die während der Libyen-Krise wieder sichtbar gewordenen Probleme der Europäischen Sicherheits- und Verteidigungspolitik (Kempin/Ondarza 2011) scheinen eine enge Anlehnung an die transatlantische Partnerschaft weiterhin unverzichtbar zu machen. Angesichts der aktuellen finanziellen Einschränkungen und der verschiedenen damit eng zusammenhängenden Umstrukturierungen bzw. Reduzierungen europäischer Streitkräfte wird daher auch das Thema der transatlantischen Lastenteilung so schnell nicht von der Tagesordnung der Allianz verschwinden. Auf diese Problematik wird im Zusammenhang mit Deutschlands Rolle in der NATO noch einmal zurückzukommen sein.

Die anhaltende Schwäche der Europäischen Sicherheits- und Verteidigungspolitik (ESVP) spielt auch eine Rolle bei der anhaltenden Bereitschaft der europäischen Nicht-NATO-Staaten Schweden, Finnland, Irland oder Österreich, sich an den Allianzoperationen in Afghanistan oder dem Kosovo aktiv mit eigenen Streitkräften zu beteiligen. Vor allem der Afghanistan-Einsatz, der zwischenzeitlich eine internationale Koalition von 50 Staaten umfasste und neben den europäischen Nicht-NATO-Partnern auch globale Partner wie Australien, Bahrain, Kolumbien oder Tonga mit einschloss, diente als Erfahrungsbasis und Antrieb für die Weiterentwicklung einer weitgehenden Informations- und Entscheidungsteilhabe, die jedoch die Entscheidungshoheit des NATO-Rates selbst in keiner Weise antastet. Die Prinzipien dieser „*decision-shaping*" genannten Beteiligung von Partnern in den NATO-Militäreinsätzen sind im *Political-Military Framework* (PMF) festgelegt, dessen überarbeitete Version auf dem Außenministertreffen in Berlin im April 2011 genehmigt wurde (NATO 2011c). Auf diese Weise wird möglichen Truppensteller-Staaten ohne Bündnismitgliedschaft ein ausreichendes Maß an militärischer Kooperation und politischer Mitwirkung für den Fall zugesichert, dass sie sich an NATO-Operationen im Rahmen des Krisenmanagements beteiligen wollen.

Mit Bezug auf die Rolle der Allianz im Krisenmanagement wird im neuen Strategischen Konzept zwar einerseits die Notwendigkeit betont, dazu prinzipiell weltweit in der Lage zu sein, was entsprechende Fähigkeiten zur globalen militärischen Machtprojektion einschließt, andererseits jedoch eine Rolle als „Weltpolizist" ausdrücklich abgelehnt. Jeglicher Einsatz der Allianz bleibt einer Einzelfallentscheidung vorbehalten, die nur zustande kommen wird, wenn die Interessen der Mitgliedstaaten ausreichend berührt sind. Wenn es zukünftig gilt, die westlichen (Sicherheits-)Interessen weltweit zu verteidigen, so bleibt allerdings zu fragen, was denn diese Interessen sind, wer sie definiert und durch wen oder welche Entwicklungen sie eventuell bedroht sein könnten. Angesichts der heftigen transatlantischen Meinungsverschiedenheiten über die vom Irak unter Saddam Hussein ausgehende Bedrohung sowie über entsprechende Lösungswege scheint eines klar zu sein: Es wird in Zukunft nicht leichter werden, 28 oder zukünftig eventuell sogar noch mehr souveräne NATO-Mitglieder bei den anstehenden komplexen Fragen globaler Sicherheitspolitik auf einen Konsens einzuschwören. Dazu kommen die Folgeprobleme der Finanz- und Eurokrise, die seit 2010 zunehmenden Druck auf die Verteidigungsetats aller Mitgliedsstaaten ausübt. Selbst die in dieser Hinsicht am üppigsten mit Finanzmitteln ausgestatten US-Streitkräfte müssen unter dem hohen Kostendruck der amerikanischen Wirtschaftskrise und jahrelanger kostspieliger Kriegsführung inzwischen deutliche Budgeteinbußen hinnehmen (Die Zeit 2012/Handelsblatt 2013).

Entscheidend für das Gelingen dieser für wichtige gemeinsame Anliegen der westlichen Welt durchaus elementaren Aufgabe wird das Selbstverständnis der USA sowie einiger zentraler europäischer Nationen sein. Die Vereinigten Staaten werden sich entscheiden müssen, ob sie die Allianz als ein Instrument zur Bildung von flexiblen Koalitionen der Willigen *und* Fähigen nutzen wollen oder aber als eine feste Werte- und Interessengemeinschaft verstehen. Als Koalitionsschmiede würde die NATO praktisch auf ihre militärischen Aspekte reduziert. Ihre Primäraufgabe wäre nur noch die Gewährleistung des höchstmöglichen Maßes an Interoperabilität zwischen den Streitkräften ihrer Mitgliedstaaten. Dafür würde jedoch der mitunter langwierige und aufwändige Prozess der politischen Konsensbildung weitgehend entfallen und die Führungsnation der Allianz zu schnellem und militärisch effektivem Handeln befähigt. Dies käme einem Politikstil des „Multilateralismus *à la carte*" entgegen, bei dem Ziele und Mittel unilateral entschieden und diese anschließend in flexiblen Koalitionen durchgesetzt werden. Das Risiko einer derartigen Politik liegt allerdings in der fragilen Natur von Ad-hoc-Bündnissen. Gerade in schwierigen Situationen können sie leicht zerbrechen, was dann letztendlich zu einer Überlastung der Führungsnation oder sogar zum Scheitern des ursprünglichen Politikansatzes führen würde.

Eine multilateral angelegte Politik ist zwar in ihrem Entstehen zeit- und kraftaufwändiger, vermeidet aber das Fragilitätsproblem durch die allmähliche Herausbildung eines Konsenses, der eine feste Staatengruppe über längere Zeit an eine gemeinsame Politik bindet. Genau dies war die Stärke der NATO als stabile Werte- und Interessengemeinschaft in der

Zeit des Kalten Krieges. Allerdings muss auch festgestellt werden, dass wirklicher Multilateralismus nur auf einer Mindestbasis an Gleichberechtigung gedeihen kann. Aufgrund der relativen militärischen und politischen Schwäche der europäischen NATO-Staaten gegenüber ihrem mächtigen amerikanischen Partner kann davon momentan kaum die Rede sein. Daher müssen die europäischen Staaten sich ihrerseits entscheiden, ob sie auf Dauer Schützlinge oder Partner der USA sein wollen. Washington fordert schon seit langem mehr Bereitschaft der Europäer, ihre nationalen sicherheitspolitischen Anstrengungen deutlich zu erhöhen, oder – da dies angesichts der aktuellen Schuldenkrise in Europa praktisch nicht mehr realistisch wäre – zumindest die militärischen Transformationsbemühungen sowie die Kooperation deutlich zu verbessern. Sowohl in der NATO als auch in der EU wird seit 2010 viel über den „verteidigungsökonomischen Imperativ" und über Lösungskonzepte wie „Smart Defence" im Sinne einer verbesserten Rollenteilung (sharing) oder der gemeinsamen Anschaffung von kostspieligen Rüstungsprojekten (pooling) diskutiert (NATO 2011e), bisher aber noch ohne praktische Auswirkungen. Wenn die europäischen Staaten in der Außen- und Sicherheitspolitik nicht bald stärker als bisher an einem Strang zu ziehen, werden auf Dauer weder die einzelnen Nationen mit ihren „27 Bonsai-Armeen" (Mölling 2011:3) noch die EU als ihr kooperativer Zusammenschluss ein wirklicher Partner für eine multilaterale amerikanische Politik sein können. Damit aber wären einerseits die USA schon mangels glaubwürdiger Alternativen praktisch zu dem von Europa so heftig kritisierten Unilateralismus gezwungen, eine für die auf dem „Drei-Musketier-Gedanken" aufgebaute Nordatlantische Allianz höchst gefährliche Entwicklung (Daalder 2013). Andererseits könnte angesichts der aktuellen finanziellen und innenpolitischen Probleme der USA eine derartige Situation auch schnell zur völligen Handlungsunfähigkeit der westlichen Welt an sich führen, womit letztendlich ein erneutes Debakel wie beispielsweise in Ruanda 1994 drohen könnte, wo im nachträglichen Betrachten die Passivität der Staatengemeinschaft weit mehr Schaden angerichtet hatte, als jede noch so schlecht gemachte Intervention hätte verursachen können.

Aber selbst wenn all diese Probleme bewältigt werden können steht das Bündnis zukünftig wahrscheinlich vor einer weiteren praktischen Herausforderung: „NATO is expected to shift its emphasis from operational engagement to operational preparedness" (NATO 2013b). Damit läuft die Allianz Gefahr, die in den Einsätzen der letzten Jahre gewonnenen praktischen Fähigkeiten der multinationalen militärischen Kooperation auf allen Ebenen, strategisch, operativ ebenso wie taktisch, wieder zu verlieren – und damit einen Großteil ihrer weit über die rein summerische Addition von Truppen hinausgehende militärischen Stärke und damit auch ihrer Nützlichkeit auf dem Feld des internationalen Krisenmanagements. Die Antwort der NATO darauf war die *Connected Forces Initiative* (CFI), die Generalsekretar Rasmussen im Frühjahr 2012 auf der Münchener Sicherheitskonferenz vorstellte (NATO 2012). Ihr Kerngedanke ist, das derzeit erreichte Maß an Kooperationsfähigkeit der nationalen Streitkräfte durch besser koordinierte Ausbildungs- und Trainingsmaßnahmen, durch verstärkte gemeinsame Übungen sowie die effizientere Nutzung neuer Technologien aufrechtzuerhalten oder sogar noch zu steigern. Aber die letzten Jahre brachten für die NATO einige neue Schlagworte, aber selten genug auch greifbare Erfolge: "While the CFI is fraught with good intentions, it remains unclear whether it has any potential for success" (Willschick 2013). Wie auch bei Smart Defence liegt das Kernproblem im mangelnden Willen der Staaten, für eine spürbare kollektive Leistungssteigerung die nationalen Vorbehalte bezüglich der Lasten- und Kostenteilung, des gesicherten Zugriffs auf die gemeinsamen Fähigkeiten, sowie die weitgehende nationale Kontrolle über ihre Anwendung aufzugeben. Am Ende investieren die meisten Staaten ihre knappen Ressourcen dann doch in unilaterale Projekte, die bei allen Bemühungen um gegenseitige Abstimmung nur ein sehr begrenztes Maß an Interoperabilität erlauben.

Verstärkte Anstrengungen aller Bündnismitglieder sind umso notwendiger, als man feststellen muss, dass trotz der anhaltenden Kooperationsbereitschaft aller Mitgliedstaaten das ursprünglich hohe Ausmaß an gegenseitigem Vertrauen seit dem Ende des Kalten Krieges in einen langsamen Erosionsprozess geraten ist. Die allianzinternen Konflikte um Bosnien, Kosovo, Irak und Afghanistan haben immer wieder Bruchlinien in der Allianzsolidarität offenbart und dabei vor allem Fragen der Interessenkongruenz sowie der Lasten- und Risikoteilung aufgeworfen. Zwar existiert wie bereits geschildert nach wie vor eine ausreichende Basis für die Zusammenarbeit zwischen den Bündnispartnern, aber mit den deutlicher und enger gewordenen Grenzen der Solidarität ist auch ein fühlbar nüchterner, mitunter sogar kühlerer Umgang miteinander zu beobachten. Damit sinkt wiederum auch die Schwelle zur gegenseitigen Kritik, und gleichzeitig steigt die Bereitschaft zum Konflikt innerhalb der Allianz. Um eine immer schneller werdende Abwärtsspirale des gegenseitigen Misstrauens zu vermeiden, müssen sich alle NATO-Mitgliedstaaten auch nach der erfolgreichen Überwindung der Irak-Krise noch immer stark um eine allmähliche Verbesserung der gegenseitigen Vertrauensbasis bemühen. Die Praxis alltäglichen Handelns in den aktuellen Einsätzen wird hier von entscheidender Bedeutung sein, so schmerzhaft diese Erkenntnis gerade für das der Übernahme militärischer Aufgaben immer noch sehr zögerlich gegenüberstehende Deutschland ist. Die Bundesrepublik trägt als drittgrößter Beitragssteller und -zahler sowie als einflussreiche europäische Mittelmacht große Verantwortung für die Zukunft der Allianz.

4 Deutschland in der NATO

Die NATO gilt aus deutscher Perspektive sowohl als zentrales Element der europäischen Friedensordnung als auch als Garant für die gemeinsame transatlantische Sicherheit. Diese Doppelfunktion macht die NATO für die Bundesrepublik praktisch unverzichtbar. Darüber hinaus ist sie neben der EU und den VN das wohl wichtigste Instrument der deutschen Außenpolitik zur Beteiligung an oder sogar Beeinflussung von globalen sicherheitspolitisch relevanten Entwicklungen.

Diese prinzipielle Feststellung gilt trotz der Weiterentwicklung der Europäischen Union zu einem eigenständigen sicherheitspolitischen Akteur einschließlich eines neuen Ansatzes zur kollektiven Sicherheit, wie er im EU-Vertrag von Lissabon als „Solidaritätsklausel" verankert ist; dort heißt es im Artikel 188r: „Die Union und ihre Mitgliedstaaten handeln gemeinsam im Geiste der Solidarität, wenn ein Mitgliedstaat von einem Terroranschlag, einer Naturkatastrophe oder einer von Menschen verursachten Katastrophe betroffen ist"; außerdem soll die Union in einer derartigen Situation „alle ihr zur Verfügung stehenden Mittel, einschließlich der ihr von den Mitgliedstaaten bereitgestellten militärischen Mittel" mobilisieren (Amtsblatt der Europäischen Union, 2007: C306/100). Es zeigt sich, dass das europäische Sicherheitsversprechen schon aufgrund seiner Neuartigkeit durch den Mangel an gewachsenem Vertrauen in die Solidarität der Partner schwächer ist, dass hier aber vor allem die Anbindung an den transatlantischen Partner als letzte verbliebene Supermacht fehlt. Die institutionelle Einbindung der USA in die europäische Sicherheitspolitik im Sinne von militärischer Kooperation und politischem Dialog kann derzeit noch einzig und allein nur die NATO leisten.

4.1 Das deutsche Interesse an der Integration im Bündnis

Das bisherige Engagement der Bundesrepublik in der Nordatlantischen Allianz lässt sich aus der Perspektive nationaler Bündnispolitik grob in drei sehr unterschiedliche Phasen einteilen: Der Kalte Krieg bis ca. 1985, die Neuausrichtung europäischer Verteidigungspolitik bis zum Irak-Konflikt 2003/2004 und die in ihrer Ausrichtung noch unklare Phase einer deutlichen Renationalisierung der Sicherheitspolitik nach dieser bisher wohl schwersten transatlantischen Krise. Die Zeit des Kalten Krieges, im Wesentlichen zwischen 1955 und 1985, war aus westdeutscher Sicht vor allem durch den Wunsch nach Sicherheit und Gleichberechtigung im Bündnis bestimmt. Diese Zeit war aus allianzpolitischer Sicht vor allem von einer klaren Unterordnung nationaler Interessen unter die Gemeinschaftsinteressen der westlichen Staaten im Allgemeinen sowie der USA im Besonderen gekennzeichnet (Haftendorn 1986). Doch mit dem Ende der alten Bedrohungsszenarien rückten die Europäisierung der Sicherheitspolitik und die Neuaustarierung des transatlantischen Verhältnisses zunehmend ins Zentrum deutscher Außen- und Sicherheitspolitik. Der in der zweiten Phase einsetzende allmähliche Wandel der Schwerpunktsetzung wurde sowohl von der fortschreitenden europäischen Integration als auch von globalen Veränderungen und konkreten Krisenentwicklungen in Europas näherem Umfeld beeinflusst.

Auf der globalen Ebene hatten sich seit dem Ende des Kalten Krieges die Machtverhältnisse deutlich verändert (Immerfall/Kurthen 2008: 4). Auf der einen Seite gerieten die USA nach der Auflösung der Sowjetunion als ihrem direkten Gegenpart in eine historisch einzigartige Situation als die einzig verbliebene Supermacht mit globaler Reichweite. Doch während Amerika seine Streitkräfte frühzeitig zu transformieren begann, stagnierten die militärischen Fähigkeiten der Europäer. In den Balkankrisen der frühen 1990er Jahre wurde ihre Hilflosigkeit bei der militärischen Unterfütterung des europäischen Krisenmanagements offensichtlich.

Diese Erfahrung europäischer Schwäche trug erheblich dazu bei, die Tendenz zum unilateralen Handeln schon in der Endphase der Regierung Clinton zum dominierenden Element der amerikanischen Sicherheitspolitik zu machen. Gleichzeitig veränderten sich die wirtschaftlichen Kräfteverhältnisse durch das anhaltende Wirtschaftswachstum in vielen asiatischen Staaten ebenfalls zuungunsten der europäischen Nationen, deren Einflussmöglichkeiten auf globale Entwicklungen zusätzlich noch durch das Aufkommen neuer transnationaler Akteure eingeschränkt wurde. Die Bemühungen um eine Weiterentwicklung der europäischen Institutionen können in diesem Sinne auch als Versuch der Nationalstaaten verstanden werden, auf dem Wege der Integration einen Teil ihrer verlorenen Handlungsfähigkeit zurückzugewinnen.

Dabei wurde die Weiterentwicklung der sicherheitspolitischen Rolle der EU im Rahmen der zwischen 1990 und 1998 verfolgten Europäischen Sicherheits- und Verteidigungsidentität ESVI und später der auf dem Kölner EU-Gipfel 1999 eingeführten Europäischen Sicherheits- und Verteidigungspolitik ESVP von deutscher Seite aus immer auch von dem Ziel geprägt, zugleich den europäischen (und deutschen) Einfluss in der NATO zu erhöhen. In diesem Zusammenhang wurde die deutsche Allianzpolitik bis auf wenige Ausnahmen in der Regierungszeit von Gerhard Schröder, in denen der EU eindeutige Priorität zugewiesen wurde, vor allem vom Wunsch nach Parallelität und Komplementarität der Weiterentwicklung von NATO und EU geprägt. Auch und gerade in der Zeit der Großen Koalition unter Bundeskanzlerin Angela Merkel war die Bundesregierung überwiegend darum bemüht, die deutschen Interessen europäisch einzubetten und gleichzeitig transatlantisch zu verankern (Hacke 2006: 35). Diese klassische „Sowohl-als-auch-Politik" führte immer wieder dazu, dass sich die Bundesregierung in einer Vermittlerrolle zwischen Washington und London als den NATO-„Maximalisten" einerseits und Paris als Vertreter der NATO-„Minimalisten" andererseits wiederfand (Stelzenmüller 2003a). Dabei erntete man in Deutschland für diese schwierige

Position zwischen den Stühlen nicht immer nur Lob, sondern häufig genug auch Kritik von beiden Seiten.

Ein wichtiger Nebeneffekt der fortschreitenden europäischen Integration war eine verstärkte Binnenorientierung der Europäischen Union und ihrer Mitgliedstaaten in den 1990er Jahren, die nur durch größten Druck von Seiten der USA oder durch entsprechend bedrohliche internationale Krisen kurzfristig durchbrochen werden konnte. Schon der Kosovo-Konflikt hatte deutlich gemacht, dass die europäischen Staaten trotz einer steigenden Anzahl an sicherheitspolitischen Aktivitäten der EU weiterhin von der militärischen Schlagkraft der USA abhängig bleiben würden. Eine Arbeitsteilung in der Form eines in den NATO-Fluren eine Zeit lang recht beliebten Spruches: „the NATO fights, the UN feeds, and the EU funds", war ebensowenig attraktiv wie eine ähnliche transatlantische Version „in which Europe would concentrate on Europe and the United States on anything else" (Kagan 2004: 65).

Die Ereignisse nach den Anschlägen vom 11. September 2001, vor allem aber der in dieser Zeit dominante Rückgriff der USA auf unilaterale Handlungen als Reaktion auf die von Washington wahrgenommene Bedrohung durch den internationalen Terrorismus, machten eine Fortführung der eurozentrischen Politikausrichtung vorerst unmöglich. Die europäischen Staaten mussten auf die neue sicherheitspolitische Lage reagieren. Nach anfänglich betonter Solidarität mit den Vereinigten Staaten als Ziel dieser Anschläge geriet das im weitesten Sinne an der Idee der „Zivilmacht Deutschland" (Maull 2007) orientierte sicherheitspolitische Selbstverständnis der Regierung Schröder zunehmend in Konflikt mit der als „bellizistisch" und konfrontativ wahrgenommenen US-Politik des „global war on terrorism". Die militärische Intervention der USA und einiger europäischer Verbündeter in Afghanistan im Spätherbst 2001 wurde noch von einer breiten politischen Koalition getragen. Allerdings stieß sowohl die aggressive Rhetorik der neokonservativen Führungsschichten in Washington als auch das bewusste Ignorieren der mit der Aktivierung des Artikels 5 symbolisierten Bündnissolidarität in der NATO vielen europäische Partner vor den Kopf. Der nun offen verkündete amerikanische Unilateralismus zwang einige Staaten geradezu zur Rückbesinnung auf die EU als wichtigstes Instrument zur Potenzierung ihres Einflusspotenzials auf der globalen Ebene.

Mit dem Konflikt um das richtige Vorgehen gegenüber dem Irak unter Saddam Hussein fand auch die neue europäische Schwerpunktsetzung in der deutschen Sicherheitspolitik ihren bisherigen Höhepunkt. Die damit ausgelösten deutsch-amerikanischen Spannungen spiegelten sich u. a. in der Bündnispolitik der Regierung Schröder wider, die unter dem Stichwort „deutscher Weg" (Die Welt 2002) die neuen sicherheitspolitischen Handlungsspielräume aktiv für die Ausgestaltung einer selbstbewussteren transatlantischen Politik umzusetzen suchte. Dies erschien angesichts der zunehmenden Schwerpunktverlagerung in der US-Sicherheitspolitik weg vom europäisch-atlantischen und hin zum asiatisch-pazifischen Raum eine notwendige Maßnahme zur Aufrechterhaltung der Relevanz Europas im sicherheitspolitischen Denken der USA zu sein. Erstmals in der bundesrepublikanischen Geschichte wurden dabei die zu erwartenden transatlantischen und bündnispolitischen Konsequenzen eindeutig den innenpolitischen Erwägungen untergeordnet (Schöllgen 2004: 9). Doch unabhängig davon, ob man die NATO-Politik unter Gerhard Schröder als konsequentes Ergebnis eines zunehmenden europäischen Selbstbewusstseins (Heisbourg 2005) oder als unrühmlichen Ausrutscher der bewährten transatlantischen Ausrichtung deutscher Sicherheitspolitik (Maull 2004 und Hellmann 2004) interpretiert, liegen dieser Entwicklung die bereits angesprochenen strukturellen Veränderungen auf globaler wie transatlantischer Ebene zugrunde. So war im ersten Jahrzehnt des neuen Jahrhunderts nicht nur in Deutschland, sondern insgesamt innerhalb Europas ein zunehmender nationaler Egoismus zu beobachten, der auch die zukünftige Allianzpolitik mit beeinflussen wird.

Das Vorgehen der USA in Afghanistan und mehr noch im Irak kam praktisch einem zeitweisen Rückzug der Vereinigten Staaten aus der Bündnisintegration in der NATO gleich. Diese Entwicklung, teilweise schon als „das Ende des Westens" charakterisiert (Kupchan 2002), wurde zwar von einer Minderheit in der EU sogar als Chance für die Emanzipation Europas vom übermächtigen transatlantischen Partner wahrgenommen. Doch obwohl die EU seit 1999 eine Vielzahl unterschiedlicher ziviler und militärischer Missionen erfolgreich durchführen konnte (siehe auch den Beitrag von Knelangen in diesem Band), wurde schnell klar, dass diese meist kleineren Einsätze eher eine symbolische Bedeutung hatten. Es war unübersehbar, dass die GSVP schon aus Mangel an strategischen Kernfähigkeiten mittelfristig keine wirkliche Alternative zu den wenigen, doch qualitativ wie quantitativ wesentlich anspruchsvolleren Einsätzen der NATO darstellen würde. Spätestens das Scheitern der deutsch-französisch-russischen Bemühungen, den drohenden Irakkrieg im Sicherheitsrat der Vereinten Nationen noch zu verhindern, und die parallel dazu zu beobachtende Spaltung der Europäischen Union (Weidenfeld 2003) machten selbst beim hartnäckigsten Pro-Europäer die Hoffnung auf ein Vereintes Europa als eigenständiger (Gegen-) Macht auf globaler Ebene zunichte.

Auch das Scheitern des europäischen Verfassungsvertrages durch die Ablehnung der Ratifikation in Frankreich und den Niederlanden 2005 trug zur Erkenntnis bei, dass beim gegenwärtigen Tempo der europäischen Integration zumindest mittelfristig die transatlantische Partnerschaft unverzichtbar bleiben wird (BMVg 2006: 30). Die Rückkehr Frankreichs in die Militärstrukturen der Allianz zeigte, dass auch in anderen europäischen Nationen das Vertrauen in die Leistungsfähigkeit einer integrierten EU-Sicherheitspolitik im Schwinden begriffen war. Das weitgehende Fehlen der EU/GSVP in der Libyen-Krise im Sommer 2011 hat gerade durch den Kontrast zum anhaltenden Integrationsdruck auf wirtschaftlichem Gebiet diese Schwäche nur noch offensichtlicher werden lassen: „[...] Maastricht, Amsterdam, Nizza, Lissabon, GASP, ESVP, EVP – all das gibt es nur auf dem Papier. Europas Regierungen betreiben reinsten Unilateralismus" (Korkisch 2011). Die Konsequenz dieser Entwicklung für die deutsche Sicherheitspolitik kann nur in einer erneuten Priorisierung der Nordatlantischen Allianz als letztem verbliebenen Instrument zur transatlantischen Anbindung der USA und zum fortgesetzten strategischen Dialog mit den Entscheidungsträgern in Washington liegen. Die NATO war schon nach dem Irak-Krieg für Deutschland und Europa praktisch die letzte Instanz zur Beeinflussung der amerikanischen Außen- und Sicherheitspolitik für den Fall, dass alle anderen bi- und multilateralen Ansätze der Einbindung erfolglos geblieben sein sollten. Nun aber liegt in der transatlantischen Partnerschaft die wohl einzig verbliebene Hoffnung, bei sicherheitspolitischen Themen auf globaler Ebene mittelfristig überhaupt noch mitreden zu können.

Umgekehrt bewirkten die amerikanischen Fehler im Irak-Konflikt und die augenscheinliche Überdehnung der kurz zuvor noch fast unbegrenzt wirkenden Machtfülle auch in den USA eine allmähliche Rückbesinnung auf die transatlantische Partnerschaft und auf die Vorteile der institutionalisierten Konsultations- und Kooperationsgremien der NATO. In Washington setzte sich nach 2005 offensichtlich immer stärker die Erkenntnis durch, dass die NATO sowohl in Bezug auf das Potenzial an leistungsfähigen und -willigen Partnern als auch in Bezug auf die Durchhaltefähigkeit selbst in politisch wie militärisch schwierigen Phasen sogar für die mächtigen USA mittelfristig unersetzlich sei. Das Ergebnis dieser Entwicklung auf beiden Seiten des Atlantiks ist eine spürbare Revitalisierung der transatlantischen Partnerschaft und damit auch der NATO als ihrem institutionalisierten Kernbereich. In gewisser Weise hat diese neue Einstellung in Washington zu den europäischen Partnern in der Selbstbeschränkung während der Libyen-Krise im Sommer 2011 ihren neuen Höhepunkt gefunden. Erstmals überließen die USA ihren europäischen Verbündeten in Paris und London die Führung in einer militärisch durchaus anspruchsvollen Mission, obwohl – oder vielleicht sogar gerade weil – diese weiterhin von amerikanischen Fähigkeiten abhängig blieben (Washington Post 2011). Ob sich daraus ein neuer Trend im Sinne einer transatlantischen Arbeitsteilung, ein nur zeitlich begrenzter Ansatz des „leading from behind" oder aber sogar eine drohende Wiederkehr des US-Isolationismus ableiten lässt, ist zur Zeit noch völlig offen. Aber auf jeden Fall symbolisiert der Libyen-Einsatz eine fast revolutionäre Abkehr vom amerikanischen Unilateralismus unter George W. Bush, wie sie noch vor wenigen Jahren unvorstellbar gewesen wäre.

Das heißt nun nicht, dass die Allianz wieder in eine Phase der völligen Harmonie eingetreten sei. Stattdessen kann man bei Themen wie dem Afghanistaneinsatz, dem Erweiterungsprozess, der Raketenabwehr oder möglichen neuen Aufgaben für die Allianz im Bereich Energiesicherheit oder Cyberabwehr noch immer deutliche Unterschiede in der Bedrohungsanalyse und den jeweiligen sicherheitspolitischen Antworten darauf beobachten. Dennoch hat sich insgesamt im Bündnis inzwischen wieder ein pragmatisch-kooperativer Umgang der Partner miteinander durchgesetzt.

Für die deutsche Sicherheits- und Militärpolitik resultiert daraus zur Zeit die Notwendigkeit, weiterhin drei politische Handlungsebenen aufeinander abzustimmen: Erstens geht es darum, trotz zunehmend knapper Finanzmittel die nationalen Grundlagen für das eigene Gewicht in der internationalen Politik zu verbessern, u. a. auch durch die Fortsetzung der finanz- und innenpolitisch nicht unumstrittenen Transformation der Bundeswehr. Zweitens wäre es wichtig, die europäische Integration auch auf dem Gebiet der Außen- und Sicherheitspolitik weiter voranzutreiben. Hier gälte es vor allem durch bessere Arbeitsteilung, gemeinsame Rüstungsanschaffungen und intensivere Kooperation in der Ausbildung neue Synergien freizusetzen, um so langfristig eine gemeinsame Handlungsfähigkeit zu gewährleisten, die national praktisch nicht mehr aufrecht zu erhalten ist. Das Motiv dahinter liegt jedoch nicht mehr allein in der Weiterentwicklung der EU zum global handlungsfähigen sicherheitspolitischen Akteur. Vielmehr wird dabei seit geraumer Zeit immer auch oder sogar prioritär das Ziel einer partnerschaftlichen und komplementären Zusammenarbeit mit der NATO und des verbesserten strategischen Dialoges mit den USA verfolgt (CDU/CSU-Bundestagsfraktion 2008: 9). Das heißt konkret, dass sich alle Erfolge bei der sicherheitspolitischen Handlungsfähigkeit auf der europäischen Ebene an ihren praktischen Auswirkungen auf der transatlantischen Ebene messen lassen müssen.

Und drittens steht über den beiden genannten Aspekten immer die Notwendigkeit, im Zweifelsfalle der transatlantischen Bündnispolitik zumindest vor den innereuropäischen Belangen die absolute Priorität zu geben (Immerfall/Kurthen, 2008: 3). Ob dabei den allianzpolitischen Zwängen wie in der Zeit des Kalten Krieges absoluter Vorrang auch vor den innenpolitischen Erfordernissen einzuräumen ist, bleibt noch abzuwarten. Aber innenpolitisch begründete Alleingänge wie im Libyen-Konflikt würden nicht nur dem deutschen Einfluss im Bündnis durch das „unheilvolle Gerede vom nächsten deutschen Sonderweg" schaden (Süddeutsche Zeitung 2011), sondern langfristig sowohl eine integrierte europäische Außen- und Sicherheitspolitik unmöglich machen als auch die Solidarität innerhalb der NATO schon durch den verstärkten Zwang zu allianzinternen „coalitions of the willing" dauerhaft gefährden. Sowohl eine verbesserte militärische Arbeits- und Rollenteilung als auch integrierte Strukturen oder gemeinsam beschaffte und unterhaltene Fähigkeiten wie das Luftraumüberwachungssystem AWACS sind in jeder Einsatzsituation erneut von der Bereitschaft aller Anteilseigner abhängig, sich an ihrer praktischen Verwendung auch wirklich zu beteiligen. Gerade angesichts der derzeitigen finanziellen Engpässe ist die aktuelle Linie eines regelmäßigen „Nicht mit uns" keine zukunftsträchtige Option (Die Zeit 2011b), macht sie doch praktisch alle Bestrebungen zum Aufbau kostengünstigerer multinationaler Strukturen sowohl auf EU- als auch der NATO-Ebene zunichte.

Ein weiterer Rückfall in nationale Egoismen an allen Fronten kann also diesbezüglich gerade angesichts der finanzpolitischen Sachzwänge auf der einen und der drohenden Marginalisierung Europas auf der globalen Ebene auf der anderen Seite nicht im deutschen Interesse sein. In den Eckpunkten für die Neuausrichtung der Bundeswehr postuliert Verteidigungsminister Thomas de Maizière: „Deutschland nimmt als gestaltendes Mitglied der internationalen Staatengemeinschaft seine Interessen wahr und setzt sich aktiv für eine bessere und sichere Welt ein. Wir wollen als verlässlicher Partner in einem vereinten Europa dem Frieden der Welt dienen" (BMVg 2011). Aber diese politische Rhetorik steht immer häufiger im Widerspruch zur bündnispolitischen Realität. Vor diesem Hintergrund wird die Wahrung nationaler Interessen im Bündnis wohl eine dauerhafte Herausforderung der deutschen Politik bleiben.

4.2 Deutsche Interessen innerhalb der Allianz

Die genannten übergeordneten Interessen bilden den Hintergrund und die Motivation für die dauerhafte Mitgliedschaft Deutschlands in der NATO, aber für die konkrete Politik innerhalb der Allianz stellen sie nur eine Art groben Rahmen dar. Die aktuelle Ausgestaltung der deutschen Bündnispolitik wird dagegen vor allem von den Bedürfnissen der Tagespolitik bestimmt, ohne dass dabei die langfristigen Rahmenbedingungen völlig in den Hintergrund geraten würden. Auch auf dieser konkreteren Ebene der praktischen Politik gibt es bestimmte Leitmotive der deutschen Politik, die jedoch etwas weniger offensichtlich und nur indirekt aus den jeweiligen deutschen Positionen zu den zahlreichen Aktivitäten und Plänen der Allianz abzuleiten sind. Es gilt jedoch zu berücksichtigen, dass die Haltung der deutschen Delegation dabei ebenso von den von Thema zu Thema schwankenden Kräfteverhältnissen innerhalb der NATO abhängig ist wie von den innenpolitischen Rahmenbedingungen und Vorgaben. Die geschickte Abstimmung und Verknüpfung eigener Positionen mit den Strömungen in der Allianz bei durchaus wechselnden Partnern und Koalitionen im bündnisinternen Entscheidungsprozess ist dabei eine der wesentlichen Leistungen der politischen und militärischen Delegationen.

Die zur Zeit wohl wichtigsten Themen auf der NATO-Agenda Deutschlands sind erstens die aktuellen Einsätze der Allianz in Afghanistan und Kosovo, zweitens die damit eng zusammenhängende Frage der Bewahrung militärischer Kernfähigkeiten einschließlich der noch immer dringend notwendigen Klärung des Verhältnisses der Allianz zu den anderen großen internationalen Organisationen wie den VN und vor allem der EU im Sinne eines umfassenden sicherheitspolitischen Ansatzes sowie drittens das Verhältnis zu Russland und alle damit zusammenhängenden Einzelthemen wie die Raketenabwehr und die Erweiterungsfrage. Andere aktuelle Themen wie die Frage nach der Globalisierung der NATO sowie mögliche neue Aufgaben der Allianz in Bereichen der Energiesicherheit, der Cyber-Abwehr oder der Seeüberwachung werden zumeist im Licht dieser drei Kernbereiche betrachtet und von deutscher Seite aus eher vorsichtig und zurückhaltend aufgenommen. Diese Auflistung hat keinerlei Anspruch auf Vollständigkeit, und auch die Prioritäten können je nach persönlicher, politischer oder ressortbedingter Perspektive wechseln. Die teilweise komplexen Inhalte und damit verbundene Probleme dieser Themenbereiche sollen im Weiteren zumindest kursorisch umrissen werden.

4.2.1 Deutschlands schwierige Rolle in den Einsätzen der NATO

Mit den Umbrüchen von 1990 hat sich Deutschlands sicherheitspolitische Rolle in Europa und der Welt deutlich verändert. Der ehemalige Frontstaat im Kalten Krieg ist inzwischen nur noch von Freunden und Partnern umgeben. Ein direkter militärischer Angriff scheint damit praktisch ausgeschlossen zu sein. Doch mit der Wiedervereinigung ist Deutschland auch eine größere Verantwortung für die Entwicklungen weit außerhalb seines direkten Umfeldes zugefallen. Dazu kommen neue sicherheitspolitische Risiken wie instabile Länder und Regionen, gescheiterte Staaten oder potenziell destabilisierende Auswirkungen des Klimawandels, neue

Bedrohungen wie Rohstoff- und Energieknappheit oder Cyber-Angriffe sowie neue transnationale Akteure auf den Feldern des Terrorismus und der Organisierten Kriminalität. Unter diesen Rahmenbedingungen musste Deutschland schrittweise eine aktivere und mehr thematisch als geografisch ausgerichtete Außen- und Sicherheitspolitik entwickeln. Dabei galt es, den gewachsenen Leistungsanforderungen der Partner und den eigenen Ambitionen gerecht zu werden, ohne die durch Vereinigungslasten, globale Wirtschaftsentwicklungen und die Euro-Krise beträchtlich eingeschränkte eigene Leistungsfähigkeit zu überfordern. Nicht zuletzt musste auch die grundsätzliche Skepsis der Bevölkerungsmehrheit gegenüber dem militärischen Instrumentarium der Sicherheitspolitik berücksichtigt werden (vgl. den Beitrag von Biehl/Jacobs in diesem Band).

Vor diesem Hintergrund ist es wenig überraschend, dass die deutsche Politik überwiegend reaktiv ausgerichtet blieb und in der Regel mehr von externen Entwicklungen vorangetrieben zu werden scheint als von klaren politischen Zielvorgaben. Dennoch hat sich die Bundesrepublik seit dem Ende des Kalten Krieges mit einigen wichtigen Initiativen in der NATO eingebracht. Dazu gehörte die zwischen 1989 und 1992 konsequent betonte „Politisierung" der Allianz, die u. a. ein klares Signal der Kooperationsbereitschaft an die damals noch existierende Sowjetunion aussandte. Inzwischen ist Deutschland innerhalb der Allianz praktisch zu einem ständigen Anwalt zur Verbesserung oder zumindest Aufrechterhaltung der NATO-Russland-Beziehungen geworden. Der Öffnungsprozess der Allianz in Richtung Osteuropa war ein weiteres wichtiges Thema, das von Deutschland innerhalb der NATO gerade anfangs deutlich vorangetrieben wurde. Außerdem gehörte die Bundesrepublik stets dann zu den aktivsten Nationen, wenn es um die Weiterentwicklung des Verhältnisses von NATO und EU ging, was allerdings allzu häufig mit seiner Position „zwischen den Stühlen" zusammenhing. Darüber hinaus übernahm Deutschland führende Funktionen erst für Einzelaspekte der Prager Fähigkeitsinitiative von 2002 und bereitet nun ein ähnliches Engagement im Rahmen der *Smart Defence* vor, entwickelte ein eigenes Konzept für die bis zu fünf deutschen *Provincial Reconstruction Teams* (PRTs) in Afghanistan, und auch das Einsatzkonzept von 2008 für den Afghanistan-Einsatz (NATO 2008b) entstand auf eine u. a. von Deutschland ausgehende Initiative hin. Letzteres war durchaus auch als „Abwehrmaßnahme" gegenüber dem Druck gedacht, den USA in Richtung Transformation und dem US-Konzept von PRTs ausübten. Die neue Strategie bot sich aus Berliner Sicht auch als langfristige militärische Exit-Strategie an. Dafür musste die Bundesrepublik jedoch den grundsätzlichen Kriegscharakter des Einsatzes akzeptieren und ihr militärisches Vorgehen auch diesbezüglich neu ausrichten. Dass dies erst unter dem Druck einiger schwerwiegender Vorfälle in Afghanistan und dem Rücktritt eines Verteidigungsministers möglich war, schmälert die Bedeutung nicht. Es war ein Schritt, dem auch im Bündnis angesichts der bekannten innerdeutschen Auseinandersetzungen um Kampfeinsätze eine gewisse Anerkennung gezollt wurde.

Diese Grundbeobachtung der vorsichtigen, eher reaktiven Entwicklungsschritte lässt sich auch bei den deutschen Streitkräften machen. Der Druck von Ereignissen wie dem ersten Irakkrieg 1991 und dem gewaltsamen Auseinanderbrechen Jugoslawiens machte nach 1990 die allmähliche Anpassung der nationalen Sicherheitspolitik sowie der Konzeption und Ausrüstung der Bundeswehr an die veränderten sicherheitspolitischen Rahmenbedingungen unabdingbar: So reagierte die Bundeswehr auch bei ihrer Reform unter Verteidigungsminister Scharping „auf die Verbindung von politischen Direktiven, Etatzwängen und operativen Erfahrungen im Einsatz mit einer neuen Streitkräftestruktur und der Einrichtung der teilstreitkraftübergreifenden Kategorien Eingreif-, Stabilisierungs- und Unterstützungskräfte" (Noetzel/Zapfe 2008: 8). Auch die „Neuausrichtung" der Bundeswehr nach 2010 hatte sich selbst das Motto „Vom Einsatz her Denken" gesetzt (Die Zeit 2010) und zielte ausdrücklich darauf ab, durch „den tiefgreifendsten Umbau seit ihrer Gründung 1955 ... auf jeden Fall schlagkräftiger" zu werden (Die Welt 2011).

In wenigen Jahren gelang es der Bundeswehr damit, sich von einer reinen territorialen Berufs- und Verteidigungsarmee zu einer reinen Freiwilligen- und Einsatzarmee zu wandeln, wenn auch mit einigen wichtigen innenpolitischen und finanziellen Beschränkungen. Inwieweit es der Bundeswehr mit diesen Reformen gelingt, ihr „Problem, aus 70.000 Stabilisierungskräften 7.000 dauerhaft einsetzbare Soldaten zu generieren" dauerhaft zu überwinden (Rühle 2011), bleibt jedoch unklar. Außerdem muss man noch berücksichtigen, dass trotz aller vor allem haushälterischen Grenzen dieser Transformationsanstrengungen die Interoperabilität mit der amerikanischen Führungsmacht im Bündnis stets höchster Orientierungs- und Leistungsmaßstab für die Bundeswehr sein muss. Auch rein militärisch bleibt also die Kooperationsfähigkeit in der NATO eine dauerhafte Herausforderung für die deutsche Sicherheits- und Militärpolitik.

Im Zuge dieser Anpassungsbemühungen hat sich die Bundeswehr mittlerweile zu einem „aktiv gestaltenden und vielseitig einsetzbaren" (Flechtner 2007: 9), letztendlich also unverzichtbaren Instrument einer pro-aktiven Außen- und Sicherheitspolitik entwickelt. Dieser Paradigmenwechsel ist jedoch in der deutschen Bevölkerung nur teilweise mit vollzogen worden, und die prinzipielle Reserviertheit gegenüber Militäreinsätzen der Bundeswehr dominiert insbesondere nach dem Kosovo-Einsatz wieder jeden sicherheitspolitischen Diskurs in Deutschland (Bauer/Seeger 2008). Von Seiten der Bundesregierung wurde u. a. deshalb auch stets die Kontinuität der so genannten „Kultur der Zurückhaltung" (Herzog 1996; Weisswange 2006) nach innen als auch nach außen betont.

Obwohl sich die Bundeswehr mit ihren schrittweise in Quantität und Qualität gesteigerten Einsätzen im Bündnis ebenso wie in den Einsatzländern viel Anerkennung erworben hat (Noetzel/Zapfe 2008: 7), erreichte diese „Salami-Taktik" (Stelzenmüller 2003b) der allmählichen Gewöhnung der Öffentlichkeit an neue Einsatzformen deutscher Streitkräfte spätestens mit dem Kosovo-Krieg ihre innenpolitischen Grenzen. Angesichts der mehrheitlichen Ablehnung einer aktiven Außen- und Sicherheitspolitik Deutschlands und der politisch zwar mitunter scharf kritisierten, jedoch von „gut zwei Drittel der Bevölkerung" mitgetragenen Enthaltung in der Libyen-Krise (Die Zeit 2011c) kann Deutschland fast schon eine „isolationistische Grundhaltung" (Fiebig 2008: 46) attestiert werden, die ein Engagement im Bereich des internationalen Krisenmanagement, insbesondere mit Rückgriff auf militärische Mittel, deutlich erschwert. Darüber hinaus haben die ebenfalls heftigen innenpolitischen Diskussionen um das Vorgehen der Bundeswehr bei der Bombardierung zweier von den Taliban entführter Tanklaster Ende 2009 die limitierenden Auswirkungen dieser innenpolitischen Rahmenbedingungen für die deutsche Allianzpolitik offensichtlich werden lassen.

Doch trotz der seit 1990 fast kontinuierlichen Reformen hielten auch die Strukturen und das Selbstverständnis der Bundeswehr nicht mit den aktuellen Entwicklungen und neuen Anforderungen Schritt. Angesichts neuer komplexer Stabilisierungsaufgaben, die auch die Fähigkeit zur militärischen Durchsetzung des Auftrages voraussetzen, zeigten die Probleme des deutschen Anteils der NATO-geführten KFOR bei den Unruhen im Frühjahr 2004 im Kosovo nur zu deutlich die Grenzen des noch unter Verteidigungsminister Rühe geprägten Selbstverständnis deutscher Soldaten als „Helfer, Retter, Schützer" (Adam 2006). Im Zuge des Afghanistan-Einsatzes wurden zusätzlich Mängel in Ausrüstung und Ausstattung der deutschen Soldaten öffentlich bekannt, die auf anhaltende Probleme bei der Transformation der Bundeswehr hinweisen (SZ 2008).

Vor dem Hintergrund anhaltender Forderungen der NATO-Partner nach verbesserter Lasten- und Risikoteilung und mit Rücksicht auf die innenpolitische Stimmungslage muss die Bundeswehr im Rahmen des ISAF-Einsatzes mit zahlreichen Einschränkungen, den sogenannten „Caveats", in Bezug auf ihr Aufgabenspektrum und ihre regionale Einsatzbereitschaft agieren (Noetzel/Zapfe 2008: 16). Die Anzahl deutscher Truppen in Afghanistan wurde schrittweise, aber jeweils nur auf anhaltendes Drängen der Verbündeten erhöht. Waren es im Dezember 2001 noch 1.200 Mann, so stieg die Zahl erst auf 2.500 (10/2003), im September 2005 dann auf 3.000, bald darauf auf 3.500 Mann (10/2007), ein Jahr später auf 4.500 in Afghanistan stationierte Soldaten, um schließlich auf erneutes Drängen der USA im Februar 2010 mit insgesamt 5.350 Soldaten den Höhepunkt zu erreichen. Diese letzte Verstärkung wurde allerdings bereits unter dem Vorbehalt beschlossen, zusammen mit den anderen NATO-Staaten bis 2014 die meisten dieser Soldaten wieder schrittweise abzuziehen und stattdessen im Rahmen der „Transition" die Verantwortung an die afghanischen Sicherheitskräfte abzugeben (NATO 2011f).

Kasten 1: Exemplarisch: Nationale Beiträge zu den NATO-Einsätzen in Afghanistan, Kosovo und Libyen *(Stand Juli 2011)*

NATO-Nation	ISAF	KFOR	Libyen	Total*	Non-NATO-Nation	ISAF	KFOR	Libyen	Total
Albanien	265	4	0	269	Armenien	125	35	0	160
Belgien	520	0	125	645	Australien	1640	0	0	1640
Bulgarien	600	10	0	610	Azerbaijan	95	0	0	95
Dänemark	750	35	120	905	Bosnia-Herzegovina	55	0	0	55
Deutschland	4800	950	0	5750	El Salvador	1	0	0	1
Estland	160	1	0	161	Finland	155	25	0	180
Frankreich	3925	305	1785	6015	FYROM/Mazedonien	160	0	0	160
Griechenland	160	150	240	550	Georgien	940	0	0	940
Großbritannien	10495	5	860	11360	Irland	7	13	0	20
Island	4	0	0	4	Jordanien	520	0	105	625
Italien	3950	560	835	5345	Kolumbien	0	0	0	0
Kanada	500	5	520	1025	Malaysia	30	0	0	30
Kroatien	320	20	0	340	Mongolei	115	0	0	115
Lettland	175	0	0	175	Montenegro	35	0	0	35
Litauen	235	0	0	235	Marokko	0	160	0	160
Luxemburg	11	22	0	33	Neuseeland	190	0	0	190
Niederlande	185	10	160	355	Österreich	5	465	0	470
Norwegen	410	5	130	545	Qatar	0	0	0	0
Polen	2580	295	0	2875	Singapur	20	0	0	20
Portugal	140	150	0	290	Schweden	555	60	120	735
Rumänien	1950	70	0	2020	Schweiz	0	220	0	220
Slowenien	310	0	0	310	Süd-Korea	475	0	0	475
Slowakei	80	320	0	400	Tonga	55	0	0	55
Spanien	1525	0	395	1920	Ukraine	20	135	0	155
Tsch. Republik	620	175	0	795	Vereinte Arab. Emirate	35	0	0	35
Türkei	1840	390	970	3200	Gesamt (Partner)	5233	1113	225	6571
Ungarn	435	235	0	670					
USA	90000	795	1420	92215					
Gesamt	126945	4512	7560	139017	Gesamt NATO + Partner	132178	5625	7785	145588

Auf diese Weise ist es der Bundesregierung trotz aller Widrigkeiten bisher gelungen, eine Art Balance zwischen der militärischem Handeln relativ kritisch gegenüberstehenden Bevölkerung einerseits und dem bündnisinternen Drängen auf eine aktive deutsche Beteiligung an der Lasten- und Risikoteilung dieses bisher wichtigsten und gleichzeitig schwierigsten Einsatzes der Allianz zu halten. Kritikern im Bündnis konnte man auf diese Weise immer wieder den bedeutsamen Anteil deutscher Soldaten am Afghanistan-Einsatz entgegenhalten. Mit der Maximalzahl von 5.350 Soldaten stellte Deutschland zwischenzeitlich immerhin den drittstärksten Beitrag in der ISAF nach den Briten (ca. 10.000 Mann) und den USA (ca. 90.000 Mann).

Dennoch gelang es der Bundesregierung nicht, die anhaltende Kritik einzelner Verbündeter an der „Risikoscheu" Deutschlands völlig zum Verstummen zu bringen, zumal 2011die Entscheidung der Bundesregierung gegen eine Teilnahme am Libyen-Einsatz der Allianz dieser Kritik neue Nahrung gab. Die Entscheidung, alle deutschen Soldaten von der militärischen Umsetzung des VN-Mandates zum Waffenembargo gegen Libyen abzuziehen, stellte mehr noch als die Enthaltung im VN-Sicherheitsrat einen Rückschritt in die sicherheitspolitische Isolation dar, der nicht nur im Bündnis auf Unverständnis stieß. Damit beraubt sich die Bundesrepublik immer wieder selbst der allianzpolitischen Früchte, die sie mit ihren Transformationsbemühungen und der Beteiligung an schwierigen Einsätzen wie im Kosovo, in Afghanistan oder bei der Pirateriebekämpfung mühsam erarbeitet hat. Da auch die Zustimmung in der deutschen Bevölkerung zur Beteiligung an Militäreinsätzen praktisch unabhängig vom Szenario mehr oder weniger konstant unterhalb von 50 Prozent bleibt, wird ein Engagement auch im Verbund mit den Partnern weiterhin einige schwierige politische Entscheidungen erfordern. Solange die Politik weiter vor einer grundlegenden sicherheitspolitischen Debatte zurückschreckt, wird die Bundesrepublik daher bei jeder neuen internationalen Krise wieder zu einem schmerzhaften Spagat zwischen innenpolitischen Rücksichtnahmen und außenpolitischen Erwartungen gezwungen bleiben.

4.2.2 Neue Einsatzkonzepte und das „System der kooperierenden Organisationen"

Die komplexen Herausforderungen des Stabilisierungsauftrages in Afghanistan erforderten auch auf institutioneller Ebene neue Lösungsansätze: „To achieve victory, the Alliance must have a Comprehensive Approach to civil-military operations encompassing its own resources, its cooperation with the international community, and most importantly its work with the Government of Afghanistan" (Petersen/Binnendijk 2008: 1). Vor dem geschilderten Hintergrund der deutschen Sicherheits- und Bündnispolitik ist es wenig verwunderlich, dass die Bundesrepublik sich seit Jahren aktiv für die Etablierung eines umfassenden sicherheitspolitischen Ansatzes auch auf internationaler Ebene einsetzt. In der Nordatlantischen Alllianz bemüht sich Deutschland mit anderen Nationen zusammen seit Längerem um die Etablierung eines umfassenden zivil-militärischen Ansatzes. Das auf dem Gipfeltreffen in Riga im November 2006 initiierte und auf dem Gipfel in Bukarest im April 2008 in Form eines „Action Plan" zur Implementierung des Beitrages der NATO zu einem *Comprehensive Approach* verabschiedete Konzept (NATO 2008c: 11) stellt das bisherige Ergebnis eines langen und schwierigen Konsensbildungsprozesses dar. Umfang und Reichweite des *Comprehensive Approach* waren dabei ebenso umstritten wie die spezifische Rolle der Allianz bei seiner Umsetzung. So heißt es in der Gipfelerklärung von Riga dazu: „Effective implementation of a comprehensive approach requires the cooperation and contribution of all major actors, including that of Non-Governmental Organisations and relevant local bodies ... [in order to] act in a coordinated way, and to apply a wide spectrum of civil and military instruments in a concerted effort that takes into account their respective strengths and mandates" (NATO 2008c: 11).

Allein diese Formulierung weist schon auf einige der Probleme bei der Konsensbildung hin, da hier die NATO ausdrücklich darauf beschränkt wurde, nur einen *Beitrag* zu leisten, und zusätzlich nicht von „dem" *comprehensive approach* die Rede war, sondern gezielt die schwächere Formulierung „a comprehensive approach" [Hervorhebung durch den Autor] gewählt wurde. Dahinter stand die Sorge einiger Staaten, dass die NATO sich im Namen des *comprehensive approach* eine koordinierende oder sogar führende Rolle gegenüber anderen Institutionen wie den VN, der OSZE oder der EU zuschreiben könnte. Eine derartige Entwicklung scheint jedoch eher unrealistisch zu sein, schon aus Sorge vor einer Art Selbstüberforderung von Seiten des Militärs. Soldaten können zwar in Konfliktsituationen die Zeit für politische und wirtschaftliche Stabilisierungsprozesse gewinnen, sind jedoch von deren Erfolg bei der eigenen Auftragserfüllung weitgehend abhängig. Damit erleben sie den Erfolgsdruck am unmittelbarsten und stärksten, werden sich jedoch ihrer eigenen Ohnmacht auch mit jedem Kontingentwechsel oder jeder Mandatsverlängerung wieder bewusst.

Vieles beim *comprehensive approach* erinnert an die Grundidee der sich gegenseitig unterstützenden Institutionen, die bereits Anfang der 1990er Jahre unter dem Begriff der „interlocking institutions" (oft als „interblocking institutions" belächelt) an vielfältigen Problemen gescheitert war (Theiler 2003: 217-230), nur dass es inzwischen noch komplizierter geworden zu sein scheint. Eine erfolgreiche Realisierung dieses Ansatzes bedingt letztendlich die Verknüpfung zahlreicher unterschiedlicher Prozesse auf vier verschiedenen Ebenen: Auf der strategischen Ebene müssten die im Krisenmanagement engagierten Institutionen ihre jeweiligen Beiträge definieren und die dazugehörenden Konzepte und Kapazitäten aufeinander abstimmen. Obwohl alle diesbezüglich relevanten Institutionen einen fast identischen Kern an Mitgliedstaaten aufweisen, stellt die Überwindung der unterschiedlichen Denkkulturen und organisatorischen Schwerpunktsetzungen eine enorme Herausforderung dar: „... in der Praxis scheitern diese Bemühungen oft an unterschiedlichen Problemwahrnehmungen und Lösungsansätzen, aber auch an Reformunwilligkeit und unzureichender Ausstattung" (Major/Schöndorf 2011:1). Die Bilanz auf dem Gebiet der Organisationszusammenarbeit fällt noch immer recht gemischt aus. So funktioniert die Kooperation im Einsatz zwischen NATO und EU auf der Arbeitsebene weitgehend problemlos, doch auf der politischen Ebene gibt es vor dem Hintergrund der türkisch-zypriotischen Situation kaum Fortschritte. Bei den VN dagegen gab es durchaus Fortschritte bei der Überwindung der gegenseitigen Vorbehalte, nicht zuletzt aufgrund der engen und reibungslosen Abstimmung beim Libyen-Einsatz. Dennoch gibt es in der großen VN-Organisation noch viele, die jeglicher Zusammenarbeit mit der militärdominierten NATO noch immer äußerst skeptisch gegenüberstehen.

Auf der operativen Ebene der Hauptquartiere und Planungszentren müssen Planung und vorbereitende Ausbildung konzipiert und die operative Führung eines Einsatzes konzeptionell koordiniert werden. Außerdem muss die Allianz schon im Sinne einer einfachen Kosten-Nutzen-Analyse über aktuelle *ad-hoc*-Ansätze hinauskommen – und seien sie im begrenzten Rahmen auch noch so erfolgreich (NATO 2008d). Dafür bedarf es eng aufeinander abgestimmter Fähigkeiten: „Well-coordinated capabilities must be planned and exercised; they require integrated training. Best practices and lessons learned must update training and education programmes to be understood and employed" (Petersen/Binnendijk 2008: 1). Diese personellen wie technischen Fähigkeiten trotz der aktuellen finanziellen Probleme zielgerichtet aufzubauen wird in den nächsten Jahren eine nicht zu unterschätzende Herausforderung darstellen.

Darüber hinaus gilt es, auf der taktischen Ebene im Einsatzland die praxisorientierte Umsetzung der eigenen Ansätze zusätzlich mit den lokalen Akteuren und den zahlreichen Nichtregierungsorganisationen abzustimmen. Diese stehen jedoch häufig dem Konzept im Allgemeinen ebenso wie einer intensiven Zusammenarbeit mit der Bundeswehr im Besonderen äußerst skeptisch gegenüber (beispielsweise bei Wagner 2011). Doch die am Einsatz beteiligten Akteure – Streitkräfte ebenso wie zivile Hilfsorganisationen – sind überwiegend nicht wirklich multinational organisiert, sondern rekrutieren sich noch immer primär aus nationalen Quellen und folgen dementsprechend auch nationalen Spielregeln und Einsatzkulturen. Daher bedingt eine erfolgreiche Umsetzung des *comprehensive approach* zusätzlich noch eine enge Abstimmung der unterschiedlichen verantwortlichen Ressorts auf nationaler Ebene sowie der Koordination mit den national ansässigen nichtstaatlichen Organisationen, die am Krisenmanagement als handelnde Akteure beteiligt sind (Noetzel/ Zapfe 2008: 9). Darüber hinaus gilt es auf nationaler Ebene auch den Aufbau „fester, entsprechend ausgebildeter und für internationale Einsätze jederzeit abrufbare Einsatzpools von zivilen Fach- und Führungskräften" (Flechtner 2007: 18) ebenso wie angemessen ausgebildete und ausgerüstete militärische Einheiten zur Verfügung zu stellen.

Aufgrund der zahlreichen Detailprobleme auf allen vier Ebenen droht dieser komplexe und anspruchsvolle Ansatz niemals sein volles Leistungspotenzial erreichen zu können. Die Tatsache, dass seine Realisierung enorme Anstrengungen und den Verzicht auf nationale wie ministerielle Egoismen bedingen würde, während der Ansatz gleichzeitig schon jetzt als rhetorisches Aushängeschild zur Beschwichtigung der aktuellen Kritik an den Unzulänglichkeiten der derzeitigen unbefriedigenden Einsatzrealität dienen kann, beinhaltet eine ständige Versuchung für die verantwortlichen Politiker. Unter dem Deckmantel eines *comprehensive approach* könnte man die Fortsetzung der bewährten „Salami-Taktik" betreiben, ohne schwierige innenpolitische Reformen in Angriff nehmen zu müssen. Man könnte den politischen Druck der Partner in Bezug auf verstärktes militärisches Engagement durch die Betonung der zivilen Elemente eines umfassenden Ansatzes reduzieren, ohne die kostspielige und innenpolitisch umstrittene militärische Transformation weiterzuführen.

Zur Realisierung des u. a. von Deutschland propagierten „umfassenden Ansatzes" gilt es also nicht nur diesen Versuchungen zu widerstehen, sondern auch ein Gleichgewicht zwischen den notwendigen institutionellen Anpassungen in VN, NATO und EU und den umfangreichen innenpolitischen Reformen des sicherheitspolitischen Apparates zu finden. Und dabei sollte klar sein, dass auch bzw. gerade ein umfassender sicherheitspolitischer Ansatz nicht ohne entsprechende finanzielle Aufwendungen zu realisieren sein wird.

4.2.3 Ein schwieriges Dreieck: Deutschland, Russland und die NATO

Ein weiteres schwieriges Thema sowohl für das Nordatlantische Bündnis als auch speziell für Deutschland sind die Beziehungen zu Russland. Die bilateralen Beziehungen zwischen Berlin und Moskau werden von einer komplexen Gemengelage bestimmt: „Deutschland hat ein Interesse, dass Russland einer Verschärfung der Sanktionen gegenüber Iran zustimmt; Deutschland will Russlands Zustimmung zur Autonomie des Kosovo; Deutschland will russische Rohstoffe, aber bitte keine russische Rohstoff-Außenpolitik; Deutschland will mehr Menschenrechte und transparentere Verhältnisse in Moskau" (Kornelius 2008). Sowohl in der EU als auch in der NATO agiert die Bundesrepublik in zahlreichen Themenbereichen von Iran bis zur Energiesicherheit und von der Menschenrechtspolitik bis zum Kosovo immer wieder als Anwalt russischer Interessen. So tritt Deutschland z. B. entgegen wiederholtem amerikanischen Drängen innerhalb der NATO für eine eher eingeschränkte Rolle der Allianz bei aktuellen Fragen der Energiesicherheit ein (Monaghan 2008), u. a. auch aus Rücksicht auf die russische Skepsis gegenüber der Vorstellung eines Bündniseinsatzes zum Schutze von Rohstoffinteressen ihrer Mitgliedstaaten.

Die deutsche Politik wird dabei immer wieder von der Hoffnung bestimmt, auf diese Weise die wiedererstarkte Rohstoffmacht in die westliche Politik einbinden zu können. Für Deutschlands Energiebedarf ist Russland mit seinem Erdöl- und Erdgasreichtum ein wichtiger, vielleicht sogar unverzichtbarer Handelspartner. Doch das Vertrauen in Moskaus Zuverlässigkeit hat aufgrund der innenpolitischen Entwicklungen (Die Zeit 2011d) und der bereits wiederholten Instrumentalisierung seiner Rohstoffe als außenpolitisches Druckmittel (Götz 2006: 16-19) stark nachgelassen. Dennoch bemüht sich die Berliner Außenpolitik noch immer sehr darum, Russland in Dialog und Interessenausgleich mit dem Westen einzubinden, wenn auch bisher ohne großen Erfolg. Weder bei der Iran- noch bei der Kosovopolitik war Moskau bisher zum Einlenken bereit. Auch die deutsche Rücksichtnahme auf russische Bedenken gegenüber einer weiteren Annäherung der Ukraine und Georgiens, denen man immerhin eine Mitgliedschaft zu einem späteren (wenngleich nicht präzisierten) Termin zugesagt hat (siehe dazu NATO 2008c), oder die von Berlin stets in der NATO vertretene Forderung nach einer Berücksichtigung russischer Bedenken in der Frage der Raketenabwehr bewirkten bisher kein sichtbares Entgegenkommen in anderen Themenbereichen.

Diese deutlich pro-russische Politik wurde innenpolitisch immer wieder kritisiert. Der Bundesregierung wurde u. a. vorgeworfen, dass sie sich „in jedem dieser Fälle hätte […] anders entscheiden können. Es wären, im Großen und Ganzen, Entscheidungen zugunsten der EU oder der NATO gewesen, also zugunsten der Wurzeln des westlichen politischen Selbstverständnisses" (FAZ 2008b). Ein weiterer wichtiger Kritikpunkt war die Beobachtung, dass diese Politik wiederholt alte Ängste vor einer Achse Berlin-Moskau in Ländern Mittelosteuropas wie z. B. Polen weckte. Aber auch westliche Bündnispartner wie Frankreich, Großbritannien und die USA reagierten mitunter sichtbar verärgert auf die pro-russische Haltung der Bundesrepublik. Dennoch hat sich diese dezidiert russlandfreundliche Politik auch unter der liberal-konservativen zweiten Regierung Merkel nicht wesentlich geändert.

Deutschland ist jedoch gerade aufgrund seiner besonderen bilateralen Beziehungen zu Moskau einer der Mitgliedstaaten, die großen Einfluss auf die Weiterentwicklung des Verhältnisses zwischen der NATO und Russland haben. Mit Rücksicht auf die Sorgen der kleineren mittelosteuropäischen Partner in NATO und EU gilt es hier für die deutsche Politik noch viel Überzeugungsarbeit in Brüssel ebenso wie in Moskau zu leisten. Andererseits sind jedoch einige Allianzmitglieder durchaus dankbar dafür, dass die besonderen Beziehungen zwischen Berlin und Moskau mitunter eine Art bündnisinternes Gegengewicht zum immer mal wieder problematischen Verhältnis zwischen Russland und den USA darstellen.

So war die Bundesrepublik in enger Abstimmung mit den USA auch maßgeblich an den politischen Initiativen zum „Neustart" der NATO-Russland-Beziehungen nach 2008 beteiligt (Monaghan 2011). Trotz eines vielfältigen Entgegenkommens in den zahlreichen Verhandlungen sowie ernsthafter Kooperationsangebote sowohl bei der Bekämpfung der Drogenkriminalität in Afghanistan als auch der Piraterie am Horn von Afrika bleibt jedoch das Verhältnis der Allianz zu Russland immer noch spannungsgeladen. Neben Bündnisthemen wie der Raketenabwehr stehen auch die innenpolitischen Entwicklungen in Russland sowie fundamentale Meinungsunterschiede wie sie zuletzt im Streit über die Haltung der Staatengemeinschaft gegenüber dem Bürgerkrieg in Syrien (hier Beispielhaft Süddeutsche Zeitung 2013) einer gegenseitigen Annäherung im Wege. Es bleibt offensichtlich, dass sich hier immer wieder zwei völlig unterschiedliche Weltsichten gegenüberstehen, die kein wirkliches gegenseitiges Vertrauen aufkommen lassen. Deutschland wird auch in Zukunft immer wieder sehr vorsichtig agieren müssen, um zwischen Moskau und Brüssel ein Mindestmaß an Kooperation und Dialog aufrechterhalten zu können, ohne dabei jemals Zweifel an den bündnispolitischen Prioritäten in Berlin aufkommen zu lassen.

4.2.4 Weitere Themen und ergänzende Fragen

Ein weiterer schwieriger und gleichzeitig sehr bedeutender Aspekt wurde zwar schon häufig, jedoch jedesmal nur am Rande erwähnt, nämlich das Verhältnis zwischen den beiden zentralen Institutionen für europäische Sicherheit, NATO und EU. Solange die sich im Kalten Krieg allmählich weiterentwickelnden europäischen Institutionen prinzipiell nicht mit der Außen- und Sicherheitspolitik befasst waren, gab es das Problem praktisch nicht. Erst mit der Reaktivierung der sicherheitspolitischen Aspekte der Westeuropäischen Union (WEU) gegen Ende der 1980er Jahre stellte sich erstmals seit der Gründung der Allianz wieder die Frage, welche spezifischen Aufgaben europäisch oder transatlantisch zu bewältigen seien und welches Verhältnis die Institutionen untereinander entwickeln sollten. Die darüber geführten Debatten waren im Kern gleichzeitig immer auch transatlantische Auseinandersetzungen über den Einfluss und die Rolle der USA in Europa. Die 1999 beschlossene Überführung der sicherheitspolitischen Funktionen der WEU in die neugeschaffenen Strukturen einer eigenständigen Europäischen Sicherheits- und Verteidigungspolitik in der EU (ESVP) sowie deren allmähliche Ausweitung hin zu einem wirklich handlungsfähigen militärpolitischen Instrument im Rahmen der Gemeinsamen Außen- und Sicherheitspolitik (GASP) änderten daran prinzipiell nichts. Dennoch kam durch den – im Vergleich zur WEU, die mit wesentlich flexibleren Mitgliedschaftsformen ausgestattet war – exklusiven Charakter der ESVP ein neuer Störfaktor hinzu, der die Weiterentwicklung der institutionellen Kooperation zunehmend beeinträchtigen sollte.

Der klassisch-transatlantische Streit konzentrierte sich auf die Frage von Sinn oder Unsinn der Duplizierung von Fähigkeiten und Strukturen in NATO und EU oder auf etwaige aus nationalen Interessenserwägungen resultierende Priorisierungen jeweils einer der beiden Institutionen als „zuständigem" institutionellen Akteur in spezifischen Situationen. Nachdem diese Auseinandersetzungen im Nachklang des Irak-Konfliktes allmählich nachließen, rückten stattdessen die Probleme mit der Türkei immer stärker in den Vordergrund. Mit der praktischen Überführung der Funktionen der WEU zum Jahresende 1999 in die EU fühlte sich die Türkei bereits von den sicherheitspolitischen Diskussionen der europäischen Nationen ausgeschlossen. Dazu kamen noch die anhaltenden Spannungen um die Frage eines möglichen Beitritts der Türkei zur Europäischen Union, bei der zahlreiche EU-Staaten aus der Perspektive Ankaras vor allem eine Hinhaltetaktik betreiben. Die Aufnahme Zyperns im Jahr 2004 verschärfte die Spannungen noch zusätzlich, da sie erfolgte, ohne dass zuvor die Frage der Teilung der Insel gelöst worden wäre. Im Verlaufe dieser Entwicklung versuchte die Türkei zunehmend ihre Mitgliedschaft in der NATO als eine ihrer wenigen Möglichkeiten zur Beeinflussung der EU-Politik zu instrumentalisieren.

Vor diesem Hintergrund gestaltet sich die praktische Kooperation von NATO und EU sowohl in Afghanistan als auch im Kosovo als höchst problematisch. Das ursprünglich als Fortschritt gefeierte Rahmenabkommen zur institutionellen Zusammenarbeit von NATO und EU (insb. das 1993 vereinbarte und 2002 offiziell verabschiedete und die Kooperation von NATO und EU regelnde *Berlin Plus Agreement*) entpuppt sich unter seiner rigiden Auslegung durch die türkische Politik immer stärker als Hindernis für die Weiterentwicklung des Verhältnisses zwischen den beiden Institutionen. Darüber hinaus wäre im Rahmen des von Deutschland bewusst eingeforderten *comprehensive approach* eine reibungslose Zusammenarbeit von NATO und EU praktisch unabdingbar.

Eine Fortsetzung dieser Spannungen kann in keiner Weise im deutschen Interesse liegen, und man müsste größte diplomatische Anstrengungen zu ihrer Behebung erwarten. Dennoch hat man bisher nicht den Eindruck, dass die Ursachen dieses Konfliktes, die primär auf der Ebene der EU anzusprechen sind, wirklich in das Zentrum nationaler Politik gestellt werden würden, weder in Deutschland noch in einem anderen Land mit Führungsansprüchen innerhalb Europas. Stattdessen scheinen alle EU-Ratspräsidentschaften seit 2004 primär auf eine Fortführung der Politik des „muddling through" zu setzen. Im besten Falle gab es Initiativen zur Verbesserung der informellen Zusammenarbeit wie die französische Initiative zum regelmäßigen unverbindlichen Gedankenaustausch zwischen dem NATO-Generalsekretär und der Hohen Repräsentantin der EU-Außenpolitik (Kempin/Overhaus 2009). Das Kernproblem des türkisch-zypriotischen Verhältnisses wurde jedoch nie ernsthaft auf die Tagesordnung gesetzt. Gerade für Deutschland, das sich über Jahre hinweg immer wieder für die Weiterentwicklung der europäischen Sicherheitspolitik nicht auf Kosten, sondern eben zum Wohle der transatlantischen Partnerschaft eingesetzt hat, ist das eine enttäuschende Feststellung.

Über die angesprochenen aktuellen Probleme hinaus sollen hier auch die eher langfristigen Risiken für die deutsche Bündnispolitik kurz skizziert werden. Allerdings gilt es hier in noch stärkerem Ausmaß zu berücksichtigen, dass derartige Faktoren nur zum Teil und auch dann nur in höchst unterschiedlichem Ausmaß von nationaler Politik zu beeinflussen sein werden:

- An erster Stelle stehen hier *globale Entwicklungen* unterschiedlicher Art, die das relativ langsame Tempo der deutschen innen- wie außenpolitischen Anpassungsbemühungen an das sich wandelnde sicherheitspolitische Umfeld mit erneuten radikalen Umbrüchen ins Leere laufen lassen könnten. Ein Mitwirken an wichtigen globalen Institutionen wie VN, G8, OSZE, NATO und EU verspricht hier der einzig erfolgversprechende Weg zu sein, um die begrenzten nationalen Kapazitäten zur nachhaltig wirksamen Beeinflussung derartiger Entwicklungen zu bündeln.
- Eine zweite große Gefahr liegt in der möglichen Erosion der *institutionellen Strukturen*, auf die sich bisher die bundesrepublikanische Sicherheitspolitik stützt, allen voran die VN, die EU und die NATO. Eine derartige Entwicklung würde sich aus unterschiedlichen Quellen speisen, die sich nur zum Teil im Bereich deutscher Einflussmöglichkeiten befinden werden. Dennoch wäre es durchaus vorstellbar, dass z. B. die Unfähigkeit bzw. Unwilligkeit Deutschlands, seinen Anteil an der notwendigen Lasten- und Risikoteilung innerhalb der Allianz zu übernehmen – und sei dies auch nur in der Perzeption seiner Partner der Fall – durchaus zu einer derartigen Erosion institutioneller Strukturen beitragen könnte. Auch das Ausleben nationaler Egoismen innerhalb einer Institution könnte einer effizienten Arbeit der Institutionen sowie ihrer notwendigen Kooperation miteinander entgegenstehen. Hier ist es von entscheidender Bedeutung, das gewachsene Selbstvertrauen europäischer Nationalstaaten immer wieder mit den Notwendigkeiten der Kräftebündelung gegenüber globalen Entwicklungen auszubalancieren. Dazu kann und sollte deutsche Außen- und Sicherheitspolitik im eigenen Interesse stets aktiv beitragen.
- Drittens könnte auch eine mögliche Erosion *innenpolitischer Grundlagen* für eine aktive Außen- und Sicherheitspolitik den deutschen Einfluss im internationalen Konzept erheblich einschränken. Käme es zu anhaltenden wirtschaftlichen Problemen oder starken pazifistischen oder sogar isolationistischen Tendenzen in der öffentlichen Meinung bzw. in der politischen Landschaft, könnte dies die Handlungsspielräume der deutschen Politik in der NATO ebenso wie in anderen Institutionen massiv beeinträchtigen.

Schon länger wird das Gewicht der Bundesrepublik im Bündnis durch die zahlreichen Einsatzbeschränkungen und den relativ geringen Verteidigungsetat geschmälert (Kamp 2008b). Einige wichtige juristische Entscheidungen wie z. B. das Urteil zu dem AWACS-Einsatz mit deutscher Beteiligung zum Schutz der Türkei im Umfeld des Irakkriegs 2003, der trotz seiner präventiv-abschreckenden Funktion aufgrund seiner möglichen Konsequenzen nach Ansicht der Richter eines Parlamentsbeschlusses bedurft hätte (FAZ 2008a), oder die Entscheidung des Bundesverwaltungsgerichts vom Mai 2005, das eine sehr weite Interpretation der Gewissensfreiheit des Individuums auch innerhalb einer auf dem Grundprinzip von Befehl und Gehorsam ausgerichteten militärischen Streitkraft festschrieb, kommen noch erschwerend hinzu. Zusammen mit der bereits angeführten innenpolitischen Stimmungslage droht daher der sicherheitspolitische Spielraum zukünftig für jede Bundesregierung relativ eng zu werden.

Angesichts der geschilderten aktuellen Herausforderungen und der zum Teil sehr eng, im schlimmsten Falle sogar kausal miteinander verknüpften Risiken erscheint jedoch eine aktiv die regionalen wie globalen Entwicklungen beeinflussende Sicherheitspolitik für Deutschland unverzichtbar. Und dennoch tut sich Deutschland damit über sechzig Jahre nach dem Ende des zweiten Weltkrieges noch immer sichtbar schwer, hat man in Berlin noch immer ein fast „neurotisches Verhältnis" zu der Macht (auch für das nächste Zitat: Speck 2012), die dem wiedervereinigten Deutschland seit 1990 zugewachsen ist: „man sieht fast immer nur die Gefahren, weniger aber die Chancen und Notwendigkeiten von Machtausübung". Unter diesen Rahmenbedingungen eine gleichzeitig außenpolitisch vorsichtige und mit Rücksicht auf die eigenen Ressourcen und internen Spannungen ausbalancierte deutsche Sicherheitspolitik zu entwickeln und umzusetzen, bleibt eine Herausforderung für jede Bundesregierung. Ob und in welchem Ausmaß diese „Quadratur des Kreises" in den nächsten Jahren gelingen wird, bleibt abzuwarten.

Zur Vertiefung empfohlene Literatur

Mayer, Sebastian 2009: Europäische Sicherheitspolitik jenseits des Nationalstaats? Die Internationalisierung von Präventions- und Interventionsmaßnahmen in NATO und EU, Frankfurt a. M.: Campus.

Theiler, Olaf 2003: Die NATO im Umbruch. Bündnisreform im Spannungsfeld konkurrierender Nationalinteressen, Baden-Baden: Nomos.

Varwick, Johannes 2008: Die NATO. Vom Verteidigungsbündnis zur Weltpolizei?, München: C.H. Beck.

Weiterführende Fragen

1. Welche Interessen oder Ziele liegen der deutschen Bündnispolitik zugrunde?
2. Welche Kriterien müssten einer aktuellen Kosten-Nutzen-Analyse für die deutsche NATOMitgliedschaft zugrunde liegen?
3. Vor welchen Herausforderungen wird die Allianz in den nächsten Jahren stehen bzw. welche Aufgaben und Ziele werden ihre institutionelle Entwicklung weiter prägen?
4. Wie können militärische und zivile Konzepte des Krisenmanagements effektiver miteinander verknüpft werden?
5. Wie kann die Zusammenarbeit internationaler Organisationen beim Krisenmanagement weiter verbessert werden?

Quellen und Literatur

Adam, Rudolf 2006: Aktuelle Herausforderungen an die Sicherheitspolitik der Bundesrepublik Deutschland. Vortrag anlässlich der Abendveranstaltung der Kommandeurtagung des Heeresamtes zur Feier des 50-jährigen Bestehens, Bad Neuenahr, 7. Juni 2006, <http://www.baks.bundeswehr.de/portal/PA_1_0_P3/PortalFiles/02DB040000000001/W26V3K5Y744INFODE/060607_Aktuelle+Herausforderungen+an+die+Sicherheitspolitik+der+Bundesrepublik+Deutschland.pdf?yw_repository=youatweb>.

Amtsblatt der Europäischen Union 2007: C306, Ausgabe in deutscher Sprache, 50. Jg. vom 17. Dezember.

Ash, Timothy Garton 2004: Freie Welt. Amerika, Europa und die Chance der Krise, München: Hanser.

Asmus, Ronald D. 2003: Rebuilding the Atlantic Alliance, in: Foreign Affairs 82, 5, 20-31.
Asmus, Ronald D./Everts, Philip P./Isernia, Pierangelo 2004: Across the Atlantic and the Political Aisle. The Double Divide in U.S.-European Relations, The German Marshall Fund of the United States, <http://www.gmfus.org/publications/article.cfm?id=46>.
Auswärtiges Amt 2008: Enge deutsch-russische Beziehungen fortführen, 7. Juni 2008, <http://www.auswaertiges-amt.de/diplo/de/AAmt/BM-Reisen/2008/Russland-Mai/080514-Jekaterinburg-Moskau,navCtx=242798.html>.
Bauer, Thomas/Seeger, Sarah 2008: Politische Kommunikation zwischen politischen Eliten und Bevölkerung. Leitfaden für eine sicherheitspolitische Debatte in Deutschland (CAPAnalyse, Nr. 1), Centrum für angewandte Politikforschung: München, <http://www.caplmu.de/publikationen/2008/cap-analyse-2008-01.php>.
Bundesministerium der Verteidigung 2006: Weißbuch 2006 zur Sicherheitspolitik Deutschlands und zur Zukunft der Bundeswehr, Berlin, 25. Oktober 2006,<http://www.bmvg.de/portal/a/bmvg/sicherheitspolitik/grundlagen/weissbuch2006>.
Bundesministerium der Verteidigung 2011: Eckpunkte für die Neuausrichtung der Bundeswehr. Nationale Interessen wahren – Internationale Verantwortung übernehmen – Sicherheit gemeinsam gestalten, Berlin, 18. Mai 2011, <http://www.bmvg.de/portal/a/bmvg/!ut/p/c4/RYwxD4IwEEb_UVvCoHGTkKibcRFcSKGXcrFcyfUKiz9eGIzfS97ykk-_9AbZBb0VjGSDbnQ74KlfVT8tXiUcRuARUNIcAwq-VZ_JQVphZEWQPSSxQTL5zgF3_6if-7UDNUQC2S1Agps9W4ms5sgS9pKZt6LQ6dYUdWUK81vxOV6a670sD6a-VQ89T9P5C0f--B8!/>.
Bündnis90/Die Grünen 2001: Kritische Solidarität statt Ja und Amen. Zur Bereitstellung deutscher bewaffneter Kräfte im Kampf gegen den internationalen Terrorismus. Beschluss des 28. Parteirates des BÜNDNIS 90/DIE GRÜNEN, Berlin, 12. November 2001, <http://archiv.gruene-partei.de/gremien/PR/PR011112/PR011112MilitaerischeUnterstuetzung.pdf>.
CDU/CSU-Bundestagsfraktion 2008: Eine Sicherheitsstrategie für Deutschland. Beschluss der CDU/CSU-Bundestagsfraktion, Berlin, 6. Mai 2008, <http://www.euinfo.de/ download/?sicherheitsstrategie_bechluss_080506_1_1_.pdf>.
Daalder, Ivo 2013: Ambassador Ivo Daalder Remarks at Carnegie Europe, Brussels, June 17, http://nato.usmission.gov/sp-06172013.html.
Davis, Jacquelyn 2011: Die NATO nach 9/11. Die Sichtweise der USA, in: NATO-Review, 10 Jahre danach. Erkenntnisse, <http://www.nato.int/docu/review/2011/11-september/NATO-US-Perspective-9-11/DE/index.htm>.
Dembinski, Matthias 2006: Die Transformation der NATO. Amerikanische Vorstellungen und Risiken für Europa, Frankfurt a. M.: Hessische Stiftung Friedensund Konfliktforschung (HSFK-Report 11/2006).
Der Spiegel 2005: Ein schizophrener Krieg, in: Der Spiegel, Nr. 31, 01. August 2005, 82-90.
Die Welt - Online 2002: Schröders deutscher Weg, 06.08.2002, <http://www.welt.de/print-welt/article404934/Schroeders_deutscher_Weg.html>.
Die Welt – Online 2011: De Maizières Reform trägt Guttenbergs Handschrift, 21.09.2011, <http://www.welt.de/politik/deutschland/article13617726/De-Maizieres-Reform-traegt-Guttenbergs-Handschrift.html>.
Die Zeit 2010: Strukturkommission hält Verteidigungsministerium für ineffizient, 24.10.2010, <http://www.zeit.de/gesellschaft/zeitgeschehen/2010-10/bundeswehr-struktur-kommission>.
Die Zeit 2011a: Ohne Norwegen gegen Gadhafi, 11. Juni 2011, <http://www.zeit.de/politik/ausland/2011-06/libyen-einsatz-gadhafi>.
Die Zeit 2011b: „Platz an der Sonne". Atom- und Außenpolitik – der doppelte deutsche Sonderweg, 20.04.2011, <http://www.zeit.de/2011/17/P-Atompolitik-Aussenpolitik>.
Die Zeit 2011c: Gadhafis Truppen ziehen sich zurück, 23. April 2011, <http://www.zeit.de/politik/ausland/2011-04/libyen-misrata-gadhafi/komplettansicht>.
Die Zeit 2011d: Wahl in Russland. Lupenreine Diktatur, 08. Dezember 2011, <http://www.zeit.de/2011/50/01-Russland-Putin >.

Die Zeit 2012: US-Regierung kürzt Militär das Budget, 27. Januar 2012, <http://www.zeit.de/politik/ausland/2012-01/usa-militaer-haushalt>.

Ehrhart, Hans-Georg 2010: Homeward bound…, wherever: France's return to the military integration of NATO from a German point of view, in: European Security, 19, 1, 97-112.

Fiebig, Rüdiger 2008: Internationales Engagement Deutschlands, in: Bulmahn, Thomas/Fiebig, Rüdiger/Sender, Wolfgang (Hrsg.): Sicherheits- und verteidigungspolitisches Meinungsklima in der Bundesrepublik Deutschland, Strausberg: Sozialwissenschaftliches Institut der Bundeswehr, 45-57 (Forschungsbericht Nr. 84).

Flechtner, Stefanie 2007: In neuer Mission. Auslandseinsätze und die deutsche Sicherheitspolitik (Kompass 2020, Deutschland in den internationalen Beziehungen: Ziele, Instrumente, Perspektiven), Berlin: Friedrich-Ebert-Stiftung.

Frankfurter Allgemeine Zeitung 2008a: AWACS-Einsatz verfassungswidrig. „Über Krieg und Frieden entscheidet der Bundestag", 7.05.2008, <http://www.faz.net/s/Rub594835B672714A1DB1A121534F010EE1/Doc~E87BBC3592B8045BD8F59275E656EA000~ATpl~Ecommon~Scontent.html>.

Frankfurter Allgemeine Zeitung 2008b: Roter Teppich für Medwedjew, 5.06.2008, <http://www.faz.net/s/Rub7FC5BF30C45B402F96E964EF8CE790E1/Doc~EC32C9ADC7DE0DD9ABFFA7560B19CD0~ATpl~Ecommon~Scontent.html>.

Frankfurter Allgemeine Zeitung 2011: Unzuverlässiger Partner. in: FAZ-NET. Hintergründe vom 20.04.2011, <http://www.faz.net/aktuell/politik/bundeswehreinsatz-unzuverlaessiger-partner-1620839.html>.

Friedrich Ebert Stiftung 2011: Für eine Neuausrichtung deutscher Sicherheitspolitik. Arbeitskreis Internationale Sicherheitspolitik, Mai 2011, <http://library.fes.de/pdf-files/id/ipa/08080.pdf>.

Graw, Ansgar 2008: Bei Medwedjew und Merkel läuft es nicht rund, in: Die Welt, 5.06.2008.

Götz, Roland 2006: Deutschland und Russland – „strategische Partner"? In: Aus Politik und Zeitgeschichte, 11, 14-23.

Hacke, Christian 2006: Deutsche Außenpolitik unter Bundeskanzlerin Merkel, in: Aus Politik und Zeitgeschichte, 43, 30-37.

Haftendorn, Helga 1986: Sicherheit und Entspannung. Zur Außenpolitik der Bundesrepublik Deutschland 1955-1982, 2. Aufl., Baden-Baden: Nomos.

Haftendorn, Helga/Keck, Otto (Hrsg.) 1997: Kooperation jenseits von Hegemonie und Bedrohung. Sicherheitsinstitutionen in den internationalen Beziehungen, Baden-Baden: Nomos.

Haftendorn, Helga/Keohane, Robert O./Wallander, Celeste A. (Hrsg.) 1999: Imperfect Unions. Security Institutions over Time and Space, New York/Oxford: Oxford UP.

Handelsblatt 2013: US-Militär ächzt unter Sparvorgaben, 1.08.2013, <http://www.handelsblatt.com/politik/international/verteidigungsetat-us-militaer-aechzt-unter-sparvorgaben/8578024.html>.

Heisbourg, François 2005: Von der Atlantischen Allianz zur europäisch-amerikanischen Partnerschaft, in: Aus Politik und Zeitgeschichte, 38-39, 3-15.

Hellmann, Gunther 2004: Von Gipfelstürmern und Gratwanderern. „Deutsche Wege" in der Außenpolitik, in: Aus Politik und Zeitgeschichte, 11, 32-39.

Herzog, Roman 1996: Ansprache von Bundespräsident Roman Herzog anläßlich des 40. Jahrestages des Bestehens der Deutschen Atlantischen Gesellschaft e.V. im „Wasserwerk" des Deutschen Bundestages in Bonn am 5. März, <http://www.bundespraesident.de/Reden-und- Interviews/Reden-Roman-Herzog-,11072.12405/Ansprache-von-Bundespraesident.htm?global.printview=2>.

Hoffmann, Hans-Victor 1994: Demoskopisches Meinungsbild zur Sicherheits- und Verteidigungspolitik in Deutschland 1993, Strausberg: Akademie der Bundeswehr für Information und Kommunikation.

Immerfall, Stefan/Kurthen, Hermann 2008: Die transatlantische Wertegemeinschaft im 21. Jahrhundert, in: Aus Politik und Zeitgeschichte, 5, 3-8.

Jovin, Rebecca 2003: Die Bedeutung der EU Mission „Concordia" in Mazedonien für die ESVP, <http://www.weltpolitik.net/Sachgebiete/Internationale%20Sicherheitspolitik/ GASP/Grundlagen/Die%20Bedeutung%20der%20EU%20Mission%20%22Concordia%22%20in%20Mazedonien%20f%C3%BCr%20die%20ESVP.html>.

Kagan, Robert 2004: America's Crisis of Legitimacy, in: Foreign Affairs 83, 2, 65-87.

Kamp, Karl-Heinz 2008a: After the Summit. Long-Term Consequences for NATO, NATO Defense College: Rom (NATO Defense College Research Paper, No. 37).

Kamp, Karl-Heinz 2008b: Deutschlands Einfluss in der NATO schrumpft, in: Frankfurter Allgemeine Zeitung, 14.06.2008, 10.

Katsioulis, Christos/Pilger, Christoph 2008: Nuclear Weapons in NATO's New Strategic Concept. A Chance to Take Non-Proliferation Seriously, Bonn: Friedrich-Ebert-Stiftung (International Policy Analysis, May 2008).

Kempin, Ronja/Wagener, Anja 2003: Die Transatlantischen Beziehungen nach der Irak-Krise, Berlin: SWP (SWP-Zeitschriftenschau, ZS 06).

Kempin, Ronja 2008: Frankreich und die Annäherung von NATO und EU. Optionen der französischen Ratspräsidentschaft, Berlin: SWP (SWP-Aktuell, A 34).

Kempin, Ronja/Overhaus, Marco 2009: Kein großer Sprung in der Entwicklung der ESVP. Lehren aus der französischen Ratspräsidentschaft, <http://www.swp-berlin.org/fileadmin/contents/products/aktuell/2009A01_kmp_ovs_ks.pdf> (SWP-Aktuell Nr. 1/2011).

Kempin, Ronja/Ondarza, Nicolai von 2011: Die GSVP vor der Erosion? Berlin: SWP (SWP-Aktuell Nr. 25/2011).

Korkisch, Friedrich 2011: Syrien zeigt einen Schwachpunkt der EU. Gastkommentar in der Wiener Zeitung vom 07.06.2011, <http://www.wienerzeitung.at/meinungen/gastkommentare/44770_Syrien-zeigt-einen-Schwachpunkt-der-EU.html>.

Kramer, Sarah 2008: Einsatz mit beschränkter Haftung, in: Der Tagesspiegel, 14.05.2008, <http://www.tagesspiegel.de/politik/international/afghanistan/Eupol;art15872,2530350>.

Kriendler, John 2005: NATO Headquarters Transformation. Getting Ahead of the Power Curve, Surrey: Defence Academy of the United Kingdom.

Kornelius, Stefan 2008: Mit Putin handeln, in: Süddeutsche Zeitung, 15.10.2008.

Kupchan, Charles A. 2002: The End of the West, in: The Atlantic Monthly 290, <http://www.theatlantic.com/doc/200211/kupchan>.

Lätt, Jeanne/Öztürk, Asiye 2007: Zypern und die türkisch-europäischen Beziehungen, in: Aus Politik und Zeitgeschichte, 43, 33-38.

Lundestad, Geir 1998: „Empire" by Integration. The United States and European Integration 1945-1997, New York/Oxford: Oxford UP.

Major, Claudia/Schöndorf, Elisabeth 2011: Umfassende Ansätze. Vernetzte Sicherheit, Berlin: SWP (SWP-Aktuell 22/2011).

Maull, Hanns W. 2004: „Normalisierung" oder Auszehrung? Deutsche Außenpolitik im Wandel, in: Aus Politik und Zeitgeschichte, 11, 17-23.

Maull, Hanns W. 2007: Zivilmacht Deutschland, in: Schmidt, Siegmar/Hellmann, Gunther/Wolf, Reinhard (Hrsg.): Handbuch zur deutschen Außenpolitik, Wiesbaden: VS Verlag für Sozialwissenschaften, 73-84.

Mayer, Sebastian 2009: Europäische Sicherheitspolitik jenseits des Nationalstaats? Die Internationalisierung von Präventions- und Interventionsmaßnahmen in NATO und EU, Frankfurt a. M.: Campus.

Mayer, Sebastian/Theiler, Olaf (i. E.): Coping with Complexity. Informal Institutions at NATO's Political Headquarter, in: Mayer, Sebastian (Hrsg.): Inside the Alliance. NATO's Bureaucracy and Decision-Making after the Cold War, Palgrave-Macmillan, UK.

Mölling, Christian 2011: Europa ohne Verteidigung. Die Staaten Europas müssen das Wechselverhältnis zwischen politischer Souveränität, militärischer Effektivität und ökonomischer Effizienz neu bewerten, Berlin: SWP (SWP-Aktuell 56/2011).

Monaghan, Andrew 2008: Energy Security. NATO's Limited, Complementary Role, Rom: NATO Defense College (NATO Defense College Research Paper, No. 36).

Monaghan, Andrew 2011: Die NATO und Russland. Der Partnerschaft neues Leben einhauchen, in: NATO Review Nr. 3/2011, <http://www.nato.int/docu/review/2011/NATO_Russia/Resuscitating-partnership/DE/index.htm>.

Mützenich, Rolf 2008: The Undiminished Relevance of Disarmament and Arms Control. Ten Theses, Bonn: Friedrich-Ebert-Stiftung (International Policy Analysis, May 2008).

Nachtsheim, Georg 2011: Multinationality. Enhancing Europe's Military Capabilities, in: The European Security and Defence Union, 11, 3, 26-27.

NATO 1981: NATO Information Service, NATO Basic Documents, Brüssel.

NATO 1989: The North Atlantic Treaty Organization, Facts and Figures. NATO Information Services, 11. Aufl., Brüssel.

NATO 2002: NATO/IMS Issues. Decision-Making, <http://www.nato.int/ims/docu/decision making.htm>.

NATO 2003: Allied Command Operations. Berlin Plus Agreement, <http://www.nato.int/ shape/news/2003/shape_eu/se030822a.htm>.

NATO 2006: NATO-Handbook 2006, Brüssel, <http://www.nato.int/docu/handbook/2006/hben 2006.pdf>.

NATO 2007: NATO Topics. International Staff, <http://www.nato.int/issues/ international_ staff/practice.html>.

NATO 2008a: Press conference by NATO Secretary General, Jaap de Hoop Scheffer, following the informal meeting of NATO Defence Ministers in Vilnius, Lithuania, 08.02.2006, <http://www.nato.int/docu/speech/2008/s080208c.html>.

NATO 2008b: ISAF's Strategic Vision. Declaration by the Heads of State and Government of the Nations contributing to the UN-mandated NATO-led International Security Assistance Force (ISAF) in Afghanistan, NATO Press Release (2008)052, 03.04.2008, <http://www.nato.int/docu/pr/2008/p08-052e.html>.

NATO 2008c: Bucharest Summit Declaration. Issued by the Heads of State and Government participating in the meeting of the North Atlantic Council in Bucharest on 3 April 2008, NATO Press Release (2008)049, 03.04.2008, <http://www.nato.int/docu/pr/2008/ p08- 049e.html>.

NATO 2008d: ISAF's Comprehensive Approach in Surobi a Success, NATO-Press-Statement (2008)205, 22.05.2008, http://www.nato.int/isaf/docu/pressreleases/2008/05- may/pr080522-206.html>.

NATO 2010a: NATO 2020. Assured security; dynamic engagement analysis and recommendations of the group of experts on a new strategic concept for NATO, Brüssel, 17.05.2010, <http://www.nato.int/nato_static/assets/pdf/pdf_2010_05/20100517_100517_expertsreport.pdf>.

NATO 2010b: Active Engagement, Modern Defence. Strategic Concept for the Defence and Security of the Members of the North Atlantic Treaty Organisation adopted by Heads of State and Government in Lisbon, 19.11.2010, <http://www.nato.int/cps/en/natolive/official_texts_68580.htm>.

NATO 2011a: Technical background briefing on NATO Command Structure by Brigadier General Patrick Wouters, Deputy Director Plans and Policy Division, International Military Staff (IMS), 09.06.2011, <http://www.nato.int/cps/en/natolive/opinions_75353.htm?selectedLocale=en>.

NATO 2011b: Media Backgrounder. Background on NATO Command Structure Review, June 2011, <http://www.nato.int/nato_static/assets/pdf/pdf_2011_06/20110609-Backgrounder_Command_Structure.pdf>.

NATO 2011c: NATO-Topic. Partnership tools, last updated: 16-Nov-2011 15:03, <http://www.nato.int/cps/en/natolive/topics_80925.htm?selectedLocale=en>.

NATO 2011d: NATO-Topic. NATO's relations with the United Nations, last updated: 15-Nov-2011 14:31, <http://www.nato.int/cps/en/natolive/topics_50321.htm>.

NATO 2011e: NATO Secretary General calls for '"Smart Defence" at Munich Conference, NATO-News 04 Feb. 2011, <http://www.nato.int/cps/en/natolive/news_70327.htm>.

NATO 2011f: Media Backgrounder. Transition to Afghan lead. Intequal, December 2011, <http://www.nato.int/nato_static/assets/pdf/pdf_topics/20111207_111207-Backgrounder-Inteqalen.pdf>.

NATO 2012: NATO-Opinion. Remarks by NATO Secretary General Anders Fogh Rasmussen at the Munich Security Conference plenary session on "Building Euro-Atlantic Security", 04.02.2012, <http://www.nato.int/cps/en/natolive/opinions_84197.htm>.

NATO 2013a: NATO-Topic. Counter Piracy Operations, last updated: 17-June-2013 16:44, <http://www.nato.int/cps/en/natolive/topics_48815.htm?selectedLocale=en>.

NATO 2013b: NATO-Topic. The Connected Forces Initiative, last updated: 21-Feb-2013 14:55, <http://www.nato.int/cps/en/natolive/topics_98527.htm?selectedLocale=en>.

Noetzel, Timo/Zapfe, Martin 2008: Aufstandsbekämpfung als Auftrag. Instrumente und Planungsstrukturen für den ISAF-Einsatz, Berlin: SWP (SWP-Studie 13/2008).

Petersen, Friis Arne/Binnendijk, Hans 2008: From Comprehensive Approach to Comprehensive Capability, in: NATO Review, 2, <http://www.nato.int/docu/review/2008/03/ART7/EN/index.htm>.

Rasmussen, Anders Fogh 2011: Keynote speech by NATO Secretary General Anders Fogh Rasmussen at the NATO Parliamentary Assembly in Bucharest, Romania, 07.10.2011, <http://www.nato.int/cps/en/natolive/opinions_79064.htm?selectedLocale=en>.

Roberts, Kristin 2008: Pentagon Sees Russia Strengthening Nuclear Arsenal, Reuters, <http://www.reuters.com/article/topNews/idUSN0930429320080610?feedType=RSS&feedName=topNews>.

Rühle, Hans 2011: Die Bundeswehr kann mehr, in: Frankfurter Allgemeine Zeitung (FAZ) vom 10.05.2011, <http://www.seiten.faz-archiv.de/faz/20110510/fd1201105103094998.html>.

Schoch, Bruno 2003: Zypern wird EU-Mitglied – und der Konflikt? Frankfurt a. M.: Hessische Stiftung Friedens- und Konfliktforschung (HSFK-Report, 14/2003).

Schöllgen, Gregor 2003: Der Auftritt. Deutschlands Rückkehr auf die Weltbühne, München: Propyläen.

Schöllgen, Gregor 2004: Die Zukunft der deutschen Außenpolitik liegt in Europa, in: Aus Politik und Zeitgeschichte, 11, 9-16.

Schröder, Gerhard 2005: Rede des Bundeskanzlers der Bundespublik Deutschland auf der 41. Münchner Konferenz für Sicherheitspolitik, 12.02.2005, <http://www.uni-kassel.de/fb5/frieden/themen/sicherheitskonferenz/2005-schroeder.html>.

Sender, Wolfgang 2008: Bedeutung und Zukunft der NATO, in: Bulmahn, Thomas/Fiebig, Rüdiger/Sender, Wolfgang (Hrsg.): Sicherheits- und verteidigungspolitisches Meinungsklima in der Bundesrepublik Deutschland, Strausberg: Sozialwissenschaftliches Institut der Bundeswehr, 59-69 (Forschungsbericht Nr. 84).

SIPRI 2011: SIPRI Yearbook 2011. Armament, Disarmament and International Security, New York/Oxford: Oxford UP, <http://www.sipri.org/yearbook/2011>.

Snyder, Glenn H. 1997: Alliance Politics. Ithaca/London: Cornell UP.

Speck, Ulrich 2012: Nur mit Partnern wirklich stark, in Süddeutsche Zeitung, 03.01.2012, 2.

Spiegel-Online 2011: Zugriff in Libyen. Wie die Nato Gaddafi jagte, in: Spiegel-Online, 21.10.2011, <http://www.spiegel.de/politik/ausland/0,1518,793179,00.html>.

Stelzenmüller, Constanze 2003a: Opas Nato ist nicht mehr. Braucht der Westen noch sein Militärbündnis? Protokoll eines Streits hinter verschlossenen Türen, in: Die Zeit, 07.03.2003, 3.

Stelzenmüller, Constanze 2003b: Strucks neue Nichtlinien. Berlin sucht eine Militärstrategie – die „Verteidigungspolitischen Richtlinien", in: Die Zeit, 15.05.2003, 4.

Strutynski, Peter 2001: Mazedonien. Ein neues Protektorat der NATO auf dem Balkan. Eine Bilanz des Jahres 2001, Kassel: AG Friedensforschung an der Universität Kassel, <http://www.uni-kassel.de/fb5/frieden/regionen/Makedonien/bilanz2001.html>.

Süddeutsche Zeitung 2008: Wehrbeauftragter kritisiert Ausrüstung der Truppe, in: Süddeutsche Zeitung, 07.02.2008, <http://www.sueddeutsche.de/deutschland/artikel/ 30/156616/>.
Süddeutsche Zeitung 2011: Der hohe Preis der deutschen Enthaltung, in: Süddeutsche Zeitung, 27.08.2011, <http://www.sueddeutsche.de/politik/deutschland-und-der-krieg-in-libyen-der-hohe-preis-der-deutschen-enthaltung-1.1135587>.
Süddeutsche Zeitung 2013: Syrien-Konflikt. Russland muss sich bewegen, in: Süddeutsche Zeitung, 30.08.2013, <http://www.sueddeutsche.de/politik/russland-und-der-syrien-konflikt-putin-reagiert-mit-schulterzucken-1.1758250>.
The Times 2008: NATO. Alliance Of the Unwilling, Wednesday, Mar. 26 2008, <http://www.time.com/time/magazine/article/0,9171,1725548,00.html>.
Theiler, Olaf 1997: Der Wandel der NATO nach dem Ende des Ost-West-Konfliktes, in: Haftendorn, Helga/Keck, Otto (Hrsg.): Kooperation jenseits von Hegemonie und Bedrohung. Sicherheitsinstitutionen in den internationalen Beziehungen, Baden-Baden: Nomos, 101-136.
Theiler, Olaf 2003: Die NATO im Umbruch. Bündnisreform im Spannungsfeld konkurrierender Nationalinteressen, Baden-Baden: Nomos.
Theiler, Olaf 2004: All for One and One for All? Mistrust, Rivalry, and the Enlargement of NATO and the EU, in: Gießmann, Hans J. (Hrsg.): Security Handbook 2004. The Twin Enlargement of NATO and EU, Baden-Baden: Nomos, 34-47.
Theiler, Olaf 2007: Die Entfernung der Wirklichkeit von den Strukturen. Die Bedrohungslage der NATO und ihre Wahrnehmung in der westdeutschen Bevölkerung 1985 bis 1990, in: Nägler, Frank (Hrsg.): Die Bundeswehr 1955 bis 2005. Rückblenden – Einsichten – Perspektiven. München: Oldenbourg, 339-364.
Theiler, Olaf 2008: Sword or Ploughshare? New Roles for NATO and the Changing Nature of Transatlantic Relations, Garmisch-Partenkirchen: George C. Marshall European Center for Security Studies (George C. Marshall Center – Occasional Paper Series No.17).
Theiler, Olaf 2009: Cohesion Vital for NATO's Future, Opinion-Paper, atlantic-community.org, April 2009, <http://archive.atlantic-community.org/index/Open_Think_Tank_Article/Cohesion_Vital_for_NATO%27s_Future>.
Theiler, Olaf 2012: Cyber-Defence als Herausforderung für die NATO. Angemessene Bedrohungsabwehr oder Umgang mit einem ‚Scheinriesen'? In: Bildungswerk des Deutschen Bundeswehr-Verbandes, Karl-Theodor-Molinari-Stiftung (KTMS): Automatisierung und Digitalisierung des Krieges – Drohnenkrieg und Cyberwar als Herausforderungen für Ethik, Völkerrecht und Sicherheitspolitik, Forum Innere Führung, 35, 131-159.
Varwick, Johannes 2008: Die NATO. Vom Verteidigungsbündnis zur Weltpolizei? München: C.H. Beck.
Wagner, Jürgen 2011: Der NATO-Krieg in Afghanistan. Prototyp für Neoliberales Nation Building und zivil-militärische Aufstandsbekämpfung, in: Becker, Johannes M./Wulf, Herbert: Afghanistan. Ein Krieg in der Sackgasse. 2. Aufl., Münster/Berlin: Lit, 101-121.
Wallander, Celeste A./Keohane, Robert O. 1999: Risk, Threat, and Security Institutions, in: Haftendorn, Helga/Keohane, Robert O./Wallander, Celeste A. (Hrsg.): Imperfect Unions. Security Institutions over Time and Space, New York/Oxford: Oxford UP, 21-47.
Washington Post 2011: NATO runs short on some munitions in Libya, 16.04.2011, <http://www.washingtonpost.com/world/nato-runs-short-on-some-munitions-in-libya/2011/04/15/AF3O7EID_story.html>.
Weidenfeld, Werner 2003: Neue Ordnung, neue Mächte. Der Irak-Krieg ist eine Zeitenwende, in: Welt am Sonntag, 06.04.2003, <http://www.cap-lmu.de/aktuell/pressespiegel/2003/ww neue_ordnung.php>.
Weisswange, Jan-Phillipp 2006: Von der Kultur der Zurückhaltung zu einer (Un-)Kultur des Desinteresses? Die vernachlässigte staatsbürgerliche Dimension des deutschen sicherheitspolitischen Entwicklungsprozesses, in: Österreichische militärische Zeitschrift (ÖMZ) 44, 1, 39-47.

Willschick, Aaron 2013: The Connected Forces Initiative. NATO's (Im)practical Road to Interoperability, in: The Atlantic Council of Canada, 13. March, <http://atlantic-council.ca/portfolio/the-connected-forces-initiative-natos-impractical-road-to-interoperability/>.

Zelikow, Philip/Rice, Condoleezza 2001: Sternstunde der Diplomatie. Die deutsche Einheit und das Ende der Spaltung Europas, 2. Aufl., Berlin: Propyläen.

Kapitel 12
Deutsche Sicherheitspolitik im Rahmen der Vereinten Nationen

Johannes Varwick

Die Vereinten Nationen (VN) bilden nach regierungsamtlicher deutscher Einschätzung ein unverzichtbares Kernstück innerhalb der multilateralen Orientierung der deutschen Außenpolitik, und Deutschlands Mitgliedschaft in den VN ist „zentraler Bestandteil deutscher Friedens-, Sicherheits- und Menschenrechtspolitik" (Auswärtiges Amt 2007: 4). Dieser Ansatz wird in Deutschland sowohl von einem breiten parteipolitischen Konsens (Deutscher Bundestag 2001) als auch durch intensive zivilgesellschaftliche Unterstützung (DGVN 2009) getragen. „Ich hoffe", so der Generalsekretär der VN, „dass Deutschland als drittgrößter Beitragszahler weiterhin eine wichtige Rolle spielen wird. Tatsächlich hat Deutschland schon große Beiträge geleistet, indem es sich engagiert in vielen Bereichen" (Ban Ki-Moon 2006). „Engagement heißt Mitwirkung", so beschreibt es die Bundesregierung in ihrem Bericht zur Zusammenarbeit mit den Vereinten Nationen, der seit 2008 jährlich veröffentlicht wird (Auswärtiges Amt 2010).

Der vorliegende Beitrag untersucht das Verhältnis Deutschlands in und zu den Vereinten Nationen im Bereich Sicherung des Weltfriedens und der internationalen Sicherheit. Zunächst werden dazu die Struktur der Vereinten Nationen und ihrer Friedenssicherungsmechanismen vorgestellt und diese in die Debatte um Multilateralismus und deutsche VN-Politik eingeordnet. In einem zweiten Schritt wird die VN-Politik des vereinten Deutschland mit Blick auf die VN-Friedenssicherung und das damit zusammenhängende Thema „VN-Reform" analysiert, um abschließend Deutschlands Sicherheitspolitik in den Vereinten Nationen einer kritischen Bewertung zu unterziehen.

Am Ende dieses Kapitels werden Sie die wichtigsten Stationen der Geschichte der VN sowie ihre Grundsätze und die Hauptorgane kennen. Sie kennen Anspruch und Wirklichkeit der Friedenswahrung durch die VN und die VN-Missionen und können die verschiedenen Strömungen im breiten Spektrum der Reformdebatte, insbesondere in Bezug auf die Reform des Sicherheitsrates, und die Sicherheitsbegriffe beschreiben. Außerdem haben Sie eine Vorstellung von Deutschlands Positionen in und Deutschlands Beiträgen zu den VN.

1 Vereinte Nationen, Deutschland und der Multilateralismus

Auch wenn die multidimensionale Arbeit der im Jahr 1945 gegründeten Organisation der Vereinten Nationen viele Politikfelder und Zuständigkeiten umfasst, lässt sich die Agenda der VN in insgesamt drei Hauptfelder einteilen: erstens Aufgaben im Bereich der Sicherung des Weltfriedens und der internationalen Sicherheit, zweitens Aufgaben im Bereich des Menschenrechtsschutzes und der Fortentwicklung des Völkerrechts und drittens Aufgaben in den Bereichen Wirtschaft, Entwicklung und Umwelt (siehe ausführlich Gareis/Varwick 2014).

Nach den Erfahrungen mit dem Völkerbund, vor dem Hintergrund zweier Weltkriege, massiver Verletzungen der Menschenrechte sowie der fatalen Folgen der Weltwirtschaftskrise wurde mit den VN ein neuer Versuch zur Regulierung des internationalen Systems und zur Schaffung von dauerhafter Sicherheit unternommen. „Fest entschlossen, künftige Geschlechter von der Geißel des Krieges zu befreien", sollten Bedingungen geschaffen werden, unter denen „Gerechtigkeit und die Achtung vor den Verpflichtungen aus Verträgen [...] gewahrt werden können, den sozialen Fortschritt und einen besseren Lebensstandard in größerer Freiheit zu fördern" (Präambel der VN-Charta). In Artikel 1 der Charta, die insgesamt 111 Artikel in 19 Kapiteln umfasst, setzt sich die Weltorganisation vier programmatische Hauptziele:

- Den Weltfrieden und die internationale Sicherheit zu wahren und zu diesem Zweck wirksame Kollektivmaßnahmen zu treffen, um Bedrohungen des Friedens zu verhüten und zu beseitigen, Angriffshandlungen und andere Friedensbrüche zu unterdrücken und internationale Streitigkeiten oder Situationen, die zu einem Friedensbruch führen könnten, durch friedliche Mittel nach den Grundsätzen der Gerechtigkeit und des Völkerrechts zu bereinigen oder beizulegen;
- freundschaftliche, auf der Achtung vor dem Grundsatz der Gleichberechtigung und Selbstbestimmung der Völker beruhende Beziehungen zwischen den Nationen zu entwickeln und andere geeignete Maßnahmen zur Festigung des Weltfriedens zu treffen;
- eine internationale Zusammenarbeit herbeizuführen, um internationale Probleme wirtschaftlicher, sozialer, kultureller und humanitärer Art zu lösen und die Achtung vor den Menschenrechten und Grundfreiheiten für alle ohne Unterschied der Rasse, des Geschlechts, der Sprache oder der Religion zu fördern und zu festigen;
- ein Mittelpunkt zu sein, in dem Bemühungen der Nationen zur Verwirklichung dieser gemeinsamen Ziele aufeinander abgestimmt werden.

Neben diesen allgemeinen Zielen schreibt die Charta eine Reihe von Grundsätzen vor, die eng mit den dargestellten Zielen verschränkt sind: So beruhen die VN auf dem Grundsatz der souveränen Gleichheit aller ihrer Mitglieder, dem Prinzip der friedlichen Beilegung von Streitigkeiten und dem Gewaltverbot (von dem lediglich die vom Sicherheitsrat autorisierten Zwangsmaßnahmen nach Kapitel VII der VN-Charta und die individuelle bzw. kollektive Selbstverteidigung nach Artikel 51 der VN-Charta ausgenommen sind), der grundsätzlichen Beistandspflicht gegenüber der Weltorganisation und dem – inzwischen umstrittenen und unter Druck geratenen – Verbot der Einmischung in „die Angelegenheiten, die ihrem Wesen nach zur inneren Zuständigkeit eines Staates gehören" (Art. 2 Abs. 7). Die rechtliche Einordnung der Ziele und Grundsätze ist gleichwohl in mehrfacher Hinsicht unklar. Erstens ist der Grad an Verbindlichkeit bzw. sind die Folgen bei Verstößen nicht präzise beschrieben, zweitens ist eine Prioritätensetzung hinsichtlich der Ziele aus der Charta nicht direkt ableitbar, und drittens ist die Kompetenzzuweisung an einzelne Organe und damit die Zuständigkeitsregelung breit interpretierbar.

Dass die VN in einem großen Spektrum von Politikfeldern als Akteur und Forum nachgefragt werden, ist zum einen darauf zurückzuführen, dass sie mit 193 Mitgliedern einen nahezu universalen Zuschnitt aufweisen. Es liegt aber zum zweiten auch daran, dass sich die VN als weit gespanntes, globales Forum für internationale Zusammenarbeit verstehen. Die Weltorganisation wurde nicht nur hinsichtlich ihrer Mitglieder, sondern auch mit Blick auf die Breite ihrer Aufgaben als eine umfassende Organisation geschaffen, der eine umfängliche Kompetenz zugesprochen wurde: Die Organisation der Vereinten Nationen hat mehr als 60 Jahre nach ihrer Gründung (am 24. Oktober 1945 trat ihre Charta in Kraft) ihre

Zusammensetzung und Tätigkeitsfelder erheblich ausgeweitet, ohne dass es bisher zu grundlegenden Änderungen in der Charta selbst gekommen wäre. Von damals 51 Gründerstaaten ist sie auf 193 Staaten angewachsen (Stand: Frühjahr 2013), und von einer Organisation, die in erster Linie den Krieg als Mittel der Politik ächten sollte, ist sie zu einem globalen Forum geworden, in dem alle grundlegenden Weltprobleme diskutiert und zum Teil einer Lösung näher gebracht werden.

In der internationalen Politik besteht gleichwohl weitgehender Konsens darüber, dass die VN reformiert werden müssen, weil Strukturen und Verfahren nicht mehr den weltpolitischen Realitäten des 21. Jahrhunderts entsprächen. Gleichzeitig wird von den VN zunehmend das Füllen einer ordnungspolitischen Lücke in der „globalisierten Welt" verlangt, und dieser Widerspruch zwischen den realen Möglichkeiten und den hochgesteckten Erwartungen erzeugt ein Klima der Überforderung und bewirkt oft ungerechte Bewertungen der wichtigen Arbeit der VN.

Das System der VN besteht aus verschiedenen z. T. selbstständigen, dezentralen Organisationen und Programmen mit jeweils eigenen Satzungen, Mitgliedschaften, Strukturen und Haushalten (ausführliche Strukturbeschreibung bei Gareis/Varwick 2012). Gemäß der Charta hat sich die Kernorganisation im System der VN, die eigentliche internationale Organisation „Vereinte Nationen", fünf Hauptorgane gegeben, die für die Entscheidungsprozesse maßgeblich sind: Generalversammlung, Sicherheitsrat, Wirtschafts- und Sozialrat (ECOSOC), Internationaler Gerichtshof (IGH) und Sekretariat. Ein weiteres Hauptorgan, der Treuhandrat, hat seine Arbeit inzwischen eingestellt. Dabei ist die Generalversammlung das einzige Hauptorgan, das aus Regierungsvertretern aller 193 Mitgliedstaaten der Organisation besteht, die je eine Stimme haben (Prinzip des „one state – one vote"). Sie nimmt eine organisatorisch-institutionelle Zentralstellung im System der VN ein und entscheidet über die Zusammensetzung der anderen Hauptorgane, übt Kontrolle über Haushalt (Doppelhaushalt 2010/2011: 5,16 Mrd. US-Dollar ohne Ausgaben für Sonderorganisationen und Friedenstruppen) und Administration der VN aus und kann nach Art. 10 der Charta alle Fragen und Angelegenheiten erörtern, die – sofern sie nicht im Sicherheitsrat anhängig sind – in den Rahmen der Charta fallen oder die Befugnisse und Aufgaben der Sonderorganisationen betreffen. Sie kann entsprechende Empfehlungen an die Mitglieder der VN oder an den Sicherheitsrat oder an beide richten. Von besonderer Bedeutung sind die zahlreichen Nebenorgane der Generalversammlung, die von ihr zur Wahrnehmung spezieller Tätigkeiten eingesetzt werden. Größtenteils handelt es sich um Spezialorgane zur Finanzierung (die über freiwillige Beitragsleistungen erfolgt) und Durchführung von entwicklungspolitischen Hilfsprogrammen, von humanitären und umweltpolitischen Programmen sowie von Ausbildungs- und Forschungsaktivitäten.

Der Sicherheitsrat – bestehend bis 1966 aus elf, seitdem aus 15 Mitgliedern, davon fünf ständige (China, Frankreich, Großbritannien, Russland, USA) und zehn nichtständige, die nach einem regionalen Schlüssel jeweils für zwei Jahre von der Generalversammlung mit Zweidrittelmehrheit gewählt werden – trägt die Hauptverantwortung für die Wahrung des Weltfriedens und der internationalen Sicherheit (Art. 24 Abs. 1 Charta). Die politische Bedeutung der fünf ständigen Mitglieder ist verstärkt durch das Veto-Recht. Mit Ausnahme von Verfahrensfragen bedürfen Beschlüsse des Sicherheitsrats der Zustimmung von neun Mitgliedern einschließlich sämtlicher ständiger Mitglieder – allerdings befindet dieser selbst darüber, was eine Verfahrensfrage ist. Der Sicherheitsrat ist das einzige Organ, das Entscheidungen treffen kann, die formal für alle VN-Mitglieder bindend sind. Er kann zudem Nebenorgane einsetzen.

Als zentrale Aufgabe benennt Artikel 1 der VN-Charta wie bereits erläutert die Wahrung des Weltfriedens und der internationalen Sicherheit. Der Arbeit der Organisation liegt dabei seit ihren Anfängen ein weites Verständnis von Frieden zugrunde, das über die Verhinderung von Krieg hinaus die Verbesserung der humanitären und sozialen Lage für die Menschen, die Stärkung des Völkerrechts sowie weitreichende entwicklungspolitische Anliegen einschließt. In diesem Sinne umfassen die Ziele in der Charta der VN neben der Möglichkeit, militärische Zwangsmaßnahmen gegen einen Aggressor zu verhängen, einen breiten Zuständigkeitsbereich von der Beilegung von Streitigkeiten mit friedlichen Mitteln über die Suche nach kooperativen Lösungen für Probleme wirtschaftlicher, sozialer, kultureller und humanitärer Art bis hin zur Förderung eines Verhaltens, das mit den Grundsätzen des Völkerrechts in Übereinstimmung steht. Mit diesem ambitionierten Zielkatalog wird deutlich, dass sich die VN nicht nur als Mittel zur Erfüllung eines bestimmten Zwecks verstehen, sondern dass ein qualitativer Wandel der internationalen Beziehungen insgesamt angestrebt wird: Die Beziehungen zwischen den Staaten sowie die Art und Weise, in der die internationalen Angelegenheiten gesteuert werden, sollen in ihrem Wesen verändert werden.

In der Praxis hat sich das VN-Sicherheitssystem von der ursprünglich gedachten Form deutlich entfernt (siehe ausführlich Gareis/Varwick 2012): Dabei ist zunächst zwischen den Fällen der bereits diskutierten Friedens*sicherung* nach Kapitel VI der Charta und denen der Friedens*erzwingung* nach Kapitel VII der Charta zu unterscheiden. Nachdem das in der Charta vorgesehene kollektive Sicherheitssystem seine Wirkungen nicht entfalten konnte, wurden in der Praxis alternative Formen der Sicherung des Friedens entwickelt, die den Interessen der ständigen Mitglieder nicht zuwiderliefen und den Grundsatz der souveränen Gleichheit aller anderen Mitgliedstaaten nicht in Frage stellten, die aber dennoch geeignet waren, den Anspruch der VN auf Geltung ihrer Ziele und Grundsätze zu untermauern. Es entstanden mit dem Einsatz von VN-Friedenstruppen bzw. VN-Beobachtermissionen – die aufgrund ihrer markanten Kopfbedeckung sogenannten „Blauhelme" – neue Formen der Friedenssicherung. Im englischen Sprachraum hat sich dafür der Begriff *peacekeeping operations* bzw. *peacekeeping* eingebürgert, im Deutschen werden verschiedene Begriffe verwendet (friedenserhaltende, friedensbewahrende bzw. friedenssichernde Maßnahmen).

Allerdings wird man die Blauhelmkonstruktion im Wortlaut der Charta vergeblich suchen. Auch die genaue Definition dieser Einsatzarten ist wegen ihrer Vielschichtigkeit kompliziert: Sie umfassen so verschiedene Instrumente wie bspw. die Entsendung von zivilen Beobachtermissionen und den Einsatz militärischer Einheiten. Es haben sich in den mehr als 60 Jahren des *peacekeeping* mehrere Typen friedenssichernder Operationen herausgebildet, die zwar formal zur selben Gattung der Friedenseinsätze gehören, deren konkrete Ausgestaltung jedoch unterschiedlicher kaum sein könnte. Das weite Feld des *peacekeeping* stellt in seiner klassischen Version ein Verfahren der militärischen Friedenssicherung dar, das jedoch ausdrücklich nicht auf Zwang beruht. In der Redewendung „there is no peacekeeping if there is no peace to keep" kommt das zentrale Problem des klassischen *peacekeeping* zum Ausdruck: Der Konsens unter den Betroffenen unterscheidet Maßnahmen der Friedenssicherung nach Kapitel VI von denen des Kapitels VII, bei denen Zwangsmaßnahmen auch gegen den Willen der Konfliktparteien beschlossen werden können. Diese Konstruktion kann durchaus als wichtige Modifikation des Prinzips der kollektiven Sicherheit verstanden werden. Der Widerspruch zwischen „in concert" und Zwang wurde in der Praxis dahingehend aufgelöst, dass auf den Zwang verzichtet und das "concert", also die Übereinstimmung, verstärkt wurde. Durch die Fortentwicklung dieser Konzeption in der Praxis der VN ist ihre Charta quasi durch ein informelles „Kapitel sechseinhalb" ergänzt worden, angesiedelt zwischen den konsensorientierten klassischen Verfahren der friedlichen Streitbeilegung wie Vermittlungsbemühungen und Erkundungsmissionen einerseits und dem Einsatz von Zwangsmaßnahmen andererseits.

In den mehr als vierzig Jahren des klassischen VN-*Peacekeeping* (1948 bis Ende 1988) begannen die VN insgesamt 16 Friedensmissionen, von denen einige bis heute noch nicht abgeschlossen sind. Seit der durch die Ost-West-Annäherung ermöglichten Renaissance des *peacekeeping* im Jahre 1988 – dem Jahr, in dem die VN-Friedensmissionen mit dem Friedensnobelpreis ausgezeichnet wurden – ist die Gesamtzahl der Missionen stark angewachsen, insbesondere auch der unter Bezug auf Kapitel VII der Charta durchgeführten. Die VN verwenden in diesem Zusammenhang oft eine inhaltliche Typologisierung nach „Generationen" der Friedenssicherung: Missionen der „ersten Generation" sind demnach traditionelle Blauhelmeinsätze zur Beobachtung und Überwachung von bereits beschlossenen Friedens- bzw. Waffenstillstandsabkommen, während sich Missionen der „zweiten Generation" nach 1988/89 durch ein erweitertes Aufgabenspektrum auszeichnen; bei denen der „dritten Generation" verschwimmt Friedenserhaltung mit Friedenserzwingung, und bei denen der „vierten Generation" schließlich kann die Zuständigkeit bis hin zur Übernahme von zivilen Verwaltungsfunktionen reichen. Eine andere Form der Einteilung hat sich seit Vorlage der „Agenda für den Frieden" des damaligen Generalsekretärs Boutros-Ghali im Jahr 1992 eingebürgert, in der zwischen „Vorbeugender Diplomatie" (*preventive diplomacy*), „Friedensschaffung" (*peacemaking*), „Friedensicherung" (*peacekeeping*) und „Friedenskonsolidierung" (*post-conflict peacebuilding*) unterschieden wird.

Verschiedene Autoren haben darüber hinaus angeregt, neben dem Aufgabenspektrum der Einsätze als zentrales Unterscheidungskriterium die Frage heranzuziehen, inwieweit die Friedensoperationen neben Elementen des Konsenses auch zu Zwangsmaßnahmen befähigt sind (u. a. Debiel 2003: 221-224). Vor diesem Hintergrund können anhand dieser Kategorisierung fünf Typen militärischer Friedenssicherung unterschieden werden: Das traditionelle peacekeeping als konsensorientiertes Instrument militärischer Friedenssicherung; das multidimensionale peacekeeping, bei dem neue Aufgaben im Bereich der Friedenskonsolidierung hinzukommen; die robusten Friedensmissionen als eine Art Zwittereinsatz zwischen konsensorientierten und mit zur Gewaltanwendung befähigten Kontingenten durchgeführten Einsätze; die militärische Friedensdurchsetzung in Kriegen mittlerer Intensität, bei der es zu Konfrontation mit organisierten Kriegsparteien kommt; schließlich die militärische Friedensdurchsetzung in Kriegen hoher Intensität, bei denen weitreichende Zwangsmaßnahmen angewendet werden (siehe auch die Abschnitte 3.1 und 3.2 dieses Kapitels).

Kasten 1: Laufende Friedensmissionen der VN (Stand: Frühjahr 2012)		
Mission	Details	deutscher Personalanteil
UNTSO	*UN Truce Supervision Organisation.* Mandat: Überwachung des Waffenstillstandes in Palästina. Beginn: Mai 1948. Stärke: 150 Militärbeobachter, 101 zivile Mitarbeiter, 132 lokale Mitarbeiter. Verluste: 50. Kosten 2011-12: $ 70.3 Mio.	keine Beteiligung
UNMOGIP	*UN Military Observer Group in India and Pakistan.* Mandat: Überwachung des Waffenstillstandes im Kaschmir-Tal. Beginn: Januar 1949. Stärke: 39 Militärbeobachter, 25 zivile Mitarbeiter, 51 lokale Mitarbeiter. Verluste: 11. Kosten 2011-12: $ 21.1 Mio.	keine Beteiligung
UNFICYP	*UN Peacekeeping Force in Cyprus.* Mandat: Überwachung des Waffenstillstandes auf Zypern. Beginn: März 1964. Stärke: 872 Soldaten, 69 Polizisten, 38 zivile Mitarbeiter, 112 lokale Mitarbeiter. Verluste: 18. Kosten 2011-12: $ 58.2 Mio.	keine Beteiligung
UNDOF	*UN Disengagement Observer Force.* Mandat: Überwachung des Waffenstillstandes auf den Golan-Höhen. Beginn: Juni 1974. Stärke: 1043 Soldaten, 41 zivile Mitarbeiter, 103 lokale Mitarbeiter. Verluste: 43. Kosten 2011-12: $ 50.5 Mio.	keine Beteiligung

UNIFIL	*UN Interim Force in Lebanon.* Mandat: Überwachung des Waffenstillstandes im Libanon. Beginn: März 1978. Stärke: 12.017 Soldaten, 353 zivile Mitarbeiter, 666 lokale Mitarbeiter. Verluste: 293. Kosten 2011-12: $ 545.5 Mio.	225 Soldaten
MINURSO	*UN Mission for the Referendum in Western Sahara.* Mandat: Überwachung des Waffenstillstandes in der West-Sahara. Beginn: April 1991. Stärke: 27 Soldaten, 195 Militärbeobachter, 6 Polizisten, 102 zivile Mitarbeiter, 165 lokale Mitarbeiter, 19 UN Volunteers. Verluste: 15. Kosten 2011-12: $ 63.2 Mio.	keine Beteiligung
UNMIK	*UN Interim Administration Mission in Kosovo.* Mandat: Aufbau einer zivilen Übergangsverwaltung. Beginn: Juni 1999. Stärke: 9 Militärbeobachter, 7 Polizisten, 150 zivile Mitarbeiter, 215 lokale Mitarbeiter, 26 UN Volunteers. Verluste: 54. Kosten 2011-12: $ 44.9 Mio.	1 Polizist
MONUSCO	*UN Stabilization Mission in the Democratic Republic of the Congo.* Mandat: Überwachung der Stabilisierung und Friedenskonsolidierung im Kongo. Beginn: Juli 2010. Stärke: 16854 Soldaten, 703 Militärbeobachter, 1371 Polizisten, 983 zivile Mitarbeiter, 2820 lokale Mitarbeiter, 61 UN Volunteers. Verluste: 33. Kosten 2011-12: $ 1.489.4 Mio.	keine Beteiligung
UNMIL	*United Nations Mission in Liberia.* Mandat: Überwachung der Situation in Liberia. Beginn: September 2003. Stärke: 7778 Soldaten, 131 Militärbeobachter, 1297 Polizisten, 477 zivile Mitarbeiter, 991 lokale Mitarbeiter, 255 UN Volunteers. Verluste: 164. Kosten 2011-12: $ 525.6 Mio.	5 Polizisten
UNOCI	*United Nations Operation in Côte d'Ivoire.* Mandat: Überwachung der Situation in Elfenbeinküste. Beginn: April 2004. Stärke: 9416 Soldaten, 197 Militärbeobachter, 1386 Polizisten, 397 zivile Mitarbeiter, 743 lokale Mitarbeiter, 276 UN Volunteers. Verluste: 89. Kosten 2011-12: $ 646 Mio.	keine Beteiligung
MINUSTAH	*United Nations Stabilization Mission in Haiti.* Mandat: Überwachung und Stabilisierung der Situation in Haiti. Beginn: April 2004. Stärke: 8065 Soldaten, 3546 Polizisten, 568 zivile Mitarbeiter, 1355 lokale Mitarbeiter, 236 UN Volunteers. Verluste: 168. Kosten 2011-12 : $ 793.5 Mio.	keine Beteiligung
UNMISS	*United Nations Mission in South Sudan.* Mandat: Überwachung von Frieden und Sicherheit im Südsudan. Beginn: Juli 2011. Stärke: 4803 Soldaten, 169 Militärbeobachter, 485 Polizisten, 697 zivile Mitarbeiter, 1117 lokale Mitarbeiter, 226 UN Volunteers. Verluste: 1. Kosten 2011-2012: $ $722.1 Mio.	4 Soldaten, 9 Polizisten, 6 zivile Kräfte
UNMIT	United Nations Integrated Mission in Timor-Leste. Mandat: Überwachung der Situation in Osttimor. Beginn: August 2006. Stärke: 0 Soldaten, 33 Militärbeobachter, 1183 Polizei, 394 zivile Mitarbeiter, 883 lokale Mitarbeiter, 211 UN Volunteers. Verluste: 12. Kosten 2011-12: $ 196.1 Mio.	keine Beteiligung
UNAMID	*African Union/United Nations Hybrid Operation in Darfur.* Mandat: Gemischte Operation der VN und der Afrikanischen Union zur Stabilisierung der südsudanischen Region Darfur. Beginn: Juli 2007. Stärke: 17778 Soldaten, 262 Militärbeobachter, 4950 Polizisten, 1124 zivile Mitarbeiter, 2904 lokale Mitarbeiter, 483 UN Volunteers. Verluste: 104. Kosten 2011 -12: $ 1.689.3 Mio.	8 Soldaten

MINURCAT	*United Nations Mission in the Central African Republic and Chad.* Mandat: Verbesserung der Sicherheitslage. Beginn: September 2007. Stärke: 0 Soldaten, 7 Militärbeobachter, 52 Polizisten, 32 Zivilisten, 1 UN Volunteer. Verluste: 32. Kosten 2007-08: $ 182.4 Mio.	keine Beteiligung
UNISFA	*United Nations Interims Force for Abyei.* Mandat: Schutz von Zivilisten, Grenzmonitoring zwischen Nord- und Südsudan. Beginn: Juni 2011. Stärke: 3724 Soldaten, 74 Militärbeobachter. Verluste: 5. Kosten 2011-12: $ 175.5 Mio.	keine Beteiligung

Quelle: Eigene Zusammenstellung nach Daten des DPKO, Personaldaten für Dezember 2011.

Zusammenfassend lassen sich drei zentrale Faktoren unterscheiden, mit denen die VN sicherheitspolitische Akzente setzen können und durch die sie in der internationalen Politik präsent sind:

- Aus dem bereits in der VN-Charta angelegten weiten Sicherheitsbegriff lässt sich eine Zuständigkeit der VN für eine breite Palette an Handlungsmöglichkeiten ableiten, durch die zum einen ein kooperatives internationales Milieu geformt bzw. unterstützt werden soll und zum zweiten konkrete Politikfelder wie etwa globale Umweltpolitik und Entwicklungszusammenarbeit mitgestaltet werden können.
- Durch das allgemeine Gewaltverbot, die Regelungen zur friedlichen Streitbeilegung sowie das – zumindest in der völkerrechtlichen Idealwelt bestehende – Gewaltlegitimierungsmonopol des Sicherheitsrats soll die internationale Politik pazifiziert und der nationalstaatlichen Gewaltausübung normativ und praktisch eine politische Alternative entgegengesetzt werden.
- Durch die in der Praxis vielfach modifizierten und außerhalb des engen Rahmens der VN-Charta etablierten VN-Friedenssicherungseinsätze sollen konkrete sicherheitspolitische Probleme einer Lösung zugeführt werden.

2 Deutsche Außenpolitik und die Weltorganisation – Chancen und Grenzen des VN-Multilateralismus

Die VN bilden nach offizieller deutscher Einschätzung ein unverzichtbares Kernstück innerhalb der multilateralen Orientierung der deutschen Außenpolitik, und Deutschlands Mitgliedschaft in den VN ist „zentraler Bestandteil deutscher Friedens-, Sicherheits- und Menschenrechtspolitik" (Auswärtiges Amt 2007: 4; Auswärtiges Amt 2010: 8f.). Es gibt einerseits wohl kaum ein globales Problem, bei dessen Bearbeitung den VN nicht eine Schlüsselrolle zugeschrieben würde. Das Themenspektrum reicht von der Friedenssicherung über die Stärkung der Menschenrechte, die Steuerung der globalen Umweltprobleme bis hin zum Kampf gegen den internationalen Terrorismus mitsamt seiner vielschichtigen Ursachen. So erklärte etwa der damalige deutsche Außenminister Joschka Fischer vor der VN-Generalversammlung, die Weltorganisation sei in „einzigartiger Weise dazu befähigt", die Grundlagen einer „kooperativen Ordnungspolitik für das 21. Jahrhundert" (Fischer 2001) zu entwerfen und umzusetzen. Sein Nachfolger im Amt, Frank-Walter Steinmeier, führte ebenfalls vor der Generalversammlung aus: „Das wiedervereinigte Deutschland sieht sich in der Pflicht, die Vereinten Nationen nach Kräften zu unterstützen, um eine friedlichere und gerechtere Welt zu gestalten […] Wir brauchen die Vereinten Nationen in den kommenden Jahrzehnten nach meiner Überzeugung mehr denn je. Die Zahl und das Ausmaß der Krisen in der Welt wird steigen. Das könnte eine Renaissance der VN selbst in Ländern nach sich ziehen, die ihr manchmal noch skeptisch gegenüber stehen" (Steinmeier 2006). Kanzlerin Angela Merkel ergänzte: „Für mich steht außer Frage: Der Ort, an dem verbindliche gemeinsame Antworten auf globale Herausforderungen gegeben werden können, sind die Vereinten Nationen" (Merkel 2007).

Andererseits wird auch von der deutschen Politik im gleichen Atemzug darauf hingewiesen, dass es dafür einer Erneuerung der VN und eines grundsätzlichen Umdenkens insbesondere der mächtigen Mitgliedstaaten bedürfe. „Ich bin der Überzeugung", so beispielsweise die Bundeskanzlerin, „dass für die Gestaltung der Globalisierung die Vereinten Nationen und die angegliederten Organisationen das beste Forum und der beste Rahmen sind. Wir alle wissen, dass sich die Vereinten Nationen natürlich an die neuen Entwicklungen und die neuen Kräfteverhältnisse in der Welt anpassen müssen. Deshalb bleibt für die Bundesrepublik Deutschland die Reform der Vereinten Nationen eine der ganz großen Aufgaben in den nächsten Jahren. Jeder, der sich damit befasst, weiß, dass das Ganze schon sehr lange dauert. Ich sage aber auch, dass die Zeit drängt. Denn wer, wenn nicht die Vereinten Nationen, ist legitimiert, in Krisensituationen der Welt ein deutliches Wort zu sprechen? Daher wird Deutschland alles daransetzen, die Reform der Vereinten Nationen voranzutreiben" (Merkel 2008).

Die Beantwortung der Frage, welche Chancen die Weltorganisation bei der Erfüllung ihrer Aufgaben praktisch hat und wie sich nationale Außenpolitik zu den VN verhalten kann und soll, hängt auch von grundsätzlichen Einschätzungen über die Handlungsmöglichkeiten von internationalen Organisationen ab, die in Politik und Wissenschaft je nach normativem Standpunkt des Betrachters durchaus variieren. Für die Analyse der Rolle der VN ergibt sich eine dreifache funktionale Differenzierungsmöglichkeit:

- Die erste Sichtweise sieht in internationalen Organisationen vornehmlich „Instrumente staatlicher Diplomatie", d. h., Staaten instrumentalisieren internationale Organisationen, um ihre eigenen Interessen mit deren Hilfe in einer anarchischen Umwelt durchzusetzen. Abmachungen sind wenig verlässlich, weil ein Partner sie je nach Interesse jederzeit brechen und das kooperative Verhalten der anderen Seite ausnutzen kann.
- Eine zweite Sichtweise interpretiert internationale Organisationen vornehmlich als „Arenen in der internationalen Politik", die als diplomatische Dauereinrichtungen unterschiedliche Politikfelder auf spezifischen Kooperationsniveaus behandeln; im Unterschied zu der instrumentellen Sichtweise werden die internationalen Organisationen eher als Rahmen denn als Mittel zum Erreichen bestimmter Ziele gesehen.
- Die dritte Sichtweise weist internationalen Organisationen eine eigenständige Qualität als „Akteur in der internationalen Politik" zu, der zudem als ursächlicher Faktor in der Lage ist, die Grundmuster internationaler Politik im Sinne einer Minderung des anarchischen Grundzustands zu verändern (Gareis/Varwick 2012).

Der damalige deutsche Außenminister Joschka Fischer beschrieb in einer programmatischen Rede vor der Deutschen Gesellschaft für Auswärtige Politik die Stärkung des Multilateralismus als zentrales deutsches Interesse und die VN als herausragenden Ausdruck des globalen kooperativen Multilateralismus (Fischer 2000). Eine handlungsfähige Weltorganisation sei unverzichtbar zur Lösung der drei großen Menschheitsaufgaben „Sicherung des Weltfriedens", „Durchsetzung der Menschenrechte" und „Sicherung einer gerechten, nachhaltigen Entwicklung." Diese Einschätzung ist repräsentativ für alle Bundesregierungen der Nachkriegszeit. Die VN können als intergouvernementale Organisation (also zwischenstaatliche Einrichtung ohne eigene Souveränität und eigenständige Handlungskompetenzen) letztlich nur dann eine wichtige Rolle in der internationalen Politik spielen, wenn ihre Mitgliedstaaten auf multilaterale Strategien zur Bewältigung der Probleme setzen; m. a. W.: ein

Erfolg der Weltorganisation ist äußerst voraussetzungsreich. In der realen Welt des 21. Jahrhunderts zeigt sich, dass dies nicht immer gegeben ist.

Doch was bedeutet in diesem Zusammenhang das Schlagwort „Multilateralismus"? Multilateralismus kann ganz allgemein als ein Politikstil verstanden werden, bei dem die zwischenstaatlichen Beziehungen auf der Basis bestimmter, allgemein akzeptierter Verhaltensregeln und Prinzipien ablaufen und die beteiligten Akteure bereit sind, diesen gemeinsamen Regeln entsprechend zu handeln. Der amerikanische Politikwissenschafter Robert Keohane (Keohane 1990: 731) definiert Multilateralismus als „the practice of coordinating national policies in groups of three or more states". John Ruggie (Ruggie 1993: 14) erweiterte diese Definition um das Element der „generalized principles of conduct" und hält dies für die charakteristische und ausschlaggebende Besonderheit der multilateralen Kooperation: Sie beruht nicht nur auf der Koordinierung der nationalen Politikinitiativen einer Gruppe von drei oder mehr Staaten, sondern vor allem auf der Beachtung allgemeiner Handlungsprinzipien. Ein weiteres Merkmal des Multilateralismus ist die langfristige Gegenseitigkeit der Kooperation, die sogenannte „diffuse reciprocity" (Keohane 1986). Dies bedeutet, dass multilaterale Kooperation nicht auf kurzfristige, eigennützige Ziele ausgerichtet ist, sondern vielmehr auf dauerhafter Zusammenarbeit und gegenseitigem Vertrauen basiert und somit langfristig gewinnbringende Resultate für alle Beteiligten bewirkt. Alle Merkmale dieses frühen und „klassischen" Verständnisses von Multilateralismus finden sich auch in einer der umfassendsten Arbeitsdefinitionen des Wissenschaftlichen Dienstes des Deutschen Bundestages (2003: 1) wieder: Demnach meint Multilateralismus „ein kooperatives Handeln auf der Basis regelgeleiteter, prinzipiell gleichberechtigter und nicht diskriminierender Beziehungen zwischen mehreren Staaten. Multilateralismus berücksichtigt die Interessen aller beteiligten Partner. Er folgt gemeinsam verabredeten, oft rechtlich fixierten Regeln, die alle Beteiligten in gleicher Weise binden. Multilaterales Handeln fördert institutionelle Arrangements wie internationale Regime und Organisationen. Es bezieht seine Legitimation und seine ordnungsstiftende Wirkung daraus, dass es bei allen Beteiligten ein Gefühl von Beteiligung und Fairness erzeugt."

Nationale Interessen werden dabei keineswegs bedeutungslos, sie werden aber in ein übergeordnetes Konzept eingebracht und vor allem wird intensiv nach gemeinsamen Lösungen gesucht. So bezeichnete der damalige Staatsminister im Auswärtigen Amt Gernot Erler Multilateralismus als den „oftmals kompromissbeladenen Versuch, nationale Interessen und Ressourcen zu bündeln, zwischen ihnen Ausgleich zu schaffen, sie zum gemeinsamen Willen zusammenzuführen und auf diese Weise Misstrauen gegenüber multilateralen Ansätzen abzubauen und Legitimität aufzubauen" (Erler 2006: 2). Multilateralismus ist das konzeptionelle Gegenmodell zum Unilateralismus, bei dem einzelne Staaten sich vorbehalten, je nach eigener Interessenlage alleine und, wenn notwendig, auch gegen andere Staaten zu handeln. In der politischen Praxis neigen vor allem große und mächtige Staaten zu unilateralem Vorgehen, weil sie sich davon die maximale Durchsetzung ihrer eigenen Interessen versprechen. Selbst wenn mächtige Staaten nach dem Prinzip „soviel Multilateralismus wie möglich, soviel Unilateralismus wie nötig" verfahren würden (d. h. nur im „Notfall" bzw. im klar definierten Ausnahmefall unilateral handelten), würde eine wichtige Voraussetzung für internationale Kooperation zumindest beschädigt: Denn wer im Einzelfall auch alleine und gegen den Willen seiner potenziellen Partner handelt, der kann sich kaum darüber wundern, wenn dies dann auch andere Staaten tun. Anders gewendet: Nur wer sich selbst den Normen der internationalen Kooperation unterwirft, der kann dies auch von anderen erwarten und einfordern. Unterstellt das multilaterale Konzept ein alles in allem rationales Verhalten der zentralen Akteure, so hebt das unilaterale Konzept stärker auf den anarchischen Grundzustand des internationalen Systems ab und orientiert sich damit an den Grundlinien der realistischen Schule der internationalen Politik. Die Verletzung von Regeln zur eigenen, kurzsichtigen Nutzenmaximierung (manchmal sogar wider besseren Wissens) wird in dieser Perspektive als „ehernes

Gesetz der Weltpolitik" betrachtet, und es ist in dieser Sichtweise nicht zu erwarten, dass die zukünftige internationale Politik normgeleitet, friedlich, interdependenz- und konsensorientiert abläuft. Selbst wenn sich ein Akteur an multilaterale Spielregeln halten würde, hieße dies noch lange nicht, dass er sich darauf verlassen könnte, dass dies alle anderen Akteure auch tun. Multilateralismus wird insofern als „Schönwetterveranstaltung" gesehen, die der Natur internationaler Politik nicht gerecht wird. Im Extremfall helfe nur ein unilaterales Verhalten weiter.

Die fundamentalen Veränderungen der internationalen Politik seit dem Ende des Ost-West-Konfliktes und insbesondere seit den Terror-Anschlägen vom 11. September 2001 und der US-geführten Invasion im Irak vom März 2003 führten auch zu einer heftigen Debatte über die Bedeutung und den Nutzen des Multilateralismus (Kagan 2003). Während die Bush-Regierung den unilateralisierenden Trend der Clinton-Regierung („mit VN-Mandat, wenn möglich, ohne, wenn nötig") weiter verschärfte und mit dem Prinzip der „Koalitionen der Willigen" und Einsätzen ohne VN-Mandat die klassische Form des Multilateralismus umging, formulierte die Europäische Union unter Federführung von Javier Solana das bewusst VN-zentrierte Prinzip des „wirksamen Multilateralismus" (Solana 2003: 9). Nicht nur die Rolle des Völkerrechts, sondern auch die Bedingungen und die Legitimation zum Einsatz militärischer Gewalt wurden dabei zunehmend zum Streitpunkt der transatlantischen Multilateralismus-Debatte. Entlang dieser argumentativen Konfliktlinien zeichnet sich in der Wissenschaft eine Dichotomie zwischen zwei Formen des Multilateralismus ab: der so genannten „klassischen" und der „neuen" Form (Cox 1997). Während das klassische Verständnis größtenteils den Ausführungen Ruggies und Keohanes (und somit eher dem europäischen Verständnis) entspricht, zeichnet sich der „Neue Multilateralismus" durch eine lockerere Form von Ad-hoc-Koalitionen und eine größere Betonung von Output-Legitimität aus. Die legalistischen und institutionalisierten Formen der eher klassischen multilateralen Koordinierung und Zusammenarbeit im Rahmen von zentralen internationalen Organisationen wurden insbesondere von der Bush-Regierung als umständlich und ineffektiv abgewertet.

Es ist vor allem der Druck dieses paradigmatischen Wandels im Verständnis von Multilateralismus, mit dem sich die VN gegenwärtig konfrontiert sehen und der auch die deutsche Außenpolitik herausfordert. Sowohl der Erfolg von Reformversuchen als auch ihre zukünftige Autorität in den internationalen Beziehungen hängen zum großen Teil davon ab, wie sie selbst einen Kompromiss im Verständnis des Konzeptes „Multilateralismus" zwischen geforderter Effektivität und unumgänglicher Legitimation sowie diffuser Reziprozität dauerhaft formen und gewährleisten können.

3 Deutschland in den Vereinten Nationen: Vom „Feindstaat" zur aktiven Mitgliedschaft

Deutsche Außenpolitik setzt erklärtermaßen traditionell auf einen multilateralen Politikstil, der seit der schrittweisen Wiedererlangung der außenpolitischen Handlungsfähigkeit im Jahr 1955 bzw. der vollständigen Souveränität im Jahr 1990 im Grundsatz nicht zur Disposition steht. Dies ist im Falle Deutschlands „nicht nur eine Werteentscheidung, sondern auch Produkt einer historischen Erfahrung" (Erler 2006: 1) (siehe dazu auch die Beiträge von Sven Bernhard Gareis und Michael Staack in diesem Band). Multilateralismus und die Absage an jedweden deutschen Sonderweg waren mithin Grundbestandteile der außenpolitischen Kultur der Bundesrepublik, die nicht zuletzt aus wohlverstandenem Eigeninteresse zur Staatsräson wurden. Der daraus ableitbare Politikstil lässt sich als „prinzipieller Multilateralismus" (Maull

2001a: 652) bezeichnen, der mit einem Engagement für Institutionalisierung und Verrechtlichung der internationalen Beziehungen als auch der Bereitschaft zu Souveränitätsverzicht und Souveränitätsübertragung einhergeht. Mit diesem Politikstil gelang es der Bundesrepublik vergleichsweise gut, ihre nationalen Interessen im Gleichklang mit ihren Partnern durchzusetzen.

Als die Organisation der Vereinten Nationen im Oktober 1945 mit dem Inkrafttreten der VN-Charta ihre Arbeit aufnahm, lag Deutschland in Trümmern. An eine eigenständige Außenpolitik war ebenso wenig wie an eine VN-Mitgliedschaft zu denken. Auch nach Gründung von Bundesrepublik und DDR im Jahr 1949 galten beide Staaten im VN-Jargon zunächst als „Feindstaaten", gegen die gemäß Artikel 53 und 107 der Charta bei erneuter Aggression jederzeit besondere Maßnahmen hätten getroffen werden können. Selbst nachdem im Verlauf der 1950er Jahre die anderen ehemaligen Feindstaaten (u. a. Japan und Italien) den VN beigetreten waren, strebte die Bundesrepublik zunächst keine Vollmitgliedschaft an, denn dies hätte auch eine Aufnahme der DDR bedeutet, die jedoch gemäß des „Alleinvertretungsanspruchs" von der Bundesrepublik nicht anerkannt war. Dennoch war die Bundesrepublik bereits seit 1952 am Hauptsitz der VN mit einer „Ständigen Beobachtermission" vertreten, steuerte in erheblichem Maße finanzielle Mittel zum VN-System bei und wurde Mitglied in allen VN-Sonderorganisationen, so dass von einer „Quasi-Mitgliedschaft" gesprochen werden kann. Auch die DDR, die bereits 1966 einen Antrag auf Mitgliedschaft stellte, bemühte sich in dieser Phase um eine aktive Rolle unterhalb der tatsächlichen Mitgliedschaft. Es gelang aber erst 28 Jahre nach Gründung der VN, dass beide deutschen Staaten Vollmitglied werden konnten. Nachdem im September 1973 im Zuge der Entspannungspolitik sowohl die Bundesrepublik als auch die DDR den Vereinten Nationen beigetreten waren, arbeiteten beide Staaten im Rahmen ihrer unterschiedlichen Interessen, Spielräume, Ressourcen und ihrer jeweiligen Bündniszugehörigkeit in zahlreichen VN-Bereichen intensiv mit und wurden u. a. 1977/78 und 1987/88 (Bundesrepublik) bzw. 1980/81 (DDR) als nichtständiges Mitglied in den Sicherheitsrat gewählt.

Die weltpolitischen Umbrüche im Jahr 1989 setzten für die deutsche VN-Politik neue Rahmenbedingungen. Die Zeit der 17-jährigen Doppelmitgliedschaft wurde in Folge der deutschen Vereinigung im Oktober 1990 beendet und brachte Deutschland in eine vollkommen neue Rolle. Beide deutschen Staaten hatten sich zu einem Staat vereinigt, der zukünftig unter dem Namen „Deutschland" in den VN auftreten sollte. Der „2 plus 4-Vertrag" vom September 1990, der die außenpolitischen Aspekte der deutschen Vereinigung regelte, brachte dem vereinten Deutschland die vollständige Souveränität über seine inneren und äußeren Angelegenheiten. Bereits in diesem außenpolitischen Schlüsseldokument wird mehrfach auf die VN-Charta Bezug genommen, und es wird die Verpflichtung zu einer friedlichen, an das Völkerrecht gebundenen Außenpolitik bekräftigt. Deutschland werde „keine seiner Waffen jemals einsetzen, es sei denn in Übereinstimmung mit seiner Verfassung und der Charta der Vereinten Nationen." Diese Regelungen stehen in engem Bezug zum deutschen Grundgesetz, aus dem Leitprinzipien wie Friedensgebot und bewusste Abkehr von einer unilateralen, nationalen Machtpolitik zugunsten eines kooperativen und integrationsbereiten Multilateralismus direkt ableitbar sind (Knapp 2007, siehe auch den Beitrag von Michael Staack in diesem Band). Bereits in einer ersten Erklärung zum Tage der deutschen Einheit am 3. Oktober 1990, die allen Regierungen, mit denen Deutschland diplomatische Beziehungen unterhielt, übermittelt wurde, kündigte der damalige Bundeskanzler Helmut Kohl eine aktive Rolle Deutschlands auch im Bereich der VN-Friedenssicherung an. Wenige Tage zuvor hatte bereits sein Außenminister, Hans-Dietrich Genscher, vor der Generalversammlung der VN erklärt, dass sich Deutschland seiner größer gewordenen Verantwortung bewusst sei, diese annehmen und sich stärker im Rahmen der VN engagieren werde.

4 Die VN-Politik des vereinten Deutschland

Jenseits aller Unterschiede in der Außen- und Sicherheitspolitik herrscht in Deutschland hinsichtlich der Unterstützung für die VN inzwischen ein breiter politischer Konsens. Für die deutsche Außenpolitik gehört die Unterstützung der Weltorganisation zum kleinen Einmaleins. Ausdruck der gestiegenen Wertschätzung bzw. der gestiegenen parlamentarischen Aufmerksamkeit für „VN-Themen" war nicht zuletzt die Gründung des Ausschusses „Vereinte Nationen" (als Unterausschuss des Auswärtigen Ausschusses) im Deutschen Bundestag im September 1991, der seitdem zahlreiche Impulse gegeben hat. „Die Bundesregierung lässt sich von überhaupt niemandem in Europa oder anderswo in ihrer Unterstützungsbereitschaft für die Vereinten Nationen übertreffen", erklärte beispielsweise Bundeskanzler Helmut Kohl im Oktober 1995 in einer Regierungserklärung vor dem Deutschen Bundestag. „Die Vereinten Nationen und ihre Mitglieder können sich darauf verlassen, dass sie bei ihren Bemühungen um eine Stärkung der VN keinen verlässlicheren Verbündeten haben werden als die Deutschen", merkte Bundesaußenminister Joschka Fischer im September 1999 vor der VN-Generalversammlung an. Es mag daran liegen, dass die Redenschreiber seltener wechseln als die verantwortlichen Politiker, aber die Ähnlichkeit der Äußerungen von Helmut Kohl (CDU) und Joschka Fischer (Bündnis 90/Die Grünen) ist bemerkenswert und bezeichnend für die deutsche Debatte. Dieser Grundkonsens kommt auch in einem gemeinsamen Antrag aller im Bundestag vertretenen Parteien (mit Ausnahme der PDS) aus dem Frühjahr 2001 zum Ausdruck (Deutscher Bundestag 2001). Dort heißt es u. a.: „Der Deutsche Bundestag sieht in der Charta der Vereinten Nationen nach wie vor einen universellen Ansatz zur Verwirklichung eines friedlichen Zusammenlebens der Völker, einer nachhaltigen Entwicklung und einer gemeinsamen Bewältigung der großen Herausforderungen unserer Zeit [und] ist mehr denn je von der Notwendigkeit überzeugt, die Vereinten Nationen als globale Organisation zur Herstellung und Wahrung des Friedens sowie zur Bewältigung globaler Herausforderungen zu nutzen." Zudem wird die Bundesregierung aufgefordert, in einer Reihe von Politikbereichen konkrete Schritte zur Stärkung der VN zu unternehmen.

Deutschland zählt zu den wichtigsten VN-Mitgliedern: In nahezu allen außenpolitischen Grundsatzerklärungen der verschiedenen Bundesregierungen des vereinten Deutschland wird der Weltorganisation eine Schlüsselrolle für die Stabilität des internationalen Systems beigemessen. Mit rd. 82 Mio. Einwohnern und einer Fläche von 357.000 km2 gehört Deutschland zwar nicht zu den größten VN-Staaten (Bevölkerung: Rang 15; Fläche: Rang 61), aufgrund seiner Wirtschaftskraft (Bruttoinlandsprodukt 2010: rd. 3070 Mrd. US-Dollar) zählt es aber zu den größten Beitragszahlern (die Beiträge werden von den VN auf der Grundlage des BIP der sechs zurückliegenden Jahre berechnet). Deutschland trug für den Haushalt 2011 8,018 Prozent zum ordentlichen Haushalt der VN bei und war damit nach den USA (22%) und Japan (12,530 %), vor Großbritannien (6,604), Frankreich (6,123) und Italien (4,999) drittwichtigster Beitragszahler. Darüber hinaus leistet Deutschland freiwillige finanzielle Beiträge zu verschiedenen VN-Programmen, Projekten und Einrichtungen.

Nach Angaben der Bundesregierung betrugen die Pflichtbeiträge und die freiwilligen Zahlungen Deutschlands an das gesamte VN-System in den Jahren 2008-2009 insgesamt rd. 2,1 Mrd. US-Dollar (Auswärtiges Amt 2010: 82). Deutschland investierte im Jahr 2010 insgesamt 265 Millionen Euro in die Entwicklungszusammenarbeit der VN; dazu kamen rund 575 Millionen Euro an Beiträgen für die Weltbank-Gruppe. Von den an die UN geleisteten Beiträgen entfielen 2010 15,7 Mio. auf die Ernährungs- und Landwirtschaftsorganisation FAO, 22,4 Mio. auf das Entwicklungsprogramm UNDP und 9,1 Mio. auf das Umweltprogramm UNEP, womit Deutschland zweitgrößter Beitragszahler des UNEP war. Weiterhin wurden Überweisungen in Höhe von 26 Mio. Euro an die Weltgesundheitsorganisation WHO geleistet. Nachdem Deutschland in den VN-Organisationen jahrelang personell unterrepräsentiert war, sind inzwischen deutsche Diplomaten nach VN-Kriterien personell angemessen vertreten. In Bonn sind zudem derzeit 19 VN-Organisationen und Sekretariate mit rd. 600 Mitarbeitern angesiedelt. Insgesamt befinden sich in Deutschland 27 Büros der VN (in Berlin, Bonn, Frankfurt und Hamburg). Dreimal (1995/96, 2003/04 und 2011/12) ist das vereinte Deutschland bisher als nichtständiges Mitglied in den Sicherheitsrat gewählt worden.

Kasten 2: Deutsche Pflichtbeiträge an die VN in Mio. US-Dollar

	1991	1998	2000	2005	2007	2009
Regulärer VN-Haushalt	86,24	101,8	103,9	155,6	172,8	154,7
Friedenssicherung	46,00	75,9	211,4	391,1	521,00	308,8
Gerichtshöfe	0	9,2	15,9	24,9	24,81	22,9
Internationale Konferenzen	0,3	0,2	0,1	0,2	0,2	0,2
Übersetzungsdienst	0,8	1,0	1,0	1,2	1,1	
Insgesamt	133,39	188,3	332,4	573,2	753,37	559,01,0

Quelle: Auswärtiges Amt 2008: 134; 2010: 85.

Um jenseits der allgemeinen Erklärungen wichtiger politischer Akteure hinsichtlich einer Stärkung der VN die konkreten deutschen Beiträge besser beurteilen zu können, sollen im Folgenden zwei Schwerpunkte – Friedenssicherung und VN-Reform – aus der Arbeit der VN überblicksartig analysiert werden. Es ist darauf hinzuweisen, dass es sich dabei lediglich um einen kleinen Ausschnitt aus der Arbeit der VN, ihrer Sonderorganisationen, Spezialorgane und Programme sowie diverser weiterer Tätigkeitsbereiche handelt, so dass eine umfassende Detailbilanz aller deutschen VN-Aktivitäten an dieser Stelle nicht zu leisten ist (siehe ausführlich – deskriptiv – Auswärtiges Amt 2007 und – analytisch – Knapp 2005).

4.1 Deutschland und die VN-Friedensicherung

Dass die Grundpositionen der deutschen Parteien zu den Vereinten Nationen von großer Übereinstimmung gekennzeichnet sind, liegt insbesondere daran, dass sich die Parteipositionen in kontroversen Einzelfragen im Laufe der 1990er Jahre erheblich modifiziert haben. Besonders auffällig ist dabei der Wandel der Regierungsparteien der 14. (1998-2002) und 15. (2002-2005) Legislaturperiode (SPD und Bündnis 90/Die Grünen) hinsichtlich der deutschen Beteiligung an militärischen Einsätzen der VN. Wurde von beiden – mit unterschiedlichen Akzenten – noch zu Beginn der 1990er Jahre die deutsche Beteiligung an sogenannten „Blauhelmmissionen" (*peacekeeping*) abgelehnt, so wird inzwischen im Einzelfall selbst die Unterstützung von Kampfeinsätzen zur Friedenserzwingung (*peace enforcement*) nicht ausgeschlossen. Möglich wurde diese Annäherung insbesondere durch ein Urteil des Bundesverfassungsgerichts vom Juli 1994, das Einsätze im Rahmen von Systemen kollektiver Sicherheit (zu denen neben den VN auch die NATO gezählt wurde) für zulässig erklärt, wenn der Bundestag zuvor mit einfacher Mehrheit seine Zustimmung gegeben hat. Die außen- und sicherheitspolitische Kultur des Landes hat sich seitdem erheblich verändert (siehe dazu auch den Beitrag von Sven Bernhard Gareis in diesem Band).

Allerdings beteiligte sich Deutschland auch vor dem Verfassungsgerichtsurteil u. a. an der VN-Mission in Kambodscha (UNTAC) und wirkte darüber hinaus an der Überwachung des vom Sicherheitsrat verhängten Waffenembargos gegen Jugoslawien mit. Diese Einsätze waren innenpolitisch z. T. hoch umstritten, und die Debatte um eine deutsche Beteiligung absorbierte einen Großteil der öffentlichen Aufmerksamkeit für den Themenbereich Vereinte Nationen. Inzwischen ist Deutschland ein normaler Truppensteller bei Friedenssicherungseinsätzen der Weltorganisation und beteiligt sich mit Personal, finanziellen Beiträgen und Ausrüstungshilfen. Bei den Friedensmissionen der VN ist allerdings in den vergangenen Jahren ein erheblicher Wandel feststellbar: Die ursprüngliche und durchaus erfolgreiche Ausrichtung der VN auf die Verhinderung zwischenstaatlicher Kriege hat sich mit dem Wandel des Kriegsbildes in Richtung innerstaatlicher Auseinandersetzungen radikal verändert. Unter dem Druck des weltweiten Krisen- und Konfliktgeschehens wachsen die Anforderungen an die internationale Friedenssicherung seit Jahren dramatisch, und die VN haben sich dabei zu einem wichtigen Akteur auf ihrem ureigenen Arbeitsfeld entwickelt. In der Geschichte der VN wurden bisher 65 VN-geführte Missionen durchgeführt (Stand: Frühjahr 2012), davon ein Großteil in den vergangenen 20 Jahren. Insgesamt sind von 1948 bis 2010 rd. 69 Mrd. US-Dollar dafür ausgegeben worden.

Kasten 3: Beiträge zu VN-Friedensmissionen						
Jahr (jeweils Januar)	1998	2000	2005	2007	2008	2011
Anzahl Friedensmissionen	15	19	17	15	17	15
Soldaten	9.359	12.710	56.197	70.252 (davon Deutschland 930)	76.752 (davon Deutschland 549)	82.061(davon Deutschland 239/243)
Polizisten	3.034	4.613	6.765	9.208 (davon Deutschland 158)	11.254 (davon Deutschland 159)	14.302(davon Deutschland 16)
Quelle: eigene Zusammenstellung nach Daten des DPKO						

Die funktionale Differenzierung komplexer Friedensoperationen lässt weniger denn je ein Standarddesign für die Konzeption und Durchführung derartiger Einsätze zu. Jede Mission stellt vielmehr andere Ansprüche, auf die die einzusetzenden Kräfte und Fähigkeiten zugeschnitten werden müssen. Dabei stellen die Bereitstellung der erforderlichen Kapazitäten sowie deren Führung und Versorgung im Einsatz die entscheidenden Herausforderungen dar. Im Prozess der konzeptionellen und operationellen Ausgestaltung der internationalen Friedenssicherung haben sich drei Grundtypen von Missionen herauskristallisiert, die danach unterschieden werden können, welche Rolle die VN bei Zusammenstellung und Führung spielen (Gareis/Varwick 2007):

- *VN-geführte* Missionen bilden die nach wie vor größte Gruppe unter den internationalen Friedenseinsätzen. Sie basieren auf einem Mandat des VN-Sicherheitsrates, die Mitgliedstaaten stellen auf Anfrage des VN-Generalsekretärs, dem auch die politische Verantwortung für die Durchführung der Operation zufällt, Truppen und Fähigkeiten bereit. Die militärische Einsatzführung obliegt einem vom Generalsekretär ernannten *force commander*, die Aufstellung des Operationsplans, die Formulierung der Einsatzregeln (*rules of engagement*) sowie die Klärung aller mit der Mission verbundenen politischen und rechtlichen Fragen werden durch das VN-Sekretariat vorgenommen. Die Finanzierung VN-geführter Missionen erfolgt im Umlageverfahren durch Beiträge aller Mitgliedstaaten unabhängig davon, ob sie Kräfte zur Verfügung stellen oder nicht. Da die Mitgliedstaaten in ihrer Entscheidung, die VN zu unterstützen, frei sind, kommt es jedoch häufig zu Diskrepanzen zwischen den erforderlichen und den verfügbaren Fähigkeiten. Während die Entwicklungsländer üblicherweise „billige" Infanteriekräfte in großer Zahl zur Verfügung stellen, fehlen häufig die zumeist von den Industrieländern gestellten „teuren" Spezialkräfte für Kommunikation, Aufklärung oder Transport (*high value assets*).

- *VN-mandatierte* Missionen haben sich in den 1990er Jahren als neue Form von Einsätzen herausgebildet, als zahlreiche Industriestaaten dazu übergingen, die Abstellung von Truppen an die VN zu verweigern und stattdessen eigene Operationen im Rahmen von Organisationen wie NATO oder EU durchzuführen. Auch diesen Einsätzen liegt ein – üblicherweise von den jeweiligen Organisationen selbst vorformuliertes – Mandat des VN-Sicherheitsrates zugrunde, hinsichtlich der politischen Verantwortung, der Art der Durchführung, der Dauer als auch der Bewertung von Erfolg und Misserfolg sind die Mandatnehmer dann jedoch praktisch frei. Solche *stand-alone missions*, wie sie von der EU in Bosnien-Herzegowina (EUFOR Althea) oder von der NATO in Afghanistan (ISAF) durchgeführt werden, bieten den VN zunächst Vorteile, insbesondere weil die Kosten vollständig durch die agierenden Staaten und Organisationen getragen werden. Andererseits aber führt dies oft dazu, dass die Industriestaaten ihre Kräfte vor allem in ihren eigenen Interessengebieten binden und mit diesen Engagements ihre Weigerungen begründen, die VN in zahlreichen anderen Missionen zu unterstützen.
- Als dritter Grundtypus können *hybride Missionen* angeführt werden, in denen die VN mit anderen Organisationen zusammenarbeiten. Dabei werden VN-geführte Missionen durch eigenständige, in der Regel auch VN-mandatierte Einsätze von Organisationen bzw. Staaten unterstützt, die an der Hauptoperation zumeist nicht teilnehmen. Hybride Missionen bieten den VN Vorteile durch die Bereitstellung von sonst kaum verfügbaren Kräften, doch sind sie – wie dies die auf deutschen Druck erfolgte strikte zeitliche Begrenzung des EUFOR RD Congo-Einsatzes gezeigt hat – meist vollständig vom guten Willen der unterstützenden Organisation abhängig.

Bei den derzeit (Frühjahr 2012) 16 VN-Friedensmissionen werden rd. 82.000 Soldaten, 14.000 Polizisten sowie 2.000 Beobachter eingesetzt. Das Budget für den Zeitraum Juli 2011 bis Juni 2012 liegt bei 7,8 Mrd. US-Dollar. Verantwortlich für diesen im VN-Jargon so genannten „surge in peacekeeping", also den bis zur Überdehnung der Kräfte reichenden Anstieg der zu erfüllenden Aufgaben, sind dabei nicht so sehr neu entstehende Konflikte. Vielmehr zeigt sich, dass neben den bekannten, aber verdrängten Problemen wie in Somalia auch die tatsächlich durchgeführten Missionen entweder – wie im Falle der UNIFIL im Libanon – zu wenig zur Lösung des zugrunde liegenden Konflikts beitragen konnten oder aber – wie in den Fällen Haiti oder Timor-Leste – vorzeitig zum Erfolg erklärt und die Kontingente entsprechend drastisch verkleinert oder ganz abgezogen wurden. Hinzu kommen Einsätze, die – wie in der Demokratischen Republik Kongo – zu Beginn völlig unrealistisch dimensioniert waren und im Laufe der Zeit deutlich verstärkt werden mussten. Weniger in quantitativer, dafür aber umso mehr in qualitativer Hinsicht sind die Anforderungen an die Friedenskonsolidierungseinsätze gestiegen, die unter Ägide der VN seit 2006 bzw. 2007 in Sierra Leone und Burundi stattfinden. So richtig es ist, dass die VN nach vielen Jahren einer Glaubwürdigkeits- und Legitimationskrise angesichts der Zunahme der ihr übertragenen Friedenssicherungsmandate von einem wieder gewachsenen Vertrauen in die Weltorganisation sprechen, so deutlich muss andererseits gesehen werden, dass mit dieser Renaissance der VN als Friedensmacht auch deren fortschreitende Überforderung einhergeht. Dies gilt nicht nur hinsichtlich der schieren Zahl der zu führenden Missionen und der eingesetzten „Friedensschützer", der im zuständigen Department of Peacekeeping Operations (DPKO) gerade rd. 650 Mitarbeiter gegenüberstehen; es gilt insbesondere auch hinsichtlich der zunehmend komplexen Natur der Einsätze.

Die ursprüngliche und durchaus erfolgreiche Ausrichtung der VN auf die Verhinderung zwischenstaatlicher Kriege hat sich mit dem Wandel des Kriegsbildes in Richtung innerstaatlicher Auseinandersetzungen radikal verändert (siehe Abschnitt 1.1, siehe dazu auch den Beitrag von Stephan Böckenförde in diesem Band). Spektakuläre Fehlschläge wie Ruanda, Srebrenica oder anfangs Sierra Leone haben den Reformdruck in diesem Bereich erhöht. Gemäß Kapitel VII der Charta stünde den VN ein hinreichendes Instrumentarium an Maßnahmen bei Bedrohung oder Bruch des Friedens zur Verfügung, in der Praxis wurde aber von diesen Bestimmungen bisher kaum Gebrauch gemacht. Nach den Vorschlägen einer Expertengruppe unter dem Vorsitz des ehemaligen algerischen Außenministers Lakhdar Brahimi, die bereits im August 2000 vorgelegt wurden, aber in der Praxis nicht hinreichend Beachtung fanden, sollen die VN-Truppen in Zukunft grundsätzlich ein robustes Mandat erhalten und nur in Einsätze geschickt werden, wenn die Regeln zur Durchführung eindeutig sind und die Truppenkontingente hinreichend geführt werden können und gut ausgerüstet sind. Zudem soll gemäß dem Konzept des *UN Stand-by Arrangement System* (UNSAS) eine schlagkräftige multinationale Streitkraft bereitgestellt werden, auf die bei Bedarf schnell zugegriffen werden kann (siehe auch Koops/Varwick 2008).

Komplexe VN-Friedensmissionen sind in den zurückliegenden Jahren oft gescheitert, weil ihre Mandate unrealistisch waren und die Aufträge von der eingesetzten Truppe nicht erfüllt werden konnten. Die Parameter, von denen bei der Abfassung der Mandate und dem Zuschnitt der Missionen ausgegangen wurde, entsprangen häufig einem *best-case-Szenario*, die Gegebenheiten vor Ort waren jedoch ein *worst case*. Hinzu kam, dass das für den Erfolg von Friedensmissionen eminent wichtige Gebot der Unparteilichkeit des klassischen *peacekeeping* kaum von „Indifferenz" unterschieden werden konnte. Komplexe Missionen benötigen zudem insbesondere dort, wo sie zivile Übergangsverwaltungen einzurichten haben, in großem Umfang Fachpersonal für den administrativen Bereich sowie für die Rechtspflege. Dieses Personal muss nicht nur in der Lage sein, während der Dauer des Einsatzes entsprechende Funktionen auszuüben, sondern vor allem auch Beratungs-, Ausbildungs- und Überwachungsaufgaben gegenüber den im Aufbau befindlichen Behörden und Einrichtungen im Einsatzland wahrzunehmen. Die meisten Mitgliedstaaten verfügen jedoch über praktisch keine Personalreserven für diese Aufgaben. Die Erfahrungen gerade beim Aufbau ziviler Polizeimissionen auf dem Balkan oder in Haiti haben die gravierenden Rekrutierungsprobleme für diesen Personenkreis deutlich gemacht.

Um dem entgegenzuwirken, wurde im September 2005 die „Kommission für Friedenskonsolidierung" beschlossen, der Deutschland von Beginn an als Mitglied angehört. Ausgangsüberlegung war der Befund, dass es im gesamten VN-System keine Stelle gebe, die den Zusammenbruch von Staaten und ein Abgleiten in den Krieg verhindern oder Staaten beim Übergang vom Krieg zum Frieden behilflich sein könne. In dieser „institutionellen Lücke" stecken Staaten und Gemeinwesen, die zwar die Gewalt überwunden, dauerhaften Frieden aber noch nicht erreicht haben. Die neue Kommission ist als ein intergouvernementales Beratungs- und Konsultationsgremium konzipiert, dessen primäre Aufgaben darin bestehen, alle wichtigen Akteure zusammenzubringen, um Vorschläge für Ressourceneinsatz und Wiederaufbaustrategien im Rahmen von *post-conflict peacebuilding* zu erarbeiten, die Aufmerksamkeit auf die Bemühungen um Wiederaufbau und Institutionenbildung in der Konfliktnachsorge zu lenken sowie die Entwicklung integrierter Ansätze für eine nachhaltige Entwicklung zu unterstützen, Informationen und Empfehlungen für eine verbesserte Koordination aller wichtigen Akteure innerhalb und außerhalb des VN-Systems zu erarbeiten, *best practices* zu entwickeln, zur verlässlichen Finanzierung früher Wiederaufbaumaßnahmen beizutragen und schließlich die Aufmerksamkeit der internationalen Gemeinschaft für die Bemühungen in der Konfliktfolgezeit aufrechtzuerhalten.

Deutschland gehört zwar traditionell, wie dargestellt, zu den VN-freundlichsten Staaten und sieht sich mithin als einer der aktivsten Anwälte eines effektiven VN-Multilateralismus. Im Bereich der VN-Friedenssicherung ist Deutschland aber ein vergleichsweise junger Akteur, da angesichts der weltpolitischen Lage und der innenpolitischen Restriktionen die Beteiligung an internationalen Friedenssicherungseinsätzen erst seit Anfang der 1990er Jahre in nennenswertem Ausmaß möglich wurde und dann mit dem Urteil des Bundesverfassungsgerichts zur Zulässigkeit von Auslandseinsätzen der Bundeswehr enorm zugenommen hat. Ein genauerer Blick auf die deutsche Beteiligung an jüngsten VN-Friedensmissionen ergibt jedoch ein widersprüchliches Bild. Denn in den vergangenen Jahren hat sich Deutschland trotz VN-freundlicher Rhetorik weniger an VN-*geführten*, sondern vor allem an VN-*mandatierten* Einsätzen beteiligt. Den derzeit (Februar 2012) rd. 7.200 Soldatinnen und Soldaten in VN-mandatierten Einsätzen (insbesondere Kosovo und Afghanistan) stehen rd. 243 in VN-geführten Einsätzen gegenüber. Bei lediglich drei der derzeit 16 VN-Missionen ist eine nennenswerte deutsche Beteiligung auszumachen (UNIFIL II: 225, UNMIK: 1, UNMISS: 19, UNAMID: 8; militärisches und ziviles Personal; Stand: Februar 2012). Deutschland steht als drittgrößter Beitragszahler der VN damit bei der Beteiligung an VN-Friedensmissionen lediglich an 49. Stelle (Januar 2012) der 193 VN-Staaten, weit hinter Staaten wie Bangladesch, Jordanien, Uruguay oder Senegal.

Deutlich wird die deutsche Ambivalenz auch bei dem bereits erwähnten *Stand-by Arrangement System*. Zwar gehört Deutschland zu einer Gruppe von mehr als 40 Staaten, die ihre ausdrückliche Bereitschaft zu Unterstützungsleistungen in Form eines *Memorandum of Understanding* dokumentiert hat. Verlässlich planen können die VN damit aber nicht. Mit Jordanien und Uruguay haben sich bisher lediglich zwei Länder verbindlich bereiterklärt, ihre Kräfte gegebenenfalls innerhalb eines 30- bzw. 90-Tage-Zeitraumes nach der Verabschiedung einer Sicherheitsratsresolution für eine Mission zur Verfügung zu stellen. Auch an der sogenannten *Standby High Readiness Brigade* (SHIRBRIG), die den VN im Rahmen von UNSAS als verfügbar gemeldet wurde, beteiligte sich Deutschland nicht. An diesem für die künftige Organisation von Friedensmissionen beispielhaften und wegweisenden Projekt waren mit Dänemark, Finnland, Italien, Irland, Litauen, den Niederlanden, Österreich, Polen, Portugal, Rumänien, Spanien, Slowenien und Schweden dreizehn EU-Staaten beteiligt. Die Brigade umfasste neben drei Infanteriebataillonen alle für einen eventuellen Einsatz erforderlichen Unterstützungselemente. SHIRBRIG ist die bislang einzige militärische Formation mit der Fähigkeit zur eigenständigen Operationsführung, die den VN von ihren Mitgliedstaaten angeboten wurde – Deutschland übt sich weiter in Zurückhaltung.

Die Tendenz, dass sich insbesondere die leistungsfähigen Industriestaaten verstärkt Friedensmissionen mandatieren lassen (oder im Einzelfall auch ohne Mandat handeln), um sie dann in eigener Verantwortung durchzuführen, wird die Relevanz der VN im Bereich der Friedenssicherung nachhaltig bestimmen. Bis zur Einrichtung von UNIFIL II (Libanon) ging die direkte Beteiligung von EU-Staaten an VN-geführten Friedensmissionen kaum über drei Prozent des eingesetzten Personals hinaus. Dies führt aber bei den westlichen Industriestaaten zu einer Konzentration ihrer Kräfte auf Länder und Regionen, die für die betroffenen Staaten von unmittelbarem Interesse sind oder eine potenzielle Bedrohung darstellen. So verständlich diese Entwicklung auf den ersten Blick sein mag: Den VN droht dabei nur noch eine Restkompetenz für vergessene Konflikte zuzufallen, für die sie dann von den Industriestaaten zudem nur zögerlich unterstützt werden. Es zeichnet sich also ein nicht unproblematisches Zwei-Klassen-System internationaler Friedenssicherung ab (Gareis/Varwick 2007, Nitzschke/Wittig 2007). Die Vereinten Nationen sind aber gemäß ihrer Charta für den *Weltfrieden* und *die* internationale Sicherheit zuständig – und nicht nur für die Sicherheit einer Gruppe von Mitgliedstaaten.

Die weitere Entwicklung hin zu einer gespaltenen Verantwortung in der internationalen Friedenssicherung lässt sich nur durch die verstärkte Bereitschaft der Mitgliedstaaten zur dauerhaften und nachhaltigen Unterstützung der VN aufhalten. Deutschland könnte in dieser Richtung durchaus eine gewisse Vorbildrolle für andere Industriestaaten spielen, wenn es seinen VN-affinen Erklärungen entsprechendes Engagement folgen ließe. Dazu gehört zuallererst anzuerkennen, dass die VN trotz anhaltenden Reformbedarfs (Benner/Rotmann 2007) erhebliche Fortschritte bei ihrer Fähigkeit zur Führung komplexer Einsätze gemacht haben. Die flachen Führungsstrukturen vom Sicherheitsrat über das DPKO bis in die Mission, die mangels großer Personalkapazitäten gezwungenermaßen schlanken Stäbe und die fortgesetzte Verlagerung von Verantwortung und Entscheidungskompetenz auf die Ebene der Führung vor Ort könnten sogar beispielgebend sein für die Führungs- und Entscheidungsstrukturen, die in NATO und EU nötig sind.

4.2 Deutschland und die Reform der Vereinten Nationen

Die Frage, ob und wie die VN reformierbar sind, richtet sich an erster Stelle an die Mitgliedstaaten, weil nur sie die Macht haben, Veränderungen durchzusetzen. Die VN sind insofern eine klassische intergouvernementale Organisation, d. h. sie können nur so weit agieren, wie es die sie tragenden Staaten nach Abwägung der eigenen Interessen gestatten. Zu unterscheiden ist zwischen internen Organisationsrechtsreformen, die sich ohne Änderungen der Charta verwirklichen lassen, und „Verfassungsänderungen", die eine Chartaänderung erfordern. Die Hürden für letztere sind extrem hoch: Neben einer Zweidrittelmehrheit in der Generalversammlung und der Ratifizierung durch eine entsprechende Mehrheit von Mitgliedstaaten hat jedes der ständigen Mitglieder im Sicherheitsrat ein Vetorecht gegen Chartaänderungen. Viele der seit Jahren diskutierten Themen sind deshalb vertagt und damit auf die lange Bank geschoben worden. Mit verlässlicher Regelmäßigkeit steht immer wieder ein Teil der Reformvorschläge auf der Tagesordnung diverser Arbeitsgruppen der Generalversammlung und des Sicherheitsrates, ohne dass ein Konsens in Sicht wäre.

Jede Reformdebatte sollte sinnvollerweise zudem mit einer Analyse der globalen Herausforderungen und der Beantwortung einiger grundlegender Fragen nach der Ordnung des internationalen Systems beginnen:

- Bis zu welchem Grad kann den Staaten die Einschränkung ihrer Souveränität zugunsten kollektiver Mechanismen zugemutet werden?
- Inwieweit halten sich die Staaten an gemeinsam verabredete Beschlüsse, und in welchem Maße ist deren Verletzung, Missachtung oder mangelnde Unterstützung hinnehmbar?
- Wie können Macht und Recht in ein ausgewogenes Verhältnis zueinander gebracht und widerstreitende Interessen in konstruktiver Weise ausgeglichen werden?

Kasten 4: Wichtige Reformberichte im Vorfeld des Weltgipfels 2005		
Bericht	Titel	Veröffentlichung
Bericht für die Beziehungen zwischen den VN und der Zivilgesellschaft	Wir, die Völker: Zivilgesellschaft, die VN und Global Governance	Juni 2004
Bericht der Hochrangigen Gruppe für Bedrohungen, Herausforderungen und Wandel	Eine sicherere Welt: Unsere gemeinsame Verantwortung	Dezember 2004
Bericht des VN-Millenniumsprojekts	In die Entwicklung investieren: Ein praktischer Plan zur Erreichung der Millennium-Entwicklungsziele	Januar 2005
Bericht des VN-Generalsekretärs	In größerer Freiheit: Auf dem Weg zu Entwicklung, Sicherheit und Menschenrechten für alle	März 2005
Beschluss der 191 VN-Mitgliedstaaten	Ergebnisdokument des Weltgipfels 2005	September 2005

In verschiedenen Reformberichten forderte der damalige Generalsekretär Kofi Annan, die Mitgliedstaaten müssten die VN besser auf die Herausforderungen der Globalisierung einstellen, und nannte dabei insbesondere drei strategische Prioritätsbereiche: Freiheit vor Not („Entwicklungsagenda"), Freiheit vor Furcht („Sicherheitsagenda") und Schaffung einer ökologisch bestandsfähigen Zukunft („Umweltagenda"). Im März 2005 hatte Annan – nach intensiver Beratung durch verschiedene Expertengremien, die jeweils im Auftrag des Generalsekretärs eine Bestandsaufnahme in wichtigen Tätigkeitsbereichen der VN vorlegen sollten – einen Reformplan mit dem Titel „In größerer Freiheit: Auf dem Weg zu Entwicklung, Sicherheit und Menschenrechten für alle" vorgelegt, der die umfassendste Reform der VN in ihrer Geschichte zum Ziel hatte. Doch von den Berichten blieb nach den Diskussionen in den Mitgliedstaaten sowie den Entscheidungen anlässlich des 60-jährigen Jubiläums der VN im September 2005 in der Generalversammlung nicht viel übrig. Politische Bedeutung in dem Sinne, dass die zahlreichen Ideen in ganz unterschiedlichen Tätigkeitsfeldern aufgegriffen und umgesetzt worden wären, besitzen sie bis auf weiteres nicht. Die Reformdebatte konzentriert sich dabei mit unterschiedlichen Realisierungschancen auf die Reform des Sicherheitsrates und die Reform des Bereichs Friedenssicherung (umfassende Darstellung bei Gareis/Varwick 2012 und Varwick/Zimmermann 2006).

4.2.1 Reform des Systems der VN-Friedenssicherung

Eine zentrale Frage ist die Reform des gesamten Systems der VN-Friedenssicherung. Insbesondere der Krieg gegen den Irak im Frühjahr 2003 stellt einen fundamentalen Einschnitt in die etablierte Sicherheitsordnung dar. Die USA und rund 40 mit ihnen verbündete Staaten begründeten ihren dezidiert ohne VN-Mandat geführten Krieg mit der Notwendigkeit, das Land von einem grausamen Unterdrückungsregime zu befreien und der irakischen Führung den Zugang zu Massenvernichtungswaffen zu entziehen bzw. zu verweigern. Es wurde ein gewaltsamer Regimewechsel angestrebt und auch erreicht, der völkerrechtlich unzulässig ist/war. Damit sei wieder einmal deutlich geworden, dass sich Staaten – und zwar nicht nur die USA – bei der Anwendung militärischer Gewalt nicht in erster Linie fragen, ob diese rechtmäßig sei oder nicht, sondern schlicht als Maßstab ihre nationalen Interessen zugrunde legen. Die völkerrechtlichen Regelungen zur Einhegung des Krieges, wie sie in der VN-Charta festgeschrieben sind, seien gescheitert, und es sei an der Zeit, das Völkerrecht zu reformieren und den neuen Gegebenheiten anzupassen.

Unter welchen Voraussetzungen und für welche Fälle militärische Interventionen erlaubt sein sollen, sind strittige Fragen, die mit der Debatte um die sogenannte „präemptive Sicherheitspolitik" verbunden sind. Hintergrund dieser Überlegungen ist die in sicherheitspolitischen Fachkreisen bereits seit längerem diskutierte Veränderung der strategischen Landschaft. In der Kombination von Terrorismus und Massenvernichtungswaffen liege eine der zentralen sicherheitspolitischen Herausforderungen. Die der sicherheitspolitischen Strategie in der Zeit des Ost-West-Konflikts zugrunde liegende Philosophie der Abschreckung (*deterrence*) funktioniere unter den neuen Gegebenheiten nicht mehr. Im Einzelfall müsse von einer „Abschreckung durch Bestrafung" (*deterrence by punishment*) zu einer „Abschreckung durch Verwehren" (*deterrence by denial*) übergegangen werden. Denn werde militärische Gewaltanwendung prinzipiell als *ultima ratio* begriffen, könne der günstigste Augenblick verpasst werden, in dem beim Eingreifen in Konflikte mit vergleichsweise geringem Mittelaufwand – und möglicherweise schon mit einer glaubwürdigen Drohung – ein maximaler politischer Effekt erzielt werden könne. Die Selbstverteidigung nach Artikel 51 der VN-Charta ist zwar ein klassisches legitimes Recht der Staaten. Die zentrale Frage ist allerdings, was im Zeitalter von Terrorismus und Massenvernichtungswaffen als *Selbstverteidigung* gelten kann. Die Grenzen des Selbstverteidigungsrechts sind bereits seit längerem unscharf, spätestens seit dem 11. September 2001 ist aber deutlich geworden, dass existentielle Bedrohungen für Staaten nicht dem klassischen Bild eines bewaffneten Überfalls von Staat A auf Staat B entsprechen müssen (siehe dazu auch den Beitrag von Stephan Böckenförde in diesem Band).

Der VN-Sicherheitsrat hatte nach dem 11. September 2001 unverzüglich deutlich gemacht, dass die USA gegen diesen terroristischen Angriff das Recht auf Selbstverteidigung in Anspruch nehmen können. Insofern ist die Anpassungsfähigkeit des Völkerrechts an neue Gefahren bereits anerkannt und in der Praxis demonstriert worden. Voraussetzung für ein legitimes Handeln ist immer, dass Gefahren nicht nur instrumentell behauptet werden, sondern deren Existenz mit hoher Plausibilität dargelegt wird. Während militärische Prävention im Einzelfall als legitim gelten kann, stellen Präemptionskriege die internationale Ordnung vor fundamentale Herausforderungen. Der Generalsekretär formulierte die Sorge, dass diese Logik, falls sie übernommen würde, „zur Ausbreitung einer einseitigen und gesetzlosen Anwendung von Gewalt führen könnte, egal ob mit oder ohne Rechtfertigung" (Annan 2003: 117). Denn es bleibt offen, wer über die Angemessenheit von solchen Militäreinsätzen entscheidet, auf welcher völkerrechtlichen Grundlage sie durchgeführt werden und wie sich dazu das allgemeine Gewaltverbot der VN-Charta verhält. Bedacht werden müssen aber ebenfalls die möglichen Folgen, wenn in jedem Fall auf die Sanktionierung von Gewaltanwendung durch den Sicherheitsrat bestanden wird. So sind durchaus Fälle vorstellbar, in denen dieser aufgrund von – nicht zwangsläufig rationalen – Vetodrohungen blockiert ist, aber dennoch unmittelbarer Handlungsbedarf besteht. Es sei etwa daran erinnert, dass ein militärisches Eingreifen im Kosovo 1999 nicht möglich gewesen wäre, wenn auf die klassische Legitimierung durch den VN-Sicherheitsrat bestanden worden wäre.

Um es dann aber nicht nur der Willkür oder der Interessendefinition einzelner Staaten zu überlassen, was eine sicherheitsrelevante Bedrohung ist und was nicht, wird u. a. diskutiert, das Völkerrecht im Lichte der neuen Bedrohungen fortzuentwickeln. Denkbar wäre etwa, eine Debatte darüber zu führen, wo die Toleranzgrenze bei der Verbreitung von Massenvernichtungswaffen, der Unterstützung des internationalen Terrorismus oder aber auch der systematischen Verletzung von Menschenrechten liegt. Es müsste dann ein nachvollziehbarer Kriterienkatalog entwickelt werden, auf dessen Grundlage ein Eingreifen zu rechtfertigen wäre. Solche Definitionsversuche sind mit zahlreichen Schwierigkeiten verbunden, und es ist zudem eher unwahrscheinlich, dass ein solches Vorhaben gelingen wird. Die Alternative ist aber, den Status quo zu erhalten, der ebenfalls unbefriedigend ist.

Der damalige VN-Generalsekretär hatte angesichts dieser Problematik erstmals im September 2003 in einer Rede vor der Generalversammlung angekündigt, eine Gruppe von hochrangigen Persönlichkeiten zu bitten, das kollektive Sicherheitssystem der VN auf seine Wirksamkeit zu überprüfen. Dabei ging es weniger um Reformvorschläge im Bereich der operativen VN-Friedenssicherung – dazu hatte u. a. bereits der Brahimi-Report vom August 2000 zahlreiche konkrete, wenngleich wenig beachtete Vorschläge unterbreitet – als vielmehr um eine grundlegende Bestandsaufnahme der heutigen Sicherheitsbedrohungen sowie Möglichkeiten ihrer kollektiven Begegnung durch die VN. Es genüge nicht, so Annan, angesichts der Debatte um das militärische Eingreifen der USA und ihrer Verbündeten im Irak gegen den Willen der Mehrheit des VN-Sicherheitsrats Unilateralismus anzuprangern, sondern die VN müssten zeigen, dass den Problemen durch kollektives Handeln effektiv begegnet werden könne (Annan 2003: 117). Die Gruppe sollte Reformvorschläge in vier Bereichen (Herausforderungen für Frieden und Sicherheit, Analyse der Beiträge kollektiver Aktionen zur Lösung dieser Probleme, Bestandsaufnahme der Funktionsfähigkeit der Hauptorgane der VN sowie Stärkung der VN durch Reform der Institutionen und Verfahren) unterbreiten. Die Arbeit solle sich zudem auf das Gebiet des Friedens und der Sicherheit beschränken, diese allerdings in einem weiten Sinne auslegen. Der Bericht „Eine sicherere Welt: Unsere gemeinsame Verantwortung" („A more secure world: our shared responsibility", zitiert als: UN-Generalversammlung 2004) (mit seinen vier Teilen, 20 Kapiteln und 101 Einzelempfehlungen) wurde im Konsens verabschiedet und am 2. Dezember 2004 vorgelegt. Da er den Stand der sicherheitspolitischen Debatte hervorragend widerspiegelt, soll im Folgenden näher auf den Bericht eingegangen.

Zunächst wird in den beiden ersten Teilen des Berichts („Auf dem Weg zu einem neuen Sicherheitskonsens" und „Kollektive Sicherheit und die Notwendigkeit von Prävention") der Versuch einer Bestandsaufnahme gegenwärtiger und künftiger sicherheitspolitischer Herausforderungen unternommen. Es wird ein neuer Sicherheitskonsens gefordert, der über die Verhinderung der von Staaten geführten Angriffskriege weit hinausgehen müsse. Bedrohungen gingen gleichermaßen von nichtstaatlichen Akteuren als auch von Staaten aus und gefährdeten sowohl die menschliche Sicherheit als auch die Sicherheit von Staaten. Ein Konsens müsse anerkennen, dass Staaten nach wie vor zentrale Akteure der internationalen Politik seien, jedoch kein Staat allein mit Aussicht auf Erfolg agieren könne. Staatliche Souveränität bedeute zudem auch Verantwortung für das Wohlergehen des eigenen Volkes. Der Bericht definiert eine Bedrohung der internationalen Sicherheit als „jedes Ereignis und jeden Prozess, der zum Tod vieler Menschen oder zur Verringerung von Lebenschancen führt und der die Staaten als tragendes Element des internationalen Systems untergräbt" (S. 28). Darauf aufbauend werden sechs gleichwertige Kategorien von Bedrohungen abgeleitet. Neben wirtschaftlichen und sozialen Bedrohungen einschließlich Armut, Infektionskrankheiten und Umweltzerstörung werden zwischenstaatliche Konflikte, innerstaatliche Konflikte einschließlich Bürgerkrieg, Völkermord und anderen massiven Gräueltaten, nukleare, radiologische, chemische und biologische Waffen, Terrorismus sowie grenzüberschreitende Organisierte Kriminalität (als Bedrohungskategorien) genannt. Neben der angemessenen Reaktion auf einzelne Herausforderungen (wie etwa die Wiederbelebung des Nichtverbreitungsregimes oder die Entwicklung einer Terrorismusdefinition) bestehe die wichtigste Herausforderung darin, „dass diejenigen der genannten Gefahren, die noch entfernt sind, nicht unmittelbar werden, und diejenigen, die bereits unmittelbar drohen, nicht tatsächlich zerstörerisch werden. Dazu bedarf es eines Rahmens für präventives Handeln, der gegen all diese Bedrohungen auf die Art und Weise vorgeht, die in den verschiedenen Teilen der Welt am meisten Resonanz findet" (S. 28). Deutlich betont wird zudem, dass die Bedrohungen des Weltfriedens und der internationalen Sicherheit miteinander verflochten seien. Die Voraussetzung für kollektive Sicherheit sei aber eine gemeinsame Wahrnehmung hinsichtlich der Schwere der Bedrohung. „Unterschiede in Bezug auf Macht, Reichtum und Geografie bestimmen, was wir als die schwersten Bedrohungen unseres Überlebens und unseres Wohlergehens wahrnehmen. Unterschiedliche Schwerpunktsetzungen veranlassen uns, Bedrohungen abzutun, die von anderen als überlebensgefährdend empfunden werden. Eine unausgewogene Reaktion auf Bedrohungen führt zu einer weiteren Spaltung" (S. 12).

Im dritten Teil („Kollektive Sicherheit und die Anwendung von Gewalt") wird dann der Frage nachgegangen, was zu tun sei, wenn präventive Maßnahmen misslängen oder nicht hinreichend seien (S. 60-72). Die sicherheitspolitische Debatte dreht sich dabei zum einen um die bereits in Abschnitt 2 dieses Beitrags erörterte Frage, für welche Fälle und auf welcher Grundlage Ausnahmen vom allgemeinen Gewaltverbot zulässig, akzeptabel oder gar geboten sind (*Rechtmäßigkeitsproblem*). Zum anderen geht es um die Frage, aufgrund welcher Kriterien der Sicherheitsrat ein Eingreifen begründen soll (*Legitimitätsproblem*). Darüber hinaus äußert sich der Bericht u. a. zu der Frage nach der Schutzverantwortung bei innerstaatlichen Bedrohungen, die spätestens seit Vorlage der Berichtes „The Responsibility to Protect" (International Commission on Intervention and State Sovereignty 2001) und „Human Security Now" (Commission on Human Security 2003) aus dem Jahr 2003 in der sicherheitspolitischen Debatte eine Rolle spielen (siehe dazu auch den Beitrag von Stephan Böckenförde in diesem Band). Der Bericht kommt zu dem Ergebnis, „die sich herausbildende Norm, der zufolge eine kollektive internationale Schutzverantwortung besteht, die vom Sicherheitsrat wahrzunehmen ist, der als letztes Mittel eine militärische Intervention genehmigt, falls es zu Völkermord und anderen Massentötungen, ethnischer Säuberung oder schweren Verstößen gegen das humanitäre Völkerrecht kommt und souveräne Regierungen sich als machtlos oder nicht willens erwiesen haben, diese zu verhindern" (Ziff. 203), zu unterstützen.

Hinsichtlich des *Rechtmäßigkeitsproblems* vertritt der Bericht die Auffassung, dass keine Neuformulierung oder Neuauslegung des Artikels 51 VN-Charta erforderlich sei, nimmt mithin eine „konservative Haltung" (Fassbender 2005: 18) ein. Die Unterscheidung zwischen präemptiver Verteidigung (gegen eine unmittelbar drohende oder nahe Gefahr) und präventiver Verteidigung (gegen eine nicht unmittelbar drohende oder nahe Gefahr) trifft der Bericht, ohne sich in völkerrechtliche Feinheiten zu verstricken (kritisch dazu: Hilpold 2005: 85-86): Zum einen wird darauf verwiesen, dass bei einem unmittelbar bevorstehenden Angriff das Recht zur Selbstverteidigung unbestritten sei. Darüber hinaus aber müsse in jedem Fall auf die Autorisierung durch den Sicherheitsrat bestanden werden. Jedes andere Verfahren führe letztendlich in eine sicherheitspolitische Anarchie. Denn in einer Welt voller Bedrohungen könnten einseitige Präventivmaßnahmen im Unterschied zu kollektiv gebilligten Maßnahmen nicht gestattet werden: „Einem es zu gestatten, so zu handeln, bedeutet, es allen zu gestatten" (Ziff. 191). Wenn „gute, durch handfeste Beweise erhärtete Argumente für militärische Präventivmaßnahmen vorliegen, so sollten diese dem Sicherheitsrat unterbreitet werden, der die Maßnahmen sodann nach seinem Gutdünken genehmigen kann" (Ziff. 190). Hinsichtlich des *Legitimitätsproblems* wird ausgeführt, dass es für die Akzeptanz der Entscheidungen des Sicherheitsrats erforderlich sei, dass seine Beschlüsse „besser getroffen, besser begründet und besser kommuniziert" werden (Ziff. 205). Der vierte Teil des Berichts enthält Aussagen zur institutionellen Reform, darunter Reformvorschläge für die Hauptorgane, die Schaffung einer Kommission zur Friedenskonsolidierung, die Neugestaltung der Menschenrechtskommission sowie einige technische Chartaänderungen wie die Streichung der Feindstaatenklausel und die Abschaffung des Treuhandrats sowie des Militärausschusses. Hinsichtlich der Reform des Sicherheitsrates werden zwei Modelle zur Diskussion gestellt, allerdings enthält keines der Modelle eine Ausweitung des Vetorechts.

Im Frühjahr 2005 war eine der zentralen Fragen der internationalen Politik, welche Elemente aus den vielfältigen Reformvorarbeiten praktische Relevanz erhalten sollten. Ein erster Test war die Frage, welche Vorschläge der Hochrangigen Gruppe sich der Generalsekretär zu

Eigen machen würde, wodurch diese mit neuer politischer Schubkraft versehen würden. Der Bericht des Generalsekretärs „In größerer Freiheit: Auf dem Weg zu Entwicklung, Sicherheit und Menschenrechten für alle" („In larger freedom: towards development, security and human rights for all", zitiert als: UN-Generalversammlung 2005a) vom 21. März 2005 bündelt die Reformüberlegungen in ganz unterschiedlichen Politikbereichen zu einer „Agenda höchster Prioritäten" (Ziff. 5), die als Grundlage für die zur Entscheidung befugte Generalversammlung im September 2005 dienen sollte. Insbesondere ist in dem Bericht bemerkenswert, dass unterschiedliche Politikbereiche wie Entwicklung, Sicherheit und Menschenrechte strategisch miteinander verbunden werden und dies mit realistischen Umsetzungsstrategien und dem Versuch eines Interessenausgleichs zwischen Entwicklungs- und Industrieländern gekoppelt wird.

Unter der Überschrift „Freiheit vor Furcht" (Ziff. 74-126) wird explizit auf den Bericht der Hochrangigen Gruppe Bezug genommen. Zunächst wird festgestellt, dass „auf dem Gebiet der Sicherheit trotz des vielfach gestiegenen Gefühls der Bedrohung nicht einmal ein grundlegender Konsens vorhanden [ist], und wenn eine Umsetzung überhaupt stattfindet, ist diese nur allzu oft umstritten" (Ziff. 75). Der Bericht der Hochrangigen Gruppe wird „vollauf geteilt" und könne „Orientierung bieten" (Ziff. 77). Es müsse sichergestellt werden, dass sich die Staaten an die von ihnen unterzeichneten Verträge halten, aber ebenso deutlich wird ein effektiverer Multilateralismus angemahnt. Eine „konsequentere Überwachung, wirksamere Durchführung und gegebenenfalls strengere Durchsetzung sind wesentlich, wenn die Staaten auf die multilateralen Mechanismen vertrauen und sie zur Konfliktvermeidung nutzen sollen" (Ziff. 82). Zu vier Punkten folgen detailliertere Ausführungen: der Verhütung von katastrophalem Terrorismus (Ziff. 87-96), nuklearen, biologischen und chemischen Waffen (Ziff. 97-105), Verringerung des Kriegsrisikos und der Häufigkeit von Kriegen (Ziff. 106-121) sowie der Anwendung von Gewalt (Ziff. 122-126). Im Wesentlichen wird dabei den Empfehlungen der Hochrangigen Gruppe gefolgt. Der Generalsekretär bekräftigt die etablierten Grundsätze zur Anwendung von Gewalt: Unmittelbar drohende Gefahren seien durch das Selbstverteidigungsrecht abgedeckt, und zu präventiven Maßnahmen sei ausschließlich der Sicherheitsrat berechtigt. Dem Sicherheitsrat wird empfohlen, eine Resolution zu verabschieden, in der die Grundsätze für die Gewaltanwendung festgeschrieben werden.

Hinsichtlich des Vorschlags der Einrichtung einer Kommission für Friedenskonsolidierung finden sich in Annans Bericht zentrale Veränderungen in der Konzeption. Viele Entwicklungsländer befürchteten, dass damit ein Instrument geschaffen werde, mit dem sie unter Beobachtung und Kontrolle gestellt werden könnten, und sahen darin potenziell ihre Souveränitätsrechte verletzt (Fassbender 2005: 23). Auf Druck der Staaten der G-77 (die Gruppe der Entwicklungsländer) soll die Kommission nunmehr zwischen dem Sicherheitsrat und dem Wirtschafts- und Sozialrat angesiedelt sein und zudem auf die Friedenskonsolidierung nach einem Konflikt beschränkt werden (Ziff. 115). Ob damit die an die Kommission gestellten Erwartungen erfüllt werden können, muss jedoch angesichts der bisherigen Ergebnisse bezweifelt werden.

60 Jahre nach Gründung der Vereinten Nationen und fünf Jahre nach der wegweisenden Millenniumsversammlung des Jahres 2000 kamen im September 2005 mehr als 150 Staats- und Regierungschefs in New York zusammen, um eine Bilanz der Reformbemühungen zu ziehen und über die lange diskutierten inhaltlichen und institutionellen Reformen zu entscheiden. Insbesondere die vertagte Entscheidung über die Reform des Sicherheitsrats ist das wohl größte Versäumnis des Gipfeltreffens. Im Abschlussdokument (UN-Generalversammlung 2005b) – das gegenüber der ersten Fassung in den letzten Tagen des Gipfels substanziell verändert und „weichgespült" wurde – wird in allgemeiner Form und in der üblichen Gipfelrhetorik anerkannt, dass „wir einem ganzen Spektrum an Bedrohungen gegenüberstehen, auf die wir dringend gemeinsam und entschlossen reagieren müssen" (Ziff. 69). Es findet sich aber

weder eine Bedrohungsdefinition noch eine weiterführende Antwort auf die Fragen, die mit dem weiter oben diskutierten Rechtmäßigkeits- und Legitimitätsproblem zusammenhängen. Es wird lediglich festgehalten, dass „die einschlägigen Bestimmungen in der Charta ausreichen, um auf das gesamte Spektrum der Bedrohungen des Weltfriedens und der internationalen Sicherheit zu reagieren" (Ziff. 79). Interessante Ausführungen finden sich zu der Frage einer gemeinsamen Verantwortung, die Zivilbevölkerung vor Völkermord, Kriegsverbrechen, ethnischen Säuberungen und Verbrechen gegen die Menschlichkeit zu schützen. Wie im Bericht der Hochrangigen Gruppe angedacht, wird eine Verantwortung hinsichtlich einer *responsibility to protect* – wenn auch in sehr allgemeiner Form – anerkannt. Die internationale Gemeinschaft habe die Pflicht, beim Schutz der Zivilbevölkerung „behilflich zu sein", und sei bereit „im Einzelfall und in Zusammenarbeit mit den zuständigen regionalen Organisationen rechtzeitig und entschieden, kollektive Maßnahmen über den Sicherheitsrat im Einklang mit der Charta, namentlich Kapitel VII, zu ergreifen, falls friedliche Mittel sich als unzureichend erweisen und die nationalen Behörden offenkundig dabei versagen, ihre Bevölkerung […] zu schützen" (Ziff. 139).

Auch wenn die Ereignisse um den Reformgipfel 2005 zeigen, dass es ratsamer ist, „auf alle hochfliegenden, kolossalen, pompösen Reforminitiativen zu verzichten" (Paschke 2005: 173) und sehr pragmatisch in denjenigen Bereichen Verbesserungen anzustreben, die im Konsens durchzusetzen sind, werden die Vereinten Nationen auch künftig in einer zentralen Verantwortung für die internationale Friedenssicherung stehen.

4.2.2 Reform des Sicherheitsrates

Zu den besonders intensiv diskutierten Fragen zählt auch die Reform des VN-Sicherheitsrates (siehe grundlegend Andreae 2002; Gareis 2006a). Diese gehört zu den schwierigsten und machtpolitisch brisantesten Reformvorhaben der VN. Die Mehrheit der VN-Staaten hält die Zusammensetzung und die Privilegien der fünf ständigen Mitglieder für undemokratisch und angesichts der weltpolitischen Realitäten des neuen Jahrtausends auch für anachronistisch. Die Modernisierung des wichtigsten Hauptorgans stellt eine der größten Herausforderungen für die Weltorganisation und zugleich einen entscheidenden Test für ihre Reformfähigkeit überhaupt dar, weil in diesem Vorhaben alle Schwierigkeiten und Hindernisse der institutionellen Umgestaltung der Organisation wie in einem Brennglas gebündelt erscheinen. In diesem Sinne erklärte die Bundeskanzlerin vor der VN-Generalversammlung zur Überraschung vieler Beobachter, dass sie das aktive Eintreten der Vorgängerregierung fortzusetzen gedenke. „Der Sicherheitsrat muss in Krisenfällen schnelle und allgemein verbindliche Vorschläge entwickeln. Dazu muss er legitimiert sein. In seiner jetzigen Zusammensetzung spiegelt der Sicherheitsrat nicht mehr die Welt von heute wider. Es führt deshalb kein Weg daran vorbei, ihn den politischen Realitäten anzupassen. Deutschland hat sich in den vergangenen Jahren in der Debatte stark engagiert. Deutschland ist bereit, auch mit der Übernahme eines ständigen Sicherheitsratssitzes mehr Verantwortung zu übernehmen" (Merkel 2007).

Die Suche nach einer konsensfähigen Grundlage wird neben hohen institutionellen Erfordernissen, die aus der Charta hervorgehen (Zweidrittelmehrheit – also derzeit 129 von 193 Stimmen – in der Generalversammlung plus Ratifizierung durch zwei Drittel der Mitgliedstaaten einschließlich aller fünf ständigen Mitglieder des Sicherheitsrats), durch eine dreifache inhaltliche Anforderung erschwert:

- erstens soll die *Repräsentativität* verbessert werden (Erhöhung der Mitgliederzahl, um einen repräsentativen Querschnitt aller Weltregionen zu erreichen),
- zweitens soll die *Legitimität* verbessert werden (Schaffung eines möglichst ‚demokratischen' Entscheidungsfindungsmechanismus),

- und drittens soll die *Effektivität* erhöht werden (Verbesserung der Entscheidungsfindung und Erhöhung der Chance auf Befolgung der Beschlüsse).

Unabhängig von der Zielvorstellung formulieren sämtliche Reformvorschläge deutliche Kritik an der Zusammensetzung dieses zentralen Gremiums, das nach Art. 24 der Charta zuständig für die Wahrung des Weltfriedens und der internationalen Sicherheit ist. Die Sicherheitsratsreform ist insofern weniger eine institutionelle als eine herausragende inhaltliche Frage, so dass eine repräsentativere Zusammensetzung dieses zentralen Gremiums als Schlüssel für die künftige Beachtung und Relevanz von Sicherheitsratsentscheidungen gesehen werden muss. Dahinter steht eine grundsätzliche Auseinandersetzung um die Rolle des Sicherheitsrats: Sollte seine Rolle, wie im Übrigen in der Gründungsphase der VN in den 1940er Jahren beabsichtigt, im Wesentlichen eine politische sein, oder sollte er „mechanisch und im guten Glauben ein Regelwerk anwenden, das woanders verabschiedet und kodifiziert wurde?" (Luck 2005: 6). So ist es nicht verwunderlich, dass es in der Wissenschaft, aber auch in der Politik der Staaten sehr unterschiedliche Betrachtungsweisen hinsichtlich der Bedeutung multilateraler Entscheidungen gibt. Die beiden Extrempositionen lassen sich wie folgt zuspitzen (Varwick 2005: 117):

- Eine „legalistische Schule" sieht in völkerrechtlichen Arrangements ein extrem hohes Gut, dem politische Erwägungen unterzuordnen sind. Wenn Staaten Verpflichtungen eingegangen sind, dann müssen sie sich auch an diese halten, weil andernfalls eine Grundvoraussetzung internationaler Kooperation beschädigt wird. Es wird akzeptiert, dass durch völkerrechtliche Arrangements die staatliche Souveränität insofern beschnitten wird, als dass diese staatliches Verhalten determinieren.
- Eine „politikorientierte Schule" stellt völkerrechtliche Arrangements stärker in einen politischen Kontext und betont, dass es letztlich politischen Entscheidungen der Regierungen vorbehalten bleiben soll und muss, ob sich diese an überstaatliche Regelungen halten oder nicht. Völkerrechtliche Regelungen sind ein Abwägungsfaktor unter vielen anderen und dürften demnach nicht den Anspruch erheben, maßgeblich handlungsleitend zu sein.

Im Vorfeld zu dem Weltgipfel im Herbst 2005 entwickelte die Reformdebatte eine bis dahin ungekannte Dynamik. Zahlreiche Staaten meldeten ihre Ansprüche an und wollten eine Entscheidung bis zum Gipfeltreffen im September 2005 erzwingen. Unter anderen meldeten die in der „Gruppe der Vier" (G4) zusammengeschlossenen Staaten Deutschland, Brasilien, Indien und Japan ebenso wie Nigeria, Südafrika und Ägypten Anspruch auf einen ständigen Sitz an. Bei Mittelmächten wie Italien, Spanien, Pakistan, der Türkei oder Mexiko lösten diese Ansprüche ebenso heftige Abwehrversuche aus. Auch der Bericht der „Hochrangigen Gruppe für Bedrohungen, Herausforderungen und Wandel" vom Dezember 2004 konnte sich angesichts dieser bestehenden Interessenunterschiede in der Staatengemeinschaft nicht auf ein konkretes Modell verständigen und legte zwei Modelle vor. Beide Modelle sahen eine Erweiterung auf 24 Mitglieder, aber ohne die Schaffung neuer Vetomächte vor. In Modell A waren sechs neue ständige Mitglieder (davon zwei aus Afrika, zwei aus Asien, eines aus Europa und eines aus Lateinamerika) sowie drei neue nichtständige Mitglieder vorgesehen. Modell B sah hingegen acht ‚semi-permanente' Sitze (je zwei für Afrika, Asien, Europa und Lateinamerika) mit einer Amtsdauer von vier Jahren und der Möglichkeit zur Wiederwahl und einen zusätzlichen nichtständigen Sitz für einen afrikanischen Staat vor.

Diese Debatten führten im Sommer 2005 zur Vorstellung von drei Resolutionsentwürfen. Die G4 brachten einen an Modell A angelehnten Vorschlag ein, der neben Sitzen für die G4 auch zwei ständige Sitze für afrikanische Staaten vorsah. Angesichts heftigen Widerstands einiger ständiger Mitglieder (so signalisierte China, dass es Japan nicht akzeptiere, und die USA versagten Deutschland die Unterstützung) sowie innerafrikanischer Differenzen um die möglichen Kandidaten für einen ständigen Sitz fand sich jedoch in der 59. Generalversammlung für keinen dieser Resolutionsentwürfe die notwendige Unterstützung durch 128 Mitgliedstaaten, und daher wurden sie nicht zur Abstimmung gestellt. In dem Abschlussdokument des Gipfeltreffens vom September 2005 wird lediglich bekräftigt, dass die Mitgliedstaaten eine „baldige Reform" unterstützen werden, um den Sicherheitsrat „repräsentativer, effizienter und transparenter zu gestalten und somit seine Wirksamkeit und die Legitimität und die Durchführung seiner Beschlüsse weiter zu verbessern" (Ziff. 153). Zudem sollen die Arbeitsmethoden so angepasst werden, dass die Transparenz erhöht wird.

Im Januar 2006 haben Brasilien, Deutschland und Indien den G4-Entwurf noch einmal in die Generalversammlung eingebracht – mit einer eher geringen Aussicht auf Erfolg. Denn inzwischen war selbst in der Gruppe der G4 der Konsens zerbrochen. Aber selbst wenn es gelänge, für einen Entwurf eine Zweidrittel-Mehrheit in der Generalversammlung zu erringen, bleibt eine Ratifizierung durch die bisherigen ständigen Mitglieder eher unwahrscheinlich. Insbesondere die USA, aber auch China, haben sehr deutlich gegen eine Reform Stellung bezogen. Im März 2008 hat Deutschland erneut einen Reformvorschlag eingebracht, der die Erweiterung des Rates um sieben auf 22 Mitglieder vorsieht. Der Interimsschritt soll auf 10 bis 15 Jahre angelegt sein und zunächst offen lassen, ob die neuen Sitze ständige Sitze sind oder ob sie auf eine begrenzte Zeit mit der Möglichkeit einer Wiederwahl der jeweiligen Staaten vergeben werden.

Die Reform des Sicherheitsrates bleibt, auch wenn sie überaus schwierig zu bewerkstelligen ist, für die Akzeptanz der Autorität und die Legitimität der Entscheidungen des Rates unverzichtbar. Dies hatte bereits die Kosovo-Krise der Jahre 1998/99 gezeigt, als eine durch die Veto-Drohungen Russlands und Chinas bewirkte Blockade des Sicherheitsrates dazu führte, dass die NATO eine Militäraktion am Rat vorbei führte (Varwick 2008: 152ff). Die Irak-Auseinandersetzung 2002/03 hat dieses Erfordernis noch einmal nachdrücklich unterstrichen. In einem regelbasierten System internationaler Politik und vor allem in einem kollektiven Sicherheitssystem, in dem Staaten Entscheidungen von großer Tragweite und mitunter existenzieller Bedeutung für andere Länder treffen, bedarf Machtausübung der Kontrolle und Begrenzung. Auch ohne ein eigenes Veto-Recht können Staaten über eine permanente Repräsentanz im Sicherheitsrat in ungleich höherem Maße, als dies Nicht-Mitglieder vermögen, Einfluss auf Entscheidungen nehmen und für eine breitere Basis der Akzeptanz für die Entscheidungen sorgen. Auch die Möglichkeiten, die bisherigen „Permanent Five" zu freiwilliger Beschränkung bei der Anwendung des Vetos zu bewegen, sind aus der Position einer ständigen Mitgliedschaft heraus vielfältiger und nachdrücklicher als aus der Sicht eines einfachen VN-Mitglieds. Allerdings steht zu befürchten, dass nach dem Scheitern der Sicherheitsratsreform im Jubiläumsjahr 2005 eine Reform dieses Gremiums für lange Zeit ausgeschlossen bleibt und dies zu großen Problemen bei der Akzeptanz der Sicherheitsratsentscheidungen führen wird. Zwar befindet sich das internationale Staatensystem in einem tief greifenden Strukturwandel, von einem „*constitutional moment*", ähnlich dem des Jahres 1945, in dem sich durch eine Chartaänderung erfolgreich die Koordinaten des internationalen Systems neu bestimmen ließen" (Fassbender 2005: 72), kann aber wohl nicht die Rede sein. Das „Fenster der Gelegenheit", das möglicherweise um den Jubiläumsgipfel 2005 ein kleines Stück offen stand, ist inzwischen wieder geschlossen, und die VN und die sie tragenden Staaten werden mit dem bestehenden Sicherheitsrat – und den daraus absehbaren Konsequenzen – leben müssen.

5 Deutschland und die Vereinten Nationen: Vom Konsumenten zum Mitgestalter weltpolitischer Ordnung?

Von einer Mittelmacht wie Deutschland wird zu Recht erwartet, dass sie eigene Vorstellungen hinsichtlich aktueller und struktureller Problembereiche der internationalen Politik entwickelt und diese versucht durchzusetzen. Deutschland gehört nicht zuletzt als drittgrößter Beitragzahler zu den wichtigsten VN-Mitgliedern und hat darüber hinaus eine Verantwortung für und auch ein Interesse an einer stabilen, offenen internationalen Ordnung. Insofern ist Deutschland tatsächlich vom Konsumenten zu einem wichtigen (Mit-) Produzenten internationaler Ordnung geworden. Ob die deutsche Außenpolitik gegen die Herausforderungen, die mit einer stärker global ausgerichteten Rolle einhergehen, gewappnet ist, kann gleichwohl bezweifelt werden. Im Grunde genommen, so Hanns Maull (2001b: 9), leiste sich die deutsche Öffentlichkeit ein „schizophrenes Verhältnis zur Außenpolitik": Diese solle Gefahren abwenden und Chancen schaffen, „aber dies möglichst zum Nulltarif." Die politischen Prioritäten lägen – jedenfalls, wenn nicht gerade eine außenpolitische Krise wie im Irak die öffentliche Aufmerksamkeit bestimmt – fast ausschließlich bei innenpolitischen Zielsetzungen. So sind die Haushaltsansätze für die drei großen außenpolitischen Ressorts (Verteidigung, Entwicklung und Auswärtiges) von gut 16 Prozent des Bundeshaushaltes im Jahr 1990 auf gut 13 Prozent im Jahr 2011 zurückgegangen, und nur noch wenige Parlamentarier sehen in der Außen- und Sicherheitspolitik ein vorrangiges Karrierefeld. „Außenpolitik ohne Außenpolitiker" funktioniert aber auf Dauer genauso wenig wie „Demokratie ohne Demokraten". Insbesondere mit Blick auf die Forderung nach einem ständigen Sitz im Sicherheitsrat sollte „eine ernsthafte Selbstprüfung einhergehen, ob die strategische Identität Deutschlands, der weltpolitische Gestaltungswille Deutschlands und die in der Gesellschaft vorherrschenden Einstellungen und Meinungen" (Gareis 2006b: 170) mit einem offensivem Werben um einen deutschen Sitz in Übereinstimmung zu bringen sind.

Andererseits erzwingen die Prozesse der Globalisierung und ihre Folgen hinsichtlich einer nicht mehr mit Aussicht auf Erfolg denkbaren Konzentration auf das eigene Umfeld eine konsequente Orientierung der Politik auf weltpolitische Zusammenhänge. Deutschland kann es sich nicht leisten, Außenpolitik vorwiegend als Pflichtübung oder gar als Verlängerung innen- und wahlpolitischer Kalküle zu betreiben. Dies wurde besonders deutlich, als Deutschland als nichtständiges Mitglied im VN-Sicherheitsrat im März 2011 erstmals nicht gemeinsam mit seinen engsten außenpolitischen Partnern (wie z. B. USA, Frankreich, Großbritannien) stimmte, sondern sich im Zusammenhang mit der Libyen-Krise gemeinsam mit China, Russland, Brasilien und Indien der Stimme enthielt. Der VN-Sicherheitsrat hatte einen Monat zuvor mit seiner Resolution 1970 das Vorgehen der libyschen Machthaber nicht nur einhellig verurteilt, sondern auch Konten der libyschen Führung im Ausland eingefroren, ein Einreiseverbot für namentlich genannte Personen und sowie ein Waffenembargo verhängt. Zudem hatte der Sicherheitsrat den Fall an den Internationalen Strafgerichtshof verwiesen und damit unmissverständlich klar gemacht, dass sich die libysche Führung auch persönlich vor einem internationalen Gericht verantworten müsse. Bei all diesen Entscheidungen hatte Deutschland mitgestimmt und diese sogar aktiv vorangetrieben. Nicht so bei der dann folgenden Resolution 1973, die militärische Zwangsmaßnahmen autorisierte. Dass Deutschland die Ziele der Resolution – u. a. Errichtung einer Flugverbotszone und Verhinderung des von Gaddafi angekündigten Massakers an der Zivilbevölkerung – weitgehend mittrug und zudem zu den lautestes Stimmen gehörte, die ein Abdanken des libyschen Diktators Gaddafi forderten, ohne sich dann an der Umsetzung dieser Ziele zu beteiligen, wurde von vielen Beobachtern kritisiert (Varwick 2011). Es handelt sich, so etwa der ehemalige deutsche Verteidigungsminister Volker Rühe (2011), um einen Bruch mit den bewährten und wichtigsten Traditionslinien deutscher Außen- und Sicherheitspolitik. Der Leiter der Hessischen Stiftung für Friedens- und Konfliktforschung (HSFK), Harald Müller (2011), sieht die deutsche Reputation schwer beschädigt und bewertet die deutsche Entscheidung als „das größte diplomatische Desaster seit Jahrzehnten".

Gleichzeitig ist heute offener denn je, in welche Richtung sich die Vereinten Nationen entwickeln werden. Einerseits lässt sich argumentieren, dass in den vergangenen Jahren in der internationalen Politik ein Milieu entstanden ist, in dem zentrale Bestimmungen und Normen der Charta Referenzpunkte geworden sind. Sie werden zwar nicht immer eingehalten, der Rechtfertigungsdruck im Falle der Regelverletzung hat aber enorm zugenommen. Selbst große Mächte können sich diesem durch die internationale Öffentlichkeit verstärkten Druck kaum entziehen. Andererseits gilt es, sich von unrealistischen Erwartungen an die VN zu verabschieden. So ist das Spannungsverhältnis zwischen den Zielen und Grundsätzen der VN-Charta auf der einen und der politischen Realität auf der anderen Seite offenkundig. Wesentliche Grundsätze der Charta basieren mithin auf Regeln, die in der Praxis internationaler Politik immer aufs Neue relativiert, verändert oder schlichtweg systematisch missachtet werden. Der souveränen Gleichheit aller Staaten steht ein ausgeprägtes Machtgefälle, der Pflicht zur friedlichen Streitbeilegung allgegenwärtige Gewalt im internationalen System gegenüber, und trotz des allgemeinen Gewaltverbots nehmen sich Staaten immer wieder das Recht zu unilateraler Gewaltanwendung. Zudem bewirkt die Globalisierung grundlegender Problembereiche eine Erosion staatlicher Souveränität.

Alles in allem kann Deutschland in den fast zwei Jahrzehnten seit der Vereinigung unabhängig von der parteipolitischen Zusammensetzung den jeweiligen Bundesregierungen eine aktive Politik zur Unterstützung der VN und ihres Sicherheitssystems bescheinigt werden. Dies dürfte zum einen an der fortwirkenden historischen Erfahrung der alten Bundesrepublik liegen, die sich unter dem Schlagwort „Souveränität durch Integration" zusammenfassen lässt, womit es zum anderen erfolgreich gelang, nationale Interessen zu wahren. Die wirksame nationale Interessendurchsetzung war im Gegenteil für eine vom Weltmarkt extrem abhängige Exportnation sogar besser und wirksamer im multilateralen Zusammenhang durchsetzbar. Der prinzipielle Multilateralismus Deutschlands hat sich allerdings seit Ende der 1990er Jahre verändert. Die Äußerungen des damaligen Bundeskanzlers Gerhard Schröder im Bundestagswahlkampf 2002 hinsichtlich eines „deutschen Weges" in der Außenpolitik haben diese Beobachtungen bestätigt (Hedtstück/Hellmann 2003). Auch die frühzeitige Festlegung Schröders, Deutschland werde als nichtständiges Mitglied des VN-Sicherheitsrats im Jahr 2003/04 unabhängig vom Ergebnis der Waffeninspekteure eine gewaltsame Entwaffnung des Iraks nicht unterstützen, deutet auf eine Veränderung hin. Zudem gab es bereits zuvor mit dem ohne VN-Mandat stattgefundenen Militäreinsatz der NATO im Kosovo einen prominenten Fall, bei dem Deutschland sich in dem Spannungsfeld zwischen Bündnissolidarität (d. h. NATO- und EU-Orientierung) und dogmatischer Beachtung der völkerrechtlichen Spielregeln à la VN für erstere entschied. Das „teure Hemd der EU und NATO" saß für Deutschland „meist doch näher als der weite weltpolitische Rock der Vereinten Nationen" (Knapp 2005: 154). Es besteht aber durchaus Grund zur Annahme, dass die Rhetorik vom „deutschen Weg" eine dem Wahlkampf geschuldete Ausnahme bleibt und nicht zur Abkehr von der multilateralen Gesinnung Deutschlands führt. Dennoch wird es zukünftig Situationen geben (können), in denen sich Deutschland vor die Wahl gestellt sehen wird, welche Art von Multilateralismus (siehe Abschnitt 2.1) es bevorzugen soll.

Wie können nun angesichts der Analyse die Rolle Deutschlands in und sein Verhältnis zu den Vereinten Nationen im Bereich Sicherung des Weltfriedens und der internationalen Sicherheit in Kenntnis der Konstruktionsmerkmale und Reform(un)möglichkeiten des Systems der VN-Friedenssicherung sowie der oben skizzierten drei zentralen Ansatzpunkte, mit denen die VN sicherheitspolitische Akzente setzen können und in der internationalen Politik nachgefragt werden, bewertet werden?

- Erstens: Im Spektrum des erweiterten Sicherheitsbegriffes, mit dem einerseits ein kooperatives internationales Milieu geformt bzw. unterstützt werden soll und andererseits konkrete Politikfelder wie etwa globale Umweltpolitik und Entwicklungszusammenarbeit mitgestaltet werden können, sollte Deutschland weiterhin eine aktive Rolle übernehmen.
- Zweitens: Das allgemeine Gewaltverbot und die Regelungen zur friedlichen Streitbeilegung sowie das in der völkerrechtlichen Idealwelt bestehende Gewaltlegitimierungsmonopol des Sicherheitsrats sind zwar in der politischen Praxis permanent unter Druck, es ist jedoch weder normativ noch politikpraktisch eine bessere Alternative in Sicht. Gleichwohl ist multilaterale Zusammenarbeit im Rahmen der VN oft mühsam, ineffektiv und zeitraubend. Einerseits ist bei bestimmten Problemkonstellationen unstrittig, dass nur ein multilateraler Ansatz erfolgversprechend sein kann. Andererseits sind andere Problemkonstellationen offensichtlich multilateral nicht immer effektiv zu bearbeiten. Hier gilt es, jenseits von „wishful thinking" eine nüchterne Bestandsaufnahme vorzunehmen und die VN nicht zu überfordern oder gar von ihnen Leistungen zu verlangen, die sie nicht erbringen können. Sicherheitspolitischer Multilateralismus ist zudem kein Wert an sich, sondern nur dann sinnvoll, wenn damit im Sinne eines effektiven Multilateralismus Beiträge zur Problemlösung geleistet werden. Ein überzogener „VN-Legalismus" ist also nicht tragfähig und sollte einer realistischeren Sichtweise weichen. Sich in allen Fällen von der Handlungsbereitschaft des VN-Sicherheitsrats abhängig zu machen, engt zudem den politischen Spielraum ein.
- Drittens: Im Bereich der außerhalb des Rahmens der VN-Charta etablierten VN-Friedenssicherungseinsätze könnte Deutschland durchaus mehr tun und dem rhetorischen Bekenntnis zur Stärkung des VN-Multilateralismus praktische Taten folgen lassen. So scheint es durchaus verantwortbar, deutsches Personal in substanzieller Größenordnung in VN-geführten Missionen einzusetzen und sich nicht derart deutlich wie in den vergangenen Jahren auf die VN-mandatierten Missionen zu beschränken. Es ist erforderlich, einen neuen politischen, rechtlichen und konzeptionellen Konsens zwischen den VN und ihren Mitgliedstaaten im Bereich der Friedenssicherung zu formulieren. Diesem wird man mit einem Zwei-Klassen-System der Friedenssicherung jedoch sicher nicht näher kommen können. Ob sich ein verstärktes deutsches Engagement in einer eher symbolischen Politik mit Blick auf die prestigeträchtige ständige Mitgliedschaft im Sicherheitsrat oder aber vielmehr auf eine nachhaltige Bereitschaft zur Unterstützung des VN-Friedenssicherungssystems in Theorie und Praxis äußern wird, bleibt abzuwarten.

Zur Vertiefung empfohlene Literatur

Gareis, Sven Bernhard/Varwick, Johannes 2014: Die Vereinten Nationen. Aufgaben, Instrumente und Reformen, 5. Aufl., Opladen: Verlag Barbara Budrich. Einführendes Lehrbuch in Strukturen und Prozesse der Weltorganisation.

Knapp, Manfred 2007: Vereinte Nationen, in: Schmidt, Siegmar/Hellmann, Gunther/Wolf, Reinhard (Hrsg.): Handbuch zur deutschen Außenpolitik, Wiesbaden: VS Verlag für Sozialwissenschaften, 727-746. Prägnanter Aufsatz zu grundlegenden Aspekten deutscher VN-Politik in unterschiedlichen Politikfeldern.

Auswärtiges Amt 2010: Bericht der Bundesregierung zur Zusammenarbeit zwischen Deutschland und den Vereinten Nationen und einzelnen, global agierenden internationalen Organisationen und Institutionen im Rahmen des VN-Systems in den Jahren 2008 und 2009, Berlin: Auswärtiges Amt. Umfassender Bericht über die deutschen VN-Aktivitäten mit zahlreichen Daten und Fakten aus regierungsamtlicher Sicht.

Weiterführende Fragen

1. Was bedeutet der „Wandel des Sicherheitsbegriffs" für die Tätigkeit der Vereinten Nationen und welche Chancen sowie Risiken ergeben sich daraus?
2. Über welches Spektrum von Handlungsmöglichkeiten verfügen die Vereinten Nationen bei Bedrohungen oder Brüchen des Friedens hinsichtlich der Bestimmungen der Charta einerseits und der politischen Praxis andererseits?
3. Welche Reformschritte sind bereits eingeleitet worden, und warum ist eine grundlegende Reform der Vereinten Nationen so schwierig zu bewerkstelligen?
4. Welche Entwicklungsschritte lassen sich in der VN-Politik Deutschlands analysieren?
5. Ist Deutschland tatsächlich einer der aktivsten Unterstützer des Friedenssicherungssystems der Vereinten Nationen?

Literatur und Quellen

Andreae, Lisette 2002: Reform in der Warteschleife. Ein deutscher Sitz im UN-Sicherheitsrat? München/Wien: Oldenbourg.
Annan, Kofi 2002: Rede des VN-Generalsekretärs am 28. Februar 2002 im Deutschen Bundestag, <http://www.bundestag.deblickpkt/imblick/2002/annan2002_2.html>.
Annan, Kofi 2003: Rede des VN-Generalsekretärs vor der 58. Generalversammlung der VN am 23. September 2003, in: Internationale Politik 58, 11, 116-118.
Annan, Kofi 2004: Eine sicherere Welt, in: Frankfurter Allgemeine Zeitung, 3. Dezember 2004, 10.
Auswärtiges Amt 2006: Bericht der Bundesregierung zur Zusammenarbeit zwischen Deutschland und den Vereinten Nationen in den Jahren 2004 und 2005 (BT-Drucksache 16/3800), Berlin: Auswärtiges Amt.
Auswärtiges Amt 2008: Bericht der Bundesregierung zur Zusammenarbeit zwischen Deutschland und den Vereinten Nationen und einzelnen, global agierenden internationalen Organisationen und Institutionen im Rahmen des VN-Systems in den Jahren 2006 und 2007, Berlin: Auswärtiges Amt.
Auswärtiges Amt 2007: Deutschlands globales Engagement, Berlin: Auswärtiges Amt.
Auswärtiges Amt 2010: Bericht der Bundesregierung zur Zusammenarbeit zwischen der Bundesrepublik Deutschland und den Vereinten Nationen und einzelnen, global agierenden internationalen Organisationen und Institutionen im Rahmen des VN-Systems in den Jahren 2008 und 2009, Berlin: Auswärtiges Amt.
Ban Ki Moon 2006: Deutschland spielt eine wichtige Rolle. Interview mit der Süddeutschen Zeitung, 9. Dezember 2006, 5.
Benner, Thorsten/Witte, Jan Martin 2001: Brücken im globalen System. Neues Leitbild für internationale Organisationen, in: Internationale Politik 56, 5, 1-8.
Benner, Thorsten/Rotmann, Philipp 2007: Operation Blauhelmreform, in: Vereinte Nationen, 5, 177-182.
Bredow, Wilfried von 1995: The Multilateral Obligation. German Perspectives on the UN System, in: Krause, Keith/Knight, Andy (Hrsg.): State, Society and the UN-System, Tokyo: United Nations UP, 37-60.
Bundesministerium der Verteidigung 2006: Weißbuch zur Sicherheitspolitik Deutschlands und zur Zukunft der Bundeswehr, Berlin: Bundesministerium der Verteidigung.
Bundesministerium für wirtschaftliche Zusammenarbeit und Entwicklung 2011: Deutsche ODA an multilaterale Organisationen und EU 2006-2010, <http://www.bmz.-de/de/ministerium/zahlen_fakten/Deutsche_ODA_an_multilaterale_Organisationen_und_EU_2006-2010.pdf>.
Caporaso, James A. 1992: International Relations Theory and Multilateralism. The Search for its Foundations, in: International Organization, 46, 3, 599-632.
Commission on Human Security 2003: Human Security Now, New York.

Cox, Robert (Hrsg.) 1997: The New Realism. Perspectives on Multilateralism and World Order, London: Macmillan.
Debiel, Tobias 2003: UN-Friedensoperationen in Afrika. Weltinnenpolitik und die Realität von Bürgerkriegen, Bonn: Dietz.
Deutscher Bundestag 2001: Beschlussempfehlung und Bericht des Auswärtigen Ausschusses zu dem Antrag der Fraktionen SPD, CDU/CSU, Bündnis 90/Die Grünen und FDP „Die Vereinten Nationen an der Schwelle zum neuen Jahrtausend (BT-Drucksache 14/5855), Berlin.
Deutsche Gesellschaft für die Vereinten Nationen 2009: Stärkung der VN als zentraler Akteur und maßgebliches Forum in den internationalen Beziehungen, Berlin.
Dörr, Oliver 2004: Gewalt und Gewaltverbot im modernen Völkerrecht, in: Aus Politik und Zeitgeschichte, 43, 14-20.
Erler, Gernot 2006: Multilateralismus und die deutsche Außenpolitik. Rede des Staatsministers im Auswärtigen Amt vom 11. Mai 2006, <www.auswaertiges-amt.de/diplo/de/Infoservice/ Presse/Reden/2006/060511-Erler.html>.
Fassbender, Bardo 2005: UN-Reform auf schwankendem Boden. Zum Stand der Diskussionen um die Zukunft des UN-Sicherheitsrats, in: Die Politische Meinung, 50, 431, 67-72.
Fischer, Joseph 1999: Rede des deutschen Außenministers vor der 54. Generalversammlung der Vereinten Nationen am 22. September 1999, in: Internationale Politik, 54, 12, 103-109.
Fischer, Joseph 2000: Vortrag des deutschen Außenministers vor den Mitgliedern der DGAP am 24. November 1999 in Berlin, in: Internationale Politik, 55, 2, 58-64.
Freuding, Christian 2000: Deutschland in der Weltpolitik. Die Bundesrepublik Deutschland als nichtständiges Mitglied im Sicherheitsrat der Vereinten Nationen in den Jahren 1977/78, 1987/88 und 1995/96, Baden-Baden: Nomos.
Fröhlich, Manuel/Griep, Ekkehard 2006: Die Bundeswehr und die Friedenssicherung der Vereinten Nationen, in: Krause, Joachim/Irlenkäuser, Jan C. (Hrsg.): Bundeswehr. Die nächsten 50 Jahre, Opladen: Verlag Barbara Budrich, 127-143.
Fröhlich, Manuel/Hüfner, Klaus/Märker, Alfredo 2005: Reform des UN-Sicherheitsrats, Berlin: DGVN (Blaue Reihe, Nr. 94).
Gareis, Sven Bernhard 2006a: Reform vertagt. Deutschland muss weiter auf einen ständigen Sitz im UN-Sicherheitsrat warten, in: Vereinte Nationen, 4, 147-152.
Gareis, Sven Bernhard 2006b: Deutschlands Außen- und Sicherheitspolitik. Eine Einführung, 2. Aufl., Opladen: Verlag Barbara Budrich.
Gareis, Sven Bernhard/Varwick, Johannes 2007: Frieden erster und zweiter Klasse? Die Industriestaaten lassen die Vereinten Nationen bei Peacekeeping-Einsätzen im Stich, in: Internationale Politik, 62, 5, 68-74.
Gareis, Sven Bernhard/Varwick, Johannes 2014: Die Vereinten Nationen. Aufgaben, Instrumente und Reformen, 5. Aufl., Opladen: Verlag Barbara Budrich.
Genscher, Hans-Dietrich 1990: Einheit Deutschlands ist ein Schritt zur Einheit Europas, in: Vereinte Nationen, 6, 211-214.
Hedtstück, Michael/Gunther Hellmann 2003: Wir machen einen deutschen Weg. Irakabenteuer, das transatlantische Verhältnis und die deutsche Außenpolitik, in: Kubbig, Bernd W. (Hrsg.): Brandherd Irak, Frankfurt a. M.: Campus, 224-234.
Hilpold, Peter 2005: Die Vereinten Nationen und das Gewaltverbot. Die Reformvorschläge des High-level Panels sind wenig hilfreich, in: Vereinte Nationen, 3, 81-88.
Hüfner, Klaus 2007: Deutsche Leistungen an den Verband der Vereinten Nationen 2004-2007, in: Vereinte Nationen, 3, 110-115.
International Commission on Intervention and State Sovereignty 2001: The Responsibility to Protect, Toronto.
Kagan, Robert 2003: Paradise and Power. America and Europe in the New World Order, London: Atlantic Books.

Kaiser, Karl 2000: Die neue Weltpolitik. Folgerungen für Deutschlands Rolle, in: Kaiser, Karl/Schwarz, Hans-Peter (Hrsg.): Weltpolitik im neuen Jahrhundert, Bonn: Bundeszentrale für politische Bildung, 591-605.
Keohane, Robert O. 1986: Reciprocity in International Relations, in: International Organization, 40, 1, 1-27.
Keohane, Robert O. 1990: Multilateralism. An Agenda for Research, in: International Journal, 45, 3, 731-764.
Knapp, Manfred 2007: Vereinte Nationen, in: Schmidt, Siegmar/Hellmann, Gunther/Wolf, Reinhard (Hrsg.): Handbuch zur deutschen Außenpolitik, Wiesbaden: VS-Verlag für Sozialwissenschaften, 727-746.
Knapp, Manfred 2005: Verpflichtung zum globalen Multilateralismus. Zur Außenpolitik Deutschlands gegenüber den Vereinten Nationen, in: Dicke, Klaus/Fröhlich, Manuel (Hrsg.): Wege multilateraler Diplomatie, Baden-Baden: Nomos, 126-154.
Koops, Joachim/Varwick, Johannes 2008: 10 Years of SHIRBRIG. Lessons Learned. Development Prospects and Strategic Opportunities for Germany, Berlin: GPPI.
Luck, Edward C. 2005: Die USA und die Vereinten Nationen, in: Vereinte Nationen, 5, 201-206.
Martin, Lisa 2003: Multilateral Organizations after the US-Iraq War, in: Abrams, Irwin/Gungwu, Wang (Hrsg.): The Iraq War and its Consequences, London: World Scientific Publishing Company, 359-375.
Maull, Hanns W. 2001a: Außenpolitische Kultur, in: Korte, Hans-Rudolf/Weidenfeld, Werner (Hrsg.): Deutschland Trend-Buch, Opladen: Leske + Budrich, 645-672.
Maull, Hanns W. 2001b: Internationaler Terrorismus. Die deutsche Außenpolitik auf dem Prüfstand, in: Internationale Politik, 56, 12, 1-10.
Merkel, Angela 2007: Rede der Bundeskanzlerin vor der UN-Generalversammlung in New York am 25. September 2007, in: Vereinte Nationen, 5, 215-217.
Merkel, Angela 2008: Rede der Bundeskanzlerin anlässlich des Empfangs des Diplomatischen Corps am 18. Februar 2008, <http://www.bundeskanzlerin.de/nn_5296/Content/DE/Rede/2008/02/2008-02-18-rede-merkel-empfang-diplomatisches-corps.html>.
Müller, Harald 2011: Ein Desaster. Deutschland und der Fall Libyen, Frankfurt a. M.: HSFK (HSFK-Standpunkt 2/2011).
Nitzschke, Heiko/Wittig, Peter 2007: UN-Friedenssicherung. Herausforderungen an die deutsche Außen- und Sicherheitspolitik, in: Vereinte Nationen, 3, 89-95.
Paschke, Karl Theodor 2005: UN-Reform – die unendliche Geschichte, in: Vereinte Nationen, 5, 170-173.
Rühe, Volker 2011: Deutschland im Abseits, in: Frankfurter Allgemeine Zeitung, 16.5.2011, 7.
Ruggie, John G. (Hrsg.) 1993: Multilateralism Matters. The Theory and Practice of an Institutional Form, New York: Columbia UP.
Solana, Javier 2003: Ein sicheres Europa in einer besseren Welt. Europäische Sicherheitsstrategie, Brüssel, <http://www.consilium.europa.eu/uedocs/cmsUpload/031208ESSIIDE.pdf>.
Steinmeier, Frank-Walter 2006: Rede des Bundesaußenministers vor der Generalversammlung der Vereinten Nationen am 22. September 2006 in New York, <http://www.auswaertiges-amt.de/diplo/de/Infoservice/Presse/Reden/2006/060922-NY-VN-GV-d.html>.
UN-Generalversammlung 2004: Eine sicherere Welt. Unsere gemeinsame Verantwortung. Bericht der Hochrangigen Gruppe für Bedrohungen, Herausforderungen und Wandel, UN-Dokument A/59/565.
UN-Generalversammlung 2005a: In größerer Freiheit. Auf dem Weg zu Entwicklung, Sicherheit und Menschenrechten für alle. Bericht des Generalsekretärs, UN-Dokument A/59/2005.
UN-Generalversammlung 2005b: Ergebnisdokument des Weltgipfels 2005, UN-Dokument A/60/L.1.
Varwick, Johannes 2005: Völkerrecht und internationale Politik – ein ambivalentes Verhältnis, in: Internationale Politik, 60, 12, 115-121.

Varwick, Johannes 2006: Die Reform nach der Reform. Der UN-Weltgipfel und seine Folgen, in: Zeitschrift für Politik, Sonderband 1, 238-254.
Varwick, Johannes/Zimmermann, Andreas (Hrsg.) 2006: Die Reform der Vereinten Nationen. Bilanz und Perspektiven, Berlin: Duncker & Humblot.
Varwick, Johannes 2008: Die NATO. Vom Verteidigungsbündnis zur Weltpolizei? München: C. H. Beck.
Varwick, Johannes 2011: Ist Deutschland außenpolitisch isoliert? In: Gesellschaft Wirtschaft Politik, 60, 3, 275-279.
Wissenschaftliche Dienste des Deutschen Bundestages 2003: Unilateralismus/Multilateralismus, <http://webarchiv.bundestag.de/archive/2008/0506/wissen/analysen/2003/2003_09_16.pdf> (Der aktuelle Begriff, Nr. 28/03).
Wagner, Beate 2011: Eine Zwischenbilanz zur Halbzeit der deutschen Mitgliedschaft im UN-Sicherheitsrat, in: Zeitschrift für Außen- und Sicherheitspolitik, 5, 1, 19-30.
Wittig, Peter 2011: Deutschland im UN-Sicherheitsrat. Schwerpunkte der Arbeit für die Jahre 2011/2012. In: Vereinte Nationen, 59, 1, 3-7.

D Perspektiven

Kapitel 13
Die Zukunft der Sicherheit – Probleme, Herausforderungen und Lösungsansätze für die deutsche Sicherheitspolitik

Stephan Böckenförde und Sven Bernhard Gareis

In den vorangegangenen Kapiteln sind der Rahmen und die wichtigsten Handlungsfelder deutscher Sicherheitspolitik in einer sich dynamisch verändernden Welt darstellt worden. Es sollte deutlich werden, dass Deutschland nach dem Ende des Ost-West-Konfliktes in neue Rollen in Europa und in der Welt hineinwachsen musste. Dazu gehörte es, sich in neuen sicherheitspolitischen Aufgabengebieten zurechtzufinden, die bis dahin nicht angewandte Instrumente wie den Streitkräfteeinsatz einsetzen zu lernen und – wie viele andere Staaten auch – völlig neue Umgangsweisen mit zuvor weitgehend unbekannten oder unbeachteten Risiken und Bedrohungen zu entwickeln.

Zu den wichtigsten Kennzeichen dieser komplexen neuen Herausforderungen gehört, dass sich erstens Gewalthandlungen immer seltener als zwischenstaatliche Kriege abspielen, sondern sich als Bürgerkriege zunehmend in Staaten und Gesellschaften hinein verlagern, und dass zweitens die Grenzen zwischen inneren und äußeren Bedrohungen verschwimmen oder dass staatlichen Gewaltmonopolen immer häufiger privatisierte Gewaltformen in erheblichen Größenordnungen entgegentreten. Zu den Erscheinungsformen dieser privatisierten Bedrohungen gehören u. a. der transnationale Terrorismus, die grenzüberschreitende organisierte Kriminalität durch Drogen,- Waffen- und Menschenhandel sowie die mögliche Proliferation von Massenvernichtungswaffen in den nichtstaatlichen Bereich hinein. Zu beobachten ist aber auch die Zunahme regionaler Instabilitäten, die durch Migrationsbewegungen, Krankheiten (etwa durch die Ausbreitung und Auswirkung von HIV/AIDS in Teilen Afrikas) oder die noch schwer abzuschätzenden Folgen des Klimawandels ausgelöst werden. Am Ende steht der teilweise, bisweilen der vollkommene Zerfall staatlicher Ordnung und staatlicher Strukturen. Gleichzeitig entfalten diese neuen Risiken und Bedrohungen ihre Wirkungen aber nicht nur am Ort ihres Entstehens, sondern sind in der Welt des 21. Jahrhunderts mit ihren engen Interdependenzen und „kurzen Wegen" auch in vermeintlich fernen Staaten und Regionen zu spüren. Der Komplexität sowohl der Herausforderungen als auch des globalen Umfeldes entsprechend können diese Bedrohungen und Gefährdungen auch nicht länger durch einzelne Staaten bewältigt werden – ein internationales Krisen- und Konfliktmanagement verlangt die Einbindung insbesondere jener handlungsfähigen Staaten, die das System im wesentlichen prägen.

Vor diesem Hintergrund sollen im Schlusskapitel dieses Buches nun mögliche sicherheitspolitische Herausforderungen skizziert werden, auf welche die deutsche Politik in den kommenden Jahren Antworten finden muss. Die Bewältigung dieser Aufgaben wird davon abhängen, ob Deutschland die hierzu den nötigen politischen Willen aufbringen und die notwendigen Fähigkeiten entwickeln kann. Im traditionellen internationalen oder zwischenstaatlichen Rahmen bedarf es hierzu der klassischen Verfahren von Diplomatie, Kompromisssuche, Kooperation und Integration sowie der Bildung geeigneter Koalitionen oder Allianzen.

Im Zusammenhang mit asymmetrischen Gewaltbedrohungen wie dem Terrorismus geschieht dies vor allem durch präventive Schutzmaßnahmen, Folgenmanagement und durch international abgestimmte Eindämmungs- und Bekämpfungsstrategien von Polizei und Nachrichtendiensten. In Bezug auf zusammenbrechende Ordnungssysteme wird dagegen ein ganzes Set von Optionen benötigt, um präventiv, akut oder in *post-crisis*-Situationen Grundfunktionen und Strukturen stabiler Staatlichkeit, vor allem die Gewährleistung von Sicherheit und Wohlfahrt durch legitimierte politische Akteure in einem akzeptierten politischen Rahmen herstellen zu können (siehe Schneckener 2004: 12-14). Der Erfolg dieser Bemühungen hängt dabei in besonderer Weise von der Weiterentwicklung der für Deutschland wichtigen internationalen Kooperationsforen wie EU, NATO oder VN ab; dabei kann Deutschland auf diese Weiterentwicklung großen Einfluss nehmen.

Vor diesem Hintergrund sollen im Folgenden künftige Herausforderungen für die deutsche Sicherheitspolitik, mögliche deutsche Handlungsoptionen im Kontext internationaler Organisationen sowie schließlich erforderliche sicherheitspolitische Entscheidungen vorgestellt werden.

1 Sicherheitsherausforderungen

Die Sicherheitsherausforderungen, denen sich Deutschland stellen muss, umfassen zum einen Entwicklungen im internationalen/zwischenstaatlichen System, zum anderen Bedrohungen durch „asymmetrisch" agierende Gegner und zum dritten lokale und regionale Instabilitäten.

1.1 Entwicklungen im internationalen System

Bis zum Ende des Kalten Krieges konnte das internationale System als ein Raum aufgefasst werden, in dessen Zentrum das gegenseitige „Sich-in-Schach-Halten" der Supermächte eine dauerhafte Stabilität garantierte, an dessen Peripherie jedoch zahlreiche, unter den Vorzeichen des Ost-West-Konfliktes geführte, sogenannte Stellvertreterkriege ganze Regionen in Afrika, Asien und Lateinamerika destabilisierten.

Auch heute teilt sich die Welt in einen Raum der Stabilität, in welchem ein Großteil des Weltsozialproduktes entsteht und der ein eng verflochtenes System des Personen-, Güter- und Finanztransfers bildet, und in einen Raum der Instabilität, der von der wirtschaftlichen Entwicklung weitgehend abgeschnitten ist. Unter den Vorzeichen der Globalisierung jedoch sind beide Räume über immer kürzere Kommunikations- und Verkehrswege eng miteinander verbunden, so dass Ereignisse und Entwicklungen in instabilen Regionen ihre Wirkungen auch in den (vermeintlichen) Stabilitätsoasen Zentraleuropas oder Nordamerikas entfalten können. Exemplarisch steht hierfür der Suizid des tunesischen Gemüsehändlers Mohammed Bouzizi am 17. Dezember 2010, der Unruhen und Proteste auslöste, die zunächst Tunesien, dann aber große Teile der nordafrikanisch-arabischen Region ergriffen und sie dramatisch veränderten – mit weiterhin unabsehbarem Ausgang und ungewissen Folgen für Europa und die Welt.

Diese vernetzte und interdependente Welt des 21. Jahrhunderts weist keine mit der Bipolarität zu Zeiten des Kalten Krieges vergleichbare statische Ordnung mehr auf. Die kurze Zwischenfigur einer von den USA auf praktisch allen Feldern dominierten unipolaren Weltordnung geht – wenn sie denn in dieser Form überhaupt je bestanden hat – ihrem Ende entgegen. Die Kriege in Afghanistan und Irak beschleunigten den *„imperial overstretch"* (Kennedy

1987). Auf der anderen Seite hat auch der durch die Globalisierung begünstigte Aufstieg neuer Mächte, voran China, Brasilien und Indien, dazu beigetragen, dass die globale Vormachtstellung der USA und des „politischen Westens" eine deutliche Relativierung erfährt.

Auf welche neue internationale Ordnung haben sich Staaten bei der Ausgestaltung ihrer Sicherheitspolitik daraufhin einzustellen?

Denkbar wäre beispielsweise eine dynamisch-volatile Ordnung „variabler Geometrien" (Roberts 2008), in der angesichts der Menge und der Diversität regionaler und globaler Herausforderungen unterschiedliche Staaten oder auch „Staaten-Klubs" wie die G20 auf Ad-hoc-Basis Führungsrollen bei der Bewältigung umfassender Probleme übernehmen könnten. Denkbar wäre aber auch eine „non-polare" Struktur (Haass 2008), in der „Macht" im Sinne von effektiver Einflussnahme auf die internationale Ordnung zwischen mehr oder weniger großen Staaten, internationalen und regionalen Organisationen sowie nichtstaatlichen Akteuren (transnationalen Unternehmen, Kartellen, Terror- und Gewaltorganisationen etc.) diffus verteilt ist (*diffusion of power*) ohne dass sich eine neue Führungsmacht klar herausbildet – ganz einfach deshalb, weil sich „Macht" aus verschiedenen – politischen, wirtschaftlichen, kulturellen – Quellen speist.

In dem wahrscheinlichen Fall jedoch, dass die oberste „Machtwährung" das militärische Potenzial bleiben wird, wird vermutlich eine gewisse Dominanz der USA auf dem Feld von Sicherheit und internationaler Ordnung fortbestehen. Dies zeigt sich exemplarisch immer dann, wenn sich in Krisensituationen alle Augen auf die Vereinigten Staaten richten, weil man sich daran gewöhnt hat, dass die USA „es schon richten werden" – auch und gerade dann, wenn andere Staaten sich außerstande sehen einzugreifen (etwa im Falle des Bürgerkrieges in Syrien oder kurz nach dem Beginn der französischen Operation in Libyen, als die USA im Hintergrund mit Kräften und Ressourcen assistieren mussten). Gleichzeitig wird die US-amerikanische Macht jedoch erheblich durch Aufsteiger wie China und Indien relativiert werden, mit denen die USA sich arrangieren müssen, sowie ein von hohen Energiepreisen profitierendes und auch militärisch wieder erstarkendes Russland. Dabei wird diese relative Machteinbuße in den USA selbst voraussichtlich nicht folgenlos bleiben, sondern könnte durchaus von „Phantomschmerzen" ausgelöste Reaktionen provozieren, die sich auf die internationale Sicherheitsarchitektur auswirken werden.

Die (militärische) Weltordnungsrolle der USA dokumentiert sich u. a. in ihrer Reaktion auf den strategischen Aufstieg kleinerer Mächte, indem sie auf die Ambitionen der „Schurkenstaaten" Nordkorea und Iran, eine auf Nuklearwaffenbesitz gründende regionale Führungsrollen anzustreben, mit dem schrittweisen Aufbau eines Raketenabwehrsystems reagiert haben. Was zunächst als unmittelbare, begrenzte Reaktion auf eine perzipierte Bedrohung erschien, kann zugleich aber auch interpretiert werden (und wird *de facto* interpretiert) als eine tiefgreifende Veränderung der strategischen Position der USA, die sich mit dem Raketenabwehrschild in Abkehr von dem alten Kalte-Krieg-Paradigma gegenseitiger Zerstörbarkeit einen Schutz vor Angriffen mit Interkontinentalraketen geben und in der Konsequenz militärische Handlungsfreiheit erhalten will, indem sie keine klassischen Vergeltungsschläge mehr zu fürchten brauchen. Zugleich beschreiten die USA damit einen Weg – vorübergehender – Asymmetrie-Vorteile, die von anderen Staaten entweder durch eine quantitative (ein simples Mehr an Raketen) oder eine qualitative Nachrüstung (Möglichkeiten zur Überwindung des Abwehrsystems oder auch Rüstungswettlauf auf dem Feld der Abwehrwaffen mit bislang unklaren Konsequenzen) gekontert werden können.

Zu einer weiteren geopolitisch bedeutsamen Entwicklung würde es kommen, wenn die Proliferation von Massenvernichtungsmitteln, insbesondere von Nuklearwaffen, über den Kreis der „üblichen Verdächtigen" hinaus zunähme und wenn vor allem nichtstaatliche Akteure die Verfügungsgewalt über solche Waffen erhielten. Nicht umsonst hat die Eindämmung der Verbreitung von Massenvernichtungswaffen für die Vereinigten Staaten seit langem oberste sicherheitspolitische Priorität, selbst wenn sie durch die *de-facto*-Akzeptanz des Nuklearstaatenstatus von Israel und seit der Bush-Regierung auch von Indien (mit dem die Bush-Regierung auf dem Gebiet der zivilen Nuklearnutzung verstärkt zusammenarbeitete) offensichtlich mit zweierlei Maß zu messen scheint bzw. mit einem gewissen Pragmatismus vorgeht. Deutlich war jedoch die Alarmiertheit, nachdem im syrischen Bürgerkrieg Chemiewaffen eingesetzt worden waren und dies, hätte man dies unsanktioniert gelassen, beispielgebend hätte wirken können. Dies verdeutlicht die enorme Bedeutung von Rüstungskontrollregimen, um die Menge an Waffen, vor allem an Massenvernichtungswaffen, in Grenzen zu halten und zugleich zu versuchen, den Kreis der *haves* gegenüber den *have-nots* möglichst klein zu halten und unbedingt auf in ihrem Verhalten kontrollierbare stabile Staaten zu beschränken

In diesem Zusammenhang stellt sich die Frage nach der Rüstungskontrollpolitik noch aus einem anderen Blickwinkel: Wie geht man zum einen um mit Entwicklungen auf dem Feld der sogenannten wissensbasierten Waffen, insbesondere auf dem Sektor von *cyber warfare* oder von unbemannten Flugkörpern, kurz: „Drohnen", die noch weitgehend unerfasst von Kontrollverfahren sind? Hier deuten sich die ersten Rüstungskontrollbemühungen an, die aber bislang noch nicht sehr weit gediehen sind.

1.2 Asymmetrisch ausgetragene Konflikte

Während die Verschiebungen und neuen Machtkonflikte auf der Ebene der großen Mächte in einer überschaubaren Weise verlaufen, sind die Entwicklungen auf dem Gebiet der nichtstaatlichen Gewaltakteure und der von ihnen geführten neuen „asymmetrischen Kriege" weitgehend unvorhersehbar. Auch wenn staatliche Akteure ebenso in der Lage sind, Kriege asymmetrisch zu führen, sind es jedoch vor allem die nichtstaatliche Gewaltakteure, die so vorgehen und damit ihre zahlen- und kräftemäßige Unterlegenheit ausgleichen a) durch ihre Fähigkeit, die Durchlässigkeit von offenen Gesellschaften zu nutzen, und b) durch die abweichenden Verletzbarkeitsmerkmale, die sie als mobile, nichtterritoriale Akteure gegenüber Staaten auszeichnen und die den eigentlichen Kern der Asymmetrie ausmachen. Insbesondere die Strategie der Selbstmordattentate durch Einzeltäter, vor allem aber durch Kommandooperationen macht asymmetrisch agierende, nicht-staatliche Akteure nur schwer angreif- bzw. abwehrbar und gleicht so deren Unterlegenheit auf anderen Gebieten aus.

Sicherheitspolitisch ist hier nun von Bedeutung, ob es den staatlichen Akteuren gelingt, die asymmetrisch agierenden Gegner zu bekämpfen, indem man erstens ihre materiellen Grundlagen eliminiert (durch internationale Finanzkontrolle, das Austrocknen von Finanzierungsquellen, etwa den Drogenhandel oder auch das Erpressungswesen, das Schließen von gewaltoffenen Räumen, die als Rückzugsräume dienen können u. a., wobei der Faktor der kontinuierlichen „Verbilligung der asymmetrischen Kriegsführung" nicht zu vernachlässigen ist), indem man zweitens seine eigenen Verletzbarkeitslücken schließt (polizeiliche und nachrichtendienstliche Aufklärung, Ausbau eines Schutzsystems in Form von Folgenmanagement/Heimatschutz-Strukturen, die abschreckend, weil entmutigend wirken) oder indem man drittens versucht, die aus der Suizidstrategie resultierenden Vulnerabilitätsvorteile zu kontern, indem man – abweichend vom Muster der großen zwischenstaatlichen Kriege – auf den Einsatz von Spezialkommandos zurückgreift oder auf unbemannte Waffensysteme ausweicht (siehe die US-Operationen vor allem im afghanisch-pakistanischen Grenzgebiet). Gerade durch den letzten Ansatz weitet man – allen völkerrechtlichen oder ethischen Problemen zum Trotz – zum einen das Spektrum der eigenen Möglichkeiten aus und eliminiert zum zweiten das Risiko eigener Verluste und macht Operationen so mit der Risiko- und Verlustaversion westlicher, „post-heroischer" (siehe Luttwak 1995; Münkler 2006 u. a.) Gesellschaften eher vereinbar.

Eine besondere Gefahr wird von den asymmetrisch vorgehenden Akteuren insbesondere dann drohen, wenn es ihnen – wie oben bereits angedeutet – gelingen sollte, sich über staatliche Unterstützung oder aus eigenen Kräften in den Besitz von „unkonventionellen" Waffen zu bringen (siehe u. a. Bracken 2004, Laqueur 2004); dieses zu verhindern, ist das Ziel von Abfangstrategien wie die *Proliferation Security Initiative* (PSI) ebenso wie von Programmen wie dem *Cooperative Threat Reduction Program* (CTR) der US-Senatoren Sam Nunn und Richard Lugar, das – begonnen im Jahr 1992 – dem Ziel dient, Massenvernichtungswaffen sowie *know-how* im Raum des ehemaligen Warschauer Paktes für nichtstaatliche Gewaltakteure unzugänglich zu machen.

1.3 Zusammenbruch von Ordnungsstrukturen

Der dritte sicherheitspolitische Problemkreis betrifft den regionalen Zusammenbruch von Ordnungsstrukturen und das Versagen staatlicher Gewaltmonopole. Dazu kommt es, wenn Regierungen die Kontrolle über das Gewaltmonopol verlieren oder das Regierungssystem als Ganzes fragil ist und in diesem Rahmen neue gewaltbindende Strukturen – geknüpft an Sprach- oder Religionsgemeinschaften, an Ethnien, an Großfamilien u. a. – in innerstaatliche oder überstaatliche Konkurrenz zu den bestehenden staatlichen Strukturen treten. Der staatliche Kontrollverlust tritt ein, wenn der Staat seine gesellschaftliche Bindungskraft verliert und sich in einen komplexen amorphen gewaltoffenen Raum verwandelt, in dem Gewalt nicht nur zu einem politischen, sondern auch zu einem ökonomischen Faktor wird (etwa in Gestalt von Piraterie oder Entführungsgewerbe in verschiedenen Teilen insbesondere Afrikas).

Solche tiefgreifenden Ordnungsverwerfungen können zusätzlich durch Knappheitssituationen (durch Lebensmittelknappheit bzw. extrem hohe Lebensmittelpreise, durch Wasserknappheit, durch Arbeitsplatzmangel u. a.) verschärft werden, indem die Staaten nicht in der Lage sind, eine materielle Mindestsicherung zu gewährleisten und Grundbedürfnisse in akuten Armutssituationen zu decken. Dazu kommen in der Zukunft möglicherweise Folgen der Klimaveränderung, deren Konsequenzen noch nicht absehbar sind.

Die unmittelbaren Konsequenzen sind für die unmittelbar Betroffenen verheerend. Darüber hinaus kommt es aber u. U. auch mittelbar zu tiefgreifenden Störungen im internationalen System. Dabei können Staaten angesichts von Interdependenzen indirekt anfällig für solche multifaktoriell bedingten Ordnungsstörungen sein, etwa indem ihre Versorgungssicherheit kompromittiert ist. Je nachdem, welche Schwere diese Wirkungen erreichen (etwa durch starke Migrationsbewegungen), kann die Adaptionsfähigkeit von Staaten nicht mehr ausreichen, und sie werden entweder selbst zusammenbrechen, oder sie werden zu Gegenmaßnahmen greifen; im äußersten Fall werden sich die benachbarten Staaten gezwungen sehen, in Form von Peripheriekriegen zu intervenieren (siehe Böckenförde 2008). Dabei ist die Frage für die Zukunft, welche Mittel und Instrumente in welchem Rahmen für die Bewältigung der Krisen und die Wiederherstellung von Ordnungsstrukturen entwickelt, bereitgehalten und eingesetzt werden können; gleichzeitig stellt sich die Frage nach dem Ordnungsmodell, das als Ziel angestrebt werden soll.

2 Wichtige Handlungsfelder für die deutsche Sicherheitspolitik

Die verschiedenen Szenarien werfen die Frage nach der Zukunft des deutschen sicherheitspolitischen Instrumentariums, der deutschen Sicherheitsarchitektur und den Entscheidungsmechanismen auf. Dabei agiert die deutsche Politik fest eingebunden in die EU-

Strukturen und -Prozesse, betont die Bedeutung von NATO und transatlantischer Partnerschaft und engagiert sich weiterhin für weltweiten multilateralen Interessenausgleich im Rahmen der Vereinten Nationen. Alle drei Organisationen – EU, NATO und VN – sehen sich jedoch krisenhaften Entwicklungen oder vielfältigen inneren wie äußeren Überforderungen gegenüber. Dagegen gewinnen neue, noch wenig formalisierte Foren wie etwa die G20 zwar an Bedeutung, sind bislang aber weit davon entfernt, einen stabilen Handlungsrahmen für die deutsche Außen- und Sicherheitspolitik zu bilden. Insbesondere die inneren Probleme von EU, NATO und VN werden von Deutschland neue Rollen und Verhaltensweisen abverlangen: Innerhalb der EU wird sich Deutschland zunehmend darauf einstellen müssen, die wichtigste Führungsnation zu sein; auch im Kontext von NATO und VN werden auf Deutschland (und Europa) neue Anforderungen etwa bei Organisation und Einsatz von Streitkräften zukommen.

2.1 Der Rahmen der EU

Europa, mit dem Deutschland seit den Anfängen der bundesrepublikanischen Westintegration in einer „symbiotischen Beziehung" (Hellmann 2002) verbunden ist, wird auch in Zukunft der wichtigste Handlungsrahmen für die Gestaltung deutscher Außen- und Sicherheitspolitik insgesamt bleiben. Dieses Europa befindet sich jedoch seit 2008 in einer Finanz- und Schuldenkrise, die längst die Dimensionen einer politischen Vertrauens- und Legitimationskrise angenommen hat. Der jahrzehntealte *permissive consensus*, auf dessen Basis die Gesellschaften Europas im Vertrauen auf weitere Sicherheits- und Wohlstandsgewinne ihren Regierungen weitreichende Handlungsvollmachten beim Bau des europäischen Hauses gegeben haben, ist weitgehend zerbrochen. Nicht nur in Krisenstaaten wie Griechenland, Portugal oder Zypern, in denen vor allem den einfachen Bürgern große Sparanstrengungen abverlangt werden, erscheint Europa vielen Menschen als abstraktes Gebilde und als ein zunehmend bedrohliches, kaum mehr zu kontrollierendes „Monster", das ihre wirtschaftliche und soziale Sicherheit und damit die Basis ihrer Lebensvollzüge gefährdet. Neben der weiteren Bewältigung der ökonomischen Krise wird sich Deutschland daher auch besonders um die Stärkung der politischen und sozialen Kohäsion in Europa bemühen müssen, um so das europäische Projekt den Bürgern wieder näher zu bringen, zu deren dauerhaften Nutzen es einst gestartet wurde.

Tatsächlich stellt die Finanz- und Schuldenkrise weiterhin eine wirkliche Gefahr dar: Sollte die gemeinsame Währung möglicherweise scheitern, bliebe dies nicht ohne Folgen für den gemeinsamen Markt sowie die übrigen vergemeinschafteten Politikfelder in der EU. Ein solcher Niedergang hätte in einer längerfristigen Perspektive dann auch negative Auswirkungen auf die Sicherheitsgemeinschaft, die Europa seit seinen Gründungsjahren nach dem Zweiten Weltkrieg bildet und die den Boden für seine wirtschaftliche Entwicklung bereitet hat.

Die Antwort, welche die europäischen Regierungen auf die Finanz- und Schuldenkrise gefunden haben, lautet: Die europäische Integration muss weiter vertieft werden. Die EU der 28 mit ihrer halben Milliarde Einwohner und mehr als einem Viertel der weltweiten Wirtschaftsleistung ist längst eine politisch-ökonomisch-soziale „Schicksalsgemeinschaft" geworden, deren Strukturen und Verantwortlichkeiten aber noch immer die in den 1960er Jahren formulierte Idee Charles de Gaulles vom nationalstaatlichen „Europa der Vaterländer" widerspiegelt. Nach dem Ende des Ost-West-Konflikts konnte das europäische Einigungswerk um die neuen Demokratien im östlichen und südlichen Mitteleuropa erweitert werden, während die institutionellen Anpassungen hin zu einer wirklichen politischen Union immer wieder aufgeschoben oder nur halbherzig (wie bei der Ausstattung der Ämter des Ratspräsidenten oder des Hohen Vertreters für die Außen- und Sicherheitspolitik) ins Werk gesetzt wurden. In der Finanzkrise ist das Erfordernis einer weiteren institutionellen Vertiefung der EU deutlich hervorgetreten – wie auch der Preis für ihr mögliches Scheitern: die zumindest partielle Desintegration Europas und das drohende Ende dieser wichtigsten Friedensidee des Kontinents. Mit der Banken- und Fiskalunion ist ein substanzieller Schritt hin zu „mehr Europa" gemacht worden, auch wenn die Realisierung dieses Vorhabens noch einige konzeptionelle Arbeit und energische Entscheidungen verlangen wird.

Politischer Wille wird auch bei der weiteren Ausgestaltung des auswärtigen Auftritts der EU gefordert sein. Wilhelm Knelangen (2005) weist zu Recht darauf hin, dass eine strategische Akteursrolle Europas im globalen Rahmen Stabilität und Kohärenz im Inneren der Union voraussetzt. Diese hat sich – nicht zuletzt angestoßen und vorangebracht von Deutschland – in den zurückliegenden zwei Jahrzehnten durch ihre Gemeinsame Außen- und Sicherheitspolitik (GASP) immer mehr zu einem globalen Akteur auch auf sicherheitspolitischem Gebiet entwickelt sowie beachtliche zivile und militärische Kapazitäten und Strukturen für ein internationales Engagement aufgebaut. Seit 2003 hat die EU, im Rahmen ihrer seit dem Vertrag von Lissabon sogenannten Gemeinsamen Sicherheits- und Verteidigungspolitik (GSVP, früher ESVP), in einer Vielzahl unterschiedlicher Missionen in allen Teilen der Welt nicht nur wesentliche Erfahrungen gesammelt, sondern sich auch als eine wichtige Regionalorganisation für die Vereinten Nationen in deren Bemühen um Frieden und internationale Sicherheit erwiesen (Scheuermann 2012; Gareis 2013).

Andererseits ist die EU bei der Gestaltung ihrer GASP und GSVP noch immer mit zahlreichen Schwierigkeiten konfrontiert, unter denen die Hürden bei der gemeinsamen politischen Willensbildung und bei der anschließenden konsistenten Umsetzung der gefassten Beschlüsse besonders auffallend sind. In der durch den Irak-Krieg der USA 2003 ausgelösten transatlantischen Krise waren die außen- und sicherheitspolitischen Entscheidungsmechanismen weitgehend paralysiert; eine gemeinsame Haltung der EU-Staaten gegenüber dem Vorgehen der USA konnte nicht gefunden werden. Obwohl in Reaktion auf diese politische Spaltung der EU noch 2003 mit der Europäischen Sicherheitsstrategie (ESS) ein gemeinsamer strategischer Rahmen abgesteckt wurde, bleibt der außen- und sicherheitspolitische Auftritt der EU auch unter den Vorzeichen des Lissabon-Vertrages der intergouvernementalen Abstimmung und damit den nationalen Vorbehalten der Mitgliedstaaten unterworfen. Entsprechen bleiben Alleingänge nicht aus, wenn eigene Interessen im Spiel sind: Im Jahr 2011 erfolgten das französisch-britische Vorpreschen bezüglich einer militärischen Intervention in Libyen ebenso wie die deutsche Enthaltung bei der die Gewaltanwendung legitimierenden Sicherheitsratsresolution 1973 ohne eine vorangegangene Einschaltung der europäischen Gremien. Zudem geraten gerade im Bereich der Sicherheitspolitik eingegangene Verabredungen und gemeinsame Strategien rasch in Vergessenheit, wenn zugesagte Kapazitäten und bereitgehaltene Kräfte tatsächlich einmal abgerufen werden. Der Vorrang der nationalen Interessen verzögert bzw. blockiert mitunter das Zustandekommen von Missionen. Außerdem wird, wie im Falle der Einsätze in der DR Kongo 2006 oder in Tschad/Zentralafrikanische Republik 2007/08, das Wirken solcher Einsätze nicht in erster Linie an der Erreichung eines Zieles (*desired end state*), sondern eher an festen Zeitrahmen (*desired end date*) ausgerichtet.

Der im Jahr 2011 angekündigte und seither schrittweise vollzogene Schwenk der USA in Richtung Asien-Pazifik wird größere Anstrengungen der EU-Mitglieder für ihre eigene Sicherheit nach sich ziehen – sei es im Rahmen der NATO, in der die USA weniger Lasten schultern werden, sei es im Bereich der eigenen GSVP-Kapazitäten. Die Staaten Europas unterhalten insgesamt mit mehr als zwei Millionen Soldaten die größten Streitkräfte der Welt – vielfach redundante Strukturen in den jeweiligen nationalen Sphären indes sorgen dafür, dass europäische Sicherheitsinstrumente noch immer ineffizient und teuer sind. Die Zusammenlegung und gemeinsame Verfügung über militärische Kapazitäten ist die Herausforderung in Gegenwart und Zukunft – und die Bewältigung dieser Aufgabe ist ein entscheidender Lackmustest für die Bereitschaft und Fähigkeit der EU ihre eigenen Akteursqualitäten weiterzuentwickeln. Dieser im NATO-Jargon „*smart defence*" (s. hierzu ausführlich Rasmussen 2011) und in der EU „*pooling and sharing*" (s. hierzu ausführlich Mölling 2013) genannte Prozess der Entwicklung gemeinsamer Fähigkeiten bedeutet jedoch weit mehr als eine technische Zusammenlegung vorhandener Mittel und Kräfte – es geht um die verlässliche Übertragung der Zugriffsrechte auf diese Kapazitäten an eine gemeinsame europäische Instanz, so dass nicht einzelne Staaten durch die interessengeleitete Verweigerung der benötigten Mittel den kollektiven Sicherheitsinteressen schaden. Die Bereitschaft der Staaten, weitere Souveränitätsrechte bei der Verwendung ihrer Streitkräfte an EU-Instanzen abzugeben, ist eher verhalten ausgeprägt und dürfte dies auf absehbare Zeit auch bleiben. Wachsende Herausforderungen, die sich abschwächenden Sicherheitsgarantien durch die USA und schließlich auch die haushälterischen Zwänge in den EU-Staaten werden aber wohl ein weiteres Zusammengehen auf diesem Gebiet erzwingen.

Europa steht also auf wichtigen Handlungsfeldern vor richtungsweisenden Entscheidungen – und es wird Deutschlands Aufgabe sein, ungewohnt stärker als bisher eine politische Führungsrolle in Richtung verstärkter Integration in Europa zu übernehmen. Dies wird jedoch aus mehreren Gründen kein leichtes Unterfangen: Zum einen wird die weitere politische Vertiefung der EU in vielen Ländern und Gesellschaften – einschließlich Deutschland – mit Skepsis, wenn nicht Argwohn gesehen. Auch wenn gerade in den Krisenstaaten nicht zuletzt viele gravierende Fehler der nationalen Regierungen für die entstandenen Situationen verantwortlich waren, werden die mit Kurskorrekturen einhergehenden Belastungen vor allem der europäischen Ebene zugeschrieben. Bei der Wahrnehmung seiner Führungsrolle wird Deutschland daher eine delikate Balance zwischen Festigkeit in der Sache und der Berücksichtigung der legitimen Interessen seiner Partner finden müssen. Dies wird umso schwieriger, als Deutschland angesichts der politischen und wirtschaftlichen Schwäche Frankreichs derzeit weitgehend allein an der Spitze der europäischen Entwicklung steht, eine Position die wiederum für das in der Regel um Abstimmung seiner Initiativen mit Partnern bemühte Deutschland neu und unbequem ist.

Insgesamt wird es in Deutschlands Europapolitik darauf ankommen, das europäische Projekt wieder den eigenen Bürger als auch denen der übrigen Mitgliedstaaten näher zu bringen – ein Bemühen, das seit den ablehnenden Referenden zum Verfassungsvertrag in Frankreich und den Niederlanden 2006 einen festen Platz in der Rhetorik der Europapolitiker hat.

Ob mit der durch den Lissabon-Vertrag eingeführten stärkeren Personalisierung der EU durch die Ämter des Ratspräsidenten oder der Hohen Vertreterin für die Außen- und Sicherheitspolitik der Brüsseler Apparat als weniger abstrakt und anonym (vgl. Gareis/Klein 2003) wahrgenommen wird, darf indes bezweifelt werden. Es geht vielmehr darum, Europa seinen Bürgern wieder als die europäische Friedens- und Sicherheitsidee nahezubringen, auf deren Grundlage Wachstum und Wohlstand gedeihen konnten und weiter können. Dies gilt besonders für die europapolitische Kommunikation innerhalb Deutschlands: Ein geeintes und solidarisches Europa zu erhalten, liegt im zentralen politischen Interesse Deutschlands, und dies nicht nur, weil die deutsche Wirtschaft weiterhin ihre wichtigsten Absatzmärkte innerhalb der EU hat, sondern vielmehr, weil der europäische Rahmen der deutschen Politik internationale Handlungsspielräume und Gestaltungsmöglichkeiten eröffnet, die sie alleine nicht hätte – oder die bei Nachbarn und Verbündeten Sorgen bezüglich eines allzu mächtigen Deutschlands hervorrufen würden. Auch wenn in Deutschland Skepsis und Ablehnung gegenüber weiteren Bürgschaften und Hilfen für europäische Krisenstaaten verbreitet sind: Die Kosten eines Scheiterns des europäischen Integrationsprojekts würden sehr bald die zu seiner Rettung erforderlichen Mittel in den

Schatten stellen. Bei allen Schwierigkeiten bleibt Europa der wichtigste Handlungsrahmen deutscher Außen- und Sicherheitspolitik.

2.2 Die Nordatlantische Allianz und die transatlantischen Beziehungen

War die deutsche NATO-Politik nach 1990 zunächst stark durch Kontinuität geprägt, die sich in der gleichberechtigten Bedeutung der europäischen und der transatlantischen Dimension deutscher Außen- und Sicherheitspolitik, in der Betonung des „verlässlichen Bündnispartners", aber auch in dem Festhalten an „zivilmacht"lichen (vgl. Maull 1997) Positionen gegenüber der Verwendung des Militärs ausdrückte, so kam es doch im Laufe der Zeit zu Veränderungen: Erstens zeigte man sich gegen öffentlichen Druck bereit, das Mittel des Militärs verstärkt einzusetzen und auf diese Weise schrittweise zu einem „normalen" NATO-Mitglied mit gleichen Rechten und Pflichten zu werden; zweitens konzentrierte man sich aber auch bei den Einsätzen eher auf das untere Ende des Intensitätsspektrums militärischer Operationen und demonstrierte – wie sich im Falle der Libyenmission zeigte – nicht mehr bedingungslos Bündnisverlässlichkeit.

Die vor allem von den Vereinigten Staaten in der Vergangenheit betriebene schleichende „Operationalisierung" des Bündnisses hin zu einer flexiblen Sicherheitsagentur, die ihre Instrumente den jeweiligen Anforderungen entsprechend zusammenstellt und gegebenenfalls auch völlig neu entwickelt, wird von Deutschland nur bedingt mitgetragen. Mit dieser partiellen Verweigerung leistet man allerdings zugleich der Entwicklung der NATO hin zu einem „Werkzeugkasten" für Missionen von (dann oft fragilen) Koalitionen der Willigen wie im Irak (vgl. Theiler 2004: 222) oder in Libyen Vorschub, zumal man bisweilen in der Bedeutung durch Staaten zu überholt werden droht, die zwar einerseits erheblich kleiner, aber andererseits in der Lage sind, sich durch hochspezialisierte Fähigkeiten in Nischen zu etablieren und damit ihre Bedeutung erheblich aufzuwerten. Will Deutschland nicht ins Abseits geraten, bedarf es vor allem bindender gemeinsamer Ideen, Orientierungen und Strategien – und zu deren Realisierung wiederum verlässlicher Bereitstellung von Fähigkeiten. Insbesondere muss Deutschland – nicht zuletzt auch als Ziel seiner Bundeswehrneuausrichtung – seine Position als befähigte Rahmennation für Einsätze zu festigen und gleichzeitig Anschluss an die strategischen und operativen Möglichkeiten der Verbündeten behalten, um so über die Minimalpositionen von Allianzkonsensen hinaus mitsprachefähig zu bleiben und Entscheidungen aktiv mitgestalten.

Das kann nicht darüber hinwegtäuschen, dass im Zentrum der NATO-Politik das transatlantische Verhältnis mit seinen Differenzen und Asymmetrien steht. Zwar ist die Zeit der schweren Zerwürfnisse unter der Präsidentschaft von George W. Bush vorüber, als man provokativ mit Blick auf Deutschland, Frankreich und andere von einem „alten Europa" (Rumsfeld 2003) sprach und vor allem im Rahmen fluider, situationsabhängig zusammengestellter Ad-hoc-Koalitionen („*coalitions of the willing*") im Rahmen eines „*multilaterism à la carte*" (Zitat Haass, in: Shanker 2001) agierte, indem man beispielsweise Europa vor dem Irakkrieg mit dem „Brief der Acht" geradezu genussvoll in „alt" und „neu" spaltete und darüber hinaus Vorstellungen einer NATO-Erweiterung – von einer Aufnahme Israels (Asmus/Jackson 2005) über die der Ukraine und Georgiens bis zu Ideen einer „Global NATO" (Daalder/Goldgeier 2006) – entwickelte.

Seit dem Regierungsantritt von Barack Obama hat sich die Konfrontationshaltung der Vereinigten Staaten zumindest vordergründig deutlich abgeschwächt. Auf der anderen Seite haben die USA unter der Regierung Obama erstens einen Perspektivwechsel auf die Innenpolitik vollzogen (*nation-building at home*), mit ihren verbleibenden Ressourcen konzentrieren sie sich zweitens zunehmend auf Asien, während Europa vor allem als „unsinkbarer Flugzeugträger" zwischen Nordamerika, Afrika und dem Nahen und Mittleren Osten fungiert, und drittens folgen sie einem Trend hin zu einer „neuen Form" des Konfliktaustrages, der vor allem den Einsatz von Spezialkräften, von unbemannten Waffensystemen und von nachrichtendienstlichen Mitteln in den Vordergrund rückt, wodurch die Vereinigten Staaten zunehmend Handlungsfreiheit und die Fähigkeit zu autonomem Agieren zurückgewinnen. Gleichzeitig sind sie – wie der Fall der Libyen-Mission mit dem schnellen Wechsel von der US-geführten Operation *Odyssey Dawn* zur NATO-geführten Operation *Unified Protector* zeigt – immer noch in Maßen bereit, für die Europäer unterstützend aufzutreten.

Insgesamt bestehen mit Blick auf die unterschiedlichen globalen Rollen (die USA als globale Ordnungsmacht, Europa bestenfalls als regionale Macht), auf die Fähigkeiten in Bezug auf Machtprojektion, in dem politischen Willen und der Frage, wie man zu einem solchen Willen gelangt (zentralisiert in den USA, dezentral zwischen 28 Staaten im Falle der EU bzw. 26 europäischen NATO-Mitgliedern), erhebliche Asymmetrien, die sich nur partiell im Falle von Interessenidentität oder zumindest Interessenkomplementarität nicht blockierend auswirken. Umso wichtiger erscheint, diese Komplementaritäten zu identifizieren, sich gleichzeitig über die sehr ähnlichen Bedrohungsanalysen im Klaren zu werden, daraus gemeinsames Handeln zu entwickeln, darüber hinaus aber die „europäische Karte" nicht zu vernachlässigen.

2.3 Die Vereinten Nationen und der Multilateralismus

Schon lange vor dem deutschen Beitritt zu den Vereinten Nationen, der sich am 18. September 2013 zum 40. Mal jährte, gehörte die Weltorganisation zu den wichtigsten Foren für die Gestaltung der auswärtigen Politik Deutschlands. Tatsächlich verkörpern die VN auf der globalen Ebene eben jenen Multilateralismus, den bereits die junge Bundesrepublik Deutschland zur wichtigsten Leitlinie ihrer Außenpolitik erhoben hatte und der seither alle Bundesregierungen folgen (Gareis 2008: 39f.). Als weltweit verflochtene Wirtschaftsnation ist Deutschland zudem auf eine stabile internationale Ordnung angewiesen, deren Schaffung und Aufrechterhaltung zu den vorrangigen Aufgaben der Vereinten Nationen gehört. Umgekehrt bedarf die Weltorganisation der dauerhaften Unterstützung durch einflussreiche und handlungsfähige Staaten, die wie Deutschland nicht nur große finanzielle Beiträge leisten, sondern auch ihr politisches Gewicht auf den vielfältigen Handlungsfeldern der VN zur Geltung bringen. Es ist daher weit mehr als politische Rhetorik, wenn deutsche Kanzler und Außenminister immer wieder bekräftigen, in den VN „globale Verantwortung zu übernehmen" und „hier in ganz besonderer Weise gemeinsam für Frieden und Entwicklung arbeiten" zu wollen (Westerwelle 2010). Die Vereinten Nationen und die Stärkung Multilateralismus werden daher auch weiterhin zu den über die parteilichen Grenzen unumstrittenen Prioritäten deutscher Außen- und Sicherheitspolitik gehören.

Wenn von der künftigen Rolle Deutschlands in den VN die Rede ist, steht schnell die Frage nach einem deutschen Ständigen Sitz im Sicherheitsrat im Raum. Tatsächlich bekundeten die Bundesregierungen in der seit Beginn der 1990 Jahre laufenden Diskussion um eine grundlegende Erneuerung dieses Machtzentrums der VN entsprechende Ambitionen, die der damalige Außenminister Klaus Kinkel in die seither immer wieder gebrauchte Formel von der „Bereitschaft, größere Verantwortung zu übernehmen" kleidete. Seit der Wiedervereinigung gehörte Deutschland dem Rat dreimal als nichtständiges Mitglied an (1995/96, 2003/04 und 2011/12); seine gewissenhaft vorbereiteten und immer auch allgemein positiv gewerteten Mitgliedschaften im Sicherheitsrat können durchaus als Schaulaufen für das höhere Ziel eines Ständigen Sitzes in einem reformierten Machtzentrum der Weltorganisation angesehen werden.

Angesichts seiner Beiträge zu den VN und seiner Interessen als globale Wirtschaftsmacht erscheint das Streben Deutschlands nach einem Ständigen Sitz auch nur folgerichtig.

Allerdings stellt sich nicht erst seit der deutschen Enthaltung bei der Libyen-Resolution im März 2011 die Frage, ob Deutschland den Anforderungen an dieses Amt, in dem ja immer wieder Fragen von Krieg und Gewalt zur Entscheidung kommen, tatsächlich auch gewachsen wäre. Zudem steht im Raum, inwieweit ein Aufrücken Deutschlands in der internationalen Hierarchie von seinen europäischen Partnern wie Italien oder Spanien akzeptiert würde – und ob damit nicht Schaden für die europäische Integration insgesamt verbunden wäre. Auch mit Blick auf die vielfältigen Schwierigkeiten und Hindernisse, die die Charta für eine Sicherheitsratsreform aufstellt, dürften Deutschlands Aussichten, bald einen Platz an der Spitze der globalen Sicherheitspolitik zu erhalten, eher begrenzt sein. Sein Ziel wird Deutschland aber voraussichtlich weiter verfolgen und hat bereits eine Kandidatur für eine weitere Amtszeit 2019/20 angemeldet.

Aber auch ohne die Aussicht auf einen raschen Aufstieg in den Sicherheitsrat fällt die deutsche Unterstützung der Weltorganisation positiv aus – wenngleich die Bundesrepublik außer im Bereich der Umwelt- und Klimapolitik in kaum einem Politikfeld als Initiatorin von Themen und Debatten oder treibende Kraft hinter Reformprojekten auftritt. Im Sinne der immer wieder versprochenen Stärkung des durch die VN verkörperten Multilateralismus wäre es daher, wenn sich Deutschland nachdrücklicher für die Überwindung der sozialen und wirtschaftlichen Disparitäten in der Welt einsetzen und mit Blick auf die Millenniumsziele sein Engagement in der Entwicklungszusammenarbeit weiter ausbauen würde. Dazu gehört auch, in seinen Bemühungen fortzufahren, den Anteil seiner öffentlichen Entwicklungshilfe am Bruttoinlandsprodukt auf die von den Industrieländern schon seit fast vierzig Jahren versprochene Zielmarke von 0,7 Prozent des Bruttoinlandsproduktes zu bringen.

Innerhalb der Organisationsstrukturen der VN könnte sich Deutschland zudem wieder verstärkt um die Besetzung von Führungspositionen mit eigenen Fachleuten bemühen – was angesichts des deutschen Finanzbeitrages kein unberechtigtes Anliegen wäre. Derzeit (2013) sind die Leiterin der Abrüstungsabteilung im Sekretariat und der Exekutivdirektor des Umweltprogramms UNEP Deutsche; in den für die Friedenssicherung zentralen Abteilungen für politische Angelegenheiten, Friedenseinsätze, Logistik etc. ist Deutschland dagegen nur auf der Arbeits-, nicht aber auf der Leitungsebene vertreten.

Insgesamt könnte Deutschland sein personelles Engagement auch in den VN-geleiteten Friedensmissionen ausbauen. Die Vereinten Nationen haben in den zurückliegenden Jahren erhebliche Fortschritte bei der Führung auch großer und schwieriger Friedensmissionen gemacht und müssen sich – trotz der oft bescheidenen Ausstattung ihrer Truppen – mit ihren Ergebnissen nicht vor EU oder NATO verstecken. Dennoch stellt Deutschland auch Ende 2013 nur rund fünf Prozent seiner im Auslandseinsatz befindlichen Soldaten in den Dienst von VN-Missionen und bevorzugt stattdessen – wie viele andere Industrienationen auch – die Entsendung des Gros des eigenen Militärpersonals in vom Sicherheitsrat mandatierte NATO- und EU- Einsätze. Durch diese Praxis gerät die internationale Friedenssicherung immer mehr zu einem Zwei-Klassen-System, das den VN die Aufgabe zuschreibt, sich mit oft weniger gut ausgebildeten und unzureichend ausgerüsteten Soldaten um die „vergessenen Konflikte" an der Peripherie des Interessensgebietes der Industriestaaten zu kümmern Friedenssicherung und -konsolidierung sind Zukunftsaufgaben der Vereinten Nationen, die diese für die gesamte internationale Gemeinschaft wahrnehmen. Sie darin zu unterstützen, sollte eine vorrangige Aufgabe gerade auch der Staaten sein, deren wirtschaftliche Prosperität entscheidend von einer stabilen und friedlichen Weltordnung abhängt (vgl. Gareis/Varwick 2007).

Unter den Vorzeichen der Globalisierung ist die Welt immer stärker verflochten und damit enger zusammengerückt. Globale Foren wie die VN haben daher tendenziell an Bedeutung gewonnen – auch wenn dieser Befund gerade in Krisenzeiten oft durch Rückfälle auf nationale Positionen überlagert wird. Schon aus seinem eigenen Interesse als weltweit vernetzter Wirtschaftsmacht heraus sollte Deutschland seine besondere Beziehung zu den VN durch ein verstärktes Engagement weiter pflegen und ausbauen – und so gleichzeitig sein Fernziel eines Ständigen Sitzes im Sicherheitsrat glaubhaft weiter verfolgen, auch wenn dies zu erreichen realiter eher unwahrscheinlich sein wird.

3 Entscheidungen in der Innenpolitik

Die zentralen Grundfragen der Sicherheitspolitik in der liberalen Demokratie bleiben die alten: Erstens geht es um das klassische Problem „*guns vs. butter*", also wie viele Ressourcen der Staat für seine Sicherheitsvorsorge einsetzt und wie viele für andere, insbesondere ökonomische, soziale und kulturelle Zwecke. Zweitens steht nicht erst seit dem Bekanntwerden der NSA-Spionageaktivitäten die Balance zwischen Sicherheit und Freiheit zur Debatte, also die Frage, wie weit sicherheitspolitische Maßnahmen gehen dürfen, bevor sie die individuellen Freiheitsrechte und Bürgerrechte im Übermaß kompromittieren.

Diese Fragen stellen sich in Deutschland vor dem Hintergrund seiner allgemeinen Ressourcenarmut, die nur durch diversifizierten Handel bzw. die Möglichkeit zur Substitution durch alternative Rohstoffe oder Technologien kompensiert werden kann. Hinzu treten seit Jüngerem verschärft die Effekte des Klimawandels, der weitere Investitionen in nachhaltige Energie- und Wirtschaftsformen erzwingen wird. Noch gravierender aber wird sich in den nächsten Jahren die demographische Entwicklung auswirken. Im rapide „alternden" Deutschland werden viele Versorgungsstrukturen ohne Zuwanderung nicht mehr aufrechterhalten werden können. Forcierte Zuwanderung jedoch wird die innen- und sozialpolitische Frage aufwerfen, wie Immigration mit Integration und (nationale) Identität mit kulturellem Wandel so verbunden werden können, dass der Zusammenhalt des Gemeinwesens gesichert und seine Funktionsfähigkeit aufrecht erhalten werden können.

Das aktuell offensichtlichste Problem ist allerdings das der Finanzierung von politischen Maßnahmen im Allgemeinen und von sicherheitspolitischen Schritten im Besonderen. Nun bedarf es keiner Erwähnung, dass es angesichts der aktuellen Finanzsituation in Deutschland – und noch mehr vor dem Hintergrund der Belastungen aus der Euro-Krise – schwierig ist, die Mittel für äußere und innere Sicherheit, für strukturelle Prävention und für staatliche Entwicklungshilfe aufzubringen oder diese gar noch zu erhöhen.

Mit ihrer Entscheidung für die Neuausrichtung der Bundeswehr hat die Bundesregierung festgelegt, dass die deutschen Streitkräfte künftig auch in komplexen Operationen hoher militärischer Intensität besser mit den Partnerarmeen zusammenwirken können sollen und dass sie zugleich die Fähigkeit besitzen müssen, als Instrument unter zukünftigen Konfliktbedingungen zu funktionieren – sei dies im Rahmen der traditionellen Landes- und Bündnisverteidigung, in *peacemaking*- oder *peacebuilding*-Missionen oder bei Auseinandersetzungen im *Cyber*-Raum. Zu einer Umsetzung dieser Beschlüsse gehört aber auch eine gesicherte Finanzierung insbesondere bei kostenintensiven Beschaffungsvorhaben wie Transportflugzeugen, Aufklärungs- oder Raketenabwehrsystemen, in die auch andere Staaten eingebunden sind. Darüber hinaus bedarf es intern eines grundständigen Umbaus der Bundeswehr mit gesicherten finanziellen Perspektiven. Außerdem wird nach der 2011 erfolgten Aussetzung der Wehrpflicht das militärische Berufsbild auch finanziell so unterfüttert werden müssen, dass insbesondere die Mannschafts- und Unteroffiziersdienstgrade für qualifizierte Bewerber interessant werden und die Streitkräfte bei der Nachwuchswerbung konkurrenzfähig bleiben.

Deutschland hat in den zurückliegenden fünfzehn Jahren eine beträchtliche Friedensdividende eingefahren und wendet unter den großen NATO- und EU-Partnern mit rd. 1,2 Prozent des BIP (2012) den deutlich geringsten Anteil in die Verteidigung auf. In den zurückliegenden Jahren war es zudem üblich, den überwiegenden Teil der Reduzierungs-, Rationalisierungs- und Modernisierungsgewinne aus den Reformbemühungen der Bundeswehr für den allgemeinen Haushalt abzuschöpfen und den Verteidigungshaushalt mit den zusätzlichen globalen Minderausgaben zur Haushaltskonsolidierung weiter zu belasten. Mit dieser Praxis ist vor allem eine Verschleppung der Streitkräftereformen hin zu flexiblen Einsatzkräften bewirkt worden. Allerdings hat sich in den letzten Jahren das Verhältnis der Gesamtzahl der Streitkräfteangehörigen und der sich im Auslandseinsatz befindlichen Soldaten und zivilen Mitarbeiter insofern verbessert, als die Zahl der Bundeswehrangehörigen insgesamt gesunken, die der im Ausland eingesetzten jedoch relativ stabil geblieben ist. Dieses Verhältnis wird sich jedoch nach der partiellen Rückverlegung aus Afghanistan wieder zurückentwickeln.

Leistungsfähigkeit und Zuverlässigkeit sind die Kardinaltugenden in effektiven multilateralen Arrangements und erfordern schon deshalb eine Bereitschaft zu entsprechenden Engagements. Dabei ist festzuhalten, dass es hierbei auch darum geht, das Gewicht und die Mitsprachemöglichkeiten Deutschlands in den Konsultations- und Beschlussforen von Europäischer Union und NATO zumindest zu erhalten oder sogar auszubauen. Die Berücksichtigung deutscher Interessen und Vorstellungen im Bereich der Sicherheitspolitik ist ohne entsprechende Fähigkeiten, an der Umsetzung der gemeinsam getroffenen Entscheidungen dann auch mitzuwirken, kaum erwartbar.

Die in Deutschland ausgeprägte Fixierung auf innere Probleme bewirkt, dass zunehmend das Verständnis für die Bedeutung des eigenen Auftritts auf der internationalen Bühne nachlässt. Wenn eines der reichsten Länder der Welt im Zehntel-Promillebereich an der Ausgabenschraube für die öffentliche Entwicklungshilfe dreht oder mit den Kürzungen seiner auswärtigen Kulturpolitik wichtige Teile seiner Kommunikationsinfrastruktur in anderen Ländern und Kontinenten reduziert, wird seine politische, wissenschaftliche und kulturelle Ausstrahlung zwangsläufig immer weiter geschwächt.

Ebenfalls in den Bereich der von der Politik zu entscheidenden Fragen gehört die Anerkennung, dass die Sphären von innerer und äußerer Sicherheit zunehmend verschwimmen und dies Folgen für die Funktionszuweisungen für die Sicherheitskräfte eines Landes hat. Hier ist vor einigen Jahren mit dem Luftsicherheitsgesetz in einem ethisch und rechtlich schwierig zu handhabenden Fall ein Gesetzesvorhaben aufgrund der verfassungsrechtlichen Vorgaben zum Schutz menschlichen Lebens sowie des Trennungsgebotes zwischen militärischen und polizeilichen Funktionen vom Bundesverfassungsgericht gestoppt worden. Gleichzeitig bleibt aber die sicherheitspolitische Notwendigkeit bestehen, neuen Herausforderungen durch die Erarbeitung einer integrierten, die vorhandenen Kräfte nach ihren jeweiligen Fähigkeiten einbeziehenden Sicherheitskonzeption zu begegnen. In einer solchen Konzeption werden auch weitere Maßnahmen, etwa beim Schutz von Häfen oder sensiblen Objekten wie Flughäfen oder Atomkraftwerken vor terroristischen Angriffen, zu berücksichtigen sein (vgl. Knelangen 2006).

Ein weiteres Problem, das sich insbesondere im Zusammenhang mit den großflächigen Ausspähungen durch die Nachrichtendienste, vor allem die amerikanische National Security Agency (NSA) und die britischen *Government Communications Headquarters* (GCHQ) sowie derer mit ihnen kooperierenden weiteren – auch deutschen – Nachrichtendiensten stellt, ist der Umgang mit bzw. der Schutz von persönlichen Daten der Bürger. Die durch den früheren US-Nachrichtendienst-Mitarbeiter Edward Snowdon im Sommer 2013 angestoßene Debatte steckt möglicherweise noch in ihren Anfängen. Es geht um die Frage, wie ernst es den westlichen Demokratien und damit auch Deutschland mit den von ihnen stets hoch gehaltenen und gegenüber anderen Staaten eingeforderten Standards tatsächlich ist.

Seit dem 11. September 2001 werden lange erkämpfte Bürgerrechte unter Verweis auf tatsächliche oder vorgebliche Sicherheitserfordernisse wieder begrenzt oder gar zurückentwickelt. Der freie Bürger steht zunehmend unter dem Generalverdacht, seine Ansprüche auf Freiheit und Privatheit für dem Gemeinwohl schädliche Verhaltensweisen zu missbrauchen. Der Grundsatz liberaler Bürger- und Menschenrechtsvorstellungen war es einst, dem Individuum einen Schutzraum vor willkürlichen Zugriffen und Verfolgungen durch Staat und Gesellschaft zu garantieren. Dies droht sich in sein Gegenteil zu verkehren, wenn die alltäglichsten und privatesten Verhaltensweisen von Menschen einer fortdauernden Überwachung unterworfen sind, die nach unbekannten Kriterien Verdachtsprofile erstellt und diesen dann im besten Falle unbequeme Befragungen und im schlimmsten Falle Internierung, Verschwindenlassen oder gar gezielte Tötungen folgen lässt.

In Deutschland, das immer viel Wert auf seine grundsätzlich gewaltfreie und menschenrechtskonforme Sicherheitspolitik gelegt hat, sollte eine offene Debatte über die Grenzen des Sicherheitsstaates geführt werden. Der Schutz seiner Einwohner vor Gefahren für Leib, Leben und Eigentum ist zweifellos eine der wesentlichen Aufgaben, die ein funktionierender moderner Staat zu erbringen hat. Diese Sicherheitsvorsorge findet jedoch ihre Grenzen in den Rechten der Menschen auf ein freies und selbstbestimmtes Leben – zu dessen Realitäten indes auch vielfältige Risiken gehören, derer sich das Individuum bewusst sein und mit denen es umzugehen in der Lage sein muss. Wo die Grenzen zwischen Freiheit und Sicherheit verlaufen, kann nie eindeutig bestimmt werden. In einer demokratischen Gesellschaft sollte jedoch stets der Vorrang bürgerlicher Freiheitsrechte vor der Friedhofsruhe eines allwissenden und bevormundenden Sicherheitsstaates als Richtschnur dienen.

4 Perspektive: Ein umfassendes sicherheitspolitisches Selbstverständnis tut not

Nach wie vor bedarf es in der deutschen Politik einer Bestimmung der sicherheitspolitischen Rolle und Funktion, die Deutschland in Europa, in der NATO und in der Welt spielen will. Einer Bestandsaufnahme der Herausforderungen einer komplexen und globalisierten Welt könnten darin die Ziele und Interessen genauso wie die Werte und leitenden Normen des fest in dieses internationale System eingebundenen Deutschlands gegenübergestellt, Prioritäten bestimmt und daraus entsprechende politische Handlungsweisen zu ihrer Realisierung abgeleitet werden. So könnten die Bedingungen für die Beteiligung Deutschlands an bestimmten internationalen Engagements ziviler und militärischer Natur dargelegt und zugleich auch die „roten Linien" aufgezeigt werden, die nicht überschritten werden – etwa hinsichtlich der Legitimation militärischer Gewaltanwendung oder der Szenarien, in denen deutsche Soldaten (aber auch Zivilisten) eingesetzt werden können. Dazu würden auch eine Sichtung des außen- und sicherheitspolitischen Instrumentariums und der Voraussetzungen seiner Verwendung sowie Entscheidungen über sich daraus möglicherweise ergebende Anpassungen und Ergänzungen gehören – etwa beim weiteren Aufbau ziviler und polizeilicher Einsatzkräfte bzw. der dem Militär zu übertragenden Befugnisse.

Im Kern würde dieser Prozess auf die Erarbeitung einer nationalen Sicherheitskonzeption oder -strategie hinauslaufen, wie sie beispielsweise in den VPR von 2003 angesprochen, aber nie realisiert und statt dessen auf die Ebene der Europäischen Sicherheitsstrategie gehoben wurde.

Seit zwei Jahrzehnten werden deutsche Diplomaten, Aufbauhelfer und Soldaten in einer Vielzahl von immer gefährlicheren Missionen eingesetzt, ohne dass diese Einsätze in eine klare strategische Konzeption hinsichtlich der Ziele und Instrumente deutscher Außen- und Sicherheitspolitik einzuordnen wären. Statt nach Mitte der 1990er Jahre über die Interessen, Bedingungen und Kriterien für den Einsatz deutscher Kräfte eine breite (sicherheits-)politisch-gesellschaftliche Debatte zu führen, haben die Regierungen von Kohl bis Merkel, die Außenminister Genscher bis Westerwelle und die Verteidigungsminister von Rühe bis de Maizière vor allem situativ, ad hoc und von tagesaktuellem Pragmatismus getrieben gehandelt, wobei der Blick auf die innenpolitische Lage und bisweilen die mangelnde Widerstandskraft gegenüber den Partnern (insbesondere Frankreich) von größerer Bedeutung für die Entscheidungen war als die tatsächliche sicherheitspolitische Analyse.

Soll Deutschland sich anschicken, zu einer sicherheitspolitischen Ordnungsmacht nach dem Beispiel Frankreichs oder Großbritanniens zu werden und sich folglich ein umfassendes Instrumentarium zur Machtprojektion im traditionellen „nationalen Interesse" verschaffen? Soll es seine Außen- und Sicherheitspolitik als Friedenspolitik ausgestalten, seine Kultur der Zurückhaltung fortführen und sich auf die Bereitstellung militärischer Teilfähigkeiten mit der Funktion der Friedenskonsolidierung beschränken? Welche Zwischenstufen wären mit welchen materiellen und politischen Kosten verbunden? Welche Kosten, vor allem welche Verluste an Menschenleben sind Politik und Gesellschaft bereit zu tragen? Wie können auf der einen Seite die Ansprüche der Gesellschaft auf Sicherheit vor Risiken und Gefahren eingelöst werden, ohne zugleich erhebliche Einschränkungen der Bürger- und Freiheitsrechte hervorzurufen?

Die Klärung solcher grundlegender Fragen in einer Strategiedebatte (siehe Perthes 2007) könnte die weitere außenpolitische Verwendung der Streitkräfte wie auch der anderen sicherheitspolitischen Instrumente in einen konsistenten Bezugsrahmen einordnen und den Einsatzentscheidungen etwas von ihrem *Ad-hoc*-Charakter nehmen. Neben der Legitimation von Bundeswehreinsätzen und neuen Aufgabenzuweisungen an Polizei und Nachrichtendienste gegenüber der eigenen Bevölkerung wäre eine solche politisch-strategische Positionierung zudem ein wichtiger Beitrag zur weiteren außen- und bündnispolitischen Berechenbarkeit und Verlässlichkeit Deutschlands und damit auch eine wichtige Dimension von „Normalisierung" angesichts der immer engeren Einbindung des Landes in multilaterale Sicherheitsstrukturen.

Literatur und Quellen

Asmus, Ronald D./Jackson, Bruce P. 2005: Does Israel Belong in the EU and Nato: Its place in the Euro-Atlantic community, in: Policy Review, 129, February/March 2005, 47-56, <http://www.hoover.org/publications/policyreview/3431321.html>.

Böckenförde, Stephan 2008: Verteidigung, Stabilisierung und Gefahrenabwehr. Eine Typologie der Bundeswehreinsätze vor dem Hintergrund internationaler Gewaltkonflikte, in: Ose, Dieter (Hrsg.): Sicherheitspolitische Kommunikation im Wandel, Baden-Baden: Nomos, 23-35.

Bracken, Paul 2004: The Second Nuclear Age, in: Reiter, Erich (Hrsg.): Jahrbuch für internationale Sicherheitspolitik 2004, Hamburg/Berlin/Bonn: Mittler, 107-119.

Clinton, William J. 1994: Remarks to the 49th Session of the United Nations General Assembly in New York City September 26, 1994, <http://www.presidency.ucsb.edu/ws/print.php?pid=49152>.

Daalder, Ivo/Lindsay, James 2007: Global Governance. Democracies of the World, Unite, in: American Interest Online, <http://www.the-american-interest.com/ai2/article.cfm?Id=220&MId=8>.

Daalder, Ivo/Goldgeier, James 2006: Global NATO, in: Foreign Affairs, 85, 5, <http://www.foreignaffairs.org/20060901faessay85509/ivo-daalder-james-goldgeier/global-nato.html?mode=print>.

Gareis, Sven Bernhard 2006: Reform vertagt. Deutschland muss weiter auf einen ständigen Sitz im UN-Sicherheitsrat warten, in: Vereinte Nationen, 4, 147-152.
Gareis, Sven Bernhard 2008: Grundlagen deutscher Außenpolitik, in: Ose, Dieter (Hrsg.): Sicherheitspolitische Kommunikation im Wandel, Baden-Baden: Nomos, 36-50.
Gareis, Sven Bernhard 2013: The Europoean Union at the United Nations. Partners in a Multilateral World? In: Gareis, Sven Bernhard/Hauser, Gunter/Kernic, Franz: Europe as a Global Actor? Opladen, Berlin und Toronto: Barbara Budrich Publishers, 111-125.
Gareis, Sven Bernhard/Klein, Paul 2003: Europas gemeinsame Sicherheit. Einstellungen und Meinungen in der deutschen Bevölkerung, Strausberg: Sozialwissenschaftliches Institut der Bundeswehr (SOWI-Arbeitspapier 135).
Gareis, Sven Bernhard/Varwick, Johannes 2007: Frieden erster und zweiter Klasse? Die Industriestaaten lassen die Vereinten Nationen bei Peacekeeping-Einsätzen im Stich, in: Internationale Politik, 62, 5, 68-74.
Haass, Richard N. 2008: The Age of Nonpolarity, in: Foreign Affairs, 87, 3, 44-56.
Haftendorn, Helga 2008: Partner oder Kontrahenten? Transatlantische Differenzen über globale Konflikte werden bestehen bleiben, in: Internationale Politik, 1, 72-79.
Hellmann, Gunter 2002: Deutschland in Europa. Eine symbiotische Beziehung, in: Aus Politik und Zeitgeschichte, 48, 24-31.
Kennedy, Paul 1987: The Rise and Fall of the Great Powers: Economic Change and Military Conflict From 1500 to 2000, New York: Random House.
Knelangen, Wilhelm 2005: Eine neue deutsche Europapolitik für eine andere EU?, in: Aus Politik und Zeitgeschichte, 38/39, 24-30.
Knelangen, Wilhelm 2006: Einsatz der Bundeswehr im Inneren. Grenzen und Möglichkeiten, in: Gareis, Sven Bernhard/Klein, Paul (Hrsg.) 2006: Handbuch Militär und Sozialwissenschaft, 2. Aufl., Wiesbaden: VS Verlag für Sozialwissenschaften, 24-30.
Laqueur, Walter 2004: Strategien für den schlimmsten Fall. Reaktionsoptionen auf terroristische Angriffe mit Massenvernichtungswaffen, in: Reiter, Erich (Hrsg.): Jahrbuch für internationale Sicherheitspolitik 2004, Hamburg/Berlin/Bonn: Mittler, 177-192.
Luttwak, Edward N. 1995: Toward Post-Heroic Warfare, in: Foreign Affairs, 74, 3, 109-122.
Maull, Hanns W. 1997: Zivilmacht Deutschland. Vierzehn Thesen für eine neue deutsche Außenpolitik, in: Senghaas, Dieter (Hrsg.): Frieden machen, Frankfurt a. M.: Suhrkamp, 63-76.
McCain, John 2007: An Enduring Peace Built on Freedom. Securing America's Future, in: Foreign Affairs, 86, 6, 19-34.
Mölling, Christian 2013: Pooling and Sharing in the EU and NATO, in: Wiesner, Ina (Hrsg.): Deutsche Verteidigungspolitik, Baden-Baden: Nomos, 361-372.
Münkler, Herfried 2006: Der Wandel des Krieges. Von der Symmetrie zur Asymmetrie, Weilerswist: Velbrück.
Perthes, Volker 2007: Wie? Wann? Wo? Wie oft? Strategische Fragen, die vor einem Auslandseinsatz zu klären sind, in: Internationale Politik, 5, 18-21.
Rasmussen, Anders Fogh 2011: Building security in an age of austerity. Keynote speech by NATO Secretary General Anders Fogh Rasmussen at the 2011 Munich Security Conference. 4. Februar 2011, <http://www.nato.int/cps/en/natolive/opinions_70400.htm>.
Roberts, Adam 2008: Wer die nichtpolare Welt reagiert. Die neue globale Ordnung trägt Züge einer 'variablen Geometrie'. Je nach Region und Krise übernehmen verschiedene Staaten die Führung, in: Internationale Politik, 7/8, 11-17.
Rumsfeld, Donald 2003: Foreign Press Center Briefing Washington, DC, January 22, 2003, <http://fpc.state.gov/fpc/16799.htm>.
Scheuermann, Manuela 2012: VN-EU-Beziehungen in der militärischen Friedenssicherung. Eine Analyse im Rahmen des Multilateralismus-Konzepts, Baden-Baden: Nomos.
Schneckener, Ulrich 2004: States at Risk. Zur Analyse fragiler Staatlichkeit, in: Schneckener, Ulrich (Hrsg.): States at Risk. Zur Analyse fragiler Staatlichkeit (SWP-Studie S 43), Berlin:

Stiftung Wissenschaft und Politik, 5-27, <http://www.swp-berlin.org/common/get_document.php?asset_id=1708>.

Shanker, Thomas 2001: White House Says the U.S. is Not a Loner, Just Choosy, in: The New York Times, July 31, 2001, p. 1.

The German Marshall Fund of the United States 2008: Transatlantic Trends. Wichtigste Ergebnisse 2008, <http://www.transatlantictrends.org/trends/doc/Transatlantic%20Trends_deutsch.pdf>.

Westerwelle, Guido 2010: Rede von Bundesaußenminister Westerwelle vor der VN-Generalversammlung (25.09.10), <http://www.auswaertiges-amt.de/DE/Infoservice/Presse/Reden/2010/100925-BM-VN-GV.html>.

E Anhang

Zeitschriftenauswahl

Archiv des Völkerrechts
Aus Politik und Zeitgeschichte
Blätter für deutsche und internationale Politik
Die Friedens-Warte
Die Politische Bildung
Entwicklung und Zusammenarbeit
Europäische Sicherheit
Gesellschaft – Wirtschaft – Politik
Humanitäres Völkerrecht
IF – Zeitschrift für Innere Führung (früher Information für die Truppe)
Informationen zur Politischen Bildung
Integration
Internationale Politik
Internationale Politik und Gesellschaft
KAS-Auslandsinformationen
Nord-Süd-Aktuell
Neue Zeitschrift für Wehrrecht
Österreichische Militärische Zeitschrift
Politische Studien
Politische Vierteljahresschrift
reader sicherheitspolitik; online-magazin <www.reader-sipo.de>
S+F Sicherheit und Frieden
Sicherheit – Stabilität
Vereinte Nationen
WeltTrends. Zeitschrift für Internationale Politik und vergleichende Studien
Wissenschaft und Frieden
Zeitschrift für ausländisches öffentliches Recht und Völkerrecht
Zeitschrift für Außen- und Sicherheitspolitik
Zeitschrift für Internationale Beziehungen
Zeitschrift für Politik
Zeitschrift für Politikwissenschaft

Internetlinks zu Forschungsinstituten, wissenschaftlichen Arbeitskreisen, Ministerien, Bundeseinrichtungen, Internationalen Organisationen

1. Forschung

Arbeitsgemeinschaft Kriegsursachenforschung (AKUF): www.akuf.de
Arbeitskreis Militär und Sozialwissenschaft (AMS): c/o gerhardkuemmel@bundeswehr.org
Arbeitsstelle Friedensforschung Bonn (AFB): www.priub.org
Berghof Forschungszentrum für konstruktive Konfliktbearbeitung: www.berghof-center.org
Berliner Informationszentrum für Transatlantische Sicherheit (BITS): www.bits.de
Bibliografie Deutsche Außenpolitik: http://www.deutsche-aussenpolitik.de/index.php?/resources/bibliografy.php
Bonn International Center for Conversion (BICC): www.bicc.de
Bundesakademie für Sicherheitspolitik (BAKS): www.baks.org
Bundeszentrale für Politische Bildung: www.bpb.de
Centrum für Angewandte Politikforschung (CAP): www.cap.uni-muenchen.de
Deutsche Gesellschaft für Auswärtige Politik (DGAP): www.dgap.org
Deutsches Institut für Entwicklungspolitik (DIE): www.die-gdi.de
Deutsches Institut für Menschenrechte: www.institut-fuer-menschenrechte.de
Deutsch-Französisches Institut: www.dfi.de
Digital National Security Archive: http://nsarchive.chadwyck.com
Düsseldorfer Institut für Außen- und Sicherheitspolitik: http://www.dias-online.org
Forschungskreis Vereinte Nationen: www.forschungskreis-vereinte-nationen.de
Friedrich-Ebert-Stiftung: www.fes.de
Friedrich-Naumann-Stiftung: www.freiheit.org
Hanns-Seidel-Stiftung/Akademie für Politik und Zeitgeschehen: www.hss.de
Heinrich-Böll-Stiftung: www.boell.de
Hessische Stiftung Friedens- und Konfliktforschung (HSFK): www.hsfk.de
Institut für Entwicklung und Frieden (INEF): www.inef.uni-duisburg.de
Institut für Europäische Politik (IEP): www.iep-berlin.de
Institut für Friedensforschung und Sicherheitspolitik Hamburg (ISFH): www.ifsh.de
Institut für Krisenprävention: www.iftus.de
Institut für Sicherheitspolitik und Konfliktforschung an der Christian-Albrechts-Universität Kiel (ISUK): www.isuk.org
Institute for International Law of Peace and Armed Conflict Bochum: http://www.ruhr-uni-bochum.de/ifhv
Interdisziplinärer Arbeitskreis Innere Sicherheit (AKIS): http://www.ak-innere-sicherheit.de
Konrad-Adenauer-Stifung: www.kas.de
Menschenrechtszentrum der Universität Potsdam: http://www.uni-potsdam.de/u/mrz
Rosa-Luxemburg-Stiftung: www.rosalux.de
Stiftung Entwicklung und Frieden (SEF): www.sef-bonn.org
Stiftung Wissenschaft und Politik. Deutsches Institut für Internationale Politik und Sicherheit (SWP): www.swp-berlin.org
UNBISnet – United Nations Bibliografic Information System: http://unbisnet.un.org
Virtuelle Fachbibliothek Politikwissenschaft: www.vifapol.de
Zentrum für Militärgeschichte und Sozialwissenschaften der Bundeswehr: www.mgfa-potsdam.de

Anhang

2. Regierung/Politik/Justiz

Auswärtiges Amt (AA): www.auswaertiges-amt.de
Beauftragter für die deutsch-französische Zusammenarbeit: www.deutschland-frankreich.de
Bundesamt für Verfassungsschutz (BfV): www.verfassungsschutz.de
Bundesministerium der Verteidigung (BMVg): www.bmvg.de
Bundesministerium des Innern (BMI): http://www.bmi.bund.de
Bundesministerium für Wirtschaft und Technologie/Außenwirtschaft (BMWi): www.bmwi.de
Bundesministerium für Wirtschaftliche Zusammenarbeit und Entwicklung (BMZ): www.bmz.de
Bundesnachrichtendienst (BND): www.bundesnachrichtendienst.de
Bundesrat: www.bundesrat.de
Bundesregierung: www.bundesregierung.de
Bundesverfassungsgericht (BVerfG): www.bundesverfassungsgericht.de
Bündnis 90/Grüne/Internationales: http://www.gruene.de
Christlich-Demokratische Union/Außenpolitik (CDU): http://www.cdu.de
Christlich-Soziale Union (CSU)/Außen-/Europapolitik: http://www.csu.de/partei/unsere_politik/aussenpolitik_europa/index.htm
Deutscher Bundestag: www.bundestag.de
Die Linke/Internationales: www.die-linke.de/politik/international
Europaministerkonferenz: www.europaminister.de
Freie Demokratische Partei/Außenpolitik: www.fdp.de
Führungsakademie der Bundeswehr: www.fueakbw.de
Gesellschaft für Internationale Zusammenarbeit (giz): www.giz.de
Koordinator für die deutsch-polnische Zusammenarbeit: ko-pol-vz@auswaertiges-amt.de
Koordinator für die transatlantische Zusammenarbeit: ko-tra-vz@diplo.de
Sozialdemokratische Partei Deutschlands/Außenpolitik (SPD): www.spd.de
Zentrales Dienstleistungsportal des Bundes: www.bund.de

3. Internationale Organisationen

Deutscher Übersetzungsdienst bei den VN: www.un.org/depts/german
Eur-Lex (Portal zum Recht der Europäischen Union): http://eur-lex.europa.eu/de/index.htm
Europäische Union (EU): www.europa.eu.int
Europäische Union/Gemeinsame Außen- und Sicherheitspolitik/Gemeinsame Sicherheits- und Verteidigungspolitik: europa.eu.int/pol/cfsp/index_de.htm
Nordatlantische Vertragsorganisation (NATO): www.nato.int
Organisation für Sicherheit und Zusammenarbeit in Europa (OSZE): www.osce.org
Vereinte Nationen: www.un.org

4. Zivilgesellschaft

amnesty international Deutschland: http://www2.amnesty.de
Bundesarbeitsgemeinschaft Sicherheitspolitik an Hochschulen (BSH): www.sicherheitspolitik.de
Deutsche Atlantische Gesellschaft (DAG): www.deutscheatlantischegesellschaft.de
Deutsche Gesellschaft für die Vereinten Nationen (DGVN): www.dgvn.de
Internationale Gesellschaft für Menschenrechte (IGFM): http://www.igfm.de
Verband Entwicklungspolitik deutscher Nichtregierungsorganisationen (VENRO): www.venro.org
Zentrum für Internationale Friedenseinsätze (ZIF): www.zif-berlin.org
Ziviler Friedensdienst (ZFD): www.ziviler-friedensdienst.org

Abkürzungsverzeichnis

AA	Auswärtiges Amt
ABC	Atomare, biologische und chemische Waffen
ABM-Vertrag	Anti-Ballistic Missile-Vertrag
ACO	Allied Command Operations
ACT	Allied Command Transformation
AdR	Ausschuss der Regionen (der Europäischen Union)
AEUV	Vertrag über die Arbeitsweise der Europäischen Union
AG	Amtsgericht
AG IPM	Arbeitsgruppe Internationale Polizeimissionen
AIDS	Acquired Immune Deficiency Syndrome/Erworbenes Immundefektsyndrom
AK	Ständiger Arbeitskreis (der IMK)
AKNZ	Akademie für Krisenmanagement, Notfallplanung und Zivilschutz
AKSE	Angepasster KSE-Vertrag
AMIS	African Union Mission in Sudan
AMM	Aceh Monitoring Mission in Indonesien
ANZUS	Australia, New Zealand, United States/Sicherheitsabkommen zwischen Australien, Neuseeland und den USA, auch Pazifikpakt genannt
AOSIS	Alliance of Small Island States
APEC	Asia-Pacific Economic Cooperation
ASB	Arbeiter-Samariter-Bund e.V.
ASEAN	Association of Southeast Asian Nations/Gemeinschaft Südostasiatischer Staaten
ASEM	Asia-Europe Meeting
AStV	Ausschuss der Ständigen Vertreter
AU	Afrikanische Union
AWACS	Airborne Warning and Control System/Fliegendes Frühwarnsystem der NATO
AZR	Ausländerzentralregister
BADV	Bundesamt für zentrale Dienste und offene Vermögensfragen
BAFA	Bundesamt für Wirtschaft und Ausfuhrkontrolle
BaFin	Bundesamt für Finanzdienstleistungsaufsicht
BAG	Bundesamt für Güterverkehr
BAKS	Bundesakademie für Sicherheitspolitik
BAM	Bundesanstalt für Materialforschung und -prüfung
BAMF	Bundesamt für Migration und Flüchtlinge
BBK	Bundesamt für Bevölkerungsschutz und Katastrophenhilfe
BDD	Bundesverband Deutscher Detektive e. V.
BDGW	Bundesvereinigung Deutscher Geld- und Werttransportunternehmen
BDK	Bund deutscher Kriminalbeamter
BDSG	Bundesdatenschutzgesetz
BDWS	Bundesverband Deutscher Wach- und Sicherheitsunternehmen e. V.
BfArM	Bundesinstitut für Arzneimittel und Medizinprodukte
BfDI	Bundesbeauftragter für den Datenschutz und die Informations-

	freiheit
BfJ	Bundesamt für Justiz
BfR	Bundesinstitut für Risikobewertung
BfS	Bundesamt für Strahlenschutz
BfV	Bundesamt für Verfassungsschutz
BGH	Bundesgerichtshof
BID	Bund internationaler Detektive e. V.
BIP	Bruttoinlandsprodukt
BKA	Bundeskriminalamt
BMELV	Bundesministerium für Ernährung, Landwirtschaft und Verbraucherschutz
BMF	Bundesministerium der Finanzen
BMG	Bundesministerium für Gesundheit
BMI	Bundesministerium des Innern
BMJ	Bundesministerium der Justiz und für Verbraucherschutz
BMU	Bundesministerium für Umwelt, Naturschutz und Reaktorsicherheit
BMVBS	Bundesministerium für Verkehr, Bau und Stadtentwicklung
BMVg	Bundesministerium der Verteidigung
BMWA	Bundesministerium für Wirtschaft und Arbeit
BMWi	Bundesministerium für Wirtschaft und Technologie
BMZ	Bundesministerium für wirtschaftliche Zusammenarbeit und Entwicklung
BND	Bundesnachrichtendienst
BPOL	Bundespolizei
BPolG	Bundespolizeigesetz
BRD	Bundesrepublik Deutschland
BReg	Bundesregierung
BRIC	"Brasilien, Russland, Indien und China"
BSH	Bundesamt für Seeschifffahrt und Hydrographie
BSI	Bundesamt für Sicherheit in der Informationstechnik
BSR	Bundessicherheitsrat
BTag	Bundestag
BVA	Bundesverwaltungsamt
BVerfG	Bundesverfassungsgericht
BVL	Bundesamt für Verbraucherschutz und Lebensmittelsicherheit
BWÜ	Übereinkommen über das Verbot biologischer Waffen
BZR	Bundeszentralregister
BZSt	Bundeszentralamt für Steuern
CC	Component Command
CCRIF	Caribbean Catastrophe Risk Insurance Facility
CDU	Christlich-Demokratische Union Deutschlands
CEPOL	European Police College
CFI	Connected Forces Initiative
CFSP	Common Foreign and Security Policy/Gemeinsame Außen- und Sicherheitspolitik, GASP
CHODS	Chiefs of Defense
CIVCOM	Committee for Civilian Aspects of Crisis Management/Ausschuss für Zivile Aspekte des Krisenmanagements (der EU)
CJTF	Combined Joint Task Force/Multinationale und multifunktionale militärische Einsatzkräfte
CMC	Chairman of the Military Committee

CMPD	Crisis Management and Planning Directorate
CNOOC	China National Offshore Oil Corporation
COP	Conference of the Parties
CSDP	Common Security and Defence Policy/Gemeinsame Sicherheits- und Verteidigungspolitik, GSVP
CONCORDIA	European Union Military Operation in Former Yugoslav Republic of Macedonia – EU-Militäroperation in Mazedonien
COREPER	Comité des représentants permanents/Ausschuss der Ständigen Vertreter der Mitgliedsstaaten (der Europäischen Union)
CSAR	Combat Search and Rescue
CSU	Christlich-Soziale Union
CTR	Cooperative Threat Reduction
CWÜ	Chemiewaffenübereinkommen (Übereinkommen über das Verbot der Entwicklung, Herstellung, Lagerung und des Einsatzes chemischer Waffen und über die Vernichtung solcher Waffen)
DBB	Deutscher Beamtenbund
DDR	Deutsche Demokratische Republik
DED	Deutscher Entwicklungsdienst
DEG	Deutsche Investitions- und Entwicklungsgesellschaft mbH
deNIS	Deutsches Notfallvorsorge- und Informationssystem
DFS	Deutsche Flugsicherung GmbH
DFV	Deutscher Feuerwehrverband
DFVSR	Deutsch-Französischer Verteidigungs- und Sicherheitsrat
DGB	Deutscher Gewerkschaftsbund
DGIMS	Director General of the International Military Staff
DGKM	Deutsche Gesellschaft für KatastrophenMedizin e. V.
DGzRS	Deutsche Gesellschaft zur Rettung Schiffbrüchiger
DI	Defence Investment Division
DIE	Deutsches Institut für Entwicklungspolitik
DLRG	Deutsche Lebens-Rettungs-Gesellschaft e. V.
DPKO	Department of Peacekeeping Operations (der VN)
DPMA	Deutsches Patent- und Markenamt
DPP	Defence Policy and Planning Division (der NATO)
DPPC	Defense Policy and Planning Committee
DPRC	Deputies Committee
DR Kongo/DRC	Demokratische Republik Kongo
DRK	Deutsches Rotes Kreuz
EAD	Europäischer Auswärtiger Dienst
EADS	European Aeronautic Defence and Space Company (heute: Airbus Group)
EAG/Euratom	Europäische Atomgemeinschaft
EAPC/EAPR	Euro-Atlantic Partnership Council/Euroatlantischer Partnerschaftsrat
EAPMC	Euro-Atlantic-Partnership Military Council
EBA	Eisenbahn-Bundesamt
ECAP	European Capabilities Action Plan/EU-Aktionsplan zu den militärischen Fähigkeiten
ECOSOC	Economic and Social Council/Wirtschafts- und Sozialrat der Vereinten Nationen
EDA	European Defence Agency/Europäische Verteidigungsagentur
EEA	Einheitliche Europäische Akte
EFTA	European Free Trade Association/Europäische Freihandelszone

EG	Europäische Gemeinschaft
EGKS	Europäische Gemeinschaft für Kohle und Stahl
EGMR	Europäischer Gerichtshof für Menschenrechte
EGV	Vertrag zur Gründung der Europäischen Gemeinschaft
EHG	European Headline Goal
EMRK	Europäische Menschenrechtskonvention
EP	Europäisches Parlament
EPG	Europäische Politische Gemeinschaft
EPU	Europäische Politische Union
EPZ	Europäische Politische Zusammenarbeit
ER	Europäischer Rat
ESCD	Emerging Security Challenges Division
ESS	European Security Strategy/Europäische Sicherheitsstrategie
ESÜH	Entwicklungsfördernde und strukturbildende Übergangshilfe
ESVI	Europäische Sicherheits- und Verteidigungsidentität
ESVP	Europäische Sicherheits- und Verteidigungspolitik
EU	Europäische Union
EUAVSEC	European Union Aviation Security Mission
EU BAM	European Union Border Assistance Mission
EUFOR ALTHEA	European Union Military Operation in Bosnia and Herzegovina
EUFOR RD Congo	European Force Democratic Republic of Congo (Unterstützungseinsatz der EU für die VN-Mission MONUC)
EUFOR TSCHAD/RCA	European Force in Tschad/Zentralafrikanische Republik
EuGH	Gerichtshof der Europäischen Union
EUMC	EU Military Committee/Militärausschuss der EU
EUMS	EU Military Staff/EU-Militärstab
EUNAVFOR ATALANTA	European Union Naval Force ATALANTA
EUPAT	European Union Police Advisory Team
EUPM	European Union Police Mission
EUPOL COPPS	EU Police Mission in the Palestinian Territories
EuroCop	European Confederation of Police
EUROPOL	Europäisches Polizeiamt
EUSEC RD Congo	European Union Security Sector Reform Mission in the Democratic Republic of the Congo
EU SSR	European Union Support of Security Sector Reform in Guinea-Bissau
EUTM	European Union Training Mission
EUV	Vertrag über die Europäische Union
EVG	Europäische Verteidigungsgemeinschaft
EWG	Europäische Wirtschaftsgemeinschaft
EWSA	Europäischer Wirtschafts- und Sozialausschuss
EZB	Europäische Zentralbank
FAO	Food and Agriculture Organization of the United Nations
FDP	Freie Demokratische Partei Deutschlands
FLI	Friedrich-Loeffler-Institut (Bundesforschungsinstitut für Tiergesundheit)
FRONTEX	Frontières extérieures = European Agency for the Management of Operational Cooperation at the External Borders of the Member States of the European Union/Europäische Agentur für die operative Zusammenarbeit an den Außengrenzen der Mitgliedstaaten der Europäischen Union
FZ	Finanzielle Zusammenarbeit

G8	Gruppe der 8 (Deutschland, Frankreich, Großbritannien, Italien, Japan, Kanada, Russland, USA; 2014 vorläufig ohne Russland wieder zurück zum Format der G7)
G20	Gruppe der 20 (informelles Forum zur Abstimmung der zwanzig wichtigsten Industrie- und Schwellenländern inkl. der EU sowie einiger internationaler Organisationen)
GASIM	Gemeinsames Analyse- und Strategiezentrum Illegale Migration
GASP	Gemeinsame Außen- und Sicherheitspolitik (der EU)
GBA	Generalbundesanwalt
GCHQ	Government Communications Headquarters
GdP	Gewerkschaft der Polizei
GECF	Gas Exporting Countries Forum/Forum Gasexportierender Länder
GEF	Global Environment Facility
GES	Government Economic Service
GG	Grundgesetz (für die Bundesrepublik Deutschland)
GGO	Gemeinsame Geschäftsordnung der Bundesministerien
GOBReg	Geschäftsordnung der Bundesregierung
GSVP	Gemeinsame Sicherheits- und Verteidigungspolitik (der EU)/ Common Security and Defence Policy (CSDP)
giz	Gesellschaft für Internationale Zusammenarbeit GmbH
GIZ	Gemeinsames Internetzentrum
GMLZ	Gemeinsames Melde- und Lagezentrum
GSG 9	Grenzschutzgruppe 9 (heute: GSG9 BPol)
GSVP	Gemeinsame Sicherheits- und Verteidigungspolitik
GTAZ	Gemeinsames Terrorismusabwehrzentrum
GTZ	Gesellschaft für Technische Zusammenarbeit
GUS	Gemeinschaft Unabhängiger Staaten
GVG	Gerichtsverfassungsgesetz
HIV	Human immunodeficiency virus/Humanes Immundefizienz-Virus
HSFK	Hessische Stiftung Friedens- und Konfliktforschung
HVK	Hauptverteidigungskräfte
ICC	International Criminal Court/Internationaler Strafgerichtshof
ICI	Istanbul Cooperation Initiative
ICISS	International Commission on Intervention and State Sovereignty
IEA	Internationale Energieagentur
IEF	Internationales Energie-Forum
IFOR	Implementation Force (NATO-Friedenstruppe in Bosnien-Herzegowina 1995-1996)
IGH	Internationaler Gerichtshof (der Vereinten Nationen)
IGO	International Governmental Organization/Zwischenstaatliche Organisation
IKM	Ständige Konferenz der Innenminister und Innensenatoren des Bundes und der Länder
ILO	International Labour Organization/Weltarbeitsorganisation
IMF/IWF	International Monetary Fund/Weltwährungsfond
IMK	Ständige Konferenz der Innenminister und Innensenatoren des Bundes und der Länder
IMS	Internationaler Militärstab

IMSI	International Mobile Subscriber Identity (Nummer zur Identifizierung von Mobilfunknetzteilnehmern)
INEF	Institut für Entwicklung und Frieden
INF	Intermediate Range Nuclear Forces/Nukleare Mittelstreckenwaffen
INPOL	Informationssystem der Polizei
INTERFET	International Force in East Timor/Eingreiftruppe in Ost-Timor
InWent	Internationale Weiterbildung und Entwicklung gGmbH
IPBPR	Internationaler Pakt über bürgerliche und politische Rechte
IPCC	Intergovernmental Panel on Climate Change
IPEEC	International Partnership for Energy Efficiency Cooperation
IRENA	International Renewable Energy Agency
IS	Internationaler Stab
ISAF	International Security Assistance Force/Internationale Schutztruppe in Afghanistan
ISR	Internationales Seeschifffahrtsregister
IStGH	Internationaler Strafgerichtshof
ISS	EU Institute for Security Studies
IT	Informationstechnologie
ITU	International Telecommunication Union/Internationale Fernmeldeunion
JFHQ	Joint Force Headquarters
JODI	Joint Organisation Data Initiative
JUH	Johanniter-Unfall-Hilfe e. V.
JVA	Justizvollzugsanstalt
KatSG	Katastrophenschutzgesetz
KBA	Kraftfahrt-Bundesamt
KFOR	Kosovo Force – NATO-Friedenstruppe im Kosovo
KRK	Krisenreaktionskräfte
KSE-Vertrag	Vertrag über die Konventionellen Streitkräfte in Europa
KSK	Kommando Spezialkräfte
KSZE	Konferenz für Sicherheit und Zusammenarbeit in Europa
KVP	Kasernierte Volkspolizei (der DDR)
LBA	Luftfahrt-Bundesamt
LF	Leitfaden
LfV	Landesamt für Verfassungsschutz
LG	Landgericht
LKA	Landeskriminalamt
LNG	Liquefied natural gas/Flüssigerdgas
LuftSiG	Luftsicherheitsgesetz
LÜKEX	Länderübergreifende Krisenmanagement Übung/Exercise
MAD	Militärischer Abschirmdienst
MAD	Mutual Assured Destruction/Gegenseitige gesicherte Zerstörung
MC	Military Committee/Militärausschuss (der NATO)
MBFR	Mutual and Balanced Force Reductions
MD	Mittelmeer-Dialog
MENA	Middle East and North Africa
MDG	Millennium Development Goals (der VN)
MHD	Malteser-Hilfsdienst e. V.
MilReps	Military Permanent Representatives (bei der NATO)
MINURCAT	United Nations Mission in the Central African Republic and Chad

MINURSO	United Nations Mission for the Referendum in Western Sahara
MINUSMA	Mission multidimensionnelle intégrée des Nations Unies pour la stabilisation au Mali/(Multidimensionale Integrierte Stabilisierungsmission der Vereinten Nationen in Mali
MINUSTAH	United Nations Stabilization Mission in Haiti
MONUC	Mission des Nations Unies en République démocratique du Congo/Mission der Vereinten Nationen für die Stabilisierung in der Demokratischen Republik Kongo
MONUSCO	Mission de l'Organisation des Nations Unies pour la stabilisation en RD Congo/Mission der Vereinten Nationen für die Stabilisierung in der Demokratischen Republik Kongo
MoU	Memorandum of Understanding
NAC	North Atlantic Council/NATO-Rat
NADIS	Nachrichtendienstliches Informationssystem
NAKR/NACC	Nordatlantischer Kooperationsrat/North Atlantic Cooperation Council
NATO	North Atlantic Treaty Organization/Nordatlantische Vertragsorganisation
ND-Lage	Nachrichtendienstliche Lage
NGC	NATO-Georgien-Kommission
NGO/NRO	Non-Governmental Organization/Nichtregierungsorganisation
NOS	NATO Office of Security
NPG	Nukleare Planungsgruppe (der NATO)
NPT	Nuclear Non-Proliferation Treaty/Atomwaffensperrvertrag
NRC	NATO Russia Council/NATO-Russland-Rat
NRF	NATO Response Force/Eingreiftruppe der NATO
NSA	National Security Agency
NSC	National Security Council
NSS	National Security Strategy
NSU	Nationalsozialistischer Untergrund
NUC	NATO-Ukraine-Rat
NVA	Nationale Volksarmee (der DDR)
ODA	Official Development Assistance/Öffentliche Entwicklungshilfe
OECD	Organisation for Economic Cooperation and Development/Organisation für wirtschaftliche Zusammenarbeit und Entwicklung
OEF	Operation Enduring Freedom
OHQ	(multi-nationale) Operational Headquarters/multinationales Operationshauptquartier
OLG	Oberlandesgericht
OPC	Operations Policy Committee
OPEC	Organization of the Petroleum Exporting Countries/Organisation erdölexportierender Länder
OPS	Operations Division (der NATO)
OSZE	Organisation für Sicherheit und Zusammenarbeit in Europa
OUP	Operation Unified Protector
ParlBG	Parlamentsbeteiligungsgesetz
PASP	Political Affairs and Security Policy Division
PCC	Partnership Coordination Cell
PDD	Public Diplomacy Division
PDS	Partei des Demokratischen Sozialismus

PDV	Polizeidienstvorschriften
PEI	Paul-Ehrlich-Institut (Bundesamt für Sera und Impfstoffe)
PfP	Partnership for Peace/Partnerschaft für den Frieden
PJC	Permanent Joint Council (zwischen der NATO und Russland)
PKG	Parlamentarisches Kontrollgremium
PKO	Peacekeeping Operation/Friedenssicherungsoperation
PMF	Political-Military Framework
PO	Private Office of the Secretary General
PRT	Provincial Reconstruction Team/Aufbauteam in Afghanistan
PPC	Partnership and Policy Committee
PPP	Private Public Partnership
PSI	Proliferation Security Initiative
PSK	Politisches und Sicherheitspolitisches Komitee der EU
PSO	Peace Support Operation/Friedensunterstützungsoperation
PVD	Polizeivollzugsdienst
RED	Rechtsextremismus-Datei
RGW	Rat für Gegenseitige Wirtschaftshilfe
RKI	Robert-Koch-Institut
RPPB	Resource and Policy and Planning Board
SACEUR	Supreme Allied Commander Europe (der NATO)
SALT	Strategic Arms Limitation Talks/Verhandlungen zur Nuklearen Rüstungsbegrenzung
SBD	Statistisches Bundesamt Deutschland
SDI	Strategic Defense Initiative/Strategische Verteidigungsinitiative (US-amerikanische Initiative zum Aufbau eines Abwehrschirms gegen Interkontinentalraketen)
SED	Sozialistische Einheitspartei Deutschlands
SFOR	Stabilisation Force (NATO-Friedenstruppe in Bosnien-Herzegowina bis Ende 2004)
SHAPE	Supreme Headquarters Allied Powers Europe/Oberkommando der NATO in Europa
SHIRBRIG	Stand-by High Readiness Brigade
SIDS	Small Island Developing States
SIS	Schengen Information System
SKK	Ständige Konferenz für Katastrophenvorsorge und Katastrophenschutz
SNF	Short-range nuclear forces/nuclear Kurzstreckenraketen
SORT	Strategic Offensive Reductions Treaty/Vertrag zur Reduzierung strategischer Offensivwaffen
SPD	Sozialdemokratische Partei Deutschlands
SPSS	Statistical Package for the Social Sciences (Statistik- und Analysesoftware)
SR	Sicherheitsrat
SSR	Security Sector Reform
START	Strategic Arms Reduction Treaty/Vertrag zur Verringerung strategischer Waffen
StGB	Strafgesetzbuch
SU	Sowjetunion
SÜG	Sicherheitsüberprüfungsgesetz
SWP	Stiftung Wissenschaft und Politik
TBEG	Terrorismusbekämpfungsergänzungsgesetz
TBG	Terrorismusbekämpfungsgesetz

THW	Technisches Hilfswerk
TNT	Trinitrotoluol (Sprengstoff)
TZ	Technische Zusammenarbeit
UBA	Umweltbundesamt
UÇK	Ushtria Çlirimtare e Kosovës/Befreiungsarmee des Kosovo
UdSSR	Union der Sozialistischen Sowjetrepubliken
UNAMID	African Union/United Nations Hybrid Operation in Darfur
UNCTAD	United Nations Conference on Trade and Development/Handels- und Entwicklungskonferenz
UNDP	United Nations Development Programme/VN-Entwicklungsprogramm
UNDOF	United Nations Disengagement Observer Force
UNEP	United Nations Environment Programme/Umweltprogramm der Vereinten Nationen
UNFICYP	United Nations Peacekeeping Force in Cyprus
UNICEF	United Nations Children Emergency Fund/VN-Kinderhilfswerk
UNIDO	United Nations Industrial Development Organization/Organisation für industrielle Entwicklung
UNDOF	United Nations Disengagement Observer Force/Überwachung des Waffenstillstandes auf den Golan-Höhen
UNFCCC	United Nations Framework Convention on Climate Change
UNIFIL	United Nations Interim Force in Lebanon
UNISFA	United Nations Interim Security Force for Abyei
UNMEE	United Nations Mission in Ethiopia and Eritrea/VN-Mission in Äthiopien/Eritrea
UNMIK	United Nations Interim Administration Mission in Kosovo
UNMIL	United Nations Mission in Liberia
UNMIS	United Nations Mission in Sudan
UNMISS	United Nations Mission in the Republic of South Sudan
UNMIT	United Nations Integrated Mission in Timor-Leste/UN-Mission in Ost-Timor
UNMOGIP	United Nations Military Observer Group in India and Pakistan/VN-Beobachtungsmission in Indien und Pakistan
UNMOVIC	United Nations Monitoring, Observation and Inspection Commission/VN-Verifikationsmission im Irak
UNO	United Nations Organization
UNOCI	United Nations Operation in Côte d'Ivoire/VN-Mission in Elfenbeinküste
UNOMIG	United Nations Observer Mission in Georgia/VN-Beobachtungsmission in Georgien
UNOSOM	United Nations Operation in Somalia/VN-Friedensmission in Somalia
UNPROFOR	United Nations Protection Force/VN-Schutztruppe im ehemaligen Jugoslawien
UNSAS	United Nations Stand-by Arrangement System
UNSCOM	United Nations Special Commission
UNTAC	United Nations Transitorial Authority in Cambodia/VN-Übergangsverwaltung in Kambodscha
UNTAG	United Nations Transition Assistance Group/VN-Übergangsverwaltung in Namibia
UNTSO	United Nations Truce Supervision Organization/Überwachung des Waffenstillstandes in Palästina seit 1948

UNV	United Nations Volunteers/Freiwilligenprogramm der Vereinten Nationen
US EUCOM	United States European Command
USA	United States of America/Vereinigte Staaten von Amerika
VAE	Vereinigte Arabische Emirate
VN	Vereinte Nationen
VPR	Verteidigungspolitische Richtlinien (für den Geschäftsbereich des Bundesministeriums der Verteidigung)
VVE	Vertrag über eine Verfassung für Europa
VZR	Verkehrszentralregister
WBGU	Wissenschaftlichen Beirats der Bundesregierung Globale Umweltveränderungen
WEU	Westeuropäische Union
WHO	World Health Organization/Weltgesundheitsorganisation
WHP	World Health Programme/Weltgesundheitsprogramm
WP	Warschauer Pakt
WSP	Wasserschutzpolizei
WTO	World Trade Organization/Welthandelsorganisation
WWU	Wirtschafts- und Währungsunion (der EU)
ZFD	Ziviler Friedensdienst
ZIF	Zentrum für Zivile Friedenseinsätze
ZIVIT	Zentrum für Informationsverarbeitung und Informationstechnik
ZJIP	Zusammenarbeit in der Justiz- und Innenpolitik (der EU)
ZKA	Zollkriminalamt
ZSG	Zivilschutzgesetz

Index

Adenauer, Konrad, dt. Bundeskanzler von 1949-1963 60, 289
Afghanistan 36, 39, 46, 61, 83, 95, 106ff., 123, 125-128, 130-135, 139, 245, 252, 254, 259ff., 266, 270, 276ff., 281f., 294, 311, 313f., 336f., 339, 342f., 345, 348, 350, 353-357, 360f., 385, 387, 408, 419
Afrikanische Union 127, 250, 256
Agenda for Peace 31f., 48
Aktionsplan Zivile Krisenprävention 42, 47, 90
Al-Qaida 139
Amsterdamer Vertrag 122, 295, 304
Annan, Kofi Atta, Generalsekretär der Vereinten Nationen von 1997-2006 255, 289ff.
Außenpolitik 59, 68f., 76f., 93, 101, 106, 167, 224ff., 238, 248, 265, 268, 289, 291ff., 296, 298-301, 306, 316, 348, 359f., 362, 371, 377f., 380ff., 397f., 416
Auswärtiges Amt 95, 294, 371, 377, 382f.

B

Baker, James Addison, Außenminister der USA von 1989-1992 61
Ban Ki-moon, Generalsekretär der Vereinten Nationen seit 2007 371
Bin Laden, Osama 173, 252
Boutros-Ghali, Boutros, Generalsekretär der Vereinten Nationen von 1992-1996 31, 375
Brahimi, Lakhdar, algerischer Außenminister von 1991-1993 und Sonderbeauftragter der Vereinten Nationen 386
Bundeskanzleramt 94f., 162
Bundesministerium der Finanzen (BMF) 160f.
Bundesministerium der Verteidigung (BMVg) 62f., 65, 68, 75, 78f., 90, 96, 109, 115, 118, 134, 136f., 142, 162, 222, 254, 216, 270ff., 290, 308, 351, 353
Bundesministerium des Innern (BMI) 97, 134, 151, 154f., 160, 162, 164, 169ff., 177, 183ff.
Bundesministerium für Ernährung, Landwirtschaft und Verbrauchersicherheit (BMELV) 161
Bundesministerium für Gesundheit (BMG) 161
Bundesministerium für Umwelt, Naturschutz und Reaktorsicherheit (BMU) 161, 221
Bundesministerium für Verkehr, Bau und Stadtentwicklung (BMVBS) 160f.
Bundesministerium für Wirtschaft und Technologie (BMWi) 100, 161, 224
Bundesministerium für wirtschaftliche Zusammenarbeit und Entwicklung (BMZ) 96f., 134, 222, 245f., 251, 253-261
Bundesrat 55, 91, 99, 101f., 119, 153f.
Bundesregierung 36, 42, 46, 55f., 58, 61, 63, 65-68, 75f., 90, 93ff., 97-103, 105, 107f., 119, 124, 128-132, 134, 136, 139, 152, 155, 176, 181, 199, 218, 221f., 248, 253f., 260, 270f., 290, 298f., 310, 314, 337, 349, 355, 357, 360, 363, 371, 382, 418
Bundesrepublik Deutschland 14, 54, 57f., 60, 63f., 72, 77, 81, 98, 117f., 120, 136, 138, 150, 162, 167, 175, 290, 316, 378, 416
Bundessicherheitsrat 97, 108, 254
Bundesverfassungsgericht 56f., 93, 99, 101-106, 124, 128-132, 140f., 152, 248, 273, 322, 419
Bundeswehr 9f., 29, 46, 53, 56ff., 60, 62f., 65f., 83, 89, 92f., 96-99, 103f., 106, 108, 111, 115-120, 123-130, 132-142, 162ff., 167, 175, 180, 215, 228, 248, 259ff., 267, 270-282, 296, 308, 311f., 315, 352-355, 358, 387, 418f.
Bush, George Walker, Präsident der USA von 2001-2009 8, 61, 75f., 204, 352, 380, 410, 415

C

Charta der Vereinten Nationen 58, 300, 381f.
China 25f., 28, 34, 36, 41, 65, 68, 74, 81, 83, 224, 229, 236, 247, 304, 373, 395ff., 409
Civilian Headline Goal 310f.
Clinton, William Jefferson, Präsident der USA von 1993-2001 76, 139, 349, 380

E

Energie-Governance 239f.
Energiesicherheit 79, 215, 219, 222, 231-234, 237, 239f., 344, 352f., 359
Energieversorgungssicherheit, Entwicklungszusammenarbeit 54, 67, 90, 134, 202, 211, 245f., 249, 251ff., 255, 259, 377, 382, 399, 417
Erdgas 33, 80, 217f., 224-229, 233, 235
Erdöl 217, 223ff., 227, 229, 231, 233, 359
Erler, Gernot, dt. Staatsminister beim Bundesminister des Auswärtigen 2005-2009 247, 379f.
EU Battlegroups 58, 72, 107, 123
Europäische Sicherheits- und Verteidigungspolitik (ESVP) 33, 40, 53, 71f., 122, 292, 295, 298, 305f., 309, 311f., 316, 345, 349, 351, 361, 413
Europäische Sicherheitsstrategie 40, 69, 216
Europäische Union (EU) 10, 30, 33f., 37, 40ff., 46, 55, 57f., 66, 69-75, 78f., 81f., 90, 93, 96, 98f., 101f., 105ff., 121ff., 125-128, 134f., 137, 145, 149, 152f., 155ff., 164, 168, 170, 174, 176f., 202, 211, 215f., 218, 221, 224-227, 229, 233-236, 238, 247f., 250, 253, 256, 267, 282, 289-292, 294ff., 298ff., 302, 304-316, 323, 328, 332f., 338, 344f., 347-354, 358-362, 380, 385, 387f., 398, 408, 411-414, 416f., 419
Europäischer Rat 304, 307f.
Evans, Gareth, australischer Außenminister von 1988-1996 48

F

Fischer, Joschka, dt. Außenminister von 1998-2005 65, 76f., 83, 377f., 382
fragile Staaten 254f., 261
Frankreich 25, 28, 55, 66, 71-75, 77f., 92, 123, 270, 279, 281, 295-299, 308f., 311, 326, 331, 351, 356, 360, 366, 373, 382, 397, 414f., 421
Friedensdividende 249, 273, 419

G

Gasmärkte 225, 229
GASP 122, 289, 292, 294f., 297-305, 316, 351, 361, 413
Gates, Robert Michael, Verteidigungsminister der USA von 2006-2011 135
Gaulle, Charles de, Präsident der französischen Republik von 1959-1969 412
Gefahrenabwehr 15, 18f., 21, 47, 93, 139f., 154, 158, 163ff., 169, 174, 311
Genscher, Hans Dietrich, dt. Bundesminister des Auswärtigen und Stellvertreter des Bundeskanzlers von 1974-1992 61, 381, 421
Gewalt(-monopolisierung) 16-19, 21, 25, 34, 39, 43, 47, 56, 100, 103, 117, 120f., 129, 131, 133f., 149f., 152, 165, 167, 171, 175, 181, 201, 249, 250ff., 254ff., 258, 261, 276ff., 281f., 386, 389f., 392f., 398, 411, 417
Global Governance 34, 389
Globalisierung 62, 90, 116, 121, 149, 236, 252, 343f., 353, 378, 389, 397f., 408f., 417
Good Governance 256
Gorbatschow, Michail Sergejewitsch, von 1985-1991 Generalsekretär des Zentralkomitees der Kommunistischen Partei der Sowjetunion und von 1990-1991 Präsident der Sowjetunion 27, 61
Großbritannien 25, 28, 61, 66, 75, 78, 224, 269, 279, 281, 294f., 298f., 308f., 356, 360, 373, 382, 397
Grundgesetz 55-58, 64, 91ff., 98, 100f., 103, 119, 129, 138, 151, 154, 157, 178, 311, 381

H

Helsinki Headline Goal 307
Herzog, Roman, dt. Bundespräsident von 1994-1999 355
Hussein, Saddam, Staatspräsident des Irak von 1979-2003 346, 350

I

Indien 34, 36, 41, 68, 83, 236, 248, 304, 395ff., 409f.
Innenministerkonferenz (IMK) 97, 150, 154, 164
Internationaler Gerichtshof 373
Irak 37ff., 54, 62, 69, 73, 75f., 121, 131f., 252, 266, 278, 282
Israel 40, 69, 75, 127, 327, 410
Italien 74, 92, 294, 297, 308f., 311, 338, 356, 381f., 387, 395, 417

J

Japan 36, 41, 68, 227, 229, 248, 327, 342, 381f., 395
Jung, Franz Josef, dt. Bundesminister der Verteidigung von 2005-2009 und 2009 Bundesminister für Arbeit und Soziales 132, 133, 135, 181

Index

K
Kaplan, Metin Muhammed, islamistischer Fundamentalist („Kalif von Köln") 183
Klimaschutz 203-206, 211, 219, 240
Klimaverhandlungen 204, 237
Klimawandel 39, 41, 49, 89, 199, 200-203, 208-211, 237, 240, 256, 344
Kohl, Helmut, dt. Bundeskanzler von 1982-1998 60f., 79, 97f., 103, 124, 128, 132, 248, 381f., 421
Köhler, Horst, dt. Bundespräsident von 2004-2010 133, 140, 279
Kollektive Sicherheit 391f.
Kosovo 47, 62, 65, 127, 250, 253, 259, 294f., 310, 314, 331ff., 339, 342, 345, 348, 350, 353, 355ff., 359, 361, 376, 387, 390, 396, 398
Krisenprävention 33, 35, 67, 134, 248, 254, 256, 260, 310, 315
Kyoto-Protokoll 204

L
Lord Ismay, NATO-Generalsekretär von 1952-1957 77, 340

M
Maastrichter Vertrag 57, 69, 289, 294
Merkel, Angela, dt. Bundeskanzlerin seit 2005 95, 98, 132, 349, 360, 378, 394, 421
Millennium Development Goals (der VN) 249
Multilateralismus 41, 54f., 64, 67, 70f., 76, 82, 107, 117, 120, 124, 238f., 299, 306, 346f., 371, 377-381, 387, 393, 398f., 416f.

N
National Security Strategy (der USA) 38ff.
Neorealismus 292
Niederlande 74, 224, 311, 356
Nordatlantische Vertragsorganisation (NATO) 10, 23, 28f., 33-36, 39, 42, 45, 55-61, 65ff., 71, 75-78, 81, 83, 90, 93, 99, 103-107, 117f., 120-129, 132, 135, 137, 142, 152, 157, 164, 174, 176, 216, 226, 234, 248, 250, 267, 270f., 273, 275, 281f., 289f., 293, 296, 298, 309, 311f., 315f., 321-362, 383, 385, 388, 396, 398, 408, 412f., 415ff., 419ff.

O
Öffentliche Meinung 223, 265, 273
Ost-West-Konflikt 13, 14, 26, 27, 28, 29, 30, 31, 32, 34, 35, 36, 37, 53, 61, 64, 69, 70, 73, 75, 76, 77, 81, 89, 118, 120, 121, 136, 238, 248, 249, 251, 253, 273, 289, 293, 294, 297, 298, 315, 380, 390, 407, 408, 412
Out of area-Einsätze 342

P
Parlamentsvorbehalt 58, 98, 103, 105, 129, 131, 310, 322, 332
Peacekeeping 250, 255, 374f., 386
Polen 30, 68, 73f., 78, 81, 123, 221, 226, 294, 356, 360, 387
Polizei 47, 72, 89f., 92, 100, 104, 119, 134, 138, 140f., 149, 152-160, 164ff., 168, 171, 178-182, 184, 273, 276, 310f., 313f., 376, 408, 421

R
Rühe, Volker, dt. Bundesminister der Verteidigung von 1992-1998 109, 132, 136, 355, 398, 421
Russische Föderation 78f., 81

S
Sahnoun, Mohamed, algerischer Diplomat und Sonderberater des VN-Generalsekretärs für Afrika 48
Sarkozy, Nicolas, Staatspräsident der französischen Republik von 2007-2012 71
Scharping, dt. Bundesminister der Verteidigung von 1998-2002 136, 354
Schäuble, Wolfgang, dt. Bundesminister des Innern von 1984-1989 und von 2005-2009, Bundesminister der Finanzen seit 2009 139
Schmidt, Helmut, dt. Bundeskanzler von 1974-1982 61
Schröder, Gerhard, dt. Bundeskanzler von 1998-2005 76, 79, 94f., 97ff., 122, 131, 326, 349f., 398
Sicherheitskabinett 97
Sicherheitspolitik 7, 9f., 13, 15-18, 24, 29, 32f., 35, 38, 40, 42, 44-49, 53, 55f., 58f., 62, 64, 67-75, 78, 82f., 89-95, 97-102, 104, 106, 108, 115, 117, 120, 122, 124, 132-135, 137, 142, 149f., 152f., 156f., 162, 170, 176, 178ff., 185ff., 199f., 202, 211, 215, 217, 227, 232, 234, 245ff., 254, 260ff., 265-268, 270f., 274, 279-282, 289-299, 301-305, 309f., 314ff., 337-340, 346-352, 354f., 361ff., 371, 382, 390, 397f., 407ff., 411-421
Sicherheitsrat der Vereinten Nationen 53, 64, 68, 72, 125, 199, 299, 351
Solana, Javier, NATO-Generalsekretär von 1995-1999, Generalsekretär des Europäischen Rates und Hoher Vertreter für die Gemeinsame Außen- und Sicherheitspolitik (GASP) von 1999-2009 202, 305, 380
Sowjetunion 23, 25f., 28ff., 36, 54, 61, 70, 79, 81, 89, 136, 251, 270f., 294, 349, 354
Steinmeier, Frank-Walter, dt. Bundesminister des Auswärtigen 2005-2009 und seit 2013 81, 226, 315, 377

T

Terrorismus 31, 35f., 38-42, 45f., 54, 62f., 74, 89, 91, 95, 99, 101, 116, 121, 125f., 139, 149f., 154, 156, 161f., 164, 167, 169, 171-174, 177, 180f., 184f., 187, 234, 252, 295, 306, 341, 344, 350, 354, 377, 390f., 393, 407f.

Türkei 104, 127f., 131, 279, 310, 322, 340, 345, 356, 361f., 395

U

USA 23, 25f., 28f., 34, 36, 38-41, 44, 54ff. 56, 61, 65, 67f., 71, 73, 75-78, 82f., 118, 125f., 139, 142, 178, 180, 202, 204, 211, 227ff., 236, 238, 248, 251f., 266, 268-271, 282, 289f., 293f., 298, 307, 309, 316, 324-328, 332f., 336-342, 345-352, 354, 356f., 360f., 373, 382, 389ff., 395ff., 408f., 413, 415f.

V

Vereinte Nationen (VN) 10, 22, 24ff., 31f., 38, 40ff., 45, 48, 56, 58, 64, 90, 93, 115, 117, 121, 124-128, 131, 134f., 137, 139, 152, 157, 164, 176, 177, 200, 209f., 238, 248, 250f., 257, 261, 272, 275, 295, 299, 313, 328, 338, 341-345, 348, 353, 357ff., 362, 371-378, 380-392, 394-400, 408, 412, 416f.

Versorgungssicherheit 216ff., 223, 225, 230, 232f., 411

Vertrag von Lissabon 105, 215, 225, 227, 296, 348, 413

Vertrag von Nizza 295

Völkerrecht 21, 46, 53, 55, 64f., 82, 153, 249, 271, 306, 381, 389f., 392

W

Warschauer Pakt 23, 28ff., 36, 120, 325, 411

Weißbuch 29f., 44, 46, 62, 90, 93, 115, 134, 136, 215, 270f., 306

Wolfowitz, Paul Dundes, stellvertretender US-Verteidigungsminister von 2001-2005 36

Z

Zivile Krisenprävention 67, 108, 134, 253

Zypern 345, 375, 412

Verzeichnis der Autoren

Dr. Heiko Biehl ist Wissenschaftlicher Direktor am Zentrum für Militärgeschichte und Sozialwissenschaften der Bundeswehr (ZMSBw) und Lehrbeauftragter der Universität Potsdam.

Dr. Stephan Böckenförde ist Wissenschaftlicher Oberrat an der Akademie der Bundeswehr für Information und Kommunikation in Strausberg.

Prof. Dr. Sven Bernhard Gareis ist Deputy Dean am George C. Marshall European Center for Security Studies und lehrt Politikwissenschaft an der Westfälischen Wilhelms-Universität Münster.

Dr. Susanne Dröge ist Wissenschaftlerin der Stiftung Wissenschaft und Politik in Berlin mit den Forschungsschwerpunkten Klima- und Umweltpolitik.

Dr. Jörg Jacobs ist Wissenschaftlicher Direktor an der Akademie der Bundeswehr für Information und Kommunikation in Strausberg und lehrt zu Methoden der empirischen Sozialforschung sowie Politischer Soziologie an der Europa-Universität Viadrina in Frankfurt (Oder).

Dr. Wilhelm Knelangen ist Akademischer Rat im Fach Politikwissenschaft am Institut für Sozialwissenschaften der Christian-Albrechts-Universität Kiel.

Prof. Dr. Martin H. W. Möllers lehrt Staatsrecht und Politikwissenschaft an der Fachhochschule des Bundes/Fachbereich Bundespolizei in Lübeck.

Prof. Dr. Michael Staack lehrt Politische Wissenschaft, insbesondere Theorie und Empirie der Internationalen Beziehungen, an der Helmut-Schmidt-Universität in Hamburg.

Prof. Dr. Siegmar Schmidt ist Inhaber der Professur für Internationale Politik und vergleichende Politikwissenschaft sowie Leiter des Frank-Loeb-Instituts (FLI) an der Universität Koblenz-Landau.

Dr. Olaf Theiler ist Dezernatsleiter Zukunftsanalyse im Planungsamt der Bundeswehr.

Prof. Dr. Johannes Varwick lehrt Politikwissenschaft an der Martin-Luther-Universität Halle-Wittenberg.

Dr. Kirsten Westphal ist Wissenschaftlerin der Stiftung Wissenschaft und Politik in Berlin mit den Forschungsschwerpunkten Internationale Energiepolitik und Versorgungssicherheit.

UN-Einführung

Sven Bernhard Gareis
Johannes Varwick

Die Vereinten Nationen
Aufgaben, Instrumente und Reformen

UTB-L

5., überarbeitete und erweiterte Auflage 2014.
428 Seiten. Kart.
19,99 € (D), 20,60 € (A)
ISBN 978-3-8252-8573-9

Das zum Standardwerk gewordene Lehrbuch führt in die zentralen Tätigkeitsfelder der VN ein, bewertet ihre Reformperspektiven und diskutiert die Rolle der Weltorganisation in der internationalen Politik. In der fünften Auflage wurde es vollständig überarbeitet.

Jetzt in Ihrer Buchhandlung bestellen oder direkt bei:

Verlag Barbara Budrich
Barbara Budrich Publishers
Stauffenbergstr. 7
51379 Leverkusen-Opladen

Tel +49 (0)2171.344.594
Fax +49 (0)2171.344.693
info@budrich.de

www.budrich-verlag.de

Das Standardwerk der Terrorismus-Forschung

Das Jahrbuch Terrorismus wird seit 2006 vom ISPK (Institut für Sicherheitspolitik an der Universität Kiel, ehemals ISUK) herausgegeben. Es zeichnet die globalen Trends im internationalen Terrorismus nach. Das Jahrbuch wendet sich an ein breit gefächertes Publikum, welches sowohl Wissenschaftler und Terrorismusforscher als auch Studierende und die interessierte Öffentlichkeit einschließt.

Jetzt in Ihrer Buchhandlung bestellen oder direkt bei:

Verlag Barbara Budrich
Barbara Budrich Publishers
Stauffenbergstr. 7
51379 Leverkusen-Opladen

Tel +49 (0)2171.344.594
Fax +49 (0)2171.344.693
info@budrich.de

www.budrich-verlag.de

Internationale Sicherheitsstrategie der EU

Michael Staack
Dan Krause (Hrsg.)

Europa als sicherheitspolitischer Akteur

Schriftenreihe des Wissenschaftlichen

2014. 312 Seiten. Hardcover.
36,00 € (D), 37,10 € (A)
ISBN 978-3-8474-0052-3

Ein gutes Jahrzehnt nach der Einigung auf die erste „Europäische Sicherheitsstrategie" von 2003 befindet sich die EU nicht nur wirtschafts- und finanzpolitisch, sondern auch außen- und sicherheitspolitisch in der Krise. Dieser Band zieht eine Zwischenbilanz der EU in ihrer Rolle als weltpolitischer Akteur und diskutiert die konzeptionellen Notwendigkeiten einer künftigen europäischen Sicherheitspolitik.

Jetzt in Ihrer Buchhandlung bestellen oder direkt bei:

Verlag Barbara Budrich
Barbara Budrich Publishers
Stauffenbergstr. 7
51379 Leverkusen-Opladen

Tel +49 (0)2171.344.594
Fax +49 (0)2171.344.693
info@budrich.de

www.budrich-verlag.de